生态名山理论与实践研究

——以山东蒙山旅游区为例

张义丰　刘桂民　编著

气象出版社

China Meteorological Press

图书在版编目(CIP)数据

生态名山理论与实践研究：以山东蒙山旅游区为例 /
张义丰编著. —北京：气象出版社，2016.11
（张义丰山区发展系列丛书）
ISBN 978-7-5029-5775-9

Ⅰ.①生… Ⅱ.①张… Ⅲ.①山—旅游资源开发—研
究—临沂 Ⅳ.①F592.752.3

中国版本图书馆CIP数据核字(2016)第280004号

Shengtai Mingshan Lilun yu Shijian Yanjiu——Yi Shandong Mengshan Lüyouqu Weili

生态名山理论与实践研究——以山东蒙山旅游区为例

张义丰 刘桂民 编著

出版发行：气象出版社
地 址：北京市海淀区中关村南大街46号 邮政编码：100081
电 话：010-68407112(总编室) 010-68408042(发行部)
网 址：http://www.qxcbs.com **E-mail**： qxcbs@cma.gov.cn
责任编辑：张锐锐 刘瑞婷 终 审：吴晓鹏
封面设计：易普锐创意 责任技编：赵相宁
印 刷：北京京华虎彩印刷有限公司
开 本：787 mm×1092 mm 1/16 印 张：31.75
字 数：950千字
版 次：2016年11月第1版 印 次：2016年11月第1次印刷
定 价：180.00元

本书如存在文字不清、漏印以及缺页、倒页、脱页等，请与本社发行部联系调换

前　言

　　我国是世界上最早把山岳作为旅游资源来开发的国家之一。在我国传统山岳景区中，依托于山岳或者以山岳为主体的山岳景区占有的比重较大，人们以山水作为大自然风景的代称，也就意味着自然风景大约一半在山岳，而传统的大多数山岳景区是佛教和道教的活动基地，以寺、观等宗教建筑为主体的人文因素显示了宗教与山岳风景的密切关系，形成了旅游建设与宗教建设的结合。

　　名山是山地旅游资源的主要组成部分。名山的分类是山地旅游资源研究的重要理论之一，它对于确定名山的性质、特点、规模及进行开发、利用都有重要的理论意义。目前，我国按成因、属性和功能等不同标准，将中国名山分成地质、气候、历史、文化、政治、军事、揽胜、探险、科考、健身等 17 个主要类型，但对于生态名山的分类指标体系尚无系统研究。

　　已有的研究分析和探讨了中国名山的现状、问题和发展，但这些研究多集中于从旅游的角度入手，而缺少从生态的角度对名山进行鉴定。蒙山作为山东省乃至全国重要的山岳景区，和其它景区一样经历了数千年的利用和保护过程。首先是源自自然山水的认识理念，进而经历了自然崇拜、儒道哲学、山水文化和宗教文化的发展过程，但其中的核心思想是人对自然的热爱与人地的和谐。

　　本研究的技术路线主要集中于以下几方面：一是从宏观角度对生态名山的含义和体系进行全面梳理和总结；二是从地理学和生态学的角度分析蒙山的地质、地貌演化、自然环境变迁、生态与环境发育和变化、生态涵养与环境保护；三是阐述蒙山生态文化，包括自然文化、历史文化、宗教文化与红色文化，从人文地理学的角度分析生态文化对蒙山的影响；四是从生态文明建设规划的角度分析蒙山的利用与保护及其开发价值；五是通过对蒙山的典型研究，提出生态名山的学术界命名。

　　生态名山是指以生态规律为行为准则，综合运用政治、经济、文化、社会和自然的方法，依照生态系统管理的原理，建设以资源环境承载力为基础，以增强可持续发展能力和维护生态正义为根本目标的资源节约型、环境友好型和生态健康型景区。理解和把握生态名山的内涵，一是具有高附加值的特点，生态旅游是利用完整生态系统价值确定其市场地位的产业，优美生态环境的享受与其内在文化的体验，为其高附加值的支撑点；二是具有知识经济的特点，生态名山从产品构思、设计、开发保护到旅游全过程均需要众多领域的知识创新与创意集成；三是具有生态保育的特点，生态名山保护了珍稀野生动植物资源、典型自然生态系统、特殊自然景观和具有重大科研意义的地质、地貌等特殊景观及区域特色文化，要求人与自然的相互理解和支持，共同建立和谐的生态环境系统。

　　生态名山建设不仅是一种发展战略，更是一种发展理念，它主张以尊重自然规律和人类社会发展规律为前提，超越和扬弃粗放型的发展方式及不合理的消费模式，全面提升景区的文明理念和素养。本研究综合运用实地考察、文献研究和景区规划相结合的方法，对蒙山生态文明建设面临的种种问题进行了深入的分析，提出了生态名山培育的实施路径。

蒙山开发历史悠久，风光秀美、人杰地灵、鬼斧神工、惟妙惟肖、妙趣天成。蒙山之美，是以山水林景观为依托，渗透着人文景观的综合体。它集自然风光、文化、宗教、教育等多种因素为一体，是典型的"生态名山""人文圣山"，是研究生态名山的理想范例。作为寿山福地的蒙山具有得天独厚的生态优势，如何更加科学有效地加大蒙山生态文明建设，进一步提高知名度，打造一个青山绿水、养生天堂的生态文明品牌，是当下必须解决的问题之一。

按照人口资源环境相均衡、经济社会生态效益相统一的原则，控制开发强度，调整空间结构，促进旅游空间集约高效、生活空间宜居适度、生态空间山清水秀，充分给自然留下更多的修复空间，给农游留下更多资源，给子孙后代留下天蓝、气净、山绿、水清的美好家园。

蒙山，历史与山川的融合，形成了自然景观与人文景观的交相辉映，相得益彰。它的自然生态景观丰富奇特且具不可替代性。佛道儒共存共荣的宗教文化之盛极为罕见，"地脉天成，文脉共生"的寿山文化品牌已成雏形。其自然与人文渗透融合的特性，又兼具景区暨自然保护区的共性。在山岳景区实施转型发展的今天，加强资源节约型、环境友好型旅游发展方式和旅游消费模式，对于改善制约蒙山旅游发展的人地环境，有着特别重要的意义。

山区发展研究是笔者及其团队的特色研究领域，继沟域经济、岱崮地貌之后，一直致力于生态名山研究。为了推动理论与实践的高度结合，我们选择蒙山作为典型样本，并深入一线调查、研究，积累了大量的第一手资料。与此同时，与相关领域的专家对我国山岳景区、生态名山等进行了广泛的交流，理清了对生态名山的研究思路，深化了生态名山的标准和评价体系，提出了蒙山作为我国生态名山的理论内涵研究与外延。

在确立生态名山的标准和评价体系的基础上，以蒙山作为典型区域，进行综合研究，本研究共分十个专题（对应本书十个篇章）。第一章是生态名山标准研究，从理论的概述、分类、建设标准、评价体系、蒙山实证等方面，对生态蒙山的发展做了详实、生动、全面的论述；第二章是蒙山地貌的形成演化与开发价值，从地貌的形成演化、开发价值，尤其对造型地貌的特征、特色进行了深入的研究，确立了寿山的地貌框架；第三章是蒙山水文研究，从水文的角度对蒙山水系特征、径流量变化、水资源承载能力及其生态功能进行了深入的研究，提出了水要素在生态蒙山中的重要作用；第四章是蒙山生态研究，从生态屏障功能对景区发展的影响入手，对生态林业建设、生态承载力进行了研究，为生态名山的确立提供了理论依据；第五章是蒙山环境研究，从环境友好的角度，对蒙山环境发展背景进行了梳理，特别是对大气环境、水环境、声环境、固体废弃物处理提出了建设路径与措施；第六章是蒙山土地研究，从蒙山土地利用的现状入手，对土地承载力进行了分析，确立了土地利用的总体目标与定位，提出了蒙山景区破解土地指标的瓶颈，以及与国家政策的对接方式；第七章是蒙山农业研究，从国内外景区农业发展的动态分析到蒙山特色农业的发展现状，提出与景区相协调的农游一体化发展战略，特别是围绕蒙山"寿山福地"的定位，培育休闲性的养生农业；第八章是蒙山养生研究，从养生产业的角度，探讨了国内外长寿文化发展的动态及其规律，以此确立养生产业的发展思路、重点项目建设等；第九章是蒙山旅游研究，蒙山是我国重要的5A景区，以此为出发点，对其资源与发展条件进行了深入的分析，对其发展定位和发展战略进行了认真的研究，对其功能分区与建设重点、市场、产品与营销的耦合提出了具体的意见；第十章是蒙山文化研究，从蒙山文化的特点入手，对其祭祀文化、宗教文化、儒家文化、红色文化、民俗文化、节庆文化进行了深入的分析，提出了文游融合的发展模式。

本人及其团队期望通过生态蒙山的专题研究，进行学术界的生态名山命名，通过命名为学界和环保部及相关部门的理论研究和制定中国生态名山发展政策提供借鉴，以保证我国成千上万的山岳景区得以持续发展。同时，我们也向社会各界传递这样一个信息：生态文明建设不仅仅局限于城乡发展，更应该将创新视野拓展到人地关系最为复杂、生态与环境最为敏感、城乡关系最为紧密、三农问题最为突出的山岳景区，因为中国是多山的国家，山地和丘陵约占国土面积的三分之二，山岳景区在数量上居于首位，成为最大的一个生态发展类型。根据这一特点，本人提出中国名山的三分法：一是海拔高度3000米以上为自然名山，是科学考察、探险的乐园；二是海拔高度3000～1500米为文化名山，涵盖历史、文化、政治、军事，是我国名山旅游的重要载体；三是海拔高度1500米以下为生态名山，是特殊的自然、经济、社会、文化区域，是生态建设的重点区域，更是利用与保护的敏感区域。因此，生态名山的生态文明发展道路将会越走越宽广，生态蒙山的未来发展前景非常值得期待，而作为我国生态文明建设中不可或缺的生态名山，必将迎来美好的未来。

在规划过程中得到了蒙山景区管委会及其相关部门的大力支持，在此一并致以诚挚的谢意！

张义丰

2014 年 10 月

张义丰 男,1955 年生,江苏省丰县人。毕业于北京大学地理系,现任中国科学院地理科学与资源研究所城市与乡村发展研究室基地研究员、区域农业与乡村发展研究中心副主任、人文地理与区域发展研究部专家、旅游与社会文化地理室规划专家、建设创新型国家战略推进委员会专家、中国农学会科技园区分会常务理事、北京地理学会常务理事、全国农业咨询联盟副理事长、中国长城学会长城发展规划与咨询研究中心主任、首都山区新农村发展中心主任、中国区域发展研究中心咨询专家、中国科学院湛江热带综合研究基地负责人等职务。主要从事区域规划、农业与乡村地理、山区发展、旅游地理等方面的研究。先后主持国家自然科学基金、省部级和中国科学院重点项目 10 余项;已出版《淮河环境与治理》《北京自然环境与都城变迁》《淮河地理研究》等学术专著 10 余部;完成区域规划 40 余项;在《地理学报》《地理研究》《地理科学进展》《自然资源学报》《核农学报》《地理与地理信息科学》等核心期刊上发表学术论文 50 余篇;获得国家级、省部级等科研奖励 10 余项。

目　录

第一章

生态名山
标准研究

中国地形多样、地貌类型齐全,平原少、山地多,陆地高低悬殊。山地、高原、丘陵等约占总面积的 66%,平地约占 34%,全国近 70%的县区分布于山区。山区面积广阔一方面给社会经济生产生活带来障碍,另一方面山体地理位置不同、高度差异、地形起伏多样,也形成了丰富多样的山地生态系统和绚丽多彩的山地自然景观。在华夏文明几千年的历史长河中,山岳始终占据着举足轻重的地位。早在上古时代,便流传着山岳是人类始祖盘古氏的躯体化身的神话,山岳崇拜和祭祀已成为社会生活的重要内容。最早的《诗经》收录不少描写山岳的篇章。《山海经》《禹贡》《管子》《水经注》等早期的古籍也对山岳有过详尽的记载和描写。魏晋以后,文人名流"读万卷书,行万里路",游览名山大川成了传统的社会风尚。他们从山岳风景汲取灵感,留下了难以数计的传世绘画佳作和诗文名篇。僧侣和道士在山岳兴建寺、观,开辟宗教活动基地。宗教信徒朝山进香,同时也带动了原始型的、群众性的山岳旅游。山岳的雄伟、秀丽、幽探、奥秘不仅满足了人们的审美需求,同时还起到开拓胸怀、陶冶性情、启迪心智的作用。

在历代山岳崇拜和追随山岳的过程中,一批批名山因其神奇的自然景观、深厚的文化内涵和其他各种因素脱颖而出,名山是我国众多山岳中的佼佼者。中国的名山是以具有美学和科学价值的自然景观为基础,自然与历史文化融为一体的,主要满足人们精神文化活动需求的地域空间综合体。从"禹封九山"算起,中国名山已经历了 4000 多年的历史(谢凝高,2004)。据《史记封禅书》记载,汉代帝王为炫耀"文治武功"和"尊天重民",亲临或派人致祭的圣山除"五岳"外还有 24 座,形成以"五岳""五镇"为主的一大批全国性名山(陈广万,1990)。明代旅行家、地理学家徐霞客(1586—1641)一生"问奇于天下名山大川",用 30 多年时间实地考察中国各地名山胜水。随着历史的发展,名山的含义也由自然崇拜过渡到观景览胜、寄情山水、营造园林、寺庙建筑、道路组景,形成渗透历史文化的名山。近年来,国内外各类行业组织和部门分别通过各种形式推选出"中华十大名山""中华国山""中华一百大人文与生态名山"等名山称号,对于促进我国山岳景观开发和保护,弘扬传统文化具有积极的意义。

除了深厚的文化积淀和历史渊源,生态系统和环境保护价值是我国名山的另一重要衡量标准。但以往对名山生态特征的认识多停留在生态景观和对环境要素的感受上,多是基于主观认知的定性描述。目前国内尚没有针对生态名山评价标准的全面系统研究,导致长期以来名山的生态资源和价值没有被充分认知。加强生态名山评价标准的系统研究,有利于更加合理地把握生态名山的特征,更加深入地挖掘生态名山的独特价值,对促进名山生态资源的挖掘和保护具有重要意义。

本书系统梳理了目前生态名山的研究和发展现状,在界定生态名山的内涵、特征和功能的基础上,构建了生态名山评价的指标体系、方法和内容,最后以山东蒙山为例,对生态名山的评价进行了实证研究。

1.1 研究与发展现状

1.1.1 相关研究现状

对于名山的研究和探索在中国是一个长久的命题。中国古代的山水诗词歌赋、山水画等可视为是对名山美学研究的精品。唐末到明清，还出现了研究名山成因、探索名山科学价值方面的学者。如宋代博学家沈括，明代地理学家、旅行家徐霞客等，他们考察实践写出的《梦溪笔谈》《徐霞客游记》等开创名山科学的研究，要比西方早一百多年。

中国是山岳资源极其丰富的国家，山岳资源遍布全国。山岳资源，尤其是名山气候复杂多变、动植物资源丰富、空气清新宜人，具有雄、奇、险、秀、幽等特色的美学观赏特征。对名山资源的开发和管理是近年来国内学者研究的热点问题。罗时叙（1996）从自然遗产、文化群体、历史影响、对外交流、政治事件等方面论述了庐山在中国名山中的历史地位。崔凤军（1999）研究了泰山的宗教文化内涵及其开发的策略。李欣宁等（2004）分析了"中华十大名山"长白山的生态价值，以及长白山森林资源遭受破坏的现实，提出保护与发展的建议。袁霜凌等（2004）通过深入研究，发现名山风景区包含了极其丰富的政治理念，并从这一全新的角度来解析中国名山风景区。作者从君权神授、九州与五岳的空间秩序和古代士人的归隐与显达3个主要方面来阐述这一观点，以期为全面理解中国名山风景区的内在蕴涵提供一种新的思路。杨尚英（2006）分别从发生学、外部形态、位置高度对名山气象景观进行了分类，选取了我国六大名山，对其气象景观类型和旅游气候资源进行了分析，提出了评价名山气象景观的量化方法，把名山气象景观分为3个等级，对中国六大名山进行了评价，结果表明该方法在名山气象景观评价中具有很好的应用价值。刘红杰（2007）选择中国名山为研究对象，重点研究"天路历程"思想对名山营建的影响，通过华山、泰山、武当山、王屋山四座代表性名山的系统剖析，归纳总结了"天路历程"思想指导下名山的营造手法。

随着人类开发活动的不断加强，名山生态环境总体上呈现逐渐恶化的趋势。针对名山生态环境的保护，赵广兰（1993）针对长白山生物资源开发存在的问题，提出了改善和恢复长白山区生态环境的对策；陈新凤（2007）分析了世界佛教圣地、中国佛教四大名山之首五台山存在的城镇化、公园化倾向明显，周边环境污染严重、环境管理相对薄弱等问题，对五台山生态环境存在的问题进行了深入分析，并针对性地提出了对策建议。喻红丹（2008）认为，对世界遗产的开发都应坚持"保护第一"的原则，道教名山武当山作为世界文化遗产地，其保护与开发既有成功之处，也有需要进一步改进之处，应在切实保护现有遗产的前提下，努力恢复武当山原有的生态环境；为摸清泰山自然遗产的生物家底，自2000年开始北京大学、北京师范大学等高校和科研院所在泰山景区进行了调查。调查结果表明：泰山景区森林覆盖率为81.5%，植被覆盖率达90%以上，拥有古树名木约2万株。其中，国家级保护植物3种、濒危植物13种。此外，泰山上有特有植物10种，如卓叶黄荆、泰山盐肤木、泰山堇菜等（杨美霞，2008）。

从旅游资源开发和保护的视角对名山进行研究是目前名山研究的重要组成部分，主要涉及名山旅游资源特点研究（保继刚等，1999；王文等，2004；郭彩玲，2006）、名山旅游资源成因研究(周秉根等,1989,1992,1999;王长荣,1989;黄培华等,1992)、山岳型旅游资源质量综合评价研究(万绪才等,2002)、山岳型旅游资源的审美研究(刘颖,2003;冯俊学等,2006)等方面。陈广万(1990)深入研究了中国历朝各代各类名山的由来和广东风景名胜区的开发对策,对于梳理我国名山的演变和发展史具有指导意义。周维权(1996)系统研究了名山风景区的形成及其前期的发展情况,名山风景区的后期发展情况,名山风景区的风景资源等。杨美霞等(2008)认为名山旅游资源在现代旅游发展中起着极其重要的作用,名山旅游资源个性特征挖掘与"景区名片"打造,是增加名山旅游地的识别度、稳定客源市场、提升竞争力的有效途径。针对旅游者动机和旅游决策因子变化,在挖掘名山旅游资源个性特征,提炼名山旅游资源核心特征、关注区域知名因素、地方特色、市场变化基础上建立名山旅游区景区名片,是打造合理的名山旅游地名片的有效措施。姚宏等(2008)以泰山、黄山、普陀山、武夷山4个旅游地为例,运用1979—2005年客流量统计数据对其进行了实证分析,计算出各个参数并进行两个周期的模拟,在此基础上分析成长特点与主要影响因素,为中国旅游地成长的研究提供一定的参考。刘水良等(2008)通过综合比较我国十大名山自然景观和人文景观的资源状况、形成原因等,揭示名山旅游资源的共性和个性,突出各地名山资源的特色,更好地发挥名山个体的资源优势,同时有助于建立中国名山旅游网络,使我国名山旅游集群发展,形成我国旅游产业的拳头产品(表1.1)。《中国地名》杂志推出了中国名山系列报道,通过简介的形式介绍了中国各类名山的地理坐标、特征和旅游小贴士等信息,具有很强的宣传性。

表1.1 中国十大名山宗教文化类型(刘水良等,2008)

山名	宗教文化类型	名山文化类型
泰山	道教、儒教、佛教	封禅祭祀文化、摩崖石刻书法文化
黄山	道教、佛教、基督教	黄山画派文化、摩崖石刻书法文化、山水文化
华山	道教	围棋文化、摩崖石刻书法文化、武侠文化、爱情文化、革命文化
庐山	佛教、道教、伊斯兰教、基督教、天主教、东正教	书院文化、爱情文化、政治文化、建筑文化、摩崖石刻书法文化、山水文化
衡山	道教、佛教	寿文化、湖湘文化、书院文化、摩崖石刻书法文化
武陵源	道教、佛教	山水文化、土家族民俗文化
峨眉山	道教、佛教	武侠文化、摩崖石刻书法文化
武夷山	道教、儒教、佛教	理学文化、岩茶文化、古闽越文化、书院文化、摩崖石刻书法文化、山水文化
桂林山水	佛教、道教、伊斯兰教、天主教和基督教	摩崖石刻书法文化、少数民族(壮、侗、瑶、苗)民俗文化
路南石林	佛教、喇嘛教	石头文化、彝族民俗文化

已有的研究对我们认识和了解中国名山起源、发展与文化历史内涵,名山资源的保护和开发发挥了重要的指导作用。但是,尚未有以生态名山为研究对象的系统研究,针对生态名山的评价标准更是少之又少。

1.1.2 名山的评选与保护概况

世界各民族的原始时期,大致都有崇拜山岳,把山岳神灵化的现象。中华民族也不例外,早在殷商(原始氏族公社)时期,就有"二山""五山""十山"等的称谓以及崇拜、祭祀山岳的记载,这可以算是我国早期名山评选的序幕了。春秋战国时的《山海经》记载当时崇奉山岳名称祭祀情况,把全国451座山分为16列,祭品为:玉、珪、璧、瑜等玉石类和鸡、狗、羊等动物类。其中四座最高的山称"山岳",由天子主祭,叫封禅大典。汉代,正式确立五岳和"四读"而定出祭祀之礼。五岳即嵩山、岱(泰)山、衡山、华山、恒山(表1.2)。四读即黄河、长江、淮水、济水。"天子祭天下名山大川,五岳视三公,四读视诸侯"(《礼记·王制》),山与水在祭礼方面的差别,说明山比水更神圣些。名山开发建设初期,大体上是佛、道互尊,寺(庙)、观(宫)并存。后来佛教和道教由于统治阶级的扶持和各自依靠社会势力,展开争夺、排挤,结果出现一教独据一山的情况。如佛教的"四大名山""八小名山";道教"十大洞天""三十六小洞天""七十二福地"等。隋唐时代,寺、观占有大量土地,内部管理日趋严密,经济上的权益与宗派相结合,于是又形成一山以某一教派为主的情景,如天台山的佛教天台宗、韶关南华寺的六祖禅宗、青城山的道教天师派、罗浮山的道教全真派等。但广东罗浮山、飞霞山,湖南衡山均保持"佛道互尊"的局面。自东晋、南北朝、隋唐至宋代,历经几次兴建寺庙、观宫、古塔高潮之后,全国名山风景区的格局即已形成。

表1.2 五岳概况

属性\名称	地理位置	地域地貌	山体、整体审美形态	帝王封禅	宗教文化
泰山	山东省东部,属山东丘陵	东望黄海、西靠孔孟故里鲁西平原,崛起凌驾于附近众山之上	其北面广阔的华北平原与主峰天柱峰(玉皇顶)高差达1300米以上	古代帝王之中的开国之君或盛世之主登基之后在此封禅	宋以后,为佛、道共尊的名山,明清时期道教势力壮大,三十六小洞天中的第二洞
华山	屹立于关中平原东部,属秦岭山脉的东延部分	北临渭河,关中平原,奔腾咆哮的黄河在此转弯,南接重峦叠嶂的秦岭	整体感极强,无论远眺或是近视仰视,华山都仿佛巨峰一座,昂然天外	历代帝王登山封禅,但是因为华山险峻,帝王们从未登上过华山	道教名山,一直为道教独占,三十六洞天中的第四洞
嵩山	位于中原地区的西部丘陵地带,河南省登封县境内	俯揽河、洛,上接云天,北瞰黄河,南临箕山、颍水	包括东半部的太室山和西半部的少室山,大部分为石英砂岩,局部分布有花岗岩、片麻岩和石灰岩等地层	唐代武则天封禅于中岳嵩山并封中岳神为"中天王"	儒佛道三角荟萃之地;道教三十六洞天第六洞,佛教少林禅宗的祖庭

续表

名称 \ 属性	地理位置	地域地貌	形体、整体审美形态	帝王封禅	宗教文化
衡山	位于湖南省中部,屹立于湘江之滨	耸峙于湘江大平原之上,东临湘江	山势雄伟,绵延数百千米,自古就有"衡山如飞气,五岳独秀"之说	为先秦的四岳之一,之后南岳有所变动。从隋文帝始卜取代安徽天柱山而成为五岳之一的"南岳"	佛、道共尊的名山,三十六洞天的第三洞,佛教天宗台,禅宗南岳,清源两系发源地
恒山	山西省浑源县境内	东跨冀北平原,西南连接五台山,沿着北、东向的恒山大断裂带骤然隆起,与相对下陷的浑源盆地高差达千余米	主峰海拔高度2017米,分东西两峰,东为天峰岭,西为翠屏山,双峰对峙,形成一条金龙峡	以明宋代曾一度河北长山为北岳,代又改回恒山	宋以后,为佛道共尊的名山,明清时期道教势力不断壮大而成为道教名山,佛教的影响较小

  对于名山的保护,早在先秦时代,就有四方诸侯兼管四岳的规定。如泰山,秦时有"祠官",汉有"山虞长""岳令"等专职官员管理,各代帝王都有禁止樵采的诏令。除了五岳五镇以外,有些特殊的名山也受到国家的保护,如明代的武当山就属于"国禁"之列(谢凝高,1991)。新中国成立以来,名山的保护和建设都取得了很大成绩。20世纪50年代,国民经济恢复,对一些名山中的重要文物,包括古建筑进行了保护和修缮,对有的名山进行了大规模的植树造林和适当的新建。随着经济建设和科学文化事业的发展,名山地质地理的考察工作也不断加强,为进一步研究名山打下初步基础。但在十年"文革"期间,名山受到较严重的破坏。山上的文物古迹,包括塑像、碑刻、古建筑等人文景观,破坏尤为严重。相当长时间有的名山森林植被砍伐,自然景观亦受摧残。

表 1.3　古代"五镇"概况

镇名	山名	地理位置	说明
东镇	沂山	山东省临朐县	古称"海岱""海岳"。存有东镇庙、法云寺、碧霞宫等。历代碑揭存98方,其中皇帝手书御碑16方。
西镇	吴山	陕西省宝鸡县	葬有尧、喾、舜三位远古帝王。汉代有6位皇帝23次来吴山祭祀封禅,仅汉武帝就来了13次。存有始建于隋代,为明代重建的东乐庙建筑群。
南镇	会稽山	浙江省绍兴市	又名苗山、茅山。存有禹陵、禹庙及南镇庙、禹穴寺等遗址。
北镇	医巫闾山	辽宁省锦州市	辽代帝王的生命之山,葬有大辽国皇帝、皇妃和大臣。清朝康熙、雍正、乾隆等五代皇帝先后祭祀,留下御碑50余首。五镇山庙中目前惟一保存完好的北镇庙始建于金代。
中镇	霍山	山西省霍州市	隋唐时所建中镇庙、兴唐寺等已倾纪败坏,存有广胜寺等。

  20世纪80年代,国内旅游业兴起,名山大川成为传统的游览对象。但由于部分名山超容量游览和盲目布局景点建设,又给其景观带来新的威胁和"建设性"破坏。党和政府十分重视

名山的保护和建设。1981年国务院发布了关于保护风景名胜区的文件，次年启动国家级风景名胜区申报工作，截止目前我国共有225处国家级重点风景名胜区，其中近一半属于名山型风景名胜区。近年来，各风景名胜区成立了保护管理机构，并着手编制名山保护和开发利用的总体规划，使名山的保护和利用走上科学的轨道。

近年来，随着旅游业的蓬勃发展，名山旅游资源得到越来越多的关注，各类名山的评选和保护活动日渐兴盛。2007年，中国城市竞争力研究会（GN）、香港中国城市研究院（CUI）、亚太环境保护协会（APEPA）、亚太人文与生态价值评估中心（APVV）、香港世界遗产研究院（WHI）等多家环境组织、研究机构联合调研、评价完成的第二届中华100大人文与生态名山口碑金榜在港发布，再次评出此届评价活动的"中华国山"与"中华十大名山"。评选活动对100个生态名山分别进行了品牌功能定位，有利于促进中国生态与人文名山旅游品牌提升，以名山为主体的重大自然与文化旅游资源得到有效保护和合理利用，进一步拓展"中华名山"在国际旅游市场的影响力、竞争力。

与此同时，各类名山研究和保护活动逐渐兴起。2007年，首届中国名山论坛在神农架举行，论坛主题是"中国名山保护与合作"，重点讨论名山与环境保护、名山与旅游经济发展、名山与名山文化、名山与构建和谐社会等问题。黄山、华山、九寨沟、武夷山、武当山等18座名山代表并共同发表了《中国名山保护神农架宣言》：建议建立由中央有关部委牵头的中国自然山系保护与利用委员会，对自然山系进行统一规划、统一布局、统一管护，出台扶持山系文化传承和发展的具体政策，实施自然山系地区的生态移民工程，建立健全自然山系的整体保护体制和生态补偿机制，实现中国名山的可持续发展。同时，18座名山承诺要加强区域合作，打破人为限制和地区界限，促进各地区之间形成优势互补、分工协作、相互促进、良性互动的协调关系，从而实现自然山系区域的共同发展，共同协调解决自然山系内的生态保护和环境保护问题，最大限度地减少环境污染和生态破坏。

中华100大人文与生态名山评选程序

➤ 该活动对目标城市公众定点随机抽样访问，本届主要在中国港澳台和内地34个城市中外旅游者（团队）中进行，采取"一句话"口碑调查评价方法（即简洁式口碑随机调查法），主要向海内外旅游者展开规模性随机口访（含问卷）调查，根据公众口碑提名推荐率，确定候选名单，并由专家团审核后决出最后结果。口碑调查只问一句话："在中国，你心仪的山是哪里？

➤ 该活动采取历届活动口碑推荐提名累计计票制，以口碑为基础，以票数为依据，专家团据此参考《亚太人文与生态财富价值评估体系》有关指标和评价程序，反复对获得提名的名山之自然与文化遗产价值、特色价值、旅游价值、保护价值等进一步考察、比较、评估、取舍，评出最终结果。

总体上看，名山的开发和保护已经得到社会各界的关注和重视，名山的评选也更加注重其生态要素。但是，目前尚没有机构和部门提出专门的生态名山评价体系，已有生态名山的评价多是从宏观的自然环境定性考虑和评价。一些地方政府部门,如华山、柘荣县东狮山、河北兴隆县雾灵山等地区明确提出打造生态名山的品牌,但具体到措施多强调生态环境的保护,对于名山的特殊生态价值的挖掘和认识不够,这些都有待于通过生态名山评价体系研究的深化得以解决。

1.2 生态名山评价的目的与意义

1.2.1 理顺管理体制,加强相关部门对生态名山的管理

目前我国生态名山多冠以风景名胜区、国家森林公园、国家 A 级景区、自然保护区、地质公园等名称,被住建、环保、旅游、林业、国土等部门分别管理。由于分属不同的部门,对生态名山的管理也是千差万别,如同样是生态名山,被环保部门定位自然保护区和被评为 AAAAA 级景区其开发利用强度和方式将存在巨大差异。同时,生态名山在地域范围上是以自然地貌特征划分的,往往跨行政区域,以往的行政界限导致的管理和开发不畅,极大地限制了生态名山的开发和保护。通过制定生态名山评价标准,推动生态名山的评选工作,将生态名山纳入统一的管理体系,有利于加强对生态名山的管理,打破生态名山的人为限制和地区界限,促进各地区、各部门之间形成优势互补、分工协作、相互促进、良性互动的协调关系,从而保障生态名山保护和开发的科学合理。

1.2.2 挖掘生态资源,推动山地生态环境建设和生态系统保护

山地是森林、矿石和各种产品的资源宝库,是水、能源和生物多样性的重要宝库,是人类赖以生存发展和休闲娱乐的重要基础,是错综复杂、相互交错的生态系统的主要代表,对全球生态系统的平衡起着不可替代的重要作用。世界山地面积约为陆地面积的 1/4,直接为全球 1/10 的人提供生存条件,为全球一半以上的人提供各种资源和商品。山地生态系统还是全世界一半以上人口的淡水水源。山地在保障人类生存、促进经济发展、保障生态安全、实现社会进步等方面发挥了十分重要的作用。中国名山众多,生态名山是生物多样性核心区,山地环境和生态系统特殊,显示出巨大的生态、经济、文化等多方面的价值。以张家界森林公园为例,张家界不仅是石英砂岩峰林峡谷地貌景观,更有完备的森林生态系统,现今世界上的五大科植物此地全有,比整个欧洲所有的植物种类还多 1 倍以上。据不完全统计,这里共有高等植物 3000 多种,属国家保护的就有 28 种,如珙桐、银杏、冷杉、红豆杉等(骆高远,2005)。目前生态名山的开发多注重其短期市场回报,往往对生态名山生态资源和价值认识不足,挖掘不够,造成其生态资源的浪费和破坏。通过生态名山评价标准研究,能够系统地梳理生态名山的生态内涵,督促管理部门深入挖掘生态名山的生态资源和价值,加强生态名山的生态环境建设,促进生态名山生物多样性的维持和保护。

1.2.3 增加知名度,促进山岳旅游业快速发展

在全面建设小康社会的伟大历史进程中,加快山区的开发建设特别是加快生态名山景区

经济的可持续发展,意义十分重大。生态名山所在地区往往既是生态富集区,又是经济贫困区,通过发展生态旅游,带动山区经济发展,提高山区居民生活质量是实现旅游扶贫的基本模式,也是全面建设小康社会的根本要求。截至 2014 年 11 月,我国公布国家重点风景名胜区 225 处,山岳型 102 处,约占总数的 45.30%;世界遗产 47 处,其中名山 16 处,约占总数的 34%;国家旅游局共确定了 178 家国家 5A 级旅游景区,其中,山岳型 57 处,约占总数的 32%。然而,中国名山旅游资源的传统开发方式基本上是观光旅游产品的开发,开发模式具有很强的相似性,山岳型旅游区在旅游者心目中形成的是综合的、模糊的形象,游客并不很清楚各座名山的特点是什么,甚至部分从业人员也不清楚(毛端谦,2003)。

对生态名山评价指标体系研究和评选,至少从四个方面能够促进生态名山旅游业的发展:一是有利于生态名山旅游目的地的形象设计。对生态名山评价体系的研究有利于把握生态名山核心旅游资源特征,为旅游目的地的形象设计提供依据。二是有利于推动核心旅游资源的深度开发。对生态名山评价体系研究有利于地方旅游决策部门和开发者把握生态名山旅游资源的综合与个性特征,从而从深层次上把握、调整旅游产品开发方向定位和市场开拓的方向,提升生态名山旅游资源开发效益。三是有利于提升旅游者的旅游体验。对生态名山评价体系研究有利于旅游从业人员掌握生态名山的资源特色及其与其他名山资源的差异性,更好地为游客服务,提高游客的旅游体验。四是有利于生态名山旅游经营企业提高效益。对生态名山评价研究有利于旅游企业在深入了解资源个性基础上,提高产品组织、线路设计、营销策划水平,以扩大产品销售量,提高经济效益。

1.3 生态名山的内涵、特点与功能

1.3.1 生态名山的内涵

1. 名山的定义

学者们通常从知名度的角度理解名山,同时反推其"出名"的原因。名山除了泛指其较高的知名度之外,一般至少包含两层意思:一是指形体比较高大的山,上古典籍中提到的名山如《尚书·武成》的"告于皇天后土,所过名山大川";《礼记·礼器》的"因名山升于中天"等,均训为高山、大山。二是指带有一定宗教色彩的山,包括早先的原始宗教和后来的佛教、道教,其中的一部分发展成为全国性和地区性的宗教活动中心。因此,名山是指以具有美感的、典型的山岳自然景观为主体,渗透着人文景观美,环境优良的山地空间综合体(谢凝高,2004)。

2. 生态名山的概念

生态名山属于名山的一类,其概念的界定也是在名山概念的框架下进行的,综合已有研究和生态名山的特点,本研究做出如下定义:

生态名山是指以独特的自然生态、自然景观和与之共生的人文生态为依托,生态资源开发利用科学合理,山区社会经济可持续发展并拥有较高知名度的山地空间综合体。

从这个概念中,我们可以概括出生态名山的具体内涵:

(1)生态名山以具有美学和科学价值的自然生态、自然景观为基础,特殊的自然生态系统、

生态环境和自然景观是其成为名山的核心要素。

（2）它既是地球发展史上特有自然现象的遗迹，也是人类历史上精神文化的积淀，其自然景观往往与历史文化融为一体，它反映了人与自然精神文化关系的历史，其根本性质是满足人们精神文化活动需求的地域空间综合体。

（3）多数生态名山长期以来被人类从作为物质生产对象的自然环境中分离出来，保护起来，作为人类进行科学文化活动、体验与自然密切的精神联系的场所。这里的自然景观与人文景观不是数学上的相加，也不是普通的人居环境，而是自然与人文的相互渗透和融合。

（4）人类对生态名山的开发不能简单地停留在物质环境的利用层面上，而应深入挖掘其自然生态价值，让人们对大自然寄托情感，通过旅游休闲等一系列活动进行精神体悟与心灵交往，使之成为陶冶人们思想情操的净境。

（5）中国的名山按照成因分类为地质名山、地理名山、气候名山、生物名山；按照属性分为历史名山、文化名山、宗教名山、政治名山、军事名山；按照功能分为观光览胜、攀登探险、科学考察、宗教朝圣、健身疗养型等共 17 种类型。生态名山是基于名山资源属性的划分。

（6）随着时代的发展，作为名山的重要类型，生态名山的功能也在不断地发展和深化。同时在当下，生态名山还承载着带动山区经济发展的历史使命。总之，生态名山是一份极为珍贵的自然遗产，对于今天和未来的人们具有重大的意义。

1.3.2　生态名山的特点

1. 生物资源丰富

生态名山是以自然生态为核心的山地区域，生物资源是自然环境特征的重要标志，构成了生态名山的主要风光。如人们称颂的"峨眉天下秀"，除山体本身高峻挺拔外，繁茂的植物是构成其秀丽景色的极为重要的元素；"青城天下幽"，也是峡谷与植被共同作用的结果，山形使视线不开阔，而植被的葱郁又加深了这种感觉；九寨沟的彩林，使"童话世界"更具神秘、诱人的色彩；数以万计的黄山松，以其形态奇异，或盘结于危岩，或挺立于峰巅，构成黄山独特的风景，被列黄山"四绝"之首，成为黄山的象征。同时，中国的许多名山都有自己特有的植物或名花，如峨眉山的高山杜鹃、天津盘山的梨花、杏花和桃花均闻名于世，为生态名山旅游地增色添彩。

2. 生态环境优越

丰富的植被资源使生态名山植被覆盖率高、森林资源丰富，森林中的负氧离子含量一般较高，绿化程度较高的地区和森林中的负离子含量比城市居室高出 400 倍。这些负离子对人体健康非常有益，它能够安神、催眠、镇痛、止痒、止汗、增进食欲，并使呼吸、脉搏节律平稳，降低血压，稳定情绪，振奋精神，消除疲劳，给人以极大的舒适感，被人们称为"空气维生素"。生态名山的植被繁茂，森林覆盖率高，构成了能够增强人类体质的环境，对久居城市、精神压力很大的人们会产生极大的吸引力。

3. 生态景观多样

生态名山多数气象资源丰富，雨景、云雾景、冰雪景、雾凇雨淞景、霞景、日月景、幻景等等，直接构成丰富多彩的气象景观，气象气候景观是生态名山风景的有机组成部分。同时，由于海拔高度较高，生态名山垂直地带性明显，垂直气候带使风景层次分明，尤其是南方某些海拔高度较高的名山,从山脚到山顶,四季共存,三带并立的现象普遍存在(陆林等,1994,2002;Mark A,1992;Septemb D,1990)。

4. 资源利用持续

生态名山的开发利用要以保护自然环境为前提,生态名山的运转要更多地使用可再生资源和能源,并保证可再生资源和能源的自我更新能力,保持生态名山生态的多样性,保护一切自然资源和生命支持系统,维持和不断提高环境质量。

5. 设施运转高效

在旅游开发的过程中,生态名山能够改变现代景区高耗能、非循环的运行机制,充分地挖掘自身生态资源优势,提高一切资源的利用效率,物尽其用,物质、能量得到多层次的分级利用,实现废弃物循环再生和生态名山低碳、零碳发展。

6. 社区发展和谐

社区发展的和谐性是生态名山得以实现可持续发展的保证和要求,一个稳定、和谐的社区环境,有利于生态名山的有序开发和利用。同时生态名山发展的根本目的也是为了满足山区人们的需要,提高人们的生活水平,实现人与自然之间的和谐共处。

1.3.3 生态名山的功能

生态名山的功能是生态名山满足人类物质文化需求的能力和方式,主要有以下五大功能。

1. 生态保育功能

在人类进入工业社会以来,人们征服自然,改造环境,开发资源,给大自然造成严重破坏,生态失衡、生物多样性严重减少、环境恶化,反过来又威胁人类自身的生存。生态名山良好的生物资源是保护良好气候、蕴蓄水源、防治水土流失、保护山区免受自然灾害的重要条件。同时,生态名山是生物多样性的保存境域,可提供用于生产或科研领域的多种遗传基因的种质资源。因此,保护生态、生物多样性与环境是生态名山各种功能中最基本最重要的功能。另外,生态名山对于维持山区封闭的小气候环境具有重要意义。

2. 环境教育功能

每一座生态名山,不论其整体或局部、实物或空间,都具有特色鲜明的美的形象、美的环境和美的意境。这些都是由自然界各种物体的形、色、质、光、声等各种因素相互影响、相互交织、相互配合而成的,使人感受到险、秀、雄、幽、旷、深、坦等千变万化的自然之美和各种瑰丽多彩的人文之美。因而我国生态名山,自古以来就被誉为"诗境""画境",而成为诗人、画家、造园家、摄影家的创作源泉,也是广大人民群众普及美育的课堂。因此,它是研究地球变化、生物演替等自然科学的天然实验室和博物馆,是开展科普教育的生动课堂。

3. 科学研究功能

生态名山是地球演变过程和人类发展进步的结晶,往往蕴涵众多地质、地理、动植物、生态、水文、气候等自然科学现象,有的能够反映亿万年来地球地质地貌的演化过程,有的能反映某些历史时期某些地域或民族文化、艺术、科学成就及生产生活状况,是科学研究尤其是自然科学研究的重要对象,具有重要的科学研究功能。生态名山的丰富生态资源,是大自然留给人类的宝贵遗产,供人类研究开发,对发展人类文明、促进社会进步具有重要作用。

4. 休闲旅游功能

生态名山有供人们欣赏的优美景观,是人们回归大自然的首选对象。中华民族历史上就有崇尚山水、热爱自然、登高涉险的传统,现代社会的紧张生活使人们更乐于游览山河、开阔胸襟、陶冶情操、锻炼体魄、访胜猎奇、增长见识。另外,由于历史原因,一些生态名山还是著名的宗教活动圣地。生态名山的生态价值、地貌生态、文物价值无法估量。生态名山的壮丽山河足以引起游客的骄傲、自信、自强和自豪,能激发海内外炎黄子孙爱家乡、爱祖国的感情和民族的凝聚力。

5. 山区发展功能

生态名山富有多种资源,其开发利用能够产生直接的经济效益。许多生态名山对促进地区社会经济发展起着重要作用,通过生态名山"搭台"和合理开发,产生经济和社会效益,带动当地经济发展、信息交流、文化知识传播以及人们素质提高,为群众脱贫开辟了捷径。生态名山周边,群众收入成倍增长,开发程度迅速提高,有利于区域经济的均衡发展。

1.4 生态名山评价的指标体系与方法

1.4.1 基础理论

1. 人与自然共生理论

(1)基本内容

人类过去在改造自然,现在仍在改造自然。但是,人类改造自然的技术圈不应当毁坏生物圈,而应当遵循其组织原则,补充生物圈。技术圈作为统一的运动体系中的组成部分应与生物圈相互作用,形成二者"共生现象"。

1)技术圈与生物圈共生

技术圈代表人的主观能动性,生物圈代表自然与自然环境,即人与自然的关系应该建立在一种理智的、符合客观规律的,又能发挥人的聪明才智的,人与自然互利、技术圈与生物圈共生的关系。

2)人与自然共同创造

前苏联 B. B. 索恰瓦在《地理系统学说导论》中提出了"人与自然共同创造"思想,使人们对"在地球上,人类对于自然的改造都是与自然共同创造的"这一事实取得了共识。解决了人与自然的对立关系,认识了人与自然的合作关系,人的主观能动性只有符合自然规律,人与自然采取合作的态度,才能真正取得胜利。

3)自然和社会、经济系统的相互调节与共生作用

自然和社会、经济系统的相互作用分为调节和共生,调节即在短时间和小范围内对小规模的能量和物质的利用和释放进入人为调节;共生是由于人类对长时间和大范围内大规模物质和能量调节无能为力,才通过"共生"来对环境系统进行控制。

综合上述三种认识,人类与自然界的关系应该是互利的、共生的关系,这种关系要求人们改变人与自然的对立,维护人与自然的协调。

（2）生态名山开发利用的前提条件

人与自然的共生的关系，使人类开始重新审视自然的价值，不仅站在人类的高度上认识自然对人类的价值，同时还站在自然的角度认识自然自身的价值。自然对于人类的精神价值表现在知识、美学和道德三个方面，人类的一切知识都源于自然，是人类对自然认识的结晶。生态名山是大自然的有机组成部分，人为破坏生态名山以及不科学的开发与规划，不仅会破坏景观的美感，更会破坏人类生存的自然环境。

2. 可持续发展理论

现代可持续发展的思想主要源于 20 世纪 70 年代初关于"增长的极限"的讨论。《增长的极限》（The Limits to Growth）是罗马俱乐部于 1968 年成立以后提出的第一个研究报告，这一报告于 1972 年公开发表后迅速在世界各地传播并引起国际社会的普遍关注和广泛讨论。这些讨论是围绕着这份报告中提出的观点展开的，即经济的不断增长是否会不可避免地导致全球性的环境退化和社会解体。可持续发展概念可以从宏观、中观、微观三个层次上分析。宏观上说可持续发展就是要保持人与自然的共同协调进化达到人与自然的共同繁荣。从空间范围上，包括区域、地球至宇宙。所以，宏观层次的理解是着眼于人类与整个大自然界，是"人—天"的关系。从中观层次上讲，可持续发展是满足当代人需求又不危害后代人需求能力，既符合局部人口利益又符合全球人口复兴的发展。中观层次着眼于地球和地球上的人类，是"人—地"之间的关系。该定义包含人类在时间维和空间维上的公平，满足广义上公平性、生态的持续性和全球共同性原则。从微观层次上讲，可持续发展是资源、环境、经济和社会的协调发展，是在资源和环境得到合理的持续利用保护的条件下取得最大的经济效益和社会效益。微观的可持续发展理解是着眼于区域，重点在于"人—人"之间的关系，这个层次上的概念具有可操作性。

3. 生态系统理论

生态系统就是指一定地域内生存的一个生物群落与环境相互作用的，具有能量转换、物质循环和信息传递等功能的统一体。生态系统就是生命系统和环境系统在特定空间的组合。其规律如下：①相互依存与相互制约规律。生态系统中生物与生物、生物与环境相互依存、相互制约，具有协调关系，是构成生态系统或生物群落的基础。②物质循环与再生规律。生态系统中植物、动物、微生物和非生物成分，借助能流，不断从自然界摄入物质并合成新物质。另一方面又随时分解成为原来的无机物质，重新被植物吸收，进行着不停的物质循环。③物质输入与输出动态平衡规律。物质输入与输出又称协调稳定规律，涉及生物、环境和生态系统三个方面。④相互适应与补偿的协同进化规律。生物与环境之间存在作用与反作用过程。生物给环境以影响，反过来环境也会影响生物。协同进化规律使生物从无到有，从低级到高级发展。如果因某种原因破坏了生物与环境相互适应与补偿的关系，生态系统就会遭受破坏。⑤环境资源的有效极限规律。生态系统中，生物赖以生存的各种环境资源在质量、数量、空间和时间等方面，都有其一定的限度，不能无限制地供给，因而其生物生产力通常都有一个大致的上限。

在一定时间内，生态系统中生物与环境之间，生物各种群之间，通过能流、物流、信息流的传递，达到互相适应、协调和统一的状态，处于动态的平衡之中，这种动态平衡称为生态平衡。生态系统调节能力的大小与生态系统组成成分的多样性有关。成分越多样，结构越复杂，调节能力则越强。但生态系统的调节能力再强，也有一定限度，超出了这个限度，生态平衡就会遭到破坏。因此,生态系统是否处于动态平衡的状态,其判断标准主要根据:①生态系统中能量和物质的输入、输出是否相对平衡;②生产者、消费者、分解者是否构成完整的营养结构,食物链是否断裂;③生物种类及其数量是否保持相对稳定等进行判断。

造成生态系统失衡的原因有自然因素也有人为因素。自然因素主要是指自然界发生的异常变化,如火山爆发、山崩海啸、水旱火灾等。人为因素主要是指人类对自然资源不合理开发与利用以及工农业生产所带来的环境污染等。生态系统失衡的原因主要有:①物种的改变造成生态平衡的破坏。人类在改造自然的过程中,有意或无意地使生态系统中某一物种消失或向某一地区引进某一生物,从而造成整个生态系统的失衡。②环境因子的改变导致生态平衡的破坏。工农业生产的迅速发展,有意或无意地造成大量污染物进入环境,从而改变生态系统的环境因素,影响整个生态系统,甚至破坏生态平衡。③信息系统改变引起生态平衡的破坏。生态系统信息通道堵塞,信息传递受阻,就会引起生态系统改变,破坏生态平衡。当今全球自然生态平衡的破坏,主要表现为森林锐减、草原退化、土地荒漠化水土流失严重、动植物资源及生物多样性减少等。

对于生态名山而言,开展旅游等各类开发活动,主要的干扰是人对自然生态系统和人文环境的干扰。生态名山的开发评价必须以人与自然和谐共生的生态系统为核心资源,强调从维护生态系统整体性出发,保护生态名山生态系统中有机生物与无机环境,从而使生态系统维持正常的物质流、能量流与信息流,系统中的不同生物群体彼此制约,生物群体之间、以及生物与环境之间维持一种恒定状态。积极运用生态平衡与干扰理论,自觉维护生态系统能量、物质、信息等的输入与输出的平衡,提高能量转化和物质循环的效率,约束旅游者和开发管理者的行为,把对生态名山生态系统的影响控制在可承载的范围之内,保持生态平衡,促进人与环境资源的协同进化。生态名山复合系统是一个由人参与并产生频繁干扰的自然—人工复合系统,必须合理控制开发活动对自然生态系统的干扰强度和频度,以避免导致生态系统退化。

4. 生态环境伦理学理论

生态旅游环境伦理是指在生态名山开展旅游等开发活动所依据的生态学伦理思想。它不是一般意义上的社会伦理,而是将人与自然、生态三者密切地联系起来的关于人与自然关系、人与生态关系的伦理,将它们综合为一体,则可称为人与生态名山环境关系的伦理。

(1)基本内容

作为一种全新的伦理学,环境伦理学的一个革命性变革就在于,它在强调人际平等与代际公平的同时,试图扩展伦理的范围,把人之外的自然存在物纳入伦理关怀的范围,用道德来调节人与自然的关系。当代环境伦理学主要以环境价值观与环境意义上的人类道德行为为研究主题。

1)生态环境伦理强调大自然的整体和谐性

人类生存的大地,包括各种生物系统和生物栖息所依赖的自然环境系统,是一个统一的完整的有机体,每个系统的组成要素之间都是相互联系和相互制约的。人类只有把自己的行为约束在有利于保护生态系统的和谐稳定、保护生物多样性、保护土地利用的完整无损时,才可以说是符合生态环境伦理规范的要求的。

2)生态环境伦理强调维护生物多样性和生态环境多样性

生态环境伦理要求人类必须承认自然的权利。生物作为一种物种存在,有资格、有权利得到人类的尊重,即人类有责任、有义务保护生物的多样性,保护生物为了维护自身的存在必须拥有的特定的生态环境。生物赖以生存的条件,如生物过程与生命支持系统一旦受到污染和破坏,生物的种群和群落便无法存在,生物的多样性也就不可能得到维护。

3)生态环境伦理要求人类必须承认自然的价值

自然或生物的价值是多方面的,其主要价值表现在两个主题内容上:第一,被人们视为对其有用的自然的使用价值;第二,自然界固有的价值或内在价值。其中,自然或生物的内在价值主要表现为在生态系统中所发挥的独特作用。每一种生物都对生态系统的平衡和稳定、对生态系统的物质循环、能量流动和信息交换,发挥着自己的独特功能。

（2）环境伦理在生态名山评价中的作用

从上述基本内容中,这种思想对生态名山评价的指导作用主要表现在以下几点:

> 生态环境伦理的内容和观点,是开展生态名山开发评价活动必须遵循的基本原则。生态环境伦理思想也是所有参与生态名山事业的人必须具备的意识和伦理素质。
> 生态环境伦理所强调的生物权利和生物价值的观点,从实践上给生态名山的开发和评价指明了一种可操作的方法。
> 生态环境伦理是指导生态名山开发活动观贯彻可持续发展方针,为子孙后代留下其享用自然资源权利的重要思想武器。

因此,生态环境伦理是协调人与自然关系的,从维护自然环境、保护生态平衡的目的出发,对人们的行为提出了规范要求。这种规范要求所遵循的基本原则就是要在对自然采取的行为的价值指向上实现"利益公正"的目的。人类要实现"利益公正",最重要的是要实现人类代际间的利益公正,即要求当代人在满足自己的利益需要时,不能剥夺后代人满足他们利益需求的权利。

5. 生态经济学理论

生态经济学的概念是肯尼斯博尔于20世纪60年代末首次提出来的。生态经济学是研究生态系统和经济系统相互作用所形成的复合生态经济系统,研究其矛盾运动过程中所发生的各类生态经济问题,从而揭示自然与社会之间的内在本质联系及其运动的发展规律,这也是生态学和经济学的观点和方法,研究如何把经济规律和生态规律结合起来,解决人类社会经济发展过程中所遇到的生态经济问题。

生态经济学认为,在任何物质生产活动中,都存在着自然再生产和经济再生产相互制约、相互影响的作用。其中自然再生产是经济再生产的基础和前提条件,两者的本质是质量、能量与信息的转化和互动,人类自身的再生产即人增长是联系经济再生产和自然再生产的中间环节。一方面作为自然的人要参与自然再生产,另一方面作为社会的人自身的再生产也要通过经济再生产来实现。要实现经济社会的健康发展就要树立新的资源观、价值观和效益观,全面变革劳动过程,实现对自然界的开发和自然界的补偿的同步增长。运用生态经济学的基本观点来指导生态名山评价,就是在生态名山范围内建立健全的循环经济体系,大力发展生态效益型经济,走可持续发展道路,实现社会效益、经济效益和生态效益的最佳统一。

1.4.2 评价指标体系构建与评价方法

生态名山是一个生态、景观、文化等要素有机融合的复合系统,对生态名山进行评价时,主要是根据生态名山复合系统特征确定评价指标。指标是反映系统要素或现象的数量概念和具体数值,是对事物现象、本质和效率的表征,可以为人们提供事物状态、进程和趋势的信息,提供了描述、监测和评价的框架。

按照系统论的观点,生态名山评价指标体系本质上是由若干相互联系、相互补充、具有层次性和结构性的指标组成的有机系列。构建生态名山评价指标体系的指标,既有直接从原始数据得来的基本指标,以反映相关领域的系统特征,如植被覆盖率、物种多样性等指标反映了生态名山的自然环境特征,又有对基本指标的抽象和总结,以说明各领域之间的联系和生态名山作为一个整体所具有的综合指标,大气质量指数、改善环境投入率等指标,不仅反映了生态名山环境方面的环境质量,而且说明生态名山环境质量的好坏,与当地政府开发保护力度和游客的环保意识的高低有直接的关系。在指标的筛选过程中,既要注重生态名山所特有的生态特征,又要考虑生态名山作为名山所具有的历史文化价值和社会知名度等因素。

总体上,本研究生态名山评价指标体系构建与评价思路如图1.1所示。

1. 指标构建原则

由于我国东西南北地理环境差异巨大,生态名山生态特征千差万别,其结构、功能和保护对象各不相同,地域分布上的差异及遭受到的各种内在与外在的压力和影响亦不相同,生物多样性丰富地区的评价不可能将生物多样性的所有要素进行分析,因此评价指标的选取非常关键。要尽量在众多因子中经过综合分析、判断,逐级筛选出最灵敏、最具概括性而又简洁易度量的概念或参数作为评价指标,才能达到在同一评价标准下比较不同类型生态名山的目的。本研究中生态名山评价指标体系的构建主要遵循以下原则:

(1)指标应在不同层面上反映生态名山的核心特征,各指标间应有明确的对应关系。各指标应全面覆盖评价目标的特点,且具有相对独立性,避免重复。

(2)在指标选取及文字描述上突出生态理念,社区参与和环境教育是生态理念的重要表现形式。

(3)所选指标应具有广泛的代表性,同时尽量选取容易取得数据、可量化的指标。

(4)指标应具有真实性、可靠性和科学性,有目的性和针对性地选择主导因子。

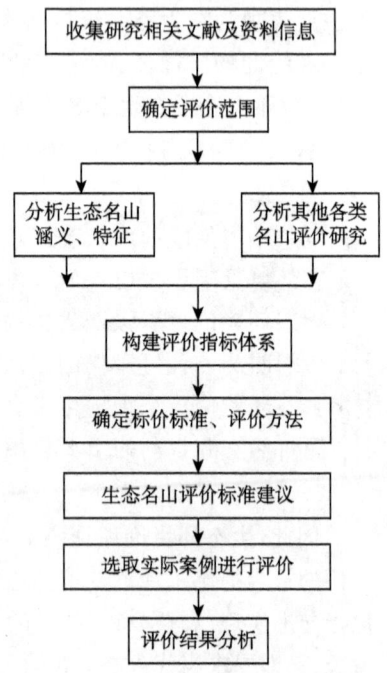

图1.1 生态名山评价标准研究思路

2. 指标体系构建方法

(1)定性与定量相结合的方法

由于生态名山的复杂性,建立指标体系也是一个极其复杂而连续的过程。在所需要的指标与现有的数据之间不可能都存在着简单的对应关系;同时现有的定量指标的数据也未必能组合完全令人满意的指标。在定量分析的基础上,定性分析往往使认识更趋于深刻。从另一个方面分析,定性分析也是定量分析的基础,人们往往是先定性地认识某问题,然后再逐步走向定量。因此,定性分析与定量分析在分析和认识问题过程中是相辅相成的。

(2)综合与分解相结合的方法

根据系统论原理,生态名山的评价指标体系分为不同的层次。在同一层或不同层次之间,有许多指标都有分解与综合的问题。一个指标只能反映一个问题的侧面,如果要综合地反映某个层面,就涉及到把本层次各个侧面指标加以综合。如果要建立一个反映某个问题的指标时,若没有现成的指标进行综合,则可以把这个问题进行分解,使之简单化,然后再综合。因此,综合与分解可以作为建立指标体系的最简单的方法。

3. 指标体系构建

为了给出生态名山评价指标体系的总体框架结构,本研究事先搜集确定了一系列评价指标,在广泛征求有关专家学者意见的基础上,结合生态名山自身特征,最终确定了9项评价指标,分别是生态资源质量、生态环境质量、生态景观质量、历史文化价值、社会知名度、社会经济指标、建设基础、环境卫生质量、综合管理。

4. 评价方法

参考国家森林公园、风景名胜区、A级景区等评定方法,通过专家咨询法确定各指标权重。根据各评审指标的重要程度,分别赋予一定分值,总分为1000分。评定时对评价项目和评价因子由评定组成员分别计分,最后进行算术平均求得总分。具体如表1.4所示。

表1.4 生态名山评价指标体系及其评分细则

序号	项目	工作要求与评定标准	分值
1	生物资源质量		125
1.1	生物多样性		70
1.1.1	动植物	植物类型多、面积大、郁闭度高,建群种与优势种强,生长情况好,生物量大;动物种群量大、生殖与栖息地环境良好,食性与习性稳定,类型多、分布广	30
1.1.2	物种保护	保护尽可能多的物种和生境类型,生态系统增强再生与恢复能力;有珍稀物种或濒危物种,有专项保护措施(范围、科研、管理、人员);保护所有物种并使之平衡,有生态监测和动植物救助专人及措施	25
1.1.3	生态过程	不削弱非生物因子对生态系统的支持能力;保护生态系统的自然性;防止生境损失	15
1.1.4	生态系统本土性	恢复和增殖原有物种,禁止外来物种引进和入侵,以避免造成生态环境的系统性紊乱	−20

续表

序　号	项　目	工作要求与评定标准	分值
1.2	资源丰富性	资源规模大、丰度度高,资源实体完整,保持天然的形态与结构	30
1.3	系统整合	各要素形成统一的生态环境系统	25
1.3.1	类型丰富	生物资源类型丰富,有助于景观丰富性	5
1.3.2	互补性强	各种类型相互补充,有助于生物多样性	5
1.3.3	自然状态	植被乔、灌、草相结合,人工痕迹不突出;1千米步行,路边500米可见大型哺乳动物或其活动痕迹,水中可见较大鱼类。或水边可见爬行动物,空中林中可见类型较丰富或成规模的鸟类	15
2	生态环境质量		140
2.1	土地		23
2.1.1	山地利用	25°坡以上的山地还林还草	5
2.1.2	土壤质量	随机取样,取最低值。分以下主要等级:	8
		(1)达到国家土壤环境质量(GB 15618—1995)一级标准;	
		(2)达到国家土壤环境质量(GB 15618—1995)二级标准。	
2.1.3	建设用地	严格控制建设用地,道路用地以方便、实用为原则,努力减少道路用地,不建或少建盘山公路或贯通区域的交通干线	10
2.2	水资源	加强对降水的蓄集与利用,合理利用地下含水层,有条件的适度开展探险、暗河漂流等活动,泉水使用量应低于涌出量,适度开展温泉浴等康疗活动	15
2.3	森林	除建设用地及水面之外,绿化覆盖率达到70%,森林覆盖率达到70%以上;有原始林,天然次生林禁止永久性建设,可开展科考、徒步旅行等活动。人工林树种较多,林相丰富,观赏性强	15
2.4	地文景观	花岗岩地貌垂直节理发育。丹霞地貌柱状节理发育突出,喀斯特地貌山峰秀丽,峡谷地貌陡峻等;有观赏价值的地质剖面;单体岩石体量巨大,或岩石造型独特或群体规模大	10
2.5	溶/岩洞	景观独特性突出,具有较高观赏价值。旱洞水洞共生分层次,体量巨大或幽深;溶洞与天坑共生,独特性突出,原生态保存;具有较高的文化内涵与相应的文化遗存	10
2.6	自然资源的保护与利用	开发绿色无公害产品,土特产品形成生产基地或养殖基地,达到规模化生产;利用可大量再生的自然资源,形成设计、生产、销售等产品链和产业链;非采伐性的林产品及林间产品,竹产品、山野一年生采摘产品、非野生水产品等逐步产业化。禁止利用不可再生的资源	12
2.7	空气质量	以当地旅游旺季的情况为准,现场检查。空气质量等级参照国标《环境空气质量标准(2012)》一级标准、二级标准;负氧离子含量较高	10

续表

序 号	项 目	工作要求与评定标准	分值
2.8	噪声质量	以当地旅游旺季的情况为准,现场检查。分以下主要等级:(1)参照国标一类标准,夜间45分贝、白天55分贝;(2)参照国标二类标准,夜间50分贝、白天60分贝	5
2.9	地表水质量达国标规定	无明显的令人不快的沉淀物;无令人不快的碎片、浮渣、油类等漂浮物;无令人不快的颜色、气味或浑浊物;无对人类或动植物有毒、有害物;无破坏水生生态的生物	10
2.10	景观、生态、文物、古建筑保护	全年用于地质地貌景观、文物、古建筑、生态系统、珍稀名贵动植物的保护费用保障。采取适合的保护措施,如防火、防盗、防捕杀、古建筑修缮、古树名木保护等具体制度、措施落实、设施设备完备、人员职责明确。能够全面保持文物古迹和地质地貌景观的真实性和完整性	15
2.11	环境氛围	区域内建筑选址不破坏景观,建筑外观与周边环境相协调	15
2.12	使用造成严重破坏环境或游览气氛的设施、设备或材料	包括产生高噪音或有毒有害气体、漏油漏气的车辆、船舶等	−10
3	生态景观质量		90
3.1	观赏游憩价值	观赏游憩价值很高	20
3.2	历史文化科学价值	具有极高历史价值、文化价值、科学价值,或其中一类价值具世界或全国意义	15
3.3	珍稀或奇特程度	有大量珍稀物种,或景观异常奇特,或有世界级或国家级资源实体	15
3.4	规模与丰度	景观资源实体体量巨大,或基本类型数量超过40种,或资源实体疏密度优良	25
3.5	完整性	资源实体完整无缺,保持原来形态与结构	15
4	社会知名度		100
4.1	知名度	分以下主要等级:(1)具有世界遗产地等国际级称号;(2)具有国家级风景名胜区、国家森林公园等国家级称号;(3)具有省级称号	25
4.2	美誉度	有很好的声誉,受到75%以上游客和大多数专业人员的普遍赞美	15
4.3	市场吸引力	海外游客占7%以上,市外游客占50%以上	15
4.4	市场宣传	宣教资料丰富,通过国际互联网宣传	25
4.5	导游(讲解)服务	培训生态知识讲解服务,导游讲解科学、生动、准确	20
5	社会经济指标		150
5.1	地区经济发展水平	地区经济发展水平能够从侧面反映生态名山的保护能力和社区支持能力。以生态名山所在地级市为单位,包括经济总量指标(国内生产总值及增长率、人均国内生产总值、国内生产总值密度)及其在全国的相对水平	30
5.2	经济结构指标	综合反映生态名山所在地区经济结构和发展质量	10
5.2.1	三次产业比重	依据三次产业增加值构成和发展趋势定分	4

续表

序 号	项 目	工作要求与评定标准	分值
5.2.2	新兴产业产值比重指标	现代服务业和战略性新型产业发展状况	3
5.2.3	特色优势产业发展状况	体现当地特色和具有明显优势的产业发展状况	3
5.3	经济效益指标	全社会劳动生产率、每百元国内生产总值的物耗系数、财政收入占国内生产总值比重,以及这些指标在全国的相对水平	10
5.4	公共环境	良好的公共环境会促进生态名山的形象提升,形成良性循环的发展格局	30
5.4.1	社会治安	杜绝本地居民的重大恶性案件的发生,减少外来人口流窜作案的机会	10
5.4.2	社会秩序	稳定有序,平和宁静	10
5.4.3	目的地友好程度	不欺生,不敲诈,有礼貌,敬语普及程度高,随时帮助旅游者	10
5.5	公共信息图形符号设置	标识的内容、位置与范围,按 GB/T 10001.1 设置	20
5.5.1	位置与数量	在停车场、出入口、主要路口、厕所、餐饮设施等位置,合理设置公共信息图形符号	5
5.5.2	图形符号规范	符合相应标准,发现一处不规范扣1分	5
5.5.3	材质与造型	分为下等级:(1)有地方特色。包括当地材料和特色设计等,得5分;(2)无特色,包括普通木板及纸板、塑料板等,得2分	5
5.5.4	制作	分为下等级:(1)有特色。无脱落、无毛刺、无腐蚀等,得;并有艺术性的,得5分;(2)一般。基本无脱落、无毛刺、无腐蚀等,得2分	5
5.6	社区参与	创造条件使社区居民积极参与生态名山的规划、宣传和教育等过程	25
5.7	社区会议	定期或不定期举办社区会议或社区代表会议,沟通管理者、经营者与社区居民的信息,通过面对面的讨论达到协调一致	10
5.8	创造机会	通过各种渠道和方式,为当地群众创造就业机会和发展机会,使旅游发展与居民利益达到正相关的关系	15
6	历史文化价值		120
6.1	传统文化的保护与利用	传统文化生态名山的重要组成部分,有工作安排,有经费投入	40
6.1.1	传统活动独特性	传统礼仪、节庆等民俗的保存数量和程度;传统体育和游艺的保存数量和程度	20
6.1.2	非物质文化遗产独特性	非物质文化遗产的保存数量和程度	10
6.1.3	保护经费投入状况	根据文化保护经费占收入的比例	10
6.2	建筑	建筑体系、建筑形态和建筑风貌独特	30
6.3	历史文化	有特色的历史建筑、名人故居、名人诗词、题字及其价值	30
6.4	宗教文化	宗教文化氛围及其宗教地位	20

续表

序 号	项 目	工作要求与评定标准	分值
6.4.1	庙宇	以"整修如旧"的原则修复,不宜新建或大规模翻建,避免过度商业化开发	10
6.4.2	宗教	本教或自然宗教形式突出体现当地特色和民族特色,应适当表现	10
6.4.3	香火	禁止大规模香火,以保护环境	—10
7	建设基础		115
7.1	交通	按照通达性要求建设区域外部交通,按照保护性要求建设区内交通,按照方便性要求建设游览交通	5
7.2	自配停车场地		10
7.2.1	生态停车场	生态停车场系指有硬化停车线和绿化停车面或绿化隔离线的停车场	3
7.2.2	地面	检查主要停车场的地面:	4
		(1)硬化或黑化地面	
		(2)砂砾地面	
		(3)泥土地面	
7.2.3	停车场管理	是否设停车线、停车分区、回车线、分设出入口、专人值管等	3
7.3	停车场与景观不相协调	位置不当,或脏、乱、差现象严重等	—10
7.4	区内道路	严格规划建设	10
7.4.1	生态路	选线与山形水系相呼应,建设垃圾处理好,不留迹地,以桥梁方式保留动物通道,以水路方式保留鱼类、蛙类爬行通道,设动物通道提醒标识	3
7.4.2	景观路	沿线山体绿化好,沿线山石有突出景观,沿线有水且水体清澈,行道树树种较好,行道树成荫	3
7.4.3	游览步道或游览线路	进出口设置合理,游道或线路设置合理,采用生态性材料,设置观景或休息设施;交通标识设置正确、清晰,完好美观	4
7.5	特色交通方式和工具	符合规划标准,按照生态质量优先原则设置。有能反映生态名山文化特色或环保特色的便民交通工具,如骑马、人工抬轿、雪地摩托等	10
7.6	住宿设施	布局合理,结构丰富,体量协调,特色鲜明,按照绿色饭店标准进行建设	30
7.7	餐饮	按特色化、多样化的基本要求进行布局,创造品牌化系列宴席,开发系列化食品。禁止捕食野生动物和采食珍稀植物,发现扣10分	10
7.8	购物	购物场所外观与景观环境相协调,以本地产品为主,鼓励创造本地精品,杜绝假冒伪劣。设专门管理机构或人员,确保旅游者权益。有统一管理措施和手段	10
		不得加工销售国家保护的动植物标本	—10
7.9	娱乐活动	可根据当地特点开展适度健康向上的娱乐活动,但不得影响或损害当地生态环境。严格禁止黄赌毒	5
7.10	给排水工程	给水设施以地下管道方式为主进行,不露明渠;排水设施通畅、集中;建设集中污水处理厂,严禁污水随意排放	10
7.11	能源	提倡使用电力、天然气、太阳能、风能、沼气、生物能等清洁能源。禁止采用林木草等生态资源为能源,发现一处扣3分	15

续表

序　号	项　目	工作要求与评定标准	分值
8	环境卫生质量		80
8.1	环境卫生	气味清新,无异味	10
8.2	污水排放得当	不污染地面、河流、湖泊、海滨等。发现一处明显不得当的,视情节严重扣2分	5
8.3	垃圾处理	分类收集,不乱堆放,不就地焚烧或掩埋,垃圾清扫及时,垃圾清扫器具美观、整洁	15
8.4	垃圾箱(桶)	外观整洁,布局合理,造型美观	10
8.5	吸烟分区管理	区分吸烟区与非吸烟区,且管理到位,或室外全部为非吸烟区,且管理到位	10
8.6	餐饮卫生	食品卫生符合国家规定,餐具、饮具、厨具分类存放,消毒处理。禁止使用不可降解的一次性餐具,发现扣5分	5
8.7	厕所位置与数量	位置隐藏,但易于寻找;数量充足,厕位总量达旺季日均游客接待量要求;厕所采用水冲或使用生态厕所的比例较高;有残疾人厕位	15
8.8	厕所设备	洁具质量较好,主要游览场所厕所具备挂衣钩、卫生纸、香皂或皂液、面镜、干手设备、盥洗设施(水龙头)的,每项得1分。厕所色彩、造型与景观环境的协调,有异味或地面(池面)有秽物每个收费厕所扣2分	10
9	综合管理		80
9.1	机构与制度		15
9.1.1	管理机构健全,职责分明	抽查管理人员,职责掌握率不足50%的,不得分;掌握率50%以上的,酌情给分;全部掌握的,给5分	5
9.1.2	规章制度	质量、营销、导游、卫生、生态、环保、统计等规章制度健全,缺一项扣2分;各项规章制度贯彻得力	10
9.2	生态名山形象	具有鲜明独特的生态名山标志,明确的质量目标,有鲜明的质量方针或口号,为全体员工所熟知。员工服饰应地方化、民族化、专业化,佩带工牌,举止文明,热情大方	10
9.3	投诉与处理	设有专职、专用人员设备(指电话、信箱等),投诉处理效果好。近三年内发生重大质量投诉,扣10分	20
9.4	特殊人群服务项目	包括残疾人轮椅、盲道、无障碍设施等(不含残疾人厕所、厕位),老年人使用的拐杖,儿童使用的童车、玩具等。查看服务指南与相关设施,每项得2分	5
9.5	通过第三方认证	通过ISO 9000族质量保证体系认证与ISO 14000族环境管理体系认证	10
9.6	科研	在生态、环保、历史、文化等方面开展科研活动,有专门机构、专职人员,成果丰富,效果显著	20

评价计分说明:禁止或反对的项目打负分,国家级生态名山达到900分。

1.5 生态名山评价标准内容建议

1.5.1 评价标准的适用范围

本评价标准规定了生态名山的基本要求,制定了生态名山的评价指标体系,分别是生态资源质量、生态环境质量、历史文化价值、社会知名度、基础设施质量、服务设施质量、环境卫生质量、公共环境与社区参与、培训与教育等方面的规范和要求。

本标准适用于在中国境内以独特的自然生态、自然景观和与之共生的人文生态为依托,生态资源开发利用科学、合理,形成可持续发展并拥有较高知名度的山地空间综合体。

1.5.2 评价管理建议和程序

1. 认定与检查

认定与检查由生态名山评定机构负责。基于生态名山保护与开发现状,建议由环境保护主管部门联合进行评选。

各有关地区按照本标准进行创建,采取自愿加入的原则,由生态名山评定机构组织评定或通过授权的第三方机构进行评定。

2. 评选与申报流程

对申报验收的区域进行资料和文件审核,并经现场考察后提交审核报告现场考察工作,应吸收所在地区的有关部门参与。

对审核合格的区域进行审批,并颁发"中国生态名山"称号。

通过评定的生态名山可以使用"中国生态名山"的称号和标志,证书和徽标由中国生态名山评定机构统一制定、颁发。

对授予"中国生态名山"称号的区域实施动态管理,定期组织复查。对已获得"中国生态名山"称号后,放松管理,致使名山生态环境质量等各项标准下降,不再符合本标准的区域,评定机构对其提出限期整改要求或取消其称号。

1.6 实证研究——以蒙山为例

1.6.1 研究区概况

蒙山位于山东省东南部地区,横亘于临沂市西部,界于东经 117°35′—118°20′,北纬 35°10′—36°00′,地跨平邑县、费县北部,蒙阴南部和沂南县西南部,包括 25 个乡镇,72 个行政村,面积 1125 平方千米。山体呈西北东南走向,由一系列中山及低山丘陵组成,主峰龟蒙顶位于平邑县境内,海拔高度 1156 米,为山东省第二高峰,素有"亚岱"之称。另有千米以上的山峰 10 座,较大山峰 300 余座,在地貌区划上属于鲁中南山地丘陵区的鲁中南断块隆起区。蒙山山地主要由太古界泰山群地层构成。主要岩性为黑云母变粒岩、黑云母斜长片麻岩、夹角闪黑云斜长片麻岩、黑云角闪片岩以及各种混合花岗岩,总厚度约9000米左右。由于岩性构成复杂,加之后期岩脉侵入,形成了外力风化作用的差异性,造型地貌独特,多奇石异峰。控制蒙山山体形成的主要构造运动为断裂抬升。山势雄奇突兀,沟谷深邃,岩壁陡峭,极为壮观。

蒙山国家森林公园于1994年12月被原国家旅游局林业部批准设立,1995年6月被山东省人民政府列为"省级风景名胜区",2002年9月被省旅游局颁为"山东省十大新景点",2005年被新闻媒体和资深专家评为"山东十大最美的地方"第二名,现为国家AAAAA级旅游风景区。

1.6.2 评价结果分析

依据本研究构建的生态名山评价标准,对蒙山各项指标评价如下:

1. 生物资源质量

蒙山是一座古老的花岗岩山,整个山体在多次地壳运动中历经沧桑巨变,于距今1亿年左右的中生代末期在燕山运动断裂的辅佐下崛起成山的。本区"三十六崮"顶部平荡,而顶的下部周围则是如同斧劈刀削的峭壁,险峻异常,沂蒙群崮几乎全是石灰岩崮所特有的帽式崮顶,山势陡峻,通体由太古界泰山群变质岩组成;本区的燕子石是一种含大量三叶虫的化石,分布于薄层灰岩,它主要产于泰安、莱芜、临沂等鲁中南地区的寒武纪地层中,石色沉绿,间或紫褐色,化石部分微黄,凸于石面,似燕子或蝙蝠形状,形态逼真,十分生动,故称"燕子石"或"蝙蝠石",具有独特的科学价值(图1.2)。

蒙山的气候、土壤条件孕育了丰富的生物资源,适合于各种喜酸性的乔木、灌木和草本植物生长。蒙山原始森林已破坏,现存部分次生林,大部分以人工林为主。据调查,蒙山森林覆盖率达85%以上,有乔木43科129种、灌木16科59种、草本植物20科200种、药材150科559种、野生动物10科15种、鸟类28科78种。部分山谷陡坡密林中含有大量的远志、防风、马兜铃、黄连、紫草、黄芪、黄芩、百合等野生经济植物,也是大群环颈雉、野生狼群、蝴蝶群等野生动物寄宿

图1.2 蒙山鹰窝峰

地。蒙山还是我国北方难得的中草药资源宝库,有野生中草药64科111属189种,是全国最大的金银花产地,天麻、冬虫夏草、连翘、何首乌、木灵芝、沂蒙全蝎等是蒙山的重要特产。因此,蒙山有"百里林海、天然课堂"之称。

蒙山山脉呈西北东南走向,东西绵长170千米,南北较窄,仅20千米左右,形成狭长的山地丘陵带。蒙山绵亘于平邑、蒙阴、费县境内,西接泰岱,东至沂水,奇峰耸立,峡多洞陡,古木怪石林立,有名的山峰就有百余座(图1.3),人称蒙山"既有泰山之雄伟,华山之险峻,又有黄山之秀丽,雁荡山之奇绝"。这里一年四季景色各异:春季林海花潮,夏季飞瀑流水,秋天漫山

图 1.3 蒙山龟蒙顶

红叶,冬天踏雪寻梅,是休闲避暑之胜境,回归自然之佳地。蒙山旅游区内名胜古迹众多,著名的有林海花潮、后花园、观峰台、百丈崖、对松山、水帘洞、白云岩胜境、沂蒙石林、云蒙湖等自然景观。

2. 生态环境质量

蒙山未受工矿业及大规模森林采伐影响,生态系统的面貌完整,环境优美,动植物物种丰富,水体质量符合国家标准,生态环境异常优越,森林覆盖率99%以上。中国科学院生态环境研究中心利用世界先进设备对蒙山进行了系统性的监测,测得蒙山地区空气中负氧离子含量每立方厘米龟蒙顶 22 万个、云蒙峰(蒙山第二主峰)85.42 万个,蒙山地区也因此被科学家称为天然"氧吧""超洁净"地区。

蒙山水系发达,山顶及周边有大中小型水库 150 多座,山泉遍布山林,泉水富含"美容元素"——偏硅酸,具有美容、抗衰老等功效,对心血管有很好的保养作用。受地形与降水季节分配不均的影响,发源于蒙山的河流水量变化较大,其山泉、溪流、瀑布、深潭、水库、塘坝等观赏型水景季节变化也较大。多水季节水清景秀,水景与水上游乐活动内容较多,而枯水季节、水量减少甚至干枯,河床湖岸裸露较大,瀑布消失,视觉效果很差,影响旅游效果。

3. 社会知名度

蒙山国家森林公园于 1994 年 12 月被原国家旅游局林业部批准设立,1995 年 6 月被山东省人民政府列为"省级风景名胜区",2002 年 9 月被省旅游局颁为"山东省十大新景点"。2005 年被新闻媒体和资深专家评为"山东十大最美的地方"第二名,现为国家 5A 级旅游风景区。

蒙山南侧有归来庄金矿,北部有全国唯一的钻石原生矿,东面有龙头旺金矿,镶金带钻,是一座名副其实的宝山。

4. 历史文化价值

蒙山是著名的历史文化名山,是"东夷文化"的发祥地之一,五千年以前就有先民们在此繁衍生息。古迹荟萃,文物众多,两千多年来,一直为文人骚客、帝王官吏所瞩目。《书·禹贡》有"蒙羽其艺",《诗经》称"奄有龟蒙",《论语》谓"东蒙主",《孟子》载"孔子登东山而小鲁"皆指此山。周朝起,蒙山被封国祭祀。春秋时,孔子"登东山(蒙山古时称东山、东蒙)而小鲁",《诗经·鲁颂》咏叹蒙山。唐宋以来,蒙山一直为文人骚客、帝王将相所瞩目。唐代大诗人李白、杜甫曾结伴游蒙山,杜甫写下"余亦东蒙客,怜君如弟兄。醉眠秋共被,携手同日行"的佳句;唐玄宗曾率群臣登临蒙山;北宋文学家苏轼登蒙山写有"不惊渤海桑田变,来看龟蒙漏泽春"的名句;康熙大帝冬游蒙山留下"马蹄踏碎琼瑶路,隔断蒙山顶上峰"的诗篇;乾隆皇帝南巡中游历蒙山则留有"山灵盖不违尧命,示我诗情在玉峰"的赞美诗篇,都对蒙山颂扬备至。战国时期纵横家的鼻祖鬼谷子、汉朝史学家蔡邕等曾隐居此山。蒙山以道教最为兴盛,道佛共修,向有"三十六洞天,七十二古刹"之说。蒙山钟灵毓秀,孕育了诸如孔子弟子仲由、"算圣"刘洪、"智圣"诸葛亮、"书圣"王羲之、书法家颜真卿家族等贤圣人杰。

众多的人文旅游景观,既是古代人类政治经济活动的记录和文化艺术的结晶,也是本地区岁月和特色的集中反映,它给人以知识、教育、启迪和乐趣。蒙山沂水孕育了众多的仁人志士,如荀子、刘洪、诸葛亮、刘勰等。特别是近代沂蒙人民为争取中华民族的独立与解放,创造了可歌可泣的业绩,涌现出众多的英雄儿女,如孟良崮战役遗址、沂蒙红嫂等举世闻名。

蒙山也是一座英雄的山,是沂蒙山革命老区的象征。震惊中外的孟良崮战役,在蒙山脚下拉开了解放战争战略进攻的序幕。刘少奇、陈毅、罗荣桓、徐向前、粟裕等老一辈无产阶级革命家都在这里留下光辉的足迹。这里涌现出了乳汁救伤员的沂蒙红嫂、沂蒙六姐妹等一大批英模人物,铸造了"爱党爱军、开拓奋进、艰苦创业、无私奉献"的沂蒙精神,成为党和国家宝贵的精神财富。

5. 建设基础

蒙山处在北京—上海黄金旅游线的中心位置,是京津塘和长三角两大都市圈游客南下和北上的重要节点;蒙山旅游区周边拥有天宇自然博物馆、竹泉村度假区、智圣汤泉、孟良崮等名胜景区,已具有相当的规模和市场影响力,具备以蒙山为龙头发展旅游产业集群的良好条件。

蒙山旅游区东与青岛、烟台、威海、日照等城市构成的黄金海岸线相连,西与泰安、曲阜、济南等城市构成的山水圣人线接壤。蒙山旅游区对外交通便捷,京沪高速、日东高速、济青高速南线接莱新高速、兖石铁路、胶新铁路、G205 线、G327 线、S234 线、S335 线、S240 线、S229 线均从蒙山旁边穿越,形成了四通八达的交通网络。临沂机场已通航北京、上海、广州、杭州、沈阳、青岛、大连、武汉、西安、重庆等大中城市,曲阜机场、京沪高铁曲阜站距蒙山仅 60 公里,区位条件优越。

蒙山生态名山评分情况见表 1.5,表 1.6。

表 1.5　蒙山生态名山评分总分

序号	项目	分值	蒙山得分	百分比
1	生物资源质量	185	180	97.30
2	生态环境质量	140	130	92.86
3	社会知名度	110	105	95.45
4	社会经济指标	150	128	85.33
5	历史文化价值	120	114	95.00
6	建设基础	115	107	93.04
7	环境卫生质量	100	95	95.00
8	综合管理	80	80	100.00
总计	8 项	1000	939	93.90

表 1.6　蒙山生态名山评分

序号	项目	工作要求与评定标准	分值	蒙山得分
1	生物资源质量		125	120
1.1	生物多样性		70	68
1.1.1	动植物	植物类型多、面积大、郁闭度高,建群种与优势种强,生长情况好,生物量大;动物种群量大、生殖与栖息地环境良好,食性与习性稳定,类型多、分布广	30	29
1.1.2	物种保护	保护尽可能多的物种和生境类型,生态系统增强再生与恢复能力;有珍稀物种或濒危物种,有专项保护措施(范围、科研、管理、人员);保护所有物种并使之平衡,有生态监测和动植物救助专人及措施	25	24
1.1.3	生态过程	不削弱非生物因子对生态系统的支持能力;保护生态系统的自然性,防止生境损失	15	15
1.1.4	生态系统本土性	恢复和增殖原有物种,禁止外来物种引进和入侵,以避免造成生态环境的系统性紊乱	−20	0
1.2	资源丰富性	资源规模大、丰度度高,资源实体完整,保持天然的形态与结构	30	29
1.3	系统整合	各要素形成统一的生态环境系统	25	23
1.3.1	类型丰富	生物资源类型丰富,有助于景观丰富性	5	5
1.3.2	互补性强	各种类型相互补充,有助于生物多样性	5	4
1.3.3	自然状态	植被乔、灌、草相结合,人工痕迹不突出;1千米步行,路边500米可见大型哺乳动物或其活动痕迹,水中可见较大鱼类。或水边可见爬行动物,空中林中可见类型较丰富或成规模的鸟类	15	14
2	生态环境质量		140	130
2.1	土地		23	22
2.1.1	山地利用	25°坡以上的山地还林还草	5	5
2.1.2	土壤质量	随机取样,取最低值。分以下主要等级:(1)达到国家土壤环境质量(GB15618—1995)一级标准;(2)达到国家土壤环境质量(GB15618—1995)二级标准	8	8
2.1.3	建设用地	严格控制建设用地,道路用地以方便、实用为原则,努力减少道路用地,不建或少建盘山公路或贯通区域的交通干线	10	9
2.2	水资源	加强对降水的蓄集与利用,合理利用地下含水层,有条件的适度开展探险、暗河漂流等活动,泉水使用量应低于涌出量,适度开展温泉浴等康疗活动	15	15
2.3	森林	除建设用地及水面之外,绿化覆盖率达到70%,森林覆盖率达到70%以上;有原始林,天然次生林禁止永久性建设,可开展科考、徒步旅行等活动。人工林树种较多,林相丰富,观赏性强	15	14
2.4	地文景观	花岗岩地貌垂直节理发育,丹霞地貌柱状节理发育突出,喀斯特地貌山峰秀丽,峡谷地貌陡峻等;有观赏价值的地质剖面;单体岩石体量巨大,或岩石造型独特或群体规模大	10	9

序号	项目	工作要求与评定标准	分值	蒙山得分
2.5	溶/岩洞	景观独特性突出,具有较高观赏价值。旱洞水洞共生分层次,体量巨大或幽深;溶洞与天坑共生,独特性突出,原生态保存;具有较高的文化内涵与相应的文化遗存	10	9
2.6	自然资源的保护与利用	开发绿色无公害产品,土特产品形成生产基地或养殖基地,达到规模化生产;利用可大量再生的自然资源,形成设计、生产、销售等产品链和产业链;非采伐性的林产品及林间产品、竹产品、山野一年生采摘产品、非野生水产品等逐步产业化。禁止利用不可再生的资源	12	11
2.7	空气质量	以当地旅游旺季的情况为准,现场检查。空气质量等级参照国标《环境空气质量标准(2012)》一级标准、二级标准;负氧离子含量较高	10	9
2.8	噪声质量	以当地旅游旺季的情况为准,现场检查。分以下主要等级:(1)参照国标一类标准,夜间45分贝、白天55分贝;(2)参照国标二类标准,夜间50分贝、白天60分贝	5	4
2.9	地表水质量达国标规定	无明显的令人不快的沉淀物;无令人不快的碎片、浮渣、油类等漂浮物;无令人不快的颜色、气味或浑浊物;无对人类或动植物有毒、有害物;无破坏水生生态的生物	10	9
2.1	景观、生态、文物、古建筑保护	全年用于地质地貌景观、文物、古建筑、生态系统、珍稀名贵动植物的保护费用保障。采取适合的保护措施,如防火、防盗、防捕杀、古建筑修缮、古树名木保护等具体制度、措施落实、设施设备完备、人员职责明确。能够全面保持文物古迹和地质地貌景观的真实性和完整性	15	14
2.11	环境氛围	区域内建筑选址不破坏景观,建筑外观与周边环境相协调	15	14
2.12	使用造成严重破坏环境或游览气氛的设施、设备或材料	包括产生高噪音或有毒有害气体、漏油漏气的车辆、船舶等	−10	0
3	生态景观质量		90	85
3.1	观赏游憩价值	观赏游憩价值很高	20	19
3.2	历史文化科学价值	具有极高历史价值、文化价值、科学价值,或其中一类价值具世界或全国意义	15	14
3.3	珍稀或奇特程度	有大量珍稀物种,或景观异常奇特,或有世界级或国家级资源实体	15	14
3.4	规模与丰度	景观资源实体体量巨大,或基本类型数量超过40种,或资源实体疏密度优良	25	24
3.5	完整性	资源实体完整无缺,保持原来形态与结构	15	14
4.	社会知名度		100	95

续表

序号	项目	工作要求与评定标准	分值	蒙山得分
4.1	知名度	分以下主要等级:(1)具有世界遗产地等国际级称号;(2)具有国家级风景名胜区、国家森林公园等国家级称号;(3)具有省级称号	25	24
4.2	美誉度	有很好的声誉,受到75%以上游客和大多数专业人员的普遍赞美	15	14
4.3	市场吸引力	海外游客占7%以上,市外游客占50%以上	15	14
4.4	市场宣传	宣教资料丰富,通过国际互联网宣传	25	24
4.5	导游(讲解)服务	培训生态知识讲解服务,导游讲解科学、生动、准确	20	19
5	社会经济指标		150	125
5.1	地区经济发展水平	地区经济发展水平能够从侧面反映生态名山的保护能力和社区支持能力。以生态名山所在地级市为单位,包括经济总量指标(国内生产总值及增长率、人均国内生产总值、国内生产总值密度)及其在全国的相对水平	30	24
5.2	经济结构指标	综合反映生态名山所在地区经济结构和发展质量	10	6
5.2.1	三次产业比重	依据三次产业增加值构成和发展趋势定分	4	2
5.2.2	新兴产业产值比重指标	现代服务业和战略性新型产业发展状况	3	2
5.2.3	特色优势产业发展状况	体现当地特色和具有明显优势的产业发展状况	3	2
5.3	经济效益指标	全社会劳动生产率、每百元国内生产总值的物耗系数、财政收入占国内生产总值比重,以及这些指标在全国的相对水平	10	6
5.4	公共环境	良好的公共环境会促进生态名山的形象提升,形成良性循环的发展格局	30	27
5.4.1	社会治安	杜绝本地居民的重大恶性案件的发生,减少外来人口流窜作案的机会	10	9
5.4.2	社会秩序	稳定有序,平和宁静	10	9
5.4.3	目的地友好程度	不欺生,不敲诈,有礼貌,敬语普及程度高,随时帮助旅游者	10	9
5.5	公共信息图形符号设置	标识的内容、位置与范围,按GB/T 10001.1设置	20	18
5.5.1	位置与数量	在停车场、出入口、主要路口、厕所、餐饮设施等位置,合理设置公共信息图形符号	5	4
5.5.2	图形符号规范	符合相应标准,发现一处不规范扣1分	5	5
5.5.3	材质与造型	分为下等级:(1)有地方特色。包括当地材料和特色设计等,得5分;(2)无特色,包括普通木板及纸板、塑料板等,得2分	5	4
5.5.4	制作	分为下等级:(1)有特色。无脱落、无毛刺、无腐蚀等,得5分;并有艺术性的,得5分;(2)一般。基本无脱落、无毛刺、无腐蚀等,得2分	5	5

序号	项目	工作要求与评定标准	分值	蒙山得分
5.6	社区参与	创造条件使社区居民积极参与生态名山的规划、宣传和教育等过程	25	23
5.7	社区会议	定期或不定期举办社区会议或社区代表会议,沟通管理者、经营者与社区居民的信息,通过面对面的讨论达到协调一致	10	8
5.8	创造机会	通过各种渠道和方式,为当地群众创造就业机会和发展机会,使旅游发展与居民利益达到正相关的关系	15	13
6	历史文化价值		120	115
6.1	传统文化的保护与利用	传统文化生态名山的重要组成部分,有工作安排,有经费投入	40	39
6.1.1	传统活动独特性	传统礼仪、节庆等民俗的保存数量和程度;传统体育和游艺的保存数量和程度	20	19
6.1.2	非物质文化遗产独特性	非物质文化遗产的保存数量和程度	10	10
6.1.3	保护经费投入状况	根据文化保护经费占收入的比例	10	10
6.2	建筑	建筑体系、建筑形态和建筑风貌独特	30	28
6.3	历史文化	有特色的历史建筑、名人故居、名人诗词、题字及其价值	30	29
6.4	宗教文化	宗教文化氛围及其宗教地位	20	19
6.4.1	庙宇	以"整修如旧"的原则修复,不宜新建或大规模翻建,避免过度商业化开发	10	9
6.4.2	宗教	本教或自然宗教形式突出体现当地特色和民族特色,应适当表现	10	10
6.4.3	香火	禁止大规模香火,以保护环境	−10	0
7	建设基础		115	110
7.1	交通	按照通达性要求建设区域外部交通,按照保护性要求建设区内交通,按照方便性要求建设游览交通	5	5
7.2	自配停车场地		10	10
7.2.1	生态停车场	生态停车场系指有硬化停车线和绿化停车面或绿化隔离线的停车场	3	3
7.2.2	地面	检查主要停车场的地面:	4	4
		(1)硬化或黑化地面		
		(2)砂砾地面		
		(3)泥土地面		
7.2.3	停车场管理	是否设停车线、停车分区、回车线、分设出入口、专人值管等	3	3
7.3	停车场与景观不相协调	位置不当,或脏、乱、差现象严重等	−10	0
7.4	区内道路	严格规划建设	10	9

续表

序号	项目	工作要求与评定标准	分值	蒙山得分
7.4.1	生态路	选线与山形水系相呼应,建设垃圾处理好,不留迹地,以桥梁方式保留动物通道,以水路方式保留鱼类、蛙类爬行通道,设动物通道提醒标识	3	3
7.4.2	景观路	沿线山体绿化好,沿线山石有突出景观,沿线有水且水体清澈,行道树树种较好,行道树成荫	3	3
7.4.3	游览步道或游览线路	进出口设置合理,游道或线路设置合理,采用生态性材料,设置观景或休息设施;交通标识设置正确、清晰,完好美观	4	3
7.5	特色交通方式和工具	符合规划标准,按照生态质量优先原则设置。有能反映生态名山文化特色或环保特色的便民交通工具,如骑马、人工抬轿、雪地摩托等	10	9
7.6	住宿设施	布局合理,结构丰富,体量协调,特色鲜明,按照绿色饭店标准进行建设	30	29
7.7	餐饮	按特色化、多样化的基本要求进行布局,创造品牌化系列宴席,开发系列化食品。禁止捕食野生动物和采食珍稀植物,发现扣10分	10	10
7.8	购物	购物场所外观与景观环境相协调,以本地产品为主,鼓励创造本地精品,杜绝假冒伪劣。设专门管理机构或人员,确保旅游者权益。有统一管理措施和手段。	10	9
		不得加工销售国家保护的动植物标本	−10	
7.9	娱乐活动	可根据当地特点开展适度健康向上的娱乐活动,但不得影响或损害当地生态环境。严格禁止黄赌毒	5	4
7.10	给排水工程	给水设施以地下管道方式为主进行,不露明渠;排水设施通畅、集中;建设集中污水处理厂,严禁污水随意排放	10	10
7.11	能源	提倡使用电力、天然气、太阳能、风能、沼气、生物能等清洁能源。禁止采用林木草等生态资源为能源,发现一处扣3分	15	15
8	环境卫生质量		80	79
8.1	环境卫生	气味清新,无异味	10	9
8.2	污水排放得当	不污染地面、河流、湖泊、海滨等。发现一处明显不得当的,视情节严重扣2分	5	5
8.3	垃圾处理	分类收集,不乱堆放,不就地焚烧或掩埋,垃圾清扫及时,垃圾清扫器具美观、整洁	15	15
8.4	垃圾箱(桶)	外观整洁,布局合理,造型美观	10	10
8.5	区分吸烟区与非吸烟区,且管理到位,或室外全部为非吸烟区,且管理到位	对非吸烟区吸烟行为,管理措施明确,管理行为到位	10	10

续表

序号	项目	工作要求与评定标准	分值	蒙山得分
8.6	餐饮卫生	食品卫生符合国家规定,餐具、饮具、厨具分类存放,消毒处理。禁止使用不可降解的一次性餐具,发现扣5分	5	5
8.7	厕所位置与数量	位置隐藏,但易于寻找;数量充足,厕位总量达旺季日均游客接待量要求;厕所采用水冲或使用生态厕所的比例较高;有残疾人厕位	15	15
8.8	厕所设备	洁具质量较好,主要游览场所厕所具备挂衣钩、卫生纸、香皂或皂液、面镜、干手设备、盥洗设施(水龙头)的,每项得1分。厕所色彩、造型与景观环境的协调,有异味或地面(池面)有秽物每个收费厕所扣2分	10	10
9	综合管理		80	80
9.1	机构与制度		15	15
9.1.1	管理机构健全,职责分明	抽查管理人员,职责掌握率不足50%的,不得分;掌握率50%以上的,酌情给分;全部掌握的,给5分	5	5
9.1.2	规章制度健全	质量、营销、导游、卫生、生态、环保、统计等规章制度健全,缺一项扣2分;各项规章制度贯彻得力	10	10
9.2	生态名山形象	具有鲜明独特的生态名山标志,明确的质量目标,有鲜明的质量方针或口号,为全体员工所熟知。员工服饰应地方化、民族化、专业化,佩带工牌,举止文明,热情大方	10	10
9.3	投诉与处理	设有专职、专用人员设备(指电话、信箱等),投诉处理效果好。近三年内发生重大质量投诉,扣10分	20	20
9.4	特殊人群服务项目	包括残疾人轮椅、盲道、无障碍设施等(不含残疾人厕所、厕位),老年人使用的拐杖,儿童使用的童车、玩具等。查看服务指南与相关设施,每项得2分	5	5
9.5	通过第三方认证	通过ISO9000族质量保证体系认证与ISO14000族环境管理体系认证	10	10
9.6	科研	在生态、环保、历史、文化等方面开展科研活动,有专门机构、专职人员,成果丰富,效果显著	20	20

参考文献

Mark A, Bonn H et al., 1992. Seasonal variation of coastal resort visitors: Hilt on Head Island [J]. Journal of Travel Re-search:50-55.

Septemb D, Houser B et al., 1990. Seasonality of demand [J]. Annals of Tourism Research,**4**:606-609.

保继刚,楚义芳,1999.旅游地理学[M].北京:高等教育出版社.

陈新凤,2007.五台山生态环境存在的问题及对策研究[J].五台山研究,**06**:41-44.

崔凤军,袁明英,1999.泰山宗教文化与开发研究[J].山东矿业学院学报(社会科学版),(9):377-381.

陆林,1994.山岳景区客流研究——以安徽黄山为例[J].地理学报,(3):236-246.

陆林,宣富国,2002.海滨型与山岳型旅游地客流季节比较[J].地理学报,**6**:13-20.

罗时叙,1996.庐山在中国名山中的地位[J].《九江师专学报》(哲学社会科学版),03:49-54.

骆高远,吴攀升,马俊等,2005.旅游资源学[M].杭州:浙江大学出版社:75.

李欣宁,郭凤萍,胡立霞等,2004.中华名山长白山打造生态品牌动态综述[J].林业勘查设计,01:26-28.

王文,董建美,韩杰,2004.中国旅游资源的形成和特点及其合理利用研究[J].国土资源科技管理,(3):37-40.

冯丽梅,蒋晓伟,刘晓英,等,2003.庐山旅游气候评价及深度开发[J].江西师范大学学报(自然科学),(4):173-176.

郭彩玲,2006.山地旅游资源及开发利用对策探讨[J].地域研究与开发,25(3):56-59.

王长荣,1989.黄山地质探讨[J].安徽师范大学报(自然科学版),(4):35-38.

黄培华,1994.黄山山麓第四纪粘土砾石层形成机制和环境的研究[J].地理科学,14(3):211-216.

万绪才,徐菲菲,2002.山岳型旅游资源质量综合评价研究[J].南京经济学院学报,(2):17-20.

冯俊学,2003.旅游中的山水景物审美[J].广西师范学院学报(自然科学版),8(20):104-106.

刘颖,黄安民,2006.浅谈山岳型旅游资源的审美标准——以川西贡嘎山为例[J].桂林旅游高等学校学报,17(5):626-628.

刘水良,杨美霞,2008.中国名山旅游资源综合比较分析[J].九江学院学报,(4):42-45.

刘红杰,2007.中国名山"天路历程"思想的营造手法及其应用[D].硕士学位论文.陕西:西安建筑科技大学.

毛端谦,张捷,包浩生,2003.旅游目的地映象的对应分析——以江西庐山、龙虎山、三清山、井冈山为例[J].长江流域资源与环境,12(1):23-28.

谢凝高,1991.中国山水文化源流初深[J].中国园林,7(4):15-19.

谢凝高,2004.中国的名山:自然与文化的有机融合[J].中国世界文化遗产年鉴:39-40.

姚宏,孙根年,贾英,2008.中国名山旅游地成长理论与实证分析[J].山地学报,26(2):237-243.

袁霜凌,吴其付,2004.中国名山风景区的政治理念[J].桂林旅游高等专科学校学报,15(4):80-83.

喻红丹,杨华山,2008.论武当山元生态环境保护与开发[J].郧阳师范高等专科学校学报,28(6):5-8.

杨美霞,吴昊,2008.中国名山旅游资源个性特征挖掘与"景区名片"打造[J].国土与自然资源研究,03:85-86.

杨美霞,2008.中国名山旅游地植物资源特色比较研究[J].资源开发与市场,24(10):896-898.

杨尚英,2006.中国名山旅游气候资源及气象景观评价[J].国土与自然资源研究,02:65-66.

周维权,1999.中国名山风景区[M].北京:清华大学出版社.

周秉根,1992.黄山第四纪冰缘地貌特征与古环境分析[J].安徽师范大学报(自然科学版),15(1):68-74.

周秉根,1999.黄山第四纪泥砾沉积物分形结构特征与沉积环境分析[J].地理科学,19(1):92-94.

周秉根,潘宝林,王心源等,1995.黄山新构造运动初探[J].安徽师范大学报(自然科学版),18(3):53-58.

周秉根,邹学勇,1989.黄山第四纪冰缘地貌遗迹及古地理环境分析[J].冰川冻土,11(2):161-166.

赵广兰,1993.改善和恢复长白山区生态环境的对策初探[J].中国环境监测,09(5):52-55.

附件

附表 1　中国 100 大人文生态名山

1. 中华国山——山东泰山
2. 世界之颠——西藏珠穆朗玛峰
3. 报国无尘——四川峨眉山
4. 神峰迎日——安徽黄山
5. 包蕴万机——福建武夷山
6. 日照香炉——江西庐山
7. 云海秘境——台湾阿里山
8. 华首放光——云南大理鸡足山
9. 万尊显通——山西五台山
10. 白龙拜玉——云南玉龙雪山
11. 武禅之冠——河南嵩山
12. 珠水神源——云南曲靖马雄山
13. 星火燎原——江西井冈山
14. 碧玉如簪——台湾玉山
15. 协戟天下——湖南衡山
16. 净土磅礴——贵州梵净山
17. 峥嵘人画——浙江雁荡山
18. 西域圣境——新疆天山
19. 自古一径——陕西华山
20. 法雨海潮——浙江普陀山
21. 绅士之眺——香港太平山
22. 绿纳百馨——吉林长白山
23. 山海在握——海南五指山
24. 炙宗已忘——河南鸡公山
25. 道遥无涯——江西三清山
26. 座势久远——山西恒山
27. 岸然道貌——湖北武当山
28. 海天千里——澳门东望洋山
29. 凤凰瞰台——香港大屿山
30. 万峰之上——新疆乔戈里峰
31. 生罹无染——浙江莫干山
32. 枫红若潮——北京西山
33. 梦里歌乡——云南大理点苍山
34. 世纪远古——湖北大巴山神农顶
35. 伟峻大菊——四川四姑娘山
36. 英武遗篇——河北秦皇岛鹞石山
37. 大气东来——南京紫金山
38. 秀色总宜——广东丹霞山
39. 处处丹青——安徽九华山
40. 一派仙风——四川都江堰青城山
41. 缓攀星辰——河南焦作云台山
42. 身家百亿——云南红塔山
43. 天壤无别——浙江天目山
44. 地貌标本——安徽齐云山
45. 金黔灵地——贵州贵阳黔灵山
46. 甘湖茶岩——山东青岛崂山
47. 惠缘于斯——江苏云台山
48. 津门叠障——天津蓟县盘山
49. 大滇镇海——昆明西山
50. 登顶如愿——广东深圳梧桐山
51. 爽朗一方——福建清源山
52. 黛色无尽——甘肃祁连山
53. 妙韵摩云——重庆缙云山
54. 魂云梦雨——重庆巫山神女十二峰
55. 扶摇九霄——湖南飞云山
56. 烟峰雨岙——甘肃麦积山
57. 思邈遗珍——云南昭通药山
58. 西天茅苍——青海昆仑山脉可可西里山
59. 心想事成——广东罗浮山
60. 金星归隐——陕西秦岭太白山
61. 到此必拜——福建太姥山
62. 南海庄严——广东西樵山
63. 国清梅海——浙江天台山

64. 雪山之帅——云南梅里雪山
65. 原始苍古——云南高黎贡山
66. 所至百灵——河南石人山
67. 帝子乘风——湖南九嶷山
68. 耕云播雨——贵州施秉云台山
69. 灵光黯聚——河北小五台山
70. 道法绘出——江西龙虎山
71. 云水深长——河南大别山
72. 别有洞天——湖南茅山
73. 龙脉显通——甘肃崆峒山
74. 祥绕南国——广东南岭
75. 悬日揽月——宁夏六盘山
76. 荒凉绝美——宁夏贺兰山

77. 圣地宝山——陕西延安宝塔山
78. 藏经蓄古——陕西宝鸡天台山
79. 有尘非尘——甘肃鸣沙山
80. 有仙则灵——湖北九宫山
81. 雄奇大器——河北苍岩山
82. 大美大壮——新疆阿尔金山
83. 玲珑无边——湖南人面山
84. 物种世罕——广西大瑶山
85. 一登驰杯——安徽琅琊山
86. 独秀擎天——安徽天柱山
87. 滟花玉海——云南轿子雪山
88. 崔巍大度——安徽浮山
89. 通天之路——南迦巴瓦峰

90. 藏传圣地——四川稻城三神山
91. 四河源宗——冈仁波齐峰
92. 华北屋脊——山西北天池山
93. 禅音犹在——贵州阳宝山
94. 大白故里——湖北白兆山
95. 怀仙真迹——浙江赤松山
96. 龙噤伏栖——内蒙阿尔山
97. 九九龙潭——云南老君山
98. 始祖源荫——湖北历山
99. 德山有德——湖南德山
100. 七彩罗藏——云南梁王山

第二章

蒙山地貌的

形成演化与开发价值

蒙山地层是形成蒙山地貌的物质基础,而蒙山地貌是形成蒙山地貌景观的依托。地质构造演化及地表长期的差异风化剥蚀作用、流水对风化剥蚀物质的侵蚀及搬运作用等,是蒙山地貌及其地质景观形成的主要驱动力。首先,深入了解蒙山地貌的地质背景、构成物质、形态特征、剖面特征、截面特征,以及相关地貌参数之间的相互关系,是全面了解蒙山地貌区域演变特征的基础。其次,蒙山地貌景观多种多样、千变万化,但是,具有代表性的核心景观特征可以分为哪些类型,以及其各自具有哪些基本特征,也是蒙山旅游开发中需要查清的基本方面。本章以蒙山地貌特征及其区域变化规律为主线,在简要介绍蒙山地质及其构造特征的同时,深入分析蒙山地貌的形成、演变及其区域变化的潜在规律,在此基础上,详细划分蒙山地貌景观的主要类型并归纳其主要特征。

2.1 蒙山名称传承及气候特征

2.1.1 蒙山位置及名称传承

蒙山位于山东省中南部的临沂市境内,介于东部的沂河及其北部的汶河与西南部的祊河之间,其山脊走向大致呈现西北西向,作为汶河与祊河两条河流的分水岭(图 2.1),主峰最高点为龟蒙顶,海拔高程 1156 米。山脊两侧地势波动性逐渐降低,至南部及北部的山间平原区,其海拔高程大部分不到 200 米。蒙山山脉的总面积为 1125 平方千米,沟谷密布,将山体分割为近千个大大小小的山峰。

蒙山周边交通便捷,京沪高速公路和日兰高速公路在蒙山南北两侧穿过,二者在其东南部相互交汇(图 2.1);其南边和西边分布有普通铁路和高速铁路线,距离最近的高铁站——曲阜站不到 100 千米。其他省县级公路网发达。

蒙山在古代曾被称作"东蒙""东山"或"亚岱"。东蒙名称的由来可溯源于春秋战国时期,并始见于《论语·季氏》所记载的一段孔子与其学生冉有之间的对话:"夫颛臾,昔者先王以为东蒙主";《论语·邢疏》中明确写着:"蒙山在东,故曰东蒙"。鲁国境内的山峰唯有蒙山最高,且位于鲁国的东部,而颛臾城就在蒙山脚下。显然,论语中所提及的东蒙,实际上就是《诗经》上所说的"蒙"。诗经成书于春秋中叶,由此可以确信,蒙山得名至少在 2600 年之前。至于以"东山"称呼蒙山,始见于《孟子·尽心》"孔子登东山而小鲁,登泰山而小天下"的记载。"东山"与"东蒙"一样,同指蒙山。另外,山东省境内的最高山峰为泰山,主峰玉皇顶海拔高程 1545 米,泰山古称"岱山"、又名"岱宗",春秋时始称"泰山"。"泰""岱"在古字中相通,都含有"大"的意思,这些不同的名称却都表示相同的意涵,即泰山是齐鲁大地的最高山峰。山东省境内的第二高山则为蒙山,因此蒙山素有"亚岱"之称也就不足为奇了。

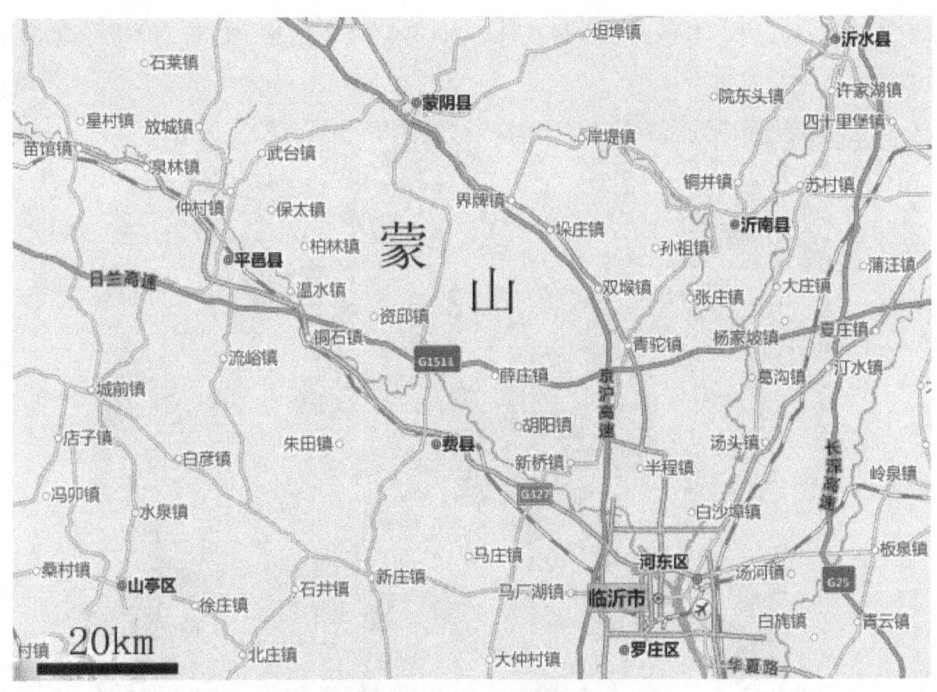

图 2.1 蒙山位置及其周边交通图

蒙山除了名称具有悠久的历史外,其作为历史文化名山,也久负盛名。至少在距今 2600 年来,文人骚客接踵而来,留下繁多诗文,其中唐代大诗人李白、杜甫结伴游览蒙山的兄弟情更是传为佳话,杜甫所作的"余亦东蒙客,怜君如弟兄。醉眠秋共被,携手同日行"的诗句是其兄弟之情的真实写照,也为蒙山增添了光彩。蒙山也留下了儒教、道教等代表性人物孔子、庄周、老莱子、鬼谷子的足迹。鬼谷子在蒙山修炼授徒,在其过百弟子中,孙膑、庞涓、苏秦、张仪尤为著名。蒙山也为王侯将相所瞩目,《论语》中记载颛臾王曾主祭蒙山,这类祭祀活动为蒙山增添了神秘性。春秋时期,鲁大夫莫斯的颂诗《閟宫》写道:"泰山岩岩,鲁邦所瞻,奄有龟蒙,遂荒大东",他把拥有泰山和蒙山视作鲁国的荣耀。名人官宦偶尔到此一游即发出诸多感概,而居于蒙山及其附近的乡民,依山而劳作,靠山而生活,平民百姓敬仰蒙山、推崇蒙山、依赖蒙山、感念蒙山的真情虽然无法载入史册,却是真实蕴藏在每个蒙山人的心间,无需用树碑立传的方式去渲染。

可见,蒙山自古以来就是被大家称道的名山之一,其自然风光、文化底蕴陶醉了来访的每个游客。蒙山山脉呈西北向延伸范围较大,其中东部大半不属于蒙山旅游区管理委员会管辖,因此,下面主要针对蒙山旅游区管理委员会管辖范围内的蒙山段,从其地质构造背景、地貌地形特征、景观特色等角度对蒙山的自然的地质地貌进行较为细致的全方位解读,其范围大致如图 2.2 所示。由于蒙山旅游区已经明确作为临沂市的县级行政区,其辖区东南部边界正好是一个山岭的分水岭,因此,仅考虑其辖区内的蒙山部分在解读蒙山地貌地形时显得有些不完整,故根据地形变化分析的需要,使得地形及断面分析区向东南部适当延伸至该山岭的东部河谷(见图 2.2),延伸后的全区域仅是蒙山的核心区,因为蒙山在该区域的东南部还有约一半以上的面积并未包括在内。考虑到蒙山最高峰、主体景区及蒙山旅游区管理委员会辖区范围,目前选定的研究区域是合适的。

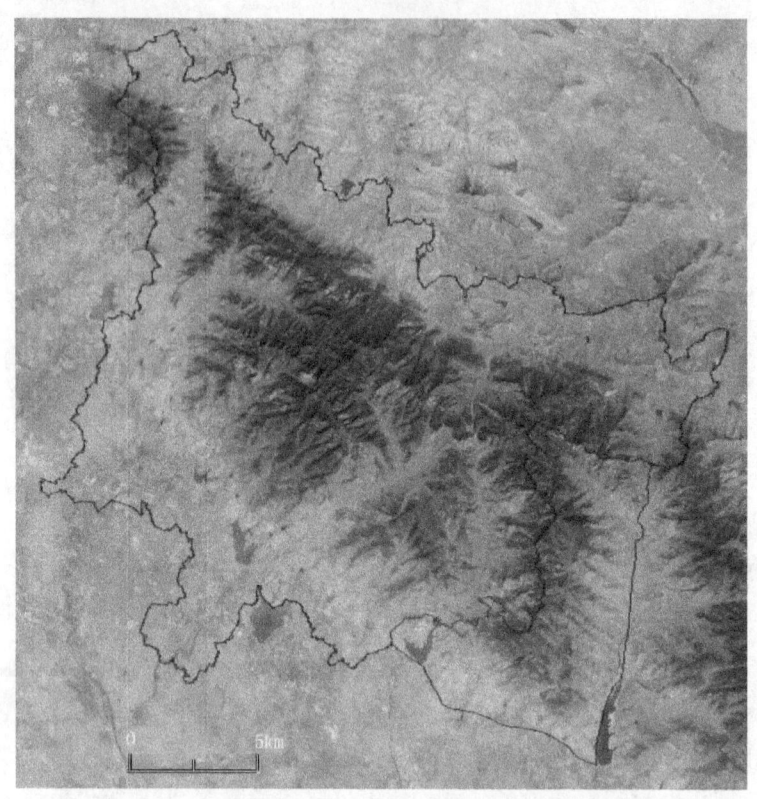

图 2.2　蒙山旅游区管理委员会辖区及东南部扩展段

(二者构成了蒙山核心区,底图截图基于 Google Earth)

2.1.2　蒙山气候特征

蒙山地区属东亚暖温带季风区气候。据蒙山旅游区、费县、蒙阴县三县气象资料记载,其年平均气温为 13.1℃,极端高温为 41.9℃(2002 年 7 月 18 日),极端低温为－22℃(1957 年 1 月 21 日),年平均日照时数为 2544.8 小时,积温为(≥10℃)4396.5℃·d。年太阳总辐射量为 122 千卡/平方厘米。平均年降水量为 823.8 毫米,6—9 月占全年降水量的 65% 以上。年蒸发量为 2124 毫米。年平均无霜期,山下部为 210 天,初霜期多在 10 月下旬,终霜期多在次年 4 月中旬。冻土深度山上部为 0.4～0.5 米,山下部为 0.3 米左右。海拔高程 800 米以上部分,平均比海拔高程 200 米处的山下部,季节相差一个月左右。据 1989 年调查,刺槐花盛开期,万寿宫海拔高程 190 米处为 5 月 1 日,小峨峪中上部(阳坡,海拔高程 650～750 米)为 5 月 15 日,而南天门东沟(阳坡、海拔高程 900 米左右),花蕾尚未完全形成,直到 5 月 29 日才盛开。总之,蒙山地区的气候是:春季多风干旱,夏季多雨高温,秋季凉爽易旱,冬季干旱多北风。具有四季分明、气候温和、光照充足、雨量集中、无霜期长等特点,适宜温带、亚热带多种植物生长繁育。因此,植物资源丰富,树种较多,已形成稳定的森林生态群落和宜人的生态环境。

2.2 蒙山地质特征

2.2.1 区域地质构造特征

蒙山山脉在大地构造上所属的Ⅰ级构造是中朝准地台,Ⅱ级构造是鲁西断隆,Ⅲ级构造是鲁西拱断束断块隆起,Ⅳ构造是蒙山单断隆起(任纪舜,2002)。其周边构造区划及大型线状构造(主要大断裂)的分布特征如图 2.3 所示。

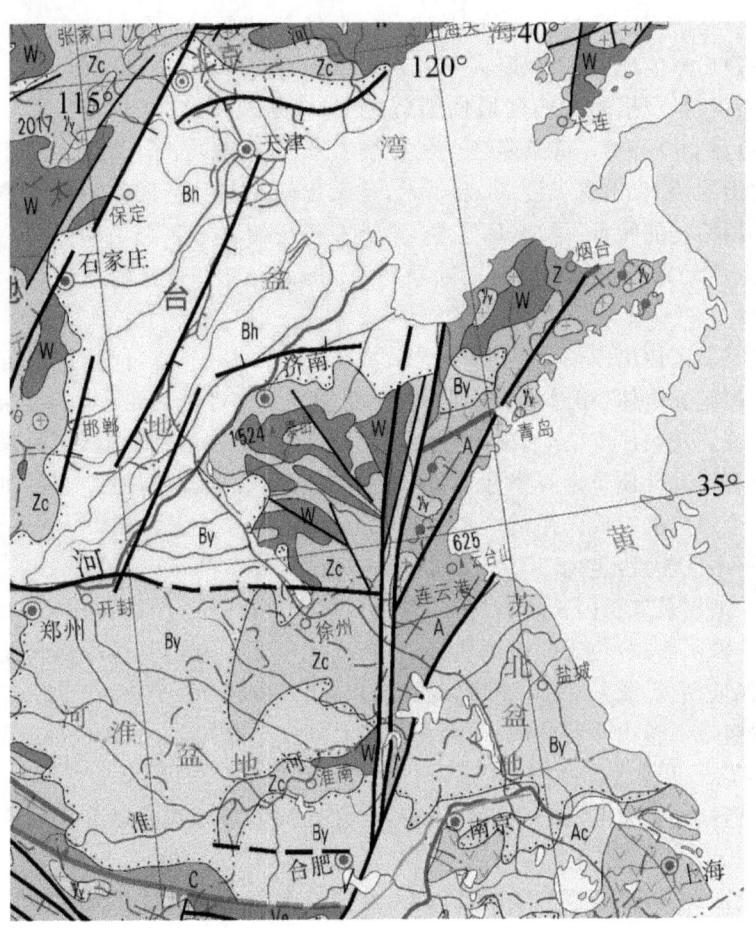

图 2.3　蒙山及其周边主要大断裂区域分布特征(截自中国及邻区大地构造图(任纪舜,2002))

蒙山位于郯庐大断裂中段西侧的沂沭断裂带,在中国东部地质发展史上占有重要地位。蒙山地区断裂均具有多期次活动的特点,断裂形成的时代主要在燕山期,印支期到喜山期均有构造活动和岩浆侵入活动,寒武系地层直接与古老的花岗岩结晶基底接触,其间间断十多亿年,形成了蒙山典型而奇特的"南断北超"地质现象。是华北地区新太古代片麻状英云闪长岩、片麻状花岗闪长岩出露最好的地区之一,是山东省建立的侵入岩岩石填图单位新太古代蒙山岩套的命名地,龟蒙顶片麻状花岗闪长岩体命名地就在蒙山龟蒙顶上。华北地区中元古代辉绿岩脉(墙)群在山东被命名为牛岚岩体。此外,蒙山地区分布的金伯利岩带为金刚石原生矿床,其发现结束了中国没有金刚石矿的历史。

由于经历过多期次复杂的地质构造运动,蒙山山脉区内发育多组断裂构造,按断裂带的走向可划分为北西南、北北西—近南北向、近东西向、北东向四组断裂,这些方向的断裂分别与其周边大型断裂带的走向大致一致。蒙山山脉及邻近区最为发育的是北西向断裂,并且其断裂的长度、宽度和断距都是境内规模较大的,是构成区内构造格架的主体。

1. 北西向断裂

北西向断裂是研究区最为发育的一组断裂,显然与二级及三级构造单元的地质演化密切相关。根据断裂出露的地带,可以有以下几组。

(1)蒙山断裂:是规模较大的区域性断裂之一,该断裂大致为北西向,在300°~330°,断面倾向南西,倾角在65°~80°。这条断裂全长百余千米,其东端与沂沭断裂带交汇。该断裂在蒙山附近位于蒙山的西南,出露长度30余千米,是蒙山凸起与平邑凹陷不同构造区的界线。蒙山断裂具有多期活动的特点,早期(印支期)显示左行张扭,中期(燕山期)以右行压扭为主,至喜山期,进入主活动期,表现为张性正断层特征,即北盘上升,南盘下降,总断距可达3000余米。

(2)独角断裂:区内出露长度约10千米,总体走向为330°,倾向南西,倾角为60°~65°,切割晚太古代花岗闪长岩体,相对位移量不大,因断裂处于韧性剪切带中,断裂带内的角砾岩和碎裂岩主要表现为花岗质糜棱岩,破碎带内可见宽20厘米左右的片理带,片理走向与断裂方向一致。该断裂活动性质早期具张性,后期显示压扭,断裂破碎带内的片理,则是压扭等地质作用下岩石发生因应的变质作用的产物。

(3)常路—平邑断裂:走向302°~320°,倾向南西,倾角为80°,全长约15千米,宽约500米,切割奥陶系地层及二长闪长玢岩(山东省地质矿产局,1991)。显示正断层特征。

(4)新泰—蒙阴断裂:位于蒙山区北部,是新甫山单断凸起与新汶单断凹陷的分界线。区内走向317°,倾向西南,长约29.3千米,为正断层(山东省地质矿产局,1991)。东北盘上升,由太古界变质岩组成新甫山单斜凸起;西南盘下降为新汶单断凹陷,出露老第三系。

2. 北北西向—近南北向断裂

区内北北西向—近南北向断裂不甚发育,北北西向断裂以燕甘断裂为代表。根据断裂带展布位置,有以下几处。

(1)泰安大断裂:该断裂西起蒙阴县以西,经黄山南、大王庄、温石埠转向东南,与铜冶店蔡庄大断裂相接。从青山一带入境,属于弧型断裂体系,中间向北凸,区内长约17.6千米,走向为340°,倾向西南(山东省地质矿产局,1991)。北侧由太古界古老岩系组成的断层下盘相对上升,南侧由中、新生界地层组成的断层上盘下降,显示出正断层特征。

(2)燕甘断裂:该断裂穿越平邑盆地,与蒙山断裂相接,为蒙山断裂的东端。该断裂在区内主要切割古生代及中生代地层,断裂总体走向大致为340°~350°,倾向北东东,倾角为64°~80°,断层附近的破碎带宽约15~50米(山东省地质矿产局,1991)。在铜石地区,该断裂下盘

（断层西侧）以中生代铜石杂岩体为主,上盘（断层东侧）为古生代—中生代地层。断裂表现为东盘下降、西盘上升的高角度正断层,断距可达 1400 余米。与蒙山断裂类似,该断裂具有多期次活动的特点:早期该断裂以张性为主,岩浆沿该断裂侵入,形成了二长闪长玢岩早期岩脉;中期以张扭性为主,在该断层两侧产生次级断裂构造,岩浆沿次级断裂侵入后,形成了二长斑岩的中期岩脉;晚期以右行压扭为主,在主断裂两侧的次级断裂中局部产生隐爆角砾岩和金矿化。该断裂的形成时期为中生代晚期。

3. 近东西向断裂

区内近东西向断裂以铜石地区最发育,分布于燕甘断裂两侧,为燕甘断裂派生的次级断裂,主要有归来庄断裂、大平安庄断裂。

4. 大型褶皱

蒙山倒转大背斜轴部位于蒙山,是蒙山地区沿北北东向挤压等地质构造作用下形成的,其核部地层为万山庄组,两翼主要为太平顶组,北翼在东沟附近尚有雁翎关组及山草峪组,岩性以变质岩为主,包括黑云斜长片麻岩片、角闪片岩、角闪岩、黑云母粒岩、片麻岩等。岩理走向为 310°,大致与蒙山断裂方向一致,而岩层倾角为 65°～80°。

2.2.2 局部地质构造特征

1. 节理构造

蒙山除了上述不同方向的主要断裂外,还有多组广泛发育和分布的节理构造。节理是构造运动过程中使岩层发生错位或不错位的局部小型断裂,多为挤压型构造作用的产物。相对前述延伸较长、断距较大的区域性分布的断裂,节理在横向和纵向的延伸非常有限,常常在数十米以内。蒙山最发育的节理主要有三组,如明光寺附近河床磨蚀基岩上（35°35′5.49″,117°50′19.21″）,清晰分布着三组节理,其走向分别为 59°,20°,74°;在大洼沟域的基岩上（35°32′40.41″,117°52′32.75″）发现四组节理,其走向分别为 95°,78°,15°和 43°。显然,由于蒙山构造的多期次性和复杂性,节理发育也呈现多期次性和多方向性。

图 2.4 是明光寺附近河床磨蚀基岩面上的两组节理,它们都属于挤压型节理,因而节理紧实无显著缝隙、也无后期矿物质结晶体填充。其中左边节理两侧的岩石线理仅有微小的右旋错位,错距为 0.5 厘米,节理走向为 20°;右边节理两侧的岩石线理错位明显,错距为 2～3 厘米,并且显示为左旋错位,节理走向为 59°。这两组节理的夹角为 39°。

当然,错距超过 10 厘米的节理在一些地点也时有发现。

2. 层面构造

层面构造是沉积岩中非常常见的一种构造现象,在火山沉积岩中也存在。蒙山出露的岩石以岩浆岩和变质岩为主,变质岩中这类构造并不多见,但在蒙山岩浆岩沉积岩套中也在局部地方出现了明显的层面构造。如龟蒙顶的岩浆岩,其层面构造比较发育。

图 2.5 是龟蒙顶岩浆岩峭壁上出现的层面构造,由于裸露地表的岩浆岩峭壁经受了长期的侵蚀作用,层面之间原有的矿物层或脆弱岩层被侵蚀,因此层面之间的缝隙较为发育。在龟蒙顶 35°33′14.32″,117°50′41.40″地点测得岩石的层面走向为 301°、倾向为 59°、倾角为 35°。该岩层为蒙山倒转大背斜的西南翼,因此,其走向与该背斜轴一致,也与蒙山整体走向相同。

图 2.4　明光寺附近河床磨蚀基岩面上的两组节理

图 2.5　蒙山龟蒙顶附近岩石呈现的层面构造

图 2.6　蒙山岩体中的线理构造

3. 线理构造

蒙山岩体常见的线理构造主要为片麻构造。这类构造是变质岩以及变质岩浆岩中常见的小型线状构造类型,呈现为矿物及颜色不同的细密的、非平整的条带状特征,形态类似于细粒碎屑沉积岩中的层理构造。

蒙山岩体中的片麻状构造(图2.6),是岩体在高温高压环境和构造作用下发生的韧性变形,以及伴随的角闪岩相退变质时定向拉伸及矿物重结晶所形成的片麻理,以及环绕岩基的糜棱岩化带。这类线理的产状在较大范围内与围岩一致。如蒙山的闪长岩类,包括晚太古代片麻状花岗闪长岩、英云闪长岩等构成蒙山的主体岩石,大范围分布于蒙山西北部和东南部,形成年龄在2750~2500兆年,为华北板块最古老的结晶基底闪长岩体,其中的重结晶石英显示出定向拉伸线理;其中的岩脉发育窗棂构造与鞘褶皱。这些反映出围岩在蒙山花岗岩侵位时发生了显然的韧性剪切变形。

2.2.3　地层和岩性分布及主要矿产

与地质构造单元相一致,山东省境内的地层大致也可分为三个特征明显的区域,它们分别是华北平原区、鲁西南区和鲁东区。蒙山属于鲁西南区,该区大致以潍坊至临沂以东一条直线为其东界、潍坊至济南以北向西南倾斜的弧线直至与西部省界相交处为其西北界线、南部省界为其南部界线(张增奇,1996)。

鲁西南区出露的地层主要有前寒武系地层(太古界、元古界的变质岩系);古生代地层(主要有寒武—奥陶系的沉积岩系);在上述地层中包含了不同时代的侵入岩系,主要以岩柱、岩墙、岩脉等形式进入上述地层内部,但所占的比例有限(张增奇,1996)。此外,有新生代的松散堆积物。在蒙山旅游区管理委员会辖区内,太古界、古生界、中生界和新生界均有不同程度的出露,其中,中生代及其以前的基岩出露面积超过全区总面积的80%,且以处于剥蚀的山丘为主,而第四系主要以各类冲积物为主,主要分布于山丘坡地带,局部分布于沟谷下游区。

1. 出露的地层类型及分布

(1)太古界

区内太古界主要出露太平顶组和万山庄组。

太平顶组分布于蒙山断裂附近,包括三官庙—崔家庄、牛岚—望海楼一带,呈北西向条带状展布,与蒙山山体及蒙山断裂走向基本一致,是蒙山断裂导致岩体抬升及其顶部岩石完全剥蚀后的出露岩体,这种剥蚀以物理风化剥蚀为主,其中水力作用主要在明广寺峪上游由东南向西北流向的流域部分,以及大洼流域上游由西北向东南流向的流域部分,是该套岩层剥蚀及搬运的主要水力作用区域。主要岩性为黑云母斜长片麻岩、夹斜长角闪片麻岩、黑云母变粒岩和各种混合岩,可见以深变质岩系为主,岩层总厚度大于 5000 米(张增奇,1996)。万山庄组分布于茅草崮—明广寺中下游一带,呈东北—西南向条带状展布,大致垂直于蒙山山体走向及蒙山断裂走向。岩性以黑云母斜长片麻岩为主,其次是夹黑云母角闪片麻岩、斜长角闪岩、黑云母变粒岩、黑云母角闪片麻岩及各种混合岩,岩层厚度大于 2000 米(张增奇,1996)。

(2)古生界

区内古生界地层主要有寒武系、奥陶系的碳酸盐岩。

寒武系:主要分布在蒙山区南部,组成低山丘陵。其他地区也有零星出露,是质量较佳的石灰岩矿床,岩石岩溶作用较为发育的地区。

奥陶系:主要岩性为白云质灰岩、含燧石结核白云质灰岩、深灰色灰岩、豹皮灰岩等,亦是优质的石灰岩矿床。

(3)中生界

区内中生界地层主要为侏罗系和白垩系。

侏罗系:主要分布于蒙山区南部的浚河两岸,以其北岸出露较好。蒙阴组汶南亚组的主要岩性为紫红石交错层长石、石英砂岩夹砂质页岩,厚度为 500 米。蒙阴组分水岭亚组的主要岩性为黄绿色、灰绿色凝灰质砂岩夹砂质页岩,厚度大于 570 米(张增奇,1996)。

白垩系:主要岩性为灰绿色凝灰质砂岩、含砾凝灰质砂岩、含砾凝灰岩,厚度为 200～450米。其中青山组中亚组第二段,主要岩性为紫灰色和灰绿色长石石英砂岩、粉砂岩、夹薄层凝灰岩,厚度为 210～920 米;青山组上亚组,主要岩性为安山质玄武岩、安山岩、安山凝灰岩、凝灰角砾岩,厚度为100～750米(张增奇,1996)。

(4)新生界

区内的新生界地层主要为第四系冲积物。

第四系分布在蒙山山前坡地、洼地和冲积平原地带和现代河谷沉积区,主要为砂质粘土、粘土质砂层及砂砾层。

2. 出露的岩浆岩类型及分布

区内岩浆岩大面积出露于太古界基底和部分沉积盖层中。

太古界基底中的岩浆岩:主要岩性为黑云母斜长花岗岩、混合花岗岩、角闪岩、基性和中性脉岩。黑云母斜长花岗岩,主要分布于尼山复背斜的西南翼,境内仅见于大圣堂、新庄等地。混合花岗岩,主要分布于楼山、四海山、泊石板一带,处于四海山背斜核部。四海山、兰西村、楼山、狼窝顶等地的岩体,主要由钾长石、微斜长石、条纹长石,其次为石英和暗色矿物组成,片麻状构造,花纹分布均匀,成为蒙山区花岗岩建筑石料的主要产地(张增奇,1996)。

沉积盖层中的岩浆岩:境内分布零星,其岩性为闪长玢岩、正长斑岩等(张增奇,1996)。

喷出岩:境内分布零星,郑家峪北部香山—扁山一带也有出露。其岩性为安山岩、安山玄武岩、安山凝灰岩、凝灰角砾岩、粗面岩等(张增奇,1996)。

3. 蒙山地区的主要矿产资源

蒙山区境内现已发现 20 多种(含亚矿种)矿产,其中探明储量的矿有 8 种,无探明储量

(包括已开发利用或有矿化产地)或仅有简测资料的矿产约 20 种。多处大、中、小型矿床。特别是以"齐鲁红"为代表的花岗石分布广泛,储量达百亿立方米,质地优、光泽好、色差小、易开采加工。并有良好的找矿前景和巨大的资源潜力。

蒙山区矿产主要类型:拥有石膏、饰面花岗石、石灰岩、粘土、长石、石英、建筑用砂等多种建材矿产,其中石膏、饰面花岗石、石灰岩三种矿产储量大,分布集中,在省内建材矿产资源总量中占有一定份额,具有较大的区位优势。蒙山金刚石矿是国内最大的、世界知名的矿山。

蒙山金刚石是中国发现最早的原生金刚石矿,其颗粒之大、品位之高,均居全国首位,蒙山是名副其实的中国钻石之乡。距今 4.5 亿~5 亿年间,蒙山地区沿近南北向断裂带有幔源岩浆侵入,形成金刚石矿母岩——常马庄金伯利岩。1983 年发现的"蒙山 1 号钻石",重达 119.01 克拉,是国内原生矿中最大的一颗钻石。

花岗岩作为蒙山优势矿产资源,资源储量约 9194.4 万立方米,主要分布于四海山凸起区和蒙山凸起区,资源量十分丰富。

蒙山周边分布的麦饭石,主要为燕山晚期形成的中酸性岩浆岩类,主要岩性为斑状—似斑状含黑云闪长玢岩、二长闪长玢(斑)岩、石英二长斑岩。主要分布于蒙山周边的联城、城关等地,以虎头山为代表,划分为 6 个麦饭石岩体,出露总面积约 35 平方千米,资源量巨大(总储量 2 亿立方米以上),有良好的开发前景。

2.3 蒙山地貌特征解析

2.3.1 地貌形成及分区概述

1. 蒙山地质发育史

蒙山,记录了当地 28 亿年以来的地壳变化史。28 亿年前,蒙山地区为一个稳定的陆块。距今 28—27.5 亿年,在大地裂谷作用下形成了海盆,岩浆沿裂谷喷发喷溢并沉积,形成火山沉积岩系,这就是齐鲁大地最为古老的岩体——泰山岩群。之后的 2.5 亿年间,蒙山地区经受两期大规模岩浆侵入,覆盖了泰山岩群,形成阜平期蒙山岩套、五台期峰山岩套花岗岩类;距今 25—23 亿年,蒙山地区又经受第三次大规模岩浆侵入,形成吕梁期傲徕山岩套二长花岗岩,交代或捕房了泰山岩群和前两期岩浆岩。距今 2 亿~8 亿年,蒙山陆块经历了构造运动的挤压和小规模的岩浆活动,处于隆升剥蚀时期。8 亿年以来,蒙山地区又经历了海进海退的变迁及陆相火山活动。直到距今 3000 万年以来,受喜马拉雅运动影响,蒙山断裂再次活动,蒙山主体不断隆升剥蚀,终于雄踞齐鲁大地。

2. 地貌形成的作用力

内动力和外动力相互作用是山体抬升、演变和形貌塑造的关键原因。蒙山之所以形成超过千米的山峰,其首要原因是地质构造在垂直方向的差异运动造成的。以几个大断裂所限制的中部地带逐渐隆起,而断裂外围地区差异沉降,使得蒙山抬升起来。

在山体抬升过程中,地表的长期风化剥蚀和流水侵蚀,持续改造着蒙山的面貌。此外,山体的碳酸盐岩地层则经受着溶蚀作用,这种不同于前述的化学风化作用,对蒙山局部地段进行了必要的改造。除了上述物理风化、化学风化等侵蚀作用外,蒙山山体周边缓坡地及较宽缓的沟谷带,则接受山体剥蚀物质的部分沉积,而更多的细粒风化剥蚀物质则由流水输送到较远的盆地地区。

3. 地貌现状分区

目前,蒙山主要经受外营力的改造作用,按照外营力作用方式,结合构造作用,蒙山地区可划分为三类不同的地貌区。

侵蚀构造中低山区(400 米以上地区):分布在蒙山旅游区中部蒙山一带,海拔高程为400～1150 米,岩性以云英闪长岩和花岗闪长岩为主,夹有泰山群变质岩残留体,区内发育有断层陡坎、断层谷、尖顶状山脊等地貌形态。地形坡度多在 20°～35°,个别段地形坡度大于 35°。

岩溶侵蚀山间平原区(100～300 米地区):主要分布在浚河两侧,和蒙山区北部,海拔高程为 100～300 米。切割深度 10～100 米。岩性以奥陶系碳酸盐岩及中生界、新生界碎屑质碳酸盐岩为主。区内发育有岩溶洼地、溶洞、孤立溶蚀残丘、岩溶大泉、基座河流阶地等地貌形态。地形起伏不大,坡度为 0°～5°,个别地段为 5°～10°。

侵蚀溶蚀低山丘陵区(80～600 米地区):位于蒙山地区以南及流峪镇到地方镇一带的低山丘陵区,海拔高程在一般为 80～600 米之间。岩性以古生界碳酸盐岩夹碎屑岩为主。区内发育有圆顶状山脊、溶蚀残丘、V 形谷、溶沟、溶槽、溶洞、岩溶泉等地貌形态。地形坡度多为 15°～35°。

2.3.2 蒙山地形总体特征

蒙山作为山东省第二高峰,山势巍峨,主峰龟蒙顶海拔高程 1156 米;海拔高程 1000 米以上的山峰共有 14 座,它们全部位于蒙山核心区中部地带,主要沿山脊错落分布。图 2.7 展示了蒙山核心区总面积为 371.4 平方千米范围内的地形总体特征。如前所述,蒙山旅游区管理委员会辖区是一个行政辖区,其东部界线沿山脊分布,使得根据该区域分析蒙山地形地貌就显得不够完整,而采用蒙山核心区这一地貌单元,基本包括了蒙山旅游区管理委员会辖区东部的整条山系,为全面分析蒙山地形地貌创造了较好的条件。从蒙山核心区整体看,低山丘陵分布于山体周边,而中山区位于中部地带。

几条大型沟域对于蒙山地貌的形成和地形发育有着重要的影响,正是由于这些沟域的发展演化,才形成了高低不一、大小不同的各个山峰。位于西部的明广寺峪、位于中部的草寺峪和位于东部的大洼是蒙山核心区山南的三条最大的沟域,也是分割主要地形区的界限。蒙山大型沟域的延伸方向基本与山体走向相互垂直,但是,明广寺峪的上游区段发生向右的折转而基本平行于蒙山山体走向,同时,草寺峪的上游区段则发生向左的折转也基本平行于蒙山山体走向,而且,这两条沟域上游长期的相向溯源侵蚀,在其沟头形成了较高的分水岭。明广寺峪和草寺峪二者之间的中山区是龟蒙景区及蒙山最高峰龟蒙顶;两条沟域上游的北部是云蒙景区及蒙山第二高峰云蒙峰;沿这两条沟域源头的分水岭可抵达遥遥相望的云蒙峰和龟蒙顶,因此,其源头的分水岭可谓云蒙山系和龟蒙山系的空中走廊。以大洼流域所在经度为界,其西边为北西向纵向山系和群峰,其东边则为南北向延伸的山脊。

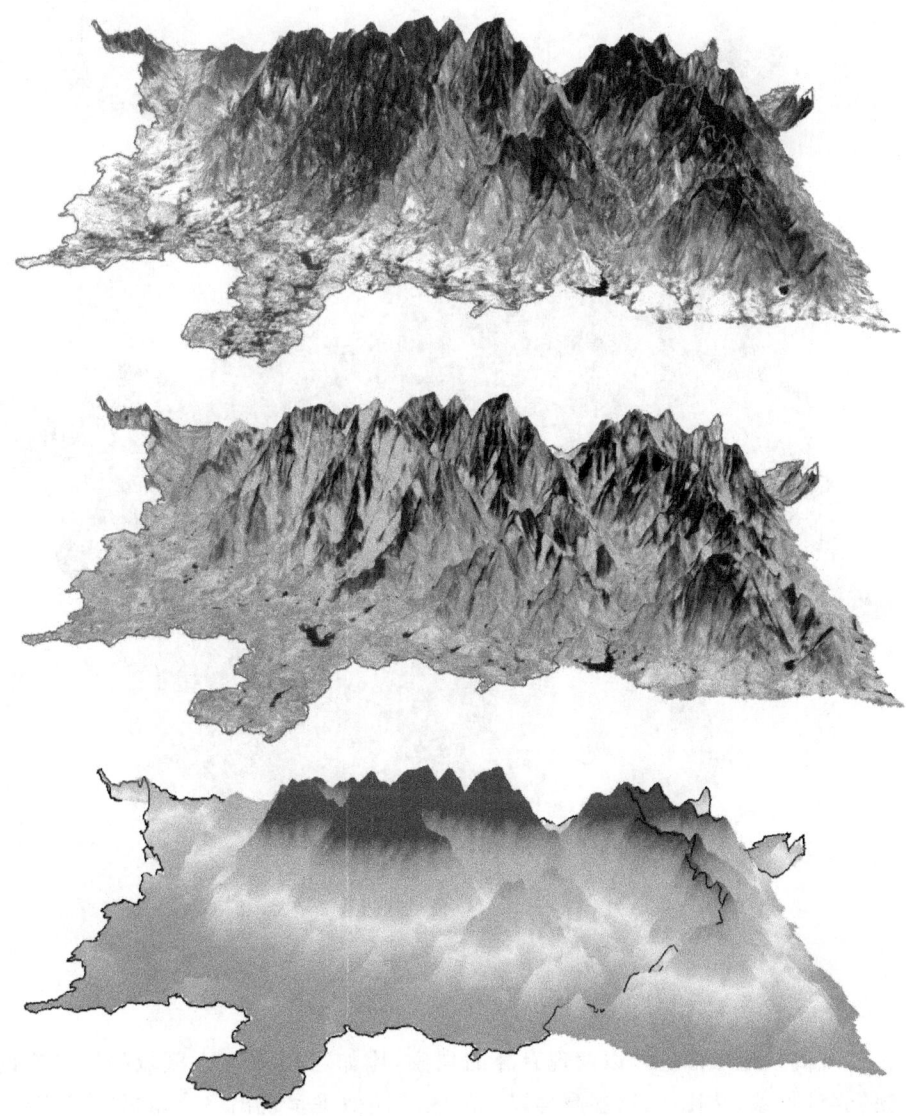

图 2.7 蒙山核心区三维地图

（曲线内部为蒙山旅游区管理委员会辖区，东部外围区为扩展区，二者合起来为蒙山核心区。

上图为真彩色遥感图与 DEM 合成图；中图为假彩色遥感图与 DEM 合成图；下图为 DEM 图。上部

为北）

从等高线图（图 2.8）可见，750 米以上的白色部分是蒙山很有特色的区域，在此高程以上蒙山核心区呈现东西不同的两部分：西部大致为"工"字形，由云蒙主峰所在的山系和龟蒙顶所在的山系及其之间的"空中走廊"共同构成；东部大致为"十"字形，主要由大洼东部山系构成。山北和山南等高线密集分布段有一定的差异，山北等高线最为密集的高程段大致在 800～900 米，而山南等高线最为密集的高程段在 500～700 米，表明上述高程段是山体北部和南部表面分别最为陡峭的地段。

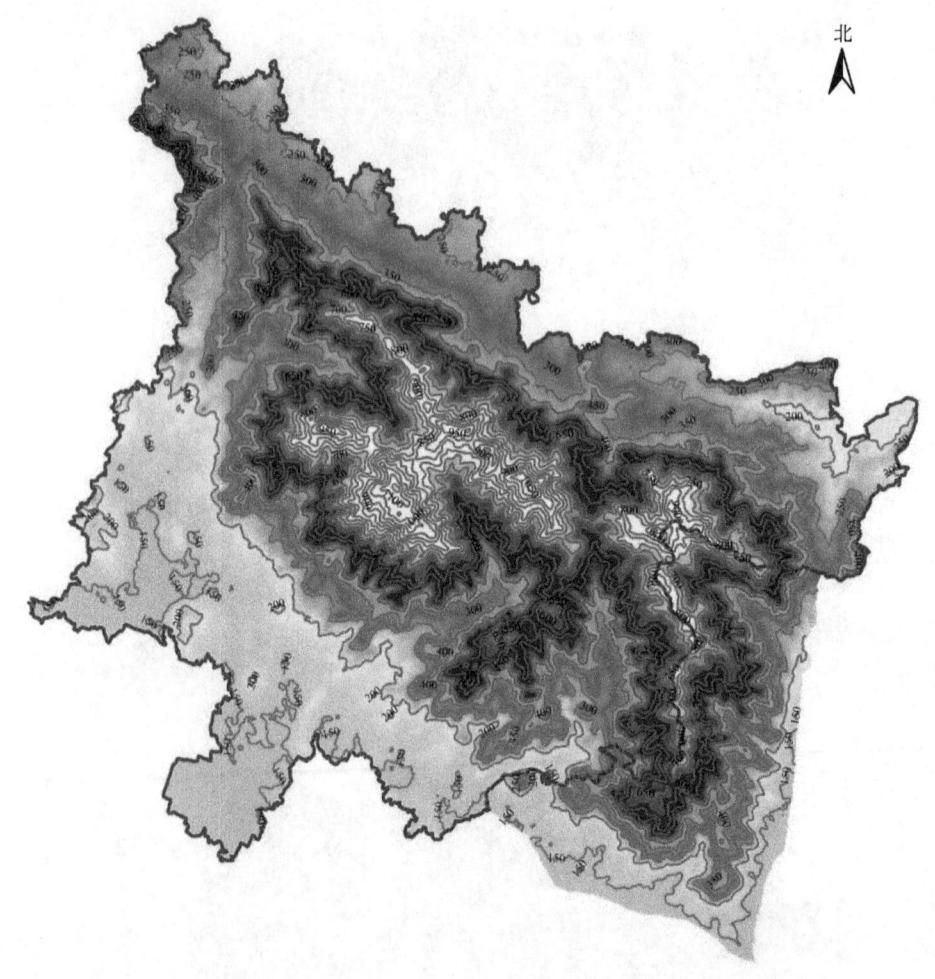

北

图 2.8　蒙山核心区 50 米间隔的等高线图

　　另外,从等高线地形图还可以发现有趣的现象,比如,450 米以上区域的地形空间呈现朝东南行进的奔马形象;又比如,这些高程以上的区域还似乎呈现出一个草书"寿"字,这将在景观特征一节详述。

　　下面,对蒙山地形的一些相关数据进行分析,以进一步揭示蒙山地貌特征。

2.3.3　蒙山行政辖区地形参数的计算与分析

　　为了揭示蒙山山体特征,利用分辨率为 30 米的 DEM 数字地形图,对蒙山旅游区管理委员会辖区(蒙山行政区)及蒙山核心区不同等高线上的山体截面面积及等高线周长、等高线以上的山体表面积和体积等进行了计算。对这些数据进行了相关分析和公式拟合,得到若干有意义的相互关系式。下面,针对蒙山旅游区管理委员会辖区和蒙山核心区的不同地域范围,分别进行论述。

1. 蒙山行政区山体地形参数计算结果

辖区内位于山体周边、海拔高程小于 250 米的区域,其地面平均坡度一般小于 10°,基本上属于平原地貌区,从 250 米海拔高程开始及其以上,基本进入坡度明显增大的坡地地带,也是地貌高差变化明显的地带。因此,这里选择辖区内海拔高程在 250 米以上的区域,以 50 米高程作为间隔,利用 ArcGIS 软件,分别计算了蒙山旅游区管理委员会辖区内不同等高线上的截面面积、截面周长,以及等高线以上山体表面积和山体体积,上述计算结果见表 2.1。

表 2.1　蒙山旅游区管理委员会辖区等高线以上相关参数计算值

等高线基准高程(米)	沿等高线截面面积(公顷)	等高线周长(千米)	等高线以上山体表面积(公顷)	等高线以上山体体积(10^4 米^3)
250	20356.9	101.0	21458.0	4661126.9
300	16320.1	112.2	17359.0	3752492.9
350	13709.0	113.8	14668.3	3005249.9
400	11576.6	116.9	12444.2	2373933.9
450	9707.6	114.1	10476.1	1842933.7
500	8016.9	114.1	8679.3	1400392.2
550	6437.7	107.3	6991.9	1039313.2
600	5069.9	88.1	5529.0	753241.8
650	3958.3	81.2	4329.9	528315.6
700	3009.7	74.2	3298.3	354676.3
750	2173.1	64.0	2384.3	225738.9
800	1486.9	50.3	1632.4	134873.4
850	971.4	41.2	1064.1	73862.7
900	555.2	29.5	606.0	36284.3
950	299.9	17.8	322.3	15449.5
1000	137.5	9.4	144.9	4809.9
1050	36.1	4.2	37.7	698.4
1100	3.2	0.7	3.3	21.8

2. 截面面积与海拔高程之间的关系

管委会辖区内蒙山山体沿等高线的截面面积随着高程增大而减小(图 2.9),二者之间呈现指数衰减关系:

$$y = 50935.84e^{-x/293.45} - 1584.52 \qquad (2-1)$$

(2-1)式的决定系数高达 0.9992,表明二者之间有非常高的相关性。

该拟合公式的意义在于,据此公式可以计算上述高程区间内任意高程处的山体截面面积,也可以计算在给出任意截面面积时的海拔高程。这对于定量分析蒙山山体特征提供了便捷手段。

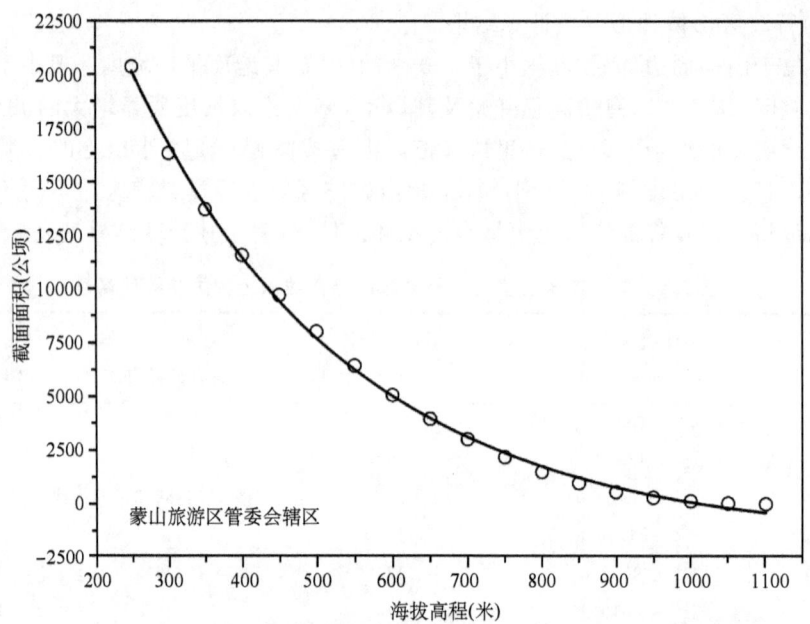

图 2.9　蒙山旅游区管理委员会辖区山体海拔高程与截面面积关系

3. 截面的周长与海拔高程之间的关系

山体截面周长的变化既能够反映截面面积的变化,也能够反映截面边界的不规则性。蒙山旅游区管委会辖区内蒙山山体截面的周长随着高程的变化表现出先增大后减小的趋势(图2.10),在海拔高程 400 米时达到最大,自 500 米显著减小。

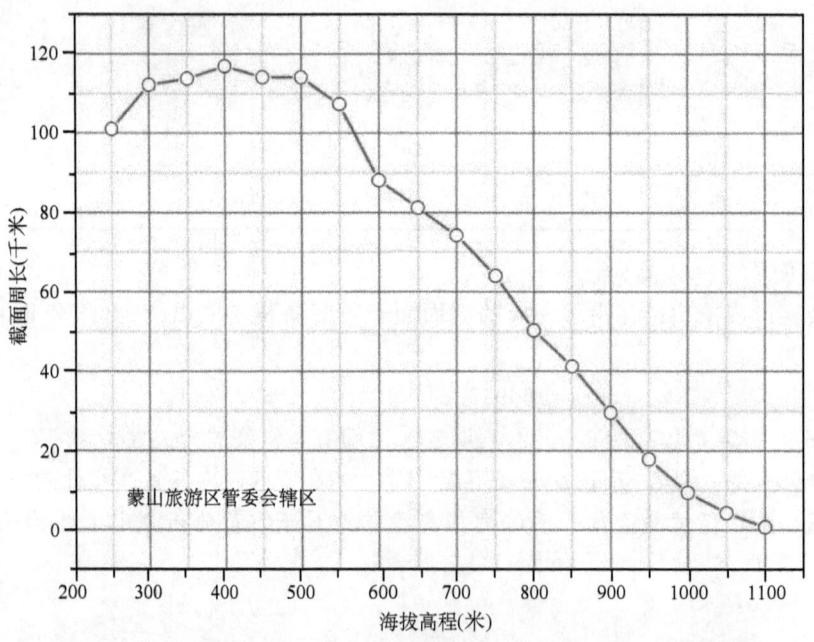

图 2.10　蒙山旅游区管理委员会辖区山体截面周长随高程的变化趋势

前面讲到山体截面面积随着高程的增大而减小,因此,截面周长在低高程时(400米以下)随着高程的增大而增大反映了山体截面不规则性的增大,也就是山体由于沟域的分割使其截面边界线弯曲程度增大,从而引起周长的增加;此后(400米以上),截面周长随着高程的增大而减小主要反映了山体截面面积的显著减小,而截面边界不规则性仍然增大,但已经不是主要影响因素。

4. 截面以上山体体积与海拔高程之间的关系

与截面面积类似,蒙山旅游区管委会辖区内截面以上山体体积随着海拔高程的增大而减小如图2.11所示,二者之间呈现类似的指数衰减关系:

$$y = 15443227.47e^{-x/219.72} - 206292.43 \tag{2-2}$$

上式的决定系数高达0.9981,表明二者之间同样具有很高的相关性。

该拟合公式的意义在于,据此公式可以计算上述高程区间内任意高程处以上的山体体积,也可以计算在给出任意截面以上山体体积时的海拔高程。这对于定量分析蒙山山体特征同样提供了一种便捷手段。

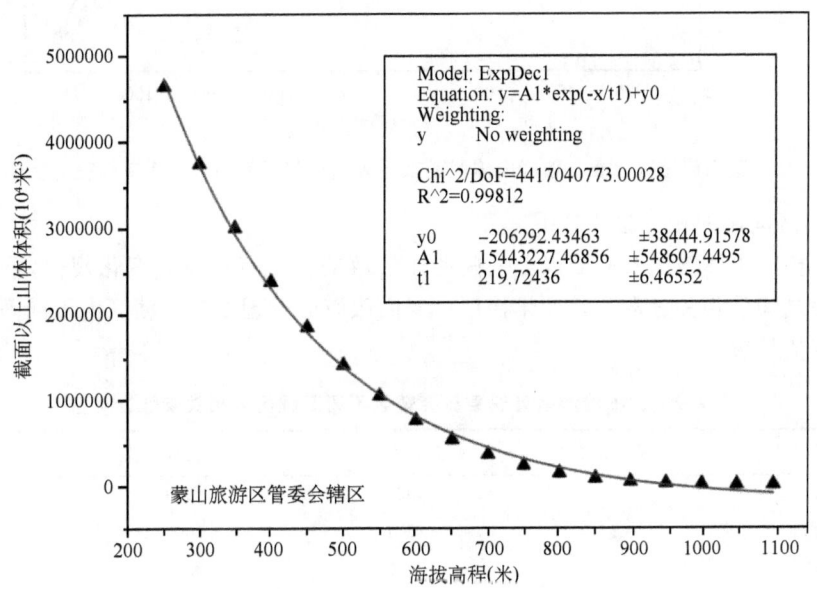

图2.11 蒙山旅游区管理委员会辖区山体截面以上体积随高程的变化趋势

5. 截面以上山体表面积与截面面积比值分析

某一海拔高程处山体截面以上的表面积与截面积比为一无量纲数值,可以反映山体的起伏度,该值越大表明山体起伏度越大,反之则越小,其极限最低值为1,表明地表处于一水平面上;而其最大值因不同的山体而异。如果将山体表面积(surface area)表示为 S_A,水平截面面积(plane area)表示为 P_A,则该无量纲比值(R)可以表示为 $R = S_A/P_A$。蒙山旅游区管委会辖区山体截面以上表面积与截面积比随着海拔高程的变化如图2.12所示。

由图2.12可见,蒙山旅游区管理委员会辖区内截面以上山体表面积与截面面积之比随高程呈现先增大后减小的变化趋势,其高程临界值为800米。表明在低于800米时,蒙山山体的起伏度随着高程的增大而增大；在高于800米时，其起伏度则随着高程的增大而减小；而1000米以上的起伏度是上述高程区间内最小的。

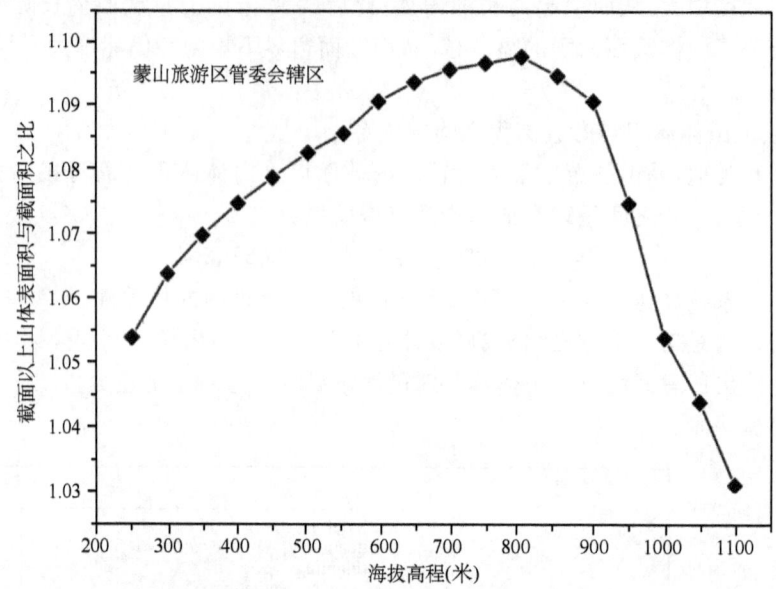

图2.12　蒙山旅游区管委会辖区山体截面以上表面积与截面面积之比随高程的变化趋势

6. 截面区间内的相关参数分析

前面分析了山体截面及截面以上一些特征参数的变化特征及其变化规律，下面重点分析等间距截面之间的相关参数及其变化特征。蒙山旅游区管理委员会辖区内不同高程区间的相关参数计算值见表2.2。

表2.2　蒙山旅游区管理委员会辖区不同高程区间相关参数计算值

高程区间（米）	区间编号	截面面积（公顷）	表面积（公顷）	体积（10⁴ 米³）
250～300	1	4036.8	4099.0	908634.0
300～350	2	2611.1	2690.7	747243.0
350～400	3	2132.4	2224.1	631316.0
400～450	4	1869.0	1968.1	531000.3
450～500	5	1690.7	1796.8	442541.5
500～550	6	1579.2	1687.4	361079.0
550～600	7	1367.8	1462.9	286071.4
600～650	8	1111.6	1199.1	224926.1
650～700	9	948.5	1031.6	173639.4
700～750	10	836.6	914.0	128937.4
750～800	11	686.2	751.9	90865.4
800～850	12	515.5	568.2	61010.8

高程区间(米)	区间编号	截面面积(公顷)	表面积(公顷)	体积(10^4 米³)
850～900	13	416.2	458.2	37578.3
900～950	14	255.3	283.6	20834.8
950～1000	15	162.4	177.4	10639.6
1000～1050	16	101.4	107.3	4111.5
1050～1100	17	32.9	34.3	676.6
1100 以上	18	3.2	3.3	21.8

如图 2.13 所示,随着海拔高程的增大,等间距高程区间内的山体截面面积、表面积和体积都呈现明显减小的趋势。其中前二者之间呈现良好的线性关系:

$$y = 36.69 + 1.02x \tag{2-3}$$

上式中 x 表示等间距高程区间内的截面面积,y 表示等间距高程区间内的山体表面积。二者之间的相关系数高达 0.9996,置信度小于 0.0001。

等间距高程区间内的山体体积随高程的变化表现出好于前二者的平滑性,并且也呈现出良好的指数衰减关系。由于每个区间是等间距的,区间内山体体积随着高程的变化梯度则反映了山体的陡峻程度,因此,这也是一个非常有意义的山体地形度量参数。

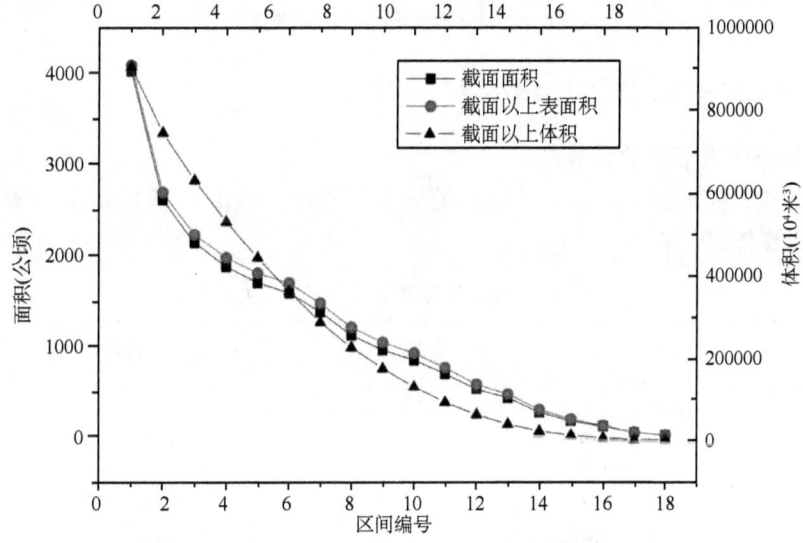

图 2.13　蒙山管委会辖区内不同高程区间内相关参数随高程的变化趋势
(区间各编号所表示的海拔高程范围见表 2.2)

等间距高程区间内的山体表面积与截面面积之比值(图 2.14)与截面以上的山体表面积与截面面积之比值具有很好的相似性。由图 2.14 可见,蒙山行政辖区内等间距内的山体表面积与截面面积比值随着编号的增大,也即随着高程的增大呈现同样先增大后变小的变化趋势,其高程临界值在编号 14 处,也即在海拔高程区间为 900～950 米处。表明在低于 900～950 米时,等间距高程区间内蒙山山体的起伏度随着高程的增大而增大;而在超过 900～950 米时,其等间距高程区间内的山体起伏度则随着高程的增大而减小。

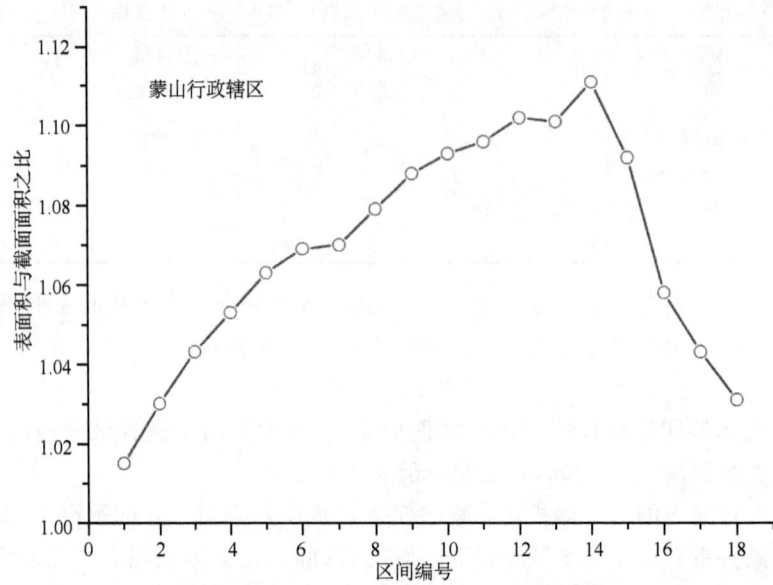

图 2.14　蒙山行政辖区等间距高程区间内山体表面积与截面面积之比
（区间各编号所表示的海拔高程范围见表 2.2）

2.3.4　蒙山核心区地形参数的计算与分析

1. 蒙山核心区地形参数计算结果

有关蒙山核心区截面及其以上区域的类似参数的计算数值列于表 2.3，而等间距区间内的相关参数计算值列于表 2.4。

表 2.3　蒙山核心区等高线以上相关参数计算值

等高线基准高程（米）	沿等高线截面面积（公顷）	等高线周长（千米）	等高线以上山体表面积（公顷）	等高线以上山体体积（10^4 米^3）
250	23795.9	128.5	25132.0	5421531.5
300	19265.8	143.8	20514.0	4353416.5
350	16172.0	145.2	17312.6	3471090.9
400	13597.0	142.9	14618.8	2728153.7
450	11384.5	137.5	12283.6	2104948.8
500	9366.3	137.7	10135.8	1586806.3
550	7491.5	128.9	8130.1	1165917.7
600	5847.8	107.8	6370.0	834066.6
650	4497.2	97.4	4913.3	576584.4
700	3366.5	88.5	3682.5	380716.1
750	2370.6	73.1	2596.0	238108.5

续表

等高线基准 高程（米）	沿等高线截面 面积（公顷）	等高线周长 （千米）	等高线以上山体 表面积（公顷）	等高线以上山 体体积（10^4 米³）
800	1577.8	55.7	1729.7	140008.1
850	1015.3	43.2	1111.4	75870.6
900	573.0	31.0	625.1	36790.5
950	302.6	18.5	325.1	15468.4
1000	137.5	9.4	144.9	4809.9
1050	36.1	4.2	37.7	698.4
1100	3.2	0.7	3.3	21.8

表 2.4 蒙山核心区不同高程区间相关参数计算值

高程区间（米）	区间编号	截面面积（公顷）	表面积（公顷）	体积（10^4 米³）
250～300	1	4530.1	4618.0	1068115.0
300～350	2	3093.8	3201.4	882325.6
350～400	3	2575.0	2693.9	742937.2
400～450	4	2212.4	2335.1	623204.8
450～500	5	2018.3	2147.8	518142.6
500～550	6	1874.8	2005.7	420888.6
550～600	7	1643.7	1760.1	331851.1
600～650	8	1350.6	1456.7	257482.2
650～700	9	1130.7	1230.8	195868.4
700～750	10	996.0	1086.5	142607.5
750～800	11	792.7	866.3	98100.4
800～850	12	562.5	618.3	64137.6
850～900	13	442.3	486.4	39080.1
900～950	14	270.4	300.0	21322.1
950～1000	15	165.1	180.2	10658.5
1000～1050	16	101.4	107.3	4111.5
1050～1100	17	32.9	34.3	676.6
1100 以上	18	3.2	3.3	21.8

2. 蒙山核心区水平截面及其以上地形参数变化规律

（1）水平截面面积随高程的变化规律

蒙山核心区的蒙山山体沿等高线的截面（即水平截面）面积随着海拔高程的增大而减小（图 2.15），其减小速率有逐渐变小趋势，二者之间呈现如 2-4 式所示的指数衰减关系：

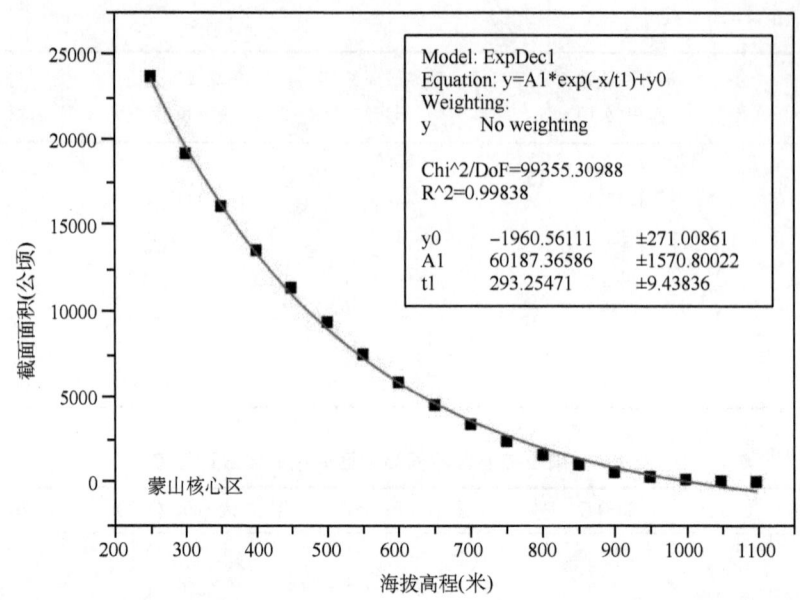

图 2.15　蒙山核心区山体水平截面面积与海拔高程之间的关系

$$y = 60187.37e^{-x/293.25} - 1960.56 \qquad (2-4)$$

上式的决定系数高达 0.9984,表明上述两个参数之间有很高的相关性。与蒙山行政区内同类参数的统计结果(公式 2-1)相比,指数非常接近,只是系数和常数项有所差异。显然,这两个公式所呈现的地貌参数的变化规律相似,而针对某一具体变量的因变量数值略有不同。该拟合公式的意义与公式 2-1 的相似,只是所适应的区域有所扩大。

（2）水平截面周长随高程的变化规律

蒙山核心区内山体水平截面周长随着高程的增加的变化规律与蒙山行政区内的非常相似,它同样具有先略微增大而后显著减小的变化趋势(图 2.16),最大点却有些许差异,在该区域内,其最大值出现在海拔高程 350 米处(前者为 400 米处),无论如何,自 500 米则显著减小,这与前者完全一致。

实际上,在统计区间内高程小于 500 米的地域,其水平截面的周长随着高程的变化相对于 500 米以上的区域来说显得微不足道。

（3）水平截面以上的山体体积随高程的变化规律

蒙山核心区山体水平截面面积(y)随着海拔高程(x)的增大呈现由迅速减小到缓慢减小的变化趋势(图 2.17),经过拟合分析,二者之间呈现很好的指数衰减关系:

$$y = 18439505.76e^{-x/214.68} - 230122.42 \qquad (2-5)$$

上式的决定系数高达 0.9979,表明二者之间具有很高的相关性。

与蒙山行政区内类似的拟合分析结果(公式 2-2)相比,其指数部分相差很小,表明二者所反映的规律非常相似。该下凹型曲线实际上反映了蒙山山体表面垂向的平均下凹特性。

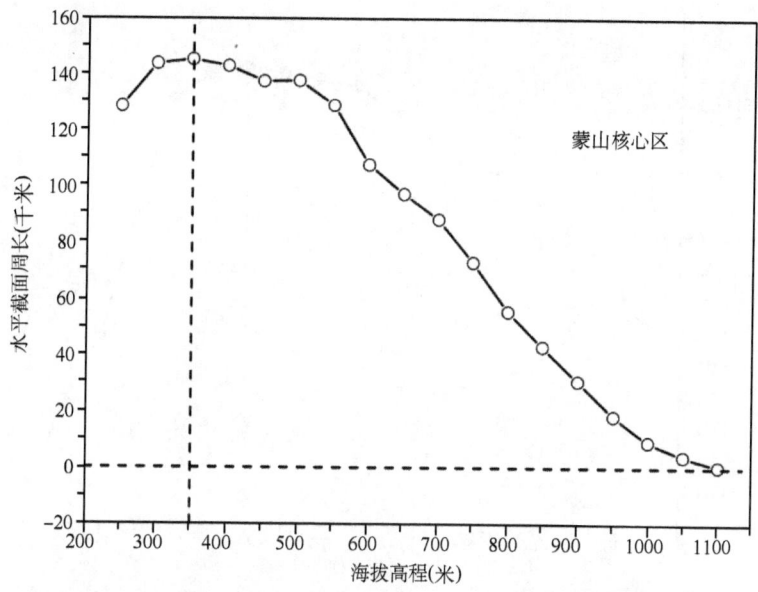

图 2.16　蒙山核心区内山体水平截面周长随高程的变化趋势

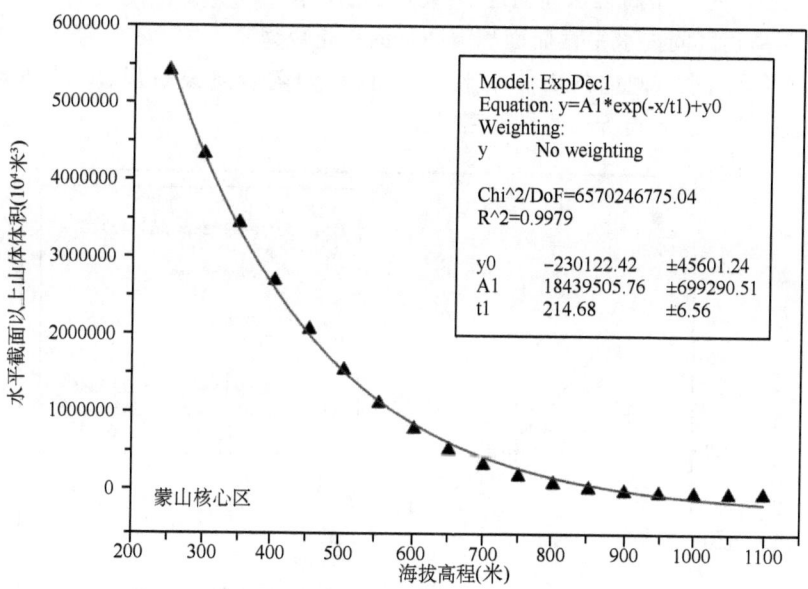

图 2.17　蒙山核心区水平截面以上山体体积随高程的变化规律

　　(4)水平截面以上的山体表面积与截面面积比(S_A/P_A)变化趋势

　　蒙山核心区水平截面以上山体表面积与截面积比(S_A/P_A)随着海拔高程的变化如图 2.18 所示。该图的变化曲线表明,在海拔高程低于 800 米时,该比值随着海拔高程的增大而增大,当超过 800 米时,该比值随着海拔高程的增大而减小,同时,减小的速率远较增大的速率大。

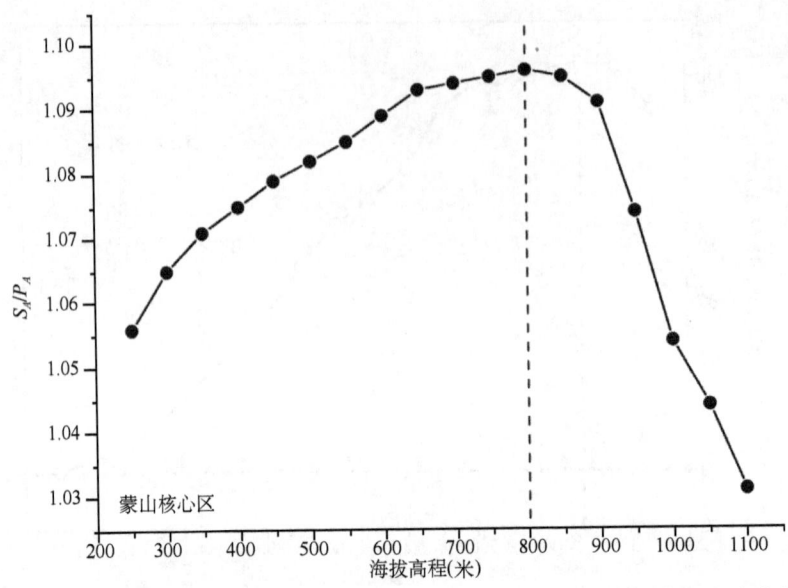

图 2.18　蒙山核心区水平截面以上山表面积与截面面积(y)比随高程(x)的变化规律

3. 蒙山核心区等间距高程区间内地形参数变化规律

(1)等间距高程区间内水平截面面积随高程的变化规律

蒙山核心区等间距区间内的山体水平截面面积(y)随着海拔高程(x)的增大而减小(图2.19),二者之间呈现如下式所示的指数衰减关系:

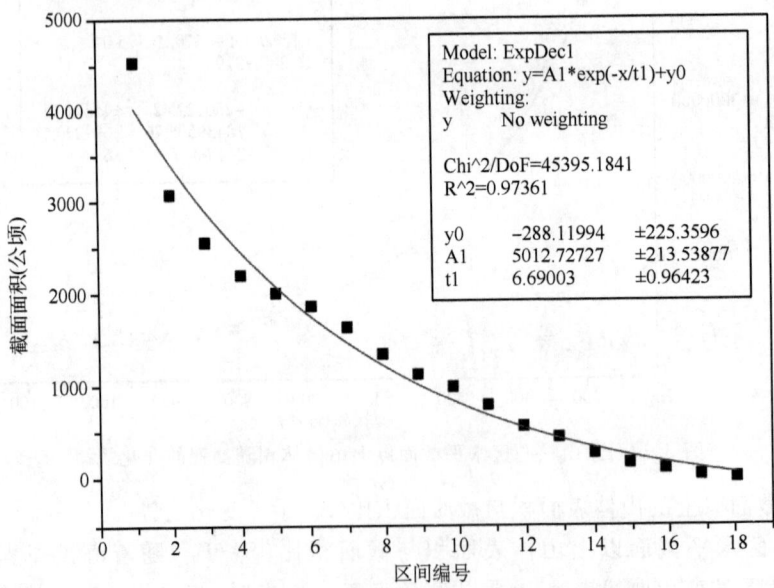

图 2.19　蒙山核心区等间距高程区间内的截面面积随高程的变化规律
(区间各编号所表示的海拔高程范围见表 2.4)

$$y = 5012.73e^{-x/6.69} - 288.12 \tag{2-6}$$

上式的决定系数为 0.9736,表明这两个参数之间具有很高的相关性。散点图在区间编号 6 处(即海拔高程 500～550 米区间)前后呈现局部上凸特征,并且该散点图与蒙山行政区内同类参数的散点图(图 2.13)非常相似。

(2)等间距高程区间内山体表面积随高程的变化规律

蒙山核心区等间距区间内的山体表面积(y)随着海拔高程(x)的增大而减小(图 2.20),二者之间同样呈现如下式所示的指数衰减关系:

$$y = 5183.13e^{-x/7.45} - 429.66 \tag{2-7}$$

该关系式的决定系数为 0.9745,表明二者之间具有很高的相关性。拟合曲线具有明显的下凹特征,而散点图在区间编号 6 处(即海拔高程 500～550 米区间)前后呈现局部上凸特征,并且该散点图与蒙山行政区内同类参数的散点图(图 2.13)非常相似。

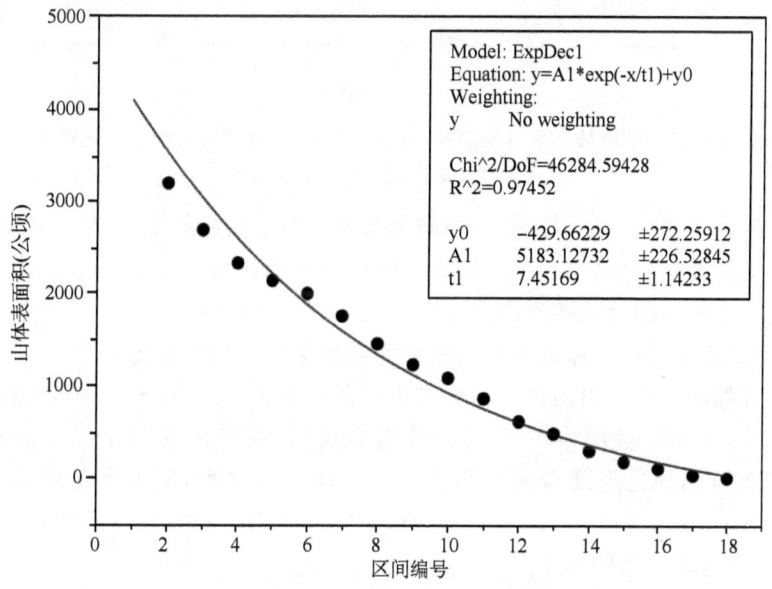

图 2.20　蒙山核心区等间距高程区间内的山体表面积随高程的变化规律
(区间各编号所表示的海拔高程范围见表 2-4)

(3)等间距高程区间内山体体积随高程的变化规律

蒙山核心区等间距高程区间内的山体体积(y)随着海拔高程(x)的增大而减小(图 2.21),二者之间同样呈现如下式所示的指数衰减关系:

$$y = 1389784.38e^{-x/5.85} - 94051.96 \tag{2-8}$$

该关系式的决定系数为 0.9979,表明二者之间具极高的相关性,这也从拟合曲线与散点图基本重合相一致。同时,拟合曲线表现出明显的下凹特征,表明随着高程的增大,高程区间内水平截面以上的山体体积的减小速率具有由大到小的变化趋势,这实际上也反映了山体表面的陡峻度在逐渐增大。

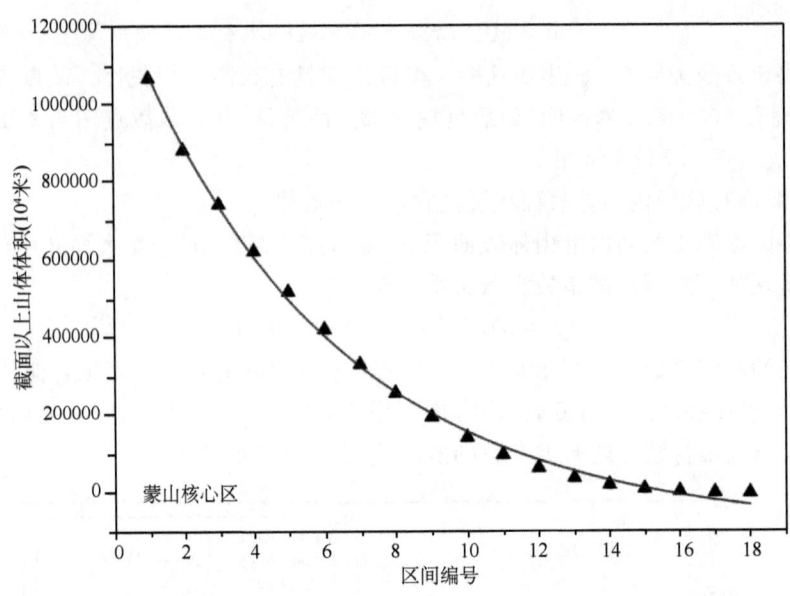

图 2.21　蒙山核心区等间距高程区间内的山体体积随高程的变化规律

（区间各编号所表示的海拔高程范围见表 2.4）

该图的散点分布特征与蒙山行政区内同类参数的散点图（图 2.13）非常相似，表明当蒙山由行政辖区向东扩大一部分后，其山体陡峻度的统计关系并未发生明显的变化，这进一步说明蒙山核心区及行政区内的山体的垂向地形特征具有高度的一致性。

（4）等间距高程区间内山体表面积与截面面积比值随高程的变化趋势

蒙山核心区等间距高程内山体表面积与山体截面面积的比值（S_A/P_A）随着高程区间的变化趋势如图 2.22 所示。该图中的散点分布趋势表明，在海拔高程小于区间编号 14（低于 900～950 米区间）时，该比值随着海拔高程区间的增大而增大，但增大速率具有一定的差异性；当大于区间编号 14（超过 900～950 米区间）时，该比值随着海拔高程的增大而显著减小，并且，减小的速率远较增大的速率大。

（5）等间距高程区间内山体表面积与截面面积之间的关系

蒙山核心区等间距高程区间内截面面积与表面积之间的关系如图 2.23 所示，随着等间距高程区间内山体截面面积的增大，山体表面积呈现出线性（同比例）增大趋势。二者之间呈现出如下的良好线性关系：

$$y = 37.984 + 1.027x \qquad (2\text{-}9)$$

上式中 x 表示等间距高程区间内的山体截面面积，y 表示等间距高程区间内的山体表面积。二者之间的相关系数高达 0.9997，统计点数为 18 个，标准偏差为 33.96，置信度为 <0.0001。

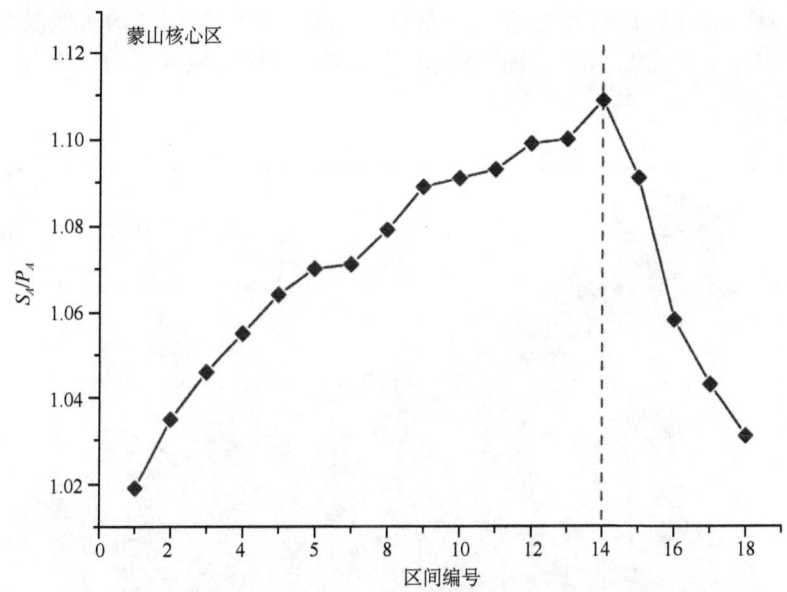

图 2.22　蒙山核心区等间距高程区间内表面积与截面积比值随高程的变化趋势
（区间各编号所表示的海拔高程范围见表 2.4）

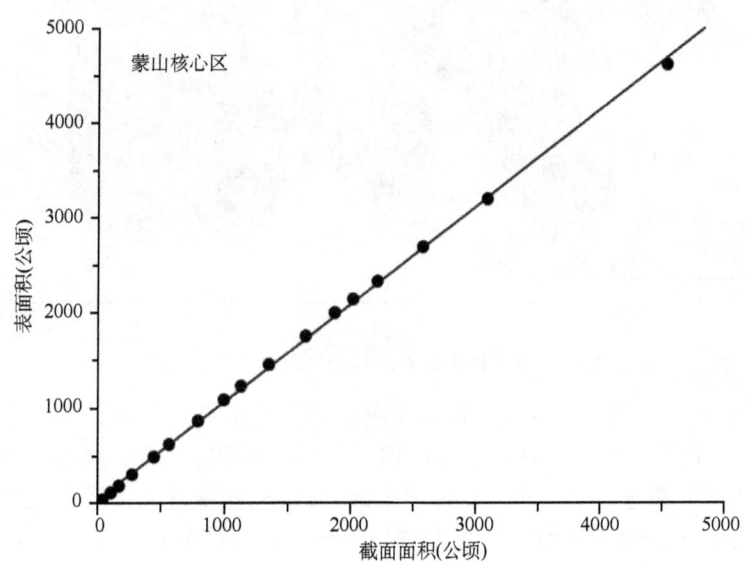

图 2.23　蒙山核心区等间距高程区间内截面面积与表面积之间的关系

4. 蒙山坡度空间分布特征及不同坡度区间的面积

（1）坡度的空间分布特征

蒙山旅游区管理委员会辖区（蒙山行政辖区）及蒙山核心区内的坡度空间渐变分布见图 2.24。首先，蒙山核心区周边作为缓坡的主要分布区，其次，大型沟域的沟床带也是缓坡集中分布的区域，只是前者为面状分布、后者呈现带状分布特征。高坡度主要位于蒙山核心区中部地带的山脊、山峰、山丘等地貌部位,呈现分散的斑点状、弧形状、圆滑的折线状等。至于坡度空间分级分布特征则见图2.25。下面,分别阐述这两个不同区域内不同坡度分级区间的面积计算数值。

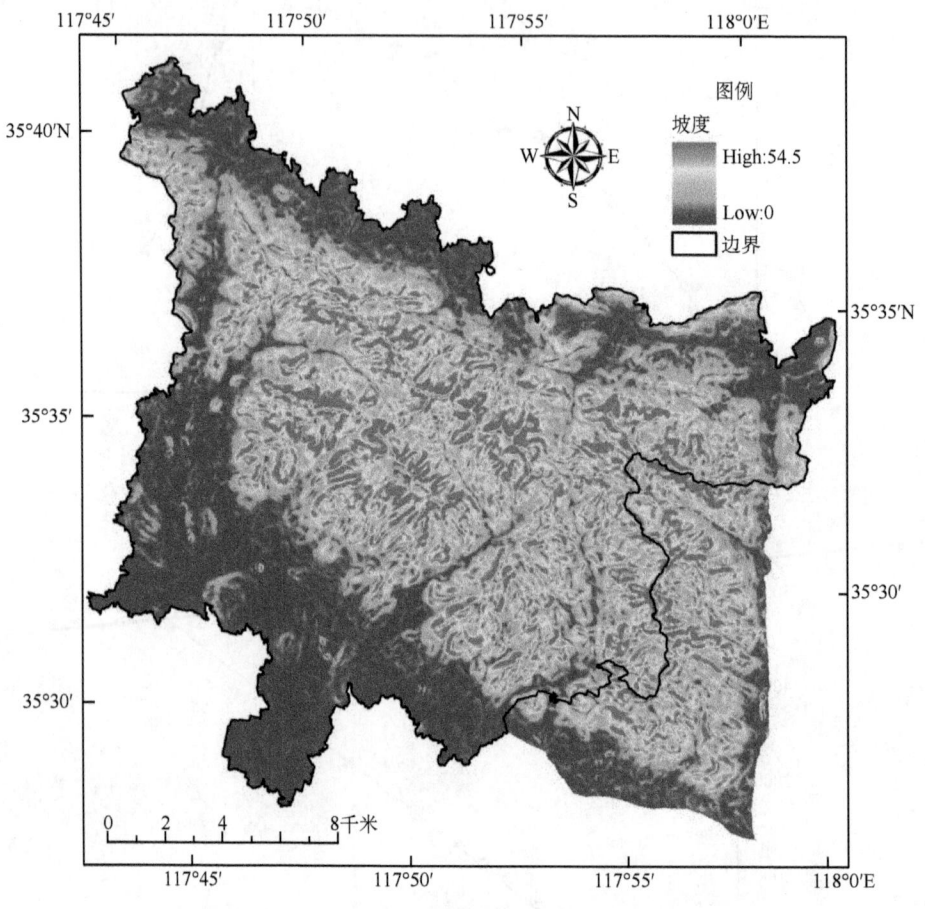

图2.24 蒙山行政辖区及核心区坡度空间分布特征

(2)蒙山行政辖区不同坡度区间地域的空间分布及其面积

利用 ArcGIS 软件和分辨率为30米的 DEM 数字地形图,对蒙山核心区及蒙山行政辖区内不同坡度区间的面积进行了计算。经过多次试验,认为利用等坡度间距在划分该山体时使得部分区间因为面积十分有限而在图件上难以分辨,因此,最后选取下述5个坡度区间:5°以下,5°~10°,10°~15°,15°~30°,30°以上,分别勾绘了这些区间内地域在空间的分布特征(图2.25)。

对于蒙山行政区,仅计算该行政区边界以内的区域,其中坡度在5°以下的地域面积为104.8平方千米,占蒙山行政辖区总面积的33.5%;5°~10°区域的面积为55.5平方千米,占蒙山行政辖区总面积的17.7%;10°~15°的区域,其面积为44.8平方千米,占该辖区总面积的14.3%。蒙山行政辖区内坡度在15°以下的区域,其合计总面积为205.1平方千米,占辖区总面积的65.5%。坡度在15°以上地区的总面积在该辖区内为108.1平方千米,占辖区总面积

的 34.5%,其中在15°~30°区间的地域面积为 97.9 平方千米,在 30°以上的地域面积为 10.3
平方千米,分别占蒙山核心区总面积的 31.3% 和 3.3%。

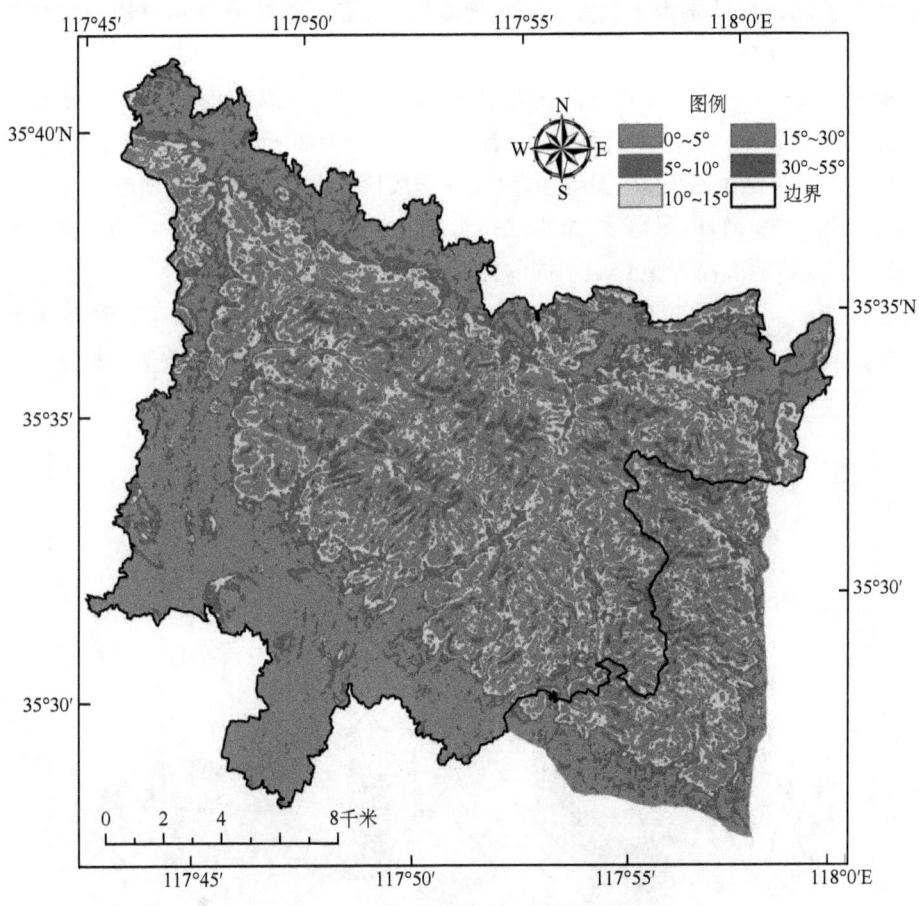

图 2.25 蒙山核心区坡度分级空间特征

(3)蒙山核心区不同坡度区间地域的空间分布及其面积

蒙山核心区的坡度空间分布如图 2.25 所示,高坡度区位于中部地带,而其中沟域发育带
的坡度相对较缓。5°以下的地区大致分布在蒙山主体外围,呈片状展布,其面积为 117.2 平方
千米,占蒙山核心区总面积的 31.5%;5°~10°的区域,主要以带状环绕蒙山山体,并沿大型沟
域线延伸,以及出现在平原区的缓坡丘陵地带,其面积为 65.7 平方千米,占蒙山核心区总面积
的 17.5%;10°~15°的区域,多分布在各类沟域两侧,其面积为 54.4 平方千米,占蒙山核心区
总面积的 14.6%。上述坡度在 15°以下的地区,合计面积为 237.3 平方千米,占蒙山核心区总
面积的 63.9%,是蒙山核心区适合农业生产和发展经济林的地区。

15°~30°的地域面积为 121.6 平方千米,占蒙山核心区总面积的 32.7%,在蒙山山系占据
优势;而在 30°以上的地区,其面积为 12.6 平方千米,占蒙山核心区总面积的 3.4%,主要分布
在蒙山各条山脊及山峰地带,呈断线及点状分布(图 2.25)。

2.3.5　蒙山山体纵横断面特征

前面所分析和讨论的基本上是蒙山面上地貌特征,下面主要分析和讨论蒙山核心区纵横断面线上高程变化特征。

根据研究需要,共设置横断面 31 个,断面起点为西南端;纵断面 24 个,断面起点为西北端。这些断面的位置见图 2.26。利用分辨率(像素大小)为 30 米的 DEM 数字高程地形图,借助 ArcGIS 软件提取每个断面给定位置的地表高程数值。其中在每个纵横断面上的数据提取点设计为等间隔为 30 米,即每隔 30 米提取一组数值,这样可以和数字高程地形图的分辨率合理匹配,使每个点的地表高程值位于不同的像素内。每个断面的最终数值有一组:表示与起点的距离($x_1, x_2, \cdots\cdots, x_n$)和相应点的高程值($y_1, y_2, \cdots\cdots, y_n$)。断面起点赋值为 0,则起点距 x_1 为 30 米,x_2 为 60 米,依次类推;而相应的 y 值则为提取的实际高程数值。根据这组数据可

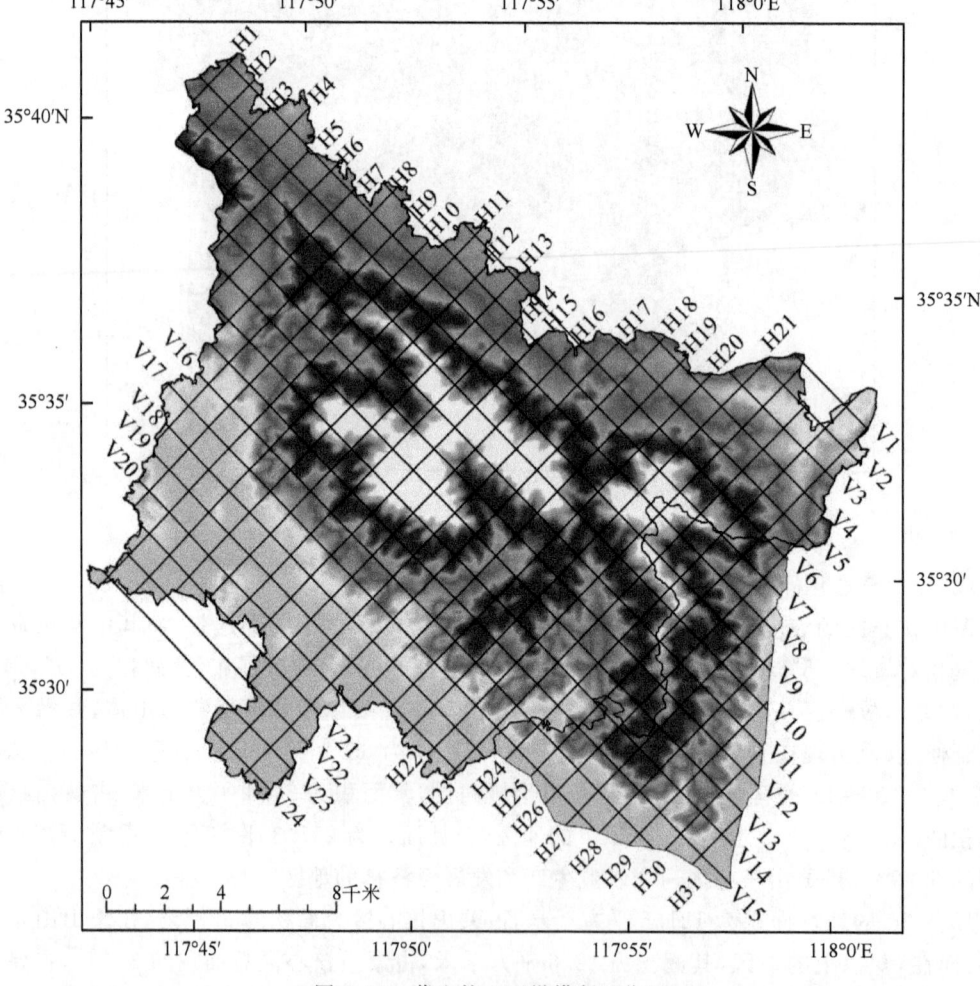

图 2.26　蒙山核心区纵横断面位置

(H 表示横断面;V 表示纵断面;数字为断面编号)

以绘制每个断面的断面图。

由于将每个断面图列出显得繁琐,下面仅列出一些代表性的断面图,主要对通过山体核心区的断面,以及断面间变化突然的部分进行分析和讨论。

横断面由断面起点至断面终点的高程变化非常明显。在断面 H6 中(图 2.27),断面总长度为 6233 米,作为分水岭的最高点海拔高程为 468 米,地表海拔高程超过 300 米的断面长度为 1438 米,占断面总长的 23%。300 米以上山体表面的海拔高程在分水岭两侧非常对称;而小于 300 米的地表形态,在分水岭两侧差异较大,在西南侧出现了两个明显的沟谷,在北侧却不发育。

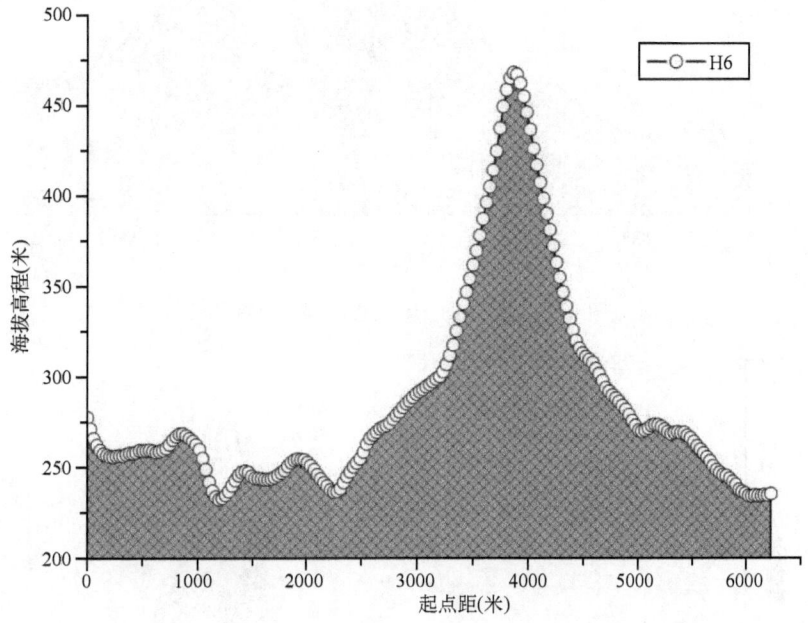

图 2.27 横断面 H6 地表高程变化特征

在断面 H8 中(图 2.28),断面总长度为 11.822 千米,作为分水岭的最高点海拔高程为 509 米,地表海拔高程超过 300 米的断面长度为 4968 米,占断面总长的 42%;超过 400 米的断面长度为 598 米,占断面总长的 5%。分水岭两侧地表形态不对称,分水岭西南侧沟谷深大,同时,发育最低高程段。

在断面 H9 中(图 2.29),断面总长度为 13.493 千米,作为分水岭的最高点海拔高程为 564 米,地表海拔高程超过 300 米的断面长度为 3568 米,占断面总长的 26%;超过 400 米的断面长度为 2039 米,占断面总长的 15%。分水岭两侧地表形态不对称,海拔高程小于 250 米的地段都分布在分水岭西南侧,沟谷在分水岭两侧都不发育。

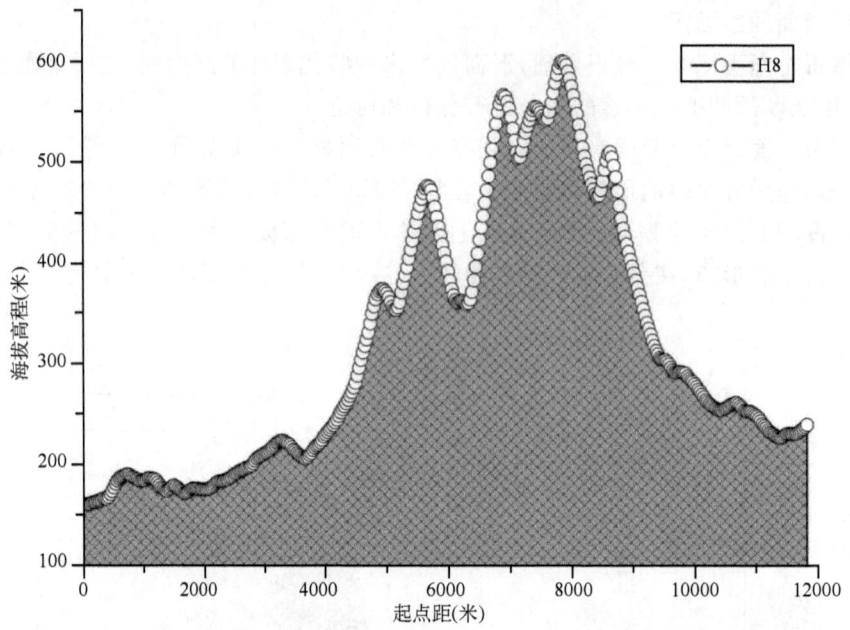

图 2.28　横断面 H8 地表高程变化特征

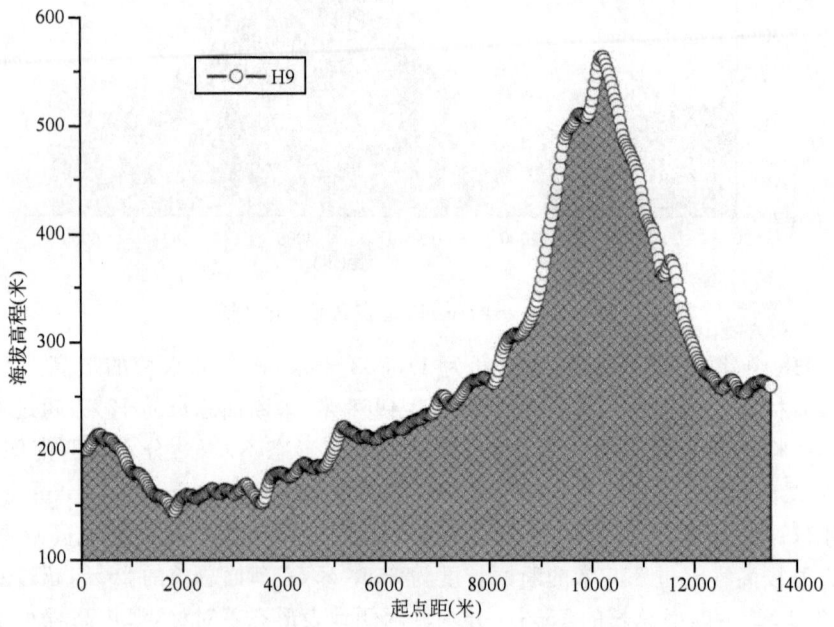

图 2.29　横断面 H9 地表高程变化特征

　　在断面 H10 中(图 2.30),断面总长度为 15.942 千米,作为分水岭的最高点海拔高程为727 米,地表海拔高程超过 300 米的断面长度为 6802 米,占断面总长的 42.7％;超过 400 米的有 3 段,从西南向东北其长度分别为 210 米、509 米和 2787 米,总长度为 3506 米;占断面总长的 22.0％;超过 500 米的断面长度为 1948 米,占断面总长的 12.2％;超过 600 米的断面长度为 1079 米,占断面总长的 6.8%。分水岭两侧地表形态不对称,海拔高程小于 250 米的地段全在分水岭西南侧。两侧都得有沟谷发育,但起伏度不大。

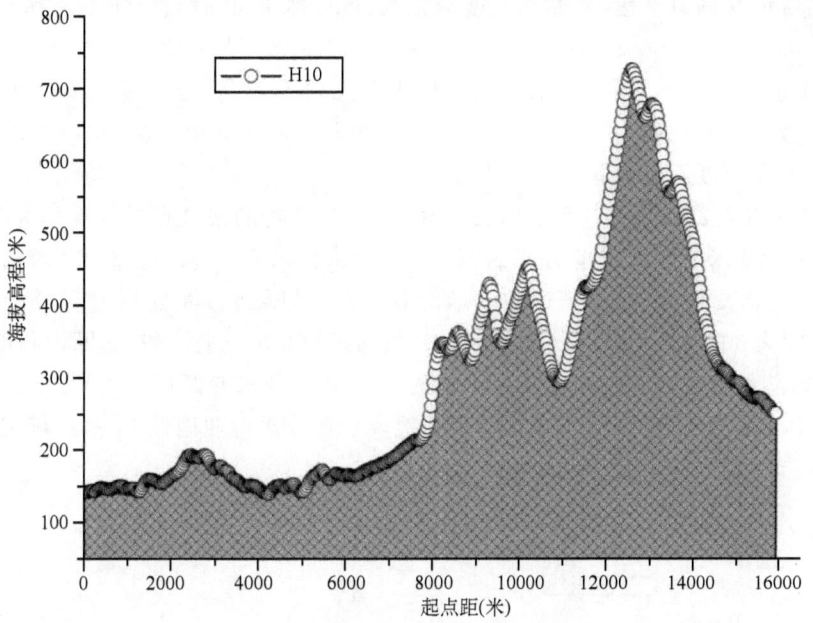

图 2.30 横断面 H10 地表高程变化特征

断面 H11(图 2.31)的总长度为 17.161 千米,作为分水岭的最高点海拔高程为 779 米,地

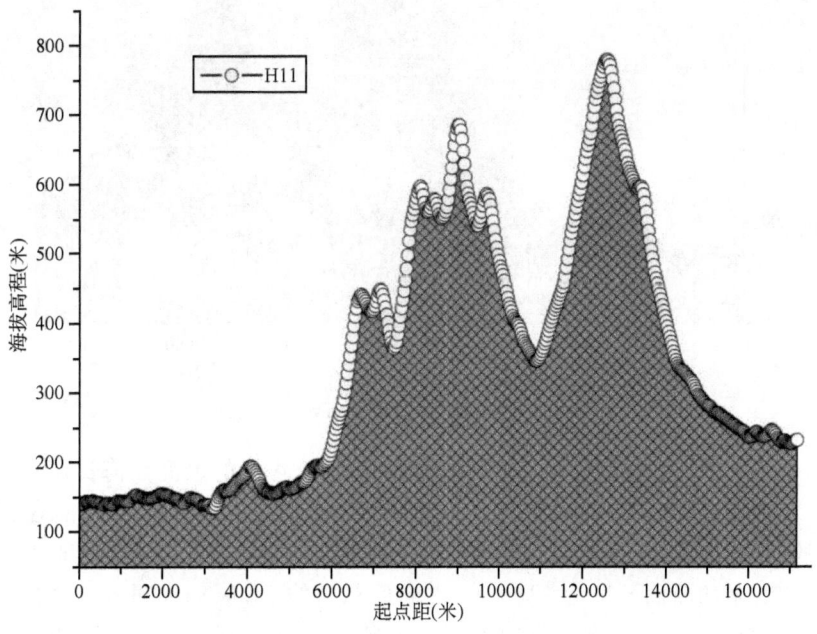

图 2.31 横断面 H11 地表高程变化特征

表海拔高程超过300米的断面长度为8416米,占断面总长的49.0%;超过400米的同样有3段,从西南向东北其长度分别为779米、2785米和2725米,总长度为6289米,占断面总长的36.6%;超过500米的有2段,其断面长度分别为2096米和1947米,总长度为4043米,占断面总长的23.6%;超过600米的同样有2段,其断面长度分别为359米和1229米,总长度为1588米,占断面总长的9.2%。分水岭两侧地表形态极不对称,分水岭西南侧次山峰高耸突兀,谷峰起伏度大,海拔高程小于220米的地段全在分水岭西南侧。主、次峰之间的谷点海拔高程为346米,位于断面起点距10902米处。

断面H12(图2.32)的总长度为15.2千米,作为分水岭的最高点海拔高程为967米,地表海拔高程超过300米的断面长度为9144米,占断面总长的60.2%;超过400米的断面长度为7765米,占断面总长的51.1%;超过500米的有3段,其断面长度分别为3748米、1829米和510米,总长度为6087米,占断面总长的40.0%;超过600米的有2段,其断面长度分别为210米和2009米,总长度为2219米,占断面总长的14.6%。分水岭两侧地表形态极不对称,分水岭东北侧次山峰发育,海拔高程小于240米的地段全在分水岭西南侧。主、次峰之间的谷点海拔高程为414米,位于断面起点距10134米处。

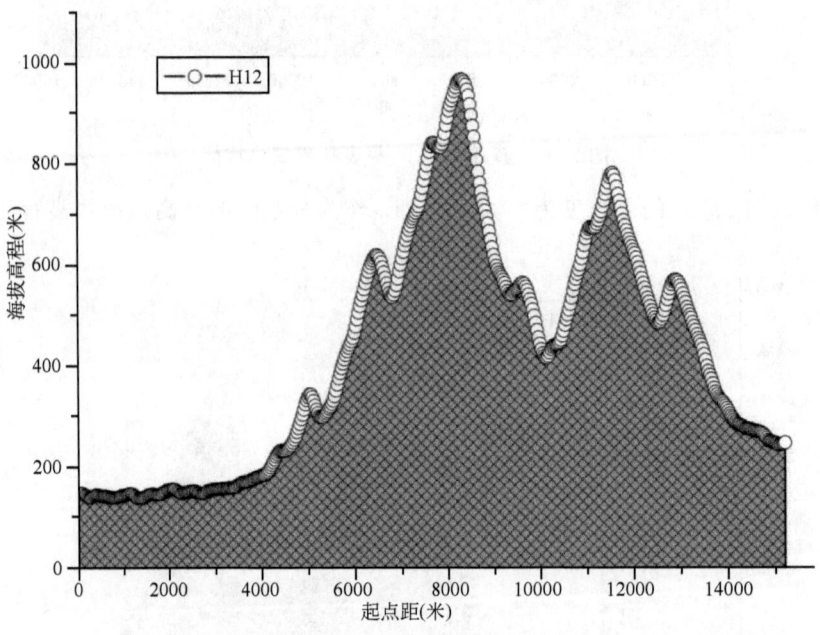

图2.32 横断面H12地表高程变化特征

断面H13(图2.33)的总长度为15.152千米,作为分水岭的最高点海拔高程为862米,次分水岭高程851米。地表海拔高程超过300米的断面长度为8444米,占断面总长的55.7%;超过400米的有2段,其断面长度分别为6139米和269米,总长为6408米,占断面总长的42.3%;超过500米的断面长度为5150米,占断面总长的34.0%;超过600米的有2段,其断面长度分别为2336米和1737米,总长度为4073米,占断面总长的26.9%;超过700米的也有2段,其断面长度分别为1258米和1289米,总长度为2547米,占断面总长的16.8%。分水岭两侧地表形态不对称,海拔高程小于 250 米的地段全在分水岭西南侧。主、次峰之间的谷点海拔高程为 504 米,位于断面起点距 9373 米处。

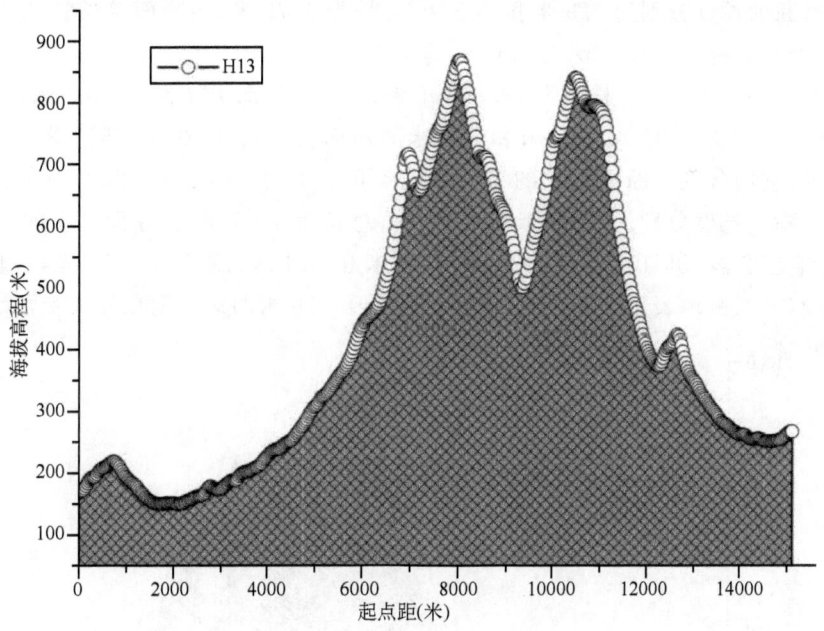

图 2.33 横断面 H13 地表高程变化特征

断面 H14(图 2.34)的总长度为 14.312 千米,主分水岭海拔高程为 955 米。地表海拔高

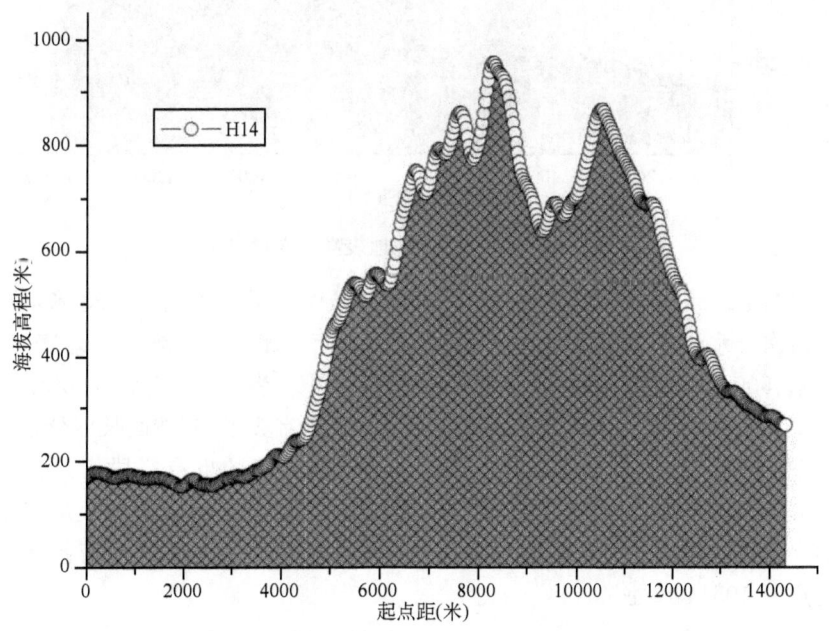

图 2.34 横断面 H14 地表高程变化特征

程超过 300 米、400 米、500 米、600 米和 700 米的断面长度为 8952 米、7785 米、6916 米、5449 米和 2485 米,并且分别占断面总长的 62.6%,54.4%,48.3%,38.1% 和 17.4%;超过 800 米的有 2 段,其断面长度分别为 329 米和 749 米,总长为 1078 米,占断面总长的 7.5%。分水岭两侧地表形态不对称,海拔高程小于 260 米的地段全在分水岭西南侧。

断面 H15(图 2.35)的总长度为 13.866 千米,主分水岭海拔高程为 1108 米。地表海拔高程超过 300 米、400 米、500 米、600 米和 700 米的断面长度为 9823 米、7577 米、6589 米、6020 米和 5181 米,它们分别占断面总长的 70.8%,54.6%,47.5%,43.4% 和 37.4%;超过 800 米的有 2 段,其断面长度分别为 2186 米和 1917 米,总长为 4103 米,占断面总长的 29.6%;超过 900 米的同样有 2 段,其断面长度分别为 1378 米和 419 米,总长为 1797 米,占断面总长的 13.0%。分水岭两侧地表形态不对称,海拔高程小于 280 米的地段全在分水岭西南侧。

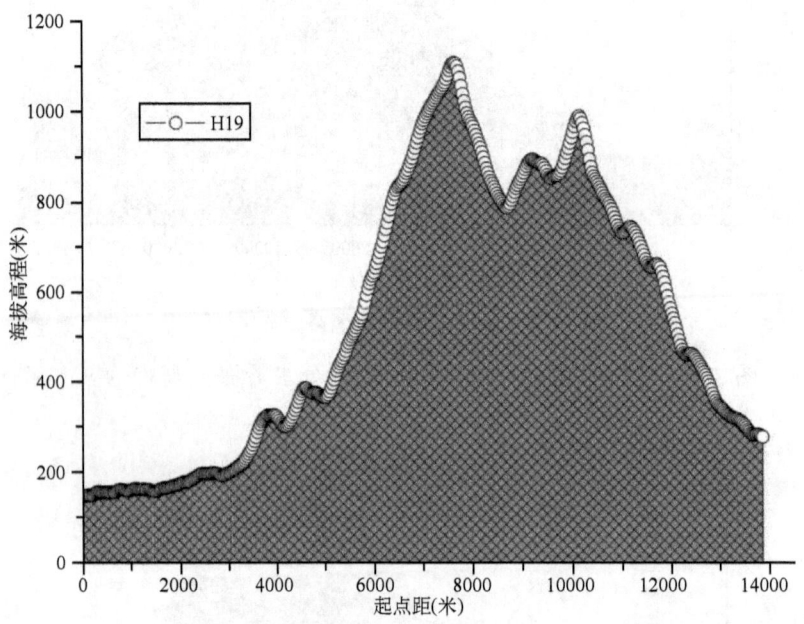

图 2.35　横断面 H15 地表高程变化特征

断面 H16(图 2.36)的总长度为 15.845 千米,主分水岭海拔高程为 998 米,位于断面起点距 8686 米处;次分水岭海拔高程为 997 米,位于断面起点距 11832 米处。地表海拔高程超过 300 米、400 米、500 米、600 米的断面长度为 9106 米、7458 米、6650 米和 5242 米,分别占断面总长的 57.5%,47.1%,42.0% 和 33.1%;超过 700 米的有 2 段,其断面长度分别为 1857 米和 1468 米,总长为 3325 米,占断面总长的 21.0%;超过 800 米的也有 2 段,其断面长度分别为 1408 米和 689 米,总长为 2097 米,占断面总长的 13.2%。分水岭两侧地表形态不对称,海拔高程小于 280 米的地段全在分水岭西南侧。主次分水岭间的沟谷最低点海拔高程为 617 米,位于断面起点距 10514 米处。

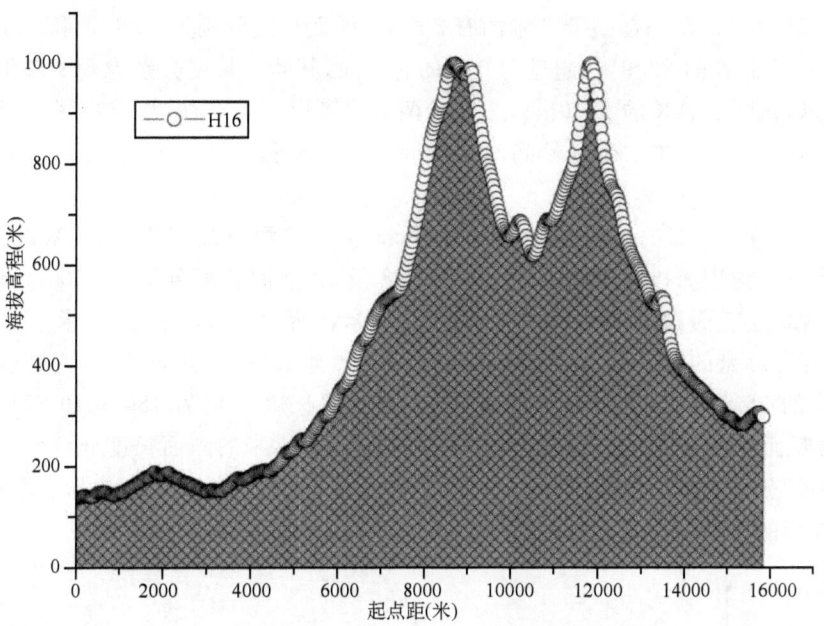

图 2.36 横断面 H16 地表高程变化特征

断面 H17(图 2.37)的总长度为 19.514 千米,主分水岭海拔高程为 933 米,位于断面起点距 14086 米处;次分水岭海拔高程为 831 米,位于断面起点距11269米处。地表海拔高程超过300 米、400 米、500 米的断面长度分别为9890 米、7912 米和 6414 米,分别占断面总长的

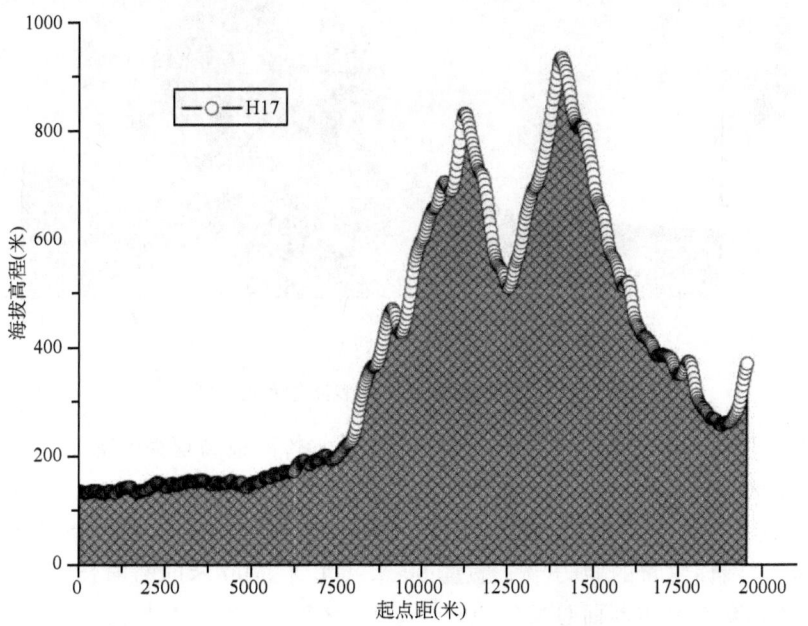

图 2.37 横断面 H17 地表高程变化特征

50.6％,40.5％和32.8％;超过 600 米的有 2 段,其断面长度分别为 2008 米和 2458 米,总长为 4466 米,占断面总长的 22.9％;超过 700 米的有 2 段,其断面长度分别为 869 米和 1468 米,总长为 2337 米,占断面总长的 12.0％。分水岭两侧地表形态不对称,海拔高程小于 250 米的地段全在分水岭西南侧。主次分水岭间沟谷最低点海拔高程为 510 米,位于断面起点距 12528 米处。

断面 H18(图 2.38)的总长度为 20.567 千米,分水岭海拔高程为 1054 米,位于断面起点距 14301 米处。地表海拔高程超过 300 米的有 2 段,其断面长度分别为 300 米和 9384 米,总长为 9684 米,占断面总长的 47.1％;超过 400 米的断面长度为 7255 米,占断面总长的 35.3％;超过 500 米的有 3 段,其断面长度分别为 450 米、929 米和 3957 米,总长度为 5336 米,占断面总长的 26.0％;超过 600 米的有 2 段,其断面长度分别为 180 米和 2728 米,总长为 2908 米,占断面总长的 13.3％;超过 700 米、800 米和 900 米的断面长度分别为 2039 米、1619 米和 1049 米,分别占断面总长的 9.9％、7.9％和 5.1％。分水岭两侧地表形态不对称,海拔高程小于 240 米的地段全在分水岭西南侧。

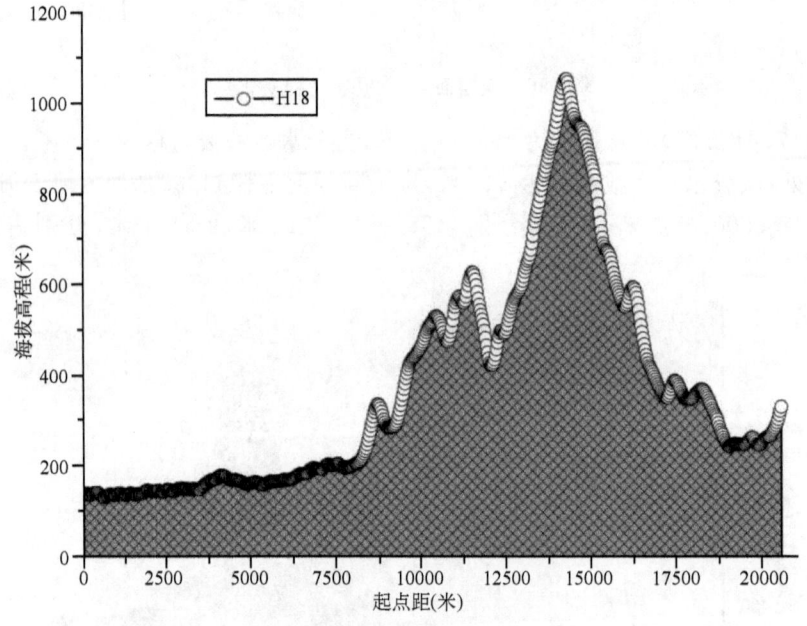

图 2.38　横断面 H18 地表高程变化特征

断面 H19(图 2.39)的总长度为 16.362 千米,分水岭海拔高程为 858 米,位于断面起点距 9769 米处。地表海拔高程超过 300 米的有 2 段,其断面长度分别为 539 米和 7881 米,总长为 8420 米,占断面总长的 51.5％;超过 400 米的有 2 段,其断面长度分别为 4525 米和 509 米,总长为 5034 米,占断面总长的 30.8％;超过 500 米、600 米、700 米的断面长度分别为 3416 米、1918 米和 1408 米,分别占断面总长的 20.9％、11.7％和 8.6％。海拔高程小于 220 米的地段全在分水岭西南侧。

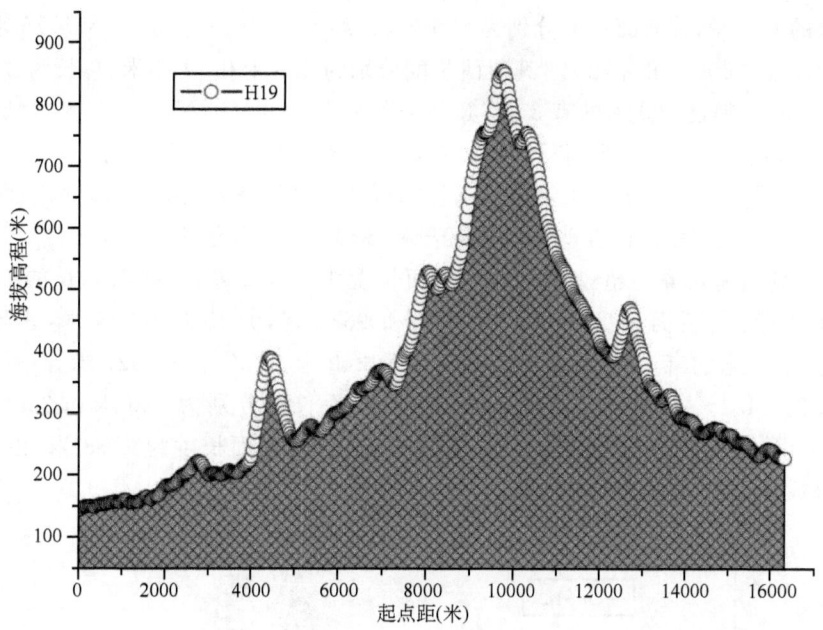

图 2.39 横断面 H19 地表高程变化特征

断面 H20(图 2.40)特征明显,具有海拔高程差别不大的多峰形态,断面总长度为 15.617 千米,最高海拔高程为 761 米,位于断面起点距 11900 米处。地表海拔高程超过 300 米和 400 米的各为 1 段,其断面长度分别为 11421 米和 9682 米,分别占断面总长的 73.1% 和 62.0%;

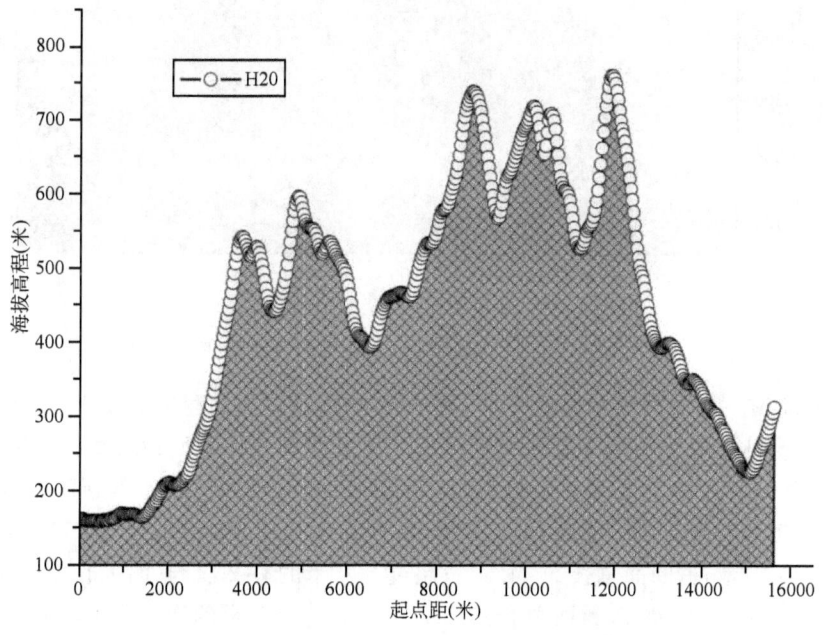

图 2.40 横断面 H20 地表高程变化特征

超过 500 米的有 3 段，其断面长度分别为 600 米、1229 米和 4946 米，总长为 6775 米，占断面总长的 43.4％；超过 600 米的有 2 段，其断面长度分别为 899 米和 1409 米，总长为 2308 米，占断面总长的 14.8％；超过 700 米的有 3 段，其断面长度分别为 390 米、210 米和 90 米，总长 690 米，占断面总长的 4.4％。海拔高程小于 220 米的地段全在分水岭西南侧。

断面 H21(图 2.41)除了分水岭具有高程相近的双峰形态外，在分水岭西南侧断面中部还出现多峰形态。该断面总长度为 17.628 千米，最高海拔高程为 889 米，位于断面起点距 10822 米处。地表海拔高程超过 300 米的断面长度为 11362 米，占断面总长的 64.5％；超过 400 米的有 2 段，其断面长度分别为 839 米和 9384 米，总长为 10223 米，占断面总长的 58.0％；超过 500 米的有 3 段，其断面长度分别为 240 米、1859 米和 3927 米，总长为 6026 米，占断面总长的 34.2％；超过 600 米的有 2 段，其断面长度分别为 420 米和 3208 米，总长为 3628 米，占断面总长的 20.6％；超过 700 米的有 1 段，其断面长度为 2788 米，占断面总长的 15.8％。海拔高程小于 200 米的地段全在分水岭西南侧。

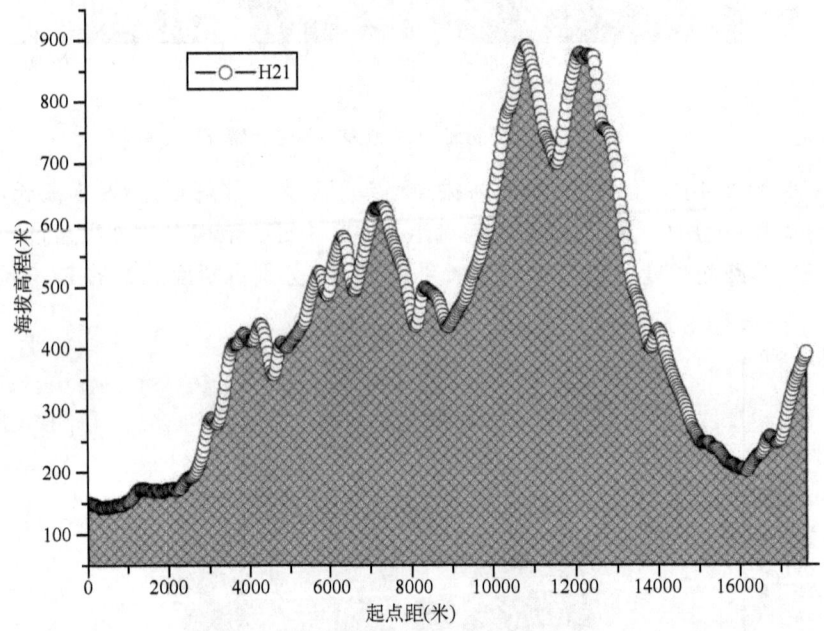

图 2.41　横断面 H21 地表高程变化特征

断面 H22(图 2.42)断面总长度为 18.065 千米，最高海拔高程为 894 米，位于断面起点距 11025 米处。分水岭西南侧断面起伏变化程度高于东北侧。该断面地表海拔高程超过 300 米的断面长度为 11175 米，占断面总长的 61.9％；超过 400 米的有 4 段，其断面长度分别为 779 米、150 米、869 米和 5453 米，总长为 7251 米，占断面总长的 40.1％；超过 500 米的有 1 段，其断面长度为 4434 米，占断面总长的 24.5％；超过 600 米的有 2 段，其断面长度分别为 3205 米和 150 米，总长为 3355 米，占断面总长的 18.6％；超过 700 米的有 2 段，其断面长度分别为 180 米和 1977 米，总长为 2157 米，占断面总长的 11.9％。

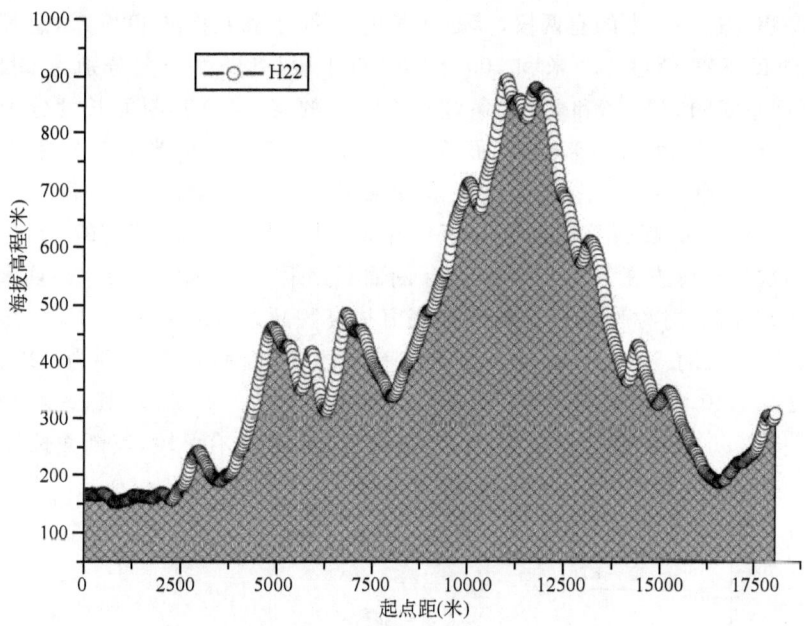

图 2.42　横断面 H22 地表高程变化特征

　　断面 H23(图 2.43)断面总长度为 17.457 千米,最高点海拔高程为 798 米,位于断面起点距 10138 米处;次高点海拔高程为 797 米,位于断面起点距 12148 米处。分水岭西南侧断面起伏变化程度高于东北侧,但是在海拔高程超过 450 米以上部分,断面具有较好的对称性。该断

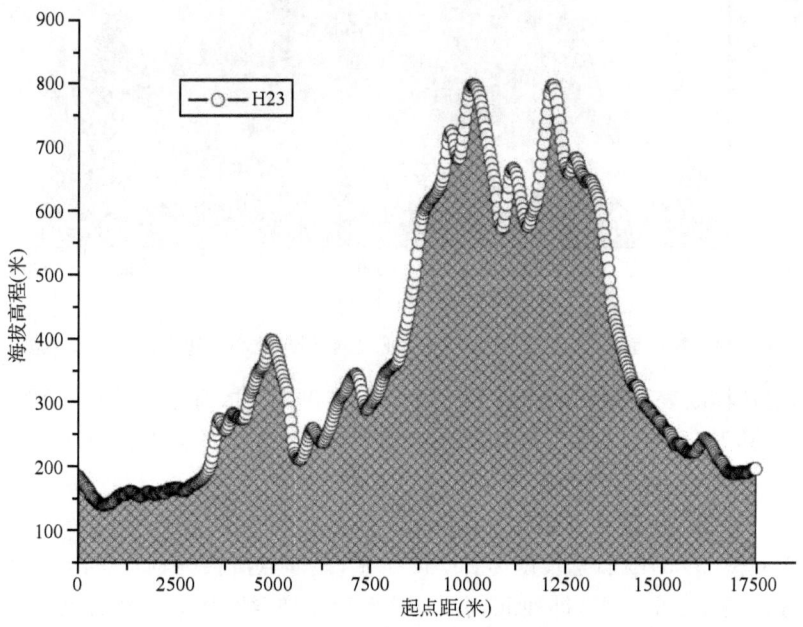

图 2.43　横断面 H23 地表高程变化特征

面地表海拔高程超过 300 米的有两段,其断面长度分别为 660 米和 6929 米,总长为 7589 米,占断面总长的 43.5%;超过 400 米和 500 米的各有 1 段,其断面长度分别为 6929 米和 4949 米,分别占断面总长的 39.7% 和 28.4%;超过 600 米的有 3 段,其断面长度分别为 1890 米、420 米和 1710 米,总长为 4020 米,占断面总长的 23.0%;超过 700 米的有 3 段,其断面长度分别为 180 米、660 米和 450 米,总长为 1290 米,占断面总长的 7.4%。

断面 H26(图 2.44)断面总长度为 11.741 千米,最高点海拔高程为 697 米,位于断面起点距 5820 米处;次高点海拔高程为 621 米,位于断面起点距 8099 米处。分水岭西南侧断面起伏变化程度小于东北侧,对称性差。该断面地表海拔高程超过 300 米的有 1 段,其断面长度为 6929 米,占断面总长的 59.0%;超过 400 米的有 3 段,其断面长度分别为 900 米、180 米和 4830 米,总长为 5910 米,占断面总长的 50.3%;超过 500 米的有 2 段,其长度分别为 1710 米和 840 米,总长 2550 米,占断面总长的 21.7%;超过 600 米的有 2 段,其断面长度分别为 1200 米和 390 米,总长为 1590 米,占断面总长的 13.5%。

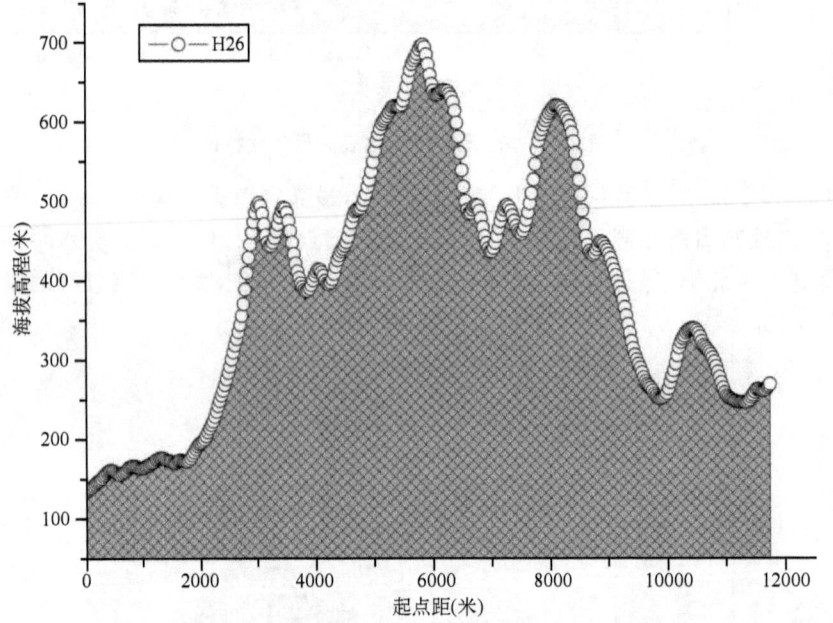

图 2.44　横断面 H26 地表高程变化特征(起点至与核心区边界第一个交点处)

总体上,上述横断表现为在海拔高程超过 500~600 米时,每个分水岭两侧的地形对称性相对较好,而在其下,对称性很差;大多数断面在分水岭东北侧具有更陡的地形梯度。另外,在分水岭西南侧的地形起伏度高于在分水岭东北侧的。

下面介绍山体纵断面形态特征。

纵断面 V8(图 2.45)断面总长度为 26.58 千米,最高点海拔高程为 940 米,位于断面起点距 20768 米处。最高点的左侧(即西北,后同)地形变化梯度明显小于其右侧(即东南),地势突变在断面西侧中部比较显著,出现几个区域高点;最高点的右侧地形呈逐渐变小趋势。在 450 米以上地区,其山峰陡峻高耸,左右对称较好,尤其是主峰部分。

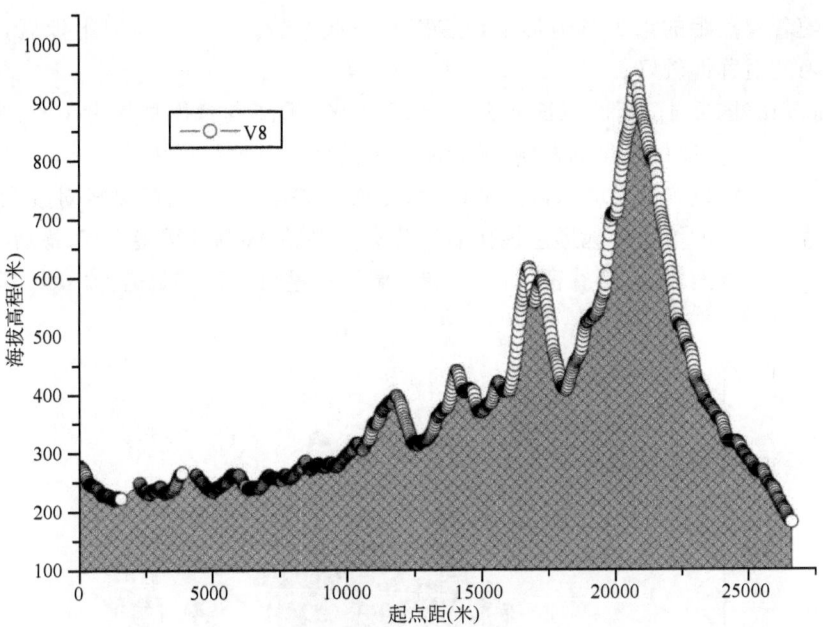

图 2.45　地表高程沿纵断面 V8 变化特征

　　纵断面 V9(图 2.46)断面总长度为 27.67 千米,最高点海拔高程为 793 米,位于断面起点距 20446 米处。最高点的左侧地形变化梯度总体上小于其右侧,在起点距 0~8000 米地段,地势变化小,高差相对不明显,但在起点距 8000~20000 米地段,地势变化明显,峰高谷深。最高

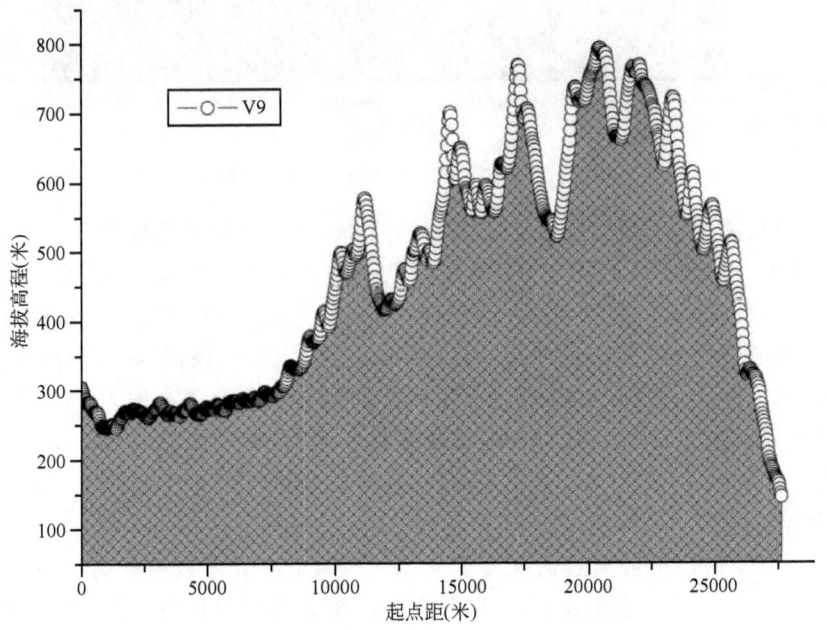

图 2.46　地表高程沿纵断面 V9 变化特征

点的右侧,随着起点距的增大其地形呈现震荡性降低态势。在 500 米以上地区,峰谷高差显著,单个山峰的对称性较好。

　　纵断面 V10(图 2.47)断面总长度为 27.768 千米,最高点海拔高程为 1063 米,位于断面起点距 16493 米处。在最高点的左侧,随着起点距的增大其地势震荡性升高,地形变化梯度小于其右侧,并且在海拔高程 600 米以上的地段,断面峰谷密度较大、高差相对较大。在最高点的右侧,随着起点距的增大其地形呈现初期显著降低,随后震荡性缓慢升高,最后再显著降低,并且在 500~800 米地段,其峰谷密度大、高差明显。一些峰谷高差显著的山峰,其对称性相对较好。

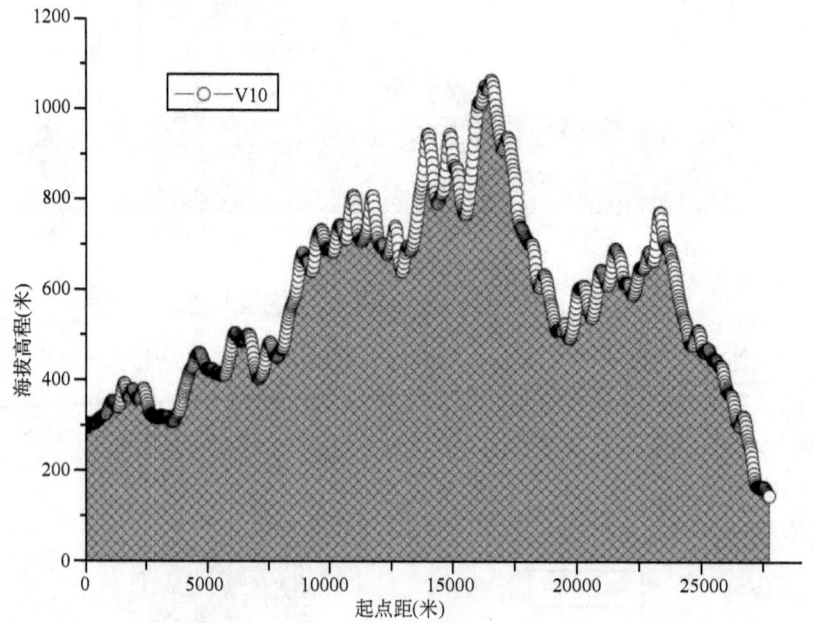

图 2.47　地表高程沿纵断面 V10 变化特征

　　纵断面 V11(图 2.48)断面总长度为 28.464 千米,最高点海拔高程为 939 米,位于断面起点距 13348 米处。在比邻主峰的左右两个深谷之间地段,主峰左侧的地形变化梯度则明显大于其右侧的,同时,其相邻峰谷的最大高差超过 300 米;主峰右侧,出现一个峰谷高差较大的次峰,其两侧地形变化梯度较大。同样地,那些峰谷高差较大的山峰,其对称性相对较高。

　　纵断面 V12(图 2.49)断面总长度为 26.194 千米,最高点海拔高程为 850 米,位于断面起点距 10190 米处。该断面峰谷高差悬殊,在断面最右端,其最大高差超过 600 米;高差最大的谷出现在起点距 16400~21800 米之间的地段,相对谷深逾 350 米。总体上,地形沿断面起伏大,变化显著。

　　纵断面 V13(图 2.50)断面总长度为 25.488 千米,最高点海拔高程为 1114 米,位于断面起点距 9535 米处。在最高点的左侧,随着起点距的增大其地势呈震荡性不均衡升高态势,地形变化梯度总体上大于其右侧的;最大谷地出现在最高点右侧,同时,自最高点向右至起点距 13900 米之间地段,随着起点距的最大其地势减小梯度在整个断面最大。

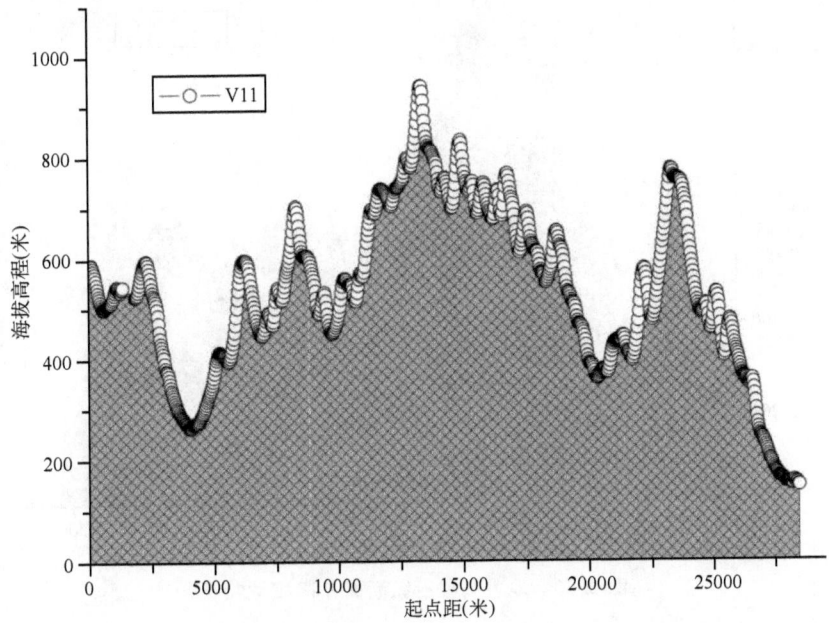

图 2.48 地表高程沿纵断面 V11 变化特征

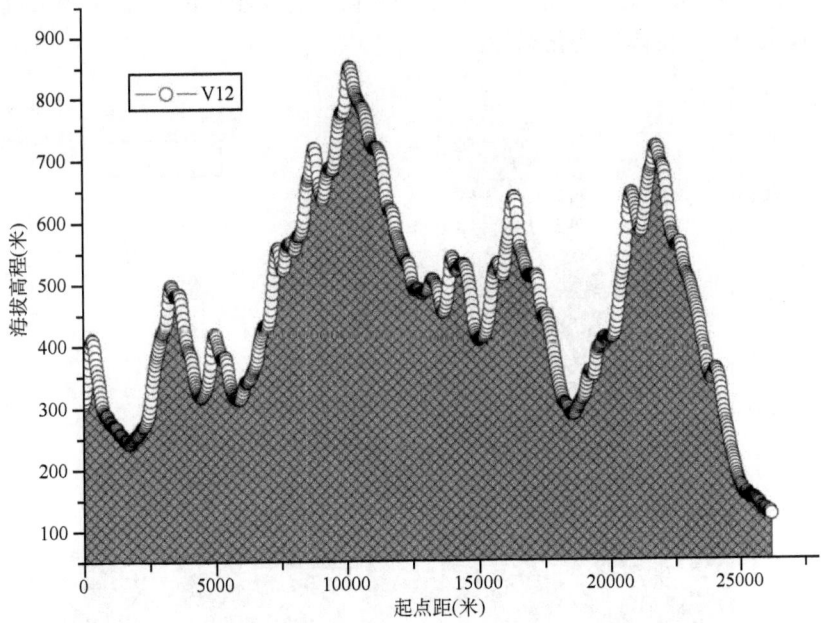

图 2.49 地表高程沿纵断面 V12 变化特征

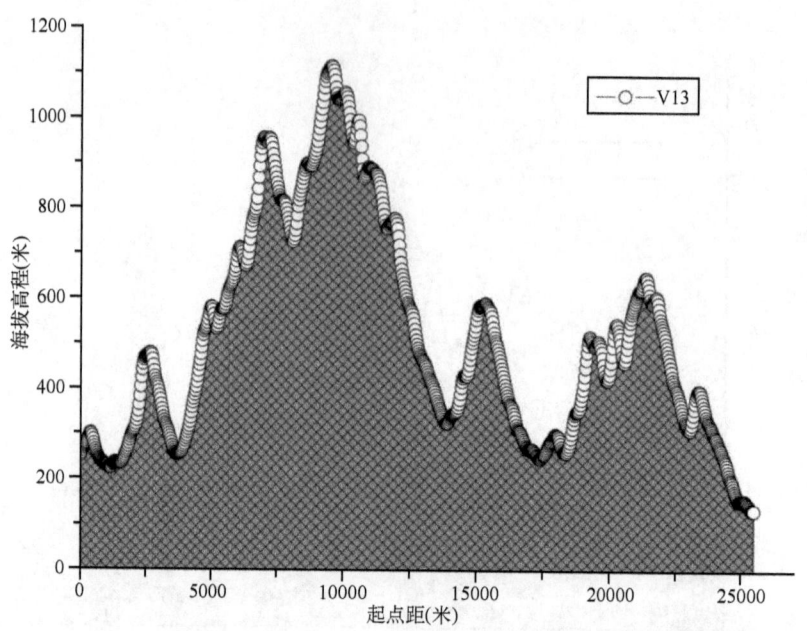

图 2.50　地表高程沿纵断面 V13 变化特征

纵断面 V14(图 2.51)断面总长度为 25.486 千米,最高点海拔高程为 908 米,位于断面起点距 8725 米处。总体上,地形沿该断面起伏大,变化显著。在最高点右侧,峰谷高差接近 500 米。在最高点的左侧,随着起点距的增大其地势起初呈震荡性变化,进而显著升高;在其右侧,地形变化呈现大幅度震荡降低变化态势。

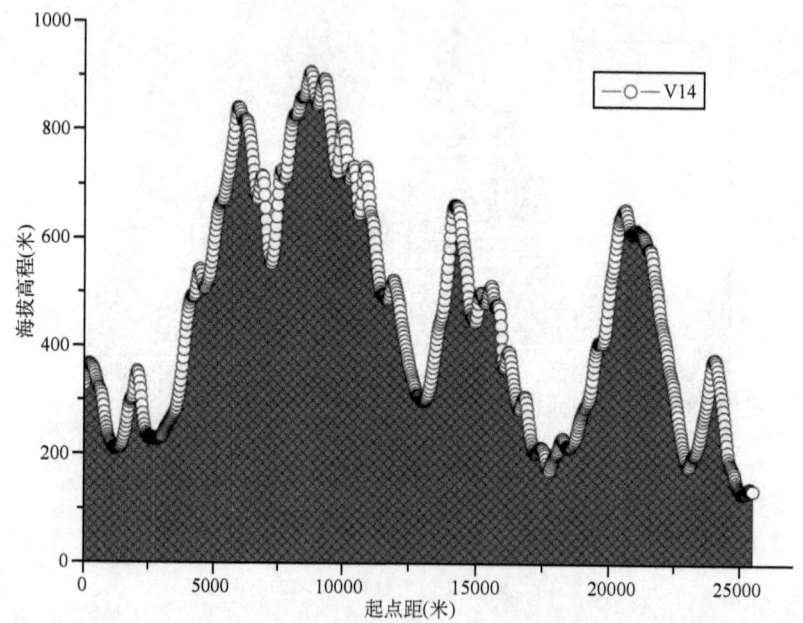

图 2.51　地表高程沿纵断面 V14 变化特征

纵断面 V15(图 2.52)断面总长度为 25.215 千米,最高点海拔高程为 645 米,位于断面起点距 7346 米处,与前述断面相比其最高点已经降低很多。总体上,地形变化梯度在最高点的左侧大于右侧,但最高点右侧单个峰谷之间的地形变化梯度却依然很大;最高点右侧地形变化呈现大幅度震荡不均衡降低变化态势。高差最大的峰谷位于起点距 9505~13200 米之间的地段,其峰谷高差为 300 米左右。

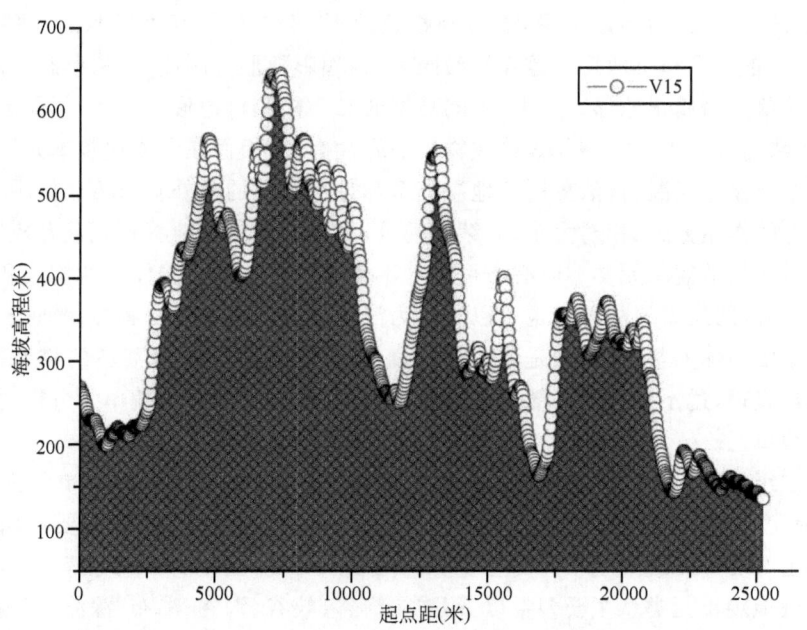

图 2.52　地表高程沿纵断面 V15 变化特征

2.4　蒙山地貌景观类型

蒙山因其地势险峻、山势雄伟、千峰竞秀、沟壑纵横而闻名遐迩,在齐鲁大地,因其海拔高度仅次于泰山而素有"亚岱"之称。纵观蒙山全貌,其地貌单元在不同的地段差别巨大,其形成演化的原因也各不相同。根据不同的分类标准,其地貌单元类型就会不同。下面,首先对蒙山地貌单元类型进行简单探究,其次,重点剖析蒙山的典型地貌景观类型及其各自特征。

2.4.1　蒙山主要地貌单元类型

蒙山的地貌单元类型复杂多样,但是,概括起来无非是正负地形界面以不同的变化梯度、高差、形态等协调组构的产物。蒙山整体地貌形态可以通过定向解剖,以地形的水平截面的平面形态、周长,截面以上山体的体积和坡度等定量表达,也可以通过上述各个参数随着海拔高程的变化求取其变化趋势,甚至拟合得到其相互关系式,而这些关系式的获得可以很方便地在给定一个参数后,迅速而准确地计算得到对应的参数;此外,还可以通过断面方法提取各个断面的海拔高程数据及其随着起点距的变化所展现的变化特征或变化趋势来定量表达。对于蒙山的任一地貌单元,同样可以通过上述方法解剖其形态特征、拟合其相关关系式、获得变化趋势及其变化规律,唯一不同的是需要获得高分辨率的数字地形图。

蒙山以其山势宏伟、险峻、挺拔而知名,如像任何其他山岳或山脉一样,有山必有沟谷,山体必然发育沟谷甚至河流,这也是山体发展演变的重要条件之一,蒙山也不例外。因此,谈到山必谈到谷,山是谷的载体,谷是山的刻痕。实际上,山与谷不可分离的另一原因还可以这样表述,相对于某一平面,山指正地形,而谷则指负地形,正与负是互为参照的,缺一不可;同样地,自然界中的正地形和负地形也是互为参照体系,如影随形。因此,仅从形态方面看,蒙山的最大一级地貌单元当属正地形——山(不同高度的峰、脊)和负地形——谷(不同级别的谷地)。另外,一些特殊的地貌单元类型与其构成物质的岩性有关,因而在考察地貌单元类型时则要关注其岩性类型及保存状况;自然界所有地貌类型都是在长期的内外营力相互作用下形成的,不同的内外营力的作用方式、相对大小、持续时间等,对形成不同的地貌单元具有控制作用,这也是划分某一地区的地貌单元类型时必不可少的参考内容。从蒙山主体岩性构成和物质保存情况看,蒙山核心区的最大地貌单元也可以表述为浅变质侵入式岩浆岩剥蚀侵蚀残余地貌单元,它们构成了蒙山山体的整个构架,是形成蒙山巍峨、隽秀、险峻、奇峰荟萃的物质基础。显然,这一表述非常繁琐,远不如前述的简明和形象。因此,在进行二级地貌单元分析时我们采用前一种一级地貌单元。

蒙山的二级地貌单元类型多样、千差万别,不过都可以在其一级地貌单元内进行具体划分,在划分时可以主要依据其典型形态特征、物质特征、构造特征,或者主要作用力的表现形式。蒙山与山有关的二级地貌单元类型主要包括以下几类:丘陵、尖峰、柱峰、岩墙、岩坡等;与谷有关的二级地貌单元类型主要包括以下几类:河谷、峡谷、沟谷、瀑布、深潭、滩地、水蚀洞穴、水蚀岩壁、水蚀岩面、崩塌面、崩塌堆积、大型坠石等。这些地貌单元在蒙山广泛发育,其中,同类二级地貌单元在不同的山或者谷中会呈现出局部差异,但总体上会反映该类地貌单元的共同特征。这类二级地貌单元是构成蒙山核心区主要二级地貌景观的基础。

2.4.2 蒙山主要地貌景观分类

如前所述,蒙山在正负地形两类一级地貌单元内都有多种二级地貌单元,体现了地貌单元的多样性,而一级和二级地貌单元是蒙山地貌景观赋存的主要场所,是展现蒙山地貌自然景观的主要载体,因此,蒙山自然景观类型必然也具有多样性。另外,不同地区的山岳及其沟谷,从远古到当代受到过持续不断的各种人类活动的影响,主要表现为在不同的自然景观上刻画及构建了内容丰富、造型多样的人文景观,这种人类活动使得某些自然景观不仅体现着其原有的自然的美,同时也展现了附加的文化的美,使得人文景观与自然景观相融合、互渗透,成为介于自然与人文之间的一类过渡景观类型,可以被称作自然人文混合型地貌景观。这种混合型地貌景观也是包括蒙山在内的山岳景观研究和欣赏中不可忽视的景观类型。当然,一些山岳及其沟谷中还广泛分布着一类纯人文景观,例如庙宇、塔、桥梁、亭榭、廊道、塑像、石碑、绘画、书法、兵器遗物等,因为其与地貌特征和部位无关,也就不是地貌景观所要分析的内容了。

依据不同的分类原则,同一个地貌景观可以有不同的地貌景观名称。例如,根据成因,蒙山地貌景观至少可以划分为如下三大类:1)剥蚀侵蚀地貌景观。包括风化剥蚀、水流侵蚀、重力侵蚀、风力侵蚀、化学溶蚀等形成的各类地貌景观,可以据此划分为多种亚类,如剥蚀形成的岩丘地貌景观;水流侵蚀形成的沟谷地貌景观,河谷节点处的瀑布地貌景观,水蚀壶穴地貌景观,水流侧蚀形成的岩块悬空地貌景观;重力侵蚀形成的崩石地貌景观,风动石地貌景观,滑塌面地貌景观;化学溶蚀形成的窗棂状岩石地貌景观;等等;2)沉积地貌景观。其亚类包括岩石崩塌形成的岩块堆积地貌景观;河流沉积形成的沙滩地貌景观,沟床砾石坝地貌景观等;3)构造地貌景观。包括岩层断裂引起的地貌景观,如岩石节理地貌景观,岩石褶皱地貌景观等。这类依据成因的地貌景观分类太注重专业知识,不利于针对大众的旅游推广。

为了大家易于理解,该研究主要采用直观化(景观的几何形态,比如线状、面状、凸状、凹状等)、形象化(景观与某物体或某动物等的相似度)等非指标体系来对蒙山地貌景观进行分类,必要时结合成因。这样,我们可以将蒙山的地貌景观类型划分为如下几大类:1)山型地貌景观,也即正地形地貌景观;2)谷型地貌景观,也即负地形地貌景观;3)面型地貌景观;4)线型地貌景观;5)混合型地貌景观,主要指自然人文混合型地貌景观;6)象形地貌景观,主要指可以从其形态的轮廓、局部细节等明显联想到类似某一现实物体、动物、植物等形态的地貌景观类型,或者非现实的、在传说中流传的某些物体或者生物形态(如龙等)的地貌景观类型,这种景观类型实际上含有人类主观意念的成分,有时可能突破了地貌景观的范畴,尽管如此,因为象形地貌景观在许多景区都得到大众的认可,如导游的解说词非常流行、游客的观感也觉得非常贴切。因此,依据直观化、形象化等的非指标体系来对蒙山地貌景观进行分类不仅是非常必要的,而且有助于人们对这些地貌景观的准确理解,同时有助于对蒙山风景区进行宣传。

上述每一大类地貌景观,可以包含若干类次级地貌景观。例如,山型地貌景观中可以划分出的二级地貌景观有:丘陵地貌景观、尖峰地貌景观、柱峰地貌景观、岩墙地貌景观、岩坡地貌景观等;谷型地貌景观中可以划分出的二级地貌景观有:河谷地貌景观、峡谷地貌景观、沟谷地貌景观、瀑布地貌景观、深潭地貌景观、滩地地貌景观、水蚀洞穴地貌景观等;面型地貌景观中可以划分出的二级地貌景观有:水蚀岩壁地貌景观、水蚀岩面地貌景观、崩塌面地貌景观、构造面地貌景观等;线型地貌景观中可以划分出的二级地貌景观有:山脊线地貌景观、沟谷线地貌景观、水蚀线地貌景观、构造线地貌景观等;混合型地貌景观中可以划分出的二级地貌景观有:寿星岩地貌景观等;象形地貌景观中可以划分出的二级地貌景观有:字形地貌景观(寿字山、山字峰等)、动物形地貌景观(群龟探海等)等。有些象形地貌景观虽然属于二级地貌景观,但其延展范围或许较大,如寿字山地貌景观,分布范围在蒙山核心区 400 米海拔高程以上的所有山地地区,可谓是范围最大的一个。此外,如崩塌堆积、大型坠石等,基本上是脱离了原生岩体的微地貌部位,当然也可以称作次生地貌景观,如果不是非常必要,就不需要一一赘述了。

2.4.3 蒙山典型地貌景观及其特征

对于上述划分的五大类蒙山地貌景观及其各自所包含的二级地貌景观类型进行综合比较和归纳,将蒙山最具代表性的二级地貌景观称作蒙山典型地貌景观。下面,对蒙山典型地貌景观及其特征进行较为详细的分述。

1. 寿字形地貌景观(草书寿字形蒙山)

蒙山以其优良的生态环境、益寿的负氧离子含量和地下水,使得蒙山地区的人们普遍长寿,并且逐渐形成了独具特色的长寿文化。可是,至今没有人意识到,蒙山整体山体的地形具有什么样的形象意义和抽象意义。实际上,蒙山核心区整座山体就像天公(大自然)"挥毫"草书的一个硕大的"寿"字(图2.53)。

图 2.53　寿字形地貌景观与草书寿字叠置图——寿字形蒙山

无论是利用 Google 地球的遥感图,还是用 DEM 数字高程地图,都可以发现蒙山核心区 400 米海拔高程以上的所有山地区域的平面形态,与草书体"寿"字的形状非常相似。图 2.53 所示即是 Google 地球遥感图像的截图与草书"寿"字的叠置图,可以发现二者的外围形态和内部特征存在许多高度相似之处,也与高程区间分布图上 400 米海拔高程以上地区的外形或者轮廓非常相似(图 2.54)。这是迄今未见报道的偶然发现,但是,该现象与蒙山源远流长的长寿文化冥冥之中似乎存在着某种隐含的内在联系。因此,将这个区域的山脉造型景观(寿字形山)称作寿字形地貌景观是非常形象和贴切的。

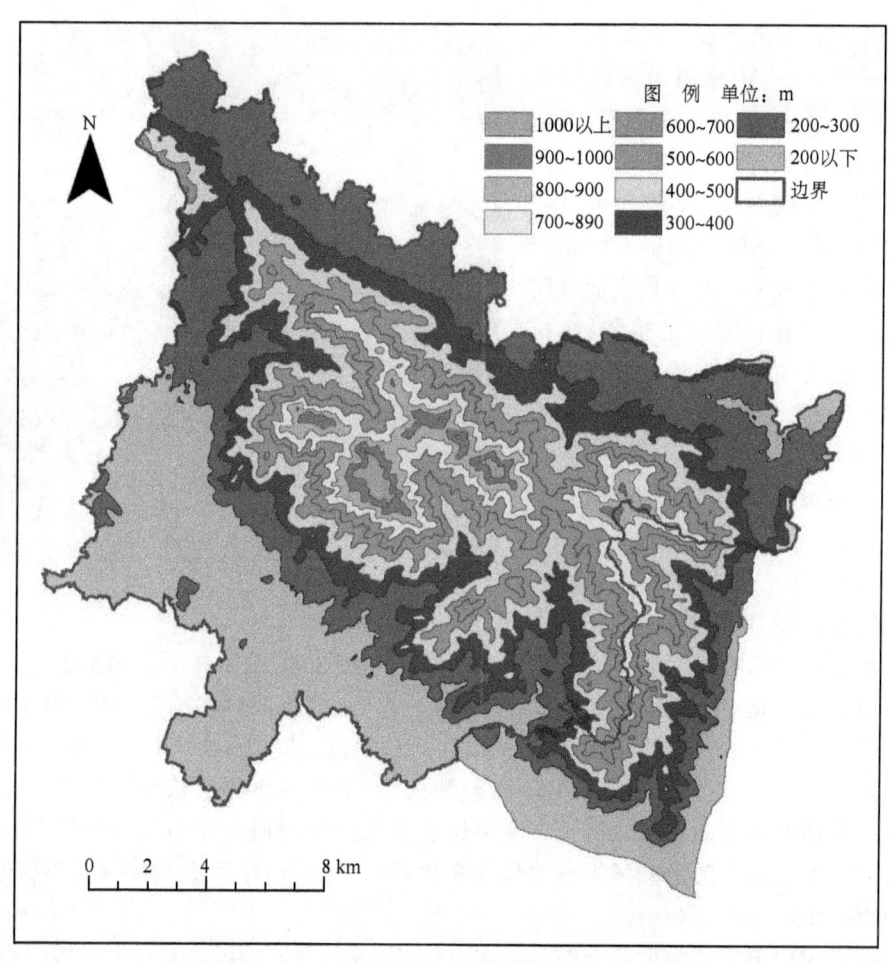

图 2.54 图示 400 米海拔高程以上区域的山体轮廓(寿字形山)

蒙山"寿"字形地貌景观呈现西北—东南走向,在海拔高程超过 400 米以上的山地地区,山体轮廓及内部局部细节在其西北大部、东南部,与草书寿字形神一致,仅在中南一小部分略具差别。游客想要在蒙山旅行途中发现这一地貌景观全貌那是不可能的,只因"身在此山中"——远近高低错落的山脊山峰遮挡了游客的视线。无论如何,作为形神颇似的这一象形地貌景观,除了印证着大自然的鬼斧神工,恰好也展示着蒙山长寿文化的内核,虽然在蒙山难以实地目睹全貌,但可通过相关技术方法感知其全貌、领略其内在魅力。显然,这一地貌景观具有非常重要的现实意义,在弘扬蒙山长寿文化方面或许会有意想不到的效果。这正是,千山争岁月,唯我书长寿!

2. 山字形地貌景观(隶书山字形峰)

蒙山的山脊呈现出立体的"山"字形。曾经有人将这三个山峰也称作"三柱峰",其实,这一名称并未反映其精髓,因为,三个峰的形态并不像三个柱子。如果将它们称作山字形峰,则是非常形象的。

图 2.55 所展示的天际线上出现的山字形山峰(山字形峰),是非常形象的象形地貌景观,

可以称作山字形地貌景观。该景观中的象形字"山"字,三个山峰展示着山字的三竖,其中中间的一竖长粗而雄浑,两边的各一竖细短而隽秀,三个山峰的底部山体是构成山字的一横,呈现隽永沉稳的隶书山字形态。不知仓颉造字时是否因为参考过这一山字形地貌景观而发明了山字?这是具有相对强的抗剥蚀、抗侵蚀能力的侵入式岩浆岩体的侵蚀残余体,除了展示山的字形外,也讲述着山体发展演化的历程。

3. 群龟探海地貌景观(龟形石)

蒙山主要由各类侵入式岩浆岩——包括花岗闪长岩、二长花岗岩、英云闪长岩等——经过长期的风化剥蚀而成,由

图 2.55 山字形山峰

于岩体受构造作用影响程度和风化剥蚀程度不同,其侵蚀残余的岩体形态则呈现着千姿百态、意象万千的景象。其中,象形石景观成为蒙山的一大特色,前面所述的寿字山、山字峰无疑是这类象形石的典型代表。当然,在蒙山为数众多,且最让人津津乐道的象形石则是龟形石。历史长河中,中国人对于龟的长寿一直有着迷恋和向往,把长寿龟看作长寿的图腾、时时处处对其隐含着一种油然而生的崇拜之情。当渴望长生不老的情感遇上蒙山的这种龟形石时,龟形石也就自然而然地被人为地升华为一种长寿文化符号。也许,龟形石是蒙山长寿文化发端的肇始缘由之一吧?

龟形石是蒙山龟蒙顶附近的一种标志性岩石,它可以单独出现在某一个地形突出的部位,但更多的则是成群出现。蒙山龟蒙顶附近一垭口的岩壁上出现的叠置状群龟象形石,大小不同、神态各异,好似群龟朝着东方行进,并且可以看到大龟驮着小龟的奇幻景致。在蒙山东部不远处,就是黄海,群龟向东挺进就是向黄海跋涉,因此,这一群体象形石被当地人们形象地称作"群龟探海"。特别是在大雾弥漫了蒙山山腰以下地区,而蒙山顶昂首于云海之上的情景中,群龟探海的称谓可谓形象逼真、栩栩如生(图 2.56,图 2.57);而当大雾升起至这群象形石高度之时,那就展示了群龟归海的另一景象。我们借助群龟探海这一迷幻名称,对这类地貌单元的景象称作群龟探海地貌景观。

构成群龟探海地貌景观的岩体位于东经 117°50′41.40″、北纬 35°33′14.32″处,为具有明显厚层层状构造的岩浆岩,岩层的倾向为 212°,走向为 121°,倾角为 35°。探出头颅的龟,本是岩体发生断裂发生差异塌落但未完全崩塌的岩块,下部那个最大的龟形石其层面基本接近水平状态,与原岩层已有 35°左右的夹角。由于这块象形石的阻挡作用,其上的部分断裂岩块不致崩塌,并且匍匐在其背上,犹如龟驮龟景致。其形成首先受到岩层沿节理的断裂和崩塌,导致岩层出现一断裂面,这为后续的风化、剥蚀、成景等创造了必要的条件;其次,断裂面附近的岩层受到差异风化作用的强烈影响,使得厚层岩浆岩层之间的薄层岩浆

岩因其抗风化能力相对较弱而风化较为迅速,使得该薄层岩体呈现部分蚀空的现象,这为厚层岩浆岩的局部悬空并发生后续的局部断裂和局部崩塌创造了条件;最后,岩块断裂经历过多期次性,一些崩塌的岩块掉下了山,而部分则保留了下来,形成了系列叠置的龟形石,构成了群龟探海地貌景观。

图 2.56 群龟探海地貌景观远眺

图 2.57 群龟探海地貌景观近景

群龟探海地貌景观也蕴含着重要的象征意义,如期盼生命的长寿、保持对未来的渴望、坚持对美好事物的向往,同时蕴含着一种勇往直前的进取精神——尽管步履蹒跚、征途遥远,却有一颗远征的心、坚毅的豪情和胜利的信念。该地貌景观对于每一位游客必将给予心灵上的启迪作用。

4. 群峰地貌景观

蒙山沟壑纵横，长期的差异风化作用、岩石崩塌作用、水流侵蚀作用等，导致蒙山山脊交错、剥蚀残留的群峰密布，形成了一种极具特色的群峰地貌景观。图 2.58 就是蒙山高处展现的一组典型的群峰地貌景观，一个个山峰在天际线上错落分布，疏密有致，相得益彰。

图 2.58　蒙山群峰地貌景观

这些群峰是在严肃地召开圆桌会讲述历史的沧桑？抑或是手拉手欢乐地载歌载舞？一组群峰地貌景观，留给人们无尽的遐想，让游客流连忘返。

5. 磊石地貌景观

蒙山上有一类地貌单元似磊石状，大大小小的岩块彷佛被力大无比的巨人一块块垒起来。石靠石、无分彼此，将力学和美学细致地融合在一起；肩并肩、互有牵挂，将侠骨和傲气尽情地展现苍穹。每当看到它们，顿觉团结的力量是无穷之大；每当想到它们，顿悟亘古的执着舍我其谁。无言的磊石带给了人们力量、开启着人们的智慧。这类磊石地貌单元构成的景观可称作磊石地貌景观（图 2.59）。

蒙山磊石地貌景观还可以划分为垂向延伸式磊石地貌景观和横向延伸式磊石地貌景观两类。其成因大致相同，都是厚层岩浆岩的层面与其中的节理面将岩层切割为大小不等的岩块，一些小型岩块因失去支撑而塌落使得残余岩块之间部分出现孔洞，看起来如垒起来一样。岩石的层面和部分非贯穿性节理面是岩浆侵位后冷却收缩而形成的，一些贯穿多层岩层的节理则是构造作用所导致的，重力侵蚀作用引起一些小型岩块沿节理的错落或崩塌。上述三种作用力以接力模式改造了这些岩层，控制着磊石地貌景观的形成和演化。

6. 柱峰地貌景观

柱峰主要是由重力引起的岩块围绕高地周边并沿节理面长期多期次崩塌而形成的残留岩峰地貌单元，形态如单个岩柱，或者如并列的多个岩柱。这些岩柱大多具有美学鉴赏价值，从而形成了柱峰地貌景观（图 2.60）。

图 2.59　蒙山磊石地貌景观

（上图：垂向延伸式磊石地貌景观；下图：横向延伸式磊石地貌景观）

图 2.60 蒙山柱峰地貌景观

(上图为并列岩柱;下图为单体岩柱)

蒙山最为著名的柱峰地貌景观是鹰窝峰(图 2.60 上图),位于蒙山山体西南侧的山腰,为局部剥蚀、侵蚀残留的高地。另一著名的单体岩石柱峰地貌景观则是通常被称作三柱峰的中间一柱,位于山脊顶部,气势威严、雄霸一方(图 2.60 下图),当然,它也是山字形峰地貌景观的组成部分。

图 2.61　蒙山龟蒙顶呈现的方山地貌景观

7. 方山地貌景观（龟蒙顶）

蒙山最高端（龟蒙顶）是比较典型的方山地貌，具有顶部较为平坦、边壁因重力崩塌侵蚀而形成高差很大的陡壁，这种地貌在中国还可以被称作嶂、崮、桌形山等。龟蒙顶是蒙山最高处，海拔高程达到 1156 米，登临龟蒙顶，同样具有一览众山小的豪迈感觉。因为龟蒙顶地貌单元特征及其所具备的景观属性，我们将这类地貌景观称作方山地貌景观（图 2.61）。

8. 卫士岩地貌景观

一座高山通常是一座神圣的高地，或者至少是心灵深处的神秘寄托，为了保卫这种神圣，必然需要卫士的勇往直前和殚精竭虑，且丝毫不能疏忽大意，或者为现实的真人勇士，或者为幻想中的万能勇士。孔子登东山而小鲁，因为孔子的登临，蒙山至少也该是一座神圣的山，也因此，神圣蒙山是需要卫士护卫的。当我们徜徉于蒙山的盘山栈道之时，在俯瞰蒙山的瑰丽景色和欣赏蒙山的伟岸挺拔之时，或许会注意到那个卫士高昂的头颅和其展示的不屈不饶。原来，卫士岩就在我们身边。当我们仰望它时，感觉到它那难以言表的伟大；当我们远望它时，似乎也能感觉到它的铮铮铁骨。它的高昂的头颅上，经脉突兀的额头、炯炯的眼睛、挺拔的鼻子、坚毅的嘴唇和下巴，以及它挽起的武士发髻，无不逼真；它那警惕的引颈凝望的神态，以及肩上所抗的巨型岩块，一切想侵犯蒙山的敌人都会魂飞魄散、退避三舍。该岩石造型地貌可以称作为卫士岩地貌景观（图 2.62）。该地貌景观同样是差异剥蚀和重力崩塌共同作用下形成的。

9. 指动石地貌景观

像一些其他风景区一样，蒙山存在较多的指动石地貌单元。指动石地貌单元实际上是指崩塌的岩块停留在某个突出的地貌部位，或者因为原岩的差异侵蚀引起顶部某个岩块处于局部悬空状态，侧面观之，其下部的支撑处接触面积非常有限，更多单个指动石仅有两点接触以维持它的平衡状态，看起来摇摇欲坠。如果有人伸出指头轻轻捅一下，好像就会被捅翻，或者一阵微风似乎也能使其滚落。这种指动石地貌单元如果能够带给人们以观赏美感，则可以形象地称作指动石地貌景观。

图 2.63 所示的就是蒙山的一种指动石地貌景观，它是上部地段崩塌的岩石在翻滚到现有地点时动能恰巧变为零而停留了下来，侧视之，其底面与下部的前后岩块各有一点接触处，而且前低后高，似乎即将失去平衡而坠落。指动石无言地告诉我们这样一个哲理：处于高位尤其需要小心翼翼，脚踏实地，永远不要失去平衡心态，如果得意忘形，沾沾自喜，手舞足蹈，只会落得掉落深谷的悲惨下场。

图 2.62　蒙山栈道旁的卫士岩地貌景观

图 2.63　蒙山指动石地貌景观

10. 瀑布地貌景观

瀑布是在以下蚀为主的河流节点处十分常见的一种地貌单元,在世界许多大大小小的山区河流中都有发现。著名的大瀑布数不胜数,如尼加拉瓜大瀑布、壶口瀑布、黄果树瀑布,等等,都是闻名遐迩的著名瀑布。相对来说,蒙山的河流长度很短,河流的流域面积非常有限,河流的径流量非常小,因此,发育在蒙山的瀑布不是以大而取胜,也不是以高而闻名。但是,蒙山的瀑布却具有自己独特的风韵,具有高度的美学价值,可谓之瀑布地貌景观。

蒙山最引人注目的瀑布地貌景观有云蒙景区的国画瀑(宛若中国画中常见的瀑布形态)(图 2.64)、水帘叠瀑,龟蒙景区的三叠瀑(图 2.65),天蒙景区的龙潭瀑,这些瀑布由于年内降水补给的差异性,在四个季节中会有截然不同的表现。夏秋雨季为瀑布,这时白练翻飞,抛珠撒玉,瀑布之上为清溪、之下为碧潭,无怒无威,却也不失壮观;冬季则为层层叠叠的冰柱,或壁立、或飞挂,银装素裹,

图 2.64 蒙山云蒙景区的国画瀑地貌景观

图 2.65 蒙山龟蒙景区的三叠瀑地貌景观

呈现静态的冰瀑美景;在春天,没有了飞舞的瀑,亦不见了静态的冰柱,细细的流水,思念着已经消融了玉柱冰骨,期盼着抛珠撒玉的动情时节,表现出清秀贤淑之态,婉约之情。

11. 岩谷地貌景观

蒙山沟系的中、上地段常常有发育完美的岩谷地貌景观,这些岩谷的谷床有的被坠石覆盖(图2.66),有的基岩完全裸露(图2.67)。这种地貌景观主要是由于流水的侵蚀所形成的,具有很高的审美价值。

图 2.66　蒙山的岩谷地貌景观(天际线呈现完美的弧形,谷床有坠石覆盖)

图 2.67　蒙山的岩谷地貌景观(谷床基岩裸露)

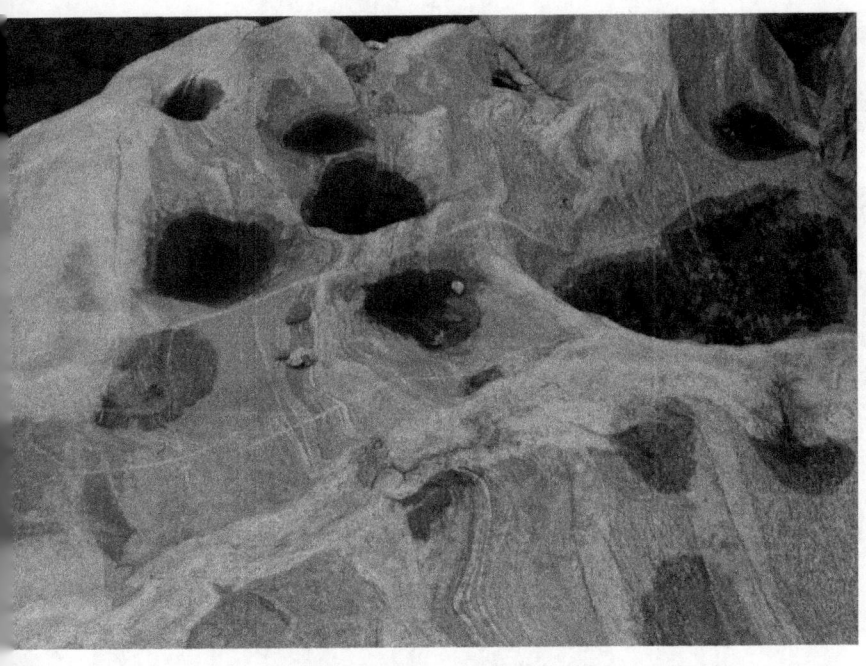

图 2.68 蒙山沟谷中的水蚀壶穴地貌景观

12. 水蚀壶穴地貌景观

蒙山部分沟谷的基岩上分布着大小不同的洞穴，以前有人称之为冰臼，而冰臼是冰川侵蚀的遗留产物。蒙山最高点的海拔高程为 1156 米，而发育这些洞穴的基岩大致在海拔高程 800 米以下的沟谷中，这样低的海拔高程范围内是不可能形成冰川的，因此，将它们称作冰臼是错误的。我们认为这些洞穴是水流侵蚀形成的，可以称为水蚀壶穴地貌单元，而对应的景观则称之为水蚀壶穴地貌景观（图 2.68）。

侵入岩浆在凝结成岩的过程中会发生矿物重结晶现象，由于不同矿物的结晶速度不同，这样，一些结晶速度快的矿物便可发生聚集，使得重结晶形成的岩浆岩的矿物分布不均衡化，常常形成不同矿物聚集的斑块状、条带状，这为那些易于被溶蚀、冻融侵蚀的矿物发生后期的较快速侵蚀创造了条件。另外，矿物晶体之间的缝隙是初期受到水力侵蚀作用的部位，也是冬季结冰膨胀利于发生冰劈作用的部位，冰劈作用使得矿物破裂、松动，当冰消融后，这些松动的矿物碎块则会被流水带走，这样的反复作用使得孔洞逐渐发展壮大为洞穴，多个洞穴聚集的岩石则构成了水蚀壶穴地貌景观。蒙山的水蚀壶穴中孔径大者犹如面盆，常见的犹如小碗，口呈近圆形，大部分壶穴的深度与壶穴口的半径大体相当。

13. 河流地貌景观

蒙山周边大小河流众多，距离蒙山最近的最大河流当属沂河（又称沂水），它先后流经临沂市的沂水、沂南、兰山、河东、罗庄、郯城等县区，最后入汇黄海。而发源于蒙山的水系，其北侧有东汶河、蒙河，其南侧则有浚河、祊河，加上大小溪流，共有河溪近百条，最后都入汇沂河。

毫无疑问，河流总是蕴含动态的美感，而流淌于山中的河流和溪流又为山增添了不少动感和灵感，所以，河流及溪流，作为地貌景观，是再恰当不过的了。图 2.69 是蒙山的一条普通小河，除了潺潺的清流外，河床、河岸是它的典型组成部分，河床上大块石头露出了水面，它们只有在大洪水期才能被激流搬运顺流而下；河岸带分布着小型漂石和卵石，虽然没有被水淹没但是没有生长小草，这是因为汛期暴涨的河水可将小草连根冲刷而去；在岸后滩地，植被茂盛，小草发育，这是相对的低能带，即使洪水漫滩也不会消灭这些植被。

图 2.69　蒙山的河流地貌景观

　　河流地貌景观当然是河流形成的,包括河流的侵蚀作用和河流的沉积作用。对于山地河流来说,河流的侵蚀作用占据优势,河床上相对较小的沙石会被水流源源不断地搬运而去,从长时期来看,则其会将河床逐渐刷深,起到切割山体的作用。

　　14. 河床砾石滩地貌景观

　　在蒙山河流的出山口常常可见相对宽阔的河床,而河床上密密麻麻分布着大大小小的砾石,当无流水浸漫时则表现为大型的砾石滩。这是河流的激流由山上河床带来的,而由于河道比降的逐渐减小,流水的动能逐渐变小而不足以挟带这些砾石,使之滞留沉积于此,形成了河床砾石滩地貌景观(图 2.70)。

　　与山上沟谷中的砾石相比较,这类砾石滩中的砾石磨圆度较高,球度也较好。这些砾石基本都是由花岗岩等岩浆岩构成,矿物颗粒粗大,条带清晰,有些具有环带,如果仔细寻找,可以找到

图 2.70　蒙山的河床砾石滩地貌景观

一系列美丽的观赏石。因此,游客在这一地貌景观中除了感受砾石的壮观、想象流水的强大力量的同时,也可以捡到心爱的石头。

15. 沉积滩地地貌景观

虽然山地河流具有很强的动能,但是它也可以在地势较缓的河段形成一些粒度较细的边滩沉积物,通常,这些边滩沉积物也是由砾石构成,粗大的砾石颗粒使得滩地不平整,美学价值不足。无论如何,在一些水库的的边缘地带,由于水库使河流消能,一些细小颗粒如沙粒等也会大面积沉积,形成平整的沙滩,滩地上颗粒物质分选好,粒度相对较为均匀,具有较为丰富的美学价值。我们将这类滩地地貌单元称作沉积滩地地貌景观,图2.71右半边中部就是典型的沉积滩地地貌景观。滩地与静水相依,风动时水波轻涌,在沙滩的边缘蚀画出平行的纹路,使滩地景观妙趣横生。

图 2.71 蒙山的沉积滩地地貌景观

16. 寿星岩人文地貌混合景观

蒙山最具标志性的人文地貌混合景观当属寿星岩。寿星岩位于蒙山龟蒙顶西北侧的裸岩山体上,利用山体依山就势造型,它以古代南极仙翁为摹本,采用明朝末年定型的寿星形象,高218米,宽198米,头部高85米。其造型别致,一手拄龙头拐杖,一手托寓寿仙桃,慈眉善目,笑逐颜开。远看轮廓清晰,气势雄伟(图2.72上图),近观慈祥开朗、双目有神。

蒙山为东方著名的养生长寿圣地,而寿星岩人文地貌混合景观进一步体现了养生长寿的主题和主旨,加之巨幅寿字形蒙山地貌景观,使得整个蒙山的山山水水、一草一木、一石一砂都轻唱着长寿音符、洋溢着和谐氛围。游客来蒙山呼吸高含负氧离子的清新空气,观赏寿星岩人文地貌混合景观,感受巨幅寿字形蒙山地貌景观,神情定会无比开朗,心情无比舒畅。

图 2.72　蒙山的寿星岩地貌景观

　　蒙山的地貌景观具有丰富性和多样性,前面所述的仅是最典型的一部分,还有许多吸引人的地貌景观,需要我们进一步去发现、去总结。限于篇幅,这里的介绍希望能够起到抛砖引玉的效果,相信游客会有重大新发现。

2.5 蒙山地貌景观的开发价值

价值是指在"实践—认识"活动中,客体是否满足主体需要的关系,它表现为客体对主体的有用性或意义。价值来源于自然界,并随着人类的进化而进化,随着社会的发展而发展,价值的终极本源只能是运动者的物质世界和劳动者的人类社会。价值需要价值实现来体现。价值实现是主体利用客体、客体作用于主体的运动过程。这一过程是客体潜在价值向现实价值的转化过程。要确定任何一类物质(或精神)的价值,必须要经历从其潜在价值的认识到现实价值的实现这一认知转化过程。蒙山地貌景观无疑存在极大的多元价值,迄今,其体现出的更多的仍然是潜在价值,这些潜在价值即是被主体(游客、地方居民、政府、经营管理者)认识而未被实现的价值(科考、教育、生态、历史文化等),而蒙山地貌的现实价值,是地貌景观客体在现实的社会实践活动中对主体产生的实际效应。

蒙山地貌价值的实现,就是通过主体的社会实践活动,使其潜在价值转化为现实价值,这就是蒙山地貌景观的开发价值。因此,分析蒙山地貌景观的开发价值,对于蒙山地貌景观资源的进一步深度开发具有重要意义,是实现蒙山地貌景观多元价值的有效途径。下面主要探讨蒙山地貌景观的主要开发价值。

2.5.1 社会经济价值

蒙山以岩浆侵入岩体加上局部的变质岩体而形成的剥蚀地貌体系构成了蒙山旅游区的核心地貌单元,是山东省与泰山可以相提并论的独特的旅游资源,已经成为中国重要的自然风景区,并且被誉为中国5A级国家风景名胜区。蒙山旅游区管理委员会辖区内,这类地貌景观开发具有重要的社会经济价值,它体现在随着蒙山地貌的旅游开发以及人们对地质遗迹好奇,越来越多的旅游者对蒙山地貌资源及其相关的地层学知识、地质演化历史知识等抱以极大的兴趣。同时借助蒙山地貌对已初步开发的云蒙景区、龟蒙景区等系列景区的知名度,加强宣传,以便吸引更多的投资以完善旅游设施、吸引更多的游客,从而促进蒙山旅游区管理委员会辖区的社会经济的发展,从而将蒙山独特的地貌景观的潜在价值转化为现实价值,以实现其社会经济价值。

2.5.2 科研及科普价值

蒙山地貌景观内涵丰富、景观优美、造型生动、生态环境优良,融科学性与观赏性于一体,具有极高的地学研究、科考、科普和观赏价值,是宝贵的地貌景观旅游资源。蒙山地貌体现出的地质演化史、岩石形成史、构造运动遗迹、地表剥蚀特征等,从不同方面记录了其所在区域的古地理、古气候、古构造等方面的地质信息,又拥有众多罕见的、不可再生的地貌景观,地貌要素齐全,微地貌景观丰富多样,节理、褶皱、断层、层面、线理、斑纹等地质现象典型清晰,节点、水蚀壶穴、差异侵蚀的象形石等遗迹,记录了不同因素为主的风化侵蚀历程,是研究地质过程及地貌形成与演化的独特科学研究场所。而蒙山地区赋存的金伯利岩,则是我国原生金刚石的三大产地之一,并且是国内最大金刚石的产出之所,长期以来不仅是地质科学家关注的地区,也是广大游客、宝石爱好者所推崇的观光场所。这些岩石矿物、地质构造、地质遗迹等,具有极其重要的地学科研价值。当然,一些研究工作已经结出硕果,使潜在科研价值已经转化为现实价值;还有一部分潜在科研价值,期望科学家及科学爱好者等进一步去发掘。

与蒙山地貌的科学研究价值相伴随的则是蒙山地貌的科学普及价值。对于一般游客来说,大致了解蒙山地貌景观的形成演化及其远古以来的地质历史和构造历史,是深入了解蒙山地貌景观的基础,系统的地质地貌知识的介绍也是对游客广泛普及蒙山地质地貌科学知识的基本方法,而蒙山多样的地貌景观和地质遗迹则是生动的科普教材。在科普的基础上游客则更能了解蒙山的内涵,更深入地体会蒙山的美学等其他价值,同时,也能践行人与自然和谐共处的理念、天人合一的道家精髓,在增加科普知识的同时,更好地保护自然遗产。因此,蒙山具备天然的潜在科普价值,也必将转化为现实价值。

2.5.3 修心养性的美学价值

蒙山地貌高低悬殊、起伏度大,群峰荟萃、沟壑幽深;形成的地貌景观具有奇特、秀丽、险峻、优美的景观效果;而遍布峰峦、沟谷的象形石遗迹景观则多种多样、千姿百态、生动逼真。群峰映苍穹、幽壑现清泉,千物岩石化,美哉大蒙山。蒙山聚集了丰富的地貌景观,是观光游览、美术写生、景观摄影的理想基地,具有极高的旅游观光价值和美学价值。这种美学价值体现在游客在对地貌景观的欣赏中所获得的高度愉悦的心理感受,其美学特征体现在地貌景观的三维空间与主体观察的时间、视角、意念感受甚至文化等的多维度组合。峭壁千仞疑无路,峰回壑弯有乾坤;临蒙山顿觉其崔巍,及蒙山顶而小天下。这就是不同视角下蒙山之美在游客心中的不同感受。蒙山极高的美学价值是蒙山地貌景观的精髓,也是吸引游客观光游览的内在动力源泉。

2.5.4 健体养生价值

蒙山地貌景观除了前述的多种价值外,还具有一种兼具自然及文化双重特性的健体养生价值。长寿是中国人自古以来的一种积极追求,而中国土生土长的道教文化堪称长寿文化的杰出代表。在中国许多地方都有名之为"长寿山"的山峰,这些赋予了寿山的地貌景观实际上寄托了人们追求养生、健体、长寿的愿景,展现了人们不同生活中的积极生活态度这一共性。

蒙山,是区别于上述各个长寿山的独特的寿山,其理由有如下几点:1)蒙山核心区山体的平面形态所呈现的景观恰如一个草书的"寿"字形态,似乎是上天在冥冥之中隐喻着长寿的天道。2)蒙山嶙峋的奇石中广泛分布着或集群、或独立的龟形石,而且都呈现向东前进的态势。龟,是中国人所崇尚的长寿生物,也是千百年来人们所认可的长寿图腾,这为蒙山增添了长寿的要素;同时,蒙山东部不远处便是东海,而东海的蓬莱仙山是中国神话传说中的不老仙境,长寿的龟向不老仙境前进,隐含了追求长生的含义。3)蒙山的一面岩坡上刻画的巨大寿星图像,不但是人文地貌混合景观,而且寓意着长寿的内涵,是长寿蒙山的另一种诠释。4)其他非地貌因素因子,比如蒙山针叶林阔叶林交互地带所释放出的高浓度负氧离子,是有益于人们身心健康的天然"元素",是蒙山有利于康体养生的科学内涵。凡此种种,表明蒙山地貌景观及其植被和地下水等,赋予了蒙山极高的健体养生潜在价值。这种潜在价值需要居民和游客的深入体验才能转化为现实价值,也是与当今国人生活水平逐渐升高以便在繁忙工作之余追求健体、养身、修性相一致的。因此,蒙山这种健体养生潜在价值在现阶段正是转化为现实价值的合宜时期。

2.5.5 旅游开发价值

蒙山地貌景观资源类型丰富、品味高,具有极大的资源优势及旅游开发价值。而旅游具有经济功能、社会教育功能、文化传播功能等,旅游开发为游客提供了观光的路线和产品,是实现蒙山地貌景观综合价值的有效载体。蒙山地貌景观具有的潜在社会经济价值、科研及科普价值、修心养性的美学价值和健体养生价值,都需要更多的游客的参与才能转化为现实价值,因此,旅游开发是蒙山发挥其价值的必然,也是实现蒙山地貌景观多元价值的有效途径。

目前,蒙山业已进行了初步开发,如云蒙景区、龟蒙景区已经具备相当的规模,也进入快速发展的阶段,天蒙景区和彩蒙景区也已经起步,但是,这些景区目前的状况是基本相互独立且相距较远,尚未形成蒙山景区一盘棋的格局。显然,蒙山地貌景观仍然具有极大的旅游开发价值。这需要在将来的旅游规划和开发中,对蒙山主要地貌景观的旅游观光进行合理布局,每一类代表性的地貌景观在每一条观光行程路线中都能有所体现。在围绕旅游开发价值的极大化发掘上下功夫。

在对蒙山地貌景观旅游价值的深度开发的同时,需要融合蒙山的其他自然景观和人文景观的价值开发,从而系统性地发掘蒙山集地质地貌、田园林场、沟域水系、人文遗迹等旅游资源价值,以促进蒙山旅游业的快速发展,将蒙山地区以传统农耕为主的生产方式转变为服务业为主的新时代旅游产业经济,为域内经济的发展提供新的机遇,从而推动地方经济腾飞。

参考文献

任纪舜,2002.中国及邻区大地构造图[M].北京:地质出版社.

山东省地质矿产局,1991.山东省区域地质志[M].北京:地质出版社:1-532.

张增奇,刘明渭,宋志勇,等,1996.山东省岩石地层[M].武汉:中国地质大学出版社.

第三章

蒙山水文
研究

水文状况是任何一个地区的基本自然属性,也是与当地人民生产和生活密切相关的要素,它受制于当地的降水量大小、蒸散量大小,以及沟域的汇流能力。对于山地地区来说,水文状况主要体现在沟域年径流量大小、多年平均径流量大小,以及水文时间尺度上径流量的变化趋势及其主要影响因素定量影响程度。从水量平衡的角度看,年径流量的大小受到年降水量、年蒸散量、年地下水补给的影响,而近年来逐渐增强的人类活动对径流量的变化施加了一定的影响,在一些流域成为影响径流量变化的主要影响因素。

蒙山,作为山东临沂市以旅游为主的县级行政区,其境内年均总径流量、近几十年来的年径流量变化趋势和变化率,以及其主要影响因素的影响程度等,迄今尚未进行过深入的研究,同时,该区人均水资源量大小及水资源承载力大小尚未有详实的研究和公开报道,而这方面也是蒙山未来发展所不可回避的问题。本章以蒙山水文及其变化为主线,在相关坝址多年平均径流量观测的基础上,借助于沂河临沂站的多年实测径流量数据,以及区内外四个多年观测的气象站的实测资料,和区内相关雨量站的多年观测数据,系统地分析蒙山旅游区辖区内的多年平均总径流量、最近50余年来的径流量年际变化趋势及变化率,计算气候和人类活动等主要影响因素在径流量变化中的各自贡献率。在此基础上,利用多年平均径流量数据,计算蒙山旅游区辖区内的水资源承载力和境内九大沟域内的水资源承载力。这方面的研究有助于认识蒙山旅游区全区及其分流域水资源承载力,可为蒙山未来的社会经济发展、水资源的高效利用提供理论支撑。

3.1 蒙山水文及水工程概况

3.1.1 水文气象概况

蒙山旅游区管理委员会是临沂市下属行政单位,但是其仅成立两年(2012年成立),境内还没有建立系统完整的水文气象数据观测站,某些水文气象数据缺乏,这时可以参考临沂市的相关数据,因为蒙山旅游区的气候状况总体上与临沂市的气候状况接近。

临沂市管辖三区九县和蒙山旅游区,总面积为17185平方千米,地处中纬度区的鲁东南低山丘陵区。临沂市全区属于温带大陆性季风气候,其年平均气温为13.3℃,多年平均年降水量为818.9毫米,年日照时数为2314小时。气候的总体特点是四季分明、雨量充沛、光照充足、无霜期长等,其中春季干燥,多大风,易发生春旱;夏季高温高湿,雨量集中;秋季秋高气爽,常有秋旱;冬季干冷,雨雪稀少。临沂市是山东省降水量最丰沛地区之一,同时,降水量受季风影响显著,其特点表现为冬夏降水差异悬殊,60%的年降水量集中在夏季,其时洪水和台风灾害发生频繁。从整个临沂市全市辖区的平均情况看,水资源在年际间变化大,最大年径流量是最小年径流量的 9.5 倍;年内分布也很不均匀,其中 6—9 月的径流量约占全年径流量的 83%。全市多年平均地表水资源量为 46.8 亿立方米,折合年径流深为 272.5 毫米。

蒙山旅游区管理委员会辖区 313.2 平方千米(31320 公顷)范围内的气候同样属于温带大陆性季风气候,年平均气温为 13.1℃,比临沂市年平均气温低 0.2℃;年平均降水量为 823.8 毫米,比临沂市年平均降水量多 0.6%。因为蒙山旅游区的平均地势是临沂市内最高的,其年均气温比临沂市略低、年平均降水量比临沂市略高是合乎规律的。该旅游区内的降水年内分布也极不均匀,其中冬季和春季干旱少雨,夏、秋两季雨量丰富集中,尽管缺乏境内各流域月径流量实测数据,但其 6—9 月的径流量占全年的比例大致与临沂市统计所得的 83% 相差不大。

蒙山旅游区总面积小,仅占临沂市总面积的 1.8%,同时如前所述,地势高差和地形梯度都相对较大,这些地域和地形特点导致其境内的河流及溪流的流程较短、各小流域的汇流面积小因而其径流量较小,使得境内总的地表水资源量小;但是因为河道比降较大,其水动力较强,暴雨时发生山洪灾害的概率高。发源于蒙山旅游区的溪流和河流都属于淮河流域的沂河水系,以蒙山西北向山脊为分水岭,蒙山分水岭东北的云蒙景区的大小河流及沟域属于东汶河流域,分水岭西南部柏林镇境内的大小河流及沟域主要属于浚河、银线河流域。因蒙山旅游区纵深较小,海拔高程变幅较大,境内没有较大的河流,均为河流的小型支流或为其发源地。境内主河道长度超过 10 千米的河流共有 11 条,分别为柏林镇的下关河、杨谢河、柏林河、固城河、金线河,云蒙景区的东儒来河、聚来庄河、银麦河、金水河、团埠河、麻店子河。这些河流所汇聚的地表水是蒙山旅游区境内工农业生产需水和生活用水的主要来源区。

3.1.2 蒙山旅游区水利工程现状

水库工程:蒙山旅游区共有小水库 21 座,其中小(一)型水库 4 座,分别为乔家村水库、陈家庄水库、王麻水库、宝兴店水库,其中陈家庄水库为蒙山旅游区管委会供水水源地,王麻水库为云蒙景区办事处供水水源地,乔家村水库以防洪、旅游开发为主,兼顾灌溉、养殖,宝兴店小(一)型水库及其它 15 座小(二)型水库以防洪及农业灌溉为主,兼顾渔业养殖。21 座水库总库容 1479 万立方米,兴利库容 906 万立方米,死库容 53.2 万立方米。

塘坝工程:蒙山旅游区为典型的砂石山区,山高坡陡,适宜重点发展小塘坝工程,以尽可能地拦蓄地表水,增加地表水蓄水量,并补给地下水。根据水利普查数据,蒙山旅游区境内库容为 500 立方米以上的塘坝工程共有 160 个;其中 5 万立方米以上的 30 个,1 万～5 万立方米的 74 处,500～10000 立方米的 56 处。160 处塘坝工程总蓄水量 484.43 万立方米。

蒙山旅游区现有主要水库塘坝数据见表 3.1 和表 3.2,这些工程总的最大蓄水量为 1443.63 万立方米,难以满足群众生产生活及蒙山旅游区发展的需要。

表 3.1 蒙山管委会所辖柏林镇和汴桥镇水库特征数据表

水库类别	序号	乡镇	水库名称	经度	纬度	所在河流名称	挡水主坝类型（按材料分）	坝址控制流域面积（千米²）	坝址多年平均径流量（10^4 米³）	总库容（10^4 米³）	调洪库容（10^4 米³）
小（一）型	1	柏林镇	乔家村水库	117.8118	35.5012	枋河	土坝	15.4	517.44	960	321
	2	柏林镇	陈家庄水库	117.7904	35.5322	柏林河	土坝	6.8	305.76	161	64.5
小（二）型	1	保太镇	三关庙水库	117.7848	35.6127	鲁埠河	土坝	1.0	33.60	11	3.77
	2	柏林镇	大石头水库	117.8059	35.5311	枋河	土坝	2.46	82.66	19	11.2
	3	柏林镇	龙门沟水库	117.8288	35.5134	枋河	土坝	2.46	82.66	14	1.99
	4	柏林镇	桥仙庄水库	117.7809	35.5566	柏林河	土坝	1.13	37.97	16	1.06
	5	柏林镇	苏城水库	117.7678	35.5862	柏林河	土坝	1.0	33.60	14	5.49
	6	柏林镇	田家庄水库	117.8300	35.5201	枋河	土坝	0.7	23.52	14	2.4
	7	柏林镇	邢家庄水库	117.8237	35.5112	枋河	土坝	0.52	17.47	13.4	4.12
	8	卞桥镇	洪河水库	117.8485	35.4884	金线河	土坝	1.96	65.86	32.55	15.25
	9	卞桥镇	栏马水库	117.8675	35.4790	资邱河	土坝	6.73	226.12	28	16.6
	10	卞桥镇	龙虎寨水库	117.8808	35.4838	资邱河	土坝	0.79	26.50	18	7.44
	11	卞桥镇	石河水库	117.8371	35.4986	金线河	土坝	0.72	24.19	29	6.8

表 3.2 蒙山管委会云蒙办事处水库特征数据表

序号	乡镇	水库名称	经度	纬度	所在河流名称	挡水主坝类型（按材料分）	坝址控制流域面积（千米²）	坝址多年平均径流量（10^4 米³）	总库容（10^4 米³）	调洪库容（10^4 米³）
1	联城镇	宝兴店水库	117.8021	35.6577	东儒来河	土坝	2.74	72.22	118.5	38.5
2	联城镇	郭家庄水库	117.8257	35.6287	东儒来河	土坝	0.5	13.18	12.88	3.58
3	桃墟镇	花果庄水库	117.9722	35.5619	麻店子河	土坝	1.23	32.42	10.13	2.77
4	桃墟镇	喇叭峪水库	117.9272	35.5901	桃墟河	土坝	2.55	67.21	45.51	16.81
5	联城镇	罗家沟水库	117.8121	35.6423	东儒来河	土坝	0.87	22.93	10.52	3.82
6	桃墟镇	松林子水库	117.9624	35.5794	麻店子河	土坝	3.4	89.62	39.16	19.22
7	桃墟镇	王麻水库	117.9920	35.5548	麻店子河	土坝	5.5	144.98	111.56	44.76
8	联城镇	魏石山水库	117.8244	35.6389	东儒来河	土坝	1.62	42.70	43.8	3.8

3.2　蒙山水系特征

3.2.1　蒙山水系空间分布特征

　　利用 30 米分辨率的 DEM 数字地形图对蒙山及其周边地区进行水系提取,然后用蒙山旅游区边界进行截取,从而获得蒙山旅游区境内的水系空间分布特征如图 3.1 所示。

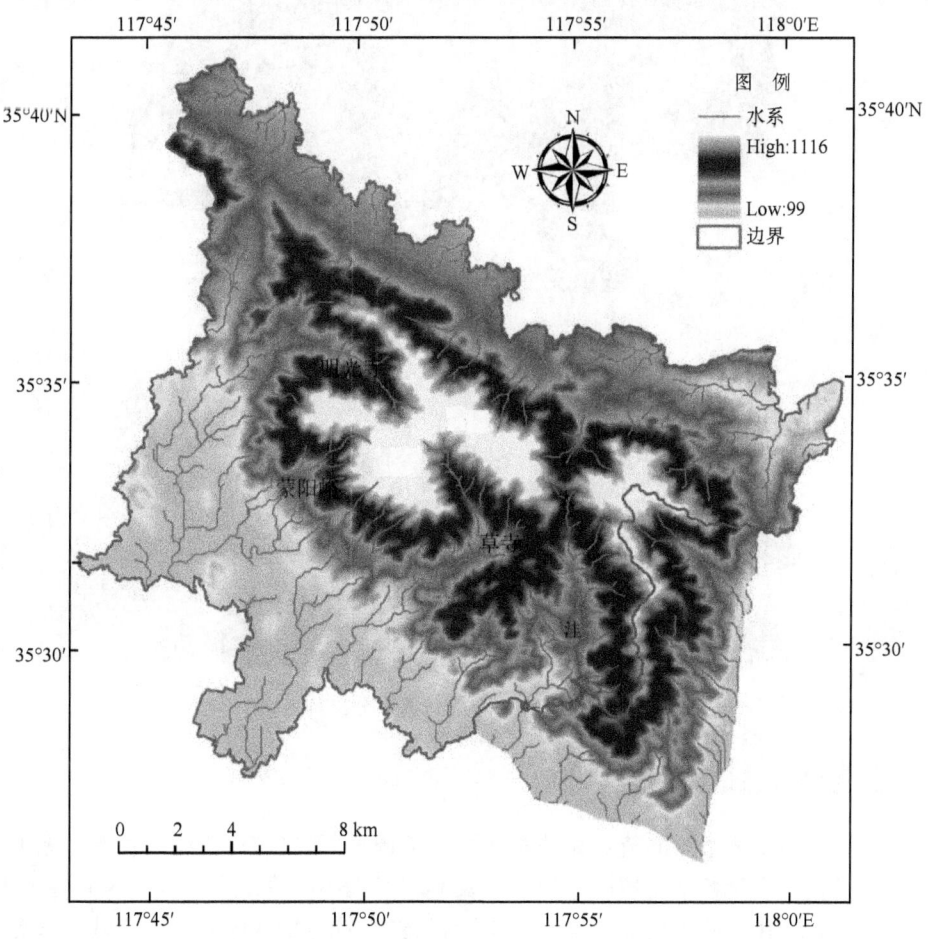

图 3.1　蒙山核心区水系空间分布特征(红色边界内为蒙山旅游区管委会辖区)

　　总体来看,蒙山境内较大的水系分布在分水岭西南侧,并且以明光寺流域、草寺流域和大洼流域为其几个较大的流域(图 3.2);而分水岭东北侧的流域都相对较小(图 3.3)。水系的分布密度与蒙山周边的平原区大致相近,但在山体较高部位则明显变得稀疏(图 3.1)。另外,相邻流域之间的分水岭在山体中上部分清晰,而在山体边缘的平原区因为横向高差变小而显得较为模糊。

　　从各个流域的走向来看,除了明光寺流域主沟在其上游明显发生向东偏转、草寺流域在其上游明显发生向西偏转外,其他流域的走向大致与山体保持垂直之势。明光寺流域与草寺流域的上游在其发展史上所经历的相向溯源侵蚀,将蒙山主峰区域分割为部分相连的云蒙景区和龟蒙景区两个部分(图 3.1、图 3.2)。

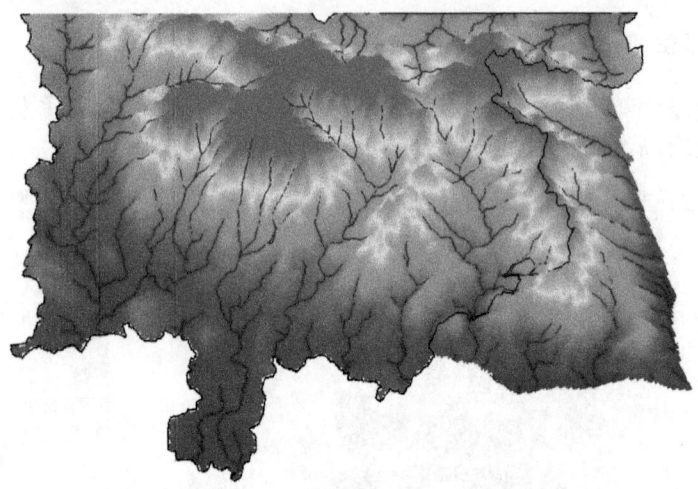

图 3.2　蒙山西南侧水系分布特征

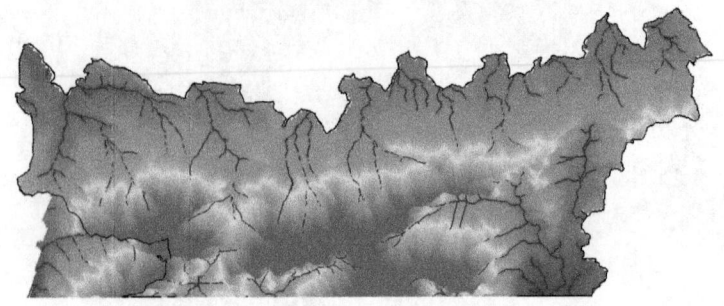

图 3.3　蒙山东北侧水系分布特征

3.2.2　蒙山主要小流域特征值

为了计算蒙山主要水系的流域相关参数及水资源量,需要进一步绘制各条水系的边界图,并以不同的颜色来表示各个流域的空间分布及其相对大小。蒙山旅游区境内的各个小流域基本整体画出,但是,作为两条较大且走向发生了折转的,较为特殊的明光寺流域和草寺流域,其全流域又分别细分为三个部分(图 3.4)。

1. 流域面积特征

蒙山旅游区境内,明光寺流域(1+13+14 号流域)总面积为 4749.4 公顷(表 3.3),为蒙山第一大小流域;大洼流域(7 号流域)总面积为 3545.6 公顷(极小部分位于景区之外),为蒙山第二大小流域;草寺流域(4+11+12 号流域)总面积为 3124.2 公顷,为蒙山第三大小流域。它们分别占蒙山旅游区总面积(313.2 平方千米)的 15.2%,11.3% 和 10.0%,三个流域合计的总占比为 36.5%,几乎占蒙山旅游区总面积的 1/3。

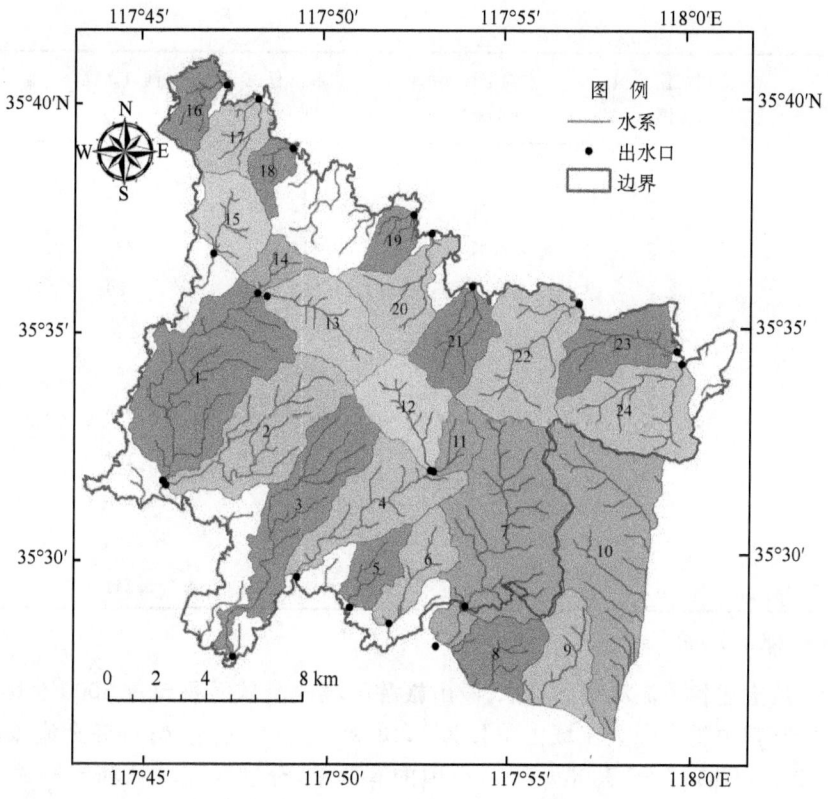

图 3.4　蒙山核心区水系分区及其编码

表 3.3　蒙山旅游区管委会辖区内主要沟域特征值

沟域编号	流域汇流面积 （公顷）	主沟道长度 （千米）	沟源高程 （米）	沟口高程 （米）	主沟道比降
1	3010.8	11.31	254	136	0.010
2	2051.7	9.49	658	136	0.055
3	2005.9	13.88	640	131	0.037
4	1642.8	8.95	326	141	0.021
5	559.0	3.76	311	145	0.044
6	765.4	5.11	401	149	0.049
7	3545.6	10.32	628	169	0.045
11	395.0	2.89	680	326	0.123
12	1086.4	4.85	745	326	0.086
13	1345.1	5.90	704	254	0.076
14	393.5	2.64	590	254	0.127
15	897.0	2.94	285	226	0.020

续表

沟域编号	流域汇流面积 （公顷）	主沟道长度 （千米）	沟源高程 （米）	沟口高程 （米）	主沟道比降
16	535.9	3.29	398	222	0.054
17	684.3	3.66	362	219	0.039
18	367.5	2.31	318	234	0.036
19	432.1	2.16	282	229	0.025
20	1086.8	5.16	522	240	0.055
21	938.5	4.18	728	253	0.114
22	1875.7	7.04	653	225	0.061
23	1069.7	5.66	393	187	0.036
24	1669.5	5.92	689	185	0.085
明光寺流域	4749.4	17.21	704	136	0.033
草寺流域	3124.2	13.80	745	141	0.044

注：各条流域的位置见图3.4。

实际上，从上述各个流域整体考虑，蒙山旅游区境内流域面积超过3000公顷的也仅仅有上述三个流域（其中明光寺全流域由编号为1,13和14三部分相加；草寺全流域由编号为4,11和12三部分相加）；介于2000～3000公顷的有两个，分别为流域2和流域3；介于1000～2000公顷的流域有4个，分别为流域20,22,23和24；其他的介于350～1000公顷之间。在相同的降水条件下，面积较大的流域其汇流面积较大，因而有较大的水资源量。

2. 流域主沟道特征

在上述各小流域中，主沟道长度超过10千米的有4条，其中明光寺流域最大、主沟道长度达到17.21千米；3号流域次之，为13.88千米；草寺流域第三，为13.80千米；大洼流域最小，为10.32千米。主沟道长度介于5～10千米和2～5千米的分别有6条和7条，其中主沟道最短的为19号流域，仅为2.16千米。

主沟道沟源海拔高程差别较大，其中超过700米的有三条，最高值为草寺流域的745米，21号流域为728米，明光寺流域704米；介于600～700米的有5条；介于500～600米、400～500米、300～400米和250～300米的分别有1条、1条、6条和3条。

主沟道沟口海拔高程差别不大，其中最高的为21号流域的253米，其次为20号流域的240米，其他的都介于130～235米之间。

不同流域的比降大小相差悬殊，其中最大的为21号流域的0.114，其次为34号流域的0.085，第三位22流域的0.061；显然，流域水动力最大的也在这三个流域，并且依序减小。其余的介于0.020～0.055之间，水动力相对较弱。

3. 流域特征值之间的关系

蒙山旅游区主要沟域的流域面积与其主沟道长度之间具有很好的线性关系（图3.5），即随着流域面积的增大其主沟道长度呈现线性增大趋势。二者之间关系式的相关系数 R 高达

0.916。流域面积与其主沟道比降之间呈现多项式关系(图 3.6),其决定系数 R^2 仅为 0.119,表明该关系式相关性不高。无论如何,该关系式也反映了流域内这两个参数之间的潜在变化规律,即随着流域面积的增大,主沟道比降起初呈现增大趋势,在达到最大值之后又呈现减小趋势。

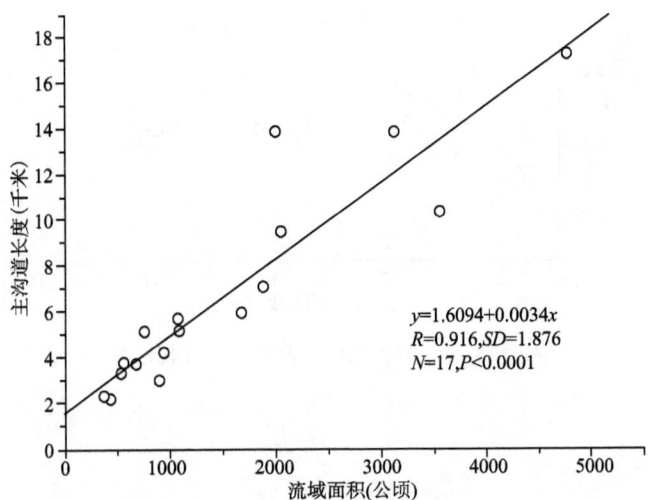

图 3.5 蒙山旅游区主要沟域的面积与主沟道长度之间的关系

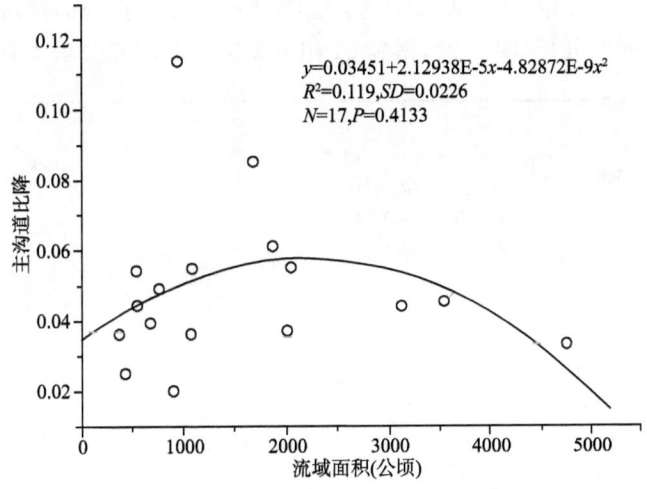

图 3.6 蒙山旅游区主要沟域的面积与主沟道比降之间的关系

蒙山旅游区主要沟域的主沟道长度与其比降之间也呈现出多项式关系(图 3.7)特征,其决定系数 R^2 仅为 0.1773,虽然也表明该关系式相关性不高,但是明显好于流域面积与其主沟道比降之间的关系。该关系式也反映了流域内随着主沟道长度的增大,其比降起初呈现增大趋势,在达到最大值之后又呈现减小趋势。

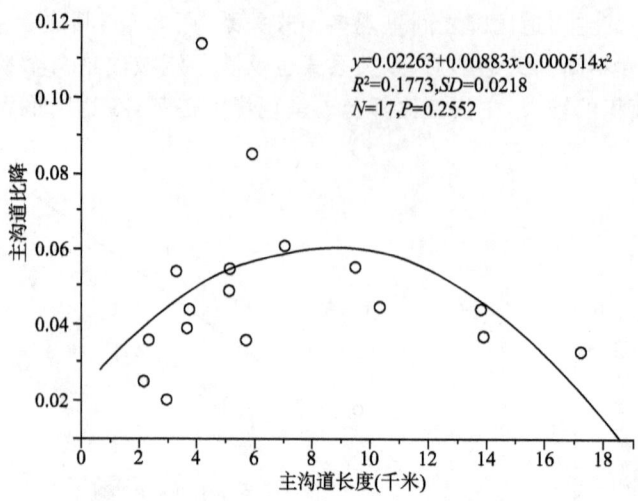

$$y=0.02263+0.00883x-0.000514x^2$$
$$R^2=0.1773, SD=0.0218$$
$$N=17, P=0.2552$$

图 3.7 蒙山旅游区主要沟域的主沟道长度与其比降之间的关系

3.3 蒙山径流量特征

3.3.1 沟域面积与年均径流量间的关系

利用表 3.1 和表 3.2 中 21 个坝库实测数据得到的坝库所控制的流域面积与多年平均径流量数据进行线性回归分析(图 3.8),得到 21 组数据之间的相互关系式为:

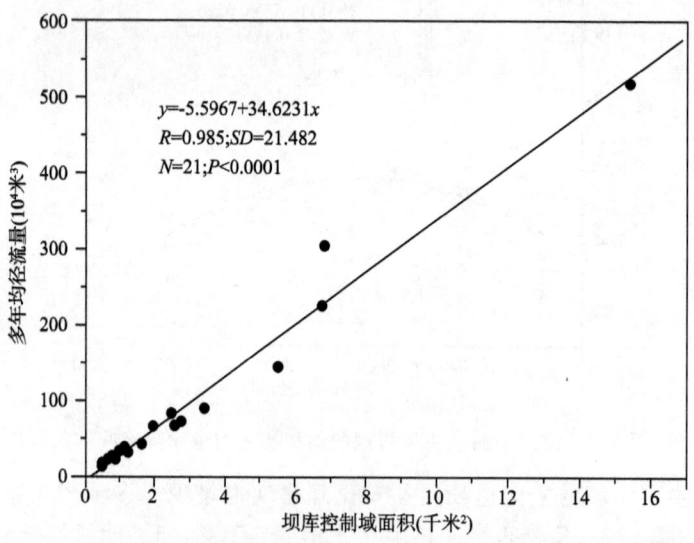

$$y=-5.5967+34.6231x$$
$$R=0.985; SD=21.482$$
$$N=21; P<0.0001$$

图 3.8 蒙山旅游区坝库控制面积与多年平均径流量之间的关系

$$y = 34.6231x - 5.5967 \qquad (3-1)$$

上式中 x 表示流域面积,单位为平方千米;y 表示年均径流量,单位为万立方米。二者的相关系数高达 0.985,标准偏差为 21.482,置信度 $P<0.0001$,这些都表明两类数据之间具有良好的线性关系。

3.3.2 蒙山旅游区主要沟域年均径流量

根据公式(3-1),利用蒙山旅游区主要流域的面积数据,可以计算上述不同流域的年均径流量数据。这些流域或流域段(针对明光寺流域和草寺流域)的年均径流量计算结果列于表3.4中。其中属于完整流域的有17条,另外,对明光寺流域和草寺流域各分三个段分别进行了计算。明光寺流域的年均径流量最大,达到 1733.78 万立方米;7 号流域的次之,为 1292.91万立方米;排名第三的为草寺流域,其年均径流量为 1138.58 万立方米,这也是仅有的几个年均径流量超过 1000 万立方米的流域。这三个流域的年均径流量占所有 17 条流域年均总径流量的 43.6%。

2 号流域和 3 号流域的年均径流量分别为 745.8 万立方米和 729.03 万立方米,远小于前三个流域的,排名依次为第四和第五。年均径流量介于 600 万~700 万立方米的也仅有 2 条,分别为 22 号流域和 24 号流域;介于 300 万~400 万立方米的流域有 4 条;介于 200 万~300万立方米的流域有 2 条;介于 100 万~200 万立方米的流域有 4 条(表3.4)。

显然,上述 17 个流域的年均径流量大小相差悬殊,在区域降水量差别不大的情况下,径流量大小主要与流域面积大小相关。

表 3.4　蒙山旅游区管委会辖区内主要沟域年均径流量计算值

沟域编号	流域面积(公顷)	年均径流量(10^4 米^3)	位置
1	3010.8	1097.05	山前
2	2051.7	745.80	山前
3	2005.9	729.03	山前
4	1642.8	596.05	山前
5	559.0	199.13	山前
6	765.4	274.72	山前
7	3545.6	1292.91	山前
11	395.0	139.06	山前
12	1086.4	392.28	山前
13	1345.1	487.02	山前
14	393.5	138.52	山前
15	897.0	322.91	山前
16	535.9	190.67	山后
17	684.3	245.02	山后
18	367.5	128.99	山后
19	432.1	152.65	山后
20	1086.8	392.42	山后
21	938.5	338.11	山后

续表

沟域编号	流域面积（公顷）	年均径流量（10^4 米³）	位置
22	1875.7	681.34	山后
23	1069.7	386.16	山后
24	1669.5	605.83	山后
明光寺流域	4749.4	1733.78	山前（流域 1＋13＋14）
草寺流域	3124.2	1138.58	山前（流域 4＋11＋12）
按流域合计	26358.2	9558.05	山前山后

注：按流域合计时剔除了流域 1＋13＋14 和流域 4＋11＋12，以避免重复计算。各条流域的位置见图 3.4。

3.3.3　蒙山旅游区年均总产流量

前面已经对蒙山旅游区 17 个完整流域总共 26358.2 公顷面积的年均地表产流量（即年均径流量）进行了计算，其总值为 9558.05 万立方米。

将蒙山旅游区总面积 313.2 平方千米（31320 公顷）代入公式（3-1），或者按照上述 17 条流域面积占蒙山旅游区总面积的百分比除 17 条流域总产流量，可以得到蒙山旅游区全区年均产流量（年均径流量）值为 11464.76 万立方米（约 1.15 亿立方米）。

至此，我们已经获得蒙山旅游区年均总产流量这一个非常重要的数据。这个数据是根据蒙山旅游区内 21 个观察点多年观测数据的基础上进行线性回归分析得到的，由于相关系数很高，因此，这一数据具有很高的科学性，这是评价蒙山旅游区年均总产流量的关键数据。当然，因为该数据是多年平均值，因此，具体分析某年的产流量时，不能简单地用它替代。

为了分析蒙山旅游区不同年份的总产流量（总径流量），需要利用历史观测数据，或者在没有历年观测数据时，可以利用可替代性数据，对其年际总产流量（总径流量）进行定量计算，从而获得趋势性变化规律。

3.3.4　蒙山旅游区产流量年际变化趋势

1. 蒙山旅游区近 60 年来（1954—2012 年）的年产流量重建方法

由于蒙山旅游区成立不久，境内年际总产流量没有进行系统观测，因此，这里借助沂河流域最上游的多年持续进行系统观测的临沂水文站的数据资料，来定量估算蒙山旅游区历史产流量数据，并以年径流量和年径流深来表示。

沂河临沂水文站流量数据起始观测年份可以追溯到 1954 年，该水文站控制的流域面积很小，仅为 10305 平方千米，其 1954—2012 年的年流量、年径流量数据见表 3.5。上述数据是淮河水利委员会根据水利部行业标准由专业观测台站实测所得，数据可靠，观测误差符合行业标准。

由于该水文站控制的流域面积较小，因此，可以假定该范围内的面上产流量大致均匀分布，并与面积相关。这样，我们可以根据蒙山旅游区的面积与临沂水文站控制面积之比再乘以临沂水文站的年径流量可获得蒙山旅游区的年产流量数值。由此计算所得到的蒙山旅游区年径流量、年径流深数据列于表 3.5。需要说明的是，这些数据是用面积比的方法对过去的数据进行重建,计算结果是近似值,它们不能反映蒙山旅游区这些年份的实际产流量(径流量)数据及径流深数据,但是,可以基本反映蒙山旅游区径流量或者径流深的年际变化趋势。因此,这些重建数据对于了解蒙山旅游区过去近 60 年来的产流量变化具有重要意义。

2. 蒙山旅游区近 60 年来的径流量和径流深变化趋势

表 3.5 计算的蒙山旅游区年径流量数值的最大值为 1963 年的 1.89 亿立方米,次大值为 1957 年 1.86 亿立方米;最小值为 1989 年的 0.04 亿立方米,次小值为 1983 年的 0.06 亿立方米。在全部 59 年中,年径流量大于或等于 1 亿立方米的有 12 个年份,介于 0.5 亿~1 亿立方米的有 20 个年份,介于 0.25 亿~0.5 亿立方米的有 13 个年份,而小于 0.25 亿立方米的有 14 个年份。59 年的平均年径流量为 0.63 亿立方米。

表 3.5 临沂水文站的年均流量和年均径流量以及据此估算的
蒙山旅游区年径流量和年径流深

沂河临沂水文站实测数据(控制面积 10305 千米²)			蒙山旅游区(面积 313.2 千米²)	
年份	流量(米³/秒)	径流量(10^8 米³)	径流量(10^8 米³)	径流深(毫米)
1954	78.2	24.66	0.75	226.43
1955	85.5	26.96	0.82	247.55
1956	112.6	35.61	1.08	326.98
1957	194.0	61.28	1.86	562.68
1958	97.9	30.88	0.94	283.55
1959	36.9	11.63	0.35	106.79
1960	154.0	48.64	1.48	446.62
1961	105.0	32.98	1.00	302.83
1962	147.0	46.23	1.41	424.49
1963	197.0	62.08	1.89	570.03
1964	189.0	59.73	1.82	548.45
1965	86.2	27.18	0.83	249.57
1966	36.0	11.35	0.34	104.22
1967	33.8	10.66	0.32	97.88
1968	17.4	5.51	0.17	50.62
1969	24.3	7.65	0.23	70.28
1970	108.0	33.99	1.03	312.10
1971	155.0	18.92	1.49	449.19
1972	33.9	10.72	0.33	98.43
1973	53.8	16.96	0.52	155.73
1974	115.0	36.15	1.10	331.94
1975	67.3	21.23	0.65	194.94
1976	30.9	9.76	0.30	89.60
1977	18.2	5.75	0.17	52.80
1978	26.1	8.25	0.25	75.75
1979	39.3	12.40	0.38	113.86
1980	57.5	18.20	0.55	167.12
1981	17.0	5.35	0.16	49.12
1982	24.8	7.83	0.24	71.90

续表

沂河临沂水文站实测数据（控制面积 10305 千米²）			蒙山旅游区（面积 313.2 千米²）	
年份	流量（米³/秒）	径流量（10⁸ 米³）	径流量（10⁸ 米³）	径流深（毫米）
1983	6.7	2.11	0.06	19.37
1984	27.5	8.70	0.26	79.88
1985	59.8	18.80	0.57	172.62
1986	22.4	7.08	0.22	65.01
1987	19.4	6.11	0.19	56.14
1988	13.3	4.19	0.13	38.52
1989	4.6	1.45	0.04	13.31
1990	87.8	27.67	0.84	254.11
1991	94.9	29.93	0.91	274.80
1992	10.2	3.23	0.10	29.63
1993	57.1	18.02	0.55	165.47
1994	56.1	17.70	0.54	162.51
1995	59.2	18.66	0.57	171.38
1996	28.6	9.03	0.27	82.96
1997	30.6	9.65	0.29	88.64
1998	118.4	37.33	1.13	342.76
1999	14.3	4.51	0.14	41.37
2000	24.5	7.74	0.24	71.11
2001	50.3	15.86	0.48	145.63
2002	8.6	2.72	0.08	24.98
2003	94.1	29.66	0.90	272.34
2004	87.1	27.55	0.84	252.97
2005	122.5	38.63	1.17	354.71
2006	35.9	11.33	0.34	104.03
2007	67.7	21.36	0.65	196.13
2008	79.0	24.98	0.76	229.37
2009	69.3	21.84	0.66	200.54
2010	26.2	8.25	0.25	75.78
2011	62.8	19.80	0.60	181.81
2012	91.7	28.98	0.88	266.10
平均	65.6	20.7	0.63	190.09

从根据上述计算值所绘制的图 3.9 可知，蒙山旅游区范围内的年径流量（年产流量）在 1960 年前后较大；在 1960 年代后期有一个剧烈减小的阶段。从 1970 年到 1989 年明显呈现波动式减小趋势。自 1990 年以来，该区域的径流量虽然也有较大的波动性，但总体数值明显高于 20 世纪 80 年代的，当然，与 1960 年前后的相比，还是明显较小。

蒙山旅游区范围内的年产流量或者年径流量数值的 5 点滑动变化趋势（图 3.10）可以明显看出，其丰水年份为 1966 年以前一段时期；1977—1988 年明显为枯水期，这是蒙山旅游区范围内严重缺水时期，不利于工农业生产及植被恢复；1967—1976 年以及 2003 年以来为平水期，蒙山旅游区境内的产流量处于近 60 年观测时期的中等水平；而 1989—2002 年这一时期介于枯水期和平水期之间，相对缺水。

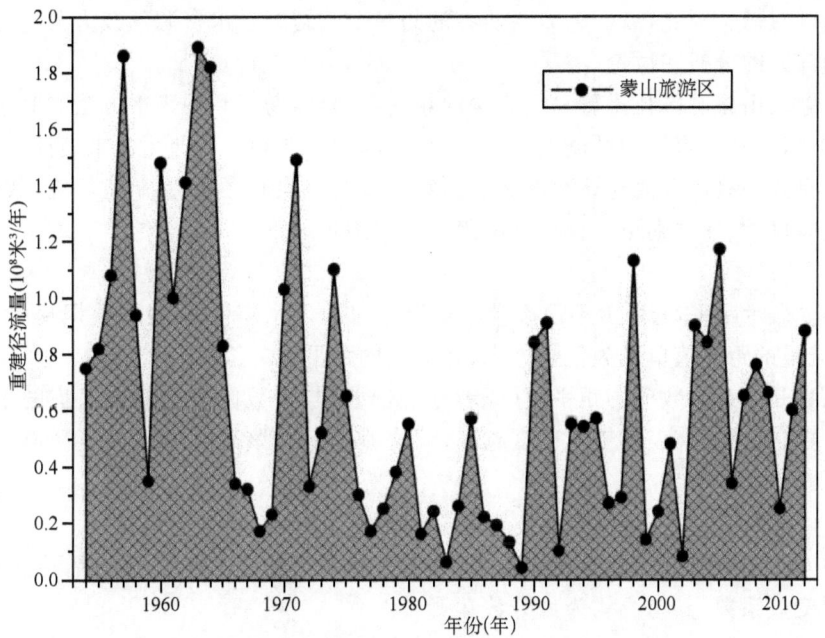

图 3.9 蒙山旅游区径流量年际变化趋势

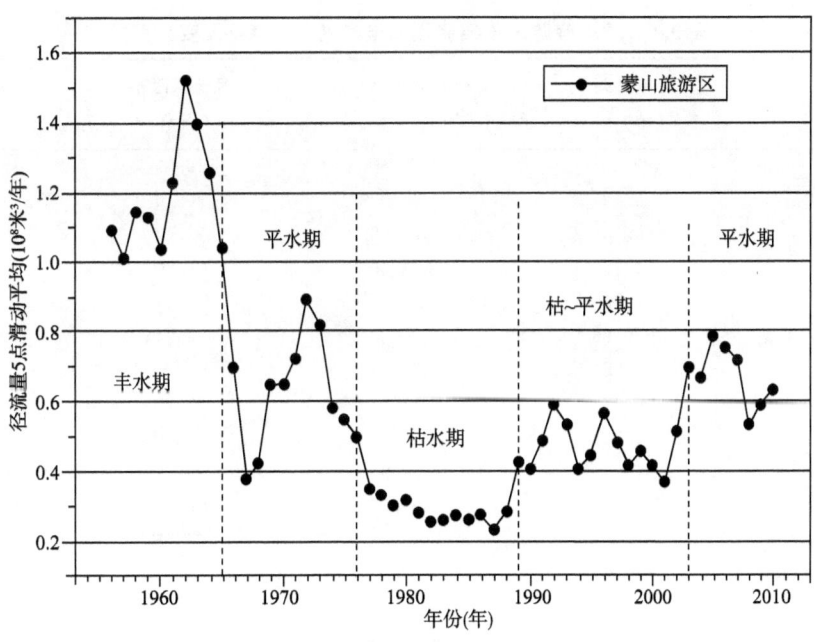

图 3.10 蒙山旅游区年径流量 5 点滑动平均

从年径流量及其 5 点滑动变化趋势可见,目前蒙山旅游区处于中水期,既不是产流丰沛之时,也非严重缺水阶段。如何有效地利用现有产流,地方政府则需要进行必要的水资源规划,而水资源承载力的大小及其与国际标准或者中国区域标准对比的差异,是水资源规划所必须查清楚的基础数据。因此,该研究需要回答的另一个问题就是水资源承载力分析,这在后面将要进行较为深入的分析和讨论。

为了了解蒙山旅游区径流量和径流深的年变化幅度,需要利用距平方法对其进行分析;同时,为了了解研究区径流量和径流深的年变化程度,则需要利用变差系数来表征。

距平值是某一具体数值与该数值所在的数据集的平均值之差,其单位不变,数值的绝对值大表示变化幅度大,反之则小。该研究中距平公式表示如下:

$$\delta = x_i - a \tag{3-2}$$

上式中 δ 表示距平,x 表示年径流量或年径流深,i 表示年份,a 表示数据集的平均值。该研究中,径流量的距平值单位为亿立方米;径流深的距平值单位为毫米。

变差系数是指某一数值的距平值(或者标准偏差)与该数值所在的数据集的平均值之比,单位为百分数,该值越大表示变化程度越高,反之则越低。该研究中采用距平值,变差系数计算公式如下:

$$C_V = \delta / a \tag{3-3}$$

上式中 C_V 表示变差系数,δ 表示距平,a 表示数据集的平均值。无论是径流量变差系数还是径流深变差系数,其单位均为百分数。

蒙山旅游区年径流量和年径流深的距平及变差系数计算结果见表 3.6,其中年径流量距平及变差系数的年际变化如图 3.11 所示。

表 3.6　蒙山旅游区年径流量和年径流深的距平及变差系数

年份	径流量距平 (10^8 米^3)	径流量变差系数 (％)	径流深距平 (毫米)	径流深变差系数 (％)
1954	0.12	36.34	19.05	19.12
1955	0.19	57.46	30.16	30.23
1956	0.45	136.89	71.43	72.01
1957	1.23	372.59	195.24	196.01
1958	0.31	93.46	49.21	49.17
1959	−0.28	−83.30	−44.44	−43.82
1960	0.85	256.53	134.92	134.95
1961	0.37	112.74	58.73	59.31
1962	0.78	234.40	123.81	123.31
1963	1.26	379.94	200.00	199.87
1964	1.19	358.36	188.89	188.52
1965	0.2	59.48	31.75	31.29
1966	−0.29	−85.87	−46.03	−45.17
1967	−0.31	−92.21	−49.21	−48.51
1968	−0.46	−139.47	−73.02	−73.37
1969	−0.4	−119.81	−63.49	−63.03
1970	0.4	122.01	63.49	64.19
1971	0.86	259.10	136.51	136.30

续表

年份	径流量距平 （10⁸ 米³）	径流量变差系数 （％）	径流深距平 （毫米）	径流深变差系数 （％）
1972	−0.3	−91.66	−47.62	−48.22
1973	−0.11	−34.36	−17.46	−18.08
1974	0.47	141.85	74.60	74.62
1975	0.02	4.85	3.17	2.55
1976	−0.33	−100.49	−52.38	−52.86
1977	−0.46	−137.29	−73.02	−72.22
1978	−0.38	−114.34	−60.32	−60.15
1979	−0.25	−76.23	−39.68	−40.10
1980	−0.08	−22.97	−12.70	−12.08
1981	−0.47	−140.97	−74.60	−74.16
1982	−0.39	−118.19	−61.90	−62.18
1983	−0.57	−170.72	−90.48	−89.81
1984	−0.37	−110.21	−58.73	−57.98
1985	−0.06	−17.47	−9.52	−9.19
1986	−0.41	−125.08	−65.08	−65.80
1987	−0.44	−133.95	−69.84	−70.47
1988	−0.5	−151.57	−79.37	−79.74
1989	−0.59	−176.78	−93.65	−93.00
1990	0.21	64.02	33.33	33.68
1991	0.28	84.71	44.44	44.56
1992	−0.53	−160.46	−84.13	−84.41
1993	−0.08	−24.62	−12.70	−12.95
1994	−0.09	−27.58	−14.29	−14.51
1995	−0.06	−18.71	−9.52	−9.84
1996	−0.36	−107.13	−57.14	−56.36
1997	−0.34	−101.45	−53.97	−53.37
1998	0.5	152.67	79.37	80.31
1999	−0.49	−148.72	−77.78	−78.24
2000	−0.39	−118.98	−61.90	−62.59
2001	−0.15	−44.46	−23.81	−23.39
2002	−0.55	−165.11	−87.30	−86.86
2003	0.27	82.25	42.86	43.27
2004	0.21	62.88	33.33	33.08
2005	0.54	164.62	85.71	86.60
2006	−0.29	−86.06	−46.03	−45.27
2007	0.02	6.04	3.17	3.18
2008	0.13	39.28	20.63	20.66
2009	0.03	10.45	4.76	5.50
2010	−0.38	−114.31	−60.32	−60.13
2011	−0.03	−8.28	−4.76	−4.36
2012	0.25	76.01	39.68	39.99

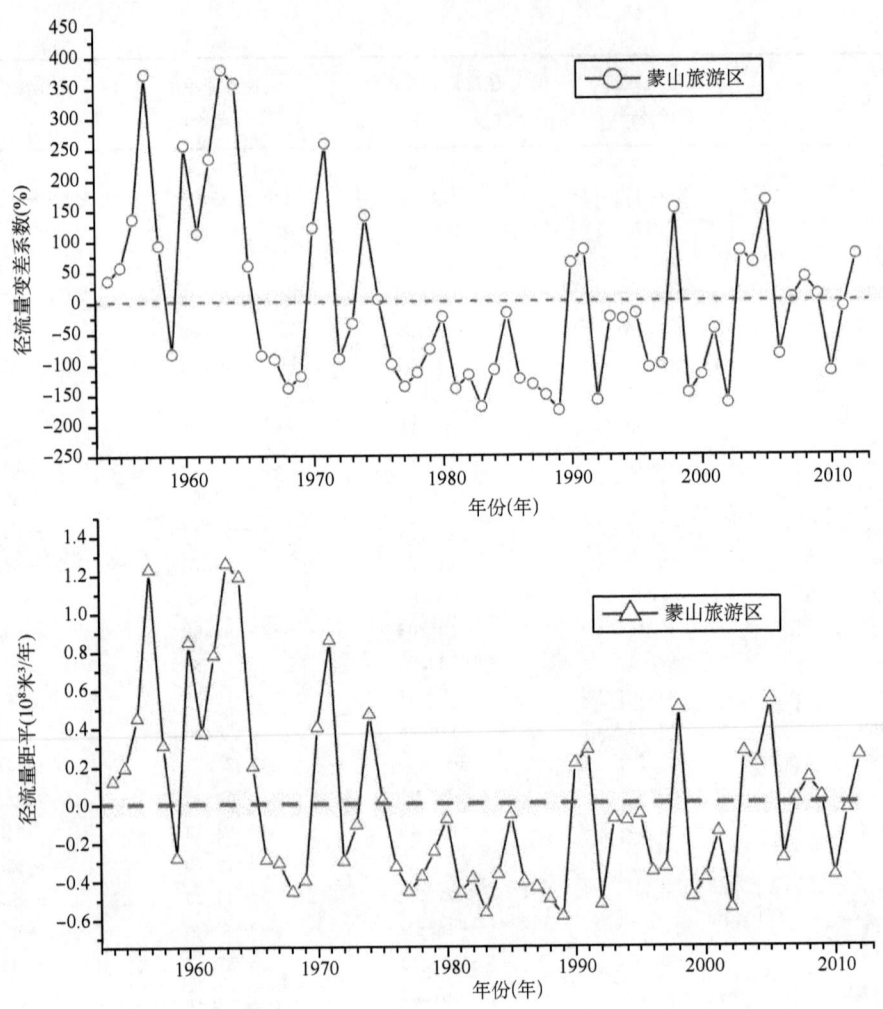

图 3.11　蒙山旅游区年径流量距平及变差系数的年际变化特征

由图 3.11 可见,蒙山旅游区年径流量距平及变差系数具有相似的变化趋势,图中水平零线以上的点表示当年值大于多年平均值(正距平值或正变差系数值),而水平零线以下的点表示当年值小于多年平均值(负距平值或负变差系数值)。无论是径流量距平值还是其变差系数,在 20 世纪 60 至 70 年代最大,而 80 年代以来则明显变小。

3.4　蒙山降水量和蒸散量特征

降水量和蒸散量是影响流域径流量的主要自然影响因素,因此,查明降水量以及蒸散量的年际变化特征、变化趋势等,对于正确了解流域水循环、水资源量计算,和水资源承载力评价等都具有重要意义。

3.4.1 降水量变化特征及变化趋势

1. 临沂水文站以上流域面均降水量变化特征和变化趋势

收集到的降水量数据有两类,一类是中国气象局主导的气象观测站,在临沂水文站控制流域内及其附近有 4 个,分别为流域内的沂源站、费县站和临沂站,以及流域东部边缘的莒县站,其具体位置见图 3.12。其观测的时间序列为 1954—2012 年共计 59 年。由于站点较少,采用插值方法求取面上降水量毫无必要,因此,这里仅采取算数平均方法来计算临沂水文站以上流域(包括蒙山旅游区)的面上降水量。另一类是地方自行设置并进行观测的雨量站,我们收集到数据完整且系列较长的这类观测站为蒙山旅游区境内的杨庄水库站,其降水量观测系列为 1961—2013 年,可以利用该系列数据代表蒙山旅游区境内面上降水量,并分析其年均变化特征和变化趋势。

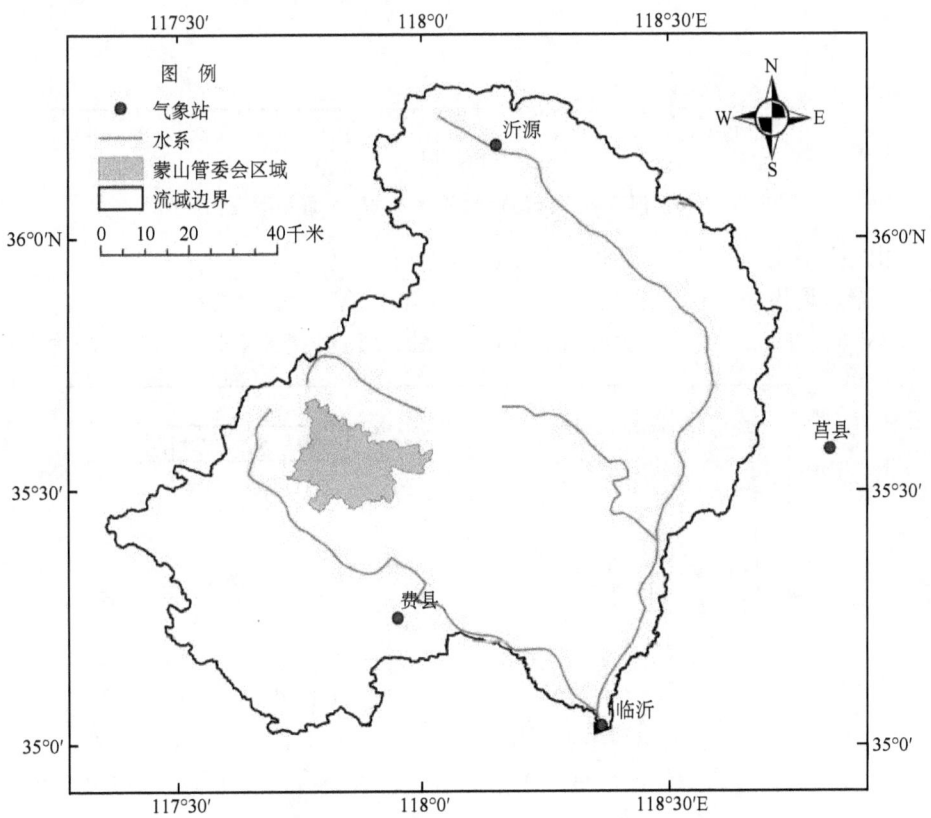

图 3.12 沂河流域临沂站控制区域水系及周边四个气象站分布图

图 3.13 表示沂河流域临沂站控制区域面均年降水量的年际变化特征,从 1954—1981 年,该区域内面均降水量呈现较大波动性且具有明显减小趋势;自 1981—2005 年,其面均降水量呈现大幅波动状态,同时具有较为显著的增大趋势;自 2006 年之后,其面均降水量呈现中等值,并且波动幅度较小。最大值出现在 1964 年,而最小值出现在 2002 年。

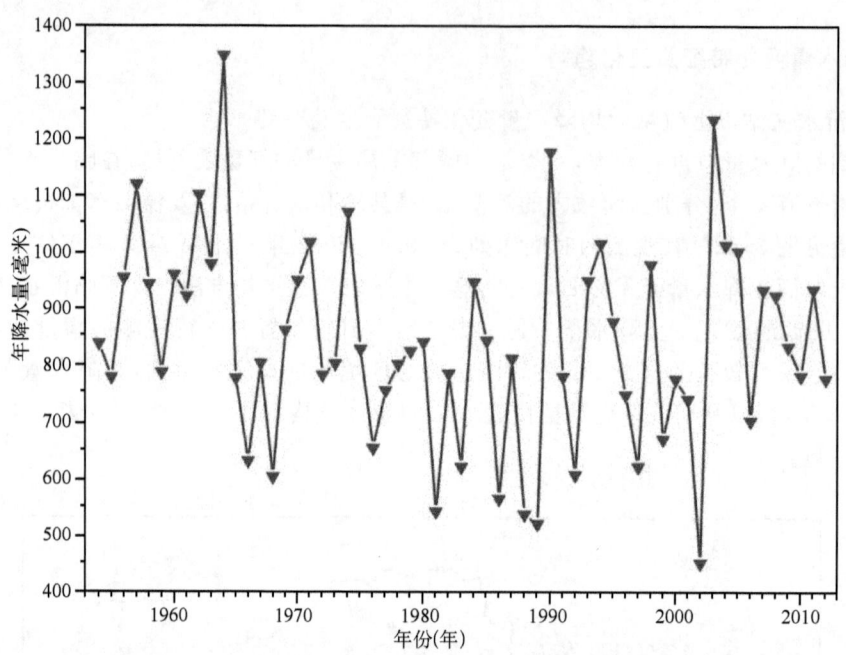

图 3.13　沂河流域临沂站控制区域面均降水量年际变化特征

2. 蒙山旅游区杨庄水库站降水量变化特征和变化趋势

蒙山旅游区境内杨庄水库站 1961—2013 年的降水量年际变化特征如图 3.14 所示。其最大值为 1963 年的 1282.4 毫米,次大值为 1970 年的 1153.5 毫米,处于第三位的为 2003 年的

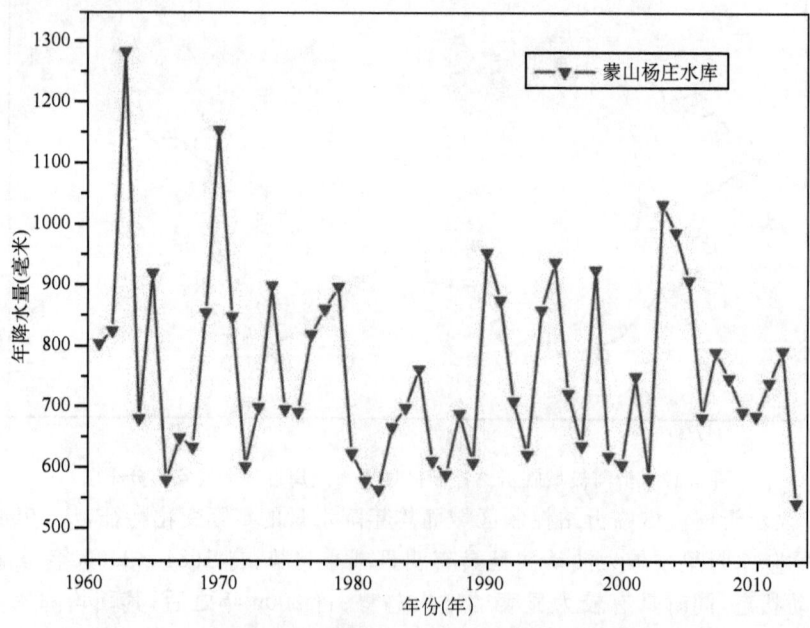

图 3.14　蒙山旅游区杨庄水库站降水量年际变化特征

1033.3 毫米。这是上述 53 年间仅有的年降水量超过 1000 毫米的三个年份。最小值为 2013 年的 542.8 毫米。自 1961—1982 年,年降水量由大幅波动向小幅波动变化、同时具有非常明显的变小趋势;在 1980 年代年降水量总体上处于最小时期;1990 年代处于较大波动幅度的似同幅变化阶段;而自 2000 年以来呈现初期迅速增大然后阶梯状减小的变化趋势。另外一个显著的特点是,在不同年代的最小年降水量差别不大,而其最大年降水量却相差悬殊。上述 53 年的年均降水量为 758.2 毫米,表明该区域大致属于半湿润气候区。

杨庄水库站年降水量的变差系数(C_v)介于 $-28.4\%\sim69.1\%$,表明其年际差别明显,出现最大和最小变差系数的年份与最大和最小降水量出现的年份分别相同。

3.4.2 蒸散量变化特征及变化趋势

蒸散与气候有着密切的联系,是全球水循环中最直接受气候和下垫面变化影响的气象因子,因此蒸散对径流量也有重要影响。要计算实际蒸散量有许多困难,因此,有许多方法探讨潜在蒸散量问题。下面,主要分析临沂水文站控制流域的面上潜在蒸散量的变化特征和变化趋势。

该研究涉及沂河流域的沂源、费县、莒县、临沂共 4 个气象站的常规气象数据,资料的序列长度为 1954—2012 年。包括 4 个气象站的年降水资料和日平均气温、日最高气温、日最低气温、相对湿度、风速、日照时数和平均气压等日数据。其中沂源、费县和临沂气象站位于沂河临沂水文站控制范围内,莒县位于流域范围外(图 3.12)。

由于流域的实际蒸散量比较难于获取,因此,潜在蒸散量的计算成为有效替代指标,潜在蒸散量可以反映给定区域的蒸散能力,在一定程度上可以反映实际蒸散量的变化特征和趋势。潜在蒸散量的计算方法有多种,本文采用国际上广泛采用的一种方法——参考作物蒸散量——来反映流域的蒸散能力。参考作物蒸散计算是根据日气象数据、采用 FAO Penman-Monteith 公式(Allen et al.,1998),其中净长波辐射采用 Yin Y H et al.(2008)在中国的修正形式,计算得到各站日参考作物蒸散量(其中部分缺测的日数据由该站多年同日气象数据的平均值代替),据此统计得到各站年参考作物蒸散量。根据气象站点的年参考作物蒸散量数据算术平均得到测站控制流域以上的面平均年参考作物蒸散量数据。

FAO Penman-Monteith 公式表达如下:

$$ET_0 = \frac{0.408\Delta(R_n - G) + r\dfrac{900}{T+273}U_2(e_s - e_a)}{\Delta + r(1 + 0.34U_2)} \tag{3-4}$$

式中:ET_0:可能蒸散量(单位:mm·d^{-1});

R_n:地表净辐射(单位:MJ·m^{-2}·d^{-1});

G:土壤热通量(单位:MJ·m^{-2}·d^{-1}),在日尺度下,可以忽略不计:$G_{day} \approx 0$;

T:2 米高处日平均气温(单位:℃);

u_2:2 米高处风速(单位:m·s^{-1});

e_s:饱和水汽压(单位:kPa);

e_a:实际水汽压(单位:kPa);

△:饱和水汽压曲线斜率(单位:kPa·℃⁻¹);

γ:干湿表常数(单位:kPa·℃⁻¹)。

利用中国气象局网站有关上述四个气象站的数据资料,根据公式(3-4)计算得到1954—2012年临沂站以上控制流域的年参考作物蒸散量,其年际变化及不同时期的变化趋势以及变差系数绘制于图3.15。

由图3.15可知,临沂站以上流域参考作物年蒸散量在1954—2012年间介于676.2~903.2毫米之间,其中最大蒸散量发生在1978年,而最小蒸散量出现在2003年。在1983年之前,参考作物蒸散量总体较大,并且呈现震荡性变化,每年的变差系数以正数为主,表明蒸散量大多数大于平均值;而1983年之后,总体上较小,每年的变差系数以负数为主,表明蒸散量大多数小于平均值。自2003年以来,参考作物蒸散量处于上述时段的最小阶段,且变化幅度最小,变差系数都为负数,这些现象表明,目前研究区内的蒸散量对于径流量的影响相对以前时期明显减小。

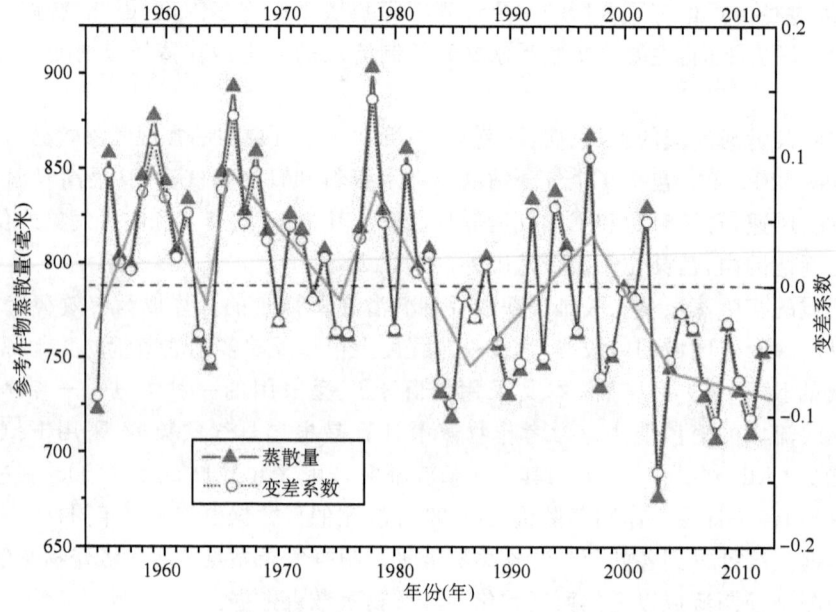

图3.15 临沂站以上流域参考作物蒸散量及其变差系数的年际变化特征

3.5 径流量变化主控因素的贡献率

径流量变化受到多种因素的影响,综合起来看主要有自然因素和人类活动两大类,其中自然因素主要包括降水量和蒸散量,人类活动主要包括各类水土保持措施、引水、灌溉等。本节的主要目标是利用有效方法定量计算降水量、蒸散量和人类活动三类影响因素对蒙山旅游区径流量变化的相对影响程度,以便在该区进行水资源保护、水资源利用时做到高效性和科学性,以造福当地百姓。

3.5.1 主要研究方法

该研究用到的主要研究方法有累积距平方法和累积量斜率变化率分析方法。

累积距平方法是根据绘制的累积距平曲线直观判断离散数据点变化趋势的一种统计方法。其数学定义为：对于序列长度为 n 的序列 x，其在某一时刻 t 的累计距平表示为：

$$X_t = \sum_{i=1}^{t}(x_i - \overline{x}), t = 1, 2, \cdots, n, \tag{3-5}$$

$$\overline{x} = \frac{1}{n}\sum_{i=1}^{n}x_i$$

累积距平分析方法主要用于判断离散数据对其均值的离散程度，若累积距平值增加，表明离散数据大于其平均值，呈现增加的趋势；反之，则小于其平均值，为减小的趋势。上述两类不同趋势线的转折点即为突变点。本文中变量 x 为年径流量和年降水量。

累积量斜率变化率分析方法是王随继等(2012)在分析皇甫川流域降水和人类活动对径流量变化的贡献率时提出的，后来在研究黄河中游及黄河流域的径流量变化时进行了扩展 (Wang et al.，2012；王随继等，2013)。其原理是：如果径流量变化只受降水量因素的影响，则降水量和径流量随年份的累积曲线斜率应该是同倍比变化的，即同一时期累积径流量～年份相关关系的斜率变化率应该等于累积降水量～年份的斜率变化率。将变量所有影响因素的总和定义为1(或者100%)，然后根据各影响因素随时间累积的斜率变化率占变量累积斜率变化率的比值来推求其对变量的影响程度。假定在累积径流量变化的某个拐点年份前后，年份与累积径流量之间的线性关系的斜率分别为 S_{Rb} 和 S_{Ra}(单位：10^8 米^3/年)，年份与累积降水量之间线性关系的斜率分别为 S_{Pb} 和 S_{Pa}(单位：毫米/年)，则降水对径流量变化的贡献率(C_P，单位%)可以表示为：

$$C_P = 100 \times (|S_{Pa}/S_{Pb}| - 1)/(|S_{Ra}/S_{Rb}| - 1) \tag{3-6}$$

同样，拐点前后年份与累积蒸散发之间线性关系的斜率分别为 S_{Eb} 和 S_{Ea}(单位：毫米/年)，则蒸散发对径流量变化的贡献率(C_E，单位%)可表示为：

$$C_E = -100 \times (|S_{Ea}/S_{Eb}| - 1)/(|S_{Ra}/S_{Rb}| - 1) \tag{3-7}$$

基于水量平衡原理，人类活动对径流量减小的贡献率 C_H(单位%)为：

$$C_H = 100 - C_P - C_E - C_G \tag{3-8}$$

其中 C_G 为地下水对径流量的影响。

地下水位的升高势必有一定的地表水的补充，这时，将导致径流量减小；反之，地下水位的降低则必然有一定的地下水参与地表水循环，引起径流量增加。这是地下水影响径流量变化的主要两种不同方式。实际上，此前的研究认为地下水会明显引起径流量的年内分配，但对于年际尺度上的径流量变化的影响可忽略不计。为了证明这一假设是否正确，我们收集了蒙山旅游区柏林镇汪家坡 2013 年 1—12 月的地下水监测数据列于表 3.7(观测井口海拔高程为 163.671 米，基本处于山前平原地区)。从一年 12 个月、每月 6 次，总共 72 个观测数据表明，该井的地下水位基本很好地保持在 162.471 米，仅在 5 月 10 日、15 日的观测值下降为 162.321 米。这就证明了地下水对径流量的影响基本局限在年内，甚至月内，而对径流量的年际变化几乎没有明显影响。因此，在依据公式(2-4)

计算人类活动对径流量影响程度或者贡献率时不必考虑地下水的影响。

表 3.7 柏林镇汪家坡(305)2013 年 1—12 月地下水监测数据

观测日期		水位(米)	水温(℃)	水位埋深(米)	水位标高(米)
月	日				
1 月	5	1.2	30	1.2	162.471
	10	1.2	30	1.2	162.471
	15	1.2	30	1.2	162.471
	20	1.2	30	1.2	162.471
	25	1.2	30	1.2	162.471
	30	1.2	30	1.2	162.471
2 月	5	1.2	30	1.2	162.471
	10	1.2	30	1.2	162.471
	15	1.2	30	1.2	162.471
	20	1.2	30	1.2	162.471
	25	1.2	30	1.2	162.471
	30	1.2	30	1.2	162.471
3 月	5	1.2	30	1.2	162.471
	10	1.2	30	1.2	162.471
	15	1.2	30	1.2	162.471
	20	1.2	30	1.2	162.471
	25	1.2	30	1.2	162.471
	30	1.2	30	1.2	162.471
4 月	5	1.2	30	1.2	162.471
	10	1.2	30	1.2	162.471
	15	1.2	30	1.2	162.471
	20	1.2	30	1.2	162.471
	25	1.2	30.5	1.2	162.471
	30	1.2	30	1.2	162.471
5 月	5	1.2	30.5	1.2	162.471
	10	1.35	30.5	1.35	162.321
	15	1.35	31	1.35	162.321
	20	1.2	31	1.2	162.471
	25	1.2	31	1.2	162.471
	30	1.2	31	1.2	162.471
6 月	5	1.2	31	1.2	162.471
	10	1.2	31	1.2	162.471
	15	1.2	31	1.2	162.471
	20	1.2	31	1.2	162.471
	25	1.2	31	1.2	162.471
	30	1.2	31	1.2	162.471

续表

观测日期		水位(米)	水温(℃)	水位埋深(米)	水位标高(米)
月	日				
7 月	5	1.2	31	1.2	162.471
	10	1.2	31	1.2	162.471
	15	1.2	31	1.2	162.471
	20	1.2	31	1.2	162.471
	25	1.2	31	1.2	162.471
	30	1.2	31	1.2	162.471
8 月	5	1.2	31	1.2	162.471
	10	1.2	31	1.2	162.471
	15	1.2	31	1.2	162.471
	20	1.2	31	1.2	162.471
	25	1.2	31	1.2	162.471
	30	1.2	31	1.2	162.471
9 月	5	1.2	31	1.2	162.471
	10	1.2	31	1.2	162.471
	15	1.2	31	1.2	162.471
	20	1.2	31	1.2	162.471
	25	1.2	31	1.2	162.471
	30	1.2	31	1.2	162.471
10 月	5	1.2	31	1.2	162.471
	10	1.2	31	1.2	162.471
	15	1.2	31	1.2	162.471
	20	1.2	31	1.2	162.471
	25	1.2	31	1.2	162.471
	30	1.2	31	1.2	162.471
11 月	5	1.2	31	1.2	162.471
	10	1.2	31	1.2	162.471
	15	1.2	31	1.2	162.471
	20	1.2	31	1.2	162.471
	25	1.2	30.5	1.2	162.471
	30	1.2	30.5	1.2	162.471
12 月	5	1.2	31	1.2	162.471
	10	1.2	31	1.2	162.471
	15	1.2	31	1.2	162.471
	20	1.2	31	1.2	162.471
	25	1.2	30.5	1.2	162.471
	30	1.2	30.5	1.2	162.471

3.5.2 临沂站径流量年际变化特征

尽管前面通过面积比方法获得了蒙山 1954—2012 年间的近似年径流量数据，并据此对蒙山旅游区径流量年际变化特征及变化趋势进行了分析，但毕竟不是实测数值。因此，这里计算上述影响因素的贡献率时以沂河临沂水文站实测年径流量数据为依据。临沂站年径流量数据来源于淮河流域泥沙公报，是根据国家水利部行业标准，由专业观测人员通过多年定期完成的测量工作，数据可靠性高，为我们的研究工作带来了极大方便。临沂水文站控制的流域面积约为 1 万平方千米，而蒙山旅游区面积约为其 1/3 多，面上平均降水量、蒸散量可以认为大致相当；而人类活动主要受到政策性制约，上述较小范围内都属于临沂市管辖，政策的差异性不大，因此可以认为人类活动的方式和强度基本相当。这样，蒙山旅游区境内的上述各影响因素对其径流量变化的贡献率可以等同于临沂站以上流域的计算结果。

图 3.16 为临沂水文站年径流量(a)和其控制流域范围内面平均降水量(b)和参考作物蒸散量(c)年际变化过程。其中临沂站 1954—2012 年间的平均径流量为 20.70 亿立方米。图 3.16(a)表明年径流量序列在波动中整体呈现减小的变化趋势，其中上世纪五六十年代的径流量明显大于其他年份的，之后明显减小。至 20 世纪 90 年代初其径流量有所增加。径流量年际波动性较大，年径流量最大值 62.08 亿立方米出现在 1963 年，年径流量最小值 1.45 亿立方米出现在 1989 年。最大年径流量值与最小年径流量值之比(极值比)高达 62.81，平均年径流量变差系数 C_v 为 0.74。

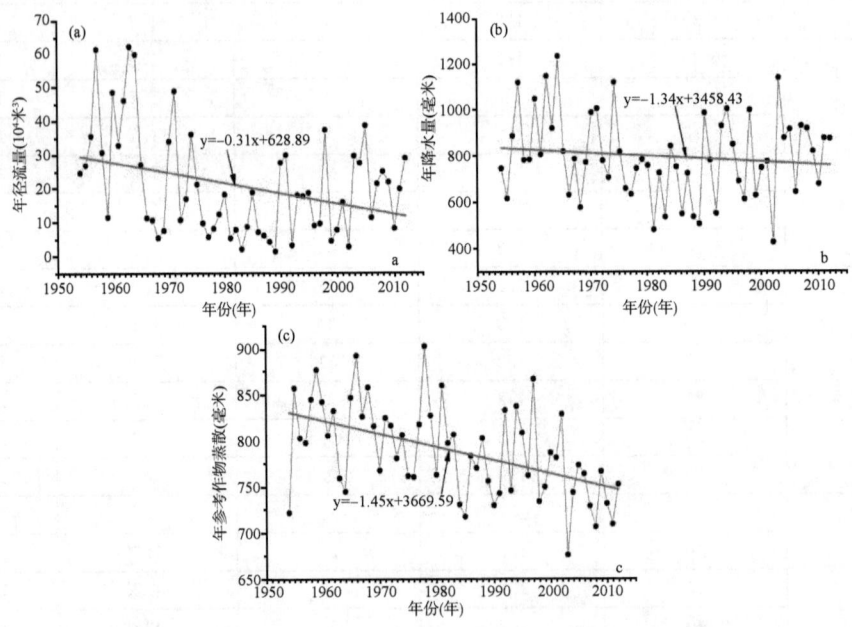

图 3.16　临沂水文站 1954—2012 年间的年径流量、临沂站以上流域年降水量和
年蒸散量变化趋势，及其与年份之间的线性关系

图 3.16(b)表明降水量年际波动性不大,但 20 世纪七八十年代降水量偏小,90 年代之后有所增加,在波动中整体呈现略微减小的变化趋势。年降水量最大值 1235.7 毫米出现在 1964 年,最小值 426.8 毫米出现在 2002 年,上述 59 年的年均降水量为 798.2 毫米。

图 3.16(c)为年参考作物蒸散量的年际变化特征。在 20 世纪 80 年代前参考作物蒸散量较大,之后基本呈现减小的趋势,整个时间序列年参考作物蒸散量总体上呈现减小的变化趋势。年参考作物蒸散量多年平均值为 789.3 毫米,小于年均降水量,其中年参考作物蒸散量最大值为 1978 年的 903.2 毫米,最小值为 2003 年的 676.2 毫米。

由上述分析可见,临沂站的径流量、临沂站控制流域的面上降水量和面上参考作物蒸散量在波动中呈现减小的变化趋势,但径流量的波动性最大,降水量次之,参考作物蒸散量的波动性最小。

3.5.3 年径流量和年降水量累积距平

采用累积距平和有序聚类两种方法来识别临沂水文站年径流量及以上控制区域内面平均降水量在 1954—2012 年时间序列的突变点。

图 3.17 为径流量和降水量序列累积距平结果。由累积距平分析得知,无论径流量还是降水量,在上述时间序列里都呈现出三阶段变化特点,其中径流量以 1965 和 2002 年为突变点,降水量序列以 1975 和 2002 年为突变点。径流量序列第一时段:1954—1965 年,年径流量大多分别高于其多年平均值或与多年平均值相差不大,其中 1957,1958 年和 1961—1964 年累积距平值增幅较大;第二个时段 1966—2002 年,年径流量序列大多小于其多年平均值或与多年平均值相差不大,其中 1969—1975 年间径流量序列较多年平均值大,累积距平值有所增加,但1966—2002 年径流量序列整体小于其多年平均值,序列累积距平值整体呈现减小的趋势;第三个时段:2003—2012 年径流量大多大于其多年平均值或与多年平均值相差不大,累积距平值有所增加,其中 2005 年之前,径流量基本大于其多年平均值,累积距平增加,2005 年之后,径流量基本与其多年平均值持平,累积距平序列变化不大。

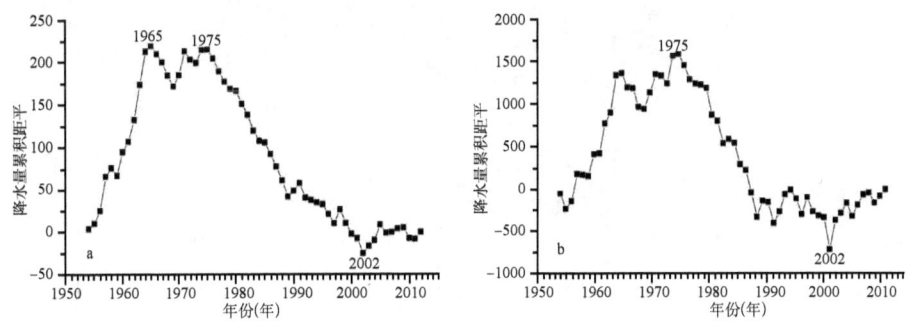

图 3.17 临沂站年径流量(左)和年降水量(右)累积距平

年降水量序列第一个时段:1954—1975 年,该时段内降水量基本大于其多年平均值或与多年平均值持平,其中 1965—1969 年降水量略小于其多年平均值,累积距平序列有所下降,但其他年份年降水量基本大于其多年平均值,累积距平序列增加。第二个时段:1976—2002 年,该时段内降水量基本小于多年平均值或与多年平均值相差不大,其中 1975—1989 年降水量基本小于其多年平均值,累积距平序列减小,1990—2001 年降水量基本与多年平均值持平,累积降水量变化不大。第三个时段:2003—2012 年,降水量基本大于其多年平均值,累积距平序列增加。

结合径流量和降水量的累积距平结果将 1954—2012 年径流量序列分别按 1954—1965 年、1966—1975 年、1976—2002 年和 2003—2012 年四个不同的时段,以便计算不同时段各类影响因素对于径流量变化的影响程度。

3.5.4 径流量变化主控因素的影响程度

利用径流量的突变年份为界,分别对各水文站年份与累积径流量、年份与累积降水量和年份与参考作物蒸散量在以突变年份分割的四个不同时期分布进行线性回归分析,得到不同变量之间的线性关系式见图 3.18。图 3.18(a)显示年份与累积径流量在四个不同时段的线性关系,其相关关系式的决定系数 R^2 在 $0.96\sim0.99$ 范围内。图 3.18(b)显示的是年份与累积降水量在四个不同时段的线性关系,其相关关系式的决定系数 R^2 均大于 0.997。图 3.18(c)显示的是年份与累积参考作物蒸散在四个不同时段的线性关系,其相关关系式的决定系数 R^2 大于 0.9997。上述三类线性关系式都具有非常高的相关性。

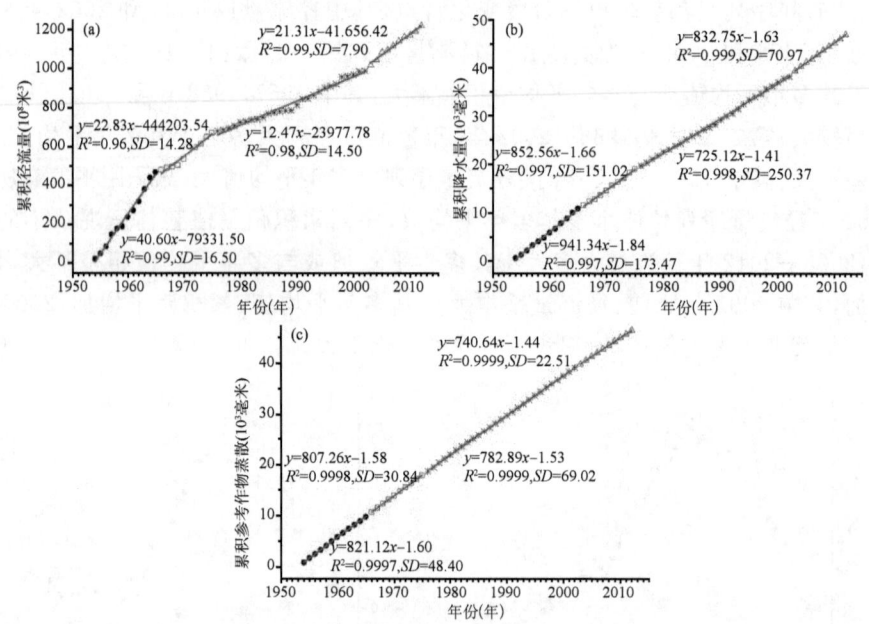

图 3.18 临沂站累积径流量(a)、临沂站控制流域的累积降水量(b)及累积参考作物蒸散量(c)

在上述对全部数据序列依据突变点所划分出的四个时段中,第一个时期人类活动影响轻微、可以看作是研究区径流量天然变化的阶段(即临沂站径流量变化只受气候因素的影响、人类活动的影响忽略不计),因此,将 1954—1965 这一时期作为定量区分降水量、参考作物蒸散量和人类活动对径流量变化的影响程度的基准期,标记为 T_n。此后的三个时期,即 1966—

1975,1976—2002 和 2003—2012,则是受到人类活动影响的时期,可称作措施期,并分别以 T_{h1},T_{h2} 和 T_{h3} 来表示。接下来的目标是要定量计算措施期 T_{h1},T_{h2} 和 T_{h3} 三个时期降水量、参考作物蒸散量和人类活动相对于基准期 T_n 对临沂站径流量变化的影响程度或者贡献率。

根据累积量变化率分析方法,从图 3.18 中的线性关系式提取计算各影响因素所需要的斜率参数并列于表 3.8。根据相应的斜率数值计算了累积径流量、累积降水量和累积参考作物蒸散量斜率的变化量和斜率变化百分比,最后计算了降水、参考作物蒸散和人类活动对径流量变化的贡献率(表 3.9)。

表 3.8 临沂站累积径流量、降水量和参考作物蒸散量的斜率及其变化量

时 期	径流量 SR (10^8 米^3/年)	变化量 ΔR	降水量 SP (毫米/年)	变化量 ΔR	参考作物蒸散 SE(毫米/年)	变化量 ΔR
1954—1965	40.6		941.34		821.12	
1966—1975	22.83	17.77	852.56	88.78	807.26	13.86
1976—2002	12.47	28.13	725.12	216.22	782.89	38.23
2003—2012	21.31	19.29	832.75	108.59	740.64	80.48

与基准期 T_n 时期相比,在第一个措施期 T_{h1}(1966—1975),累积径流量斜率减小的变化量为 17.77×10^8 米^3/年,变化率为 43.76%;累积降水量斜率减小的变化量为 88.78 毫米/年,变化率为 9.43%;累积参考作物蒸散量斜率减小的变化量为 13.86 毫米/年,变化率为 1.69%。利用累积量斜率变化率计算公式(3-6),(3-7)和(3-8)计算可得降水、参考作物蒸散量和人类活动对径流量变化的贡献率分别为 22%,4% 和 74%(表 3.9)。

与基准期 T_n 时期相比,在第二个措施期 T_{h2}(1976—2002),累积径流量斜率减小量为 28.13×10^8 米^3/年,变化率为 69.29%;累积降水量斜率减小量为 216.22 毫米/年,变化率为 22.97%;累积参考作物蒸散量斜率减小的变化量为 38.23 毫米/年,变化率为 4.66%。利用累积量斜率变化率计算公式(3-6),(3-7)和(3-8)计算可得降水、参考作物蒸散量和人类活动对径流量变化的贡献率在该时期分别为 33%,7% 和 60%(表 3.9)。

与基准期 T_n 时期相比,在第三个措施期 T_{h3}(2003—2012),累积径流量斜率减小的变化量为 19.29×10^8 米^3/年,变化率为 47.51%;累积降水量斜率减小的变化量为 108.59 毫米/年,变化率为 11.54%;累积参考作物蒸散量斜率减小的变化量为 80.48 毫米/年,变化率为 9.80%。利用累积量斜率变化率计算公式(3-6),(3-7)和(3-8)计算可得降水、参考作物蒸散量和人类活动对径流量变化的贡献率分别为 24%,21% 和 55%(表 3.9)。

表 3.9 临沂站径流量变化主控因素的相对贡献率计算结果

时 期	径流量变 化率(%)	降水量变 化率(%)	蒸散量变化率 (%)	降水 CP (%)	蒸散 CE (%)	人类活动 CH (%)
1966—1975	43.77	9.43	1.69	22	4	74
1976—2002	69.29	22.97	4.66	33	7	60
2003—2012	47.51	11.54	9.80	24	21	55

可见,人类活动是临沂站径流量变化最主要的影响因素,降水量次之,蒸散量最小。其中降水对径流量变化的贡献率介于22%～33%,其中T_{h2}时期降水的贡献率最大,达到33%。参考作物蒸散量对径流量变化的贡献率在T_{h1}和T_{h2}时期均小于10%,而在T_{h3}时期高达21%。人类活动对径流量变化的贡献率高达55%～74%,并且其在T_{h1}时期最大,T_{h3}时期最小。可见临沂站控制流域内气候变化对径流量变化的贡献率在不断增强,人类活动对径流量变化的贡献率有所减弱。

在中国许多流域,人类活动对径流量变化的影响程度在逐渐增强,而包括蒙山旅游区在内的临沂站控制流域内,人类活动对径流量变化的影响程度却在逐渐减弱,这主要受到该流域内植被恢复的影响。植被恢复,包括封山育林、林业投入和果业兴起等,使该流域内植被覆盖度逐渐增大,使得降水、蒸散等气候因素对流域内径流量变化的影响相对增强、人类活动的影响相对减弱。

3.6 蒙山旅游区水资源承载力分析

3.6.1 临沂市水资源状况概览

临沂市地处鲁东南,多年平均降水量为818.9毫米,多年平均地表水资源量为46.8亿立方米,折合年径流深为272.5毫米;多年平均地下水资源量为19.25亿立方米,多年平均地下水资源模数为11.2万立方米每千米;多年平均水资源总量为55.36亿立方米。人均水资源占有量为537.6立方米,耕地平均占有量为579.1立方米每公顷,属重度缺水地区。所处的地理位置和自然气候气象条件,决定了临沂市是一个干旱、洪水和台风灾害发生频繁的地区。水资源在年际间变化大,年内分布不均,6—9月的径流量约占全年径流量的83.0%;最大年径流量是最小年径流量的9.5倍。地下水资源的地域分布也很不平衡,总体是平原区大于山丘区,岩溶山区大于一般山丘区,浅层地下水呈衰减态势(周玉华等,2008)。

临沂市人均水资源占有量仅为537.6立方米,而人均用水量在2001—2005年间平均达到174立方米(表3.10),用水比例高达32.4%。而农业用水占比非常高(表3.11),达到总用水量的69.4%。作为临沂市下属县级单位的蒙山旅游区,其水资源总量以及水资源承载力不容乐观,因此亟需对蒙山旅游区的水资源承载力进行评价,有助于蒙山旅游区将来的水资源规划、经济规划和人口规划。

表 3.10　2001—2005 年临沂市水资源利用状况及 5 年平均值

年份	水资源总量 (10^8 米^3)	总用水量 (10^8 米^3)	利用率 (%)	人均用水量 (米^3)	万元 GDP 用 水量(米^3)
2001	39.75	20.76	52.23	207	333
2002	14.99	19.13	127.62	190	272
2003	84.32	14.53	17.23	144	175
2004	57.32	16.91	29.50	167	167
2005	86.76	16.51	19.03	160	140
平均	56.63	17.57	49.12	174	217

表 3.11　2001—2005 年临沂市水资源分项利用统计值

年份	总用水量 (10⁸ 米³)	工业用水量 (10⁸ 米³)	城镇用水量 (10⁸ 米³)	农业用水量 (10⁸ 米³)
2001	20.76	3.46	0.58	14.42
2002	19.13	2.79	0.52	13.60
2003	14.53	2.43	0.61	9.14
2004	16.91	2.11	0.60	11.73
2005	16.51	1.40	0.58	12.05
平均	17.57	2.44	0.58	12.19

3.6.2　临沂市水资源承载力分析

水资源承载力指在一定流域或区域内,其自身的水资源能够持续支撑的社会发展规模并维持良好生态系统的能力,或保持社会、经济与环境协调发展的水资源开发利用的最大规模,亦即水资源可供给工农业生产、人民生活和生态与环境保护等用水的最大能力。水资源承载力受供需矛盾双方的影响,除了水循环和水资源变化的自然属性影响外,还取决于社会经济发展的不同目标和不同的消费方式。因此,水资源承载力的大小是随水资源的开发阶段、目标和条件不同而变化,是动态和变化的概念(吴季松,2002)。

临沂市全市多年平均水资源总量为 5.36 亿立方米,按联合国规定的人均水资源丰水线 3000 米³/人、警戒线 1700 米³/人和下限值 1000 米³/人的标准(孟凡德,王晓燕,2004),临沂市水资源的静态承载能力为:最佳人口规模为 184.5 万人,警戒人口规模为 325.6 万人,最大人口规模为 553.6 万人。临沂市 2005 年人口总数达到 1029.73 万人,为水资源最大承载人口的 1.86 倍,已经超过了临沂市水资源的承载力(吴季松,2002)。

临沂市 2001—2005 年平均用水量 17.57 亿立方米(表 3.11),占多年平均水资源总量的 31.7%,超过国际上通常认为水资源开发利用率的合理范围(0%~20%),尚未超过极限值 40%,但在枯水年份其水资源开发利用率已超过 50%(吴季松,2002)。

显然,从临沂市全区来看,水资源承载力负荷已达极大,水资源的短缺对于社会生产、人民生活,以及对河流的生态与环境等已造成严重影响。

3.6.3　蒙山九大沟域分区的依据

在本章第二节我们将蒙山旅游区的沟域划分为 21 条并详细讨论了沟域地貌特征,由于在上述许多沟域从没有进行过径流量观测,因此,以这些沟域为单位进行水资源量计算及水资源承载力分析存在极大困难。为此,这里将整个蒙山旅游区内的流域按照水文上的流域单元进行了水系重新提取,所得到的 9 大沟域分布如图 3.19 所示。其中位于蒙山旅游区边界以内的流域部分,是计算蒙山辖区内各流域水资源量及水资源承载力的流域面积(表 3.12)。要计算各流域的多年平均水资源量,除了知道流域的面积外,还需要知道各流域的多年平均径流深。

由图 3.19 可知,整个蒙山旅游区管委会辖区基本由 9 大沟域组成(很小部分除外)。在蒙山旅游区辖区内,柏林河水系控制区域最大,为74.64平方千米,约占蒙山旅游区总面积的24%,占柏林河流域控制面积的86%;资邱河、金线河和祊河其在蒙山旅游区境内的流域面积分别为41.48平方千米、41.36平方千米和32.17平方千米,面积排名分列第二至第四,分别约占蒙山管委会行政辖区总面积的13%,13%和10%,并且分别约占其各自水系面积的51%,49%和73%。上述四条流域的总面积约占蒙山旅游区总面积的60%。

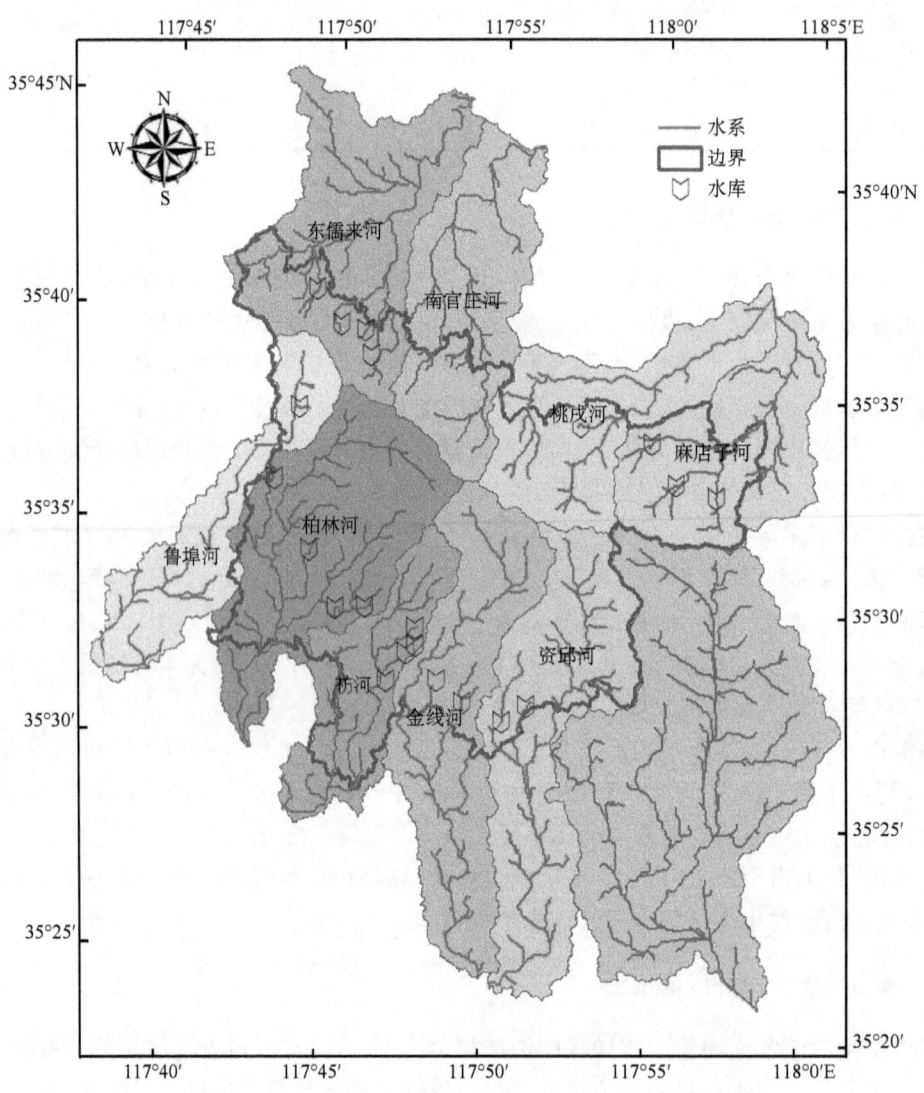

图3.19 蒙山旅游区9大沟域及其在旅游区境外延伸部分
(只有超出蒙山行政区范围才能看清一些看似独立的小沟域为何归结为同一水系)

蒙山旅游区管委会辖区现有水库21个,其中柏林河3个、东儒来河4个、祊河5个、金线河2个、鲁埠河1个、麻店子河3个、桃虚河1个、资邱河2个。水库多年平均径流量和控制流域面积见表3.12。

表 3.12 蒙山旅游区目前水库所处位置、修建时间及其流量及控制面积

水库	东经 E			北纬 N			所在河流	坝址平均径流量(10^4 米^3)	控制面积(千米^2)	修建时间(年)
	度	分	秒	度	分	秒				
陈家庄水库	117	47	25.5	35	31	55.8	柏林河	305.76	6.80	1966
桥仙庄水库	117	46	51.2	35	33	23.8	柏林河	37.97	1.13	1966
苏城水库	117	46	4.1	35	35	10.4	柏林河	33.60	1.00	1963
宝兴店水库	117	48	7.6	35	39	27.8	东儒来河	72.23	2.74	1967
郭家庄水库	117	49	32.6	35	37	43.4	东儒来河	13.18	0.50	1963
罗家沟水库	117	48	43.7	35	38	32.4	东儒来河	22.93	0.87	1966
魏石山水库	117	49	28	35	38	20	东儒来河	42.70	1.62	1976
乔家村水库	117	48	42.6	35	30	4.3	祊河	517.44	15.40	1967
大石头水库	117	48	21.1	35	31	52	祊河	82.66	2.46	1960
龙门沟水库	117	49	43.7	35	30	48.3	祊河	82.66	2.46	1960
田家庄水库	117	49	48	35	31	12.5	祊河	23.52	0.70	1973
邢家庄水库	117	49	25.3	35	30	40.3	祊河	17.47	0.52	1959
洪河水库	117	50	54.5	35	29	18.3	金线河	65.86	1.96	1966
石河水库	117	50	13.7	35	29	55	金线河	24.19	0.72	1965
三关庙水库	117	47	5.4	35	36	45.6	鲁埠河	33.60	1.00	1975
花果庄水库	117	58	19.8	35	33	42.8	麻店子河	32.42	1.23	1971
松林子水库	117	57	44.8	35	34	45.7	麻店子河	89.62	3.40	1968
王麻水库	117	59	31.2	35	33	17.3	麻店子河	144.98	5.50	1979
喇叭峪水库	117	55	37.9	35	35	24.2	桃墟河	67.22	2.55	1968
栏马水库	117	52	2.9	35	28	44.3	资邱河	226.12	6.73	1977
龙虎寨水库	117	52	50.8	35	29	1.8	资邱河	26.50	0.79	1967

3.6.4 蒙山旅游区各流域水资源量

根据水库坝址以上多年平均径流量和水库控制的流域面积计算得到 8 条流域的多年平均径流深见表 3.13，图 3.20 为蒙山旅游区管委会辖区内 9 大沟域及现有水库的空间分布图。由图 3.20 和表 3.14 可以得出，除了柏林河陈家庄水库坝址控制范围内径流深为 450 毫米，山前其他水库控制区域内的多年平均径流深均为 336 毫米。山后水库控制区域内多年平均径流深均为 263.6 毫米。把水库控制区域内的多年平均径流深作为水库所在流域的多年平均径流深，可得山前柏林河、祊河、金线河、资邱河和鲁埠河流域多年平均径流深为 336 毫米。山后桃墟河、麻店子河和东儒来河多年平均径流深为 263.6 毫米。由于山后南管庄河辖区范围内没有水库，以邻近流域桃墟河和东儒来河的多年平均径流深 263.6 毫米作为南管河的多年平均径流深。

表 3.13　蒙山旅游区水库上游流域的多年平均径流深

水库	多年平均径流深（毫米）	所在流域	水库	多年平均径流深（毫米）	所在流域
陈家庄水库	450		喇叭峪水库	263.6	桃墟河
桥仙庄水库	336	柏林河	花果庄水库	263.6	
苏城水库	336		松林子水库	263.6	麻店子河
乔家村水库	336		王麻水库	263.6	
大石头水库	336		宝兴店水库	263.6	
龙门沟水库	336	祊河	郭家庄水库	263.6	东儒来河
田家庄水库	336		魏石山水库	263.6	
邢家庄水库	336		罗家沟水库	263.6	
洪河水库	336	金线河	龙虎寨水库	335.4	资邱河
石河水库	336		栏马水库	336.0	
三关庙水库	336	鲁埠河	—	—	鲁埠河

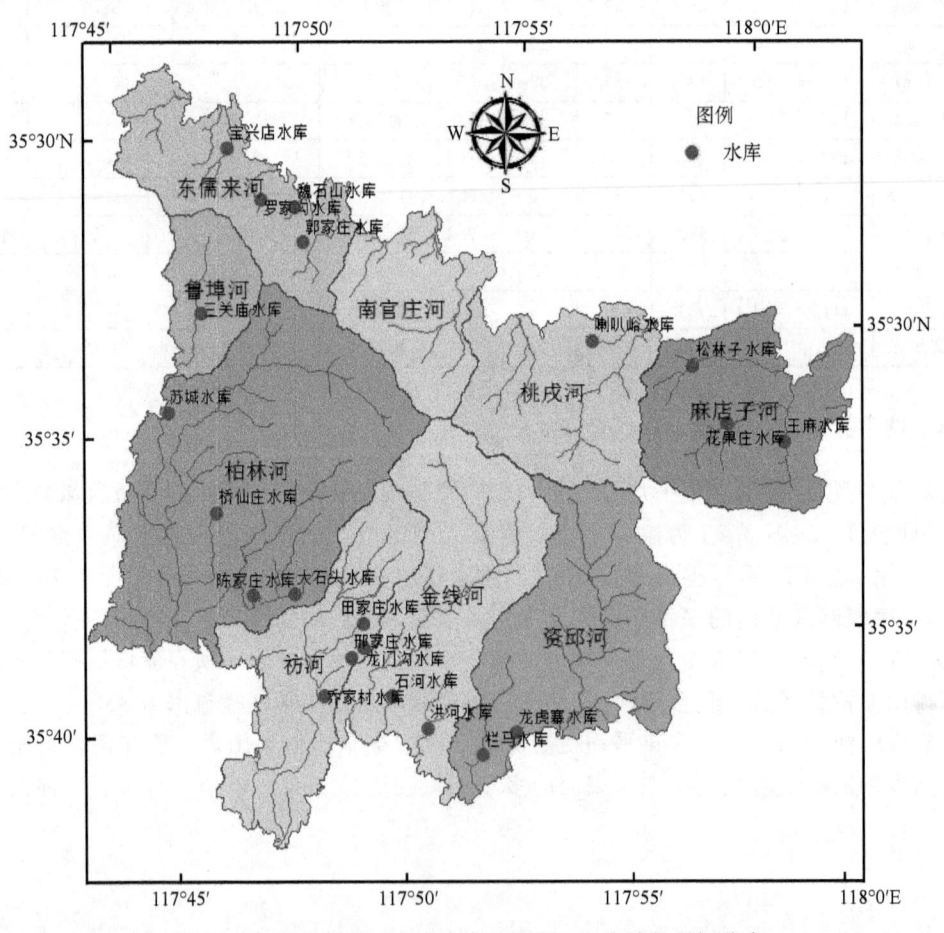

图 3.20　蒙山旅游区现有水库及境内 9 大沟域的空间分布

　　根据蒙山旅游区境内各流域的控制面积和多年平均径流深计算可得上述 9 条流域的多年平均径流量(表 3.14)。由表 3.14 可知,山后东儒来河、南官庄河、桃墟河和麻店子河四条流域在蒙山旅游区管理委员会辖区内多年平均水资源量分别为 7.04×10^6 米³/年、5.43×10^6 米³/年、7.94×10^6 米³/年和 8.34×10^6 米³/年。山前柏林河、鲁埠河、金线河、资邱河和祊河在蒙山旅游区管理委员会辖区内多年平均水资源量分别为 25.08×10^6 米³/年、4.08×10^6 米³/年、13.90×10^6 米³/年、13.92×10^6 米³/年和 10.81×10^6 米³/年。

　　根据蒙山旅游区管委会辖区各行政村的人口数据统计得到各流域范围内人口数据,由流域范围内的人口和水资源量数据,计算得到各流域内人均水资源量(表 3.14)。由表 3.14 可知,蒙山旅游区管委会辖区内桃墟河和金线河两个流域人均水资源量最大,分别为 2083.86 米³/(年·人)和 2125 米³/(年·人);南官庄河、鲁埠河和资邱河人均水资源量分别为 1612.87 米³/(年·人)、1659.39 米³/(年·人)和 1910.53 米³/(年·人);东儒来河、麻店子河和柏林河人均水资源量分别为 1054.73 米³/(年·人)、1344.94 米³/(年·人)和 1293.62 米³/(年·人);祊河人均水资源量最小,仅为 682.65 米³/(年·人)。

　　另外由整个蒙山旅游区管委会辖区内多年平均水资源量为 96.53×10^6 米³/年,辖区内人口为 71553 人,计算可得整个旅游区内多年平均人均水资源量为 1349 米³/(年·人)。

表 3.14　蒙山旅游区境内 9 条流域面积、水资源量总量和人均水资源量

水系	径流深 (毫米)	整个流域		蒙山管委会辖区			
		面积 (千米²)	水资源量 (10^6 米³)	面积 (千米²)	水资源量 (10^6 米³)	人口(人)	人均水资 源量(米³)
东儒来河	263.60	84.46	22.26	26.69	7.04	6670	1054.7
南官庄河	263.60	66.28	17.47	20.61	5.43	3368	1612.9
桃戌河	263.60	63.54	16.75	30.10	7.94	3808	2083.9
麻店子河	263.60	61.31	16.16	31.65	8.34	6203	1344.9
柏林河	336.00	86.81	29.08	74.64	25.08	19386	1293.6
鲁埠河	336.00	49.18	16.53	12.15	4.08	2460	1659.4
金线河	336.00	80.92	27.19	41.36	13.90	6538	2125.8
资邱河	335.50	84.90	28.48	41.48	13.92	7284	1910.5
祊河	336.00	43.99	14.78	32.17	10.81	15836	682.7
总计		621.40	188.80	310.85	96.53	71553	1349.1

　　注:蒙山旅游区总面积 313.2 平方千米,上述流域未覆盖全区。

3.6.5　蒙山旅游区各流域水资源承载力

　　按照联合国划分标准,人均水资源的丰水线为 3000 米³/人,警戒线为 1700 米³/人,下限值为 1000 米³/人。蒙山旅游区管委会辖区内水资源的承载能力为最佳人口规模 3.22 万人、警戒人口规模 5.67 万人、最大人口规模 9.65 万人。目前辖区内人口为 7.16 万人,分别为最佳人口规模和警戒人口规模的 2.2 倍和 1.26 倍,可见蒙山管委会辖区范围内水资源比较紧缺,水资源承载力严重不足。

　　根据辖区范围内各流域的水资源量对其水资源承载力进行了计算,结果见表 3.15。由表

3.15可知,辖区范围内各流域人口规模均大于其相应的最佳人口规模(图3.21),其中桃墟河、金线河和资邱河三个流域现状人口规模小于警戒人口规模,水资源相对比较充足。祊河现状人口规模超过了人口规模的下限(极限人口),约为警戒人口规模和下线人口规模的2.49倍和1.46倍,水资源量严重不足。东儒来河、南官庄河、麻店子河、柏林河和鲁埠河现状人口规模位于警戒人口规模和人口规模下限之间,水资源量相对比较匮乏。

表3.15 蒙山旅游区管委会辖区内各流域水资源承载力分析

流域	水资源量 (10^6 米^3)	实际人口 (人)	最佳人口 (人)	警戒人口 (人)	极限人口 (人)
东儒来河	7.04	6670	2347	4141	7040
南官庄河	5.43	3368	1810	3194	5430
桃戌河	7.94	3808	2647	4671	7940
麻店子河	8.34	6203	2780	4906	8340
柏林河	25.08	19386	8360	14753	25080
鲁埠河	4.08	2460	1360	2400	4080
金线河	13.9	6538	4633	8176	13900
资邱河	13.92	7284	4640	8188	13920
祊河	10.81	15836	3603	6359	10810
总计	96.53	71553	32177	56782	96530

注:蒙山旅游区现有总人口7.3万人,约有1500人口不在上述流域内。

由于蒙山规委会辖区范围内地形起伏较大,水资源利用难度较大,所以整个辖区范围内水资源相对比较紧缺,需要开展提高水资源利用效率的措施来改善流域水资源利用现状。

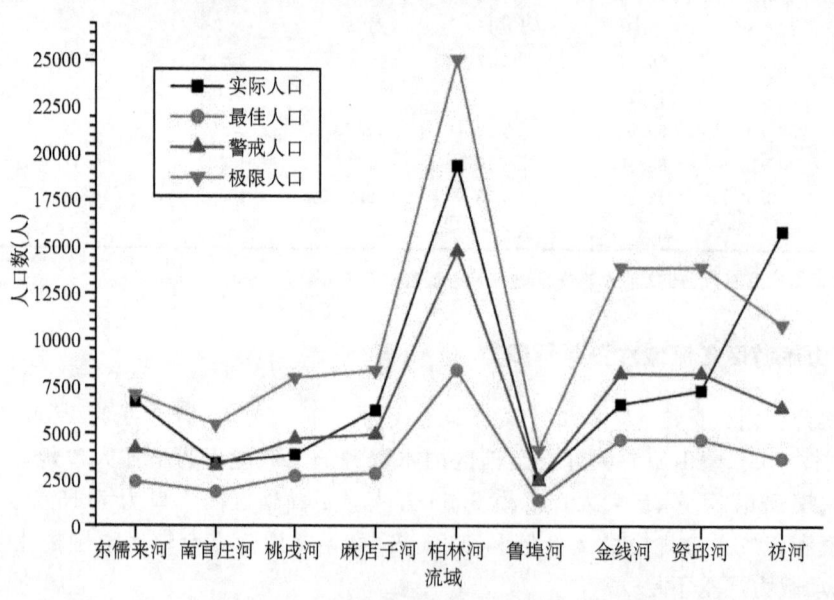

图3.21 蒙山旅游区九大沟域的水资源承载力

　　为了提高蒙山旅游区境内的水资源利用效率,首先需要做好水资源利用的综合规划,以保证水资源供需平衡。其次是科学地分配水权,实现水资源优化配置。然后是建立合理的水价调控机制,以促进节约水资源,建立节水型社会。这几条措施对于蒙山旅游区水资源可持续利用具有重要意义。

　　蒙山旅游区管委会针对全区砂石山贫水区特点及无建设大型蓄水工程的条件,强调充分拦蓄雨洪资源是解决蒙山旅游区水资源短缺的主要方式。在对蒙山旅游区各条山沟进行勘查的基础上,规划了 144 个小型蓄水拦蓄工程(本章附件),其中库容在 1 万立方米以下的 44 处,1 万~5 万立方米的 44 处,5 万~10 万立方米的 19 处,10 万立方米以上 37 处。这些拦蓄工程总蓄水量为 573 万立方米,约占蒙山旅游区现有主要水库塘坝总蓄水量 1443.63 万立方米的 40%,可以使蒙山旅游区辖区内的地表水资源的拦截效率增大 40% 左右,将会为蒙山旅游区的可持续发展带来实实在在的好处。

参考文献

Wang Suiji,Yan Ming,Yan Yunxia,Shi Changxing,He Li,2012,Contributions of climate change and human activities to the changes in runoff increment in different sections of the Yellow River[J]. Quaternary International,282:66-77.

Yin,Y.,Wu,S.,Zheng,D.,et al.,2008. Radiation calibration of FAO56 Penman-Monteith model to estimate reference crop evapotranspiration in China[J]. Agricultural Water Management,95(1):77-84.

吴季松,2002.以科学管理提高水资源与水环境承载能力[J].中国水利,(10):87-88.

孟凡德,王晓燕,2004.北京市水资源承载力的变化趋势及驱动力研究[J].中国水利,(9):22-25.

王随继,李玲,颜明,2013.气候和人类活动对黄河中游区间产流量变化的贡献率分析[J].地理研究,32(3):395-402.

王随继,闫云霞,颜明等,2012.皇甫川流域降水和人类活动对径流量变化的贡献率分析——累积量斜率变化率比较方法的提出及应用[J].地理学报,67(3):388-397.

周玉华,崔海滨,李杰友,2008.临沂市水资源承载力分析及可持续利用对策研究[J].山东水利,(9):5-7.

附件

附表　蒙山旅游区新规划雨洪资源工程统计表

序号	工程名称	乡镇	村庄	流域面积（千米²）	总库容（10⁴米³）	兴利库容（10⁴米³）	坝型	坝长（米）	坝高（米）	备注
1	殷家沟塘坝	云蒙办事处	松林子	0.5	1.6	1	浆砌石	30	7	
2	松林子哗啦啦崖子塘坝	云蒙办事处	松林子	5	20	14	土石坝	150	16	
3	闫家林塘坝	云蒙办事处	松林子	3	14	8	砌石坝	90	9	
4	遥望沟塘坝	云蒙办事处	松林子	1	14	8	砌石拱坝	90	18	
5	东南汪塘坝	云蒙办事处	松林子	1.2	12	7	砌石坝	110	18	
6	灌筑沟塘坝	云蒙办事处	千里河	0.8	12	8	砌石坝	100	18	
7	百泉峪下河塘坝	云蒙办事处	百泉峪	5	3.6	2	土石坝	50	5	
8	湿地下游塘坝	云蒙办事处	百泉峪	4	1.8	1	砌石坝	40	6	
9	贺家沟	云蒙办事处	百泉峪							
10	千里河哗啦啦崖子塘坝	云蒙办事处	千里河	3	16	10	砌石	100	12	
11	南岭蚕厂东塘坝	云蒙办事处	嘛店子	0.6	8	3	土石坝	70	7	
12	嘟巴洼崖塘坝	云蒙办事处	花果庄	12	4	2	砌石坝	60	5	
13	潘运发家下河南塘坝	云蒙办事处	花果庄	0.6	6	4	土石结合	90	12	
14	茶园停车场塘坝	云蒙办事处	天麻林场	5	12	8	砌石坝	90	15	
15	漂流上站塘坝	云蒙办事处	天麻林场	6	11	7	砌石坝	100	16	
16	紫道下站塘坝	云蒙办事处	天麻林场	3	11	7	砌石坝	90	16	
17	小东关塘坝	云蒙办事处	天麻林场	0.64	13.5	11.5	砼拱坝	90.5	29.8	
18	鹿园下塘坝	云蒙办事处	天麻林场	4	13	9	砌石坝	100	15	
19	毛棚沟塘坝	云蒙办事处	天麻林场	3	14	10	砌石坝	110	17	

续表

序号	工程名称	乡镇	村庄	流域面积 （千米²）	总库容 （10⁴ 米³）	兴利库容 （10⁴ 米³）	坝型	坝长 （米）	坝高 （米）	备注
20	奋山子西沟塘坝	云蒙办事处	王麻村	1.2	15	10	砌石坝	100	13	
21	安子沟西山塘坝	云蒙办事处	王麻村	1.4	10	6	砌石土石结合	120	16	
22	奋山子西沟上塘坝	云蒙办事处	王麻村	1.1	10	6	砌石坝	70	12	
23	小安子沟塘坝	云蒙办事处	王麻村	1.6	14	10	土石结合	120	16	
24	南平台沟塘坝	云蒙办事处	王麻村	0.4	1.8	1	浆砌石	70	12	
25	黄花峪西沟塘坝	云蒙办事处	王麻村	1.8	16	10	浆砌石或砼	100	24	
26	黄花峪西沟上塘坝	云蒙办事处	王麻村	0.4	1.6	1	砌石拱坝	60	10	
27	鹿园南防火通道塘坝	云蒙办事处	天麻林场	1.4	0.8	0.6	砌石坝	60	10	
28	驴脸子山东塘坝	云蒙办事处	天麻林场	0.8	1.2	0.8	砌石坝	80	15	
29	大峪口塘坝	云蒙办事处	松山	0.8	6	4	砌石坝	80	12	
30	大峪口下塘坝	云蒙办事处	松山	0.8	6	4	砌石坝	80	12	
31	类家梁西沟塘坝	云蒙办事处	松山	0.5	4	3	浆砌石	70	10	
32	南汾滩塘坝	云蒙办事处	松山	0.5	7	5	砌石土石	80	12	
33	西土门塘坝	云蒙办事处	松山	0.5	1.4	1	砌石坝	40	8	
34	燕子窝头（小石门）塘坝	云蒙办事处	百花峪	6	16	10	砼或浆砌石	130	18	重点
35	小布袋峪塘坝	云蒙办事处	百花峪	4	15	10	砼或浆砌石	110	18	重点
36	刀山正对塘坝	云蒙办事处	百花峪	2	6	4	砌石坝	100	16	
37	刀山上河口塘坝	云蒙办事处	百花峪	2	4	3	砌石坝	80	12	
38	刀山上游塘坝	云蒙办事处	百花峪	1.6	3	2	砌石坝	70	10	
39	陡沟上塘坝	云蒙办事处	百花峪	4	12	8	砌石坝	60	16	
40	陡沟下塘坝	云蒙办事处	百花峪	4.2	14	9	砌石坝	100	14	

续表

序号	工程名称	乡镇	村庄	流域面积（千米²）	总库容（10⁴米³）	兴利库容（10⁴米³）	坝型	坝长（米）	坝高（米）	备注
41	嫂子吕家楼陡沟塘坝	云蒙办事处	嫂子	0.6	1.6	1	土石砌石	100	12	
42	葫芦头山峪塘坝	云蒙办事处	嫂子	2	10	6	砌石土石	主坝90副坝50	12	
43	人头后塘坝	云蒙办事处	嫂子	2	8	5	砌石坝	70	18	
44	一脚路门口口塘坝	云蒙办事处	嫂子	4	5	3	砌石坝	90	14	
45	牛槽汪塘坝	云蒙办事处	嫂子	3	2	1	砌石坝	100	12	
46	牛槽汪桥下塘坝	云蒙办事处	嫂子	3.6	1.8	1	砌石坝	70	8	
47	老龙潭塘坝	云蒙办事处	龙凤峪	3.6	26	20	砌石坝	120	18	重点
48	凤凰山子河塘坝	云蒙办事处	龙凤峪	6	1.6	1	砌石坝	60	6	
49	獾窝子汪塘坝	云蒙办事处	龙凤峪	3	1.6	1	砌石坝	70	10	
50	布鸽洞洞子河塘坝	云蒙办事处	龙凤峪	2.5	0.4	0.2	砌石坝	20	5	
51	软枣汪河塘坝	云蒙办事处	龙凤峪	8	4	2	砌石坝	90	7	
52	裴家庄西河林场场部东塘坝	云蒙办事处	龙凤峪	3	0.8	0.5	砌石坝	50	5	
53	夹河塘坝	云蒙办事处	龙凤峪	5	5	3	砌石坝	60	9	
54	黄山后南沟塘坝	云蒙办事处	龙凤峪	1	1.4	1	砌石坝	70	7	
55	东黄山前沟塘坝	云蒙办事处	龙凤峪	4	10	6	砌石坝	120	10	
56	马塘岭西沟塘坝	云蒙办事处	西南峪	3	10	6	土石坝	130	14	
57	小相家庄子塘坝	云蒙办事处	西南峪	3	10	7	土石坝	100	12	
58	九女河塘坝	云蒙办事处	九女河	1.55	10.87	6.26	粘土心墙坝	98	12	
59	峪口塘坝	云蒙办事处	九女河	3	3.2	2	砌石坝	70	10	
60	周公地塘坝	云蒙办事处	富土庄	1	4	3	土石坝	140	13	

续表

序号	工程名称	乡镇	村庄	流域面积（千米²）	总库容（10⁴米³）	兴利库容（10⁴米³）	坝型	坝长（米）	坝高（米）	备注
61	神仙脚塘坝	云蒙办事处	富土庄	0.4	1	0.6	土石坝	70	8	
62	庙子前塘坝	云蒙办事处	富土庄	6	30	25	土石坝	220	30	
63	大汪南崖塘坝	云蒙办事处	富土庄	6.2	26	20	土石坝	200	30	
64	关顶南河塘坝	云蒙办事处	宝兴店	3	6	4	土石坝	200	10	
65	砂末岭塘坝	云蒙办事处	宝兴店	1.8	3	2	砌石坝	30	15	
66	大峪沟塘坝	云蒙办事处	王家村	1.1	4	3	砌石坝	100	20	
67	回拉子沟塘坝	云蒙办事处	王麻村	1.6	1.4	1	浆砌石	36	12	
68	桃花岭塘坝	云蒙办事处	王麻村	1.3	4	3	浆砌石	40	12	
69	黄花岭塘坝	云蒙办事处	王麻村	1.6	4	3	浆砌石	90	18	
70	黄山哈拉坝	云蒙办事处	龙凤峪村	0.48	17.12	13.74	粘土心墙坝	145	21.96	
71	东路5+150处塘坝	柏林镇	五龙潭流域				浆砌石	28	6	
72	东路5+843处塘坝	柏林镇	五龙潭流域				浆砌石	10	5	
73	二门南塘坝	柏林镇	五龙潭流域				浆砌石	20	3	
74	栗林山庄北塘坝	柏林镇	五龙潭流域				浆砌石	16	4	
75	栗林山庄桥下游塘坝	柏林镇	五龙潭流域				浆砌石	17	3.5	
76	蒙山人家北塘坝	柏林镇	五龙潭流域				浆砌石	19	4.5	
77	蒙山人家交通桥塘坝	柏林镇	五龙潭流域				浆砌石	20	4.5	
78	蒙山交通桥下游至一门处5~7座塘坝	柏林镇	五龙潭流域				浆砌石	10~15	3~4.2	
79	九龙潭下游1号塘坝	柏林镇	九龙潭流域				浆砌石	16	3.5	
80	九龙潭下游2号塘坝	柏林镇	九龙潭流域				浆砌石	16	4	

续表

序号	工程名称	乡镇	村庄	流域面积（千米²）	总库容（10⁴米³）	兴利库容（10⁴米³）	坝型	坝长（米）	坝高（米）	备注
81	九龙潭下游饮水池处塘坝	柏林镇	九龙潭流域				浆砌石	20	3.5	
82	寿桃石乐1号塘坝	柏林镇	九龙潭流域				浆砌石	25	4	
83	寿桃石乐2号塘坝	柏林镇	九龙潭流域				浆砌石	20	4.5	
84	中路交通路上塘坝	柏林镇	九龙潭流域				浆砌石	31	2.5	
85	二门西1号塘坝	柏林镇	九龙潭流域				浆砌石	12	3	
86	二门西2号塘坝	柏林镇	九龙潭流域				浆砌石	13	5	
87	二门西3号塘坝	柏林镇	九龙潭流域				浆砌石	10	3	
88	二门西4号塘坝	柏林镇	九龙潭流域				浆砌石	15	3.5	
89	二门西5号塘坝	柏林镇	九龙潭流域				浆砌石	20	5	
90	蒙阴小水库	柏林镇	杨树村	0.7	15	9	土石坝	160	10	
91	恶岭口塘坝	柏林镇	杨树村	5	12	11	浆砌石	300	20	
92	葛针峪塘坝	柏林镇	杨树村	2	3	2.5	浆砌石	150	10	
93	白瓜脸塘坝	柏林镇	养泉峪村	3.3	4	3.6	浆砌石	100	9	
94	十八泉塘坝	柏林镇	养泉峪村	3.3	5	4.5	浆砌石	100	8	
95	养泉峪村西塘坝	柏林镇	养泉峪村	0.5	9	6	土石坝加固	120	9	
96	广场前下游塘坝	柏林镇	蒙阴村	2.7	1	1	砌石坝	60	4	
97	蒙阴村村南塘坝	柏林镇	蒙阴村	2.8	1	1	砌石坝	200	5	
98	村北环山路塘坝	柏林镇	乔仙村	1.2	13	12	砌石坝	200	10	
99	东峪村南塘坝	柏林镇	东峪村	3.6	5	4.5	砌石坝	100	9	
100	大汾峪村西塘坝	柏林镇	大汾峪村	6	2	1.8	砌石坝	150	3	
101	村东北处塘坝	柏林镇	喋峪村	1.3	1	1	砌石坝	70	6	

续表

序号	工程名称	乡镇	村庄	流域面积 （千米²）	总库容 （10⁴ 米³）	兴利库容 （10⁴ 米³）	坝型	坝长 （米）	坝高 （米）	备注
102	驴脖子塘坝	柏林镇	麻峪村	0.6	5	3.5	土石坝	300	10	
103	老石头塘坝	柏林镇	麻峪村	0.5	3	2.7	浆砌石坝	80	8	
104	金钱峪南塘坝	柏林镇	公家庄	30	7	6.5	砌石坝	260	4	
105	金钱峪北塘坝	柏林镇	公家庄	28	3	2.8	砌石坝	200	4	
106	裴家峪北塘坝	柏林镇	罗圈峪	0.7	1	1	浆砌石	50	10	
107	崔家庄东塘坝	柏林镇	崔家庄	1.2	2.5	2	砌石坝	180	15	
108	燕峪村南塘坝	柏林镇	燕峪村	0.8	7	6.5	砌石坝	160	20	
109	张里庄塘坝	柏林镇	张里庄	12	5	4.5	砌石坝	100	6	
110	西山神庙塘坝	柏林镇	西山神庙	25	14	12	浆砌石坝	200	10	
111	大石头村塘坝	柏林镇	大石头村	2	2	1.8	浆砌石坝（加固）	70	10	
112	柘沟村1号塘坝	柏林镇	柘沟村	6	5	4.5	浆砌石坝	200	2	
113	柘沟村2号塘坝	柏林镇	柘沟村	6	16	15	浆砌石坝	400	30	
114	柘沟村3号塘坝	柏林镇	柘沟村	6	4	3.5	砌石坝	170	9	
115	汪家坡村塘坝	柏林镇	汪家坡村	0.5	8	6	土石坝	300	12	
116	大洼景区塘坝	柏林镇	大洼景区	1.8	10	9	砌石坝	260	18	
117	高台地塘坝	柏林镇	大洼林场	1.3	4	3	砌石坝	180	5	
118	讲堂塘坝	柏林镇	大洼林场	0.7	0.8	0.7	砌石坝	50	6	
119	军区西北塘坝	柏林镇	大洼林场	0.8	0.5	0.5	砌石坝	30	5	
120	小丘峪塘坝	柏林镇	大洼林场	1.5	14	13	砌石坝	260	10	
121	看管房西塘坝	柏林镇	大洼林场	0.3	0.6	0.6	砌石坝	30	5	
122	崔家正塘坝	柏林镇	大洼林场	0.3	0.4	0.4	砌石坝	40	7	

序号	工程名称	乡镇	村庄	流域面积（千米²）	总库容（10⁴米³）	兴利库容（10⁴米³）	坝型	坝长（米）	坝高（米）	备注
123	急转弯塘坝	柏林镇	大洼林场	0.8	1.5	1.5	砌石坝	40	8	
124	刘家寨东南塘坝	柏林镇	大洼林场	1	0.8	0.8	砌石坝	30	7	
125	鑫合村塘坝	柏林镇	鑫合村	35	3.5	3.5	砌石坝	80	3	
126	明光寺1号塘坝	柏林镇	明光寺林场	3.2	0.9	0.9	砌石坝	20	3	
127	明光寺2号塘坝	柏林镇	明光寺林场	3.3	0.9	0.9	砌石坝	20	3	
128	明光寺3号塘坝	柏林镇	明光寺林场	3.3	0.9	0.9	砌石坝	16	3	
129	明光寺4号塘坝	柏林镇	明光寺林场	3.4	0.9	0.9	砌石坝	16	2.5	
130	明光寺5号塘坝	柏林镇	明光寺林场	3.4	0.9	0.9	砌石坝	16	1.5	
131	明光寺6号塘坝	柏林镇	明光寺林场	3.5	0.9	0.9	砌石坝	15	2	
132	明光寺7号塘坝	柏林镇	明光寺林场	3.5	0.9	0.9	砌石坝	15	3.5	
133	明光寺8号塘坝	柏林镇	明光寺林场	3.6	3	2.8	砌石坝	24	4	
134	明光寺9号塘坝	柏林镇	明光寺林场	3.6	2	2	砌石坝	20	4	
135	仙人亭塘坝	柏林镇	明光寺林场	3.8	0.5	0.5	砌石坝	16	2.5	
136	南斯塘坝	柏林镇	明光寺林场	1.2	0.8	0.8	砌石坝	16	2.5	
137	神峰峪塘坝	柏林镇	明光寺林场	1	0.8	0.8	砌石坝	16	2.5	
138	南天山东沟塘坝	柏林镇	明光寺林场	1	4	3	砌石坝或砼	60	20	
139	沙家涞塘坝	柏林镇	明光寺林场	1		0.5	砌石坝	40	6	
140	摇靫台北塘坝	柏林镇	明光寺林场		1	1	砌石坝	60	10	
141	店子林场西沟塘坝	柏林镇	明光寺林场	1.8	3	3	砌石坝	80	14	
142	李家石屋三岔口塘坝	柏林镇	明光寺林场	4.6	2	2	砌石坝	40	13	
143	大洼云蒙峰前塘坝	柏林镇	大洼林场		5	5	砌石坝	40	14	
144	一门塘坝	柏林镇	大洼林场		2	2	砌石坝	18	10	

第四章

蒙山生态
研究

4.1 生态林业建设的意义及其可持续发展分析

4.1.1 研究背景与意义

党的十七大报告明确提出了关于生态文明建设的论述。所谓生态文明,是指人类在改造客观世界的同时,又主动保护客观世界,积极改善和优化人与自然的关系,建设有序的生态运行机制和良好的生态环境所取得的物质、精神、制度方面成果的总和。进入 21 世纪以后,生态文明建设已经成为我国社会主义发展道路上的主旋律,其显著特点是遵循经济规律和自然规律,摒弃以征服自然并以获取最大的经济利益为目的的理念,倡导一种新型的生产与生态良性互动的可持续发展观,并在经济行为上追求经济和生态双重目标,努力实现人与自然的和谐发展。

林业是人与自然和谐的纽带,在生态文明建设中占有举足轻重的地位,承担着生产生态产品、物质产品和生态文化产品的重大任务,具有巨大的社会效益、经济效益和生态效益。在环境日益恶化的今天,林业不仅要满足经济快速发展中人类日益增长物质需求,还要担负起保护生态环境的重任,林业正在经历着一场由以木材生产为主向以生态建设为主转变的极其深刻的历史性变革。为实现森林多功能利用,林业必然获得进一步拓宽产业链、谋划新产业体系的社会需求和条件。如林业开发可再生的生物质能源、木本粮油、生物基质等产品,皆有广阔的市场需求和新的经济效益;林业可为人们提供良好的生态环境,促进身体健康,提高人民生活幸福指数,保障生态安全、国土安全及社会安定;林业建设的大力发展,不仅为社会就业提供大量岗位,也为美丽中国宏伟目标的实现、促进社会进步做出新贡献;森林景观建设为弘扬生态文化、普及生态知识、传播生态理念、推进生态文明建设提供了载体(尹伟伦,2012)。建设生态林业,是林业可持续发展战略的需要,也是建立比较完备的林业生态体系和比较发达的林业产业体系的重要保证(庞闵志,2000)。

4.1.2 生态林业的内涵、功能及其特殊地位

1. 生态林业的内涵

生态林业是指遵循生态经济学和生态规律发展林业,是充分利用当地自然资源促进林业发展,并为人类生存和发展创造最佳状态环境的林业生产体系。它是多目标、多功能、多成份、多层次,也是组合合理、结构有序、开放循环、内外交流,并能协调发展,具有动态平衡功能的巨大森林生态经济系统。生态林业是现代林业的基本经营模式,是根据"生态利用"原则而组织的森林经营利用制度,它运用生态经济学原理,充分利用当地自然条件和自然资源,在促进林产品发展的同时,为人类自上而下发展创造最佳状态的环境。生态林业本质是实现自然与人工森林生态资源的生态平衡,以促进林业的可持续发展(葛凤琼,2012)。

生态林业发展方针要因地制宜,山区采取以林为主的综合发展,并立足本地产品和资源,形成多层次、多品种、粗精结合的加工工业体系;林区则采取以封为主,封造结合,实行轮封、轮造、轮放的办法,使眼前利益与长远利益相结合。要建成立体林业,目的是提高森林综合生产能力;提高森林对调节生态环境的整体功能;充分发挥森林效应和互补作用;保护资源永续利用的动态平衡;提高系统各种资源单位面积产量,缩短生产周期;形成商品生产能力,提高经济效益;发展加工工业,实现多次增值;协调同有关各业的互利关系,维护生态功能与经济效益的同步性。

2. 生态林业的功能

生态林业的主要功能是涵养水源、保持水土、防风固沙、调节气候、净化空气,对延长水利工程使用寿命有重大作用,对提高农牧畜产、稳产起到屏障保护作用等。生态林业建设是生态经济多样化和生态平衡的环境基础,是生态文明的重要载体,在人与自然和谐相处中发挥着不可替代的基础作用。生态林业的建设,能够为实现经济发展模式的生态化创造条件,保护和发展森林及野生动植物资源,建设和恢复生态系统,有利于现代经济发展模式的转变。林业不仅可以提供多种可再生资源、能源,还能够为第三产业的发展创造有利条件,为生态经济可持续发展提供广阔前景。目前,国际社会判别一个国家或地区是否处于可持续发展状态的一个最根本尺度,就是看资源的使用和保护是否维持平衡。一种经济只有尊重生态学诸原理才会是可持续发展的,才会是和谐的。当前生态经济的发展正在带来新的环境革命,森林及其生物资源的发展、生态系统的恢复,必将为新的环境革命、生态经济的发展提供极大的潜力和广阔的前景,同时也将为科技发展生态化奠定重要的物质和环境基础。

3. 生态林业的特殊地位

加强生态建设,维护生态安全,是 21 世纪人类面临的共同主题,也是我国经济社会可持续发展的重要基础。林业作为环境改造和再生产的主导部门,在生态建设、经济可持续发展中有至关重要的作用,这是由林业的特殊性所决定的:

第一,林业所经营和培育的现实及潜在的森林生态系统是一个典型的具有耗散结构功能的系统,它通过森林植物吸收与转化太阳能形成负熵为起点,并以这种负熵在流动过程中不断耗散的方式贯穿于整个林业生产过程,在这一过程中为人类的生存与发展提供各种林产品与环境服务功能。林业实践活动是社会经济资源环境复合系统这一耗散结构得以形成与维持的基础。如果没有林业生产系统负熵源源不断的补充,人类经济走向熵增与无序将是不可挽回的,可持续发展也就无从谈起。

第二,林业是为人类生存提供良好生态环境的特殊产业部门。作为自然再生产与社会再生产相结合的林业,是为人口、资源、经济再生产提供良好生态环境的特殊产业部门,良好的生态环境不仅是林业再生产的保障,也为所有非林产业的发展,特别是对以土地为依托的农牧业的发展提供保障。这种环境再生产的特殊性,不仅表现为环境产品作为人类生存与发展所必须的环境要素的不可替代性,同时也表现为林业作为环境再生产主要手段和途径的不可替代性。

第三,林业作为从事基本生活资料生产的特殊产业部门之一,不仅是我国木本粮油生产的主要部门,在提供食物多样性方面更具有不可替代的作用。林业所经营培养的森林生态系统中蕴藏着丰富的药材资源,是人类健康的物质基础,森林的存在,对于保障空气与水的清洁具有特殊的意义。

第四,林业对森林生态系统的创建、维护,在保护生物多样性方面具有不可替代性。生物多样性是当今人类极力维护和追求的目标,是地球上最宝贵的财富。它为人类社会提供了丰富的生物资源和赖以生存的基础条件,具有娱乐、美学、文化和科学研究等诸多方面的价值,是社会经济持续发展的物质基础。森林生态系统是生物多样性最为丰富的生态类型,不仅有类型多样的森林生态系统,而且在森林生态系统内,还有种类繁多的依靠森林环境得以生存的物种,是多种生物的栖息场所,林业在生物多样性保护方面具有其它任何产业不可替代的作用。

4.1.3　生态林业建设的重要意义

林业兼具生态、经济、社会三大效益,在发展生态林业的过程中,为追求三大效益高效、协调,要求这三者之间相互促进,形成良性循环的整体。我国确立的可持续发展道路,其中生态林业建设是重中之重,为此,应建立以森林植被为主题,林草结合的国土生态安全体系,建设山川秀美的生态文明社会,大力保护、培育和合理利用森林资源,实现林业跨越式发展,使林业更好地为国民经济和社会服务。生态林业建设的意义主要体现在以下几个方面:

1. 加强生态林业建设是人与自然和谐的本质要求

人与自然和谐的本质是强调可持续的、生态性的发展。加强生态林业建设是生态经济多样化和生态平衡的环境基础,是生态文明的重要载体,在人与自然和谐相处中发挥着不可替代的基础作用。第一,能够为实现经济发展模式的生态化创造条件。保护和发展森林及野生动植物资源,建设和恢复生态系统,有利于现代经济发展模式的转变。林业不仅可以提供多种可再生资源、能源,还能够为第三产业的发展创造有利条件。第二,能够为科技发展生态化奠定重要的物质和环境基础。追求生态化发展已成为科技发展的重要趋势。污染减排作为约束性指标,已列入各级政府的责任目标。目前我们主要采取直接减排即工业减排方式,从长远看也可借鉴国外经验实行间接减排,即造林固碳。森林固碳以其低成本、多效益,日益受到世界各国的高度重视。保护和发展森林、野生动植物资源及湿地,建设森林生态系统,是科学技术发展重要的物质和环境基础。第三,能够为人们生活方式和消费方式的生态化提供重要保障。可持续发展作为一种新的发展模式,必然带来人类经济生活乃至社会生活的深刻变革。人们的衣食住行已开始从追求数量转向追求质量、追求无污染、保持天然特性。食品、人居环境等方面生态化趋势尤为明显,由此带动了物质生产、流通和消费方式的生态化。同时,生态环境服务成为有价的消费品,生态旅游不断发展,生态补偿成为影响人们生活和消费方式的重要因素。人们生活、消费方式的生态化转变,有赖于森林生态系统的建设和恢复,不断推动人与自然和谐。

2. 加快生态林业建设是我国建设生态经济的重要力量

建设生态经济是我国物质文明建设在准确把握国情基础上的高度概括。林业提供的丰富而多样化的生物资源和良好的生态环境,为人口、资源、环境与经济社会的协调发展提供了坚实的基础和条件。以生物资源开发创新、生态利益、社会利益和经济利益相统一的现代林业建设、绿色产品和旅游产业开发等形成的社会经济发展潜力正在成为我国建设生态经济的重要内容。

3. 加快生态林业发展是实施可持续发展战略的重要保障

目前国际社会判别一个国家或地区是否处于可持续发展状态的一个最根本尺度就是看资源的使用和保护是否维持平衡。一种经济只有尊重生态学诸原理才会是可持续发展的,才会是和谐的。生态经济的发展正在带来新的环境革命。森林及其生物资源的发展、生态系统的恢复,必将为新的环境革命、生态经济的发展提供极大的潜力和广阔的前景。保护生态环境就是保护生产力,改善生态环境就是发展生产力。最大限度地发挥林业在改善生态环境中的作用,已经上升为经济社会发展对林业的主导需求。因此,突出重点抓生态,坚定不移走可持续发展道路是我国社会经济发展的重大战略选择。

4. 加快生态林业发展是促进农业和农村经济发展的重要途径

全面建设小康社会,关键在农村,重点在农业,难点在农民。农村生态环境恶化趋势、农业"靠天吃饭"状况、农民增收难问题在我国北方大多数省份都具有普遍性。因此,坚持"治林"与"治穷"相结合、"富林"与"富民"相结合,抓好天然林保护、退耕还林、宜林荒山绿化和次生林改造,推动农业基础设施和生态环境建设、促进农业和农村经济结构调整、加快小城镇建设步伐、转移农村富余劳动力、增加农民收入,是实现我国农民脱贫致富奔小康的一个重要措施。

4.2 蒙山旅游区林业生态承载力研究

4.2.1 研究背景及意义

沂蒙山系位于鲁中南地区的丘陵地带,是整个山东省气候格局中重要因素,是华北平原上重要的生态屏障。沂蒙山地处淮河水系,蕴育有多条河流,分布有丰富的森林、草原和水资源。沂蒙山生态系统是淮河流域陆地生态系统的主体,是华北平原重要的水源涵养林区和生物多样性保护区域。因此,加强沂蒙山生态环境保护,对涵养流域水源,保护山区生物多样性,优化区域生态环境,促进沂蒙山区和谐社会的建设,维护华北平原地区生态安全都具有十分重要的意义。

生态足迹和生态承载力是一种反映人类每年对生态系统的产品流与服务流(包括生物资源、废弃物吸纳能力和支持基础建设所用的空间)的需求程度,以及生态系统能够支持与满足人类的这种需求的度量。生物承载力的核算,能辨识一个国家、区域或者全球是否生活在其生态系统可承受的范围内。简言之,生态足迹使用生物生产性土地面积(全球公顷)来评价人类对生物生产性土地的需求量与区域生物生产性土地的可得量。区域生物生产性土地的需求量(生态足迹)与可得量(生物承载力)之差可以反映区域社会经济活动的可持续性。如果区域的生物生产性土地需求量大于其可得量,认为区域是生态超载或生态赤字的,即人类的消费超过了阈值。更准确地说,是人类对生态资源的消费超过了生态系统的可更新能力。

林业是经济和社会可持续发展的重要基础,是生态建设的主体,林业可持续发展具有特别突出的地位(沈国舫,2000)。森林资源的不合理开发和破坏,会导致森林质量急剧下降,生态环境迅速恶化,给经济和社会发展带来极大的危害。

本文的研究目的和意义在于应用生态承载力理论,依据蒙山旅游区管委会最新的调查、统计资料,运用生态承载力评价指标的研究方法,对蒙山山区林业生态足迹供给(生态承载力)进行计算分析,对蒙山林业资源供需状况加以量化,为区域林业可持续发展提供科学依据,为环境经济政策的制定和生产、消费模式的选择提供参考,为推进生态文明建设提供指导。

4.2.2 研究区自然社会概况

1. 地貌景观

蒙山旅游区总体地势中间高、南北低,北部属低山丘陵,中部为山区,南部属低山丘陵,境内大小山头近千个,多呈西北—东南走向,由西向东逐渐倾斜。中部山区标高一般为400~1000米,最高点为龟蒙顶,地面高程1150米;中北部、中南部低山丘陵区标高一般为200~500米;南部、北部山间平原区标高一般低于200米。

在内外动力地质作用的综合塑造下,本区地表以遭受剥蚀为主,接受沉积为辅。按其起主导作用的一至两种内外动力地质作用,可以将本区域划分为3个地貌成因类型区。

(1)侵蚀构造中低山区

分布在蒙山旅游区中部蒙山一带,标高为400~1150米,岩性以云英闪长岩和花岗闪长岩为主,夹有泰山群变质岩残留体,区内发育有断层陡坎、断层谷、尖顶状山脊等地貌形态。地形坡度多在20°~35°,个别段地形坡度大于35°。

(2)岩溶侵蚀山间平原区

主要分布在浚河两侧和蒙山区北部,标高在100~300米。切割深度为10~100米。岩性以奥陶系碳酸盐岩及中生界、新生界碎屑岩类碳酸盐岩为主。区内发育有岩溶洼地、溶洞、孤立溶蚀残丘、岩溶大泉、基座河流阶地等地貌形态。地形起伏不大,坡度为0°~5°,个别地段5°~10°。

(3)侵蚀溶蚀低山丘陵区

位于蒙山地区以南及流峪镇到地方镇一带的低山丘陵区,标高一般为80~600米。岩性以古生界碳酸盐岩夹碎屑岩为主。区内发育有圆顶状山脊、溶蚀残丘、"V"形谷、溶沟、溶槽、溶洞、岩溶泉等地貌形态。地形坡度多在15°~35°。

2. 林业发展概况

蒙山旅游区下辖万寿宫、明光寺、天麻林场和大洼四处国有林场,是蒙山山区森林植被主要构成部分,是区域的主要生态屏障功能区,经营总面积75.3平方千米,有林地面积73.3平方千米,林木总蓄积42万立方米,林场森林覆盖率达95%以上。并且依托国有林场建立了1处国家级森林公园,1处省级森林公园。

蒙山山区的植被分布存在明显的区域分异性。由于人们的长期生产活动和经营,自然植被破坏严重,现有多为次生植被。区域植被类型多样,可分为落叶阔叶林、针叶落叶阔叶混交林、针叶林、灌丛、灌草丛、草甸及作物植被等类型。蒙山海拔高程在800米以上的高山区域,多属于国营林场范围,植被茂密,除部分裸岩外,覆盖率高达95%,该区域主要的植被类型为针、阔叶混交林，此外还有人工油松纯林、落叶松纯林、灌木加禾本科草本类型、灌草丛群落等；蒙山海拔高程在 500～800 米地段，山沟多为多树种混生的落叶阔叶林，刺槐人工纯林，山坡上多为人工针叶林类型；蒙山海拔高程在 500 米以下地段，其山坡多为黑松纯林类型，山下部、缓坡、土壤肥厚处及山沟多为经济林及落叶阔叶林类型；兖石铁路两侧为石灰岩山地，多为低山丘陵，主要为农垦区，林地面积较少，一般山上部分布有侧柏林，山下部为刺槐或果树、金银花等经济林，一般覆盖率在 60%～70%；温凉河、祊河、浚河及上游小河两岸和村庄周围系农垦区。另外，房前屋后、道路两侧及农田防护林多为人工栽植的杨柳科树种。

　　尽管蒙山地区属东亚暖温带季风区气候，热量和水分条件较优越，具有形成暖温带针、阔叶混交林的良好条件，但由于数千年来人类历史活动的影响，对蒙山山区的自然植被分布造成了极大的影响。

　　据历史考证，蒙山地区远在 200 万年前，山坡、河旁到处覆盖着葱郁的森林，当时的先民们主要依靠采集、狩猎维持生活，天然植被保持相对稳定。但是，近几千年来，随着农业生产的发展，原始的"刀耕火种"逐渐毁灭了大量的天然植被。随着人们从事农业生产与定居生活，相伴而来的进行农田垦植，砍伐用材、烧柴，焚烧山林，驱逐猛兽，原始的天然植被逐渐为农业植被和居民点所代替。随着我国漫长的封建社会更迭、灾荒、兵祸，森林植被遭到严重的毁灭，连当时该区的桑园、漆园、柞岚也被大量毁坏了。1840 年后，封建的旧中国变成了半封建半殖民地国家，近百年的军阀混战，也使山林遭到严重破坏，到 1949 年，该区仅在寺庙周围和村庄四旁存有 66.7 平方千米松、柏、柞（橡）、梨等残次林，人们生活十分困难，扒山皮、刨草根，陡坡开荒种植，植被破坏更为严重，到处是荒山秃岭，水土流失相当严重，森林覆盖率不足 10%。森林植被破坏后所形成的荒山状况见图 4.1。

图 4.1　森林植被破坏形成的荒山

蒙山地区是革命老根据地之一，早在 1946 年，中国共产党领导建起了国营塔山林场，1948 年先后又建起了国营万寿宫、明广寺、大注、海螺寺、天麻、天宝山 6 处林场，1959 年前后又建起了国营鼻子山、大青山、老虎山、四开山、锅泉、许家崖及祊河、浚河等 8 处林场。到 20 世纪 80 年代，特别是新中国成立以来，在当地政府的领导下，采取封山育林、植树造林的绿化措施，使昔日的荒山秃岭逐步披上了绿装。截止到目前，整个蒙山地区已累计造林1267平方千米,森林覆盖率由建国前的1.9%,提高到了29%,其中蒙山景区造林绿化已达333平方千米,森林覆盖率已达80%,植被覆盖率已达90%。区域林业的发展,对改变该区自然面貌、涵养水源、保持水土、旅游开发、经济增长、改善人民群众生活

图4.2　蒙山森林植被景观现状

等都起到了极其重要的作用。蒙山森林植被恢复后的景观现状见图4.2。

3. 蒙山山区植被类型分布

植被的分布与气候和环境条件有着密切的关系,生长良好和分布茂密的植被对气候和环境条件有一定的改善作用,反过来气候和环境条件又影响和制约着植被的生长和分布。一般来说,山区森林覆盖率达到60%～65%以上才能发挥明显的生态效益;无林地段灌丛、草本植被覆盖度在70%以上才能有效地制止水土流失。蒙山地区属东亚暖温带季风区气候,热量和水分条件较优越。据平邑、费县、蒙阴三县气象资料记载,蒙山区域年平均气温为13.1℃,极端高温为41.9℃(2002年7月18日),极端低温为-22℃(1957年1月21日),年平均日照时数为2544.8小时,积温(≥10℃)4396.5℃·d。年太阳总辐射量为122千卡每平方厘米。平均年降水量为823.8毫米,6—9月占全年降水量的65%以上。年蒸发量为2124毫米。年平均无霜期,山下部210天,初霜期多在10月下旬,终霜期多在4月中旬。冻土深度山上部为0.4～0.5米,山下部为0.3米左右。总之,蒙山地区的气候是:春季多风干旱,夏季多雨高温,秋季凉爽易旱,冬季干旱多北风。具有四季分明,气候温和,光照充足,雨量集中,无霜期长等特点,适宜温带、亚热带多种植物生长繁育。因此,植物资源丰富,树种较多,已形成稳定的森林生态群落和宜人的生态环境。蒙山森林景观概貌见图4.3。

蒙山地区植被属于暖温带落叶阔叶林区域鲁中南低山丘陵栽培植被区。由于人们的长期生产活动和经营,自然植被破坏严重,现有多为次生植被。该区地形复杂,又处于暖温带南部,植物种类繁多,加之人工引种栽培,形成多样的植被类型。常见植被类型为落叶阔叶林、针叶落叶阔叶混交林、针叶林、灌丛、灌草丛、草甸及作物植被等类型。其中森林植被为该区植被的主要类型。蒙山典型针、阔叶混交林生长状况见图4.4。

图 4.3 蒙山森林景观概貌

图 4.4 蒙山典型针、阔叶混交林

构成蒙山地区植被的植物区系，以华北成分为主，代表性种类为油松、侧柏、麻栎、栓皮栎等。蒙山地区共有维管植物区系总数约为 1100 余种，占山东植物区系的 70% 左右。其中稀有濒危植物也较多，如天目琼花、北枳椇、徐长卿、桔梗、紫草、卷丹、流苏等。木本植物 445 种（包括变种），分属于 71 科 176 个属。其中乔木树种 43 个科 91 属 230 个种；灌木树种 40 科 85

个属 190 种;藤本树种 12 科 15 个属 25 种。蒙山地区的草本植物约 140 余科 600 余种,其中药用草本植物有 400 余种,分属于 66 个科。

根据自然条件的不同,蒙山地区植被资源分布状况表现为:

(1)蒙山海拔高程 800 米以上高山,多属于国营林场范围,由于气温较低,湿度大,降水相对较多,人为活动少,土壤较深厚肥沃,水土流失轻,植被茂密,除部分裸岩外,覆盖率达 95%。原生树种多生长一些东北及华北北部树种。乔木主要有:油松、麻栎、栓皮栎、华东椴、黑榆等。引种栽植成功的树种有日本落叶松、华北落叶松、赤杨、辽东桤等。灌木主要有绣线菊属、杜鹃属、胡枝子属、悬钩子属、锦带花、鼠李属等。草木植物主要有油芒、羊胡子草、苔草、唐松草、卷柏、萱草、黄背草、蕨类等。

植被类型主要有:①针、阔叶混交林。如龟蒙顶承天宫周围多为油松、锐齿槲栎、水榆花楸、华北绣线菊、黄背草、羊胡子草群落。②龟后沟、碾台石沟等多为人工油松纯林,生长有少量麻栎、栓皮栎、天目琼花、花楸树等。灌木为胡枝子、水蜡、鼠李属,草本多为羊胡子草、油芒、黄背草、卷柏、苔草等。③白云岩、龟后二道帽子等山顶部及坡度在 35°以上地段,裸岩较多,土壤少,风大,在石缝中生有少量油松、栎类,多为树冠低矮、树干弯曲、水平状,主要为灌木+禾本科草本类型。④海拔高程 1000 米左右的大柳沟,地榆沟以上,天麻顶后坡等处为落叶松纯林,覆盖率达 80%~90%,林下灌木较少,主要有胡枝子属、华北绣线菊、花木兰等,草本多为黄背草、羊胡子草、白草等。⑤部分背风向阳的山坡有亚热带树种分布。如大洼林场庵子,海拔高程 850 米左右,三面环山,背风向阳,土壤肥沃,生长有玉玲花、刺楸、秋子梨、杜仲等乔木树种。⑥黑山前、老虎洞沟一带山坡,原系牧场,除沟底生长有少量乔木树种外,以草本植物为主,为灌草丛群落。

(2)蒙山海拔高程 500~800 米地段,山沟多为多树种混生的落叶阔叶林、刺槐人工纯林,山坡多为人工针叶林类型。如白云岩山沟、大峨峪等山沟,为多种落叶阔叶树种混生。乔木树种主要有:五角枫、湖北海棠、山核桃、山樱桃、华东椴、梓树等。灌木多为黄荆、卫矛属、三桠乌药、白棠子等及葡萄属连翘、忍冬属等藤本树木。草本植物主要有结缕草、鬼针草、律草、唐松草、玉竹、桔梗、地柏等,覆盖率达 95%。万寿宫林场的麻店沟、小峨峪山沟、明广寺林场的四、五道沟多为刺槐纯林,间有少量的栎类、松类。灌木多为黄荆、鼠李属、胡枝子属等。草本以黄背草、白草、鬼针草、地柏为主,覆盖度一般在 80%~90%。山坡上多为人工赤松、黑松纯林,为蒙山的主要树种。据统计,该区赤松造林面积 53.3 平方千米,是该区除黑松外的主要松类树种。这类型林地的灌木主要有胡枝子属、黄荆、鼠李属及藤本的山葡萄、蛇葡萄等,草本主要有黄背草、白草、莨草等,覆盖率在 80%左右。

(3)蒙山海拔高程 500 米以下,山坡多为黑松纯林类型,山下部、缓坡、土壤肥厚处及山沟多为经济林及落叶阔叶林类型。①黑松纯林型。黑松原产日本,是蒙山海拔高程 500 米以下及南部四开山、老虎山低山区火成岩山地的主要荒山造林树种之一。现在整个蒙山及南部低山丘陵区,黑松林面积已达 213.3 平方千米,主要是防护林,是当地群众的主要用材、烧柴树种。②落叶阔叶林类型。多分布于山沟、山麓。本类型可分为两种,第一种为乔木树种混生型,主要乔木树种为刺槐、毛白杨、柳、榆、楸树等。第二种为杨类,刺槐、枰柳纯林型。此种类型一般按丰产林集约经营,把土壤整成梯田或带状、大块状,头三年林下间作农作物。③经济林类型。主要有板栗、苹果、山楂、大枣、石榴、杏、李子、樱桃、金银花等经济树种。多整成梯田集约经营,林下除间种少量农作物外,其他灌草较少,覆盖率一般80％左右。④竹林。主要分布在明广寺林场、大洼林场场址周围等处,均小片生长。林下基本无灌木,草本植物稀疏,覆盖率90％左右。

(4)兖石铁路两侧为石灰岩山地,多为低山丘陵。主要为农垦区,林地面积较少,山上部有侧柏林,山下部多为刺槐或果树、金银花等经济林,灌木多为黄荆、酸枣、胡枝子、杠柳等,草本有白草、黄背草、结缕草、鬼针草、地柏等,一般覆盖率为60％～70％。

该片平邑县的天宝山流域、彭泉流域和费县朱田一带为经济林区,系山东省黄梨、山楂的主要产地,素有"黄梨之乡"之称。多为集约经营,林下间种农作物,一般山顶分布有侧柏、黑松林,山下部为经济林,覆盖率80％左右。

该片的天宝山林场老虎洞山沟,由于天然植被保护好,原生树种较为丰富,除上述经济树种外,乔木树种还有五角枫、栾树、毛梾、苦木、黄连木、小叶朴等;灌木有红叶黄栌、本氏木兰、竹叶椒、四季丁香、杭子梢、苦皮藤、绣线菊属等;草本主要有黄背草、白草、结缕草、葎草、鬼针草等,覆盖率达95％。

(5)南部四开山、老虎山等火成岩丘陵区,系低山浅山区。一般梯田到半山腰,甚至到山顶,由于人为活动频繁,原生植被稀少,土层瘠薄,多为砂土、粗骨土。山上部为人工栽植的黑松、赤松,下部及山沟为刺槐。乔木树种还有侧柏、麻栎、臭椿、苦楝等。灌木有黄荆、酸枣、金银花等。草本主要有鬼针草、结缕草、狗尾草、马唐等,覆盖率50％～70％。山下部土层较深厚处多为板栗、山楂、苹果、桃、杏、樱桃、花椒等经济林。近几年由于花岗石的开采,稀疏的植被受到不同程度的破坏,而恢复很慢,有些地段基本没有乔木,仅有少量的灌木,多为草本,覆盖率30％～50％,水土流失较重。

4.社会概况

蒙山旅游区位于山东省东南部,北接蒙阴县,南与平邑、费县相邻,总面积为313平方千米。蒙山旅游区地处鲁中南山地中南部,区域内地貌形态主要以中低山丘陵地貌与河谷地貌为主。蒙山旅游区属淮河流域沂河水系,以蒙山为分水岭,境内没有较大河流,均为河流支流或发源地,区内主要的小型河道共有11条。蒙山地区气候属于温带大陆性季风气候,年平均气温为13.1℃,降雨时空分布不均,冬春干旱少雨,夏秋雨量丰富集中。

蒙山旅游区管理委员会为临沂市人民政府直属正县级事业单位,辖柏林、云蒙2个乡镇单位、5个景区管理处、4个国有林场,共60个行政村,总人口7.5万人。目前,区内已基本建成了工农业兼顾发展的良好格局。工业上已形成了以酒业、纺织业、建材业、机械加工业为主的,门类较为齐全的工业体系。农业方面蒙山以盛产蜜桃、苹果、板栗、大雪枣、甜杏、大樱桃等干鲜果品而出名。近年来,当地旅游业也得到较快发展,蒙山区风光秀丽,生态环境良好,人文景观众多,以蒙山、云蒙湖、孟良崮和山水生态农业为主体的旅游体系已初步形成,与泰山、曲阜相呼应,构成了山东省独具特色的三角旅游格局。

蒙山地区位于沿海与内陆的连接地带,东临青岛、日照,西依泰山,基础设施完善。京沪高速公路穿越其中,205国道、兖石公路贯穿东西,沂蒙公路纵穿南北,城乡交通、信息网络也非常发达。

4.2.3 蒙山生态环境质量分析

1. 自然生态环境条件分析

蒙山山区的植物种类十分丰富。据调查,整个蒙山地区共有木本植物445种(包括变种),分属于71科176个属。其中乔木树种43个科91属230个种;灌木树种40科85个属190种;藤本树种12科15个属25种。其中野生树种231种,栽培树种214种。按经济价值分(部分为材、果、药兼用种),用材树种63科142属337种;经济树种57科102属185种;药用树种64科111个属190种;园林绿化及观赏树种55科115个属274种。珍稀濒危树种中,列入国家级保护的有4种,列入山东省范围的珍稀濒危树种有13种。

蒙山山区动物种类也十分丰富,拥有各类野生动物,经常可见兔奔狐行,獾走狼嚎,这里还是山东省少有的野生狼群分布地区。据初步统计,旅游区共有陆栖野生动物1291种,其中昆虫1133种,兽类10科15种,两栖动物3种,爬行类7种,鸟类132种,哺乳类16种。蒙山山区有雀、鹰、白头鹞等多种珍禽为国家二类保护动物,堪称我国北方的天然动植物园。

蒙山森林群落类型多样,又因较长时间的封山育林,该区域植被发育良好。区域内植被垂直带谱明显,植被类型多样,主要有人工落叶阔叶林、人工针叶林、山地灌草丛及小片的次生落叶阔叶杂木林,其中还保存了较多自然野生分布的植物种类。这些都充分地展示了该区域生态系统完善,生态环境条件优越,生态环境质量优良。

2. 蒙山山区管理能力分析

长期以来,蒙山旅游开发由平邑、蒙阴、沂南、费县四个县管理,分别推出龟蒙景区、云蒙景区、彩蒙景区、天蒙景区,四县各成立景区管委会,建有一套管理班子。在对外宣传营销时,四县都代表"蒙山",导致蒙山的整体面貌极不清晰。

2012年,临沂市决定成立蒙山旅游区管委会,作为蒙山旅游区的管理机构,为临沂市人民政府直属正县级单位,具体负责对蒙山实施统一规划、统一开发、统一推介、统一管理。蒙山旅游区管委会的成立使得长期以来制约蒙山旅游发展的"四县管一山"状况,得到了很大程度的改变。调整理顺之后,原来蒙阴云蒙景区、平邑龟蒙景区,其人、财、物被整体划入前者,两景区管委会降格为管理处,人员编制合并到蒙山旅游管委会。与此同时,蒙山旅游管委会一直不间断地开展自然保护、倡导生态旅游、旅游科学管理等方面的专业培训,还积极开展制度化建设,形成了一套较为有效的管理体系。

然而,蒙山山区制度体系仍然不够完善。蒙山有龟蒙、云蒙、天蒙、彩蒙四大景区,在行政区划上龟蒙和云蒙属蒙山旅游区管委会管辖,云蒙和天蒙分属费县、沂南两县,导致蒙山不能形成统一规划、统一开发、统一管理,蒙山未来发展中的诸多管理体制有待进一步理顺。旅游区成立时间短、基础薄,内部灵活适用、高效稳定的制度体系还没有健全,未真正构建起系统合理的劳动力、原材料、资金、土地、产权等方面健全完善的市场体系。

总体上看,旅游区虽然还存在一些管理层面上的问题,其机构运转和管理人员的能力还不能完全满足旅游区现行工作的需要,另外,景区建设经费还存在很大缺口,招商引资的项目还比较少等,这些都需进一步完善,政府职能部门之间还需加强协调,相关管理制度还需完善。我们相信,随着当地政府和旅游管理部门执政能力的不断提高,蒙山管委会将完全能够胜任蒙山旅游区快速发展的需要。

3. 可利用资源分析

蒙山山区拥有丰富的动植物资源、药材资源和食用菌等资源。这些资源为经济社会的持续发展提供了条件，对这些资源的开发和利用，可以促进蒙山山区生态与经济的协调发展。

蒙山山区有丰富的水利资源，区内水量充沛，河流径流量较大，海拔高差也比较大，较适合进行小型水库和湿地建设，而且小型水库的建设基本上不对保护区的环境造成破坏，对山区的生物多样性的影响也极小，小型水库的建设对山区水资源的保护和集中利用具有重要意义。此外，因地制宜，加强湿地建设对保护山区生物多样性、改善区域环境、提高水资源质量有不可忽视的作用。

蒙山山区丰富的林地资源，通过生物多样性组份提供的产品以及生态系统中各种过程提供的服务价值，能够创造庞大的森林经济价值。因此，依托蒙山现有林地资源，大力保护和培育森林资源，建立以森林植被为主体、林草结合的生态体系，合理利用林区各种自然资源，鼓励农民开展多种经营，采取林苗结合、林禽结合、林果结合等方式发展林下采集、人工栽培等生态产业，将成为蒙山提高林地产出率和经济收益的有效途径。

以上优越的生态环境条件和优良的生态环境质量将为蒙山旅游区的可持续发展打下坚实的基础。

4.2.4 蒙山林业生态承载力分析

1. 生态承载力评指标体系结构

蒙山林业生态承载力评价指标体系的构建应与蒙山地区的生态系统结构特征相一致。从林业的角度出发，蒙山旅游区林业生态承载力分析只针对森林生态系统，区域内的居民长期定居生活、居民依托的工矿企业、农田等生态系统等都未纳入该指标体系内。

蒙山林业生态承载力评价指标体系结构如图4.5所示。

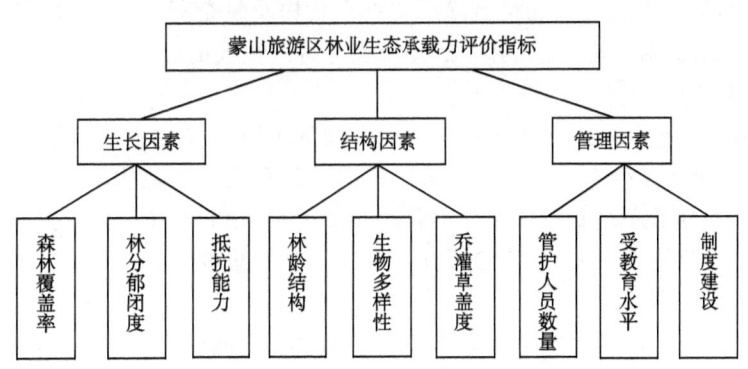

图4.5 蒙山旅游区林业生态承载力评价指标体系

2. 指标的阐释及其阈值的确定

（1）生长因素指标

森林覆盖率是指一个国家或地区森林面积占土地面积的百分比。它是反映一个国家或地区森林面积占有情况或森林资源丰富程度及实现绿化程度的一个指标,又是确定森林经营和开发利用方针的重要依据之一,森林覆盖率的高低对生态系统承载力的大小有着十分重要的影响。

林分郁闭度指森林中乔木树冠遮蔽地面的程度,它是反映林分密度的指标,以林地树冠垂直投影面积与林地面积之比,以十分数表示,完全覆盖地面为1,简单地说,郁闭度就是指林冠覆盖面积与地表面积的比例。通过森林覆盖率和林分郁闭度,可以反映蒙山旅游区森林生态系统在水土保持、水源涵养等主要生态功能上的水平和程度,以及承载力状况。

抵抗能力是森林生态系统受到病虫害、森林火灾等胁迫时的抗变能力。将病虫害、森林火情等对树木的危害程度从轻到重可分为无伤害、轻微伤害、中等伤害、轻重伤害、严重伤害5级。

(2)结构因素指标

林龄结构可以反映一个地区或某一森林生态系统当前可供利用的资源量,以及储备的可供未来利用的量。合理的林龄结构是森林资源可持续利用的基础和要求。根据森林生长发育过程,将林龄划分成五个阶段,即幼龄林、中龄林、近熟林、成熟林、过熟林。具体划分是依据林分优势树种、生长地区、森林起源,按其林龄多少确定所属林龄组。

生物多样性是指一定范围内多种多样活的有机体(动物、植物、微生物)有规律地结合所构成稳定的生态综合体,这种多样包括动物、植物、微生物的物种多样性,物种的遗传与变异的多样性及生态系统的多样性。其中,物种的多样性是生物多样性的关键,它既体现了生物之间及环境之间的复杂关系,又体现了生物资源的丰富性。生物在自然界中维系能量的流动、净化环境、改良土壤、涵养水源及调节小气候等多方面发挥着重要的作用。丰富多彩的生物与它们的物理环境共同构成了人类所赖以生存的生物支撑系统,因此生物多样性指数的高低与生态系统的生态功能和稳定性关系十分密切。将生物多样性分为极高、较高、中等、较低、极低五个等级。

乔木、灌木和草本盖度可以反映出群落的垂直结构及复杂程度。乔木盖度的大小直接影响林内水、光、热变化,对森林更新、林木的生长发育有着很大的影响。

(3)管理因素指标

管护人员数量是体现蒙山旅游区管理水平高低的重要因素之一,管理水平的高低能够影响森林质量,从而决定了生态系统的承载力。根据人的平均劳动能力和国家每天劳动时间的相关规定,每30平方千米需要管护人员1名。若每30平方千米有1名管护人员,则人员数量适中,每30平方千米有1~0.5名管护人员,则人员数量缺少,每30平方千米管护人员少于0.5名,则人员十分紧缺。

管理人员的受教育水平决定了管理措施的科学性和有效性。制定的标准为:人均受教育年限大于12年为较高,9~12年为适中,9年以下为较低。

制度建设是管理能力能否有效持续发挥的重要保障。也是区域生态系统可持续、稳定发展的基础保障。

3.蒙山林业生态承载力指标分析

(1)森林覆盖率。为保证区域森林生态功能的正常发挥,同时又能满足生态系统的正常演替,需要达到一定森林覆盖率。例如在我国北方地区,森林覆盖率需要达到 60% 时,就能起到很理想的防洪减灾作用。针对蒙山旅游区,为了达到水源涵养、防止水土流失、生物多样性保育等生态功能的保障,根据以往研究经验,理论上蒙山的森林覆盖率应不低于 69%,然而,蒙山森林覆盖率目前已高达 90%,因此,生态承载力远远未达到超载水平。

(2)林分郁闭度。林分郁闭度的大小直接决定了森林水源涵养、保持水土等生态功能的发挥。在理论研究方面,车克钧等人研究后认为,森林林分平均郁闭度保持在 0.6 比较合理;在实践方面,浙江省规定冰雪灾后林分郁闭度大于 0.7 的森林才能进行清理,并且清理后的林分郁闭度不能小于 0.6。因此,综合理论和实践两方面的因素,本研究将蒙山的林分郁闭度阈值定为 0.6,蒙山旅游区实际林分郁闭度目前已超过 0.85,因此,林分郁闭度这一指标未达到超载水平。

(3)抵抗能力。生态系统对干扰的抵抗力是生态系统稳定性的重要保障因素。抵抗力是描述群落受到诸如病虫害和森林火灾外界干扰而保持原状的能力。肖风劲等在评价我国森林生态系统的健康状况时,通过森林生态系统对病虫害发生的抵抗能力来反映森林生态系统的抵抗力。在一定程度内,健康程度高的森林生态系统对病虫害的抵抗能力强,病虫害发生频度和强度都小;而健康程度较低的森林生态系统,其抵抗力弱,容易受到病虫害的危害。

由于目前蒙山森林资源中,林种结构和林龄结构不尽合理,人工林占很大比例,而且在人工林中中幼林比例较高,树木品种也比较少,人工纯林比例较高,混交林比例较少,林相单调,栽植时规划也不尽合理,没有设计防火树种作为生物防火隔离带,也没有预留防火道,所以很容易发生病虫害及火灾。因此,抵抗能力这一指标达不到标准。

(4)林龄结构。林龄结构决定了森林生态系统可持续发展的后劲。蒙山森林植被的林龄结构不尽合理,中幼林比例高达 70%,同时还存在局部地区树龄老化现象,近熟林及成熟林林分面积不足。因此,蒙山应加强中幼林抚育管理工作,不断调整经营措施,改善林龄结构,使其逐渐趋于合理。

(5)生物多样性。群落的稳定性在一定程度上依靠种群数量,即种群密度接近平衡密度时,群落的稳定性就越高。目前,有关生物多样性与生态系统的稳定性数量关系方面,无论是理论还是方法都还处于初步探索阶段,国内外尚无定论。而蒙山生物多样性丰富,这一指标并没有达到超载水平。

(6)乔灌草盖度。乔木、灌木和草本盖度可以反映出群落的垂直结构及复杂程度,乔木盖度的大小直接影响林内水、光、热变化,对森林更新、林木的生长发育有着很大的影响。蒙山大部分地区乔灌草结构合理,覆被率较高,并未达到超载水平。

(7)管护人员数量。蒙山现辖的四大国有林场现有职工 324 人,管护人员数量充足,此项指标未达到超载水平。

(8)管理人员受教育水平。蒙山林场职工年龄结构老化,文化素质较低。林业职工大多处于 40~50 岁的年龄阶段,且大部分为初中、小学文化,水平很低,思想意识落后、保守,成为制约林场发展的主体因素。管理人员受教育水平较低,此项指标超出生态承载力阈值。

4.2.5 提高生态承载力水平的对策

1. 技术层面

(1)分类指导,控制旅游开发力度

据目前对蒙山旅游区的调查和研究结果来看,旅游开发活动尚处在森林生态系统可承载的范围之内,还没有对当地的自然生态环境造成很大的威胁。但是,从发展趋势来看,蒙山的旅游开发活动还在不断进行,更为新颖。更加吸引眼球的旅游产品还在不断推出,蒙山山区独特的气候、生态特征,还在不断地吸引着更多的游客。生态旅游开发一旦超越了生态系统的承载能力,要想扭转超载局面就是一件非常困难的事。很多案例告诉我们,生态系统破坏容易,恢复困难。因此,在进行旅游开发的同时,首先应进行充分论证、分类指导,结合蒙山景区特点,在景区核心区,遵循保护和适度合理开发相结合的原则;在景区边缘和外围,在保证区域生态平衡原则的前提下,可适当加大开发力度,发展特色旅游项目和旅游产品。

(2)因地制宜,科学间伐和抚育管理

水资源短缺是我国北方地区普遍存在的一个突出问题,因此,在北方地区发挥森林涵养水源功能是我们经营森林的一个主要目标。涵养水源是森林的主要生态功能之一,合理间伐是经营水源涵养林的有效措施。森林是一个复杂的生态系统,存在着生物与环境、生物与生物、群体与个体之间的各种矛盾。林分郁闭度过大将导致植物之间出现争阳光、争水分、争营养的现象,降低林木质量和生长速度,影响森林生态系统功能的发挥。为此,按照因地制宜的原则,除25°以上的陡坡之外,对生长密度过大的林分进行适度合理的间伐抚育,除去生长不好、品质低劣及病腐的树木等,加强封育管护,以使保留木有足够的营养面积和空间,是促进森林健康生长,充分发挥森林生态功能不可缺少的一项重要工作。

(3)强化功能区划,进行差异化管理

建议蒙山旅游区参照国家关于自然保护区的功能区划,可分为实验区、缓冲区和核心区。由于每个功能区所具有的功能和特点都具有很大差异,因此管理方式和手段、要求都不尽相同,应针对不同区域的特点和问题进行差异化管理。以提高景区的服务价值和旅游质量。

在实验区,应着重做好区域的开发管理工作,加强对游客的监督、管理和教育工作,使游客在旅游的同时,珍惜和保护旅游资源。按照国家相关规定,自然保护区的开发、科学研究等工作只能在实验区进行。在缓冲区和在核心区应严格控制人为干扰,加强森林公安的监管力度。

2. 政策层面

(1)增强游客法制观念,提高生态保护意识

蒙山管委会可以与生态旅游公司合作,在游客接待中心,通过编印宣传手册、树立标牌、标识,导游讲解等措施来宣传环保,增强游客的环保意识,使游客自觉保护自然生态资源,保护景区生态环境。并对当地居民和社会公众进行宣传,主要通过广播、电视、图片、录相,建立旅游景区网站及宣传布告栏等普及生态旅游知识,加强法制法规及景区规章制度建设,增强游客法制观念。

(2)增强管理者素质,提高管理能力

首先,对景区所在地的政府官员、开发商、旅游管理人员和从业人员进行培训,使他们认清

生态旅游发展趋势,在旅游开发中自觉运用生态学原理,推出真正的生态旅游产品。其次,提高景区管理处工作人员管理水平,充分利用生态环境承载力,通过不断培养提高旅游管理人员的素质,可使景区应有的生态旅游环境承载力得到充分利用。

4.3 蒙山山区生态屏障功能对区域发展的影响研究

4.3.1 研究背景与意义

蒙山位于山东省东南部临沂市,属于华北平原腹地,总面积超过 2000 平方千米广阔绵延的山地形成了一条壮观的绿色生态廊道,不仅是重要的生态涵养地、水源保护地、物种基因库,更是全省重要后备生态资源和多种产业发展后劲之所在,对山东省乃至整个华北平原有着重要的生态屏障功能。因此,加快沂蒙山区生态屏障建设对改善全省生态环境、维护生态平衡、积极应对气候变化、促进区域经济社会可持续发展具有极其重要的作用。

蒙山为东西走向的低山丘陵区,突起的山体形成了高耸的生态屏障带,保护着周边的城市和广阔的平原。山体上由茂密的森林植被所构成的天然绿色生态屏障系统可以缓解区域性的生态问题及危害,可以涵养水源、缓解水土流失,保护区域生态环境、保护生产和生活条件,其生态屏障的重要作用不容忽视。

近年来,在山东省委、省政府"建设生态山东,加快转变经济发展方式"的宏观政策指导下,临沂市加大了对山区生态建设的力度,采取了一系列生态保护和建设措施,对改善生态环境起到了积极作用。但是,长期以来的环境污染,生态破坏问题还没有从根本上得到解决,经济发展方式还比较粗放,节能减排的任务仍十分艰巨,资源瓶颈制约依旧突出,经济社会发展与资源承载力不足的矛盾还比较尖锐,以及由于人为因素和自然灾害导致的环境破坏与生态退化尚未完全得到遏制和修复,而山区发展又成为 21 世纪初全面小康社会建设、新农村建设的攻坚战,必然会带来资源、能源需求的增长,从而造成生态与环境负荷加重,给有限的生态资源带来更大的压力,由此造成的山区生态安全问题会日益突出。为了体现生态友好、环境友好的发展原则,蒙山及周边地区的环境状况堪忧,蒙山山区生态屏障建设将成为当前亟待攻关的重大课题。

通过理论研究探讨生态屏障的内涵,通过实践研究分析蒙山山区生态环境特征、社会经济条件以及生态环境存在的问题,对蒙山山区生态环境发展现状进行全面剖析。在此基础上,划分蒙山山区生态屏障功能区,对蒙山山区的生态屏障功能进行分区研究,明确各功能区的生态环境特征、生态屏障服务功能、发展方向和保护目标,提出相应的保护和建设方案。并针对不同功能区生态建设的技术现状及需求,综合分析蒙山山区生态屏障建设的技术选择,为蒙山山区生态屏障建设提供良好的技术支撑。

通过开展蒙山山区生态屏障建设相关研究,有助于全面了解蒙山山区,为建设蒙山山区的生态屏障提供重要的技术支撑,对于改善蒙山周边的生态环境有重要的理论和现实意义。此外,该项研究的成果,还能为政府部门指导山区生态建设提供决策依据。

4.3.2 生态屏障功能概述

1. 生态屏障的内涵

生态屏障是基于人类对生态系统服务功能的认识以及区域生态危机和生态安全要求而提出的,其中心内容是生态保护、生态恢复与重建。从这个意义上讲,它的理论基础主要来源于恢复生态学,其内容同时又涉及保护生物学和生态系统生态学的范畴。因此,对生态屏障概念的认识,应该从恢复生态学、保护生物学和生态系统生态学的理论出发。由此可以认为:生态屏障是指处在某一特定区域内的功能性生态系统,为区域社会经济发展提供良好的环境支撑,对提升区域乃至国家的生态安全有重要意义(王玉宽等,2005)。这一描述明确了生态屏障具有地域性,不同区域的生态屏障建设具有不同的作用,其结构和功能也有差异;同时,概念也强调了生态屏障的生态系统功能,即涵养水源、生物多样性保护、环境保护等。

2. 生态屏障的特点

生态屏障是某一特定区域的复合生态系统,它除了具有一般自然生态系统的特点,如生态系统的整体性、开放性、空间异质性和时序性外,由于其在建设实践中具有较强的针对性,受到区域社会经济的制约与影响,因此,同时又具有突出的定向目标性、经济复合性、区域分异性和功能的动态性(王玉宽等,2005)。

(1)定向目标性。即根据区域生态环境问题和人类生存发展需求,建设不同目标的生态屏障。多数情况下,某一生态屏障具有多种功能,建设目标不一样,其内涵也不同。若生态屏障建设的目的是净化水质,则应选择对某一污染物吸收与转化功能很强的物种,采用合理的结构建设生态屏障;若生态屏障建设的目的是保持土壤,则应选择固土能力强的物种来构建生态屏障。可见,生态屏障是为满足人类的特定需求而定向构建的复合生态系统。

(2)经济复合性。在某种程度上,生态屏障是一个复合的生态经济综合体。它不仅受当地自然、社会、经济的影响,还受相邻区域或更大尺度区域自然、社会、经济的影响。就生态系统本身而言,由于其组成和影响因素的复杂性,所产生的生态环境问题往往是非局部范围的问题,也不能孤立地去解决,必须从区域景观尺度层面上考虑,应用系统工程的理论和方法进行综合规划和设计。

(3)区域分异性。由于不同地理区域存在自然属性与社会经济属性的空间分异,生态屏障作为特定的生态系统,其结构和功能也因之而表现出区域分异性(潘开文等,2004)。这种分异的特点,主要表现在不同地理区域对生态屏障结构和功能需求的不同,同时也因地理空间的尺度不同而呈现差异。同一尺度水平上,不同的地理单元系统和社会经济系统,加之人类对生态屏障功能的不同要求,生态屏障系统的结构需要首先适应该尺度水平的自然环境和社会经济特征,同时,又应当符合人类发展对生态屏障的生态要求。

(4)功能的动态性。从空间尺度上分析,生态屏障具有区域的分异性。然而,针对某一特定的生态屏障,自其建成始期,生态屏障系统便处于一种动态的发展过程之中。而且人对屏障的生态功能要求也将随之而发生改变,这种改变是基于区域生态安全或某一生态屏障功能稳定的基础上,促进屏障系统更有效地为人类提供生态服务。因此,生态屏障建设要在时间尺度规划和设计生态屏障建设的同时辅以维护生态屏障系统正向演化的人工干预措施,确保生态屏障功能持续稳定地发挥。

3. 生态屏障的功能

生态屏障功能主要是指构成生态屏障的生态系统及其生态过程所形成的对生态系统内、外，人类赖以生存的环境的保护效应。它主要体现在构成生态屏障的生态系统对不利环境因素的阻滞、净化和对有利因素的保育和涵养，如森林生态系统对污染水体和空气的净化作用，对大风的阻滞作用，以及土壤保持功能、水源涵养功能和生物多样性保育功能等（王玉宽等，2005）。

（1）净化功能。生态屏障的净化功能主要是通过构成生态屏障的生态系统中植物的吸尘、滞尘和特种生物的吸收和分解作用破坏污染物，有效地阻止和降低有害物质对人类生存环境的破坏和不利影响。几乎所有的生态系统均具有净化功能，只是不同类型的生态系统具有不同功能，如森林、草地、水生态系统中许多植物和微生物所具有的吸收和降解有毒化学元素的功能等。这些生态系统均可构成某一区域的生态屏障。

（2）调节与阻滞功能。通过构成生态屏障的生态系统中生物的空间阻挡、改善下垫面性质和生理生态作用，调节大气候和改善小气候。如调节温度、湿度，防霜、防冻、防风、固沙等。绿色植物，特别是高大的林木在防风、增湿等方面功效显著。

（3）土壤保持功能。生态屏障保持土壤、防止侵蚀的功能主要是由构成生态屏障的陆地生态系统和农田生态系统中的植物承担。高大植物的冠盖拦截雨水，削弱雨水对土壤的直接溅蚀力；地被植物阻截径流和蓄积水分，使水分下渗而减少径流冲刷；植物根系具有机械固土作用；根系分泌的有机物胶结土壤，使其耐冲刷；根系发达还使土壤疏松，增加雨水下渗能力从而减少地表径流等。

（4）水源涵养功能。通过生态系统中生物和土壤对水分的吸收和蒸腾作用，保持正常的地球水循环，缓解极端水情，如削洪或防旱。在各类生态系统中，森林的这种功能最强。许多江河发源于森林茂密的山区，其原因就在于良好的森林植被截留了雨季的降水，然后缓慢流出，形成河流。相反，植被遭破坏，蓄水功能就降低，河流出现暴涨暴跌现象。

（5）生物多样性保育功能。生态系统的建造依靠生物的多样性，而生物多样性的维持又依靠生态系统的存在与正常运行。随着人类对自然生态环境的破坏，生态系统生物多样性保育功能下降，生物多样性急剧减少，目前已成为全球关注的重大生态环境问题之一。因此，加强生物多样性保护也是我国实施生态屏障建设的一个重要目标。

4.3.3 蒙山山区生态屏障功能的内涵与作用

1. 蒙山山区的位置和范围

蒙山位于山东省东南部，地处东经 117°35′—118°20′，北纬 35°10′—38°00′，东西长 75 千米，总面积达 2000 平方千米之多，主峰龟蒙顶海拔高程 1156 米，系山东省第二高峰。海拔高程 1000 米以上的山头共 14 座，海拔高程 800 米以上面积为 15 平方千米，800～400 米的面积达 330 平方千米，400 米以下近 1667 平方千米，属于低山丘陵区。

蒙山旅游区规划总面积为 313 平方千米，辖 1 个乡镇、1 个办事处，4 个国有林场，49 个行政村和社区，总人口为 7.7 万人。

2. 蒙山山区与山东省发展的关系

（1）蒙山山区的地理格局概况

山东全省地势以泰鲁沂蒙山地为中心，海拔高程逐渐向四周降低，即中部高四周低，泰山、鲁山、沂蒙山共同组成鲁中地的主体，构成山东省中部一条东西向的分水岭。山东半岛的东南部为沂蒙山地和起伏和缓的低山丘陵，水文属于淮河水系（沂河），而山东半岛西北部为辽阔的华北平原，属于黄河水系，高耸的山脉造成两地自然环境不同，控制着全省气候格局，东南部为海洋性较强的温带季风气候，西北部为大陆性较强的温带季风气候。

蒙山所属的临沂市地处鲁中南低山丘陵区东南部和鲁东丘陵南部，地势西北高东南低，自北而南，有鲁山、沂山、蒙山、尼山四条主要山脉呈西北—东南向延伸，控制着沂沭河上游及其主要支流的流向。以沂沭河流域为中心，北、西、东三面群山环抱。向南构成扇状冲积平原。临沂地区地形复杂，差异明显，山区重峦迭嶂、千峰凝翠，丘陵逶迤蜿蜒、连绵起伏，平原坦荡如砥、一望无际，河道纵横交差、碧水如练。山地、丘陵、平原面积各占总面积的 1/3。山地集中分布在沂水、沂南、蒙阴、平邑、费县、莒南等县，地势较高，一般海拔高程在 400 米以上。

从总体上来看，蒙山山区基本保持了自然生态系统的状态。该系统由中山、低山、丘陵和山间谷地等组成。多样的地貌类型决定了山区综合自然体内部结构和功能的复杂性。其主要优势表现为开发利用的多样性和资源类型的多样性。这些优势是山区发展的潜力和基础，有利于山区林、牧、副、农业的综合发展，是全省和全市水源和生态环境改善的源地和前哨地带。

（2）蒙山山区在区域发展中的功能和作用

目前，临沂市响应全省建设生态文明省的精神，已全面启动生态市的建设。

蒙山山区的建设发展对临沂市的生态文明城市建设具有非常重要的作用，对临沂市的生产生活方式具有多功能的支撑作用。然而，全市目前仍面临着个别地方环境污染比较严重、生态破坏时有发生，经济发展方式还比较粗放，"两高一资"产业比重依然偏大，节能减排任务十分艰巨，资源瓶颈制约依旧突出。特别是临沂正处于工业化、城镇化快速推进的历史阶段，人口密度大、环境容量小、地理位置特殊，经济社会发展与资源环境承载力不足的矛盾十分尖锐。在这种背景情况下，蒙山山区建设发展对区域经济社会发展的作用和功能具体体现在以下几个方面。

1）蒙山山区是重要的特色林农产品生产基地

蒙山山区独特的自然地理条件及小气候条件对发展特色农、林、牧、副产业提供了有利条件，为区域打造名牌产业创造了无限的可能。蒙山山区植被非常茂密，是发展林果业、畜牧业的重要基地，黄烟、花生、小麦、地瓜等农作物亦有种植。分布于山区外围的丘陵地貌，主要在沂水、沂南、莒南、兰山、苍山、临沭、郯城、平邑等地，以沭河以东分布最广，一般海拔高程在 200～400 米之间。丘陵地带的土壤砂性大，适耕性好，土层较簿，保水肥能力差，适宜发展防护林和经济林，是花生、地瓜、玉米、黄烟等作物的的主要产地。平原有沂沭河冲积平原、山间沟谷平原、涝洼地平原。沂沭河冲积平原主要分布在沂水南部、沂南东部，以及河东、兰山、罗庄、兰陵、郯城等区县。临郯苍平原土层深厚，土质肥沃，是粮食和蔬菜主要产区，素有"粮仓"之誉。山间沟谷平原主要分布在费县、平邑中部，蒙山前平坦谷地，蒙阴、沂南、沂水等县的山间沟谷之中，土层深厚，质地适中，多种小麦、玉米等作物。涝洼地平原主要分布于兰陵县和郯城南部,土壤粘重,多种小麦、水稻、蔬菜等作物。

蒙阴、沂水、沂南三县具有发展特色林果畜牧的巨大潜力,这里分布有知名的蒙阴蜜桃、蒙阴苹果、沂水苹果、沂南黄瓜、沂水生姜、沂南鸭等等特产,是建设林果、蔬菜生产基地,养殖产业化,提升专业化水平,开拓市场的资源基础。而费县、平邑县具有发展林果药材产业的独特优势,具有发展生态林果业和药材产业的基础条件:提升水果生产加工水平,加强适合水果罐头加工的新品种的研发、引进,建立规模化、标准化生产基地,打响"平邑罐头"品牌;加强干果标准化技术推广,提高干果产量,打造蒙山板栗、费县核桃等品牌;实施金银花标准化生产,完善金银花等相关中药材深加工,建设中药材物流与电子交易配送基地,打造金银花产业集群,打响"平邑金银花"品牌;挖掘林业产业优势,打造全国知名的板材品牌,建设费县板材加工集群,扶持核桃、板栗做大做强;深入开发黑山羊产业,研发临沂绿色、生态黑山羊产品,打响"沂蒙黑山羊"品牌。

2)沂蒙山区对全省的河流水系地理分布格局具有重要影响

山东省河流较多,水系发达,主要分属于黄河和淮河水系,湖泊主要分布在鲁中南山丘区与鲁西平原接触带上,蓄水量为23.53亿立方米。山地对全省气候和河流地理格局具有重大影响,对全省河流流域格局与地域分布起着支配作用。沂蒙山区水系区域划分于淮河水系,其中主要有沂河与沭河发源于此。沂河主源发源于沂源、蒙阴、新泰三县交界处的老松山北麓。流经沂水、沂南、兰山、河东、罗庄、兰陵、郯城等县区,流入江苏省境内后流入黄海,全长为570千米,境内流长为287.5千米,最大流量为15400立方米每秒(1957年)。较大支流有东汶河、蒙河、柳青河、祊河、涑河、李公河、白马河等,流域面积为10790余平方千米。沭河发源于沂山南麓,流经沂水、莒县、河东、临沭、郯城等县区,至江苏境内后流入黄海,境内流长为252.6千米,最大流量为7290立方米每秒(1974年)。较大支流有浔河、高榆河、汤河、分沂入沭水道、夏庄河、朱范河等,流域面积为5320平方千米。沂沭两河流域面积占临沂全市总面积的70%以上,在区域发展中的地位举足轻重。沂蒙山区的生态环境质量直接影响到两大水系的水质和水量,对淮河流域的水质、径流量和区域的生态系统有着重要影响,其蓄水和供水作用对区域社会经济的发展和生态安全有着不可或缺的作用。

3)沂蒙山区奠定了全省气候和生态地理格局

泰山、鲁山、沂蒙山共同组成鲁中地的主体,构成山东省中部一条东西向的分水岭,高耸的山脉造成两地自然环境不同,影响全省气候格局,东南部为海洋性较强的温带季风气候,降水一般在800~900毫米以上,而西北部则为大陆性较强的温带季风气候,降水在600毫米以下。

蒙山是山东省重要的用材林、水源林及天然林基地,全区有林地200平方千米,其中生态公益林154.7平方千米,经济林34平方千米,用材林11.3平方千米。辖区内国有林场经营总面积75.1平方千米,有林地面积72.9平方千米,林木总蓄积42.3万立方米,林场森林覆盖率达95%以上。蒙山的森林资源目前得到了有效的保护和科学的开发,2012年被评为中国森林公园发展三十年来"最具影响力森林公园",蒙山成为山东唯一获此殊荣的国家级森林公园。蒙山森林茂密,动植物资源极其丰富,堪称我国北方的天然植物园和中草药植物资源宝库,是全国最大的金银花产地,天麻、冬虫夏草、连翘、何首乌、木灵芝等都是蒙山的重要特产,据中科院生态环境研究中心1998年3月测定,有"空气维生素"之称的负氧离子含量为220万个每立方厘米,居全国之首,是全省生态环境质量最好的地区之一。

4)蒙山山区是保护生物多样性的示范基地

蒙山山区复杂多样的生态条件,形成了较高的生物多样性,是山东省最大的天然生物基因库之一,区域内蕴藏着丰富的野生动植物资源。经调查统计,蒙山共有木本植物421种,分属于73科172属,其中野生树种216种,栽培树种205种。珍稀濒危树种中,被列入国家级保护的有4种,列入山东省的珍稀濒危树种有13种。动物约14纲,1049种,其中淡水鱼15科57种,鸟类37科,171种,哺乳类7目25种。此外,还有昆虫类动物541种,蜘蛛类动物117种。

蒙山地区古树名木资源丰富。如三尖杉、古海棠、龙凤松、鸳鸯松、迎客松、古银杏、蟠龙樱等,均可独成景点,具有很高的观赏价值。特别是千年生的椴榆、300年生的三尖杉等,在山东境内均为罕见。药用植物资源丰富,但破坏比较严重:该区木本中药植物资源丰富,据初步调查,其数量达189种之多。

高大山脉是水汽和动植物的天然屏障,分布在山区的森林、草地、沼泽湿地,具有不可替代的生态服务功能,对华北平原地区具有重要的生态环境屏障作用。

5)蒙山具有极佳的旅游价值

蒙山现拥有国家森林公园、国家钻石矿山公园、国家地质公园、省级风景名胜区等荣誉称号,是国家5A级旅游景区沂蒙山旅游区的核心区域。旅游区森林覆盖率高达90%,空气中负氧离子含量达到220万个/立方厘米,居全国之首,被誉为"天然氧吧""森林浴场"。这里还有山东省特殊的岱崮地貌,是新发现的岩石地貌类型,继"张家界地貌""喀斯特地貌""嶂石岩地貌""丹霞地貌"之后的中国第五大造形地貌。"岱崮地貌"是经亿万年地质演化而形成的地质构造和岩石,属于一种不可再生资源。此外,孟良崮战役遗址、大青山战斗遗址、红嫂纪念馆、抗大一分校、大众日报社旧址等驰名中外,以孟良崮、沂蒙红嫂为代表的红色旅游资源品味高、吸引力强,具有独特的历史文化意义。山区乡村民俗丰富多彩,形成了灿烂的文化遗产,也构成了山东特有的旅游资源,使蒙山山区成为山东省旅游资源最丰富、旅游文化品位最高的地区。

蒙山旅游区地处著名的沂蒙山区腹地,是临沂市旅游产业发展的品牌和龙头,是山东省生态旅游的重要名片。经过多年的快速发展,旅游区旅游产业、生态农业产业、健康长寿产业、历史文化产业发展进入快速通道,未来发展条件优越、潜力巨大。随着旅游区基础设施建设、配套设施的不断完成和优化,区域服务水平和影响力也不断上升,蒙山旅游区及周边区域的旅游人气也逐年提高,旅游收入也不断提高,旅游业已成为推动和振兴当地经济的支柱产业之一。蒙山旅游区(2011—2013)和沂南县(2007—2013)旅游人数及旅游收入增加和提高情况分别见表4.1和表4.2。

表4.1　蒙山旅游区 2011—2013 年旅游人次和旅游收入统计表

年度	旅游人次(万人)	旅游总收入(万元)
2011	138.792	47706.0
2012	174.67	57860.3
2013	201.8	71192.0

表 4.2 沂南县 2007—2013 年旅游人次和旅游收入统计表

年度	旅游人次（万人）	比上年增长（%）	旅游总收入（万元）
2007	70	40.5	3.5
2008	91	30	4.55
2009	120	32	6.0
2010	396	230	19.8
2011	598	51	29.9
2012	849	43.6	42.3
2013	1185	48.7	62.3

（1）蒙山旅游区产业发展现状

1）经济总量不断壮大。近年来，蒙山旅游区经济收入连续保持了平稳较快增长的态势。2013 年旅游区共实现地区生产总值 32.88 亿元，2013 年实现地方财政收入 2600 万元，固定资产投资总额达到 4.3 亿元。

2）产业结构持续优化。2013 年旅游区合计分别实现第一产业生产总值 7.42 亿元、第二产业生产总值 4.58 亿元、第三产业生产总值 10.89 亿元，三次产业结构调整为 28.4：25.9：45.7。旅游业快速发展，现代特色农业体系初步完善，工业生态化改造扎实推进，健康产业、文化产业等战略性新兴产业发展已具雏形。

3）品牌优势逐步显现。以"生态沂蒙山"品牌运作为核心，不断提升品牌价值，巩固市场优势，提升产业发展质量效益。蒙山旅游品牌赢得广泛认可，2013 年接待游客 211 万人次，较上年增长 19%，省级农家乐 8 处、省级特色村 3 个、省级旅游强镇 1 个、省级旅游示范点 1 处、省级工业示范点 1 处；红色旅游发展已悄然起步，并且有了良好开端和影响力。

4）重点项目加快建设。重点项目建设扎实推进，招商引资不断取得新成效。环蒙山道路、古街二期、燃气管道、钻石小镇、服务中心、明光寺佛教文化园、蒙山人家景区开发、松林子农业综合开发、云蒙小镇、万红村土地增减挂、防火能力提升、麻店子土地增减挂等等建设进程较快，旅游区各项基础设施功能配套不断完善，投资环境逐步优化。

总体来看，近年来蒙山旅游区产业发展取得了一定成绩，但仍然存在一些深层次的矛盾和问题，主要是产业基础较为薄弱，产业链条不够完善；传统产业比重依然较高，经济发展的质量效益有待提升；生态约束强化，城乡基础设施建设滞后；创新能力不强，人才支撑能力不足；制约科学发展的体制机制障碍依然较多，对外开放水平不高；保障和改善民生任务繁重，公共服务水平亟待提高等。面向未来，必须进一步增强机遇意识和紧迫意识，珍惜机遇，认清挑战，更加奋发有为地推进产业转型和升级发展。

4.3.4 沂蒙山区生态屏障功能的服务价值

沂蒙山区是区域发展中重要的生态涵养区，其生态功能在临沂市乃至山东省的发展规划中都有独特的地位，保障区域生态安全是重中之重。它具有保护区域免受自然灾害和创造经济社会生态价值的重要作用。

1. 蒙山是水源汇集地和水源涵养区

(1)蒙山山区是重要的水源汇集地

蒙山旅游区为典型的砂石山贫水区,水资源短缺,在区域发展过程中,水资源的有效性和用水的不断增长成为不可回避的矛盾。随着蒙山国家 5A 级旅游景区的成功创建,水资源的短缺越来越成为制约蒙山旅游区经济社会发展的重要因素。

降水是沂蒙山区水资源的主要补水源。蒙山地区气候属于温带大陆性季风气候,年均温为 13.1℃,年平均降水量为 823.8 毫米,不足全球陆地平均降水量,而且降雨时空分布不均,冬春干旱少雨,夏秋雨量丰富集中。蒙山旅游区属淮河流域沂河水系,以蒙山为分水岭,因蒙山旅游区纵深较小、地理高程较高,境内没有较大河流,均为河流支流或发源地。蒙山旅游区所辖区域主要有东汶河、浚河、金线河 3 条较大的过境河流,另有柏林河、金线河、杨谢河、固城河、三官庙河、资邱河、麻店子河、团埠河、小王庄河、金水河、聚来庄河等 11 条山谷河流。根据蒙阴、平邑两县多年平均径流深及地下、地表水资源量统计比对,蒙山旅游区多年平均地表水资源量大约为 9765 万立方米,地下水资源计算评价则采用水均平衡法,即:总补给量=总排泄量,通过计算各区不同补给量求出地下水资源量,参考蒙阴、平邑两县情况,多年平均地下水资源量大约为 3047 万立方米。扣除相互转化的重复计算量,估算蒙山旅游区多年平均水资源总量大约为 10886 万立方米。柏林镇及云蒙办事处所辖河流和主要水库水量及库容基本情况分别见表 4.3 和表 4.4。

表 4.3 柏林镇主要水库基本情况

水库名称	乔家村水库	陈家庄水库	大石头水库	龙门沟水库	洪河水库	栏马水库
所在河流	祊河	柏林河	祊河	祊河	金线河	资邱河
控制流域面积(千米²)	15.4	6.8	2.46	2.46	1.96	6.73
正常蓄水位(米)	166.5	166.2	191.6	191.6	156.8	161.46
总库容(米³)	960	161	19	14	32.55	28

表 4.4 云蒙办事处主要水库基本情况

水库名称	宝兴店水库	花果庄水库	喇叭峪水库	松林于水库	玉麻水库
所在河流	东儒来河	麻店于河	桃墟河	麻店于河	麻店于河
控制流域面积(千米²)	2.74	1.23	2.55	3.4	5.5
多年平均径流量(10⁴ 米³)	722.2264	32.4228	67.218	89.624	144.98
正常蓄水位(米)	259.94	290.3	262.46	234	225
总库容(米³)	118.5	10.13	45.51	39.16	111.56

(2)蒙山山区的水源涵养功能

水源涵养功能是指一定区域对降水的截留、吸收和贮存,将地表水转为地表径流或地下水的作用,主要功能表现在净化水质和调节水量两个方面。蒙山山区大面积的林地具有强大的水源涵养功能。

蒙山山区由于纵深较小,地理高程较高,境内没有较大河流,均为河流支流或发源地。受特殊的自然条件、水文地质的影响和资金、技术的制约,蒙山山区河流开发治理滞后,防洪堤坝多为不连续的土堤,河道淤塞严重,河道行洪不畅。加上区内主要的11条小型河道均为季节性河道,源短流急,旱季断流,雨季遇暴雨易漫溢成灾。在这种自然现状下,蒙山山区的水源涵养功能将越来越重要,急需加强建设和提高。蒙山旅游区主要河道基本信息及河道治理现状分别见表 4.5、图 4.6 和图 4.7。

表 4.5　蒙山旅游区主要河道统计

河道名称	境内流域面积(千米²)	境内河道长度(千米)	河道现状	汇入河流
柏林河	75.5	15.27	河道局部淤积;行洪障碍多;堤、岸不连续;断面不规则;护岸质量差;河道险要段,支流汇入口冲刷严重;部分现有跨河、拦河建筑物质量差、标准低。	浚河
金线河	31.24	12.5		浚河
杨谢河	19.2	10		柏林河
固城河	24.4	12.7		浚河
资邱河	32.93	12.78		浚河
麻店子河	29.97	8.6		东汶河
小王庄河	12.28	6.5		东汶河
金水河	9.49	7		东汶河

图 4.6　蒙山旅游区河道现状图片(一)

图 4.7　蒙山旅游区河道现状图片(二)

在水资源年际和季节分布不均的情况下,需要利用水库等水利设施进行调节,才能保证水资源的协调和水生态安全。蒙山旅游区由于成立时间短,水利基础设施相对比较落后,建设生态蒙山,水利发展提升迫在眉睫,水利基础设施建设势在必行。根据旅游区实际情况,本着实事求是、因地制宜、满足防洪、突出生态、兼顾消防的原则,应当重点规划旅游区内水库、塘坝等水源工程,河道治理工程,给、排水工程。

2. 蒙山山区保育土壤的价值

蒙山山区总植被覆盖率达 85%,且蒙山海拔高程 800 米以上高山,多属于国营林场范围,由于气温较低,湿度大,降水相对较多,人为活动少,土壤较深厚肥沃,水土流失轻,植被茂密。除局部地方有部分裸岩分布外,植被覆盖率可达 95%(800 米以上)。但目前仍有 13 平方千米以上的荒山、草坡、裸岩没有造林绿化,如兖石铁路两侧及南部低山区,荒山面积达 120 平方千米,水土流失仍较为严重。可见蒙山森林覆被区保育水土的功能仍需加强。林地的保育土壤功能是指林地中活地被物和凋落物层层截留降水,降低水滴对表土的冲击和地表径流的侵蚀作用;同时林木根系固持土壤,防止土壤崩塌泻溜,减少土壤肥力损失以及改善土壤结构的功能。主要功能表现在固持土壤、保持肥力两个方面。

3. 蒙山林区的固碳释氧和林木营养积累价值

森林生态系统通过森林植被、土壤动物和微生物固定碳素、释放氧气,具有对环境极其有益的固碳功能。根据相关研究成果,有林地林分净生产力为每公顷每年 10.59 吨,疏林地和灌木林地为每公顷每年 6.59 吨,其它林地为每公顷每年 10.87 吨,单位面积森林土壤年固碳量为每公顷每年 4.76 吨(管东升等,1998)。

森林的林木营养积累功能是指森林植物通过生化反应,在大气、土壤和降水中吸收氮、磷、钾等营养物质并贮存在体内各器官的功能。森林植被的积累营养物质功能对降低下游面源污染及水体富营养化有重要作用。依据陆贵巧等学者的研究成果,林木含氮量为0.19%,林木含磷量为0.03%,林木含钾量为0.08%(陈贵巧,2006)。

2014年,蒙山四个国有林场经营总面积75.3平方千米,有林地面积73.3平方千米,林木总蓄积42万立方米,可见其固碳释氧和林木营养积累价值对区域生态经济价值将产生巨大的贡献。

4.3.5 蒙山山区土地利用对生态屏障功能的影响

1. 开发建设用地供需矛盾突出

蒙山山区生态保护和开发建设在土地利用上存在很突出的矛盾。一方面,蒙山山区包括四个国有林场,并依托国有林场建立了1处国家级森林公园、1处省级森林公园。而且蒙山国家森林公园被评为中国森林公园发展30年来"最具影响力森林公园"之一。蒙山山区是山东省的绿色生态屏障、水源涵养地和供给地,周边游客休闲度假的圣地,山区生态环境保护和建设情况直接关系到蒙山旅游区生态文明建设,山区土地利用必须服从统筹规划安排,把生态保护和生态屏障建设放在第一位,充分保障山区生态服务功能的不断强化。另一方面,蒙山山区现阶段经济社会发展仍处于落后水平,工农业基础设施和交通基础设施仍需要加快发展。蒙山山区土地利用肩负着促进自身经济社会发展的任务,要求山区土地利用必须以促进山区社会发展为目标,充分保障经济生产各部门以及各项社会事业发展的合理用地需求。在生态保护的前提下,山区的经济发展不能受到严重制约。山区的生态建设应该以政府的投入为基础,不能以影响山区经济建设为前提。山区所受的经济损失需要以适当的方式进行补偿,只有这样才能处理好山区经济建设和生态保护的关系(张义丰等,2009)。

2. 日益增加的用地需求和有限土地资源的矛盾

随着蒙山山区经济社会的不断发展,各行业用地需求量不断增加,供需矛盾突出。同时,人口增加和城市化进程加快、工业化水平提高,城镇、工矿、交通、水利等基础设施建设用地需求不断增加,需要占用大量耕地,而耕地资源有限,供需矛盾突出。另一方面,局部山区自然生态环境条件较差,水土资源分布不理想,山区地质情况复杂,对农业发展和城镇建设来讲,土地的适宜性相对较差,可利用的后备土地资源严重不足。而且局部未利用地区中裸岩、石砾面积较大,在短时间内难以开发利用。土地需求压力日益增加,严重制约了经济社会的发展。

3. 蒙山山区土地资源利用效率低

综合分析蒙山管委会土地利用条件、利用程度,其土地利用具有以下特点:

(1)农用地比重大。农用地总规模占土地总面积的比重为85.96%。

(2)林地比重大。林地总规模为137.4平方千米,占土地总面积的43.87%。

(3)其他土地面积多。其他土地面积24.4平方千米,占土地总面积8.11%。

另外,蒙山山区农村居民点利用率不高,存在大量空心村、闲散地,农用地的实际利用水平和产出率偏低,耕地的有效利用面积和单产水平都不高,果园单产及林地的单位生产量低下等等,各土地利用类型利用效益未能有效发挥。一方面,农村居民点人均用地226平方米,远远超过《镇规划标准》(GB50188-2007)及《山东省建设用地集约利用控制标准》规定上限。另一方面,农村居民点建设缺少系统规划,表现为内部空间结构分散、布局不合理、闲置土地比重较高,土地利用效益尚未得到应有发挥。

4.3.6 蒙山山区生态屏障对生态文明建设和生态安全的影响

1. 生态蒙山建设的必要性

生态文明建设有利于城乡经济的全面发展,通过节约资源能源,使区域产业结构得到调整,改变经济增长方式,推动国民经济的健康发展。在当前的社会发展中,我国广大群众越来越重视社会与环境的和谐统一发展,在城市建设过程中,将生态问题与生态设计理念应用在其中,从而改善城乡的生态环境,进一步推动生态文明建设(韩杨,2014)。一些学者认为生态城镇中的"生态"主要包括三层内涵:一是社会生态化,二是经济生态化,三是环境生态化;进行城乡景观生态安全格局建设,保护好城镇周边的山体和河流,使它与城镇居民地组成统一协调的生态系统(姜广辉等,2006),这些城乡、城镇生态文明建设的内容也将是蒙山生态文明建设的主要内容之一。有些学者把城镇与自然生态系统结合部归纳为"生态敏感区",在这一区域进行森林、湿地建设既可以弥补居民区绿化量的不足,又可以隔离自然生态区与周边农业生产土地和居民生活区,形成污染和干扰隔离带,产生高效的生态功能(左伟等,2002)。

目前,蒙山山区经济社会的发展仍然造成了局部地区生态环境的牺牲,虽然社会经济得到了显著的发展但是生态环境却遭到了一定程度的破坏。循环经济、生态文明的建设是当前我国提出的重要举措,也是蒙山发展的必由之路,这就要求蒙山相关部门在城乡经济发展过程中注重生态环境控制,从而改善与保护生态环境,提高空气质量,为人们创建一个健康而又和谐的生活环境。总而言之,蒙山山区作为周边地区的生态屏障地带,其生态文明建设和生态安全性研究对临沂市乃至山东省的生态环境协调发展有着极其重要的作用。

2. 蒙山山区生态屏障功能建设的主要内容

对于临沂市乃至山东省生态文明建设,山区的生态屏障功能建设有着不可替代的作用,无论是空气的净化或水质的改善,山区都能通过生态服务功能克服城镇在生态文明创建过程中的不利因素。山区生态环境一旦遭到破坏,将对周边地区带来很多不利影响,具体诸如:(1)水源的减少和水质的恶化;(2)水土流失加剧,使平原地区河床和山区水库淤积加重,水资源调节功能减弱;(3)山区土地退化、生产功能下降,向周边地区供给将减少;(4)旅游资源下降,对游客吸引力降低;(5)山区人口承载力降低,生态压力进一步加剧。总之,蒙山山区对周边地区生态安全具有非常重要的作用。

由于研究尺度和研究角度的不同,生态安全的定义存在许多分歧,难以得到一个公认的定义。但一般认为它包括两层基本含义:一是避免由于生态环境退化和资源短缺对经济发展的环境基础构成威胁,从而维护一个国家的生态环境和自然资源对于本国经济持续发展的环境支撑能力;二是避免由于生态环境严重退化和资源严重短缺造成大量环境难民并引起暴力冲突,从而防范环境问题对区域稳定和国际安全构成威胁。综合各家之言,生态安全从狭义上讲,是指人类在生产、生活和健康等方面不受生态破坏与环境污染等影响的保障程度,包括饮用水与食物安全、空气质量与绿色环境等基本要素;从广义上讲,是指在人类发展过程中,始终使生态系统处于良好的运行状态,包括自然生态安全、经济生态安全和社会生态安全,组成一个复合的人工生态安全系统,即可持续发展、清洁生产所提倡的核心内容。对于整个社会来说,生态是其赖以生存的基础。生态保护和建设的首要目标就是要维护这个基础,目前我们面临的基本事实是生态破坏使人类丧失大量适于生存的空间,丧失生存和发展所必需的关键资源,进而引发由于资源短缺而产生的资源争夺战争,其消极影响全面而复杂,所以生态安全的研究意义深远(柴艳芳等,2009)。

生态安全研究针对不同尺度、不同的研究对象往往会有不同的内涵。例如对于林业,着眼于病虫害和森林防火,对于生态系统则往往注意人类的扰动,对于土壤生态系统则注重有毒成分含量,农牧交错带和荒漠化地区则以防止和减少土地荒漠化及地表起沙为目的,因此在内涵上存在争议是很正常的现象。蒙山山区对周边地区生态安全主要体现在三个方面:涵养水源、保育水土以及改善大气环境。因此,可以说蒙山山区生态屏障建设主要涵盖以下几个方面:

保持并提高山区的植被覆盖度,减少裸露地的比例,对已破坏或存在生态风险的区域进行生态修复。

关闭诸如采矿效率低下的矿区和不合理畜牧业等对山区自然环境和旅游环境具有破坏作用的产业,用环境友好型产业替代对环境有不良影响的产业。

限制人口的规模,防止由于人口过多造成的土地资源利用矛盾和自然资源的破坏。

高度重视生态安全维护,最大限度地避免林区病虫害和森林火灾等安全问题为蒙山带来不能承受的社会经济生态损失。

这些工作有利于提高蒙山山区自身的生态质量,提高其生态系统服务功能,从而确保周边地区生态安全性。

4.3.7 提高蒙山山区生态屏障功能的途径

1. 蒙山山区景观格局的优化

景观格局优化是在对景观格局、功能和过程综合理解的基础上,通过建立优化目标和标准,对各种景观类型在空间和数量上进行优化设计,使其产生最大景观生态效益(生态、经济和社会效益)和实现生态安全。景观格局优化目标是调整优化景观组分、斑块的数量和空间分布格局,使各组分之间达到和谐有序,以改善受胁受损的生态功能,提高景观总体生产力和稳定性,实现区域可持续发展。从本质上说是利用景观生态学原理解决土地合理利用的问题,通过调查研究取得自然与社会数据,并分析相应的景观类型空间合理的分布格局,调节景观组分在空间和数量上的分布,使景观综合价值达到最大化(韩文权等,2005)。由于几十年来不断地造林绿化和林场的建设,蒙山山区的植被覆盖率已经处于较高水平,生态屏障功能呈上升趋势,但仍然存在诸多方面的生态安全风险,例如基本农地利用结构存在弊端、对高覆盖度植被覆盖区的保护力度也不够。因此,农业用地空间结构优化和提高植被覆盖度是蒙山山区景观格局优化中最主要的任务。

(1)农业用地的空间优化

农业用地在蒙山山区占有很大的比重,据2009年第二次全国土地调查,蒙山管委会控制面积为313.2平方千米。农用地269.2平方千米,占土地总面积的85.96%;其中耕地78.1平方千米,占土地总面积的24.94%;园地为40.3平方千米,占土地总面积的12.87%;林地为137.4平方千米,占土地总面积的43.87%;其他农用地为13.4平方千米,占土地总面积的

4.28％。然而,尽管蒙山管委会通过一系列优化调整土地利用结构、节约集约利用土地、严格保护耕地等措施,对土地调控起到了一定作用,但仍存在各行各业土地需求量大而导致的土地供需矛盾和建设用地利用不高、集约化程度不高的问题。

对于蒙山农业用地的结构优化,应在严格保护耕地和基本农田的基础上,统筹各业各类用地,节约、集约利用土地,协调土地利用与生态建设,因地制宜,注重实际。按照发展现代农业、巩固和加强农业基础地位的要求,使基本农田在保护指标不减少的基础上质量有所提高;遵循"经济、社会及生态效益相统一"的原则,积极开展土地整理,大力进行土地复垦,适度开发其他土地,以对耕地补充;禁止建设占用、采挖、弃耕,以及向基本农田排放污染物等破坏基本农田的行为,因地制宜,积极稳妥地进行田、水、路、林、村综合整治,合理规划不能确定用地位置和范围的交通、能源、水利、矿产等重点建设项目;并通过改善基本农田的基础建设条件,改造中低产田和优化基本农田的生态环境等措施,增强基本农田抗御自然灾害的能力,提高农业机械化水平,达到基本农田保持高产稳产的目的。

(2)保护并提高山区整体植被覆盖度

蒙山地区植树育草、保护植被,过去有传统,当今有潜力,应当下力气抓紧抓好。首先应巩固、提高现有林草植被,进一步提高其防护效益和经济效益。现有林草植被,是广大人民群众长期劳动的成果,是强化水土保持、进一步搞好山区建设的物质基础。只有把现有的林草植被巩固、提高,才能保证新的发展。为此,对现有成林的林区,应加强抚育管理措施,促使其尽快发挥应有效益。对现有疏林、残林,应有计划地进行改造,逐步建成乔、灌、草结合和针阔叶混交的多树种、多层次的林区。对现有未郁闭成林的纯林,应在其间补栽、补种灌木和草,以增加覆盖率,提高防护效益。其次则要加快植树造林、绿化荒山的步伐,根治水土流失。就蒙山而言,已造林绿化了85％,但仍有13.5平方千米的荒山、草坡、裸岩没有造林绿化;兖石铁路两侧及南部低山区,荒山面积达120平方千米,水土流失仍较为严重。为此,建议有关乡、镇、村搞好规划,实行封山育林、育草,严禁乱放牧,限期绿化。对花岗石、石灰石的乱挖滥采,要加以限制,加大执法力度。对于裸岩、乱石滩可采取客土栽植爬山虎、金银花、连翘、山葡萄、葛、蝙蝠葛等藤本树木,以尽早实现全面绿化。

(3)改善树种种植结构,提高森林生态系统稳定性

目前,蒙山山区森林植被中仍然存在树种单一、树龄老化问题。森林主要以人工纯林为主,树木品种较少,林相单调,栽植时规划不合理,没有设计防火树种作为生物防火隔离带,生态系统稳定性差。树种以松类为主,缺少空间结构的主体变化和色彩变化。对于这种情况,应改善树种栽植结构和不同树种的开发利用,大力实施中幼林抚育工程和林种改造工程。例如:①华东椴是蒙山地区的乡土树种,无论阳坡、阴坡,只要土层深厚,均能生长良好,年胸径生长量在0.5厘米以上,且干型直,材质轻软,纹理细密,易加工,系优良用材,同时又是优良的密源树种,较相同立地条件下的栎类、松类均生长良好。可以将该树种作为蒙山地区中山及高山厚层土地区的主要造林树种之一,也可与松、橡混交,以改变目前松树纯林的状况。②日本落叶松在该区引种栽植已有百余年历史,是该区引种的4种落叶松(长白、兴安、华北、日本)中生长最好的一种。蒙山在海拔高程300~1100米的较肥沃的中、厚层土壤中均生长良好。据1990年调查,明光寺林场在海拔高程850米的东昌峪上部,阴坡厚层土,32年生树,平均树高12.6

米,胸径 15.7 厘米,而同时混交栽植的油松,平均树高 9 米,胸径 8.4 厘米;万寿宫林场在海拔高程 1000 米的大柳沟栽植的 29 年生树,平均树高 10 米,胸径 12.4 厘米,亩蓄积 4.7526 立方米。较相同立地条件下的油松大 1.3 倍。为此,应该把该树种作为该区海拔高程 500 米以上,中、厚层土山地的主要造林树种。③火炬松,在该区已引种栽植 34 年,是该区海拔高程 500 米以下生长最快的一种松。如万寿宫林场在海拔高程 230 米薄层土栽植的 16 年生树,平均高 8.39 米,胸径 18.41 厘米,单株体积 0.1232 立方米,分别为三种相同立地条件下黑松的 2.02 倍、1.57 倍和 5.78 倍。塔山林场在海拔高程 450 米处栽植的 11 年生树,平均树高 7.47 米,年均生长量 68 厘米,平均胸径 13.9 厘米,表现极为速生,且干型通直圆满,又耐干旱瘠薄,并较黑松、赤松抗松毛虫,是该区低海拔山地发展速生丰产林的良好树种。只要在海拔高程 650 米以下,背风向阳的地方栽植即能安全过冬。今后应在适宜的条件下,扩大引种栽培面积。

(4)严格控制山区建设用地的扩张

随着蒙山社会经济的不断发展,人口的增加及随之而来的城镇化发展、工业化水平的提高是必然趋势,从而导致城镇、工矿、交通、水利等基础设施建设用地需求不断增加,和蒙山农业用地形成不可避免的土地资源利用冲突。而山区的工业化和城镇化又有可能引起水质的恶化,同时引起裸地面积的增加,从而导致水土流失、土壤污染等生态环境风险甚至泥石流、滑坡等自然灾害。山区居民点和工矿用地的扩张也必然会侵占耕地、园地和林地,降低山区的生态屏障功能和水源涵养功能。因此必须加强对建设用地的控制,才能保持并提高蒙山山区的生态屏障功能。对于蒙山管委会来说,应按照严格控制建设用地总量,充分挖潜利用存量土地,合理引导建设用地的原则,调整建设用地结构。

农村居民点的用地,应以挖潜为主,适度增加中心村规模,控制现有农村居民点外延发展,通过迁村并点等整理措施,使规模较小的行政村向中心村和镇区集中;对于重点建设项目用地,应按照合理布局、经济可行、控制时序的原则,统筹协调各类交通、水利、旅游等基础设施用地。为加强对城乡建设用地的空间管制,可以将辖区土地划分为允许建设区、有条件建设区、限制建设区和禁止建设区并制定管制规则,以控制城乡建设用地无序扩张。允许建设区内土地主导用途为城镇、村和工矿建设用地,新增建设用地受规划指标和年度计划指标的约束,应优先保障生产生活、基础设施和基础产业等用地,促进土地节约集约利用;有条件建设区内土地符合规定的,可依程序办理建设用地审批手续,同时相应核减建设区允许用地规模,使用农村建设用地整治挖潜(挂钩)指标进行建设的,必须坚持先拆旧复耕后使用;限制建设区内主导用途为农业生产空间,是开展土地整理复垦开发和基本农田建设的主要区域,区内土地除农村建设用地整治挖潜(挂钩)安置以外,限制城镇、村建设,严格控制线型基础设施和独立建设新增用地,使土地利用结构逐渐走向合理化。

(5)珍稀植物和古树名木的保护

由于蒙山独特的地理区位和气候条件,蒙山地区古树名木及稀有树种资源非常丰富。据调查,该地区拥有上百年的古树 803 株,其中树龄超过千年的就有 17 株,天宝山林场大圣堂分区的侧柏,平邑县西崮村的流苏,费县小安子村的银杏等。平邑县两泉庄的银杏、锅泉林场赤梁院分区的楸梓,魏城子的流苏,费县巩庄的银杏等 14 株,其树龄均在 500 年以上。费县彩山前村 300 余年生的金桂、刘家庄近 200 年生木瓜,平邑县华家村清嘉庆年间所植龙爪槐,天宝山林场 300 余年生的紫藤、大洼林场庵子 380 年生的板栗、万寿宫林场白云岩西沟 200 余年生五角枫。天麻林场天麻庙上引种的 107 年生三尖杉，全山东在山上栽植的仅此一株。还有蒙山上的三桠乌药、刺楸，万寿宫林场的厚朴、白皮松，大洼林场的核桃楸、玉玲花、香椒子，天麻林场的北枳椇、檫木等树种，都属于珍稀树种。另有狭叶瓶尔小草、桔梗、算盘子、卷丹、天目琼花、坚桦、迎红杜鹃、野柿、野核桃等，都属于国家重点保护的稀有濒危植物。上述古树名木、稀有树种、濒危植物是大自然和先人留给我们的宝贵财富，它们对研究该区历史发展、宗教活动以及水文气象、地理都具有重要的科学价值，为祖国绿化提供了科学依据。一棵古、稀树木本身就是一个旅游观光的景点，一棵古树生长发育历经数百年、上千年，如同一部史书，树木年轮生长的宽窄，可测算出当地历史的年降水量多少等环境因子。总而言之，古树名木具有重要的生态价值、景观价值、文化价值、旅游价值、开发价值等，可以作为一个地方独特资源的名片，而古树名木具有不可再生性，就无法以其他植物来替补，因此，为长远利益为子孙后代着想，蒙山山区应重视古树名木和珍稀植物的价值，认真贯彻执行相关保护条例，切实保护管理好古、珍、稀树种及濒危植物资源。

（6）扩大植物资源保护范围

森林资源的保护不仅要注意种植和保护乔木，还要种植和保护灌木及草本植物。在过去的山区绿化中一般对乔木的保护和种植比较重视，但大部分区域的条件也适宜灌木的生长。灌木和草本植物对山区的绿化和保护具有很重要的作用，不应该被忽视。在乔木不宜生长的区域，可以人为栽植灌木和草本植物，增加覆盖度，在森林保护区，灌木和草本植物也应该被列入保护对象，山区严禁随意放牧。因此，蒙山山区在植树造林和荒山修复工作中应考虑灌木和草本植物的采用，应设计为乔灌混交林；对现有林龄老化、树种单一的松类纯林林区进行抚育更新时，可以以美化树种为主进行设计，大量栽植混交林，同时在林下栽植喜荫的花卉和灌木或进行乔灌混交林的改造。

2. 蒙山山区产业布局和结构的优化

（1）从土地利用角度优化山区生态服务功能

当前的资源与环境问题，如生境破碎化、土地退化、水土流失、土壤污染、自然灾害频繁等，都是由于不合理的土地利用，使生态环境遭到破坏所致。然而，随着经济社会的进一步发展，蒙山必然会面临上述一系列生态安全问题，因此蒙山山区作为周边地区重要的绿色生态屏障，地位不断的提高，其生态重要性也得到当地政府部门的重视。为了在土地布局上强化山区生态服务功能，应该基于景观生态原则制定土地利用总体规划，不仅应注重景观供人类观赏的美学价值、土地的肥力以及人类的短期需求，更强调土地的合理配置与利用以及景观作为复杂生命组织整体的生态价值及其带给人类的长期效益。山区土地利用必须以强化山区的生态功能为前提，充分保障山区绿色生态屏障和水源涵养供给功能，逐步转变山区土地利用观念，把生态环境建设放在首位。同时，基于景观生态的土地规划中，土地利用不仅要以现在的景观格局，而且要以新的格局为各种生命形式提供持续的生活条件（刘燕，2010）。

1）在各类用地规模、结构、布局、时序的统筹安排中，应严格保护生态林、水源地、自然保护区等重要基础性生态用地。对现有林地要加强管护，包括防火与病虫害防治。

2）充分考虑土地利用格局对土地自然生态系统的影响过程，重视河流水系，林地、滩涂等改善区域生态环境安全的重要因素,注重规划各类用地之间的数量比例和空间关系,以景观美化、生态良性循环为导向,构建良好的土地利用景观风貌,将土地利用对诸多生态过程的负面影响控制在最小范围。同时大力开展矿区生态环境的综合整治,进一步推动采矿业的退出,把矿区建设用地转化为其他用地,促使矿区产业转型、矿工改行,用旅游产业替代采矿业。

3)保障区域生态型土地格局。谨慎开展生态脆弱地区的未利用地开发,一方面,山区本身的水土资源条件不好,未利用地的开发利用难度大,容易造成生态破坏;另一方面,从蒙山山区的生态服务功能角度出发,未利用地应该加强保护,使之保持和恢复自然状态。因此,应注重发挥林地、水域和耕地的生态、景观、间隔等多重功能,通过基础性生态用地与其他用地类型的空间组合优化促进区域及区域间结构合理、功能互补的土地生态格局的形成和完善。还应该注意的是,区域生态型土地利用格局的构建要结合区域经济社会发展水平及自然地理特征,构建良好的土地利用景观风貌。如在城镇区域重点是通过山体、水系等开敞空间强化和明确城镇轮廓线,发挥农用地的景观与生态功能,防止城镇基础建设的无序蔓延;生态环境脆弱地区要特别注重水土流失和地质灾害治理等。充分考虑蒙山地区的自然地理条件和人类活动类型及强度,结合蒙山山区的水系特征,统筹安排生态用地,以确保区域生态环境持续改善,保障区域土地资源可持续利用。

4)土地利用模式的创新。山区传统土地利用模式粗放浪费,不适应山区未来新产业发展需要。需要探索山区土地利用新模式,促进山区土地利用向多功能、高效益、原生态的方向演化,积极推进山区产业的优化升级,促进山区特色经济的发展(张义丰等,2009)。强调了山地开发利用的生态适宜性与山地多种经营的经济特殊性,在稳定粮食生产的前提下,大力发展特色农林牧业。同时考虑到山地环境的脆弱性和水土流失等自然灾害的严重性,应将不宜耕作的陡坡地逐步实现退耕还林还牧,即在现状基础上退耕。此外,土地利用优化配置方案的落实还须着手于微观土地经营方式的优化设计,例如通过实施粮林(经果林)间作和林草复合等形式及其基地型、专业化生产的方式,提高土地利用效率和效益,以促进区域自然、经济和社会的协调与可持续发展(刘彦随,1999)。

例如,针对生态屏障区的土地利用以耕地为主的区域,在严格保护区内农田生态系统、控制建设用地规模的同时,可适当发育沼泽湿地和自然景观地,产业发展方面要充分保障特色农业、特色畜牧业和特色林果业以及以农林产品作为原材料进行生态产品的生产和加工的加工业。生态屏障区的土地利用以林地为主的区域,区内必须保证较高的森林覆盖率,使之成为流域水源涵养区,同时也可适度发展生态加工业,如将自然界可获得的原材料(竹、木、麻、棉等)转化为高端产品,以提高当地居民的收入(刘世斌,2013)。此外,还要限制低产出、高能耗、污染重的工业用地,促进工业用地向高产出、低能耗、生态环境友好型工业转变;并积极发展观光农业、生态旅游等休闲旅游用地,促进休闲旅游业成为新的经济增长点;改变植树造林模式,除了主要交通干线等建设地区外,山区林地要加强保护,使人工造林和自然恢复相结合。

5)加快配套基础设施和重点地区的建设

基础设施建设是山区发展的关键。但是蒙山山区基础设施建设还是存在诸如总量不足、布局不合理、利用效率不高等问题。因此:

a.蒙山要加快配套基础设施建设,提高土地综合生产力和资金的利用效益;通过科学规划、综合布局山区的基础设施和公用设施,全面提高城乡建设用地的利用效益。

b. 本着经济适用的原则,有步骤、分类型地开展村镇基础设施建设。比如对于位置偏僻、有地质灾害风险的乡村,不必花费高昂的代价建设道路及其他配套设施,而是鼓励异地搬迁,腾挪资金集中建设条件较好的小城镇和中心村。

c. 应结合山区发展观光林农业的产业方向,加强农田水利、防护林网等农业基础设施的建设和维护,进一步改善农业生产条件和农业生态环境,提高农用地的综合生产能力和产出效益。

d. 加大旅游基础设施的建设,合理规划旅游建设用地,配合蒙山旅游资源,建设与生态环境相适宜的为旅游服务的配套设施。如道路交通设施,供水设施,排水、垃圾、污水处理设施,能源设施以及信息设施。

同时,应加强重点地区的建设,优化土地利用布局。就深山区来说,一些村庄位置偏远,布局分散,交通不便,推进山区城镇化建设进程,有必要将这部分居民逐步搬迁到县城、小城镇和中心村。因此,山区土地利用应该结合山区城镇化的进程,逐步引导人口、资金等向小城镇、中心村等重点区域集中,达到优化布局、节约用地的目的。同时对腾退的农村居民点采取自然修复的措施进行生态环境改善。

就浅山区来说,应该大力进行村镇整合,促进存量建设用地的内涵挖掘。一是结合新农村建设,改善村庄内部用地结构,通过流转或置换等多种方式,将分散的村落布局调整为适度集中,盘活部分闲置和低效利用的土地;二是结合小城镇建设,发展一定数量的小城镇作为连接农村与重点城镇的节点,通过适度发展环境友好型产业或劳动密集型产业,为深山移民和当地农民提供就业机会(张义丰等,2009)。

(2)蒙山山区经济可持续发展的产业结构优化方案

根据蒙山的实际情况,要实现经济的可持续发展,需要依托当地丰富的旅游资源和特色林农业资源,以此提升经济发展水平。

1)加快发展蒙山旅游业

蒙山旅游区地处著名的沂蒙山区腹地,是临沂市旅游产业发展的品牌和龙头,是山东省生态旅游的重要名片。蒙山区位条件优越地处省会城市群经济圈和西部经济隆起带交接点,交通便捷;地理特征独特,四季分明,雨量充沛,土壤肥沃,植被茂密,山地主要由太古界泰山群地层构成,山势雄奇突兀,沟谷深邃,岩壁陡峭,多奇石异峰。经过多年的快速发展,旅游区旅游产业、农业产业、健康产业、文化产业发展进入快速通道,未来发展条件优越、潜力巨大。通过发展山区旅游业,能促进山区产业结构转变,增强山区与外界各方面接触交流,转变人们的思想观念,带动山区第三产业的发展,提高山区居民的收入水平,促进经济社会的发展。

a. 合理开发生态旅游

蒙山山区现拥有国家森林公园、国家钻石矿山公园、国家地质公园、省级风景名胜区等荣誉称号,是国家5A级旅游景区沂蒙山旅游区的核心区域。旅游区森林覆盖率高达90%,空气中负氧离子含量达到220万个/立方厘米,居全国之首,被誉为"天然氧吧""森林浴场"。近几年,蒙山山区旅游业发展迅速,景区吸引的旅游消费量越来越大,但是山区生态环境相对比较脆弱,一些旅游资源与生态环境容易遭受破坏。为了使山区生态环境和生态旅游业的协调及可持续发展,需要以可持续发展的观念指导山区生态旅游业发展,科学有节制地开发旅游资源,合理安排相关配套设施,尽量使开发中可能产生的负面影响降至最低。在开发山区生态旅游资源时,需要先摸清山区生态旅游资源情况,从全局出发制定生态旅游规划,各旅游点和景区一定要因地制宜、科学规划。结合蒙山山区自然地理特色,生态旅游可以朝两个方向发展:

山水景观带。重点包括龟蒙景区、云蒙景区、百花峪旅游度假区、龙门峡景区、曲流涧景区、钻石公园、天桥大峡谷等,打造以自然山水、森林植被为主要景观特色的山岳型省级风景名胜区和山地运动、探险旅游基地。

观光休闲带。重点包括明光寺景区、蒙阳峪旅游度假区、大洼旅游度假区及云蒙小镇、柏林小镇周边特色观光农业示范区,打造集合休闲疗养、写生摄影、会议住宿、观光体验功能的多档次旅游服务区。

b. 发掘文化产业旅游

蒙山文化底蕴丰厚,是中华文明和东夷文化的发祥地之一。孔子"登东山而小鲁",鬼谷子在此修炼授徒,汉朝史学家蔡邕等曾隐居此山,历代帝王将相、文人墨客遗迹密集。蒙山是道教的发源地之一,也是传统的佛教文化圣地,宗教文化氛围十分浓厚。蒙山也是革命老根据地之一,这里有孟良崮战役遗址、大青山战斗遗址、红嫂纪念地、抗大一分校、大众日报社旧址等驰名中外,以孟良崮、沂蒙红嫂为代表的红色旅游资源品味高,吸引力独特。因此,可以依托蒙山地区丰富的历史人文资源,按不同思路结合不同文化打造不同的文化产业区。具体包括三点:

历史文化区。复建明光寺及周边景区建筑,打造龟蒙道教及养生文化区,发展宗教朝觐、禅佛静修旅游;科学规划鬼谷子村建设,把鬼谷子流域打造成为国内知名的智慧开发综合区。

创意文化区。以养生小镇、钻石小镇等作为文化创意产业发展的重点区域,引入战略合作资源,植入文化创意经营元素,建设西部隆起带文化创意高地。发展依托林场露营、生态运动项目,做大健康有机生活的创意实践。

红色及民俗文化区。在李家石屋地区打造红色及民俗文化区,传承沂蒙精神,丰富区域文化内涵,打造立体文化产业布局。

c. 大力开发乡村民俗体验和健康产业旅游

基于民俗风情的旅游产业发展思路,应制定长期的发展规划和发展战略,制定严格且切实可行的管理制度和经营规范,结合各个乡村民俗点的具体民俗文化旅游资源,明确其旅游点的市场定位,因地制宜推出当地最有特色旅游产品,向深层次、多元化方向方向开发更多功能、不同形式的旅游项目和有内涵、特色鲜明的民俗旅游产品。而依托健康产业的发展思路则应该围绕打响"江北重要的健康养老圣地"这一生态养生品牌。以市场需求为导向,以蒙山享誉全国的天然氧吧生态环境为基础,以生态休闲旅游景区建设和大型养老基地为切入点,积极承办体育健康活动,大力发展养老服务业,促进医疗与养老、养老与地产融合发展,切实加强健康养老服务配套能力,使健康养老产业尽快成长壮大成为旅游区重要的经济增长点。

乡村民俗体验旅游带。重点包括李家石屋景区、百花峪景区及"蒙山人家"集中布局点,打造森林人家特色文化与林下休闲体验及沂蒙山区民俗展示基地。以分布广泛的环蒙山沂蒙风情乡村为载体,突出特色差异和生态品牌,打造休闲、体验、采摘、品尝、观光、养生等功能多元一体化的重要乡村旅游基地。

生态养生的健康产业旅游。打造"一核、五点"立体综合健康养生养老基地。"一核"即蒙山管委会驻地附近的蒙山健康养生养老基地,规划布局集度假、养老、养生、康体和娱乐为一体的各具特色、互补联动的休闲健康养生基地、养老配套服务区。着重打造"蒙山养生学院""健康与老龄文化研究中心"等特色品牌项目。"五点"则是接受蒙山健康养生养老基地辐射,在蒙阳岭、明光寺、百花峪、大洼、云蒙小镇等地区布局健康养生养老基地。完善基础设施,建立福寿文化展示和推介中心,推进养老健康品牌宣传、信息平台建设,突出民俗风情,建设最美乡村、蒙山疗养集镇、特色风情养老大院等。

d. 加快观光林农业和采摘旅游业发展

蒙山山区有丰富特色果品资源和农产品,有开展观光采摘旅游的便利条件。观光采摘旅游业适宜性、参与性强。对于观光客,既可以观赏果园、田地风光,又可以体验当地风俗;对于山区农民,则既可以节约劳动,扩大销售,增加果品、农产品的收入并带动周边餐饮、住宿的发展,还可以为蒙山特色林果产品销售起到良好的宣传作用。蒙山山区在开展观光采摘旅游时,要同周边自然生态旅游、民俗旅游资源等结合起来,挖掘观光采摘旅游业和其他旅游形式的相关项目和产品,丰富旅游内容,各方协调发展。

2) 因地制宜,大力发展特色林农业

蒙山地区春季多风干旱,夏季多雨高温,秋季凉爽易旱,冬季干旱多北风,具有四季分明、气候温和、光照充足、雨量集中、无霜期长等特点,农产品质量要比平原地区的优良,有适宜特色农业发展的自然环境条件。

蒙山山区宜林果面积较大,同时具有丰富的果品资源。蒙山山区发展经济价值高的林果产品,不仅可以改善山区生态环境,还可以增加农民收入。同时,林果业的发展必须充分利用山区的生态环境和资源优势,大力开发特色产品,促进林果业可持续发展。因此,因地制宜进行林果业发展规划、加强果树结构调整与品种结构优化升级和推行林果产品的标准化生产是蒙山特色林农业发展的必由之路。

根据环蒙山区域内立地条件、气候特点和特色农林产品,集中建设不同特色的农业产业区。五角枫、白蜡花、荷花、樱花、菊花、玉兰、桂花等花卉可以集中建设成为"百花园";在柘沟农业示范园种植蜜桃、大樱桃、山楂、蓝莓、草莓等林果形成"百果园";集中培育金银花、丹参、桔梗、石竹花、紫草、何首乌、灵芝等草药可以建立"百草园"。将花卉苗木种植、四大林场林下食用菌中草药畜牧供给、有机林果蔬菜种植、粮食蔬菜种植、林果茶叶种植在相关适宜地带集中建成"五大特色农产区"。

3. 提高蒙山山区生态屏障功能

(1) 基于景观生态学的土地利用格局优化

1) 保护基础性生态用地

天然林地、农地以及河流水域等在维护山水格局的连续性和自然性、保持山水整体形态等方面具有重要的作用,在生物多样性保护方面的作用尤为显著。河流水域作为重要的自然资源和环境载体,具有防洪、排涝、灌溉、供水等经济功能和提供生物栖息地、保护生物多样性、调节气候、净化环境、涵养水源等生态功能。此外,河流水系环境也构成了区域竞争力的关键要素之一,良好的河流生态系统为居民提供的休闲、娱乐等服务。因此,应将天然林地及河流水域作为基础性生态用地严格保护。各主要河道尽可能保持原来走向的自然形态。原则上禁止封盖河道,严禁硬化河底,保持其透水性,以保护水生生物的生境。对影响河流水系和林地生态环境安全及质量的土地利用,应当及时调整为适宜的用途。

2)发挥农用地的多重生态功能

充分发掘农用地的生态服务功能,使生态建设和耕地保护有机结合,促进生态环境持续改善。鼓励在城镇各镇街之间保留连片、大面积的农地。充分发掘耕地、园地等农用地的生态服务功能,将耕地、园地、林地等作为绿色元素,与建设用地穿插布局,以农田、绿地疏解城镇,扩大城乡绿色空间,完善城乡生态体系。

3)改善土地利用景观风貌

稳定具有区域优势和地方特色的自然景观用地,顺应自然地貌形态,有效保护合理利用自然景观资源,发挥自然景观用地的多重功能;通过蒙山山区内自然保护区、国家森林公园和各类景点,预留乡土植物群落生长和培育用地的空间,保留原有的乡土、民俗和休闲用地,保护多样化的乡土生境系统构,建良好的土地利用景观风貌。根据景观风貌和视觉效果的要求,限制或引导各类土地利用类型和布局。交通沿线限制建设,城乡建设用地集中布局,形成具有较高视觉质量或较高可视度区域的景观风貌;耕地、园地、林地、草地连片保护和利用,合理穿插分布,保证重要视点之间的视觉通廊开敞;安排土地整治区域,调整不合理土地利用类型和布局,实现景观修复和再造。利用蒙山优美的自然山体、纵横的水系布设绿色文化遗产长廊,预留乡土植物群落生长和培育的用地空间。应严格保护绿地生态空间和水际生态空间,强调山水自然轮廓的保护,严格控制河流沿岸土地开发强度,禁止工业项目用地布局。

(2)制定综合保护规划,实施生态恢复战略

蒙山山区应制定详细的保护计划,对保护区,生态恢复治理区、生态旅游开发、居民区等进行统一规划,避免山区的无序开发和建设用地的扩张。山体部分容易发生水土流失,应该进行封育。沟峪部分往往受人类活动影响,应加强治理。同时应通过小流域治理,将生物措施和工程措施有机结合起来,防止泥石流等自然灾害的发生。

另外,沟谷也可以建设成为观光生态经济园区。应选择沟谷形态完好,山形观赏价值高,风景多变,水资源丰富,生物种类多样的沟谷,经过人为景观创意和规划设计,将其建设成为以综合开发为中心、观光旅游为途径、生态保护为基础的多功能沟谷经济区。

山区的采矿业会严重破坏当地的自然生态环境,应逐步关闭具有生态安全风险的矿山,并对废弃矿山及时进行生态修复。矿区道路的碾压、采空造成的地面塌陷与裂缝,都会造成矿区原生地质及山体景观和区域环境的破坏,并引发水土流失、山体滑坡、泥石流等自然灾害,对当地农民的生产、生活和社会安定造成影响,降低山区的生态屏障功能。因此,在山区制定综合保护规划,实施生态恢复战略已是当务之急。

(3)发展生态产业和旅游业

山区具有一定的资源优势,以开发利用自然资源为主的生态产业和旅游业发展促进了山区的经济发展,但山区又是一个十分脆弱的生态系统,如果开发超过其环境容量和阈值,就会造成生态失衡,引起诸如山体滑坡、泥石流和水土流失等生态性灾难。解决好山区环境与经济

协调发展问题,不仅是山区自身持续发展的要求,也是广大非山区持续发展的基础和保证。而山区生态产业的发展就是要从根本上解决产业系统与自然生态系统冲突问题,从理论和实践上促使产业系统的高级生态化,从而与整个自然生态系统保持和谐的发展关系。

1)山区生态农业和工业对生态环境的促进作用

伴随着生态农业兴起而发展起来的生态农业技术则是各种单元技术的优化与组合,其作用和意义已不仅是为了提高生物生产量,而是对自然生态系统的逐步仿真,使农业经济、资源利用、环境保护、污染治理有机结合。从生态农业的单元措施和环节来看,优化种植布局其生态效果是系统调节与用养结合;种草种树是改善农田小气候、防风防蚀、提供饲草;农林、农果复合生态结构构建是改善农田环境,利用生物共生优势;食用菌及其产业化是废弃物利用,促进物质循环;沼气开发是开发新能源,促进有机物再循环利用,控制污染;有机肥和秸秆还田是有机物再循环,提高土壤肥力;科学施用有机肥是保护水土资源,促进养分收支平衡等。显然山区生态农业在保护生态环境的作用是十分明显的,其意义毋庸置疑。

生态工业就是借鉴自然生态系统物质与能量流动的规律与方式,强调企业和部门的协作和共生关系,打破传统工业企业轻视废物资源化的思想及其将废物管理、处理和环境问题割裂化的低级陈旧运作方式。因此生态工业的开发与运作打破了系统内的物质能量循环关系,使这种关系朝着降低产品与服务的原料消耗强度、降低产品与服务的能量消耗强度、减少毒性物质的扩散、增进原料的可回收性、将可再生资源的使用最大化、提高产品的耐久性、增进商品的服务强度和功能的方向发展。因此生态工业的开发在生态环境保护的促进作用方面至少减少了资源的消耗量、减少了对自然的影响和压力、提高了产品和服务价值。

2)山区生态旅游对生态环境的促进作用

生态旅游对自然生态保护的促进作用表现在:通过旅游开发积累资金,从而增加自然保护方面的投入;通过为当地居民提供就业机会,促进地方经济发展和生活水平的提高,进而改善自然环境和当地居民的保护意识和参与保护积极性,使他们自觉成为自然环境保护的拥护者和实施者。自然环境保护对生态旅游的促进作用表现在:通过自然保护增加生态旅游地的生态质量和品质,提高旅游地的吸引力;生态旅游的对象往往又是自然环境保护的对象,通过对旅游对象的保护,促进生态旅游的可持续发展。自然保护区是开展生态旅游的良好基础,但是管理不当将会破坏保护区的生态环境。因此,在自然保护区开展生态旅游必须进行规划设计,要按照自然保护区不同的功能区如核心区、缓冲区和试验区等进行分级分层保护、研究、监测、教育、培训、资源开发和生态旅游活动。

4.4 蒙山旅游区生态林业发展中存在的问题及对策

4.4.1 蒙山林业资源现状

蒙山跨临沂市蒙阴、费县、沂南、平邑四县,分龟蒙、云蒙、天蒙、彩蒙四大景区,总面积1125平方千米,旅游区面积313平方千米。

蒙山资源丰富,全区有林地面积达200平方千米,其中生态公益林154.67平方千米,经济林 34 平方千米,用材林 11.33 平方千米。其中旅游区管委会现管辖有国有林场 4 处,经营总面积 75.13 平方千米,有林地面积 72.87 平方千米,林木总蓄积 42.3 万立方米,林场森林覆盖率达 97% 以上。其中万寿宫林场经营面积 18 平方千米,有林地面积 14.67 平方千米,林木总蓄积 8.46 万立方米。明光寺林场经营面积 11.13 平方千米,有林地面积 11 平方千米,林木总蓄积 4.38 万立方米。天麻林场经营面积 36.73 平方千米,有林地面积 34.93 平方千米,林木总蓄积 25.78 万立方米。大洼林场经营面积 12.13 平方千米,有林地面积 12.13 平方千米,林木总蓄积 3.68 万立方米。

蒙山旅游区大部分森林为人工林,部分为天然次生林,森林覆盖率达 95%。林相完整优美,层次分明有序,已形成稳定的森林生态群落和宜人的森林生态环境。据不完全统计,蒙山野生植物计有 123 科,437 属,860 种(包括 74 变种、12 变型、8 亚种),其中:有 129 种属于从国外和国内其他各地引种的,如黑松、赤松、落叶松、罗汉松、湿地松、火炬松、海岸松、西黄松、油松、柳杉、刺杉、北美红杉、水杉、北美香柏、栓皮栎、刺槐、华山松等。园区内还分布成片的经济树种,如苹果、板栗、大枣、桃、杏、山楂、葡萄等。园内林间隙地生长的可食用野菜有几十种之多,常见的有桔梗、百合、马齿苋、蕨、黄花菜以及香薷、蘑菇等。公园还是一处天然药材园,生长着药用植物 289 种,分属于 64 科。金银花、连翘是蒙山的重要特产。其他动植物药材如何首乌、木防己、紫草、远志、全蝎、蝉蜕、灵芝、拳头参、穿地龙等,也极负盛名。

旅游区主要树种有:赤松、油松、黑松、落叶松等松类,麻栎、槲树、栓皮栎等栎类,以及刺槐等,形成的林分占全部有林地面积 90% 以上。特色树木有三尖杉、檫树、漆树、白桦等,还有水榆花楸、山樱桃、大叶白腊等野生树种,连翘、映山红、照山白等灌木树种,以及穿龙薯蓣、木防己、射干、天麻、丹参、紫草、灵芝、冬虫夏草等草本植物。

旅游区草丰林密,多涧泉,适于野生动物栖息活动。狐、兔、黄鼠狼、獾、狼、刺猬等经常出没。家畜中以蒙山牛与蒙山羊最引人注目。蒙山牛是役肉兼用的良种牛,体型矮,耐粗食,善登山,抗病力强。蒙山羊行动灵致,善攀登,皮板为制裘佳品,肉细嫩鲜美,闻名遐迩。蒙山禽类有几十种,时有鹊鹰、苍鹰翱翔盘旋,灰喜鹊、猫头鹰、喜鹊、斑鸠、雉、啄木鸟、岩鸽、杜鹃、黄雀等则穿飞林间。清晨,百鸟争鸣,悠扬宛转。其中雀鹰、白头鹞等珍禽,属国家二类保护动物。在我国东部地区罕见的大型猛禽秃鹫,亦称座山雕,也在园内深山丛林中安家落户。

4.4.2 蒙山生态林业发展中存在的问题和对策

雄踞鲁中南的蒙山,现为国家 5A 级旅游景区、国家森林公园、国家地质公园,拥有优越的森林资源。蒙山旅游区管理体制调整以来,明确了以生态文明建设为核心,打造中国著名的山岳型休闲度假旅游目的地的发展路线。在此背景下,蒙山森林资源得到了有效保护和科学有序开发。但是,蒙山林业的可持续发展仍然存在一定制约因素。

1. 荒山绿化不足,仍存在水土流失

荒山绿化作为林区发展的一大补充,在改善区域生态环境、维持生态平衡、保护生物多样性、优化景观格局等方面起到了不可忽视的作用。荒山绿化能够进一步提高蒙山旅游区绿化覆盖率,并在完整构建蒙山生态防护体系、提高区域自然环境和人文环境质量,以及加快旅游区生态文明建设和林业经济发展等方面也起着举足轻重的作用。

就蒙山而言,造林绿化面积已达到了85%,但仍有13余平方千米的荒山、草坡、裸岩没有造林绿化;兖石铁路两侧及南部低山区,荒山面积达120余平方千米,水土流失仍较为严重。为此,建议有关乡、镇、村搞好规划,实行封山育林、育草,严禁乱放牧,限期绿化。对花岗石、石灰石的乱挖滥采,要加以限制,加大执法力度。

此外,蒙山山区在荒山绿化进程中还应注意相关技术性问题:

(1)荒山绿化不等于植树造林,应制定细致的政策条款,避免相关监督标准和监督办法的滞后。荒山绿化过程中切忌急功近利,急于求成,应在科学的基础上明确绿化目标和范围,协调荒山绿化投入和产出比例,否则将会导致事倍功半,甚至出现有劳无功的现象。

(2)荒山绿化前要进行系统深入的调研工作,切合荒山的立地环境条件做出规划设计,采取多样的配置形式,避免植物种类单调,缺乏群落和层次关系。

(3)提高施工技术水平,降低养护成本,且要重视后期养护管理,避免苗木大量的死亡。

(4)针对荒山绿化区水资源不够丰富的问题,应该注重水资源再生循环,开拓植树造林的绿化水源,提高水资源利用率并合理利用天然降雨。

(5)地形陡峭、土层瘠薄等是制约荒山绿化的重要因素,因此,在荒山绿化过程中,应充分考虑立地条件,依据具体立地条件实行阶段性绿化工作,并合理配合适宜的林种和树种,提高荒山绿化成功率,同时保障荒山建设用地开发与周边区域相协调,明确荒山绿化方向,避免绿化用地建设呆板。

2. 林分质量较差,森林抚育进程缓慢

蒙山现有林草植被资源良好,是广大人民群众长期劳动的成果,是强化水土保持、进一步搞好山区建设的物质基础。只有把现有的林草植被巩固、提高,才能保证新的发展。

虽然国家实施了中幼林抚育试点工程,但由于抚育资金不足等问题,只能采取普通抚育的方式进行改造,全区已完成中幼林抚育工程任务34.67平方千米,完成面积只占有林地面积的1/6。现在森林质量仍然不是十分理想,主要表现在以下几个方面:①树种结构不合理。从林分结构上看,针叶、阔叶林比例不协调,人工纯松林所占比例偏大,树木品种较少,林种、树种组成单一,栽植时规划不合理,缺少空间结构的主体变化和色彩变化,林相单调。②龄组结构不合理。目前,蒙山旅游区林分大多数为幼龄林,树龄老化现象也较明显,成熟林比重较低,各龄组面积比例严重失调。③局部地区土壤瘠薄。蒙山局部地带土壤较薄,土壤内砂石含量较高,最厚的土层不过50厘米,土壤保水力差,板结、坚硬。

人工林在蒙山山区占有很重要的地位,如果对人工林的森林抚育不够重视,缺乏抚育管理,容易造成造林不成林,成林不成材现象。为此,对现有成林的林区,应加大抚育管理措施,促使其尽快发挥应有效益。对现有疏林、残林,应有计划地进行改造,逐步建成乔、灌、草结合和针阔叶混交的多树种、多层次的林区。对现有未郁闭成林的纯林,应在其间补栽、补种灌木、种草,以增加覆盖率,提高防护效益。

造林结束后,应对幼苗进行培土、扶正踩实、除草等的各种抚育措施。树木大体分为春夏生长型两种,春生长型的树种如落叶松生长期大约为60天左右,一般在5月初下旬完成一次抚育,6月初下旬完成第二次的抚育,以保证苗木旺盛生长。夏生长型的树种如云杉第一次抚育可在5月下旬至6月上旬完成,第二次抚育7月下旬完成。在抚育过程中,针对树种的喜光

程度,对阳性树种如落叶松、杨树等采取带状打草抚育或全面抚育,以达到增加光照的目的。在实际生产中,造林后的抚育及管理措施是否及时合理,是保证造林成果,促进幼苗生长,使其尽快郁闭成林的重要手段。土壤比较干旱的陡坡和地表径流比较严重的地块,应采取鱼鳞坑式的抚育方式。

天然次生松林,采用带状或块状皆伐改造,伐后及时更新,选择适宜阔叶树种营造针阔混交林。天然次生针阔混交林,可采取择伐方式保留目的树种和有培育前途的树木,促进林冠下幼树生长,通过人工抚育手段,使之尽快形成针阔混交林。对于人工林,可采取透光伐方式改造,在林冠下植耐阴花灌或宿根花卉,形成高低错落有致,具有观赏生态效益的水土保持林。

3. 森林防火和病虫害防治压力大

蒙山区域面积大,植被茂密,可进入林区的边线长,火灾隐患大。林分大多为黑松、侧柏等易燃树种,栽植时没有设计防火树种作为生物防火隔离带,山高坡陡,集中成片,林地上覆盖一层厚厚枯落物,极易燃烧,特别是春秋两季风大,林内干燥,一旦有火种便难以控制,对森林构成潜在的威胁。造成此种情况,一是由于国有林场没有纳入水利配套建设项目,水利设施少,不能有效收集雨水,冬春两季严重缺水,防火水源紧缺。二是由于防火监控系统设备不足,防火监测率低、物资储备不足,防火宣传不够深入、财政投入不足等问题,满足不了防火的现实要求,防火能力建设亟需完善。三是没有设立航空护林站,无法开展飞机防护和病虫害防治工作。除了解决目前制约森林防火和病虫害防治的问题外,还要积极从以下方面做好改善工作:

加强森林防火工作要求各级防火办当好领导参谋,使森林防火工作上升为政府行为;补充和完善有关森林防火方面的法规,明确各级森林防火指挥部成员单位职责,变被动参与为主动参与;自上而下把森林防火工作列入政府的综合考核体系建立森林防火监督体系;实行分层次教育提高全民的森林防火意识;采取营林措施提高森林的火灾自御能力,有计划地烧除田坎草及坟山周围的杂草等。

野外的火源管理工作也是森林防火工作中最为基础、最为关键的任务。需要将野外的火源管理工作落实到森林火灾发生之前;不断加大力度进行巡查,以消除隐患;发生森林火灾的高险期与重大节假日之际,应该重点加大巡查工作的密度;在高火险时期的中午或者傍晚也是防火措施的重点管理时间段;管理人员要确保做到中午时间段不能下山,应该坚守在林区第一线,才能够确保万无一失。

加强病虫害防治工作的主要措施:

(1)加强森林病虫害预测预报工作。预测预报是森林病虫害防治工作的重要基础。必须坚持把病虫害的调查监测工作放在首位,对辖区内的全部森林资源进行病虫害调查监测,要以全面、及时、准确地掌握森林病虫害动态作为基本目标,做到及时发现、及时除治。

(2)加大防治的科技含量,改进防治手段。针对蒙山在森林病虫害防治上与生物多样性保护和环境保护的需要不相适应的现状,防治手段急需大力改进。一是坚持搞生态林业。在保护好现有林的基础上,造林要坚持适地适树,采用良种壮苗,营造混交林,增强林分自然抵御病虫害的能力。二是认真遵守国家有关安全合理使用农药的规定。三是大力发展生物防治。

(3)加强林木检疫,严防危险性病虫传入。结合蒙山实际情况,当前重点做好以下工作:一是加强《植物检疫条例》等法规和森林植物检疫工作重要性的宣传,增强人们的法制观念;二是相关的干线公路路口增建检疫检查站,加强检疫检查,严防带疫进出省界;三是加强源头管理,堵塞危险性病虫害的传播渠道。

(4)加大资金投入,保证防治需要,加大资金投入是提高防灾减灾能力的重要基础。

4.4.3 蒙山生态林业的发展思路

1. 构建现代林业三大体系,促进生态文明建设

按照建设现代林业的要求,充分拓展和开发林业的生态、经济和社会三大功能,通过全面实施林业生态省建设规划,提高森林资源质量、林业产业、科技应用推广、基层基础建设、林业职工生活水平,积极构建森林生态、林业产业和森林文化三大体系,为加强生态建设、维护生态安全、建设生态文明作出新贡献。

(1)深入林权制度改革,激活林业发展活力。开展以"明晰产权、减轻税费、放活经营、规范流转"为主要内容的集体林权制度改革,按照"林农得实惠,生态受保护"的要求抓好试点、探路实践,正确引导和规范森林、林木和林地使用权流转,切实保障林农的利益。围绕拓展提升林业功能、发展林业生产力、提高林业综合效益、调动全社会参与林业建设积极性、增强生态约束机制、理顺林业管理体制等方面积极探索改革创新。

(2)以提升灾害防控能力为目的,完善林业灾害防御体系。根据十七大报告中"坚持安全发展,强化安全生产管理和监督,有效遏制重特大安全事故,完善突发事件应急管理机制"的要求,在切实加强防御宣传教育、健全落实责任制的基础上,建立预警和防御体系,从根本上掌握防御林业灾害的主动权。一是建立和完善林业灾害的预警系统,包括森林火险预警系统、森林病虫害预警系统、野生动物疫源疫病监测预警系统。二是建立和完善林业灾害的抗御体系,包括抗御森林火灾体系、抗御外来有害生物体系。建立健全以森林防火组织机构与现代化森林防火应急指挥中心相结合的森林防火组织指挥体系和通信体系,进一步完善林火阻隔体系,提升森林火灾的抗御能力;根据疫情特点采取综合治理,结合林分改造工程及时清除疫点疫区,从根本上消灭外来有害生物对森林的危害。

(3)以实施林业生态工程为重点,构建绿色生态屏障。根据十七大报告中"要加强水利、林业、草原建设,促进生态修复"的要求,抓好重点林业生态工程的建设,构建结构合理、功能协调的生态体系,满足全社会对生态产品的巨大需求。重点抓好水源涵养林及水土保持林工程、绿色通道及农田林网工程、生态防灾减灾工程及森林公园工程、森林生态监测及湿地工程等九大重点工程,建成以森林植被为主体的稳定、安全的生态屏障。统筹规划、协调发展,切实推动区域森林建设,大力推进城乡绿化一体化。加大以生物措施为主的水土流失治理力度,增加土壤的储碳功能。

(4)以加快发展林业产业为途径,促进新农村建设。组织实施林业产业发展规划和指导意见,做大第一产业、做强第二产业、做优第三产业。第一产业重点发展商品林、林木种苗与花卉业,推广种植乡土珍贵树种,提高土地生产力水平,增加农民收入,创造绿色财富。第二产业重点增强林业的经济功能,加大木材、林副产品等可再生资源的开发力度,提高林业综合效益,第三产业重点发展森林生态旅游业。努力满足社会对自然、绿色、可再生、可降解的林产品的旺盛需求,促进蒙山山区经济发展、增加林农收入、拓宽就业渠道,并为蒙山生态建设提供坚实的

资金保障和物质基础。

（5）以发展繁荣森林文化为载体，大力建设生态文明。充分重视和发挥林业巨大的社会功能，承担起促进社会和谐、构建生态文化、推动文明进步的重要职责。积极倡导人与自然和谐相处的生态文明理念。通过加强森林文化基础设施建设，积极开发森林文化产业，努力构建主题突出、内容丰富、贴近生活、富有感染力的森林文化体系。抓好地质公园、森林公园、林业科技馆等森林文化设施建设，保护好旅游风景林、古树名木和纪念林。发展花文化、生态旅游文化、湿地文化、野生动物文化等，不断拓展生态文化产业发展新领域。

2. 实现林业的可持续发展

森林兼具经济效益、社会效益与生态效益三种效益。在以往的林业发展中，往往会忽视生态环境而过度追求经济增长，尽管当期的经济增长速度相当快，但后期的经济发展却受到了生态环境被严重破坏后恶化增长的巨大报复，因而停滞不前或萎缩。因此，为促进经济社会与生态环境的长期协调发展，应走林业可持续发展的道路。同时，结合蒙山林业的实际情况，应根据具体的地理条件、气候条件、森林资源的种类、储量，以及经济发展状况不同，制定相应的林业可持续发展政策，因地制宜、因林制宜、因人制宜地促进林业可持续发展战略的顺利实施。

（1）提升森林生态功能

为了提高蒙山山区森林的生态、经济、社会效益，努力提高森林覆盖率是蒙山林业生产的重要指标之一，要以生态建设和资源保护为重点，确保森林覆盖率和森林蓄积量稳步增长，森林生态功能稳步提升（王森林等，2000）。

针对蒙山生态功能的维护与提高，应从以下几个方面着手，持续提高蒙山森林覆盖率和森林蓄积量的稳步增长：

①宜林荒山、荒地造林。蒙山山区仍存在较大面积的荒山荒地，是水土流失的策源地。立地条件较好且适宜乔木生长的区域，要抓住时机完成绿化；立地条件较差的区域则要做好封育工作，逐步实现绿化。

②疏林地改造和未成林造林地抚育。疏林地立地条件较好，都有成林希望，可采用补植或更新措施。更新可采取天然更新或人工促进天然更新，使其早日成林。未成林造林地都有成林希望，要加强抚育管理，通过松土、除草、浇水、施肥等措施，促其生长成林。

③封山育林。在条件较好的裸岩处和关闭的矿山，要严格封禁，在地表有土壤覆盖且有一定肥力的地段，应撒播一些树木种子，或采用客土工程措施使立地条件逐步得到改善，促其生长成林。

④村镇绿化。随着人们物质文化生活水平的提高，对城乡绿化、美化的要求越来越高，村镇绿化、四旁植树的潜力越来越大，可以大幅度提高区域植被覆盖率。

⑤退耕还林地造林。把坡度大、土层薄、立地条件较差、不宜发展农业生产的这部分土地退耕还林，提高蒙山现有的坡耕地的森林覆盖率，基本可控制水土流失和各种自然灾害，消除水患与水荒问题。

（2）完善森林生态功能补偿机制

从森林利用的角度来说，蒙山山区至今仍未达到森林经济效益与生态效益的有机结合，其中最关键的问题是森林生态功能没有得到完全的补偿，从而延缓了生态性森林的营造和经营管理。这是因为,按各种行业性质而论,森林是一种准公益事业(因为它生产木材、林副产品,有经济收入,不是完全的公益性),既有公益的一面,又有产业的一面,存在作业生产直接产品和进行公益事业的矛盾。在蒙山当前生态文明建设的大趋势下,应着重发展生态事业,尽量避免生产林业产品造成的生态破坏,这就需要蒙山山区做好生态补偿相关工作。然而,蒙山生态性森林建设所需费用得不到有效的实际投入,使生态性森林既无营造费用又不补偿,从而形成了生态功能经济价值观的盲区。现在看来,蒙山要发展生态性森林,保护生物多样性,改善区域环境,应该完善森林生态功能补偿制度。

1)林业内部的自我补偿。通过提高单位面积的复种指数使其增加经济收入和调整林种结构,建立农林复合经营模式两种途径来达到补偿生态性森林营林成本和经费开支。对于蒙山地区,可以通过保护野生珍贵、药用、特用等乔灌木、发展林下经济才能实现;同时采取退耕还林等办法,通过多种立体种植不仅取得了一定经济效益,在一定程度上还增强了生态效果。这种自我补偿形式应根据当地资源条件进行优化配置。

2)外部补偿形式。根据林种的划分形式,有用材林、经济林、防护林等,这些林种都有或大或小的生态功能,用材林和经济林的收益随着收获期的达到而终止,而防护林,如水源涵养林、森林公园等,将随着改善环境因素和对环境产生有利影响而无限延长,这些关系到国土保安的大型生态工程,建设期长、影响范围大、生态效果好,在建设中耗资巨大,其功能补偿无法获得,只能靠保水、保肥、固土、增粮等受益单位或个人外部补偿。

外部补偿的来源有:①政府拨款,受政府资金短缺而不能完全补偿。②受益单位提取,如水电部门、农业部门、旅游部门(收取门票)等。③受益范围内的生产者提取补偿费。

(3)林业经济效益和生态效益的协同发展

这些年来,林业的生态效益和经济效益受到了极大的关注,蒙山可根据各地在实践中采取的各种应对措施和自身发展实际情况促进林业良性发展。

①林农结合式。应用和推广国内外先进技术和成果,采用科学的生产、管理方法,以林为主,林农结合,多种经营,逐步建成具有经济、生态和社会效益的林业发展模式。大力推广生态价值和经济价值兼备的生态经济间作。如实行林草间作、林药间作、乔灌混交等种植模式,最终使退耕还林成为调整农村产业结构,增加收入的良机,同时实现了生态和经济效益的综合效果。

②造林规模化。从提高生态效应、景观效果、经济效益出发,成片造林力度明显加大,片林建设以发展苗木基地、经济果林、速生丰产林等经济型林地为主。

③造林多样化。采用多样化的以林养林方式,如发展苗木养林、发展林木加工养林、发展经济果林养林。还可采取林苗结合、林禽结合、林菜结合、林果结合等方式,提高林地产出和经济收益。

(4)蒙山林业可持续发展对策

1)科学规划布局,调整产业结构,实现分类经营。以植树造林、退耕还林、天然林保护等重点工程建设为前提,重新规划林业产业的布局,按照本地的自然情况,合理划分出不同类型的林地,实现多样化造林,按林地性质进行差别化管理。

2)提高对森林认证的认识,制定规划,按林业可持续发展的各项指标进行细化,分类开展工作,把森林认证制度作为促进森林可持续经营的有效手段,规范森林经营过程中的管理和技术环节,从而提高经营水平。同时强化对环境和当地居民权益的保护,利用其对公众的教育和宣传作用。力争尽快通过认证,提高地方林业的经济利益。

3)运用科技手段,促进林产品精加工、深加工,提高地方林业的经济效益。科学技术在林业生产中的运用,是促进林业发展的重要动力。在森林资源日益减少,环境保护任务越来越重的前提下,要想实现林业的可持续的发展,一个重要的方面就是要把现有的可利用森林资源进行深度开发,精确利用,实现资源利用的最大化,而要达到这个目的,首先就地依靠科学技术的力量,因此,实现林业的可持续发展就要注重在林业生产中运用最新、最环保的科学技术,提高产品的附加值。

4)调整林业管理机构,提高林业管理水平。出台完善国有林场职工聘用管理办法,改善目前职工结构,消除林业职工文化水平较低,思想意识落后、保守的现象。结合林场所承担的主要任务,科学地设置岗位,按有关人事政策公开招聘人员,实行竞聘上岗、择优聘用、以岗定酬、合同管理等。深入推进政风、行风建设活动,提高工作效率和服务水平。完善国有林场和林业站基础设施建设,规范管理制度。规范行政执法,将执法延伸到林地、种苗、林产品质量安全等领域。

3. 推动林下经济和生态旅游业发展

(1)大力发展林下经济

林下经济对于林业产业发展、森林资源可持续利用、促进农民增收和推动林区区域经济发展具有重要的意义。蒙山山区森林覆被率高,长期以来,由于清理困难,林下腐殖质层堆积过厚,对林下动植物造成了一定的破坏。因此,发展林下经济对不仅能解决林区枯枝落叶带来的弊端,还能创造良好的生态收益与经济收益,应出台发展林下经济扶持政策,引导鼓励农户充分利用林下土地和空间资源,采取多种林下经济发展模式,发展林下生态经济,拓展林地增值空间,提高林地综合利用率和产出率,切实增加农民收入。

结合蒙山实际情况,适宜发展的林下经济模式主要包括:

①林菌模式:几乎所有品种的食用菌均可在林下栽植,种植技术也比较成熟,如香菇、黑木耳、鸡腿菇、大球盖菇、平菇、双孢菇、茶树菌、红椎菌、灵芝等,在全国各地发展很快,已形成较大规模。而且生产食用菌需要大量生物质,可以变废为用,充分利用蒙山林下堆积的大量腐殖质。

②林药模式。蒙山药用植物资源丰富,据调查达590余种,分属130余科。例如连翘、金银花、酸枣、桔梗、丹参、葛根、玉竹、萱草、黄精、天南星、白芷、紫草等野生中药材都是蒙山名产。但由于保护较差,无计划挖、刨或过量性的采、剥,致使很多品种的药材遭到严重破坏,有的几乎绝产。近年来,随着中药材价格的不断上涨,林下药材培育大有可为,而且蒙山水资源丰富,土地肥沃,应大力发展林药模式的林下经济,提高其经济效益。

③林菜及林果模式:蒙山适宜林下种植的蔬菜、水果品种较多,田间管理群众也较为熟悉,较常见的有大葱、洋葱、苋菜、大叶芹、西瓜、甜瓜、草莓等。套种蔬菜,除了能加快林木的生长速度外,还能抑制减少病虫害,林下蔬菜瓜果的经济效益也十分可观。林下蔬果种植应顺应林木生长的自然规律,以耕代抚和免耕栽菜,增强林地的通透性,同时起到保水保肥的作用。

④林禽和林畜模式:在林下圈养或散养鸡、鸭、鹅、雁等禽类,圈养或散养猪、牛、羊、兔等家畜。林禽和林畜模式市场潜力大、饲养周期短、技术简单、群众易于接受、经济效益可观、致富起效快,而且能对林区林下环境产生一定的有利扰动,目前在全国各地已迅速发展。同时,发挥蒙山森林资源优势与禽畜品种优势,结合林下养殖,推出"蒙山黑山羊""蒙山黑猪"等品牌,实现林下禽畜产业的生态效益与经济效益最大化。

(2)促进林业生态旅游发展

林业生态旅游是一项新兴的产业,涉及面广。在发展林业生态旅游过程中要贯彻资源和环境保护的思想,科学规划生态旅游,努力打造一流的生态景区。林业部门要以生态建设为主的林业发展战略为指导,因地制宜,认真编制林业生态旅游规划,科学合理布局,将林业和生态旅游相结合,突出蒙山特色,发挥行业优势,实现旅游资源互补(朱景波,2012)。

对于蒙山旅游区,应发挥林业资源优势,打造旅游区合作新格局。进行生态环境建设,要充分发挥林业得天独厚的优势,合理利用林业资源,进行绿色健康的生态旅游开发。应该确定适宜的林业生态旅游发展思路,准确定位,正确引导,使林业生态旅游迎接良好的发展机遇。

①加大生态景区基础设施建设,打造完美景区。加大资金投入,充分利用得天独厚的条件,建设具有鲜明区域特色的设施,精心设计和创造生态旅游的精品区,以提高景区的生态文化品位。

②将生态环境保护和旅游规划有机地结合起来,尽可能地保护好各类生态系统及景观。对于森林资源破坏严重,原始森林不断减少的现象,政府应对破坏森林的行为进行监督和处罚。

③进行科学合理布局,适当深度开发。在不影响生态环境的前提下适度开发利用,严格控制旅游规模及人数。

④林业部门和旅游部门要加强合作,相互支持。各景区要同管委会旅游业发展的大规划相结合,明确发展目标,整合和挖掘景区的旅游资源,多开发生态健康的旅游项目。

(3)引入湿地公园模式

湿地在调节地表径流和净化水质的同时还能调节区域气候以及沉淀、吸附、分解、转化和吸收污染物,通过湿地植物的蒸发作用和其对粉尘的吸附还可以改善区域空气质量。在蒙山湿地公园的营建,将大大提高现绿地的生物多样性,丰富蒙山景观。同时,湿地特殊的生境、多样的湿地生物群落构成的复杂生态系统,为各种涉禽、游禽、蝴蝶和小型哺乳动物,提供了丰富的食物来源并营造了良好的避敌场所。一定规模的湿地环境还能成为常住或迁徙途中鸟类的栖息地,促进对生物多样性的保护(袁义龙等,2009)。同时,湿地是发展生态旅游的高潜能优势区。在湿地开展生态旅游,不仅能够促进区域经济可持续发展,从而实现对湿地环境的积极保护,还可以对旅游者进行生动的环境教育,推动生态文明建设(郭晋阳等,2011)。

蒙山水资源和生物资源丰富,具有很大的湿地生态旅游开发优势。蒙山山区具有典型的森林生态系统,景观类型多样,季相变化明显,旅游资源种类丰富,自然旅游资源与人文旅游资源整合良好,互补性强,优美的自然风光和人文景观融为一体,适宜开展多种类型的旅游活动,有较高的旅游开发价值。结合蒙山的实际情况,湿地公园的营造应依托库区、河汊和河滩水源,构造植被结构完整、物种丰富、与周边森林、灌草丛和农田生态系统类型形成有机结合的整体。深厚的文化底蕴可以成为蒙山湿地生态旅游开发的依托性资源,有利于旅游活动类型的拓展。蒙山及周边现有的旅游资源,如森林公园、地质公园等,能与湿地公园的旅游资源类型互补,且各景区间交通便利,有利于旅游线路的组合,易于形成区域旅游协作优势。

蒙山湿地公园可以参照的开发模式:

①景观观赏类模式。包括湿地水体观赏和动植物观赏。依托水库或河流营造独特的水体景观,同时引入丰富的水生植物和蒙山本地珍贵树种,与蒙山森林公园的山体自然景观构成山水结合的景观类型,成为游客的揽胜之所。

②趣味体验类开发模式。利用湿地丰富的动植物资源,开展可让游客亲身参与和体验的特色活动,如建立农业示范园,开展果蔬采摘等趣味性强的"农家乐"活动,体验农事之乐;开展渔场垂钓、渔家乐等旅游活动,体验渔家风情。

③文化体验类开发模式。文化是推动湿地生态旅游可持续发展的内在动力。在湿地的生态旅游开发过程中,要深入挖掘人文内涵,将自然景观与湿地文化、当地民俗文化以及历史文化相结合,开展人文生态旅游,如建立蒙山民俗文化园,以其独具的特色形成差别竞争优势。

参考文献

庞闽志,2000.三明市林业建设规划[J].中南林业调查规划,**19**(3):31-35.

葛凤琼,2012.加强生态林业建设,促进林业可持续发展[J].科技资讯,**11**:128.

利忠,2004.论生态林业与林业可持续发展的有效途径[J].林业调查规划,(4):45-47.

任志新,2014.浅谈生态林业建设[J].现代园艺,**1**:61.

高文革,石美玉,2014.加强生态林业,促进林业可持续发展[J].吉林蔬菜:53-54.

沈国舫,2000.中国林业可持续发展及其关键科学问题[J].地球科学进展,**15**(1):10-18.

肖风劲,欧阳华,孙江华等,2004.森林生态系统健康评价指标与方法[J].林业资源管理,**2**(1):27-30.

李秀英,2006.森林健康评价体系初步研究与应用[D].硕士学位论文.北京:中国林业科学研究院.

刘庄,2004.祁连山自然保护区生态承载力评价研究[D].博士学位论文.江苏:南京大学.

王玉宽,邓玉林等,2005.关于生态屏障功能与特点的探讨[J].水土保持通报,**25**(4).

王玉宽,孙雪峰等,2005.对生态屏障概念内涵和价值的认识[J].山地学报,**23**(5):431-436.

潘开文,吴宁,潘开忠,陈庆恒,2004.关于建设长江上游生态屏障的若干问题的讨论[J].生态学报,**24**(3):617-629.

管东生,陈玉娟,黄芬芳.1998.广州城市绿地系统碳的贮存、分布及其在碳氧平衡中的作用[J].中国环境科学,**18**(5):5-18.

陆贵巧,2006.大连城市森林生态效益评价及动态仿真研究[D].博士研究生学位论文.北京:北京林业大学.

张义丰,谭杰,2009.北京沟域经济发展的理论与实践[M].北京:气象出版社.

姜广辉,张凤荣,王玮,等,2006.北京山区建设用地扩展的景观表现[J].水土保持通报,**26**(3):109-121.

左伟,王桥等,2002.区域生态安全评价指标与标准研究[J].地理学与国土研究,**18**(1):67-71.

柴艳芳,谭迎新,2009.对生态安全的初步探讨[J].环境保护与循环经济,**2**:48-50.

韩文权,常禹,胡远满,等,2005.景观格局优化进展[J].生态学杂志,**24**(12):1487-1492.

刘燕,2010.基于景观生态学的土地利用格局优化研究[D].硕士研究生论文.重庆:西南大学.

刘彦随,1999.山地土地结构格局与土地利用优化配置[J].地理科学,**19**(6):504-509.

刘世斌,李江风,劳燕玲,等,2013.梁子湖生态屏障区土地利用模式研究[J].水土保持研究,**20**(4):218-223.

于丽芬,于完成,张瑶琪,等,1998.浅谈辉山地区低质林及低产林经营措施[J].辽宁林业科技,**2**:61-64.

肖富民,2005.浅谈山区森林生态功能补偿[J].中国林副特产,**2**:72.

朱景波,2012.林业生态旅游发展研究[D].硕士研究生论文.湖北:长江大学.

袁龙义,费永俊,龙利华,2009.湿地生态旅游开发前景的探讨[J].安徽农业科学,37:61-64.

郭晋阳,魏峰群,2011.河南白龟山水库湿地生态旅游开发探讨[J].安徽农业科学,39(36):22446-22448.

董成森,2008.基于生态承载力的区域旅游资源空间容量研究——以武陵源索溪峪景区为例[J],湖南农业大学学报,**34**(5):604-609.

方一平,2003.山区生态产业的开发与组织研究[M].成都:四川科学技术出版社:64-67.

黄青,任志远,2004.论生态承载力与生态安全[J].干旱区资源与环境,(2):36-30.

李珍珍,2013.乌鲁木齐市荒山绿化的地域性特色研究[D].硕士研究生论文.新疆:新疆农业大学.

刘晓玲,2012.首都山区生态屏障功能及其技术选择研究[D].硕士研究生论文.北京:中国农业科学院.

卢江婷,尉明,2008.浅谈林木的抚育管护[J].吉林林业,(4):38.

牛宇,牛伟,蒙秋霞,2012.林下经济,兴林富民新路[J].山西农经,(3):42-49.

沈国舫,2000.中国林业可持续发展及其关键科学问题[J].地球科学进展,**15**(1):10-18.

宋旭斌,2014.林业资源保护和森林防火管理措施探讨[J].科技创新与应用,(4):271.

王勇,2010.喇叭河自然保护区森林生态承载力研究[D].硕士学位论文.四川:四川农业大学.

王永安,1994.森林生态功能与补偿[J].林业资源管理,(3):58-62.

吴砚春,2012.关于加强林地抚育管理措施探讨[J].农林科技,**7**:239.

于崇海,宋晓峰,2009.森林病虫害防治工作现状及应对措施[J].北方经贸,(9):189.

张秋菊,2013.谈发展现代林业与建设生态文明[J].黑龙江科技信息,(8):259-263.

第五章 蒙山环境研究

5.1 绪 论

5.1.1 背景及意义

1. 研究背景

进入 21 世纪以来,中国人民生活的水平不断提高,相对滞后的休闲娱乐活动已不能满足人们日益增长的非物质文化需求,在此背景下,我国旅游业得到迅速发展,各地对旅游资源的开发力度不断加大,涌现出大量的优质旅游景区。在环境污染愈发严重的今天,人们渴望逃离都市的喧哗,亲近大自然,呼吸新鲜空气,山地旅游就为人们提供了最好的场所,因此山岳旅游成为现阶段广受欢迎的旅游形式。蒙山区域范围内的山地旅游资源富含自然和人文特色,不但植被覆盖率高,生态环境优美,而且人文气息浓厚,极具开发价值。在旅游经济快速发展的今天,充分利用良好的山地旅游资源,合理可持续地开发,不但能够提升整个蒙山旅游的旅游质量,拉动当地经济发展,还能使山区人民摆脱贫困、发家致富。但我们也必须清醒地看到,同其他产业相比,旅游业具有较轻的环境破坏程度,因而也有"无烟工业"之誉,正是由于旅游业在全国的开发成功在一定程度上掩盖了它对自然环境的破坏(杨光,2014)。

旅游发展对旅游生态环境的影响是不可避免的,山岳型森林生态旅游业与环境之间存在着高度的相关性,一方面,环境资源是森林生态旅游业赖以生存和发展的基础;另一方面,森林生态旅游活动又会对环境产生种种影响,既有正面影响,又有负面影响(叶春,2008)。只要存在旅游开发利用,旅游地的自然生态环境和人文生态环境就可能受到影响。20 世纪 90 年代,Budowski(1990)就提出了旅游与保护间的三种模式:冲突(conflict)、同存(coexistence)和共生(symbiosis),指出如果合理经营,二者是会相得益彰的。旅游活动的环境影响程度除了与旅游活动的类型、旅游活动的强度及频度等有关系,还与旅游地的自我净化能力及抗干扰能力有关系,任何旅游地对外来影响都有一定的缓冲和"消化"能力。但这种缓冲和消化的能力是有限的,超过一定的范围就会使旅游地的环境发生不良变化,甚至造成巨大的污染和破坏。一般来说,随着生态旅游开发强度的加大及游憩利用量的增加,生态旅游地环境所经受的冲击也逐渐增大,而生态旅游环境的承受能力则逐渐减弱,当旅游开发强度及游憩利用量增大到一定程度时,就会超过生态环境的承受能力,给旅游地的生态环境和人文环境造成不可逆转的破坏,从而有违生态旅游发展的初衷。

国内旅游区的建设规模、开发质量均有待提高,开发的盲目性强,开发利用中还遇到了很多的问题,其中最主要的表现就是旅游发展与环境污染、旅游资源遭到破坏之间的矛盾日益突出,在发展旅游过程中自然生态环境、旅游文化资源出现了不同程度的破坏,致使山岳型的旅游行业遇到了发展瓶颈。蒙山旅游区要想突破瓶颈,更上一层楼,则需统筹规划、合理开发利用,建设蒙山旅游区环境质量体系,促进蒙山旅游的可持续发展和整体区域的品质提升。

《山东省国民经济和社会发展第十二个五年规划纲要》明确提出,整合区域优势旅游文化资源,做强以沂蒙为核心的红色旅游区等旅游品牌。《西部经济隆起带发展规划》将红色文化旅游链、蒙山沂水、"沂蒙人家"等作为文化旅游业发展重点。2013年,临沂市提出加快推进"10+6"产业计划,构建现代产业体系,对现代农业、健康产业、文化旅游产业等提出具体行动计划。加快推进蒙山旅游区科学跨越发展,势在必行、意义重大。

蒙山旅游区是山东省重要的文化旅游集聚区,也是临沂市现代服务业发展的重点区域,同时也是人地关系复杂、人与自然结合紧密的山岳旅游区。区位条件优越,旅游资源丰富,文化底蕴深厚,产业基础良好,生态环境优美,是山东省西部经济隆起带和山东省现代服务业发展的重要示范区域之一。蒙山旅游区管委会自成立以来,坚持旅游与文化有机融合、与现代服务业协调发展,坚持生态建设与集约开发统筹推进,不断健全设施、完善体制、优化环境、推进转型,实现了旅游区产业全面、健康、快速、协调发展,为未来产业转型升级奠定了良好基础。随着国内外发展环境的日益改善、国家宏观政策的不断优化和重点领域改革的全面深化,蒙山旅游区正站在全新的发展起点(赵兴云,2002)。

党的十八大将生态文明建设摆上更加突出的位置,并做出了全面部署。环境保护是生态文明建设的主阵地和根本措施,在蒙山旅游区的环境体系建设过程中应认真贯彻落实党的十八大精神,立足环境保护,做好优化国土空间的开发格局、全面促进资源节约、加大自然生态系统和环境保护的力度、加强生态文明制度的建设等工作,尤其是要加大大气、水、环境污染治理力度,也包括垃圾、土壤的污染治理,着力推进生态文明建设(祝光耀,2002)。

2. 必要性及意义

(1)对山岳型旅游地——蒙山旅游区来说,好的旅游环境是其旅游业生存和发展的物质基础,只有实现了旅游环境的协调发展,才能使得旅游不仅通过自身的活动,如生态旅游等,促进、推动环境保护,而且还可通过经济手段,如旅游资源税、旅游发展基金等使环境保护措施得以实施。所以旅游环境体系建设研究已成为山岳旅游地环境影响研究的重点、焦点和热点(魏鸿雁等,2005)。

(2)蒙山旅游区作为山岳风景区,相对其他旅游类型,本身生态系统脆弱,生态恢复比较困难。因为其山体起伏大,蓄水能力低,水蚀、风蚀甚至冻融作用强烈,或岩石裸露,或土层浅薄,植被生长缓慢。

理论上,在山岳风景区生态系统中,生产者(绿色植物)和其他生物资源、非生物资源(如水、阳光、岩石等),主要作为旅游者的观赏对象,一般不向系统外部输出物质产品(如木材等),为了满足旅游者的需求,还必须修路建房,从系统外部输入足够的能量和物质。由于游人多,消费量大,产生的废物多,作为旅游生态系统中分解者的生物难以承担净化旅游生态系统的"重任",同时,水体和大气等净化能力弱,而就地处理废物受到场地等因素制约,易地处理废物受到运输等因素影响,一旦废物破坏了生态环境系统,恢复比较困难,鉴于此,蒙山旅游区一定要在开发利用中加强生态环境的保护工作(吴殿廷,2006)。

(3)目前,我国旅游环境研究多侧重于旅游对环境的影响及旅游环境容量、承载力等方面,有关如何建立综合的旅游环境质量体系的研究较少。至今,国内还没有建立起科学、统一的旅游环境质量体系研究。如何对旅游环境进行全面综合的建设,是当前我国旅游业持续发展的需要和亟待研究解决的课题(崔凤军,1995)。

5.1.2　研究内容及技术路线

1. 研究内容

目前国内由于缺乏科学、有效的管理,没有合理开发、利用旅游资源,旅游的发展也对山岳旅游地环境造成了破坏,从研究内容上看,这些破坏作用可以归纳为两个方面:第一,指来自旅游和其它方面的有害物质和废弃物质等,排放到自然环境之中,这些物质的数量聚增到一定程度,超过了自然界本身的自净能力,便会造成环境质量下降或环境状况恶化,自然生态系统的平衡及旅游的观光游览条件遭到损害,导致山岳旅游资源的损害和浪费,甚至使有些旅游资源枯竭或消失,还会影响到可更新旅游资源的增值,这样最终将影响山岳旅游的发展;而旅游发展受到影响和限制,必然减弱保护和改善环境的能力,又会造成旅游环境质量的进一步恶化。在这方面的研究,从研究对象上看,主要是旅游引起的旅游地水土流失,以及对当地土壤、动物或植被的影响。第二,指旅游业对接待地的人文社会环境造成的不良影响,主要表现在:由于自然环境因素(如大气污染、虫蚁蛀蚀、地震、地面沉降等因素)、人为因素(如战争破坏、游客的破坏、管理人员的无知或管理不善、城市建设不当等因素)造成的负面影响(阎蓓,2006)。关于山岳旅游地,对这方面的研究还较少。

关于旅游环境概念界定,目前我国学术界还没有完全统一。周延亭认为旅游环境是指一切具有旅游价值的区域所处的自然和人文因素形成的物质环境。刘振礼则认为所谓旅游环境,就其内容而言,包括与旅游活动有关的自然和社会两方面因素,而更重要的是旅游资源状况。陈安泽等还认为旅游环境应当是旅游活动得以存在和进行的外部条件的总和,它包括社会政治环境、自然生态环境、旅游气氛环境和旅游资源本身。对旅游环境概念的界定尽管众说不一,但旅游景观、自然生态、社会服务条件是构成旅游环境的三个主要因素,因此,旅游环境可以概括为旅游景观环境、自然生态环境和社会服务环境三个方面。旅游环境质量,一般是指在一个具体的旅游目的地和旅游依托地的范围内,旅游环境总体或其中某些要素,对游客的生理、心理及旅游活动的适宜程度。旅游环境质量包括自然生态旅游环境质量、人文社会旅游环境质量和各种旅游环境要素质量以及旅游环境整体质量。影响旅游环境质量的主要因素有旅游目的地和旅游依托地的大气质量、饮用及娱乐用水(包括作为景观水体)、噪声程度、森林覆盖及绿化程度、景点环境质量、各类旅游服务设施的舒适与方便程度、旅游服务质量、安全与卫生状况、当地居民对旅游业的态度等(蒋文举等,1996)。而旅游环境质量评价是指按一定的评价标准和评价方法,对一定区域范围内的旅游环境质量进行说明、评定和预测。

本文的研究内容如下:

(1)系统梳理总结蒙山的环境概况;

(2)从环境要素出发分析蒙山旅游区的区域环境现状及存在问题;

(3)分析蒙山旅游区目前已开展的环境体系建设工作;

(4)构建蒙山旅游环境容量的模型,通过计算得出结论,分析目前蒙山的环境容量状况;

(5)从大气环境、水环境、声环境、固废处理、土壤环境、农村环境综合整治几方面,结合法律、行政、规划、政策、技术、经济以及宣传教育手段,提出针对蒙山旅游区的环境质量体系建设的措施及建议。

2. 技术路线

本研究技术路线如下：

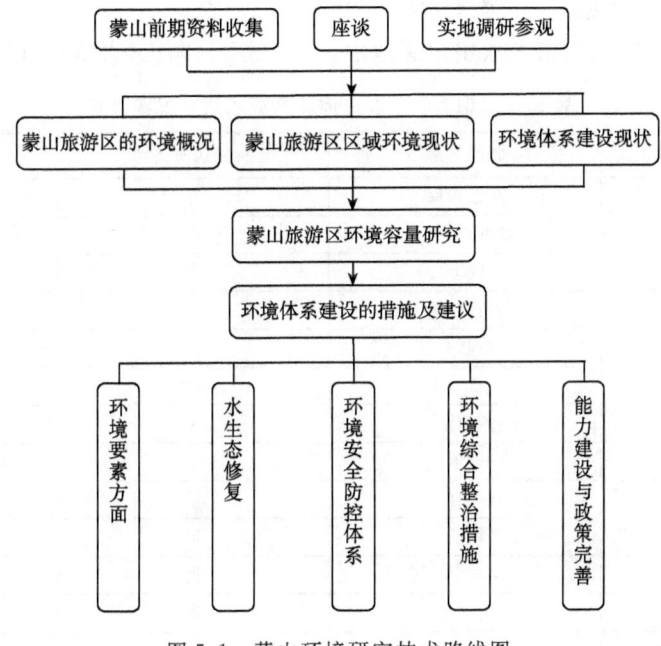

图 5.1　蒙山环境研究技术路线图

5.2　蒙山的区域环境现状

5.2.1　区域水环境现状

5.2.1.1　总体水环境质量

按照临沂市 2012 年环境统计公报,2012 年度临沂市环境监测站对境内沂河、祊河、沭河、新沭河、龙王河、白马河、邳苍分洪道、武河、沙沟河等 17 个断面进行了监测。(见表 5.2)2012 年全市大多河流水质较好,参与统计的 18 个监测断面中,符合Ⅳ类水质标准断面 8 个,占监测断面的 44.4%,符合Ⅲ类水质标准断面 9 个,占监测断面的 50%,符合Ⅱ类水质标准的断面 1 个,占监测断面的 5.6%。沂河干流 3 个监测断面有 2 个符合Ⅲ类水质标准,1 个符合Ⅱ类水质标准;沭河干流参与统计的有 3 个断面,有 1 个符合Ⅲ类水质标准,2 个符合Ⅳ类水质标准;东邳苍分洪道 2 个监测断面均达到Ⅲ类水标准;西邳苍分洪道 2 个监测断面有 1 个断面水质达到Ⅲ类水标准,1 个达到Ⅳ类水标准;新沭河、祊河、张疃河达到Ⅲ类水质标准;白马河、苍山沙沟河、龙王河、郯城沙沟河、武河所参加统计监测的断面均达到Ⅳ类水质标准。

全市地表水环境污染主要属有机型污染,主要污染物为化学需氧量、氨氮、总磷(见表

5.3）。主要污染来源是：工业废水，城市生活废水及大量的化肥使用造成的面源污染等。临沂市重点工业废水污染源的污水处理设施均通过了竣工验收，工业废水污染源全面达标排放，2012 年水质保持了较好的状态。主要原因是：通过三场攻坚战、创模和迎接淮河流域水污染防治考核等一系列工作推进，对废水污染源加强了治理力度。

全市监测统计 2 处省、市控饮用水源地中，无监测项目超标，水质相对较好。

表 5.2　2012 年临沂市河流断面水质状况统计表

河流名称	断面名称	断面水质类别	断面水质状况
沂河	跋山水库	II	优
	临沂北大桥	III	良好
	港上	III	良好
沭河	大官庄闸	III	良好
	高峰头	IV	轻度污染
	道口	IV	轻度污染
西邳苍分洪道	西偏泓	IV	轻度污染
	林子	III	良好
东邳苍分洪道	东偏泓	III	良好
	林子	III	良好
祊河	角沂	III	良好
新沭河	大兴桥	III	良好
白马河	捷庄	IV	轻度污染
武河	310 公路桥	IV	轻度污染
沙沟河	沙沟桥	IV	轻度污染
苍山沙沟河	官桥	IV	轻度污染
张疃河	张疃桥	III	良好
龙王河	壮岗桥	IV	轻度污染

表 5.3　2012 年临沂市各河流断面主要污染指标统计

断面名称	断面主要污染指标
沭河高峰头	化学需氧量(0.05)
沭河道口	化学需氧量(0.046)
沙沟河沙沟桥	化学需氧量(0.027)
邳苍分洪道西偏泓	总磷(0.065)
武河 310 公路桥	化学需氧量(0.13)
白马河捷庄	化学需氧量(0.21)、氨氮(0.21)
苍山沙沟河官桥	化学需氧量(0.01)
龙王河壮岗桥	氨氮(0.12)、化学需氧量(0.070)

5.2.1.2 河流水质污染状况分析

1. 沂河干流

沂河干流发源于淄博市沂源县,途径沂水、沂南、临沂市三区(市)、郯城,出境入江苏骆马湖。境内主要接纳沂水县城市生活污水、工业废水及沂南县一些工业废水,沂水、沂南县城工业废水及城市生活污水经污水处理厂处理后通过一条较长排污渠道排入沂河,临沂市兰山区部分城市生活污水和工业废水也排入沂河,河东城区工业废水、生活废水经河东污水处理厂处理后通过李公河汇入沂河。自郯城李庄断面以下,临沂市境内无工业废水排入沂河。

监测结果表明,沂河干流 3 个断面分别符合Ⅱ类、Ⅲ类水质标准。

2. 沭河干流

沭河干流发源于沂水,途径日照市莒县,临沂市莒南、河东区、临沭、郯城,出境经江苏新沂河入黄海。沭河主要接纳莒县城市生活废水及其工业废水,庞疃纸厂工业废水,莒南县部分城市生活废水及工业废水,临沭工业区部分污水经牛腿沟汇入沭河。沭河 3 个断面分别符合Ⅲ类、Ⅳ类水质标准。

3. 其它河流

祊河发源于平邑,途径费县、兰山区汇入沂河,主要接纳平邑、费县城市生活废水及其工业废水,祊河角沂断面符合Ⅲ类水质标准。

新沭河为沭河的分洪支流,主要接纳沭河来水及临沭县城区生活废水、部分工业废水。出境断面大兴桥水质良好,符合Ⅲ类水质标准。

白马河发源于郯城,出境流入江苏,由于农灌的影响,沂、沭河水常汇入该河道。主要接纳郯城西部工业区工业废水。出境断面捷庄水质轻度污染,符合Ⅳ类水质标准。

武河上游是临沂市兰山区的陷泥河,途径郯城、苍山出境流入江苏。310 公路桥断面水质为轻度污染,符合Ⅳ类水质标准。

东、西邳苍分洪道为沂河分洪工程,正常情况下没有径流。现主要接纳罗庄城镇工业废水和生活废水,四个断面中,东偏泓林子、西偏泓林子、东偏泓邳苍公路桥断面水质为良好,符合Ⅲ类水质标准,西偏泓断面为轻度污染,符合Ⅳ类水质标准。

苍山沙河官桥,主要接纳苍山县城部分生活废水和工业废水。官桥断面水质轻度污染,符合Ⅳ类水质标准。

沙沟河沙沟桥断面水质轻度污染,符合Ⅳ类水质标准。

张疃河张疃桥断面水质良好,符合Ⅲ类水质标准。

龙王河上游污染源主要是莒南县城部分污水,壮岗桥断面水质轻度污染,符合Ⅳ类水质标准。

5.2.1.3 污染物超标情况

临沂市河流水质中主要污染物是化学需氧量、氨氮、总磷,其超标情况如下:

化学需氧量(见图 5.2):监测断面 18 个,高峰头、官桥、沙沟河沙沟桥、道口、壮岗桥、武河 310 公路桥、捷庄七个断面超标,年均值分别为 20.1 毫克/升、20.2 毫克/升、20.5 毫克/升、

20.9 毫克/升、21.4 毫克/升、22.6 毫克/升、24.2 毫克/升。其他断面不超标。

氨氮:监测断面 18 个,白马河捷庄、龙王河壮岗桥两个断面超标,年均值分别为 1.21 毫克/升、1.12 毫克/升,其他断面均不超标。

总磷:监测断面 18 个,邳苍分洪道西偏泓断面超标,年均值为 0.213 毫克/升,其他断面均不超标。

五日生化需氧量:监测断面 18 个,无超标断面,最大值出现在白马河捷庄,年均值为 3.55 毫克/升。

高锰酸盐指数:监测断面 18 个,无超标断面,最大值出现在白马河捷庄,年均值为 4.7 毫克/升。

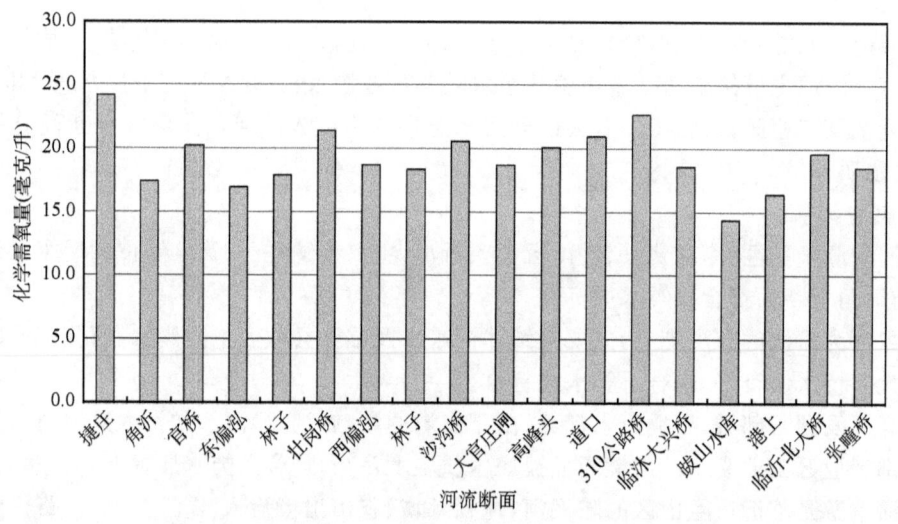

图 5.2　临沂市 2012 年各河流断面化学需氧量分布图

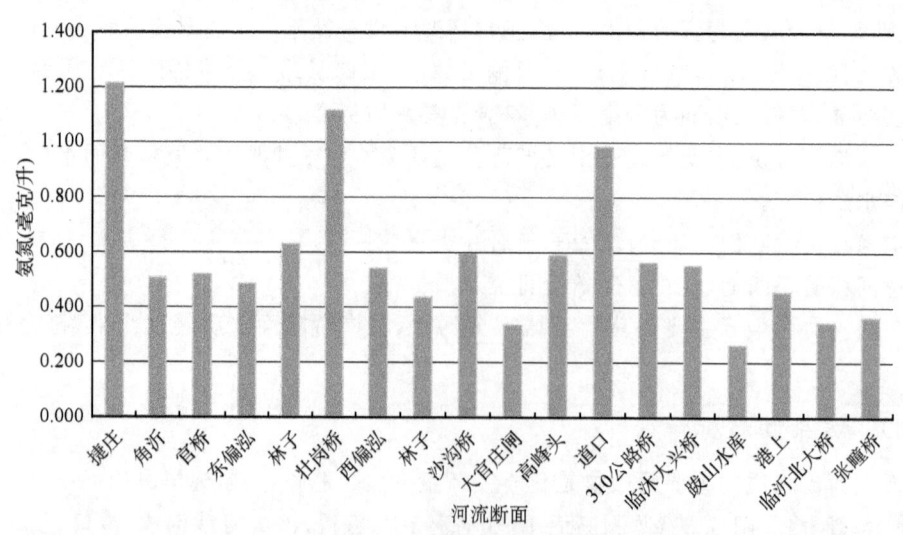

图 5.3　临沂市 2012 年各河流断面氨氮分布图

5.2.1.4 旅游区内水资源概况

1. 旅游区流域概况

旅游区内各流域均属低山丘陵强度侵蚀区,其概况如下:

团埠小流域位于蒙阴县西南部,包括蒙山云蒙景区管委会的百花峪、松山、桃花源、东团埠4个行政村,总面积15.13平方千米,其中水土流失面积10.78平方千米,占总面积的71.2%。流域东西长5.12千米,南北宽4.58千米,呈不规则平行四边形,位于东经117°52′18″—117°55′04″,北纬35°28′06″—35°30′34″。最高海拔高度862.0米,位于流域西南角百花峪西山顶,最低海拔高度223.5米,位于流域东北部小王庄东团埠村河道,最大高差638.5米。

百泉峪小流域位于蒙阴县西南部,包括蒙山云蒙景区管委会的百泉峪、小王庄、松林子、于里河4个行政村,总面积9.91平方千米,其中水土流失面积6.77平方千米,占总面积的68.4%。流域东西长5.08千米,南北宽3.14千米,呈不规则平行四边形,位于东经117°54′46″—117°57′31″,北纬35°29′12″—35°30′54″。最高海拔高度566.9米,位于流域东北部龙头崮,最低海拔高度197.2米,位于流域东南部小王庄村河道,最大高差369.7米。

堰子小流域位于蒙阴县西南部,包括蒙山云蒙景区管委会的南洼、堰子、吕家楼和桃墟镇的石家水营、郭家水营5个行政村,总面积13.90平方千米,其中水土流失面积10.89平方千米,占总面积的78.4%。流域东西宽3.61千米,南北长6.22千米,位于东经117°52′17″—117°54′14″,北纬35°34′08″—5°37′30″。最高海拔高度1085.7米,位于流域南部冷峪顶附近山峰,最低海拔高度242.6米,位于流域东北部郭家水营村河道,最大高差843.1米。

龙凤峪小流域位于蒙阴县西南部,包括蒙山云蒙景区管委会的龙凤峪和联城乡的大庄、西南峪、刘家官庄4个行政村,总面积15.99平方千米,其中水土流失面积11.89平方千米,占总面积的74.4%。流域南高北低,呈不规则长方形,东西宽5.64千米,南北长6.20千米,位于东经117°50′40″—117°53′42″,北纬35°35′14″—35°38′35″,属低山丘陵中强度侵蚀区。最高海拔高度938.4米,位于流域南端蒙山山峰,最低海拔高度224.4米,位于流域北部大庄村河道,最大高差714.0米。

郭家庄小流域野店镇北部,包括双全峪、峪石、三合村、梭庄4个行政村,总面积20.22平方千米,其中水土流失面积15.40平方千米,占总面积的76.2%。流域形状呈不规则椭圆状,东西长7.72千米,南北宽5.78千米,位于东经117°58′26″—117°59′13″,北纬35°55′12″—35°58′16″。最高海拔高度705.0米,位于流域东北部南岱崮崮顶,最低海拔高度322.2米,位于流域东南部梭庄村附近河道,最大高差372.8米。

2. 旅游区中小型河流基本情况

(1)基本情况:蒙山旅游区有较大山谷河流10条,分别为三官庙河、杨谢河、柏林河、固城河、金线河、资邱河、麻店子河、小王庄河、团埠河、金水河、聚来庄河,具体分布及面积等见表5.4,均为季节性河道,源短流急,旱季断流,雨季遇暴雨易漫溢成灾。

表 5.4　蒙山旅游区小型河流统计表

序号	名称	位置	流域面积(千米²)	河流长度(千米)	备注
1	杨谢河	柏林镇龟蒙顶	19.2	10	柏林河
2	柏林河	柏林镇龟蒙顶东北明光寺东南	92.7	24.5	浚河
3	固城河	柏林镇龟蒙顶南	63	18.6	浚河
4	金线河	柏林镇龟蒙顶东北	82	28	浚河
5	资邱河	柏林镇崔家洼店子西北山顶	89.3	29	浚河
6	麻店子河	云蒙办事处王麻、麻店子村	62	15	东汶河
7	团埠河	云蒙办事处百花峪、团埠村	23.4	10	东汶河
8	聚来庄河	云蒙办事处魏石山村	20.7	8.8	东汶
9	金水河	云蒙办事处漫子村	125	22.3	东汶河
10	小王庄河	云蒙办事处小王庄村	12.1	6.5	东汶河

(2)河流现状及已有防洪工程情况

受特殊的自然条件、水文地质的影响和资金、技术的制约,旅游区中小河流开发治理滞后,防洪堤坝多为不连续的土堤,河道淤塞严重,河道行洪不畅,现状河道的防洪标准大多数不足 5 年一遇,沿河分布的城镇和村队防洪压力较大。

3. 水库工程概况

蒙山旅游区共有小水库 19 座,其中小(一)型水库 4 座,分别为乔家村水库、陈家庄水库、王麻水库、包兴店水库,计划陈家庄水库为蒙山旅游区管委会供水水源地,王麻水库为云蒙办事处供水水源地,乔家村水库以防洪、旅游开发为主,兼顾灌溉、养殖,宝兴店小(一)型水库及其它 15 座小(二)型水库以防洪及农业灌溉为主,兼顾渔业养殖。

4. 旅游区污水出水水质特点

旅游度各类酒店、公建以及农村居民主要以生活污水为主,包括员工日常办公、生活餐饮及旅客餐饮、洗浴住宿产生的污废水。生活污水成分比较简单,主要污染物为化学需氧量、生化需氧量、氨氮等,还有一小部分氮、磷等,污水排入地下水体后很容易导致地下水污染,排入江河后污染河流,严重时可能引起富营养化。旅客数量、季节变化及节假日等往往影响生活污水的排放量。污水的水质水量随旅客的流动性和季节性人数增减变化而变化,污水的水质水量多呈现出旅游旺季水量大、浓度低;淡季水量小、浓度高;早上、中午和晚上,水量大、浓度低,周末、节假日水量大、浓度低,其余时间水量小、浓度高的特点(李佩耕,2008)。

5.2.2　区域大气环境现状

5.2.2.1　总体大气环境质量

根据临沂 2012 年环境统计公报,临沂城区 2012 年大气中的主要污染物以可吸入颗粒物为主,可吸入颗粒物污染负荷系数 43.5%,其次是二氧化硫,污染负荷系数为 34.2%,二氧化氮污染负荷系数为 22.3%。三区九县中除沂南县和蒙阴县外,其余十县区大气主要污染物以可吸入颗粒物为主,均在 39.8%～56.6% 之间。沂南县和蒙阴县主要污染物以二氧化硫为主,其污染负荷系数分别为 40.5%,37.6%。

2012 年临沂市 7 个县、2 个区(沂南县可吸入颗粒物、二氧化硫超标;蒙阴县二氧化硫超标;罗庄区可吸入颗粒物超标),各项大气污染物年日均值均达到了《环境空气质量标准》二级标准。临沂市城区各项污染物浓度有所下降。

与 2011 年比较,大气综合污染指数下降的有兰山、罗庄、临沭、平邑、莒南 5 县区,下降幅度最大的为兰山区 8.70%;大气综合污染指数上升的有河东、沂南、沂水、蒙阴、费县、郯城、苍山 7 县区,上升幅度最大的为沂南县。

2012 年临沂市全年取得降水样品 57 个,pH 降水年均值为 6.60,全年未出现酸雨,2011 年也未出现酸雨。

5.2.2.2 大气污染特征及原因分析

1. 大气污染特征

2012 年临沂市三区九县大气主要污染物都是可吸入颗粒物,其次是二氧化硫(沂南县和蒙阴县为二氧化氮)。主要污染特征表现为尘污染较重,主要污染物时间变化规律符合煤烟型大气污染特征。

2. 污染原因分析

临沂市属温带季风区大陆性气候,降水多集中在夏季,冬季干旱少雨,空气干燥,植被少,城市绿化率低,风沙天气较多,所以尘污染较重(部分工业集中区二氧化硫污染较重)。近几年通过创建国家环保模范城市工作、三大攻坚战等一系列措施的推进,减轻了区域内的的空气污染,使得环境空气质量有所改善。

5.2.2.3 大气污染物分析

1. 主要污染物

临沂城区 2012 年大气中的主要污染物以可吸入颗粒物为主,可吸入颗粒物污染负荷系数 43.5%,其次是二氧化硫,污染负荷系数为 34.2%,二氧化氮污染负荷系数为 22.3%。

三区九县中除沂南县和蒙阴县外,其余十县区大气主要污染物以可吸入颗粒物为主,均在 39.8%~56.6% 之间。沂南县和蒙阴县主要污染物以二氧化硫为主,其污染负荷系数分别为 40.5%,37.6%。十县区可吸入颗粒物污染负荷系数分别为:兰山区 44.7%,罗庄区 43.3%,河东区 41.1%,临沭 56.6%,平邑 53.8%,沂水 39.8%,莒南 46.9%,费县 42.1%,郯城 43.6%,苍山 45.3%。

各县区大气污染负荷系数 Fi、综合污染指数 P 统计见表 5.5。

表 5.5 临沂市各县区大气污染负荷系数表及综合污染指数表

项目 县区	二氧化硫		二氧化氮		可吸入颗粒物		$\sum Pi$	P
	Pi	Fi%	Pi	Fi%	Pi	Fi%		
兰山区	0.60	32.0	0.44	23.3	0.84	44.7	1.88	0.63
罗庄区	0.90	36.8	0.49	19.9	1.06	43.3	2.45	0.82
河东区	0.67	35.1	0.45	23.7	0.78	41.1	1.90	0.63

续表

项目 县区	二氧化硫		二氧化氮		可吸入颗粒物		$\sum Pi$	P
	Pi	Fi%	Pi	Fi%	Pi	Fi%		
临沭县	0.22	15.0	0.41	28.5	0.82	56.6	1.45	0.48
平邑县	0.42	23.6	0.40	22.6	0.95	53.8	1.77	0.59
沂南县	1.07	40.5	0.55	20.9	1.02	38.7	2.64	0.88
沂水县	0.80	35.0	0.58	25.2	0.91	39.8	2.29	0.76
莒南县	0.70	35.0	0.36	18.1	0.94	46.9	2.00	0.67
蒙阴县	1.03	37.6	0.73	26.4	0.99	36.0	2.75	0.92
费县	0.92	41.5	0.36	16.4	0.93	42.1	2.21	0.74
郯城县	0.53	28.7	0.51	27.6	0.81	43.6	1.86	0.62
苍山县	0.80	40.3	0.29	14.5	0.90	45.3	1.99	0.66
平均	0.72	33.43	0.46	22.26	0.91	44.33	2.10	0.70

2. 主要污染区

据表可以看出,参与评价的三区九县中 12 县区大气污染综合指数 P 值均小于 1,其中 9 县区分指数均小 1,空气质量较好。其中,蒙阴县、沂南县、罗庄区大气污染较重,兰山、河东、临沭、沂水、郯城、苍山、莒南、费县、平邑九县区大气污染相对较轻。

5.2.3　区域声环境现状

5.2.3.1　总体声环境质量

根据 2012 年临沂市的环境质量统计公报,对功能区噪声和区域环境噪声监测结果分析,临沂市城市噪声污染受交通噪声和生活噪声影响较大。从各测点所暴露的声级段来看,临沂市城市区域环境噪声测点主要暴露在 50～60 分贝之间,相当于处于 0 类标准和 2 类标准之间,该声级段测点数占总测点数的 60.1%,在 40～50 分贝之间的测点数占总测点数的 33.5%,在 60～70 分贝之间的测点数占总测点数的 5.5%,大于 70 分贝、小于 40 分贝的测点数分别占总测点数的 0.0%,1.0%。各监测城区中,大部分测点暴露在 50～60 分贝之间有罗庄区、兰山区、河东区、蒙阴、郯城、沂南、费县、临沭、莒南,分别占各自测点的 95%,87%,83%,72.3%,61.4%,60.6%,55.4%,54.7%,53.6%,沂水、苍山大部分测点暴露在 40～50 分贝之间,分别占各自测点的 59.2%,59.0%。全市 2012 年区域环境噪声污染较轻,超过《声环境质量标准》2 类标准值的测点数占总测点数的 5.45%。

全市区域环境噪声平均值为 53.5 分贝。从临沂城功能区噪声评价看出,交通干线两侧昼间超标率为 1.6%,夜间超标率为 21.9%;居民文教区昼间超标率为 42.2%,夜间超标率为 15.6%;工业集中区昼、夜间超标率均为 0%。城市道路交通噪声监测统计结果表明,全市超标路段长度占总监测路段长度的 3.29%。

5.2.3.2　声环境质量及噪声污染状况分析

临沂市三区及九县城区区域环境噪声统计结果见表 5.6。

表 5.6 临沂市各县区域环境噪声监测数据统计表　　　　　　单位:分贝

城市名称	昼夜间	测点个数	暴露在不同等效声级下的测点个数						等效声级(Leq)		
			<40	40~50	50~60	60~70	70~80	>80	平均值	最大值	最小值
兰山区	昼间	100		1	87	12			55.2	65.3	49.6
罗庄区	昼间	100		1	95	4			53.7	65.2	49.5
河东区	昼间	100		17	83				52.0	59.2	46.4
沂水	昼间	103		61	42				49.5	53.0	46.1
苍山	昼间	100	9	59	27	5			49.2	67.5	37.4
费县	昼间	101		34	56	11			53.1	69.7	44.0
莒南	昼间	112	5	40	60	7			55.8	67.1	38.2
临沭	昼间	232		105	127	0			52.3	56.4	42.4
蒙阴	昼间	101		23	73	5			55.1	62.4	46.1
平邑	昼间	126		60	54	12			57.2	68.9	43.1
郯城	昼间	101		35	62	4			52.3	64.1	46.1
沂南	昼间	99		24	60	15			56.4	62.1	37.3
合计		1375	14	460	826	75			53.5	63.4	43.9

临沂市三区及九县城区区域环境噪声平均值(昼间)范围在 49.2～57.2 分贝,平均值为 53.5 分贝,其中平邑最高,苍山最低。

临沂市各县区道路交通噪声平均等效声级范围在 60.5～68.2 分贝,以费县最高,临沭最低,所有城区的噪声平均等效声级均未超过《声环境质量标准》4 类标准(昼间值)。参与评价区县中,超标路段占监测路段的 3.29%,其中郯城县超过 11.0%,其他县区均低于 10%。

造成区域环境噪声污染的主要因素有:城市功能区分布不合理,功能混杂类型不清;机动车辆的迅速增加,城市道路跟不上其发展速度,城市交通管理混乱;城区开发和改造的建筑施工噪声;各种娱乐等生活噪声也是一重要因素。

5.2.4 植物环境状况

5.2.4.1 历史概况

据考证,蒙山地区远在 200 万年前,山坡、河旁到处覆盖着葱郁的森林。当时的先民们主要依靠采集、狩猎维持生活,天然植被保持相对稳定。但是,近几千年来,随着农业生产的发展,原始的"刀耕火种"逐渐毁坏了大量的天然植被。随着人们从事农业生产与定居生活,相伴进行的农田垦植,砍伐用材、烧柴,焚烧山林,驱逐猛兽,使原始的天然植被逐渐为农业植被和居民点所代替。如《孟子·滕文公上》记载:"舜使益掌火,益烈山泽而焚之,禽兽逃匿",就是人类历史上当时的状况。

随着我国漫长的封建社会更迭,历经灾荒、兵祸,森林植被遭到严重的毁坏,连当时该区的桑园、漆园、柞岚也被大量毁坏了。1840 年后,封建的旧中国变成了半封建半殖民地国家,近百年的军阀混战、土匪横行、日寇的入侵,山林遭到严重破坏,到新中国成立前,该区仅在寺庙周围、村庄四旁存有 10 多万亩松、柏、柞（橡）、梨等残次林，人们生活十分困难，扒山皮、刨草根，陡坡开荒种植，植被破坏更为严重，到处是荒山秃岭，水土流失相当严重，森林覆盖率不到 2%。

蒙山万寿宫是革命老根据地之一，早在 1946 年，共产党领导建起了国营塔山林场，1948 年先后又建起了国营万寿宫、明广寺、大洼、海螺寺、天麻、天宝山 6 处林场，1959 年前后又建起了国营鼻子山、大青山、老虎山、四开山、锅泉、许家崖及祊河、浚河等 8 处林场。他们在搞好本场造林绿化的同时，示范带动了周围乡、村群众的造林、绿化工作。在当地党和政府的领导下，大搞封山育林、植树造林，昔日的荒山秃岭逐步披上绿装。截止目前（2014 年），整个蒙山地区已造林绿化 1260 多平方千米，森林覆盖率由建国前的 1.9%，提高到了 29%。其中蒙山造林绿化已达 330 多平方千米，森林覆盖率已达 80%，植被覆盖率已达 90%。林业的发展，为改变自然面貌、涵养水源、防风固沙、保持水土，为社会主义经济建设提供用材、烧柴、药材，为旅游开发，为该区的经济增长、人民群众生活的改善都起到了极其重要的作用。

5.2.4.2　植被种类概况

蒙山地区植被属于暖温带落叶阔叶林区域鲁中南低山丘陵栽培植被区。由于人们的长期生产活动和经营，自然植被破坏严重，现有多为次生植被。该区地形复杂，又处于暖温带南部，植物种类繁多，加之人工引种栽培，形成多样的植被类型。可分为落叶阔叶林、针叶落叶阔叶混交林、针叶林、灌丛、灌草丛、草甸及作物植被等类型。其中森林植被为该区植被的主要类型。

构成蒙山地区植被的植物区系，以华北成分为主，代表性种类为油松、侧柏、麻栎、栓皮栎等。受局部小气候的影响，一些地段零星分布有南方植物种类，如榔榆、盐肤木、黄檀、白棠子、海州常山、山胡椒、黄连木、刺楸等。另外，局部地段人工引种的南方种类，如茶、水杉、柳杉、刺杉、杜仲、乌桕、檫木、马褂木、厚朴、枫香、毛竹、刚竹等生长良好；引种的华山松、白皮松、北五味子、黄波罗等北方树种，以及引种的日本落叶松、欧洲赤松、火炬松、日本花柏等国外树种也都生长良好。

蒙山地区共有维管植物区系总数为 1100 余种，占山东植物区系的 70% 左右。其中稀有濒危植物也较多，如天目琼花、迎红杜鹃、北枳椇、徐长卿、坚桦、野柿、野核桃、野百合、狭叶瓶尔小草、桔梗、算盘子、紫草、卷丹、流苏、玉玲花、竹叶椒、刺楸等。

蒙山地区海拔高度在 400 米以下，多为人工栽培植被——农业植被，面积 1660 平方千米左右。农业垦殖历史悠久，粮食作物种类繁多，主要有小麦、玉米、高粱、谷子、薯类、大豆、绿豆等；经济作物多为花生、烤烟、西瓜、麻类等。近几年经济作物、蔬菜面积逐渐扩大，主要有大蒜、马铃薯、大白菜、生姜、辣椒、葱、菠菜、芹菜、萝卜、茄子、黄瓜、西红柿、莓豆等。

据调查，整个蒙山地区共有木本植物 445 种（包括变种），分属于 71 科 176 个属。其中乔木树种为 43 个科 91 属 230 个种；灌木树种为 40 科 85 个属 190 种；藤本树种为 12 科 15 个属 25 种。按经济价值分（部分为材、果、药兼用种），用材树种为 63 科 142 属 337 种；经济树种为 57 科 102 属 185 种；药用树种为 64 科 111 个属 190 种；园林绿化及观赏树种为 55 科 115 个属 274 种。其中属于当地乡土树种为 61 科 132 个属 313 种；国内外引种成功的树种为 34 科 64

属131种。

经调查,欧洲赤松、锥栗、杂种鹅掌楸、红叶小檗、黄金槐、杭子梢、毛果杨子铁线莲、太行铁线莲、短柄枹、郁香忍冬、黑油松、赤黑松等树种,在《山东树木志》中无记载,并发现了新种蒙山鹅耳枥。以往多种书刊资料上记载的蒙山上分布有糠椴、紫椴,本次调查无发现,仅生长有华东椴和短柄枹。

蒙山地区的草本植物约140余科600余种。其中药用草本植物有400余种,分属于66个科。据蒙山旅游区县药材公司调查,蒙山地区的野生药材植物达300余种,主要有丹参、葛根、地榆、柴胡、翻白草、天南星、半夏、延胡索、苍术、黄芪、穿龙薯蓣、黄精、玉竹、茜草、茵陈、益母草、车前子、薄荷、白头翁、萱草、虎杖、香附、防风、刘寄奴、卷柏、透骨草、老鹳草、石苇、漏芦、贯众、仙鹤草、黄芩、蒲公英、山菊花、草决明、鹅不食草等。

5.2.4.3 植被资源分布状况

1. 蒙山海拔高度800米以上高山,多属于国营林场范围,由于气温较低,湿度大,降水相对较多,人为活动少,土壤较深厚肥沃,水土流失轻,植被茂密,除部分裸岩外,覆盖率达95%。原生树种多生长一些东北及华北北部树种。乔木主要有:油松、麻栎、栓皮栎、蒙古栎、锐齿槲栎、北京槲栎、辽东栎、大叶白腊、核桃楸、山樱桃、华东椴、黑榆、水榆花楸、花楸树、坚桦、鹅耳枥属等。引种成功的树种有日本落叶松、华北落叶松、赤杨、辽东桤、黄波罗、厚朴等。灌木主要有绣线菊属、杜鹃属、胡枝子属、悬钩子属、锦带花、鼠李属等。草木植物主要有油芒、羊胡子草、苔草、唐松草、卷柏、萱草、黄背草、蕨类等。

植被类型主要有:①针、阔叶混交林。如龟蒙顶承天宫周围多为油松、锐齿槲栎、水榆花楸、华北绣线菊、黄背草、羊胡子草群落。②龟后沟、碾台石沟等多为人工油松纯林,生长有少量麻栎、栓皮栎、天目琼花、花楸树等。灌木为胡枝子、水蜡、鼠李属,草本多为羊胡子草、油芒、黄背草、卷柏、苔草等。③白云岩、龟后二道帽子、大小胡芦咀等山顶部及坡度在35°以上地段,裸岩较多,土壤少,风大,在石缝中生有少量油松、栎类,多为树冠低矮、树干弯曲、水平状,主要为灌木+禾本科草本类型。鹅耳枥也都生长为灌木状,还有迎红杜鹃、照山白、胡枝子、羊胡子草、黄背草等。④海拔高度1000米左右的大柳沟,海拔高度850米的东昌峪和凌云宫,地榆沟以上,天麻顶后坡等处为落叶松纯林。据7个国营林场统计,蒙山上在20世纪60~80年代共引种栽植2.09平方千米,有日本落叶松、华北落叶松,长白落叶松等,其中多为日本落叶松,它也是这几种落叶松生长表现最好的一种。覆盖率达80%~90%,林下灌木较少,主要有胡枝子属、华北绣线菊、花木兰等,草本多为黄背草、羊胡子草、白草等。⑤部分背风向阳的山坡有亚热带树种分布。如大洼林场庵子,海拔高度850米左右,三面环山,背风向阳,土壤肥沃,生长有玉玲花、刺楸、秋子梨、花红、山楂、银杏、杜仲等乔木树种。这里生长的380年生板栗树(高16米,胸径1.6米)年年结实30余千克。周围百年生以上古板栗树达20余株。灌木有五加、三桠乌药、香椒子、白棠子、皱皮木瓜、锦带花、阔叶箬竹等。草本主要有芒、禾本科草类、蕨类植物、唐松草、独活等,覆盖率达95%。天麻林场在海拔高度850米处引种栽植的110年生三尖杉和50余年生西府海棠,也都生长正常。⑥黑山前、老虎洞沟一带山坡,原系牧场,除沟底生长有少量乔木树种外,以草本植物为主,为灌丛群落。灌木主要有黄荆、酸枣、胡枝子、卫矛等,草本以黄背草、白草、鬼针草、结缕草等,覆盖率40%～60%。⑦万寿宫林场在海拔高度900米的筑公堂山沟1975年从江西引种栽植的一小片锥栗,生长良好,均已结果,平均树高9米,平均胸径3.5厘米。

2.蒙山海拔高度500～800米地段,山沟多为多树种混生的落叶阔叶林、刺槐人工纯林、山坡多为人工针叶林类型。

如白云岩山沟、大峨峪、彦里沟、乱毛窝等山沟,为多种落叶阔叶树种混生。乔木树种主要有:北京槲栎、栓皮栎、五角枫、刺槐、湖北海棠、山核桃、朴属、毛梾、刺楸、长裂葛萝槭、山樱桃、黑榆、榆、青杨、枫杨、华东椴、短柄枹、山白蜡、野柿、梓树、鹅耳枥等。灌木多为溲疏属、黄荆、胡枝子属、鼠李属、卫矛属、扁担木、牛奶子、白檀、三桠乌药、白棠子等及葡萄属、蛇葡萄属、爬山虎属、连翘、忍冬属、木防己、蝙蝠葛等藤本树木。草本植物主要有黄背草、羊胡子草、结缕草、鬼针草、律草、马唐、唐松草、歪头菜、地榆、低矮苔草、肥皂草、玉竹、桔梗、地柏等,覆盖率达95%。

万寿宫林场的麻店沟、小峨峪山沟、明广寺林场的四、五道沟多为刺槐纯林,间有少量的栎类、松类。灌木多为黄荆、鼠李属、胡枝子属等。草本以黄背草、白草、鬼针草、地柏为主,覆盖度一般在80%～90%。

山坡上多为人工赤松、黑松纯林,为蒙山的主要树种。据统计,该区赤松造林面积50多平方千米,是该区除黑松外的主要松类树种。此类型林地的灌木主要有胡枝子属、黄荆、鼠李属、三桠乌药及藤本的连翘、山葡萄、蛇葡萄等,草本主要有黄背草、白草、结缕草、荩草、地柏等,覆盖率在80%左右。

明广寺林场在海拔高度750米处马鞍子引种栽植的华山松,1990年调查,当时28年生,平均树高8米,胸径12.9厘米,生长良好。

3.蒙山海拔高度500米以下,山坡多为黑松纯林类型,山下部、缓坡、土壤肥厚处及山沟多为经济林及落叶阔叶林类型。引种成功的100多个国内外树种,也多在这个地段。

①黑松纯林型。黑松原产日本,是蒙山海拔高度500米以下及南部四开山、老虎山低山区火成岩山地的主要荒山造林树种之一。塔山林场早在1896年即开始引种栽植。蒙山大面积营造黑松林是在新中国成立后1950年开始的。现在整个蒙山及南部低山丘陵区,黑松林面积已达210多平方千米,主要是防护林,是当地群众的主要用材、烧柴树种。

其植被类型,蒙山阳坡有:

黑松－黄荆＋胡枝子－黄背草＋结缕草＋蚊子草群落;

黑松＋刺槐－黄荆＋胡枝子＋酸枣－黄背草＋野古草群落;

黑松＋麻栎＋栓皮栎－胡枝子＋黄荆＋酸枣－野古草＋黄背草群落;

黑松＋赤松＋刺槐－黄荆＋胡枝子－黄背草＋结缕草群落。

蒙山阴坡有:

黑松－胡枝子－羊胡子草＋白草群落;

黑松＋赤松－胡枝子＋黄荆－黄背草＋白草＋结缕草群落。

②落叶阔叶林类型。多分布于山沟、山麓。本类型可分为两种。第一种为乔木树种混生型,主要乔木树种为刺槐、毛白杨、欧杨派杨类、栓皮栎、麻栎、山槐、黄连木、枫杨、柳、榆、楸树

等。灌木多为胡枝子属、黄荆、酸枣、扁担杆子、牛奶子等。草本主要有黄背草、结缕草、鸡眼草、马唐、米口袋、地柏等。第二种为杨类，刺槐、枰柳纯林型。此种类型一般按丰产林集约经营，把土壤整成梯田或带状、大块状，头三年林下间作农作物。

③经济林类型。主要有板栗、苹果、山楂、桃、花椒、梨、葡萄、大枣、石榴、杏、李子、樱桃、金银花等经济树种。多整成梯田集约经营，林下除间种少量农作物外，其他灌草较少，仅在空隙坎堰上生长有黄荆、酸枣、胡枝子、黄背草、鬼针草、艾蒿等，覆盖率一般80%左右。

该片系蒙山板栗、花椒、山楂的主要产地，年产板栗400余万千克，花椒30万千克，山楂600余万千克。

④蒙山地区建国前后引种成功的100多个树种多在海拔高度500米以下。

塔山林场早在1896年引种有日本落叶松、日本黑松、欧洲赤松、日本柳杉、日本赤杨等树种。万寿宫林场20世纪40年代引种有文冠果。建国后，先后又引种成功了水杉、柳杉、杉木、白皮松、华山松、马尾松、金钱松、黄山松、雪松、湿地松、火炬松、池杉、落羽杉、日本扁柏、日本花柏、日本冷杉、赤杨、辽东桤、中国马褂木、枫香、落壳山核桃、玉兰、檫木、乌桕、厚朴、火炬树、海桐、茶、兰考桐、毛竹、刚竹、苦竹及黑杨派12个品系129个树种，极大地丰富了该地区的树种资源。

⑤竹林：淡竹林主要分布在明广寺林场、大洼林场场址周围、雪风峪、大公馆、万寿宫林场养鱼池后等处，均小片生长。林下基本无灌木，草本植物稀疏，主要有龙牙草、蛇莓、鬼针草、鸭跖草、葎草等，覆盖率90%左右。

毛竹林系20世纪70年代初万寿宫、大洼、明广寺、海螺寺、大青山等国营林场从福建引种，其中万寿宫林场养鱼池下部、大洼林场西河两片生长良好，面积各2000平方米左右。

4. 兖石铁路两侧为石灰岩山地，多为低山丘陵。主要为农垦区，林地面积较少。林地一般山上部为侧柏林，山下部为刺槐或果树、金银花等经济林。据蒙山旅游区、费县林业部门统计，两县侧柏林120平方千米，主要分布在该片地区。灌木多为黄荆、酸枣、胡枝子、杠柳等。草本有白草、黄背草、结缕草、鬼针草、狗尾草、鸡眼草、小飞蓬、茅草、地柏等，一般覆盖率为60%～70%。

该片蒙山旅游区县的天宝山流域、彭泉流域和费县朱田一带为经济林区，系山东省黄梨、山楂的主要产地，素有"黄梨之乡"之称。主要树种有白梨、山楂、苹果、桃、柿、花椒、核桃、板栗、李子、葡萄等，是该区的主要经济来源。多为集约经营，林下间种农作物。一般山顶为侧柏、黑松林，山下部为经济林。覆盖率在80%左右。

该片区域的天宝山林场老虎洞山沟，由于天然植被保护好，原生树种较为丰富，除上述经济树种外，乔木树种还有瓜木、五角枫、栾树、毛梾、苦木、黄连木、小叶朴、蒙桑等；灌木有红叶黄栌、本氏木兰、竹叶椒、四季丁香、卫矛属、胡枝子属、大叶铁线莲、毛果杨子铁线莲、杭子梢、苦皮藤、绣线菊属等；草本主要有黄背草、白草、结缕草、葎草、鬼针草、莎草、画眉草、阿尔太紫菀等，覆盖率达95%。

5. 南部四开山、老虎山等火成岩丘陵区，系低山浅山区，海拔最高的狼窝顶为674米，其他均在500米以下，一般梯田到半山腰，甚至到山顶，由于人为活动频繁，原生植被稀少，土层瘠薄，多为砂土、粗骨土。山上部为人工栽植的黑松、赤松，下部及山沟为刺槐。乔木树种还有侧柏、毛白杨、麻栎、白榆、臭椿、苦楝等。灌木有胡枝子、黄荆、酸枣、金银花等。草本主要有白草、黄背草、鬼针草、蚊子草、结缕草、狗尾草、鸡眼草、马唐等。覆盖率50%~70%。山下部土层较深厚处多为板栗、山楂、苹果、桃、杏、樱桃、花椒等经济林。近几年(2014年)由于花岗石的开采,稀疏的植被受到不同程度的破坏,而恢复很慢,有些地段基本没有乔木,仅有少量的黄荆、酸枣、达乎里、胡枝子等灌木,多为白草、结缕草、鬼针草、狗尾草等草本,覆盖率30%~50%,水土流失较重。

金银花是半常绿蔓生藤本植物,蒙山地区各山地均有野生。因它有清热解表、抗菌消炎、延年益寿之功效,是蒙山地区梯田地堰、荒坡隙地广为栽培的重要经济树种之一,同时也是该区绿化、美化、保持水土的重要树种之一。该区已有200余年的栽培历史。据统计,全区约有1.5亿墩,其中片林达40平方千米。年产干金银花400余万千克,占全国总产量的70%左右,且品质优良。据测定,含绿原酸6.32%,挥发油1.8‰,高于全国其他产地产品含量的5~50倍,居全国之冠。其中蒙山旅游区县是金银花的重点产地,素享"金银花之乡"的美誉。

6. 温凉河、祊河、浚河及上游小河两岸和村庄周围系农垦区。就森林植被而言,乔木主要是人工栽植的杨柳科树种,以黑杨派树种为主,其次是刺槐、毛白杨、国槐、楸、榆、银杏、水杉、泡桐、苦楝、臭椿等用材树种;灌木主要有棉槐、白蜡、杞柳、金银花等;经济树种主要有苹果、山楂、白梨、桃、杏、板栗、大枣、石榴、香椿、柿、樱桃、葡萄、淡竹等。在村庄周围还栽植有法桐、雪松、柏属、合欢、紫薇、紫荆、蔷薇、黄杨属等绿化、美化树种。

草本植物主要有葎草、狗尾草、马齿苋、茅草、小蓟、地肤子、苍耳子、灰菜、翻白草、委陵菜、祁州漏芦、苦菜、龙葵、荠菜、独行菜、牛繁缕、鸭跖草、白头翁、藜藜、酸模叶蓼、薄菜、野菊花、鹅不食草、扁蓄、酢浆草、蒲公英、锦灯笼、艾蒿、结骨草、猪毛菜、老鹳草、紫花地丁、地锦草、蟋蟀草、马唐、荆三稜、莎草等。

作为河滩林植物群落类型,主要有:

杨类—紫穗槐—茅草+荩草+低矮苔草+鬼针草;

杨类+刺槐——紫穗槐——白草+鬼针草等;

杨类+柳树——紫穗槐——白草+鬼针草等。

自20世纪70年代开始,在河滩及村庄周围、道路两旁大造丰产林,尤其近几年受杨树经济价值的影响,以杨类为主的丰产林建设发展很快。据费县、蒙山旅游区县林业部门统计,截止2007年底已达244平方千米,其中70%为中、幼林。河滩杨树丰产林已成为当地群众的主要用材基地。总之,河滩已全部绿化,森林覆盖率,除流水线外,已达95%以上。蒙山地区的水面面积较小,水生植物主要有芦苇、蒲、菱、慈菇、浮萍、水芹等。

5.2.5 资源开发及利用情况

5.2.5.1 麦饭石分布、储量及利用价值

根据近几年地质勘查工作获悉,蒙山周边分布的麦饭石,主要为燕山晚期铜石超单元中酸性岩石,主要岩性为斑状—似斑状含黑云闪长玢岩、二长闪长玢(斑)岩、石英二长斑岩。主要分布于蒙山周边的联城、城关等地,以虎头山为代表,划分为6个麦饭石岩体,出露总面积约

35 平方千米,资源量巨大(总储量 2 亿立方米以上),有良好的开发前景。

中国麦饭石资源极为丰富,几乎各省、市、自治区均有分布,比较著名并已开发应用的有山东蒙阴、内蒙古奈曼旗、天津蓟县、辽宁阜新、浙江四明山、江西赣南、台湾台东等。此外,山东、广东、广西、四川、新疆、福建、江苏、湖北、陕西、甘肃、河南、河北、山西、吉林、黑龙江等地都有大量矿藏,因产地不同,其成分略有差异,且色泽也不完全相同。

各地所产麦饭石品质差别较大,其中以山东、内蒙古为佳,当地石质较好,可以进行雕刻等加工。有些地区的麦饭石由于形成年代比较晚,石质较稀松,只能碎化处理后重新压制成型。

麦饭石用水浸泡后,可以容出钾、钠、钙、镁、硅、锰、钛、磷等人体所必需的近 20 种元素和矿物质,可达到矿泉水的标准。长期饮用可增强肌体的免疫功能,提高身体抗感染能力。同时中华麦饭石对镉、铅等对人体有害的元素以及细菌团具有较强的吸附率,对大肠杆菌的吸附率在 95% 以上。饮用麦饭石水,可以调节机体的新陈代谢,有健胃、利尿、保肝和防衰老作用,对人类大有益处。此外,还可以应用于蔬菜水果保鲜、动物养殖、植物栽培、冰箱除臭等。用现代技术测试分析表明,麦饭石含有人体健康所需的多种微量元素,人长期饮用麦饭石矿物水,还可以为有机体提供无机营养成分,调节新陈代谢;麦饭石矿物水可供保健理疗洗浴,经常洗浴,可起强身健体之效,相当于矿泉水浴。麦饭石具有一定的吸附作用,经多次实验证明,麦饭石对某些病毒和有害微生物及重金属元素、有机物质具有一定的净化能力。在污水处理,饮水净化与除异味等方面,麦饭石都有效果。

麦饭石又名长寿石、健康石、炼山石、马牙砂、豆渣石,因其形状如一团大麦饭而得名。宋朝的《本草图经》就已经把麦饭石作为药石记载下来,明代大医学家李时珍所著《本草纲目》中记载“麦饭石甘、温、无毒,主治一切痈疽发背”。此外,中国 1921 年和 1969 年出版的《中华医学大辞典》,1953 年出版的《普济方》,1957 年出版的《本草纲目的矿物史料》和近年出版的《李时珍研究》等书中,对麦饭石均有记述。日本曾有全国性的和地方性的麦饭石研究会等组织,把麦饭石称之为“健康药石”,并广泛应用于饮水净化与污水处理,制成人工矿泉水等,而且在蔬菜水果保鲜、动物养殖、植物栽培、冰箱除臭等方面也有所应用。而目前国内外市场上麦饭石及其衍生品主要的用途有:

①调节和改善水质。通过测试研究表明,麦饭石能显著改善水质中的矿物质含量,一方面是释放出对人体有益的锌、铁、硒、铜、锶、碘、氟、偏硅酸等,另一方面能吸收铅、镉、汞等有害元素。经过麦饭石处理过的水质甚至可以部分达到饮用天然矿泉水的质量要求。市场上常见的产品有麦饭石滤芯(棒),以及各种规格、形状的麦饭石器具。

②改善家畜饲料口感,补充矿物质。通过在饲料中添加麦饭石粉,既可以改善饲料的口感,也可以增加牛羊的产奶量,防止饲养失调,减轻排泄物的气味,有助于家畜的健壮。

除此之外,也有少量应用于化妆品填料、污水处理等方面。蒙阴及周边地区的麦饭石产业主要集中于矿化、净化水产品,以及由此衍生的各种麦饭石保健产品,如麦饭石茶具、餐具等。

蒙山地区麦饭石产业开发起步晚,缺乏生产加工龙头企业支撑,与其他地区麦饭石产业开发相比,还处在小规模生产、低层次发展的阶段。

目前,蒙山麦饭石主要分布在云蒙办事处龙凤峪村和西南峪村。今后的工作重点是加大蒙山旅游区龙凤峪、西南峪流域麦饭石资源的勘探力度,积极与专业勘探机构开展合作,引进资金与技术,通过普查、概查、详查等为主的资源勘查工作,积极寻找后续矿源,为蒙山麦饭石产业发展提供资源保障。进一步规范蒙山麦饭石原料管理,依法依规科学开发,限制采建规模,由政府主导实行原料年度限量开采、封矿管理和定额供应,从源头上限制低价竞销,少开采,精加工,获取较高的附加值,实现可持续发展。

5.2.5.2 蒙山旅游区小水源工程现状

1. 水库工程

蒙山旅游区共有小水库 21 座,其中小(一)型水库 4 座,分别为乔家村水库、陈家庄水库、王麻水库、宝兴店水库,计划陈家庄水库作为蒙山旅游区管委会供水水源地,王麻水库为云蒙办事处供水水源地,乔家村水库以防洪、旅游开发为主,兼顾灌溉、养殖,宝兴店小(一)型水库及其它 15 座小(二)型水库以防洪及农业灌溉为主,兼顾渔业养殖。21 座水库总库容 1479 万立方米,兴利库容 906 万立方米,死库容 53.2 万立方米。

2. 塘坝工程

蒙山旅游区为典型的砂石山区,山高坡陡,适宜重点发展小塘坝工程,以尽可能的拦蓄地表水,增加地表水蓄水量,并补给地下水。按照水利普查数据蒙山旅游区共有 500 立方米以上塘坝工程 160 处:其中 5 万立方米以上 30 处,1 万~5 万立方米 74 处,500~10000 立方米 56 处。160 处塘坝工程总蓄水量 484.43 万立方米。

3. 河道工程

蒙山旅游区均属淮河流域沂河水系,主要为东汶河、浚河、金线河三个小流域。蒙山北部属东汶河流域,蒙山南部属浚河、金线河流域,旅游区没有较大河道工程,所有河道工程均为各河道发源地,其中 10 千米以上河道 10 条,分别为三官庙河、杨谢河、柏林河、固城河、金线河、资邱河、麻店子河、小王庄河、团埠河、金水河、聚来庄河。均为季节性河道,源短流急,旱季断流,雨季遇暴雨易漫溢成灾。

蒙山旅游区水库塘坝工程最大蓄水量 1443.63 万立方米,远远满足不了群众生产生活及蒙山旅游区发展的需要

5.2.5.3 土地资源结构分析

根据 2012 年第二次全国土地调查结果,蒙山旅游区土地利用呈现以下典型特征:

1. 全区控制总面积 31322.14 公顷,农用地为 26923.66 公顷,占土地总面积的 85.96%,农用地的比重远大于建设用地和未利用地,土地利用结构见图 5.4。

2. 林地和耕地面积分别为 13741.44 公顷和 7810.43 公顷,占农用地总面积的 51.04% 和 29.00%;其次为园地,面积为 4031.92 公顷,其他农用地的比重较小,全区没有草地。蒙山旅游区林木植被覆盖较好,旅游区森林覆盖率高达 90% 以上,居全国之首,被誉为"天然氧吧""森林浴场",以林地为

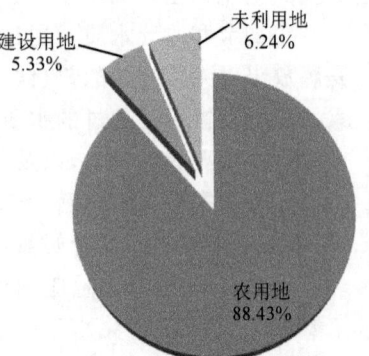

图 5.4 2012 年蒙山旅游区
土地利用结构

主的农业用地结构特征明显。

3. 建设用地面积为 1856.79 公顷,占全区总土地面积的 5.93%,且以村庄用地为主,面积达 1267.31 公顷,占建设用地面积的 68.25%,具有一定的挖潜潜力。全区公路用地和水利设施用地分别占建设用地面积的 6.30% 和 10.11%。蒙山旅游区地处省会城市群经济圈和西部经济隆起带交接点,随着旅游产业和相关产业不断发展,交通用地需求较大,可以适当增加其相应的面积。

4. 未利用地面积为 2541.69 公顷,占全区面积的 8.11%,其中自然保留地为 2187.77 公顷,占未利用地面积的 86.08%,具有较大的开发利用价值。

5.2.5.4 空气中负氧离子的含量及功效

中国科学院生态环境研究中心于 1999 年 6 月 11 日—12 日对蒙山旅游区进行了空气负离子、氧气和臭氧含量的监测,结果见表 5.7。

表 5.7 蒙阴县境内蒙山空气负离子、氧气和臭氧含量监测结果

序号	样点	负离子(个/厘米³)	氧气(%)	臭氧(毫克/米³)
1	湾月瀑布松林	27027	20.99	0
2	水帘洞瀑布边树林	8333	20.91	0
3	水帘洞上方树林	26042	—	0
4	水帘洞上方岩石上	45455	—	0
5	戏台石松树上	55556	—	0
6	云蒙山庄附近山泉边	33203	20.93	0
7	云蒙山庄西南树林	—	21.0	0
8	云梦山庄西侧树林	—	20.92	0.069
9	云梦山庄西北树林	—	20.91	0
10	火石梁大片松林 1	854167	21.03	0
11	火石梁大片松林 2	675403	—	0
12	东门松林 1	62500	20.92	0
13	东门松林 2	25000	20.98	0
14	东门松林 3		20.98	0
15	东门松林 4	—	20.99	0
16	鹿场南山松林中	—	21.03	0.1
17	生态中心※	4386	20.77	0

注:—表示未测;空气中负离子:现场使用美国 TSL 公司的"MODEL 3068 AEROSOL ELECTROMETER0"分析仪测定;氧气:现场气袋采样,实验室用日本产 GC-MS 仪测定,载气为氮气,最小检出量为 1.43 毫克/米³;臭氧:为美国产的臭氧自动分析仪;※:北京生态中心。

从表 5.7 的监测结果表明:

1. 蒙山空气中具有较高的氧气含量。监测数据中最高为 21.03%,比同期北京中国科学院生态环境研究中心院内高 0.28%。这对于来此旅游的人们,无疑等于进入天然的氧吧。植物在光合作用时吸收二氧化碳,放出氧,它的光合作用比呼吸作用大 20 倍左右,通常 1 公顷阔

叶林在生长季节一天可消耗掉 1 千克二氧化碳,放出 0.73 千克氧。粗略估算蒙阴县境内森林面积 3676 公顷,生长季节每天可产生氧气 2683 千克。植物是生产氧气的工厂,天然的制氧机,森林则成为天然的大氧吧。

2. 蒙山空气中具有很高的负离子含量。监测数据中最高为 854167 个每立方厘米,是同期中国科学院生态环境研究中心院内的 195 倍。负离子属空气中的小离子,其一般寿命为数秒到数分,平均为 1 分钟。由于负离子的寿命短暂,要捕捉到最高浓度有一定的困难。也由于其寿命短暂,检测到最高浓度值可以说明空气质量好,但检测不到或值较低不能说空气质量不好,此次有几处负离子浓度不高,而氧气含量却很高就是很好的说明。

3. 蒙山空气中具有适宜的臭氧浓度。检测到的是最高浓度为 0.12 毫克每立方米。较大浓度的臭氧对人体有害,而稀薄的臭氧反而给人清新的感觉,闻到轻松愉快。蒙山臭氧主要成因是松脂易被氧化而产生臭氧,可以说松林是臭氧的生产场所之一。

4. 蒙山具有适宜的空气温度和湿度。

监测期间纬度偏高的济南最高气温达 34℃,而蒙山中最高气温为 27℃,且空气湿度大,最高相对湿度达 93%。森林可以降低空气温度,是由于树冠可以阻挡太阳辐射,使树下温度降低 3～5℃。森林有强大的蒸腾作用,落叶松每年蒸腾水分 437 毫米,黑松林 282 毫米。1 公顷阔叶林一个夏季能蒸腾 2400 千克水分。由于森林上空水分含量高,蒸发水分要吸收大量的热,使得周围的温度降低。

空气是由无数分子组成的,分子由原子组成。围绕原子核旋转的电子受到自然界的宇宙射线、紫外线照射等影响脱离轨道,与其他中性气体分子结合后,就形成带负电荷的空气负离子。自由电子大部分被氧气所获得,因而,我们常常把空气负离子统称为负氧离子。评价空气的第一指标就是负(氧)离子含量,它的浓度与空气的清洁度密切相关。负离子含量(浓度)在乡村、山区、森林及海滨等比城市和居室多。世界卫生组织规定,清新空气中负离子含量不应低于 1000～1500 个每立方厘米。按每立方厘米中负离子的个数来划分,大气中负离子浓度和健康的关系如表 5.8 所示。

表 5.8　不同负离子浓度对健康的影响

级别	数量(个/厘米^3)	对健康的影响
1	≤600	不利
2	600～900	正常
3	900～1200	较有利
4	1200～1500	有利
5	1500～1800	相当有利
6	1800～2100	很有利
7	≥2100	极有利

对蒙山旅游区而言,大气负氧离子资源有可能是尚未发现的潜在旅游资源,而且它还具有再生性,可以循环利用的特点。加大对空气负离子资源的发掘及开发利用,并掌握它的空间分布状况和季节变化规律,不仅有利于保护好现有的生态环境,维护已有的自然资源结构,更有

利于积极地去创造更多、更合理的生态环境结构,游客也可以根据测试公布的负氧离子浓度,在旅游环境容量允许的范围内,自觉主动地选择时间,安排旅游路线和旅游活动。

5.2.5.5 地热资源概况

1. 汪家坡 W1 地热井

W1 地热井位于临沂市蒙山旅游区管委会柏林镇汪家坡村北,是临沂地质环境监测站1983 年设立地下水动态监测点时发现的。该地热井为一大口井,间断性自流,井深 9.4 米,直径 8.5 米,石砌井壁。据多年动态监测资料,地下水出口水温 30℃。汪家坡地热井为大口井,目前仅用于农田灌溉,未作为地热资源予以开发利用。利用抽水试验资料确定 W1 地热井地热水可开采量为 2010 立方米每天。

地热水的开发能创造良好的社会效益及经济效益。凭借得天独厚的自然地理环境,良好的基础设施,汪家坡地热资源有着较好的开发利用价值,必将带动地区经济的快速发展。

2. 蒙山旅游区邢家庄 MS1 地热单井

MS1 井位于蒙山旅游区邢家村东,由山东省第一地质矿产勘查院具体实施施工的,该项目山东省国土资源厅鲁国土资发〔2009〕132 号文《关于下达 2009 年度省地质勘查项目计划的通知》批准的矿产资源补偿费项目,2011 年 7 月完成了该项目的全部工作,并提交了地热单井报告。该井井深 1987 米,水温 30.7℃,水量 1264.8 立方米每天,含水层岩性为泰山群花岗岩。依照《地热资源地质勘查规范》(GB/T 11615-2010)的规定,经计算本地热井的允许开采涌水量为 664.08 立方米每天,出水口温度为 29℃。

该井井水清澈透明,入口甘甜,水化学类型为 HCO_3—$Ca \cdot Na$ 型,pH 值 7.95,矿化度为0.5934 克/升,为弱碱性的淡水、软水。其中偏硅酸(43.11 毫克/升)及锶元素(0.30 毫克/升),达到《饮用天然矿泉水》定名的界限指标,其它限量指标、感官指标、污染物指标、微生物指标均符合标准,满足富含偏硅酸、锶元素复合类型天然矿泉水的标准。

该地热流体中偏硅酸含量较高,达到矿水浓度,具有较高的医疗价值。可作为洗浴、疗养用水或在医生指导下进行理疗保健。

另外,在蒙山旅游区钻石公园及富泉村均有优质地热资源还未进行开发利用。

5.2.6 能源消耗情况

蒙山旅游区农村用能的主要能源包括电力、燃煤、太阳能、液化石油气、天然气、秸秆、沼气等。其中,电力、太阳能、液化石油气、天然气为全区农村地区企业、居民生产生活主要能源,燃煤主要为冬季居民采暖,秸秆为居民生活辅助能源。农村居民使用太阳能热水器、太阳能路灯,规模正在日益扩大;能源结构合理化有益于全方位节约能源、不断提高农村生产生活的用能效率,切实解决农村耗能高、浪费大、污染重的问题。

5.2.7 存在的主要环境问题

5.2.7.1 非法采石

近期蒙山奇石的观赏价值和市场价值正在飙升,有一些不法分子抱着侥幸心理趁着夜色非法挖掘奇石,这种私挖滥采的行为已经对蒙山的地质地貌和自然资源造成了严重的破坏,山体、植被、景观也遭到了严重的破坏。

5.2.7.2 餐饮和养殖污染

旅游区现有两大污染行业,即餐饮宾馆业和养殖业,点多、面广。随着旅游区畜禽养殖业的迅猛发展,因养殖带来的环境污染问题日益突出,已成为当前旅游区内农村环境污染的主要来源之一。

5.2.7.3 土壤污染

旅游活动中游客越出游道的行为对游道外缘土壤的理化性质产生了较大的影响,大致的表现为距游道越近土壤有机质、有效氮含量越低,pH值明显增高;停车场所受冲击比游径两侧土壤大。比起游人践踏,旅游开发活动及车辆碾压对土壤的冲击更为严重。在局部地区,由于游客的聚集及不恰当的旅游活动行为,已开始出现了土壤退化、植被损伤及水土流失加重等现象。

5.2.7.4 农村人居环境问题

农村人居环境方面仍存在一些突出问题:①在一些自然村落,农村空心化问题普遍,部分村庄建设缺乏统一的规划设计,房屋建设杂乱无章。②部分农村,特别是深山区的农村,供水、供气等基础设施建设难度大、成本高、且容易受到自然灾害的影响,一些村民的生活饮水等问题尚未彻底解决。③山区村庄规模小、自然村落居住分散,农村生活污水处置等问题尚未有效解决。④部分农村垃圾消纳问题严重。目前正规垃圾填埋场建设相对滞后,现有垃圾填埋场存在运输距离远、成本高等问题,而且随着新农村建设的持续推进和农民生活水平的不断提高,农村建房、装修及房屋改造所产生的建筑垃圾越来越多,如何有效处理建筑垃圾成为亟待解决的问题。

5.2.7.5 中小河流污染

蒙山旅游区境内河流属典型的山丘区河流。受人民群众环境意识薄弱、河道管理观念滞后等因素影响,河道现冲刷严重、防洪能力不足、水面面积不断减少。①河道冲刷严重。受河道采砂活动和自然因素的影响,河床冲刷严重,很多河段已裸露岩基。②防洪能力不足。大多数河道还不同程度地存在堤身单薄、防洪标准偏低、防洪能力达不到设计标准、部分河道两岸没有护岸工程等问题。③河道形态改变。因人为设障、废弃料乱堆、管理不善等因素,改变了河道天然断面形态,造成流水不畅,行洪受阻,影响河道功能的正常发挥。④河网水面面积不断减少。由于造房、修路等建设活动任意占用、填埋河道,建筑和生活垃圾等废弃物任意倾入河道,侵占了水面面积,致使许多河道缩窄变浅,减少了河网的调蓄容量。

5.3 蒙山旅游区的环境体系建设现状

5.3.1 水环境建设

水环境不仅提供了人类赖以生存的水资源,而且维系和影响着整个区域生态系统的物质和能量循环。蒙山为山丘区、旅游区,在创建国家 5 A 级旅游区的过程中,其水环境建设正努力打造成以生态保护为主的自然模式,通过强化污染综合治理、水资源保护、水生态系统修复,使水环境最终达到"岸清水绿、通、流,顺畅游",全面构建"治、用、保"并举的水环境体系。

5.3.1.1 加强污染综合治理

(1)蒙山旅游区无规模以上工矿企业,没有直接排污的工矿企业,区内沂蒙人家、邑山沂水、东山宾馆、养心园等几家大型宾馆,旅游区内各个农家乐排放的生活污水成为主要污染源,下步将对入河排污全面监控,建立完善的执法监督体系,加强入河排污管理,在沂蒙人家、东山宾馆完成一体化污水处理设施建设、养心园生物氧化处理设施后,重点督促邑山沂水、东山宾馆处理设施建设及农家乐联片污水处理设施上马,否则停业整顿,严禁污水直排入河道。

(2)通过农业综合执法,对各农药、化肥销售网点进行综合整治,严禁在蒙山旅游区使用高残、高毒农药、化肥。

(3)加大对农村养殖污染的综合治理,彻底解决全区 600 个养殖大棚的排污问题,全区规模化养殖和集中式养殖区全部配套建成污染防治设施,粪便综合利用率达到 95%。

(4)实现全区生活垃圾收运处理体系全覆盖,结合蒙山旅游区新农村建设及环境综合整治工作,全市生活垃圾无害化处理率达到 95% 以上。

(5)大力推进村镇级污水处理厂建设,并结合"一村一汪塘"工程净化农村污水。

5.3.1.2 水土保持和小流域治理

(1)雨季造林及森林抚育工程,认真完成蒙山旅游区每年 2 平方千米雨季造林、17 平方千米的森林抚育工作,提高森林覆盖率,减少水土流失。

(2)水土保持工作和清洁小流域治理,按照水生态文明建设规划、水土保持综合治理规划,结合蒙山旅游区情况和以往小流域综合治理的实际成果、各村镇实际情况等因素,规划大洼、李家石屋、菠萝崮、明光寺、乔仙、太平岭、黄崖、团埠、百泉峪、墁子、龙凤峪等 11 条小流域进行清洁小流域治理。力争到 2015 年,水土流失治理率达到 75%,中度以上土壤侵蚀面积比例低于 5%。

表 5.9 蒙山旅游区水土保持小流域治理规划表

小流域	总面积 (千米²)	流失面积 (千米²)	形状	位置	经纬度	海拔高程 (米)	相对高差 (米)	地貌类型
大洼	34.5	16.22	长方形	柏林镇	东经 117°53′04″—117°56′51″,北纬 35°28′05″—35°33′12″	176～1026	850	低山丘陵区
李家石屋	35.33	10.59	"7"字形	柏林镇	东经 117°50′14″—117°53′04″,北纬 35°28′16″—35°34′00″	151～1156	1005	低山丘陵区
菠萝崮	14.25	5.84	近似方形	柏林镇	东经 117°51′00″—117°53′04″,北纬 35°28′05″—35°30′10″	162～676	514	低山丘陵区

续表

小流域	总面积 (千米²)	流失 面积 (千米²)	形状	位置	经纬度	海拔高程 (米)	相对 高差 (米)	地貌类型
明光寺	19.75	12.81	方形	柏林镇	东经 117°41′03″—117°45′14″, 北纬 35°40′09″—35°44′06″	183~ 777.5	594.5	低山丘陵区
乔仙庄	24	11.14	方形	柏林镇	东经 117°45′04″—117°50′17″, 北纬 35°31′07″—35°34′05″	150~1156	1006	低山丘陵区
太平岭	14.75	8.11	长方形	柏林镇	东经 117°46′10″—117°49′07″, 北纬 35°28′18″—35°30′14″	102~217	115	丘陵区
黄崖	23.75	10.93	近似 长方形	柏林镇	东经 117°45′18″—117°50′49″, 北纬 35°34′07″—35°37′05″	183~1154	971	低山丘陵区
团埠	15.13	10.78	不规则平 行四边形	云蒙 办事处	东经 117°52′18″—117°55′04″, 北纬 35°28′06″—35°30′34″	223.5~ 862	638.5	低山丘陵区
百泉峪	9.91	6.77	不规则平 行四边形	云蒙 办事处	东经 117°54′46″—117°57′31″, 北纬 35°29′12″—35°30′54″	197.2~ 566.9	369.7	低山丘陵区
墁子	13.90	10.89	不规则平 行四边形	云蒙 办事处	东经 117°52′17″—117°54′14″, 北纬 35°34′08″—35°37′30″	242.6~ 1085.7	843.1	低山丘陵区
龙凤峪	15.99	11.89	不规则 长方形	云蒙 办事处	东经 117°50′40″—117°53′42″, 北纬 35°35′14″—35°38′35″	224.4~ 938.4	714.0	低山丘陵区
合计	221.26	116						

5.3.1.3　雨洪资源利用

蒙山旅游区为典型的砂石山贫水区,没有建设大型蓄水工程的条件,但项目区水资源的短缺正成为制约当地发展的瓶颈,充分拦蓄雨洪资源成为解决蒙山旅游区水资源短缺的主要方式。蒙山旅游区管委会领导对彻底解决蒙山旅游区的水资源短缺问题有非常清醒的认识,专门安排技术人员对蒙山旅游区各条山沟进行了现场勘查,选定了 144 处适易建设小型蓄水拦蓄工程,其中库容在 1 万立方米以下 44 处,1 万~5 万立方米 44 处,5 万~10 万立方米 19 处,10 万立方米以上 37 处。144 处拦蓄工程总蓄水量 573 万立方米。

5.3.2　垃圾处理情况

5.3.2.1　各类垃圾日产生量

蒙山旅游区各类垃圾日产生量约 36.1 吨(其中:生活垃圾日产生量约 26.6 吨、建筑垃圾日产生量约 9 吨、医疗垃圾日产生量约 0.5 吨)

1. 柏林镇各类垃圾日产生量约 30 吨。其中：生活垃圾日产生量约 22.5 吨、建筑垃圾日产生量约 7 吨、医疗垃圾日产生量约 0.5 吨。

2. 云蒙办事处各类垃圾日产生量约 6 吨。其中：生活垃圾日产生量约 4 吨、建筑垃圾日产生量约 2 吨。

3. 景区各类垃圾日产生量约 0.1 吨。全部都是生活垃圾日产生量。

5.3.2.2　垃圾清运及处理情况

(1)柏林镇垃圾清运及处理情况

1. 柏林镇现有垃圾清运车 4 辆(含 1 辆机动三轮车)。其中 1 辆(8 吨)交付蒙阴县顺洁环卫保洁服务中心使用、2 辆(3 吨)交付柏林村和柘沟村使用，均为柏林镇购置；另外 1 辆(1 吨)机动三轮车是蒙阴县顺洁环卫保洁服务中心购置。

2. 柏林镇生活垃圾主要采取"户集、村收、镇运、县处理"，建筑垃圾主要采取合理选址就地填埋的处理方式。生活垃圾实行日产日清，旅游区沿线道路两侧生活垃圾收集站(点)或垃圾桶每 4 天清运一次，各村居(社区)内生活垃圾收集站(点)或垃圾桶每 7 天清运一次，由蒙阴县顺洁环卫保洁服务中心负责统一清运；医疗垃圾先由镇卫生院进行定点存放，然后由临沂市蓝天垃圾处理公司进行集中处理，每 7 天清运一次。

3. 柏林镇生活垃圾主要运输至平邑县武台镇垃圾填埋场、蒙阴县城垃圾填埋场、蒙阴县巨山填埋场和蒙山旅游区柏林镇邢家庄村垃圾填埋场，生活垃圾统一实行填埋处理。

(2)云蒙办事处垃圾清运及处理情况

1. 云蒙办事处现有垃圾清运车 2 辆(含 1 辆机动三轮车)。其中 1 辆(8 吨)交付蒙阴县顺洁环卫保洁服务中心使用，另外 1 辆(1 吨)机动三轮车是蒙阴县顺洁环卫保洁服务中心购置。

2. 云蒙办事处生活垃圾主要采取"户集、村收、办事处运、县处理"，建筑垃圾主要采取合理选址就地填埋的处理方式。生活垃圾实行日产日清，旅游区沿线道路两侧生活垃圾收集站(点)或垃圾桶每 4 天清运一次，各村居(社区)内生活垃圾收集站(点)或垃圾桶每 7 天清运一次，由蒙阴县顺洁环卫保洁服务中心负责统一清运。

3. 云蒙办事处生活垃圾主要运输至蒙阴县垃圾填埋场(蒙阴县蒙阴镇石门社区)，生活垃圾统一实行填埋处理。

5.3.2.3　景区垃圾清运及处理情况

龟蒙景区内生活垃圾主要采取环卫保洁人员进行人工捡拾，将生活垃圾统一收集后，用人力三轮车运送至柏林镇邢家庄村垃圾填埋场，生活垃圾统一实行填埋处理。

5.3.3　环境综合整治情况

认真贯彻落实好市蒙山管委会和市局的指示精神，不断创新"两严、三进、四清、五净、六控"工作方法，努力实现"和谐管理，阳光执法，开拓奋进，改革创新"的总要求，紧紧围绕蒙山旅游区创建"世界地质公园"的总目标，重点抓好以下三个方面的工作。

5.3.3.1 努力提高执法队员的综合素质

一是加强教育。建立周一例会制度，分局利用周一早上人员考勤后的时间集中召开全体人员会议，简要讲评上周全面工作和布置本周工作，表扬身边好人好事，点评执法工作中存在的安全隐患和注意事项，每人踊跃发言、建言献策、互相学习、互相帮助、互相提高，从而不断提高执法人员的组织观念和服从命令意识。

二是强化学习。分局每月初制定理论学习计划，主要学习上级指示精神、执法业务知识和技能培训为主，不断提高执法人员的执法业务素质。

三是外树形象。从日常养成、作风纪律、队列训练抓起，从穿衣戴帽、言行举止抓起，从点滴小事抓起，努力打造"内强素质、外树形象"的正规化执法队伍。

5.3.3.2 结合党的群众路线教育实践，强化为民服务意识

一是倾心贴近群众，建立方便快捷的民意表达渠道。设立城管监督举报热线，建立快速反应机制，随时接受群众举报投诉。定期进行座谈、走访，与群众零距离、全天候联系，了解社情民意，真正帮助广大老百姓排忧解难。

二是用心联系群众，建立紧密挂钩的联系渠道。开展党的群众路线教育实践、"结亲连心"、干部职工包户联系和服务群众工作活动，定期入户调查，走访群众，了解民情，为民排忧，形成城市管理者与被管理者相互理解、相互支持的良好局面。

三是真心服务群众，建立果断有效的问题处置渠道。严格实行首问负责制，建卡立档，及时处理和解决上级交办、督办、查办的举报投诉案件，确保"件件有着落、事事有回音"。

5.3.3.3 精细管理景区容貌，努力提升景区新形象

(1)加大对景区的精细化管理力度。坚持宣传与执法两轮驱动，开展城管"进村居、进店面、进校园、进企业"的"四进"宣传活动，使"服务、管理、执法"有机结合。力求景区容貌管理达到"十无"标准，即无占道经营、无店外经营、无乱堆乱放、无乱贴乱画、无乱扯乱挂、无乱倾乱倒、无乱停乱放、无抛冒洒漏、无噪音污染、无私搭乱建。

(2)积极推进环卫一体化保洁、市场化运作工作。环卫保洁工作在借鉴市区成熟经验的基础上，结合旅游区实际，按照"以环卫保洁公司管理为主、管委和镇(办事处)督导考核为辅"的综合管理模式运行。

一是加强环卫保洁队伍和基础设施建设。继续抓好保洁人员的配备数量、环卫保洁质量以及基础设施达标建设工作。

二是深入推广环卫一体化保洁、市场化运作工作。积极向市局环卫处学习环卫一体化保洁、市场化运作的成熟和先进经验，认真督导环卫保洁公司的保洁质量。

三是加强环卫督导考核力度，建立长效管理机制。分局将严格按照全市城乡环卫一体化工作会议精神和《临沂市蒙山旅游区 2013 年度环境卫生管理考核办法》(临蒙办发〔2013〕38号)的要求，进一步细化、量化保洁指标，坚持日巡查记录、周督导考核、月汇总通报制度，不断提升景区整体环境水平。

5.3.4 区域环境体系建设情况

5.3.4.1 着眼长远建设生态费县

费县在发展进程中,坚持生态要发展潜力、要持久动力。加强绿色建设,实施中心城区广场绿地、湿地公园、环城林带建设工程;开展绿色通道提升计划,大力植树造林,新增造林20平方千米。抓好生态文明乡村建设,深入开展乡村文明行动,积极创建沂蒙"美丽乡村";综合整治城乡环境,实行"村收集—镇转运—县处理"环卫一体化体系全覆盖。强化资源保护,落实最严格的耕地保护和节约用地制度,严厉打击违法违规用地行为;全面执行水资源开发利用"三条红线",提高黄砂、奇石、矿山等矿产资源管理水平,建设奇石网上交易平台,推动资源节约集约利用。健全"治、用、保"流域污染防治体系,全面做好迎淮检查工作。抓好"两型企业"创建,狠抓节能减排,严控"两高一资"和落后产能项目立项。落实大气污染防治行动计划,切实改善大气环境质量。实现天然气"镇镇通"。投资3.7亿元实施农田水利工程290处,治理河道3条、小流域40平方千米,完成小农水重点县项目二期工程,投资1.63亿元的三和水源工程完成主体,投资1.82亿元的许家崖水库除险加固项目一期工程开工建设。强化森林防火能力建设,防控水平大幅度提升。

5.3.4.2 蒙阴建设"江北最美乡村"

蒙山县更加坚定自信地当好生态文明建设先行者,强化"绿水青山就是金山银山"的理念,以列入国家重点生态功能区建设示范县、全省县域科学发展试点县为抓手,在更高层次推进生态文明建设,在更广区域打响"江北最美乡村"品牌。

释放旅游服务业发展活力。强化各级旅游发展理念,引导全县上下更加重视旅游、真正参与旅游、齐心助推旅游。大力推进"岱崮地貌"综合开发,建设自驾游营地,抓好省级地质公园揭碑开园,举办生态养生文化节和全省山地自行车赛事,积极申报国家地质公园。加快云蒙湖环湖堤坝建设,实施以漂流为重点的坝下旅游开发。完成孟良崮党性教育基地提升改造工程,争创国家级国防教育基地品牌。加大旅游招商和政策争取力度,加快推进吉宝峪、中山寺、温泉城等项目建设。编制实施乡村旅游总体规划,重点扶持发展示范村和带头户,策划建设采摘园示范点,抓好乡村旅游从业人员培训。精心策划,加大投入,全方位扩大旅游宣传成效。拓展服务业新空间,培育服务业新业态,加快发展社会养老、家政服务、体育健身、文化创意等新兴产业。启动沂蒙商城二期建设,积极对接临沂商城国际化。抓好农村商业银行挂牌运营,争取新引进1家村镇银行,规范地方融资机构管理。

打牢生态建设基础。坚持"增绿""护绿"并重,突出工程造林和专业队造林,加快京沪高速公路、国省道沿线荒山绿化;以国有林场、集体林场为重点,严厉查处毁林开荒、盗采盗伐生态公益林等违法行为,扎实做好"全国绿化模范县"创建工作。强化节能减排,严把新上项目节能评估审查,抓好工业、建筑、交通、公共机构等重点领域节能改造。严格实施国家重点流域水污染防治规划,高标准地完成云蒙湖环湖生态带、垛庄污水处理厂等重点建设任务,争取国家淮河流域水污染治理考核取得优异成绩。强化农业面源污染治理,严控新上猪、鸭、鸡等规模化养殖项目,清理云蒙湖水源地禁养区养殖大棚,推广病虫害生态防控技术,大力发展果业、牧业循环农业示范点。扎实推进云蒙湖国家湿地公园建设,争取实施国家良好湖泊生态环境保护试点项目。切实抓好清洁流域、中小河道、湿地修复等水域综合治理,创建"省级水生态文明城市"。

5.3.4.3 加强生态平邑建设

平邑县突出抓好造林绿化,确保年内完成13平方千米造林绿化和12平方千米中幼林抚育任务,全县森林覆盖率提升到38.7%。大力实施"水清岸绿浚通"工程,实行"河长制"管理,加快推进乡镇污水处理厂建设,切实改善河流水质和周边环境,确保浚河景区水质稳定达到Ⅲ类标准,国家淮河流域水污染防治核查取得好成绩。强化城区空气质量改善和石材企业整治提升,确保城区空气质量改善幅度达到10%以上,真正让人民群众用上干净水源、呼吸到清洁空气、享受到优美环境。

以着力打造浚河生态农业观光带为抓手放大浚河沿岸良好的生态环境、自然资源和农业生产基础优势,合理布局生态农业生产基地。以沿河的铜石、温水、地方等镇为重点,大力推广蔬菜、花卉、苗木、果品等农作物种植,积极创建无公害、绿色、有机农产品基地,提升沿河区域农业的整体形象和市场竞争力,逐步把浚河沿岸建成独具特色的生态农业长廊。

5.3.4.4 沂南立足基建提升环境综合质量

实施汶河治理二期工程,建设张庄橡胶坝。搞好沂河上游治理,尽快打通沂河右岸滨河路。加强河道保护和河沙开采管理,建成黄埠拦河闸湿地修复工程。坚持"控规模、上设施、强监管",全面开展畜禽养殖和肉类加工业整治,大力压减石英砂开采加工企业,坚决淘汰落后生产工艺,改善大气质量,保护好青山绿水。强化12家重点用能企业监管,完成66处重点企业水污染治理再提高工程,建成大庄污水处理厂,搞好县城第二污水处理厂管网配套,做好迎淮核查工作。加强城乡环境综合整治,下大力气整治私搭滥建、乱堆乱放问题,新建2处城区农贸市场,打造3条城区文明样板路,推出2个城镇管理明星镇,深入推进城乡环卫一体化。

5.4.5 矿山关闭情况

柏林镇银星石膏矿和太平石膏矿根据上级要求资源整合,两矿合一,根据市安监局专家论证,两矿不能形成整体系统,独立开采设计能力为10吨,由于采内区面积大,矿柱承受压力大,开采不规范。于2012年,3月塌陷,柏林镇政府果断采取应急措施,拉倒井架,封堵井口。

太平石膏矿当时严重受到波及,出现沉降,于2014年元月19日整体塌陷,随机拉倒井架,封堵井口,次月市国土资源局专家分析情况,制定治理方案处理沉降裂缝。柏林镇政府根据有关文件精神和实际情况将两矿于2014年2月1日彻底关闭。等有关部门分析论证后予以治理,恢复生态整治和利用。

5.4 蒙山旅游区的环境容量研究

5.4.1 理论基础

5.4.1.1 旅游环境容量的概念

旅游环境容量,是指在不破坏当前生态环境状况,不降低旅游服务产品质量的前提下,特定时空条件内某旅游地所能承受的最大游客数量。其内容应该包括:环境生态承载力、环境的空间承载力、游客的心理感应承载力、区内居民的心理最大承载力和经济承载力等。该定义是表征旅游环境自然修复功能的重要指标,也是判断生态旅游发展状况的量度。

5.4.1.2 国内外研究现状

国外旅游环境容量的概念最初是由拉佩兹在 1963 年提出的。目前在西方较为权威的看法:旅游环境容量就是指一个旅游区在环境没有受到最大破坏力时所能维持的旅游质量。包含以下两个方面:第一,需要更多地从目的地的居民接受心理出发;第二,它是导致生态旅游衰退之前的最高旅游接待能力。概念反映出可持续发展在旅游业的具体应用。

我国国内旅游环境容量研究起步较晚,重要的研究成果包括:赵红红教授较早在国内提及旅游业发展过程中的旅游环境容量概念。保继刚教授以北京颐和园旅游环境容量为例,对旅游环境容量作了系统性的研究。冯孝琪提出了旅游环境容量的概念:"旅游环境容量是在保证游览效果不下降的前提下,旅游区域能容纳的极限游客数。"并且还较早地在国内利用数学模型做了研究。后来,有不少国内旅游专家和生态科研工作者对旅游区内固定设施的最佳容量做出研究,相继提出了旅游生态环境阈值的概念,并且建立了相应的计算模型。将环境科学理论应用于旅游环境容量研究的是戴学军等教授,该理论认为旅游规划的环境容量应该满足"二八原则"(Pareto 定律),用"一般多数,关键少数"的方法研究旅游环境容量。

5.4.1.3 生态资源系统与旅游活动的关系

生态资源系统是旅游活动的关键,给旅游活动提供了一定的物质条件和环境基础,同时旅游活动又影响和作用着生态资源,在资源的转换中起到非常重要的作用。因此,我们可以认为,生态资源系统和旅游活动是一种相互作用、相互依附的关系,借用计算机语言叙述即耦合关系(两个机体紧密联系和相互依附的关系)。Picket 等专家在 20 世纪 70 年代率先提出生态资源系统的概念,并且第一次将生态干扰作为一个系统研究,他们认为,生态干扰系统包括的子系统有:system,event,admeasurement。按照此理论,旅游资源系统就成为了旅游活动的母系统,也就是承载系统,而旅游活动则为整个旅游环境的干扰。旅游生态系统作为游客的最大活动环境和空间范围,被称为"admeasurement。"

如果利用生态学尤其是景观生态理论,我们会发现,在旅游区发展各个阶段,旅游活动对其环境干扰情况并不相同:根据生命周期理论(PLC)可以将生态旅游区发展分为四个时期:①旅游导入期,旅游活动刚开始出现,不会对旅游环境造成负面影响;②旅游成长期,旅游活动强度和范围进一步增大,但仍在旅游环境最大承载力范围内,负面影响不明显;③旅游饱和期,旅游活动的范围和强度接近当地环境承载力,达到饱和状态;④旅游衰退期,旅游活动开始对区域内资源系统的结构和功能产生破坏作用,导致当地环境污染,旅游质量下降,旅游活动衰退。所以,旅游活动和旅游资源系统的关系可以用两个指标表示:旅游活动对旅游资源系统的干扰强度和生态环境承载力,根据这两个量衡量旅游活动是否超出该旅游资源系统的承载阈值,从而为旅游区生态环境和经济的可持续发展提供数量依据。

5.4.2 环境承载力计算模型的推导和建立

为了能保证旅游区生态环境平衡,我们必须计算出该区域最高旅游干扰强度和最大游客数量,在此可以借鉴景观生态学中景观空间生态系统方法,以定量模拟为基础,建立旅游环境容量模型。

5.4.2.1 模拟生态过程模型的建立

依据景观的生态开发原则和基本原理,关于生态系统各个组成因子与其外部环境的耦合关系,可用下面的空间过程模型来表达:

$$\frac{\partial T}{\partial t} = f(T, S) + \nabla(D \nabla T) \tag{5-1}$$

$$S = (X_1, X_2, X_3, \cdots \cdots X_n) \quad n = 1, 2, 3 \cdots, 7 \tag{5-2}$$

$$D = f(p, s) \tag{5-3}$$

注:T 代表旅游资源 bearing capacity;S 代表旅游资源系统各组成元素;D 代表旅游活动对环境的干扰强度;∇ 表示 T 的空间梯度;x 表示系列系数:1 为植被覆盖情况,用百分比表示,2 为水系构成,3 为环境坡度高低,4 为土壤成分,5 区内净化员数,6 公用厕所数,7 为为垃圾点数,p 表示单位时间接待游客人数;s 表示游客人平均旅游耗费时间。

5.4.2.2 旅游生态承载量模型

由于旅游活动对资源系统具有一定的干扰度,我们可以将旅游活动对资源系统的相对干扰程度,即威胁程度称作旅游生态承载量,这里的威胁是旅游活动未对旅游资源系统造成结构性损伤、仅使旅游资源系统功能发生变化的干扰强度。

依据前面公式(5.1),可以用下面公式计算资源系统在不同时间对应的旅游生态承载量:

$$T(t+1) = T(t) + (TDI^{in} - TDI^{out}) g \Delta T \tag{5-4}$$

注:$T(t+1)$ 和 $T(t)$ 在 $t+1$ 和 t 时刻承载量的大小;TDI 两个量上角标表示输入干扰度和旅输出干扰度;ΔT 表示模型的时间变化。

综合公式(5-1),(5-2),(5-3),(5-4),由于干扰未对旅游资源系统的结构造成破坏,也就是说旅游干扰的强度小于资源系统的自我修复能力,那么可以认为输出干扰强度为零,在这样的情况下,可以将上面的数理模型表示为:

$$\frac{dT(T+1)}{dT(t)} = TDI^{in} \tag{5-5}$$

公式(5-5)就是资源系统承载量计算公式,借此公式,我们可以将旅游区内生态系统变化过程模拟出来,分析该旅游区的生态旅游情况,还可以求出该旅游系统的最大承载力,最大承载力对应的旅游活动干扰强度就是最大旅游活动强度,也就是该地区的旅游环境容量。

5.4.2.3 旅游活动干扰强度的表达模型

旅游区内干扰生态资源生态过程的因素有很多,比如:旅游活动、当地居民生产、居民生活等,旅游活动成为干扰旅游区生态资源发展的一个最主要因素。根据 Pareto 定律,我们选取最主要的因素而忽略其他因素对旅游环境的负面影响。可以认为:旅游活动影响了旅游区内的生态系统,造成了一定程度的生态干扰,这些干扰主要包括对自然生态因子的扰动及废水、废气、固废等物质的排放。其中旅游活动对自然生态因子扰动的表达式为:

$$TDI_1 = \sum_{i=1}^{n_1}(S_{Ai} \times y_i \times V_i) + \sum_{j=1}^{n_2}(S_{Bj} \times y_j \times V_j) \tag{5-6}$$

注:S_{Ai} 表示旅游区中各个景点的缓冲区域面积;S_{Bj} 表示旅游区内各个旅游通道的面积;y_i 表示游客对景区自然生态因子的践踏程度,用百分比表示;y_j 表示游客对旅游区内旅游路径自然生态因子的践踏程度,用百分比表示;V_i 表示恢复景点扰动的价值量;V_j 表示恢复游道扰动的价值量;n 表示自然生态因子的种类数。

此外,类似公式(5-6)中还要考虑到更多的现实情况,比如游客在景区内部排放污染物的数量,计算公式:

$$TDI_2 = \frac{p\sum_{i=1}^{n}(p_i \times V_i^1)}{T \times S} \tag{5-7}$$

注:TDI_2 旅游活动干扰;p 旅游者的人数;p_i 游客单位产生第 i 种污染物的量;n 污染物的种类;T 表示游客的游玩时间;S 表示景区中游客游玩面积;V_i^1 表示处理的价值量。

依据公式(5-5)(5-6),可以得到旅游区内的生态承载量:

$$TDI = TDI_1 + TDI_2 \tag{5-8}$$

5.4.2.4 旅游环境承载力的确定

旅游环境承载力的确定需要考虑的子因素很多,比如,需要考虑当地的生态情况、旅游生态系统内各种自然因素对于污染物的消化内力、区域内人工处理污染物的能力、当地居民对污染的心理承受度等。当旅游生态承载量超出其最大消化能力,即 $TDI^{out} > 0$,这时候 T 即为系统的旅游环境承载力。

$$T_1 = Min(N_iS + R_i), (i = 1, 2, 3 \cdots n) \tag{5-9}$$

注:T_1 环境承载力;N_i 单位时间区内自然因子对第 i 种污染物的消化吸收能力;S 为污染涉及面积;R_i 单位时间人工对第 i 种污染物的处理能力。

同时,我们还应该看到,旅游活动对植被、土壤、水体等自然生态因子扰动后,环境自我恢复能力的大小主要表现为不同景点和游道在其缓冲区域面积内的扰动程度。具体可表示为:

$$T_2 = \sum_{i=1}^{n_1}(S_{Ai} \times h_i \times V_i) + \sum_{j=1}^{n_2}(S'_{Bj} \times h_j \times V_j) \tag{5-10}$$

依上面公式可得旅游环境承载力计算公式为:

$$TECC = T_1 + T_2 \tag{5-11}$$

5.4.2.5　生态旅游发展标准的阈值

依据公式(5-8)(5-11),通过 $TDI/TECC$,将旅游区的生态旅游发展状态进行分析:如果环境承载量小于环境承载力,则表示旅游干扰对环境的影响不大,当地可以实现旅游的可持续发展。反之,则说明旅游活动对自然环境的结构造成一定程度的损坏,需要及时调整,依据数学的最优化原则,我们可以得到最佳旅游生态承载量为承载力的0.7倍。考虑到旅游生态区的生物多样性的缓冲保护要求,因此要给出一个相应的修正值 x(x 由当地生态旅游区生态缓冲区大小决定)。所以旅游生态承载力强度的最佳区间为($0.7-x$)～($0.7+x$)(胡炳清,1995)。如图5.5所示。

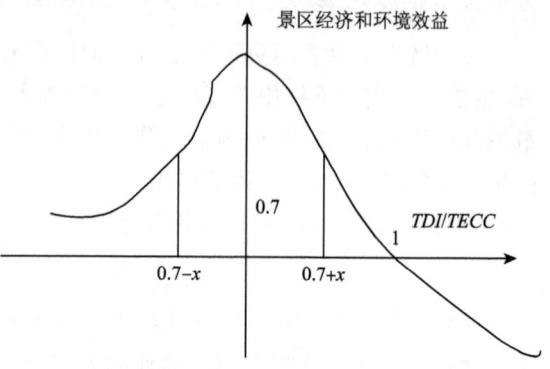

图5.5　旅游生态承载力强度的最佳区间

5.4.3　在蒙山旅游区的应用

蒙山旅游区位于山东东南部,整个区域由龟蒙修炼养生区、云蒙生态旅游区、天蒙天险观光区和彩蒙山林休闲区四区构成,蒙山自然植被覆盖率高,达90%以上。针对蒙山生态旅游区资源的特点,根据上文建立的数学模型,可以对旅游区内旅游环境承载力进行定量分析。

依据相关资料和实地调查可以得到以下数据:游客平均游程所需要的时间 T 接近6 h;景区全天开放;游客对景点自然生态因子的修复程度和能力、对景区内自然生态因子的平均修复程度分别为0.21%和0.26%;游客对自然生态因子的践踏程度和对旅游区内旅游路线中自然生态因子的平均践踏率分别为0.20%和0.31%;恢复景点和游道扰动的价值量分别为5.2356万元/公顷和1.976万元/公顷;游客人均产生污染物量为0.6千克,人工处理游客人均第 i 种污染物的费用为0.8元/千克;单位时间自然因子对第 i 种污染物的净化能力耗用价值量为827.5元。代入旅游环境承载力模型,得到 $TECC=3.245$ 万元/天,$TDI=2.302$ 万元/天,$TDI/TECC=0.712$,位于最佳阈值范围之内。因此,总体而言,该景区旅游业发展健康,生态和经济效益好,生态旅游发展仍具有一定的潜力(吴向峰,2011)。

5.5　蒙山环境体系建设的措施及建议

党的十八大将生态文明建设摆上更加突出的位置,并做出了全面部署。环境保护是生态文明建设的主阵地和根本措施,在蒙山旅游区的环境体系建设过程中应认真贯彻落实党的十八大精神,立足环境保护,做好优化国土空间的开发格局、全面促进资源节约、加大自然生态系统和环境保护的力度、加强生态文明制度的建设等工作,尤其是要加大大气、水、环境污染治理力度,也包括垃圾、土壤的污染治理,着力推进生态文明建设(卢云亭,1996;刘涛,2011)。

5.5.1 大气环境建设措施及建议

5.5.1.1 开展空气中负氧离子浓度动态监测及预报

负氧离子被称作"空气维生素",随着人们对环境要求越来越高,对空气质量和健康关注程度也在逐渐增加,空气中的负离子达到一定浓度时,它和山川湖泊、海滨沙滩、森林草原、奇花异草、珍禽异兽等自然资源一样,是自然旅游资源的组成部分(宗美娟,2004)。可以说,负氧离子浓度是蒙山旅游区独特,但看不见、摸不着的宝贵旅游资源。加强对空气负离子资源的开发、利用和保护的研究,对于提高蒙山旅游环境,提高旅游区知名度,打造蒙山旅游区"养生旅游""生态旅游"具有重要意义,使它成为旅游环境建设中不可或缺的部分。所以,在蒙山旅游区开展负氧离子等指标的监测是大势所趋。发布负氧离子浓度指数属于健康环境气象预报服务范畴。建立大气负氧离子观测网络和气象预报机制,为保护旅游区空气环境提供依据,并为旅游出行提供参考(石强等,2002)。

5.5.1.2 加强大气污染综合整治

进一步实施旅游区范围内大气污染防治。全面普查各类易产生粉尘、扬尘的场所,建立粉尘、扬尘污染源数据库,制定分类管理规范。严格落实施工工地防尘降尘规范,治理道路运输遗洒,有效减少城市扬尘。力争拆除旅游区范围内的所有燃煤锅炉,严格治理餐饮业油烟污染,有效改善区域内大气环境质量。实行大气污染防治网格化管理,定期通报大气环境质量,建立旅游区同周边大气污染的联防联控机制。积极深化对灰霾天气形成机理研究,创新综合整治措施,有效地减少城市灰霾天数(石强等,2002)。

5.5.1.3 大力推进新能源利用

大力引进清洁能源,逐步减少并严格控制燃煤总量。从经济上积极支持开发应用适合本区域特点的各种新能源,引导用户根据自身特点和情况,积极开发利用风能、太阳能、地热能等新能源,在道路、公园、车站等公共设施及公益性建筑物照明中推广使用太阳能光伏电源,鼓励建设与建筑物一体化的屋顶太阳能集热设施。鼓励使用节能产品并制定相应的优惠政策,推广节能建筑、节能产品和节能技术。

5.5.1.4 发展低碳旅游,降低能源消耗

1. 夜晚,许多宾馆、酒店等旅游企业使用大功率、高亮度的灯具实施照明亮化工程,浪费了大量的能源。目前的照明节能潜力很大,一般节能方案均能达到节约 20%～35% 的电能,按保守的数量采取 20% 的计算,全旅游区节约的电能价值可观。

2. 低碳旅游产品是推动低碳旅游的支撑与保障,为满足游客的基本旅游生活需求,接待住宿业在倡导节能节水减排时,就必须提供节水型住宿设施。节水设施主要针对卫生间、客房洗漱设施、公共洗浴场所,通过安装节水水龙头、节水型便器冲洗阀、节水型沐浴器、节水型洗衣机等节水器具达到节水节能效果。

3. 低碳交通。共乘前往:通过旅游车换乘方式,鼓励旅游者以共乘方式进入旅游区;交

通管制；实行交通管制。鼓励以步行或使用自行车的方式，将因运输所造成的二氧化碳排放降至最低；低碳换乘：安排中巴及电动车协助景区内换乘，景区之间用电动车定点定时运送客人。

4. 提高旅游建筑能效，旅游接待业可以通过改造客房门窗、墙体、屋顶、建筑朝向提高取暖效率，通过选用具备变速变频风机、高能效与高性能的冷热机组等高节能的空调设备提高空调能耗利用率。

5. 结合蒙山旅游区的商业街、登山步道、观鱼自行车道、茶业博物馆、钻石公园等观光资源，旅游者可以在蒙山旅游区内喝好茶、读好书、骑自行车、观鱼、品尝当地茶餐、欣赏表演，体验蒙山的低碳生活，还可以亲手种下一棵"低碳纪念树"。

6. 在蒙山设置山东省旅游区内第一个"碳减量计数器"作为低碳旅游的风向标，在游客每一次低碳之旅活动结束时，导游员引导游客前去按下活动减碳计数按钮，计算游客所从事的活动与一般旅游模式相比较减少的二氧化碳，并由工作人员颁发"蒙山旅游减碳证书"（王群等，2011；黄文胜，2009）。

5.5.2 水环境建设措施及建议

通过加强旅游区污水处理设施建设，提升现有污水处理设施的处理能力和标准，完善污水管网，大幅度提高污水处理能力和效率，有效地减轻旅游区生活污水中化学需氧量（COD）和氨氮（NH_3-N）的排放强度。加大工业污染物防治的监管；以治理畜禽养殖污染为重点，加大农业面源污染控制，通过加大畜禽养殖的集约化和规模化管理，以发展粪便资源化综合利用作为畜禽粪便污染防治的主要方式，提高畜禽粪便综合利用水平，有效地削减养殖业化学需氧量（COD）和氨氮（NH_3-N）污染物的排放量（梁祝等，2005）。

5.5.2.1 因地制宜推动旅游区污水处理设施建设

因地制宜，分类指导，选择适宜的建设方案。旅游区内主要是山地及农村地区，污水处理技术的选择要量力而行，充分考虑到山区及农村地区财力状况薄弱、实际承受能力较低这一普遍情况，要因地制宜，分类指导，着重考虑选用既成熟可靠，又适合山区特点和实际的污水处理技术。污水处理技术的选择优先达到两个目标：一是达标排放或回用；二是注重经济适用，运行成本低，管理维护简单。

同时，应根据地形地质及当地基础设施现状等条件，采取建设村级污水处理站或利用现有的乡镇污水处理厂管网延伸收集污水的方式。在地形条件复杂、居住分散的山区建设分片分组的处理设施和单村污水处理站；在地势平坦、村落集中的地区集中组团建设联村污水处理场；在距离城区或乡镇污水处理厂较近的村接入现有的城镇污水处理厂统一处理；在狭窄街道和胡同尽量避开明挖铺设污水管网，采用顶管技术施工，以减少对周边建筑物的影响（陈咏淑，2006）。

5.5.2.2 生活污水景观化处理

与传统污水处理技术相比，生活污水景观化处理技术具有出水水质稳定、建设运行成本低、管护方便、适用范围广等特点,适合远离市政管网、居住分散的山区及郊区公园使用,符合建设资源节约型和环境友好型社会的要求。该技术已在北京当地,包括在北京郊区县分别建成 4 个试验工程,运转效果良好。

1)技术原理

农村生活污水及景区污水成分复杂,有机物含量高。有机物主要有食物纤维、淀粉、脂肪、动植物油脂、各类作料、洗涤剂和粪尿等。污水中污染物含量跟普通生活污水相差不大,但含油量较高。

根据污水有机质成分,可选取与当地环境相协调的芦苇、香蒲、美人蕉等挺水植物建造景观湿地,景观湿地系统可根据污水水源位置、管道布局及景观要求进行设计,系统可大可小,可建设分散单元,也可建设集中系统,且形状亦可因地制宜。建成后,通过一系列生物、物理、化学的协同作用,包括过滤、吸附、共沉、离子交换、植物吸收和微生物分解来实现对污水的高效净化。

2)生活污水景观化处理的特点和优势

出水水质稳定:一是处理质量高。生活污水景观化处理技术的显著特点之一,是其对有机物有较强的降解能力,COD、BOD 的去除率可达 80%～95%,氮、磷的去除率可分别达到 80%,90% 以上,对病原体也有相当高的去除率,出水水质达到《城镇污水处理厂污染物排放标准》(GB 18978—2002)一级 A 标准;二是处理彻底,不产生泥污,没有二次污染。经过处理的出水水质稳定,可作为景观用水和中水利用,用于生态化循环利用,促进水资源合理利用,具有明显的生态效应。

建设和运转成本低:一是工程投资成本低。工艺简单、设备少,工程投资低,一般生活污水景观化处理工程投资仅为传统污水处理技术的 1/3～1/2;二是运行费用低。运转过程中,能耗少,设备故障率低,维修方便,极大地降低了运行成本。运行成本仅为传统处理技术的 1/20,平均每吨水运行费不到一毛钱。有效地解决了"有钱建设,无钱运行"的矛盾。

管护方便:相比于传统处理方法,景观化处理技术的工艺和设备较为简单。系统的机器设备只有两个抽水泵,维护和管理极为方便。不需要专业知识,普通农民稍加培训就可以上岗,这也降低了相当一部分的人力成本。有效地解决了"有人建设,无人运行"的矛盾。

适用范围广:由于技术先进、工艺简单、设备少、成本低廉等优势,"农村生活污水景观化处理"技术适用于平原、丘陵乃至山区的各类农村和观光农业园,既可以一个村建设一个规模设施,也可以一两户、三五户建设分散设施,同时,适用于餐饮、洗浴、粪便、养殖等多种结构类型的污水。

3)污水景观化处理系统的工艺流程

生活污水经过化粪池后进入格栅间,经过格栅过滤除去较大的悬浮物,进入隔油沉淀池,过滤后的污水在隔油池中通过自然上浮法去除含油类物质,在沉淀池中通过沉淀去除大量的悬浮物,再进入调节池,调节池中的污水通过提升泵按照一定规律间歇地进入景观湿地系统,通过整个系统处理达标的清水在湿地的底部汇集排入清水池,在清水池中配有提升泵,根据需要可将处理后达标的清水直接用于绿化灌溉或者作为其他景观水的补充。如图 5.6:

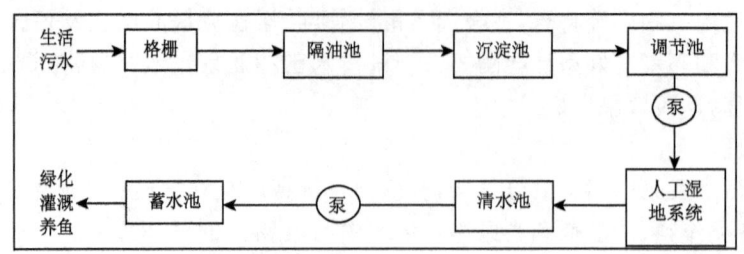

图 5.6　生活污水景观化处理技术工艺流程图

4）生活污水景观化处理的主要做法

建设人工湿地系统：根据污水水质特点和排放规模，建设人工湿地系统。系统主要由以下四个部分构成：①具有透水性的基质，如土壤、砂、砾石；②好氧和厌氧微生物；③水生植物，如芦苇；④水体（在基质中流动的水）。利用自然生态系统中的物理、化学和生物的三重协同作用，通过过滤、吸附、共沉、离子交换、植物吸收和微生物分解来实现对污水的高效净化。

设专人兼职管护：由于工艺简单、设备少，因此雇用本地村民即可对设备进行兼职管护。同时，制定必要的设施的维护管理细则，并对管护人员进行必要的培训。

建设中水利用设施：作为污水处理的终端，处理后的中水可作为景观、洗刷、绿化灌溉等使用。因此，需配套建设出水利用设施，实现水资源的循环利用（河川治理中心，2004）。

5.5.2.3　雨洪利用规划

蒙山旅游区为典型的砂石山贫水区，没有建设大型蓄水工程的条件，但项目区水资源的短缺正成为制约当地发展的瓶颈，充分拦蓄雨洪资源成为解决蒙山旅游区水资源短缺的主要方式。蒙山旅游区管委会领导对彻底解决蒙山旅游区的水资源短缺问题有非常清醒的认识，专门安排技术人员对蒙山旅游区各条山沟进行了现场勘查，选定了 144 处适易建设小型蓄水拦蓄工程，其中库容在 1 万立方米以下 44 处，1 万～5 万立方米 44 处，5 万～10 万立方米 19 处，10 万立方米以上 37 处。144 处拦蓄工程总蓄水量 573 万方。

通过治理塘坝、坑塘等水源工程拦蓄雨水径流，回补地下水的形式加以利用。治理形式通过采取垃圾清运、疏挖土方、生物边坡治理等工程、生物、管理措施对坑塘进行性综合治理，使其恢复、扩大蓄水能力，尽可能多地拦蓄雨水径流，增加地下水回补水量，同时改善局部农业灌溉条件和区域水环境。另外在旅游区内的停车厂、广场、人行步道普遍采用透水路面，绿地建设中普遍采用平草坪或低草坪，可增加雨水收集和下渗，提高雨水利用程度，并可有效地减少水土流失。

5.5.2.4　生态水系建设

通过大洼山洪沟治理，柏林河、麻店子河综合治理工程，结合农村水环境综合整治和"一村一汪塘"工程实施，按照水网合理、水流通畅的原则，对辖区内几个主要河道及村庄河段进行整治、美化。对河道、水系整治不宜过分强调笔直，宜以保持自然弯曲，适当整治，使之总平面设计达到"排得出、引得进、水流畅、河道顺、环境美"。对断面结构选择上，宜以"软硬"结合为前提，按不同区域、不同位置、不同地质，从纵、剖、面、立四方面进行比较，以做到亲水性、安全性、协调性（所谓

"软"指得是大斜坡、生物护坡；"硬"是指刚性体护岸）。形成水系畅通、水量充沛、水质清澈、水景优美的河湖健康生态环境，提升农村人居环境质量，打造"一村一风景"的美丽乡村。

5.5.2.5 继续加强生态清洁小流域建设

水土保持生态建设工程以小流域为单元，以清洁小流域建设为标准，重点搞好山前丘陵岗地、河道沿线、水库周边及上游人类活动较为频繁地区的生态建设，改善人居环境和生活质量，促进山区小康社会的建设。人为活动较少及深山区采取自然修复和生态移民等措施控制水土流失。

蒙山旅游去规划力争到2015年，水土流失治理率达到75％，中度以上土壤侵蚀面积比例低于5％。主要措施为对垃圾和生活污水进行处理，改善河道生态环境，建设流域水源涵养林和水土保持林，加大封山育林和退耕还林还草力度，恢复林草植被等。通过生态清洁小流域建设，基本实现水土资源可持续利用、生态环境可持续维护、流域经济可持续发展。

启动山区生态环境综合普查和评价工作，提出分类分级的方法及指标体系，以更好地确定生态建设资金、建设内容和建设力度。加强开发建设项目造成水土流失的监测，加强水土保持工程治理效益的评估，定期开展清洁小流域评价，将评价结果作为生态区以及政府政绩考核指标。强化开发建设项目水土保持监督管理，力争管理覆盖率达到100％。

制定出台生态清洁小流域建设与保护实施细则等流域管护规章制度，重点与农委、园林局、环保局、国土部门联动。依托园林绿化局护林员开展封山育林管护工作；与国土部门合作，加强泥石流沟道管理；联合农委、环保局、园林局和农业局加强农村面源污染控制；依托农村管水员加强河道管理；依托市政管委管理农村垃圾堆放与处理问题；依托爱卫会改善山区厕所环境。

5.5.2.6 生活节水与废水再生利用

大力开展节水宣传，提高游客及旅游区内居民的节水意识，提高水资源的利用效率，积极推广各种节水技术，主要包括：供水管网优化技术、供水管网改造防漏技术及管网检漏技术、各种用户节水型器具技术、污水处理设施布局优化技术、污水再生利用技术等。加大节水管理力度，积极推广使用节水器具，提倡居民家庭及旅游区内公共建筑一水多用。实行对居民家庭及旅游公共建筑分质供水，合理利用再生水，做到优水优用。大力发展循化用水系统，中水利用系统及雨水收集工程等，逐步建立城乡水资源循环利用体系，推行绿化和道路清扫使用中水。

制定相关政策，要求新建以及已建成小区增设中水设施，收集污染物浓度小的生活排水作为原水，包括淋浴水、盥洗水以及浴室洗浴水等（约占生活污水总量的40％）进行处理，经处理达标后回用标准的中水可用于冲厕、洗车、道路清扫绿化等，可以最大限度地提高水资源的利用效率。

5.5.3 声环境建设措施及建议

5.5.3.1 道路交通噪声防治

（1）合理规划新老交通网，优化交通系统，降低旅游区内的机动车量。

（2）道路建设必须规范化，提高路面质量，种植行道树，形成绿化隔离带。对于高速路边，适当设置隔音墙体降低噪声。

(3)在高级疗养区、文教区、酒店休息区可设置禁行路障,或采取禁鸣喇叭、限制交通量等措施,以便尽量降低噪声强度。

5.5.3.2 施工噪声防治

(1)建筑施工单位向周围生活环境排放噪声,应当符合国家规定的环境噪声施工场界排放标准。

(2)禁止夜间在居民区、文教区、疗养区进行产生噪声污染、影响居民休息的建筑施工作业。

(3)对居民区周围建筑施工实行严格时间控制,禁止或限制使用噪声大的施工方法或机械。

(4)施工单位要做到文明施工,采取隔音、屏蔽等措施,严格控制建筑噪声。

5.5.3.3 社会生活噪声

(1)商住区各商业单位不得使用高音喇叭招揽顾客,体育馆、娱乐场所不得对外安装高音喇叭,必须使用音响设备时,控制音量,避免影响周围居民的工作、学习和生活。

(2)使用家用电器、乐器和在室内开展娱乐活动的应控制音量,不得干扰他人。

(3)对临街建筑,加强防噪措施,例如加装隔声百叶窗、吸声板等。

5.5.4 固体废弃物处理措施及建议

5.5.4.1 推进垃圾分类工作

深入开展旅游(生活)垃圾分类回收工作,把现有混合投放的垃圾分为厨余垃圾、可回收物、有害垃圾、其他垃圾四类,以不同颜色的垃圾桶进行分类收集,再利用和处理,推进垃圾减量化、资源化和无害化。垃圾的分类如下,垃圾分类、处理模式见图5.7。

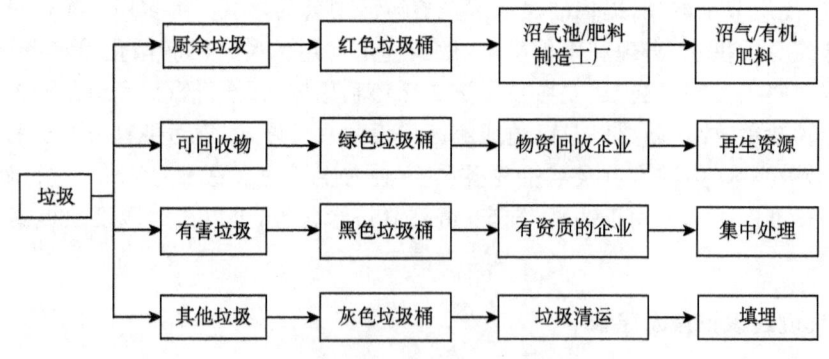

图5.7 垃圾分类、处理模式图

1. 厨余垃圾

厨余垃圾是指在生活垃圾中,烹饪(做菜)、用餐(吃饭)等情况下产生的垃圾,集中收集后可投入沼气池生产沼气,或运送到肥料制造工厂,作为肥料资源化利用。

包括剩菜剩饭、西餐糕点等食物残余;菜梗菜叶;动物内脏、鸡骨鱼刺;茶叶渣、水果残余、果核瓜皮;盆景等植物的落叶、废弃食用油等。

注明:冷冻食品的包装盒、一次性餐具、玉米核、核桃壳、大棒骨等,因受到污染或不易破碎,不能归为厨余垃圾一类。

2. 可回收物

可回收物是指可直接进入废旧物资回收利用系统的生活废物,可卖给专门的加工厂作为原材料重新利用,主要包括:

(1)纸箱、瓦楞纸:折叠。放不进袋子里,或者量多的情况下,用绳子捆起来。

(2)废报纸、杂志:折叠。放不进袋子里,或者量多的情况下,用绳子捆起来。注明:纸巾和卫生纸由于水溶性太强是不可回收的。

(3)PET瓶(塑料制饮料瓶)、各种塑料袋、塑料泡沫、塑料包装、一次性塑料餐盒和餐具、硬塑料等。

(4)空罐(易拉罐)、各种金属:倒空。简单清洗(冲洗内部)。

(5)玻璃瓶、玻璃容器:倒空。简单清洗(冲洗内部)。

3. 有害垃圾

主要包括各种灯管、灯泡、废旧电池、农药瓶、油漆桶以及卫生网点的医疗垃圾等。由镇里集中送到有分解、处理资质和能力的单位集中处理。

4. 其他垃圾

主要是厕所垃圾(卫生纸、卫生巾)及灰土灰尘、破旧陶瓷等除上述三类以外的垃圾。集中收集后运送至垃圾填埋场填埋处理。

5.5.4.2 完善农村生活垃圾分类、清运、处理流程

(1)继续积极有效地推进生活垃圾分类收集系统,提高分类收集水平,降低后续处理难度;同时加大生活垃圾中转站建设,提高集中收集处理的难度。

(2)积极推行"户分类、村收集、镇(乡)转运、县处理"的农村生活垃圾集中处理机制,逐步形成城乡垃圾处理"一体化"模式。

(3)采用无害化处理工艺。旅游区区域内的现有的垃圾场只是简单地填埋,并没有经过无害化处理。下一阶段的的生活垃圾处理要朝着这个方向发展。

(4)将卫生填埋作为垃圾处理的基本方式,可发展焚烧处理;鼓励采用综合处理方式处理生活垃圾。通过改扩建和新建一批符合规范要求的生活垃圾处理处置设施,彻底解决生活垃圾的环境污染问题。

5.5.4.3 开展垃圾分类重点区域建设

在垃圾分类基础较好,经济基础较发达,制度较完备的地区重点推动垃圾分类工作,主要包括充分发挥基层组织作用,以镇包村、党员包户的形式,通过发放宣传手册、宣传挂历、宣传电话簿,1户设置3个不同颜色与材质的垃圾筒,发放垃圾分类袋,每100户安排1个保洁员,

并签订责任书,确保村里每个角落的垃圾都有专人负责,一日一清等措施,制定并实施每月公示并广播各户垃圾分类情况、保洁员工资与分类成果挂钩、乡镇干部提拔与垃圾分类成效挂钩等制度,结合平谷区白色垃圾是重点垃圾隐患的实际现状,为重点镇所有行政村配备白色垃圾专用分类收集袋,每村都设立白色垃圾专门收集网箱,各村村民把分出的白色垃圾放在专用的袋子,由保洁员负责统一收集后运到网箱,白色垃圾的收集效果直接与保洁员奖金挂钩。

重点镇都要招募相应数量并具有相应能力的垃圾分类指导员,进行定期培训和工作督查检查,真正把好垃圾分类的最后关口。

同时,在重点镇的小学、初中等开展垃圾分类的基础知识教育及分类指导,使得垃圾分类观念从小树立并深入每一个家庭。在景区的人流较多的重点区域布设展板,进行垃圾分类知识普及、宣传及动员。

5.5.5 加快水生态修复工程

5.5.5.1 水生态修复的必要性和紧迫性

加快生态修复工作是防洪减灾的重要内容和水利建设的重要任务。旅游区整体抗灾防灾能力脆弱,防洪标准偏低,远远不能适应现代农业发展、农民生活水平提高和全面建设和谐社会的需要。因此,加快生态修复就显得十分重要和更加紧迫。一是河道整治是提高防洪抗旱能力的具体体现。通过开展生态修复,达到洪时能蓄能排、旱时能补能灌,以改善水环境。二是水生态修复是发展现代农业和建设社会新农村的客观需要。进一步完善以水生态修复为主要内容的水利基础设施,才能为保障农村稳定,促进农业增效、农民增收服务。三是水生态修复是提高河网调蓄能力、改善水质的重要途径。四是水生态修复是提高水资源承载能力、改善生态环境的基本措施。水生态修复将疏浚、切滩、拓宽、护岸、配水等工程措施和园林绿化、湿地保护等非工程措施相结合,通过控制点源污染、减少面源污染、治理内源污染,将大大提高水资源的承载能力,为全面改善流域生态环境提供有力保障。

5.5.5.2 水生态修复的基本思路

根据旅游区内河流水生态环境现状,遵循"区域减排、系统截留、水系调控、水域净化、生态修复"的理念,旅游区内水生态修复工程以划分水功能区为基础,以水质水量分析为依据,以生态修复措施为手段,以水利工程措施为辅助,以水质监测管理方案为准则,达到恢复和保护城市河流生态环境的目的。

5.5.5.3 生态修复的工程措施

1. 河道工程

旅游区内的中小型内河道淤堵严重,垃圾随意堆放,加重水质恶化,为舒畅泄洪、改善河流水质、修复河流生态系统,本次设计对河道进行清淤,清除河道底泥和沿河垃圾,利用水质净化;对不满足行洪排涝河段进行适当扩槽,河道边坡采用1:3~1:5的缓坡,岸坡采用草皮、生态连锁块、石笼等生态防护;对下游段部分不满足安全超高的河道堤防进行培高,堤防缺失段修筑新堤,堤防内外坡皆采用草皮缓坡处理。治理过程中尽量保持河道形态流畅自然,维持蜿蜒自然的河相景观。

2. 湿地净化工程

为利于河道水质净化,根据区域内沂河、沭河、中运河、滨海水系的水文地质、水质情况、污染源分布和流域内土地利用现状等,本工程水质净化拟采用生物/生态技术。旅游区利用自然河道建设河道走廊人工湿地,利用沿河涝洼地开挖建设生态稳定塘、人工湿地。利用沂河、沭河、中运河、滨海水系涝洼地及城市规划绿地区域建设表面流人工湿地,在满足水质净化要求的同时,还起到提升景观质量、涵蓄水源、调节水量、生态修复和补充地下水资源的作用(姚双彦,2014)。

5.5.6 建立健全环境安全防控体系

把保障饮水安全放在首位,以岸堤水库为重点,严格饮用水水源保护区的管理,定期开展水质全分析,开展地下水污染状况调查、风险评估、修复示范。建立健全饮用水源地预警体系和应急体系,确保旅游区范围内群众及游客喝上干净水、安全水。深入排查整治环境隐患,坚持"预防为主、防治结合"的方针,严格按照属地管理和"谁监管、谁负责"的原则,围绕敏感区域内企业、涉重金属企业、涉危险化学品企业、涉危险废物企业、涉辐射单位"五个方面"的重点,排查整治存在的问题,建立环境风险管理台账和信息档案,完善环境风险源数据库。严格落实卫生防护距离和安全防护距离,在人口聚居区、饮水和食品安全保障区及地震次生灾害易发区坚决禁止新上高风险项目。围绕预防、预警、应急三大环节,构建突发环境事件和气象、地质、生物、地震及其次生灾害等灾害安全防控体系。建立完善生态安全监控预警系统,强化对高风险源、污染企业的监督管理,加强对饮用水源地、重点企业等环境敏感区气象、水文、地质、森林火灾、林业有害生物等灾害易发区的预警监测,完善突发事件应急避难场所建设,实行生态安全信息互通、资源共享。加强应急能力和队伍建设,提高生态安全事件应急处置能力和水平。

5.5.7 相关环境综合整治措施及规划建议

5.5.7.1 旅游区农村环境整治措施及建议

围绕农村饮用水源保护、生活污水和垃圾处理、畜禽养殖污染防治、农业生产废弃物处置工作,大力实施整村、整镇、整县农村环境连片整治。加快推进农村道路硬化、植树造林、生活污水治理、水沟和池塘治理、卫生厕所改建、路灯建设、清理"五堆"等工作。严格落实饮用水水源地保护制度,实施农村饮水安全工程,确保城乡居民饮水安全。加大农村地区工矿企业污染防治力度,禁止不符合国家产业政策或污染严重的项目在农村落地,防止污染向农村转移。发展生态农业和有机农业,科学使用化肥、农药和农膜,减少面源污染。严格农作物秸秆综合利用和禁烧管理,推进农业生产废弃物资源化利用。完善农村生活污水处理机制,在经济相对发达、村民集中居住区合理规划建设小型污水处理设施,对偏远、分散、管线暂不能到达的农村推广实施分散型生态治污模式(王雪,2008;崔凤军,2001;张雪绸,2004)。

5.5.7.2 宾馆餐饮业环境污染综合整治

以科学发展观为指导,坚持发展与治理并重、生产与生态兼顾,以维护人民群众根本利益为出发点。着力整治旅游区餐饮宾馆业突出的环境污染问题,实现经济、社会、环境协调发展。

1. 整治重点

选址不当,对环境造成污染危害的餐饮宾馆;没有建设、安装污染治理设施的餐饮宾馆;没有经过环保部门审批的餐饮宾馆;有环评但未经环保部门验收的餐饮宾馆;使用高污染燃料的餐饮宾馆;垃圾乱堆乱放、污水乱倒乱泼的餐饮宾馆;从事露天烧烤、店外设置炉灶的经营摊点。

2. 整治要求

(1)凡是不符合景区规划、影响景区整体形象、无环保审批手续、无治理价值的餐饮宾馆业要全部关闭;有环保审批手续,未按照环评要求进行规划落实的,且未经环保部门验收的,责令限期治理完毕并通过验收。

(2)新建、改建、扩建餐饮项目要严格执行环境影响评价制度和环保"三同时"制度;达不到环保"三同时"制度要求的,依法责令停业或关闭。

(3)油烟、噪声、污水、垃圾等严重污染环境的经营户,要限期整改,逾期不整改或整改后不达标的,依法责令停业、关闭;责令停业、关闭的经营单位,卫生部门吊销卫生许可证,环保部门吊销排污许可证。

(4)禁止从事露天烧烤、店外设置炉灶经营;对于随意乱倒乱泼污水及乱堆乱放垃圾的经营单位要严厉处罚。

(5)各宾馆餐饮企业一定要站在讲政治、顾大局的高度,充分认识环境保护工作的重要性。按照环境保护"谁污染、谁治理"的原则要求,加强污染防治,实现达标排放。对没有按期完成污染治理任务的,按照国家法律法规要求进行处罚(周国海等,2012)。

5.5.7.3　畜禽养殖业污染综合整治

(1)搬迁关闭沿河(水库)区域范围内的畜禽养殖场(户)。城镇居民区、交通要道、饮用水水源保护区、风景名胜区、自然保护区的核心区和缓冲区、河道周边500米以内及基本农田内畜禽养殖场(户),限期必须搬迁或关闭。

(2)专项治理全区范围内的畜禽养殖场(户)。在全区范围内,对畜禽规模养殖场(户)或养殖小区严格按照《畜禽规模养殖污染防治条例》中华人民共和国国务院令第643号,和《畜禽养殖业污染防治技术规范》开展专项整治,对未按要求建设畜禽粪便、废水综合利用或无害化处理设施,以及治理设施不能正常运行、污水不能达标排放的畜禽养殖场(户),限期完善治理任务,对整治不达标的要在5月底前全部予以关闭。

(3)加快畜禽养殖污染治理设施建设。不在禁养区内的畜禽养殖场(户)要积极采用过程控制与末端治理相结合的方式,大力推广雨污、粪尿、净污"三分离"技术和工艺,采用干洁清粪工艺,实现粪尿干湿分离,限期完成畜禽废渣储存设施和场所的配套建设改造,防止污染物的渗漏、散落、溢流、雨淋、气味等对周围环境造成污染。

(4)发展畜禽排泄物的综合利用。鼓励中小型养殖场(户)及一般养殖户配套建设与规模相符的沼气池。养殖场、小区应当根据养殖规模和污染防治需要,建设相应的畜禽粪便、污水的贮存设施。将产生的污水全部导入沼气池,通过厌氧发酵、沉淀等工艺进行处理,产生的沼气作燃料使用,沼渣、沼液还田利用,努力提高畜禽养殖场排泄物治理和资源化利用水平(王雪,2008)。

5.5.7.4 土壤污染综合整治及规划

(1)实行最严格的耕地保护制度,切实保护基本农田是保证粮食安全、实现经济社会可持续发展的重要措施。全区各级部门要进一步统一思想认识,在正确指导农村土地承包流转和农业产业结构调整的过程中,有效跟踪监管流转的承包地,尤其是基本农田,不得改变流转地的农业用途,不得破坏耕作层挖塘养鱼和发展林果业,不得以发展生态观光农业为名在基本农田范围内种植非农作物,严禁以削弱粮食生产能力为代价进行所谓农业招商引资和变相改变耕地和基本农田的农业用途,严禁在农业结构调整、土地承包经营权流转中侵犯土地承包者的权益。各地要正确处理经济发展与基本农田保护的关系,牢固树立"十分珍惜、合理利用土地和切实保护耕地"的观念,切实加强对全区耕地和基本农田的保护。

(2)维护排灌工程设施,改良土壤,提高地力,防止土地沙化、盐渍化,水土流失和污染土地。

一是增加有机肥投入,以肥养地。土壤肥力是土壤的基本属性特征,是土壤从养分条件和环境条件方面供应和协调作物生产能力,土壤肥力状况是耕地质量好坏的具体体现。改良土壤,提高耕地质量,必须增加有机肥投入。而有机肥的来源主要是牲畜的粪便。因此,要结合全区畜牧业的发展,走养畜增肥,用肥养地,以地增粮,畜多、肥多、粮增产的种养结合良性循环的路子。同时要大力推广改良土壤,草炭泥造肥、测土施肥、高茬收割,秸秆粉碎还田,施绿肥等技术措施,实施耕地培肥,有效地提高耕地有机质含量,改善土壤的不良性状,为农作物的稳产高产提供充足的条件。

二是加强农田水利基本建设,修渠改地。要从根本上改善农业生产条件,提高耕地质量,必须实现农田水利化,增加灌溉水源,扩大灌溉面积。同时要搞好排涝工程建设,增强抗御自然灾害的能力,真正达到旱能灌、涝能排,保证粮食生产高产稳产。

三是发挥农业机械化作用,靠机松地。按照十七大报告的要求,健全土地承包经营权流转市场,加快耕地向种田能手和专业大户集中,逐步实现多种形式的土地适度规模经营,发挥大型农业机械的作用,依靠大型机械对农田进行松、翻、耙、耢、压等标准作业。加深耕层、打破扳结土壤,改善土壤结构,提高土壤对水分的保护、运行、调节、利用及排泄能力,达到蓄住天上水、留住经流水、释放功能水的目的。

四是防止耕地沙化、盐渍化、水土流失和污染,造林护地。因地制宜,采取有效措施,改善耕地的生态环境。要在平坦的土地上,营造网带片、乔灌草相结合的农田防护林;在水土流失地区,营造水土保护林、修建小水库、蓄水池、旱井、引洪漫地等减少对耕地的冲刷力,达到保持水土的目的。同时要对工矿业废水、化肥、农药、地膜,工矿业固体废物和城市生活垃圾等污染源进行防治,创造良好的耕地环境。

五是建立保护耕地质量长效机制,强管保地。①建立耕地质量保护目标责任制。积极开展耕地地力调查和质量评价工作,摸清耕地质量状况,对所有耕地进行分等定级,并建立档案。利用现代监测技术,建立科学的耕地质量监测体系,设立长期的耕地质量定位监测网站。利用科学的监测手段监测耕地质量变化状况;②增加耕地投入。多种形式、多渠道、多层次筹集资金,用于改善农业生产条件。积极向上级有关部门申请争取土地整理项目资金,实施田、林、路、渠、宅的综合整治,完善农田基础设施,提高土地利用率、增加有效耕地面积,改善耕作条件,提高耕地质量,建设标准农田;③注重耕地质量占补平衡;④禁止破坏和抛荒耕地;⑤建立耕地质量建设法律、法规保障体系。制定切实可行的耕地质量建设管理办法,对耕地质量建设的执法主体、职责权力、质量标准、等级评定、质量验收、资金投入、保护管理、奖惩处罚等内容做出明确规定,为耕地质量建设创造良好的法制环境。

(3)针对蒙山旅游区土壤污染现状,重点开展典型重金属中汞、铅、镉、铬、砷污染场地,典型有机物中石油、有机氯、POPs污染场地,典型矿山开采污染场地的治理修复,全面推进、重点突破,坚持在重点区域、重点领域、重点行业、重点污染物实现突破。

探索建立污染场地长期监测制度。长期监测计划必须根据场地特定的条件制定,由有资质的人员定期进行。如果监测结果超过修复目标,应该报告超过的数额并重新评估修复行动计划以便采取应变措施。还要考虑是否需要再一次修复。

逐步推行污染场地档案管理制度。由环境保护行政主管部门负责对污染场地责任人报送的土壤调查评估和治理修复等相关技术文件进行备案,建立本行政区域内污染场地档案,并在临沂市环境保护行政主管部门备案。

将相应的污染场地土壤管理政策和法规纳入污染场地日常的环境管理之中(环境影响评价、"三同时"等)。并且在今后的管理工作中应实行目标考核制度,实现目标管理,明确具体的工作目标、各阶段指标及相应的目标考核办法,提高管理工作的效率,实现科学管理、规范化管理。

建立土壤污染源控制和清洁生产制度,加强对工业"三废"的治理以及农村合理使用化肥、农药的监督管理工作。同时,在农村的生产中引入清洁生产技术,保证在生产的过程中把对土壤的污染降到最低点;大力普及和提高农业生产者的农业清洁生产意识,采用先进的生产技术,减少农药和化肥的使用量,减少工业废物、城市生活垃圾的产生。

建立土壤污染应急法律制度,提高政府保障公共安全和处置突发土壤污染事件的能力,最大程度地预防和减少突发土壤污染事件及其造成的损害,保障公众及游客的生命财产安全,维护国家安全和社会稳定,促进经济社会全面协调、可持续发展,包括建立应急机构、制定有效的防范措施和应急预案以及应急计划的实施。

积极推进典型污染场地治理修复工作,根据土壤污染状况调查结果,组织有关部门和科研单位,筛选污染土壤修复实用技术,加强污染土壤修复技术集成,选择有代表性的污灌区农田和污染场地,开展污染土壤治理与修复试点。重点支持一批国家级重点治理与修复示范工程,为在更大范围内修复土壤污染提供示范、积累经验。

5.5.7.5 麦饭石发展规划建议

借助资源优势,强化产业政策扶持力度,壮大产业规模,推动产业链向深层次延伸与拓展,不断提高蒙山麦饭石产业的经济效益,使其成为蒙山旅游区跨越发展的新兴产业;加大蒙山麦饭石——养生长寿石文化内涵挖掘,加快发展蒙山麦饭石文化创意产业等新型文化业态,使其成为蒙山旅游区对外宣传的窗口和品牌；合理地配置资源，加快蒙山麦饭石市场要素建设，形成以麦饭石商贸、养生长寿、创意设计、生态旅游为核心的现代产业集群，全方位提升麦饭石产业竞争力，使蒙山麦饭石成为具有国际知名度和市场竞争力的高档消费品牌，使蒙山旅游区成为中国北方最大的麦饭石加工销售集散中心。

5.5.8 能力提升，完善环保政策、法规

5.5.8.1 加强环保能力建设

1. 强化环保相关机构运行资金保障机制，建立经费保障渠道

制定运行经费定额标准，按照该标准保障各机构正常运行。建立环境监管设备动态更新机制，保障业务设备维修改造经费。

资金的来源主要包括两方面，一方面抓住机遇，积极争取国家、市、县政府及旅游专项资金支持；另一方面开阔思路，多渠道、多形式、多层次地筹集资金，逐步建立和完善投入机制。按照分级管理的原则，进一步加强组织机构建设，成立单独的宣教机构，增加对信息网络建设人员的专兼职配备，完善信息网络机构建设。

人才队伍的建设，一方面逐步解决新增专业人员编制；另一方面，建立和完善适应市场经济的内部管理机制，采用竞争上岗、双向选择等形式，搞活用人机制，以适应用人需求。各机构工作人员每年应接受一次为期至少15天的知识更新培训；实行持证上岗制度，到2020年，全区环保系统在职人员平均持证上岗率要达到100％；建立健全环境管理质量保证与质量控制体系。

2. 加强环境监测能力建设，全面提高环境监测水平

推进环境监测网络建设、提升监测覆盖范围。强化专项监测能力建设，提升区域特征污染物总磷等的监测能力并纳入日常监测范围，开展典型环境问题特征污染因子排放源的监测，强化环境应急能力建设，加强重点流域、区域环境应急与监管机构建设，使区辐射管理处辐射监测水平满足市级站的监测要求；为全面掌握全旅游区环境质量状况，完善市大气自动监测系统，在费县、平邑、沂南、蒙阴县旅游区及附近的下风向各增加2～3个监测点，大气监测因子增加挥发性有机物(VOCS)、苯并(a)芘、铅、一氧化碳、氟化物五项监测指标，选择性增加细颗粒物(PM2.5)、能见度等监测指标。

提高机动车检测能力。随着游客量的逐年增加及周边机动车保有量的迅速增长，机动车排气已逐步成为大气环境污染的主要来源之一，加强机动车尾气排放监管、控制机动车排气污染已成为区域污染防治的重点工作。

3. 建立信息公告制度，提高环境保护宣教能力

旅游区管委会建立环境公告数据平台，保障公众环境知情权；提高环境宣教中心装备水平，使其具备利用各种媒体特别是电视、报纸、互联网发布环保信息的能力；在重点用能排污区域加强环保宣教，使区域环境保护宣传能力得到大幅度的提高，增强公众环保意识；加强环保主题策划，创新方法，健全机制，发挥媒体、社团等非政府组织参与环保的积极作用，为环保工作顺利推进营造良好的舆论氛围。

4.加快环境信息网络建设,实现环境信息共享

进行环境信息标准规范、环境信息运行管理、环境信息安全保障三方面体系建设,保障在已有业务系统基础上以"三系统",即以污染防治管理信息系统、污染物总量减排管理信息系统、环境质量管理信息系统的建设为核心,完善蒙山旅游区"智慧环保"工程,努力实现核心业务信息化、数据资源共享利用、信息安全运行的建设目标;建立环境管理信息局域网和主要环境信息基础数据库;实现环境信息计算机处理、环境信息高速传输和办公自动化;开发区域内环境空气质量(包括 PM2.5 的实时监测)、水质自动监测、重点污染源排污实时监控、实时环境监理等管理系统,开发环境统计、区域环境综合整治定量考核等环境业务管理系统;力争用 5 年左右的时间初步建成覆盖全旅游区的环境信息网络系统,环境政务信息全部实现网络上报,打破各机构之间的信息孤岛效应实现环境信息资源共享。通过增强科技能力、监测能力、决策能力、监察能力、应急能力,构筑高效的基础支撑体系,保障生态文明建设的扎实推进。强化统筹协调,健全生态环境管理体制;强化生态环境统计、计量基础建设;加强生态环境监测和安全预警;规范并提高行政执法能力。

5.5.8.2 完善环保政策、法规体系

环境保护政策及相关法律、法规是国家治理环境污染和加强环境保护、调节环境权益冲突所采取的一系列控制、管理、调节等手段措施的总和。目前,旅游区的环境基础设施仍存在重建轻管的现象,已建设施运行管理主要由所在村委会承担,市、县两级给予部分资金补贴,存在着管理水平低、管理资金欠缺、设备损坏闲置,运行率低等一系列问题。管理机制不健全,已成为制约区域环境建设与发展的重要因素。为提高环境基础设施运行率,确保工程建成一处运行一处,使环保基础设施走上良性健康发展的轨道,必须健全管理机制,探索新型的管理模式,提高管理水平。

建设生态文明,需要在已有环境政策框架基础上,进一步健全和完善生态公共政策体系。一是在制定规划、计划及重大经济行为的拟议过程中,把生态环境目标和经济发展目标结合起来、统筹考虑,从源头上解决生态危害问题;二是建立与市场经济相适应的生态资源管理制度和生态行政管理体制,建立保护生态环境的经济激励制度;三是坚持依法行政,落实生态保护一票否决制度和一把手负总责制度,切实促进生态问题主流化;四是实现政府管理的整合,形成保护生态环境的合力,提高生态行政决策科学化水平,有效降低决策失误率,提高环境政策的执行力。

参考文献

杨光,2014.山东省山地旅游资源的开发及对策[D].山东:山东师范大学.

叶春,2008.旅游活动对生态旅游区土壤冲击影响研究——以南昆山上坪一中坪景区为例[D].广东:华南师范大学.

Buekley,R. and Pnanell,J,1990.Environment impacts of tourism and recreation in national parks and conservation reserves[J].Journal of Tourism Studies,1(1):24-32.

符霞,2006.国外旅游环境容量理论的发展历程[J].四川林勘设计,**2**:9-14.

姜辽,张述林,2007.国内外山地旅游环境研究综述[J].重庆师范大学学报(自然科学版),**10**(24-4):77-81.

赵兴云,2002.蒙山旅游业可持续发展的环境条件及对策[J].烟台师范学院学报(自然科学版),**18**(3):
205-209.

祝光耀,2002.加强旅游生态环境保护,促进旅游业的可持续发展[J].环境保护,(9):3-7.

魏鸿雁,张建春,2005.中国山岳型旅游地旅游环境研究进展综述[J].云南地理环境研究,**17**(3):69-73.

吴殿廷,2006.山岳景观旅游开发规划实务[M].北京:中国旅游出版社.

崔凤军,1995.论旅游环境承载力—持续发展旅游的判据之一[J].经济地理,(1):105-109.

阎蓓,2006.旅游资源开发与环境保护[J].社会科学论坛,**4**:128-130.

蒋文举,朱联锡,1996.旅游对峨眉山生态环境的影响及保护对策.[J].环境科学,48-51.

梁仁君,2004.蒙山旅游资源可持续开发利用的调控途径[J].中国资源综合利用,**5**:41-45.

曹世杰,王小青,徐会霞,2002.蒙山几个树种改良土壤物理性状的作用探讨[J].山东林业科技,**5**(142):9-11.

王帅,钱关泽,徐靖,2011.蒙山植物群落的物种多样性及其垂直分布特征[J].贵州农业科学,**39**(7):42-47.

李佩耕,吴文晖,樊玲凤,2008.张家界国家森林公园地表水污染综合分析[J].中国环境监测,**24**(3):83-87.

Duglas,M. G,1998. Recreational impacts on erosion and runoff in a central Arizona riparian areal[J]. Journal of
soil and water Conservation,**53**(1):38-42.

王家福,王森林,吴可等,2007.山东蒙山植物区系分析[J].防护林科技,(B05):103-105.

蔡长胜,牛凌,2001.蒙山森林旅游资源保护与综合开发利用[J].水土保持研究,**8**(3):147-149.

郭萌萌,2014.山东蒙山苔藓植物研究[D].山东:山东师范大学.

田径,王新全,张瑞冬,等,2010.峨眉山疗养地空气负氧离子监测分析[J].中国疗养医学,(12)B1144.

叶春,2005.旅游活动对生态旅游区土壤冲击影响研究[D].广东:华南师范大学.

郎咏梅,孙洪涛,田家怡,等,2006.崂山风景区旅游环境容量研究[J].中国人口·资源与环境,**16**(4):99-102.

Gander M,Jefferson B, Judd S,2000. Aerobic MBRs for domestic wastewater treatment are view with cost
considerations[J]. Sep Purif Technol,(18):10-15.

胡炳清,1995.旅游环境容量计算方法[J].环境科学研究,(3):20-24.

张培茵,渠向国,2008.试论旅游容量在旅游地管理中的应用[J].商业经济,(3):96-96,123,130.

Kuiper J,2000. A check list approach to evaluate the contribution of organic farms to landscape quality [J]. Ag-
ricultur,Ecosystems and Environment,**77**(8):143-156.

崔凤军,刘家明,1998.旅游环境承载力理论及其实践意义[J].地理科学进展,**17**(1):86-90.

刘益,2004.大型风景旅游区旅游环境容量测算方法的再探讨[J].旅游学刊,**6**:42-46.

巩如英,王飞,刘雅莉,等,2006.韦伯—费希纳定律评价模型在景观环境质量评价中的应用[J].西北林学院学
报,**21**(1):131-135.

吴向峰,2011.山东蒙山生态旅游资源评价与环境容量研究[D].山东:山东师范大学.

卢云亭,1996.生态旅游与可持续旅游发展[J].经济地理,**16**(1):106-112.

刘涛,2011.旅游开发对环境影响问题的思考[J].旅游纵览(行业版),(3):132-134.

Ryushi. T,Kita. I,Sakuratiotetal,1998. The effect of exposure to negative air ions on the recovery of physio-
logical responses after moderate endurance exercise[J]. Int-J-Biometeorol. **4**(3):132-136.

宗美娟,王仁卿,赵坤,2004.大气环境中的负离子与人类健康[J].山东林业科技,**2**(151):32-34.

石强,李崇贵,2002.森林旅游地空气负离子评价标准的研究[J].深圳职业技术学院学报,(1):20-24.

石强,吴章文,贺庆棠,2002.旅游开发利用对张家界国家森林公园大气质量影响的综合评价[J].北京林业大

学学报,(4B)20-24.

王群,章锦河,2011.低碳旅游发展的困境与对策[J].地理与地理信息科学,**27**(3):93-98.

朱国兴,王兴莲,洪海平,等,2013.山岳型景区低碳旅游评价指标体系的构建[J].地理研究,**32**(12):2357-2365.

黄文胜,2009.论低碳旅游与低碳旅游区的创建[J].生态经济,**11**(218):100-102.

梁祝,倪晋仁,2005.农村生活污水处理技术与政策选择[J].中国地质大学学报(社会科学版),**7**(3):18-22.

董文,2012.旅游开发中的环境保护[J].中国集体经济,**10**(28):124-125.

陈咏淑,2006.山岳型旅游地水资源合理利用与保护探讨[J].湖南人文科技学院学报,**90**(3):36-39.

河川治理中心(日),2004.滨水自然景观设计理念与实践——滨水景观设计丛书[M].北京:中国建筑工业出版社,1-89.

王奉英,2008.淮河流域土石山区水土保持生态修复研究[D].山东:山东师范大学.

杨海军,2010.河流生态修复工程案例研究[M].长春:吉林科学技术出版社,1-139.

姚双彦,牛政,刘德东,2014.临沂经济技术开发区水生态修复探讨[J].山东水利,**1**:42-43.

王雪,2008.京郊山区农村环境综合整治模式研究.[D].北京:北京林业大学.

崔凤军,2001.风景旅游区的保护与管理[M].北京:中国旅游出版社,72.

张雪绸,2004.我国农村环境污染的现状及其保护对策[J].农村经济,(9):87.

葛静茹,2013.北方郊区旅游型小村镇污水处理研究[D].北京:北京林业大学.

周国海,杨美霞,2012.改进"自然景观旅游区环境监测方案"的思考——以武陵源景区为例[J].资源开发与市场.**28**(07):619-622.

周建,2007.加快环境信息化建设推动污染减排目标实现[J].中国信息界,(18):20-22.

第六章 蒙山土地研究

6.1 绪 论

6.1.1 研究背景及目的意义

6.1.1.1 研究背景

《山东省国民经济和社会发展第十二个五年规划纲要》明确提出,整合区域优势旅游文化资源,做强以沂蒙为核心的红色旅游区等旅游品牌。《西部经济隆起带发展规划》将红色文化旅游链、蒙山沂水、"沂蒙人家"等作为文化旅游业发展重点。2013年,临沂市提出加快推进"10+6"产业计划(农业、冶金(建材)、机械、木材加工及制品、化工、医药、纺织服装、商贸物流、文化旅游、房地产(城市综合体)10大传统优势产业和新能源、节能环保、信息及技术、新材料、先进装备制造、现代新兴服务业6大新兴产业),构建现代产业体系,对现代农业、健康产业、文化旅游产业等提出具体行动计划。加快推进蒙山旅游区科学跨越发展,势在必行,意义重大。

蒙山旅游区是山东省重要的文化旅游集聚区,也是临沂市现代服务业发展的重点区域,同时也是人地关系复杂、人与自然结合紧密的山岳旅游区。区位条件优越,旅游资源丰富,文化底蕴深厚,产业基础良好,生态环境优美,是山东省西部经济隆起带和山东省现代服务业发展的重要示范区域之一。蒙山旅游区管委会自成立以来,坚持旅游与文化有机融合、与现代服务业协调发展,坚持生态建设与集约开发统筹推进,不断健全设施、完善体制、优化环境、推进转型,实现了旅游区产业全面、健康、快速、协调发展,为未来产业转型升级奠定了良好基础。随着国内外发展环境的日益改善、国家宏观政策的不断优化和重点领域改革的全面深化,蒙山旅游区正站在全新的发展起点。

土地资源是人类赖以生存和发展的基本条件,人类的生存空间、生产活动等与土地资源密切相关。随着中国经济高速增长、城镇化和工业化快速向前推进,土地资源利用的内容和形式发生了巨大变化,土地利用的资源性和稀缺性特征日渐凸显(李灿等,2013)。土地资源的可持续利用是区域社会经济协调发展的前提(刘彦随等,2008)。土地资源作为旅游活动的基本载体和吸引要素,对旅游发展的影响重大;而旅游活动也已经,并将更深刻地影响土地利用方向,土地学科与旅游学科的交叉研究成为必然(罗文斌等,2013)。然而,在旅游区快速发展过程中,资源配置不当或过度利用引发了生态退化、环境污染、土地利用失调等一系列生态环境问题(苏杭森等,2012;席建超等,2014)。从土地结构调整和优化的角度,统筹安排田、水、路、林、村各类用地,协调各业用地矛盾,尤其对耕地和基本农田、村镇建设用地、生态建设用地、环境保护用地及其他基础产业、基础设施用地进行安排,调整土地利用结构和布局,划分土地用途区,制定土地用途管制规则,并提出建设用地空间管制措施,更好地统筹蒙山旅游区的土地资源整合、保护和利用,在维护区内良好生态环境的基础上保障区域社会经济发展的用地需求。

6.1.1.2 目的及意义

1. 积极发展旅游业及相关产业,促进农民增收

依据国家扶持政策,把握发展机遇,做强做大旅游产业及相关产业。土地是生产生活的物质基础,也是旅游业发展的基础。积极引导土地向规模经营集中,推进农村集体土地流转,明确土地功能定位优化土地结构,从而带动产业布局优化,提高农业产业化水平,确保农民持续增收。

2. 坚持生态优先,实现可持续发展

从源头上树立保护优先、低碳发展的理念,坚持保护开发并重,充分利用各类土地资源,合理确定各功能分区的发展定位、建设重点和开发强度,以生态建设倒逼集约发展,以集约发展拓展生态空间。

3. 加强土地整治,提高农业综合生产能力

大力开展农用地整理,整理复垦闲置废弃宅基地和低效建设用地,建设高标准基本农田,在增加耕地面积的同时提升耕地质量。集中连片推进土地平整、灌溉与排水、田间道路、农田林网等建设,实现"田成方、林成网、路相通、渠相连、旱能浇、涝能排、村成片",大力提高农业综合生产能力。

4. 推进村庄整治,优化用地结构布局

依据村镇体系规划和新农村布局建设,适度调整撤并布局分散的自然村,合理开发利用腾退宅基地、村内废弃地、空闲地,形成农村人口向城镇和中心村集中,产业向集聚区集中,耕地向规模经营集中的新农村格局;完善农村路网、供水、通电、通讯等基础设施,健全教育、医疗卫生等公共服务设施,实现农村布局优化、道路硬化、村庄绿化、环境净化。

6.1.2 研究内容及技术路线

本研究旨在通过系统地研究蒙山旅游区土地利用现状和土地系统的承载状态,以维护土地生态安全为前提,明确土地利用主导功能并划分功能区,进而确定土地利用导向,以期实现蒙山旅游区土地资源的可持续利用(图6.1)。主要研究内容包括:

(1)系统分析蒙山旅游区土地利用现状结构与特征,摸清蒙山旅游区主要的土地利用问题;

(2)梳理山岳型旅游区土地资源利用中存在的突出问题,为蒙山旅游区土地资源的可持续利用提供经验借鉴;

(3)系统分析蒙山旅游区的土地承载力特征,明确建设用地的可拓展空间;

(4)明确土地利用的主导功能并划分功能区,进而确定土地利用导向,以期实现蒙山旅游区资源的可持续利用。

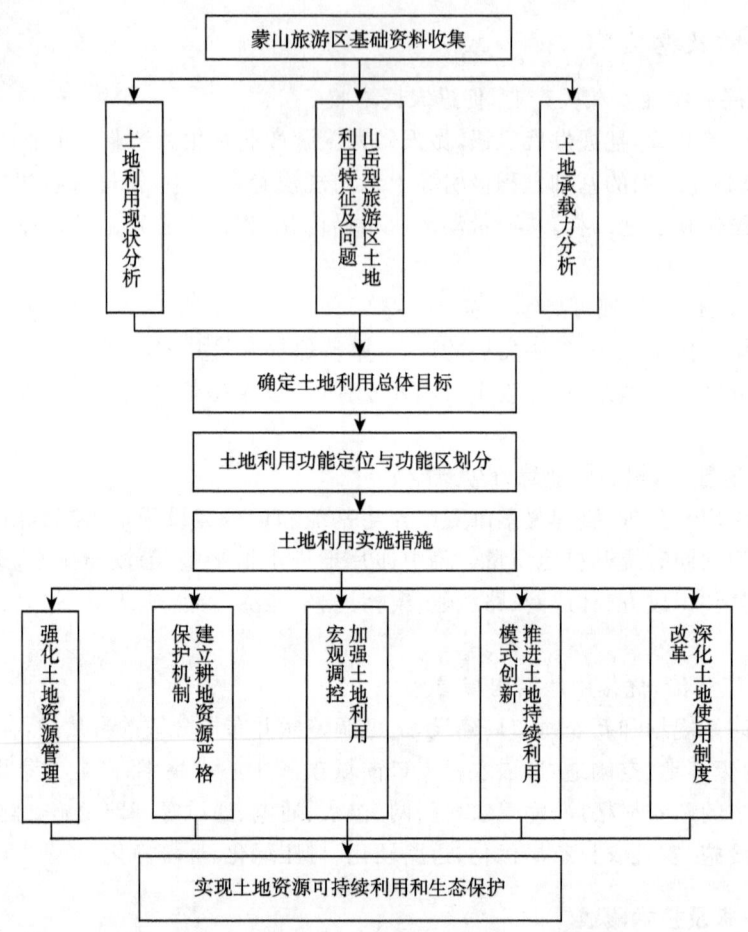

图 6.1　技术路线示意图

6.2　蒙山旅游区的土地利用现状特征

6.2.1　蒙山旅游区社会经济条件

蒙山管委会辖 1 个乡镇、1 个办事处、60 个行政村和 1 个自然村,人口为 7.3 万。近年来,蒙山旅游区经济保持了平稳较快增长。2013 年接待游客 211 万人次,较上年增长 19%,省级农家乐 8 处、省级特色村 3 个、省级旅游强镇 1 个、省级旅游示范点 1 处、省级工业示范点 1 处。旅游区共实现地区生产总值 32.88 亿元,2013 年实现地方财政收入 2600 万元,固定资产投资总额达到 4.3 亿元。蒙山旅游区第一、二、三产业生产总值分别为 7.42 亿元、4.58 亿元和 10.89 亿元,三次产业结构为 28.4∶25.9∶45.7。

蒙山管委会大力发展观光农业、特色农业,加强环蒙山林果、环蒙山旅游基地建设;突出旅游产业发展,同时发展高新技术工业和新兴服务业,不断壮大区域经济,着力打造经济高地。

农产品以小麦、玉米、花生、地瓜为主。经济作物主要有苹果、板栗、桃、花椒等。

6.2.2 蒙山旅游区土地利用现状分析

　　土地资源是社会经济赖以持续发展的重要物质基础,土地利用现状及其结构变化是影响区域可持续发展的核心问题之一(刘彦随,2009;武江民,2010)。土地利用结构变化反映了人类与自然界相互影响、交互作用的动态过程,已成为国内外学术研究的热点问题,并呈现出技术手段综合集成、模型定量化、多尺度、长时间等特征(刘纪远,2009)。土地利用类型及其结构在很大程度上反映了该地区的资源环境条件,以及社会经济的发展水平,与区域经济社会发展阶段相适应的土地利用类型将有效促进区域发展(龙花楼等,2002)。近年来,蒙山旅游区依据土地利用总体规划制定了土地利用年度计划,以规划为"龙头",切实加强了土地利用宏观调控;严格执行了土地用途管制制度和占补平衡制度,切实保护了耕地;依据规划进行土地开发整理项目立项审查,积极推进土地整理复垦和开发,做到土地整理复垦开发与生态建设相结合。本节系统分析蒙山旅游区土地利用结构及其转换态势,以期为区域土地资源的合理利用和区域社会经济的协调、快速发展做出贡献。

6.2.2.1 蒙山旅游区土地利用结构分析

　　根据2012年第二次全国土地调查结果,蒙山旅游区土地利用呈现以下典型特征(图6.2):

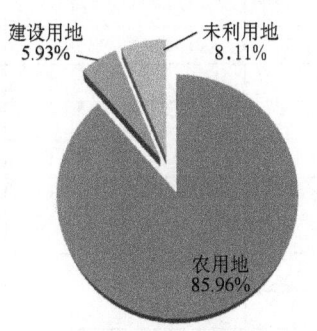

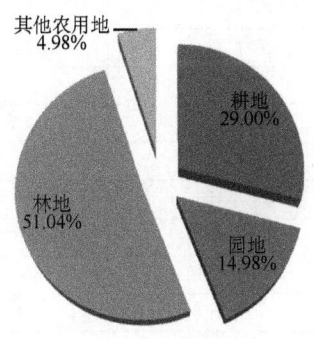

图 6.2　2012 年蒙山旅游区土地利用结构　　图 6.3　2012 年蒙山旅游区农用土地利用结构

　　(1)全区控制总面积 31322.14 公顷,农用地为 26923.66 公顷,占土地总面积的 85.96%,农用地的比重远大于建设用地和未利用地。

　　(2)林地和耕地面积分别为 13741.44 公顷和 7810.43 公顷,占农用地总面积的 51.04% 和 29.00%;其次为园地,面积为 4031.92 公顷,其他农用地的比重较小,全区没有草地。蒙山旅游区林木植被覆盖较好,旅游区森林覆盖率高达 90% 以上,以林地为主的农业用地结构特征明显(图6.3)。

　　(3)建设用地面积为 1856.79 公顷,占全区总土地

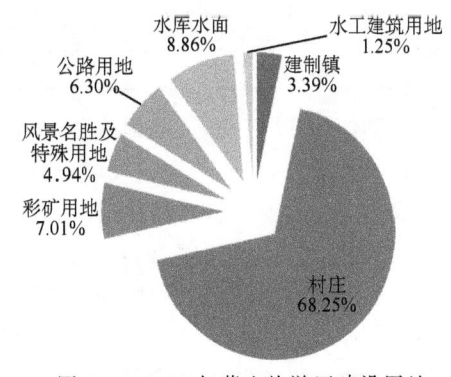

图 6.4　2012 年蒙山旅游区建设用地土地利用结构

面积的5.93%,且以村庄用地为主,面积达1267.31公顷,占建设用地面积的68.25%,具有一定的挖潜潜力。全区公路用地和水利设施用地分别占建设用地面积的6.30%和10.11%。蒙山旅游区地处省会城市群经济圈和西部经济隆起带交接点,随着旅游产业和相关产业不断发展,交通用地需求较大,可以适当增加其相应的面积(图6.4)。

(4)未利用地面积为2541.69公顷,占全区面积的8.11%,其中自然保留地为2187.77公顷,占未利用地面积的86.08%,具有较大的开发利用价值(表6.1)。

表6.1　2012年蒙山旅游区土地利用构成　　　　　　　　　　　　　单位:公顷

项目		平邑县		蒙阴县		蒙山旅游区	
		面积	比例%	面积	比例%	面积	比例%
土地总面积		20272.91	—	11049.23	—	31322.14	—
耕地		5271.21	26.00	2539.22	22.98	7810.43	24.94
园地		2148.85	10.60	1883.07	17.04	4031.92	12.87
林地		9157.23	45.17	4584.21	41.49	13741.44	43.87
草地		0	0.00	0	0.00	0	0.00
其他农用地		575.8	2.84	764.07	6.92	1339.87	4.28
农用地合计		17153.09	84.61	9770.57	88.43	26923.66	85.96
城镇村及工矿用地	建制镇	62.94	0.31	0	0.00	62.94	0.20
	村庄	824.29	4.07	443.02	4.01	1267.31	4.05
	采矿用地	85.39	0.42	44.9	0.42	130.29	0.42
	风景名胜及特殊用地	83.53	0.41	8.15	0.07	91.68	0.29
	小计	1056.15	5.21	496.07	4.49	1552.22	4.96
交通运输用地	公路用地	72.13	0.36	44.81	0.41	116.94	0.37
	小计	72.13	0.36	44.81	0.41	116.94	0.37
水利设施	水库水面	125.64	0.62	38.79	0.35	164.43	0.52
	水工建筑用地	13.69	0.07	9.51	0.09	23.2	0.07
	小计	139.33	0.69	48.3	0.44	187.63	0.60
建设用地合计		1267.61	6.25	589.18	5.33	1856.79	5.93
水域		199.5	0.98	154.42	1.40	353.92	1.13
自然保留地		1652.71	8.15	535.06	4.84	2187.77	6.98
未利用地合计		1852.21	9.14	689.48	6.24	2541.69	8.11

预计2020年前后,蒙山旅游区基础设施建设、配套设施建设基本完成,服务水平和区域影响力明显提升,产业转型升级取得重大成效,旅游产业高端化效果明显,健康养老产业快速发展成为支柱产业,建设成为集游览观光、休闲度假、生态养生、健康养老功能的,文化活跃、特色鲜明的"生态沂蒙山、健康养生地"。

这就对蒙山旅游区土地的开发利用、优化配置提出了更高的要求。根据《蒙山管委会土地利用总体规划(2006—2020年)》,到2020年,蒙山旅游区耕地、村庄、其他独立建设用地和公路用地等4种地类面积增加(表6.2)。其中,耕地和村庄面积增加最多,分别增加258.65公顷和109.55公顷。规划期内控制建设用地占用耕地不超过5.92公顷,通过土地整理复垦开发补充耕地不少于535.19公顷。这也是耕地面积在蒙山旅游区旅游业快速发展阶段仍能增加的重要原因,充分体现了蒙山旅游区管委会认真落实保护耕地的基本国策,从源头上严格控制非农建设对耕地的占用,对确需占用的,必须按照数量质量相当的原则履行耕地占补平衡义务。此外,通过建设用地整治挖潜项目,安排农村居民点折旧面积527.73公顷,安置415.59公顷,节约建设用地面积81.85公顷。除上述4种地类增加外,蒙山旅游区将有7种地类面积减少,包括园地、林地、其他农用地、建制镇、采矿用地、水域和自然保留地。园地和采矿用地减少最多,分别减少128.23公顷和92.18公顷。

表 6.2　蒙山旅游区土地面积及其优势度、转换动态度

项目		土地面积(公顷)		占土地面积比(%)		LAD		LDD
		2012	2020	2012	2020	2012	2020	蒙山
土地总面积		31322.14	31322.14	—	—	1	1	0.43
耕地		7810.43	8069.08	24.94	25.76	1.96	1.96	0.55
园地		4031.92	3903.69	12.87	12.46	2.15	2.16	−0.53
林地		13741.44	13668.39	43.87	43.64	1.98	1.98	−0.089
草地		0	0	0.00	0.00	0	0	0
其他农用地		1339.87	1300.04	4.28	4.15	2.28	2.3	−0.5
农用地合计		26923.66	26941.2	85.96	85.96	2.01	2.01	0.3
城镇村及工矿用地	建制镇	62.94	4.71	0.20	0.02	1.54	1.33	−15.42
	村庄	1267.31	1376.86	4.05	4.40	2	1.97	1.44
	采矿用地	130.29	38.11	0.42	0.12	2	2.79	−11.79
	其他独立建设用地	0	25.99	0.00	0.08	0	1.57	0
	风景名胜及特殊用地	91.68	91.68	0.29	0.29	1.64	1.64	0
	小计	1552.22	1537.35	4.96	4.91	1.98	1.99	3.26
交通运输用地	公路用地	116.94	133.62	0.37	0.43	2.06	1.97	2.37
	小计	116.94	133.62	0.37	0.43	2.06	1.97	0.19
水利设施	水库水面	164.43	164.43	0.52	0.52	1.85	1.85	0
	水工建筑用地	23.2	23.25	0.07	0.07	2.16	2.16	0.036
	小计	187.63	187.68	0.60	0.60	1.89	1.89	0.004
建设用地合计		1856.79	1858.65	5.93	5.93	1.95	1.96	2.72
水域		353.92	353.03	1.13	1.13	2.11	2.1	−0.042
自然保留地		2187.77	2169.26	6.98	6.93	1.86	1.86	−0.14
未利用地合计		2541.69	2522.29	8.11	8.05	1.9	1.9	0.12

注:表中 LAD 为土地利用类型优势度;LDD 为土地利用类型动态度。

土地利用动态度(LDD)是反映特定时期不同区域或不同土地利用类型动态变化程度及其差异的量度指标(刘彦随,2005;涂小松,2008):

$$LDD_{ki} = \Delta S_{k(i-j)} \bigg/ S_{ki} \times (t_2 - t_1)^{-1} \times 100\% \ (i,j = 1,2,3\cdots,n,j \neq j) \qquad (6\text{-}1)$$

$$LDD_k = \frac{\sum_{ij}^{n} |\Delta S_{k(i-j)}|}{\sum_{i=1}^{n} S_{ki} \times (t_2 - t_1)} \times 100\% (i,j = 1,2,3\cdots,n, i \neq j) \qquad (6\text{-}2)$$

公式(6-1)、(6-2)中，LDD_{ki} 为 k 地区在 t_1 至 t_2 时段内第 i 类土地利用的动态度；LDD_k 为 k 地区在 t_1 至 t_2 时段内的综合土地利用动态度；S_{ki} 为 k 地区第 i 类土地利用类型在 t_1 时刻的面积；$\Delta S_{k(i-j)}$ 为 t_1 至 t_2 时段内 k 地区第 i 类土地利用类型转换为非 i 类土地利用类型的面积。

土地利用优势度(LAD)是反映特定时期不同区域的土地利用类型在整个研究区域内相对重要性的量度指标，通常采用比较优势指数来表达：

$$LAD_{ik} = (\alpha_{ik}/\sum_{i=1}^{n} \alpha_{ik})/(A_{i0}/\sum_{i=1}^{n} A_{i0}) \qquad (6\text{-}3)$$

公式(6-3)中，LAD_{ik} 为 k 地区第 i 类土地利用类型的优势度；α_{ik} 为 k 地区第 i 类土地利用类型的面积；A_{i0} 为整个研究区第 i 类土地利用类型的面积。区域 k 的土地利用综合优势度为区域内 i 种土地利用优势度之和。

蒙山旅游区土地利用以林地为主，其次是耕地，两者合占土地总面积的65％以上，交通水利建设用地和水域所占比例较小。2012—2020年蒙山旅游区区域土地利用综合动态度为0.43，与全国同期0.44的平均水平基本持平。由蒙山旅游区综合动态度和单一地类动态度进一步分析可知，各个地类均有不同程度的变化，由图6.5可知，以城镇村及工矿用地变化速度最快，最为活跃，土地利用动态度高达3.26。其中建制镇和采矿用地大幅缩减，而村庄和公路用地增长明显，这主要是因为采矿用地将会严重威胁全区的生态安全，与打造生态沂蒙山的理念不符，另外蒙山旅游区已进入快速发展阶段，交通运输用地等相应配套设施用地将会得到大力的发展以满足全区的需要。林地面积的变化率虽然不及城乡建设用地，但因为林地本身总量较大，所以林地面积减少的这一变化仍然不容小视。土地利用优势度的计算结果表明，园地和其他农用地比较优势明显，LAD 分别为2.15和2.28，而且未来几年将略有上升；村庄、采矿用地、公路用地、水工建筑用地以及水域 LAD 未来几年均维持在2.00以上。

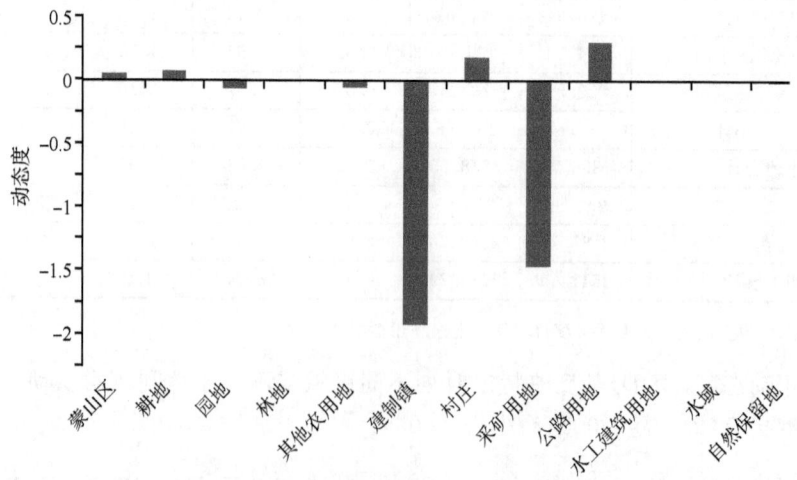

图6.5　蒙山旅游区土地利用动态度分值

6.2.2.2 蒙山旅游区土地利用空间分析

由图 6.6、图 6.7 可知,农用地在各乡镇都有较大面积分布,其中柏林镇的北部和东部、联城乡南部以及桃墟镇南部农用地面积较大,柏林镇农用地面积达 9497.06 公顷,占全区农用地总面积的 35.27%。蒙山旅游区建设用地只占全区面积的 5.93%,主要分布在蒙山旅游区柏林镇西南部;其他土地主要分布在卞桥乡西山神村及其附近村庄。

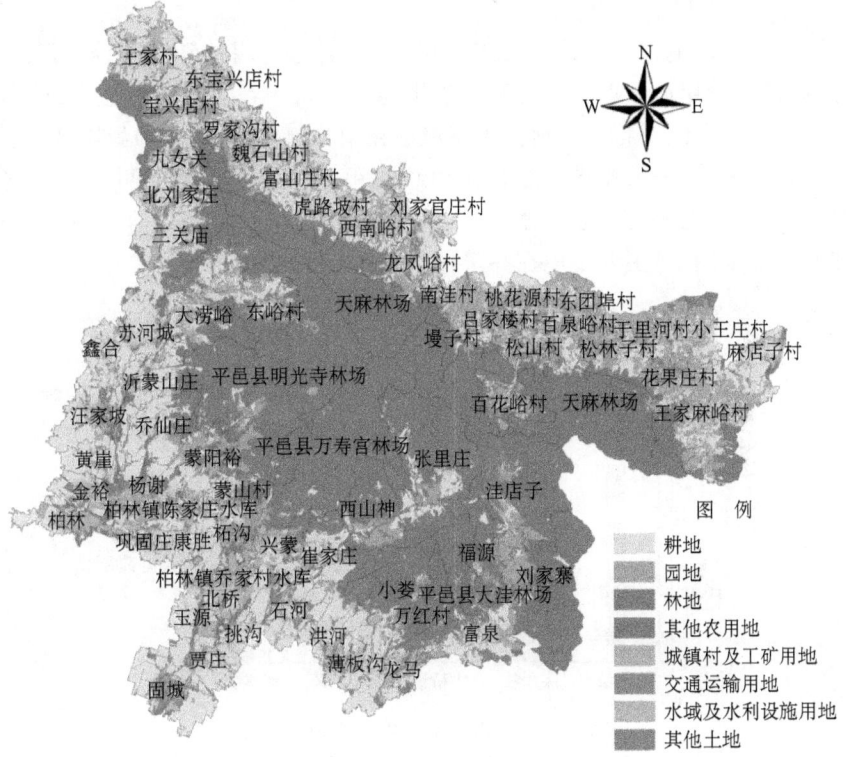

图 6.6 蒙山旅游区土地利用现状空间分布图

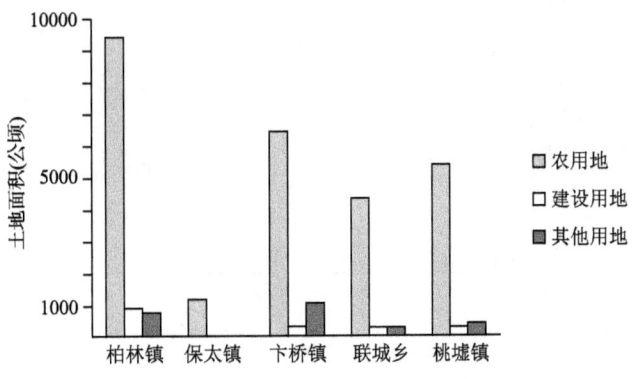

图 6.7 蒙山旅游区土地利用三大类结构分布图

蒙山旅游区农用地包括耕地、园地、林地和其他农用地。由图 6.8 可知,耕地主要分布在柏林镇的三关庙村、乔仙庄村、黄崖村以及苏河城村等,共有 3341.6 公顷;园地在各镇分布较为平均,其中桃墟镇园地面积最多,主要集中在小王庄村、花果庄村、松林子村、百泉峪村以及松山村等,达 1389.64 公顷,占该镇总面积的 25.62%;林地主要分布在柏林镇的明光寺林场,万寿宫林场、卞桥镇的张里庄,以及洼店子村和桃墟镇的天麻林场等,约占蒙山旅游区林地总面积的 82.67%;其他农用地在各镇面积均较少,联城乡的东宝兴店村和魏石山村最多,达 415.88 公顷,保太镇面积最少,只有 37.7 公顷。

蒙山旅游区建设用地包括城镇村及工矿用地、交通运输用地和水利设施用地。由图 6.9 可知,蒙山旅游区建设用地中以城镇村及工矿用地为主,包括建制镇、村庄、采矿用地、其他独立建设用地以及风景名胜及特殊用地。主要集中在柏林镇西南部,其中固城、贾庄、金裕、黄崖以及汪家坡面积最多,占蒙山旅游区建设用地总面积的 83.60%。交通运输用地包括公路用地,公路用地为各乡镇主要的交通用地类型,面积较小,只有 116.94 公顷。水利设施用地包括水库水面和水工建筑用地,主要集中在乔家村水库和陈家庄水库。

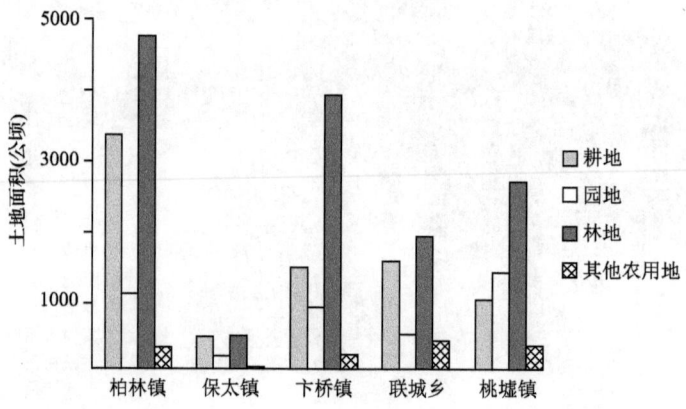

图 6.8 蒙山旅游区农业用地分布图

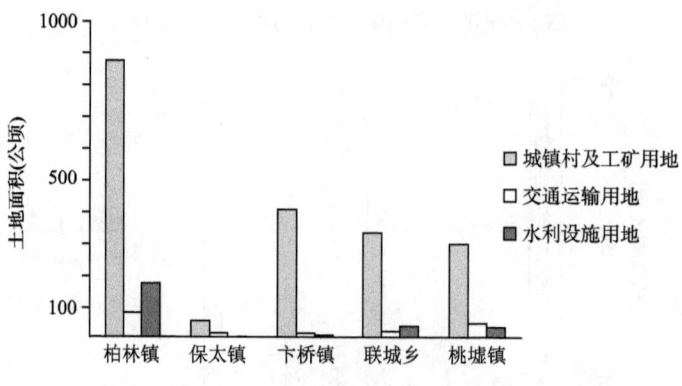

图 6.9 蒙山旅游区建设用地分布图

通过以上土地利用结构和空间分析,我们可以看出:

(1)从数量结构看,蒙山旅游区土地面积 31322.14 公顷,土地利用类型以林地为主,占蒙山旅游区总土地面积的 43.87%;其次是耕地,两者合占总土地面积的 65% 以上。建设用地以村庄用地为主,占建设用地总面积的 68.25%。由土地利用优势度指数可知,园地和采矿用地的比较优势突出。

(2)从空间布局来看,土地资源分布与利用结构不平衡。蒙山旅游区东与青岛、烟台、威海、日照等城市构成的黄金海岸线相连,西与泰安、曲阜、济南等城市构成的山水圣人线接壤。北有京沪高速和 205 国道,南有日东高速、兖石铁路和在建鲁南客运铁路专线、327 国道,西近京福高速和京福高铁,东距临沂机场和日照港口较近。这些区域既是旅游开发区所在,又是人口密集区域,同时与生态涵养功能区在空间上复合,建设用地以占用耕地为主,用地矛盾相当尖锐。但在传统农区建设用地增长较缓慢,以耕地为主的农用地利用占有绝对优势,土地供需矛盾相对缓和。

(3)从土地利用程度与效益来看,受比较效益机制驱使,产业用地结构与用地效率的差异日趋加大。蒙山管委会、蒙山休闲商街、乔家庄水库等在内的规划中的养生小镇,土地利用结构复杂且类型转换较快,建设用地利用具有比较优势;平原传统农区的土地利用结构比较单一,土地利用类型相对稳定,耕地利用具有比较优势;山地丘陵区县域的耕地利用具有一定的比较优势,但绝对优势低,自然环境脆弱等造成粮食单产能力低,因此稳步推进退耕还林政策,维持区域生态平衡是未来发展方向。此外,蒙山旅游区地均 GDP 为 913.10 万元每平方千米,仅占临沂市地均 GDP(1612.23 万元每平方千米)的 56.64%,反映了蒙山旅游区土地使用效率较低,更反映了蒙山旅游区的发展程度低以及经济集中度较低。

6.2.2.3 蒙山旅游区土地利用存在的突出问题

(1)土地资源约束加大,区域生态环境问题备受关注。依据蒙山旅游区坚持生态优先,实现持续发展的战略原则和打造"生态沂蒙山,健康养生地"品牌,人口增加、旅游业的快速发展造成了城镇、工矿、交通、水利基础设施建设用地需求不断增加,需要占用大量耕地,而耕地资源有限,供需矛盾突出。

(2)农村居民点利用率不高,土地利用效益尚未有效发挥。一方面,农村居民点人均用地 226 平方米,远远超过《镇规划标准》(GB 50188—2007)及《山东省建设用地集约利用控制标准》规定上限。另一方面,农村居民点建设缺少系统规划,表现为内部空间结构分散、布局不合理、闲置土地比重较高,土地利用效益尚未得到应有发挥。

(3)产业结构调整缓慢,土地利用结构不尽合理。土地利用结构变化的终极原因是社会经济驱动。2013 年,蒙山旅游区第一、二、三次产业产值分别为 7.42 亿元、4.58 亿元、10.89 亿元,三次产业结构调整为 28.4∶25.9∶45.7。全区的快速发展远未发挥产业、人口、城市区域的聚集效应和规模经济效应,建设用地上升,未利用土地不断减少的趋势加重。

(4)农村人居环境改善问题。蒙山旅游区通过开展小流域综合治理等工程,加大了对农村地区基础设施的投入。近年来,蒙山旅游区农村建设成效显著,农村人居环境得到明显改善。但农村人居环境方面仍存在一些突出问题:①在一些自然村落,农村空心化问题普遍,部分村庄建设缺乏统一的规划设计,房屋建设杂乱无章;②部分农村,特别是深山区的农村,供水、供气等基础设施建设难度大、成本高、且容易受到自然灾害的影响,一些村民的生活饮水等问题尚未彻底解决;③山区村庄规模小、自然村落居住分散,农村生活污水处置等问题尚未有效解决;④部分农村垃圾消纳问题严重。目前正规垃圾填埋场建设相对滞后,现有垃圾填埋场存在运输距离远、成本高等问题,而且随着新农村建设的持续推进和农民生活水平的不断提高,农村建房、装修及房屋改造所产生的建筑垃圾越来越多,如何有效处理建筑垃圾成为亟待解决的问题。

6.2.2.4 蒙山旅游区土地利用问题的成因分析

(1)资源稀缺意识淡薄,导致土地利用方式粗放。在土地利用方面,"地大物博""贪大求多"的传统思维方式对土地资源粗放利用产生了重要影响。随着城镇居民人均可支配收入的增加和农民人均纯收入的增长,居住条件改善的速度逐步加快。农村居民点的快速扩张使得"空心村"现象在全区农村变得十分普遍。这种现象在经济发展较快的地区表现得尤为突出,另外耕地撂荒或粗放经营使耕地的实际生产能力遭到巨大浪费。城镇建设以圈层形式向外围耕地扩张,耕地并未看作是稀缺资源的观念成为土地粗放利用的重要原因。

(2)土地管理权限分散,土地监管效果不够理想。当前,考核地方领导工作绩效的重要指标仍然是国内生产总值的快速增长,强化土地集约节约利用与优化生产要素配置的财政转移支付、区域经济补偿、政绩考核等创新机制和政策尚未有效建立。

(3)改革配套政策相对迟缓,土地集约利用效果不明显。蒙山旅游区在上一轮土地利用总体规划时即提出了村庄整理、居民点缩并等前瞻性问题。但是,村庄整理、居民点缩减、土地流转等关乎土地集约利用的问题是一项集土地、城建、劳动就业及社会保障等多个部门联合协作的系统工程,单一土地部门显然难以实施。所以,在全区经济快速发展的情况下,建设用地对耕地资源的不断侵占使各种矛盾集中显现。相关政策的变化落后于经济发展,影响了土地集约利用的实际效果。在农村土地流转过程中,制度创新是实现土地集约利用的重要保障。我国北方部分省份在此方面已经进行了有益探索,值得蒙山旅游区借鉴。

(4)蒙山国土资源管理办公室属临沂市国土资源局内设机构,正科级单位,成立于2012年3月,办公室设立综合科、地政科、矿政科、测绘地理信息科、执法监察科五个科室,全面负责蒙山旅游区国土资源管理工作,担负着蒙山旅游区土地和矿产资源规划、保护、开发利用的统一管理和测绘行政管理工作。蒙山旅游区国土资源管理办公室成立时间较晚,机构人员编制不足,而且土地管理与审批权限受到较大限制,不利于旅游区土地资源的优化配置和高效利用。

6.3 山岳型旅游区土地利用存在问题及启示

6.3.1 山岳型旅游区土地利用存在的突出问题

6.3.1.1 华麓景区土地利用及存在问题

华麓景区即华阴市华山风景名胜区山前山麓地区,位于华山的北部山麓地域内,距华阴市区大约 6 千米,它主要由黄甫峪入口区、华峪入口区、仙峪入口区三部分组成,是华山风景名胜区的旅游服务基地。华麓景区总面积 16.56 平方千米,东至杜峪河西岸,西至仙峪河以西 500 米,南至陇海铁路,北至西潼高速公路以北 1000 米。华麓景区内历史文物古迹和自然风光资源丰富与被誉为"奇险天下第一山"的西岳华山,构成了华阴市独特的旅游资源(岳邦瑞,2005;侯全华等,2001)。

华麓景区在土地利用方面存在的具体问题表现在:①土地利用缺乏合理、科学、细致和长远的规划,没有为旅游业的可持续发展预留足够的发展用地。由于编制的年代久远,景区内现行的规划受当时的社会因素、经济条件的限制,已经不能满足现阶段的旅游发展的需要。正由于这种缺乏时效性的规划,导致规划与土地合理利用互相矛盾的情况时常发生。②土地利用的各功能区划分不明显、不科学。在华麓景区,各功能区用地杂乱分布、互相掺杂、互相影响、互相制约,功能分区尚不明晰。③旅游配套设施缺乏、基础设施建设不完善。华山风景名胜区的客流量持续增加,尤其是十一黄金周游客量大幅攀升,给景区造成了很大的压力。而山下的华麓景区基础设施相对薄弱,旅游配套设施不完善,停车、住宿用地不足,给山下的游客造成了很大不便。④绿地、林地面积较少。保持在 30% 的绿化率比较合理,而作为以山川风景旅游为主的华麓景区,绿化率却相当低。另外,还存在土地浪费、闲置、荒芜、污染现象严重的情况,同时,土地利用比较粗放,没有做到集约利用,土地管理部门管理也不严格(余咪咪,2004)。

6.3.1.2 峨眉山景区土地利用及存在问题

峨眉山地处于四川盆地西南边,乐山市境内,素以"秀甲天下"而闻名于世,同时享有"震旦第一山""峨眉天下秀""雄秀天下"等美誉。20 世纪 80 年代,联合国教科文组织就把峨眉山和乐山大佛一起作为世界自然与文化双遗产列入世界遗产名目中。在 2007 年,国家旅游局将峨眉山景区划入国家 5A 级旅游景区。峨眉山风景秀丽,山势雄伟,气象万千,草木随山势增高而变化,最高峰万佛顶海拔高度 3079 米,同时因其历史悠久,地形特殊,雨量和土壤环境适合动植物生长,使得峨眉山在几千年来保存了众多珍贵的动植物资源。除此之外,峨眉山优美秀丽的自然风景以及与自然环境融合的人工景区也使峨眉山增色添辉。与此同时,因为峨眉山景区面积达到 154 平方千米,包含了大峨山、二峨山、三峨山和四峨山,部分山势险峻,地势复杂,为爱好探险的中外旅游者提供了良好的登山环境(汪明林等,2005)。

峨眉山景区在土地利用方面存在的具体问题表现在:①自然地质灾害。一方面,区内地质条件复杂,岩体易破碎,斜坡较陡峻,比较容易发生滑坡、崩塌等自然地质灾害。另一方面,不合理的旅游开发和过度索取旅游资源,均可引起森林植被的破坏,加剧自然地质灾害的发生,导致生态环境的退化。②用地结构单一化。由于景区都把经济效益放在首位,在用地结构调整方面,往往统一种植一种农作物,导致了景区内农业种植单一化,既使景区土地生态系统更趋脆弱,又不利于农村多种经营发展。另外,单一化的农业用地结构,会导致周边耕地面积缩减(王娴等,2010)。③旅游垃圾问题。一方面由于景区内山高林密,垃圾难以清扫外运。另一方面山下周边地区缺乏消纳垃圾的场地,大量垃圾不能得到有效处理,不仅影响景观,也会污染水土,破坏生态环境。

6.3.1.3 武陵源景区土地利用及存在问题

武陵源景区位于湖南省西北部的武陵山区,张家界市桑植县、永定区(县级)、以及慈利县的交界处,处于亚热带气候区,属于山原型季风湿润气候。其温暖湿润的气候条件为区内动植物的繁衍提供了优越的条件。武陵源风景名胜区由张家界市的张家界森林公园、桑植县的天子山自然保护区、慈利县的索溪峪自然保护区和杨家界新景区 4 部分组合而成。区内有石峰3103 座,形态万千,以"峰奇、谷幽、水秀、林深、洞美"为主要风景特色。另外有长达 2000 米以上的沟谷 32 条,总长 85 平方千米,有大小溪流 800 多条,清澈明静、纤尘不染。有中国最典型的巨大溶洞,现已探明大溶洞、落水洞 40 个,最著名的黄龙洞为整个地区岩溶景观的缩影。境内森林覆盖率为 74.75%,保存着两处原始森林,为我国重要的古老孑遗生物的生长地区。有高等植物 3000 余种,木本植物比整个欧洲拥有的树木种类还多一倍以上。首批列入国家重点保护的珍稀濒危种子植物有 35 种,列为国家重点保护的动物有 40 种之多。

通过研究旅游总收入与各类用地面积之间的关系(见表 6.3),发现在武陵源区耕地、城镇建设用地、林地以及未利用地 4 类用地与旅游总收入呈高度线性相关(李巍等,2009)。揭示了武陵源区旅游经济的高速增长和区域内土地结构变化存在的内在关系,这与武陵源区以旅游产业为主导产业的经济结构是密不可分的。因此通过确定土地利用指标,对区域土地利用规划,分析土地利用过程中的主要问题,实现土地资源的合理开发和利用,既能够保证旅游土地利用失调、基础设施不完善、产业结构不合理、生态退化以及环境污染等问题得到解决,又能够实现旅游经济稳步增长,以期达到旅游区可持续发展的最终目标。

表 6.3 武陵源区各类用地与旅游收入相关系数表

	耕地	园地	林地	城镇建设用地	交通用地	水利设施用地	其他农用地	未利用地
收入	−0.908	0.434	0.831	0.887	0.764	0.597	0.369	−0.903

武陵源景区在土地利用方面存在的具体问题表现在:①农用地投入不足,重开发利用、忽视保护养育,随意改变土地用途现象突出。旅游区内将基础设施和旅游附属设施作为重点投资项目进行建设,而较少关注区内农田基础设施的建设,对农用地疏于管理,甚至出现耕地撂荒现象。此外,还存在擅自建设永久性的建筑物,借开发"生态旅游"之名破坏耕地资源、扰乱土地市场等现象(房静思,2015)。②土地污染严重。随着旅游量的不断增长,餐饮、宾馆服务产生的垃圾、污水等也成倍增加,而污水处理设施的滞后或缺乏造成的环境污染问题,影响土地资源的可持续利用。③景区城镇化、商业化现象突出。锣鼓塔、水绕四门、十里画廊、天子山等地,已由清幽山谷变成了繁华闹市,卡拉 OK 厅、网吧、电游室、烟草专卖楼、金银珠宝店等占据了很大面积,破坏了景区的环境。

6.3.1.4 泰山景区土地利用及存在问题

泰山景区位于山东省泰安市中部,全区土地总面积 336.87 平方千米,主峰顶海拔高度1545 米,气势雄伟磅礴,有"五岳之首""天下第一山"的之称(刘殿成,2008)。自古以来,中国人就崇拜泰山,有"泰山安,四海皆安"的说法。在汉族传统文化中,泰山一直有"五岳独尊"的美誉。泰山宏大的山体上留下了 20 余处古建筑群,2200 余处碑碣石刻。泰山的突出特点是自然景观与人文景观浑然一体,如南天门、普照寺、岱庙等许多古代建筑,都是自然景观与民族文化有机结合的典范,体现了中国古代崇尚自然、"天人合一"的思想,从而形成了泰山自然与人文相互渗透、融为一体的独特的风景景观。泰山把自然和文化独特地结合在一起,并在人与自然的概念上开阔了眼界,是人类重要的自然与文化遗产。

泰山景区在土地利用方面存在的具体问题表现在:①乡村土地的城市化现象。景区内存在着农业用地向城市用地转变的情况,乡村田间道、居民点路被修建成水泥路和现代建筑风格的小洋楼,整个旅游区域遍布城市化的道路、宾馆、休闲场馆,一味追求现代时尚,使景区丧失了原生的田园风光、淳朴的乡间民俗民风,使乡村景观失去了原有的风味。②人为设施过多,造成景观破坏。商店、饭店及旅游服务网点等人为设施和一些人造景观,在线条、形态、质感和色彩上与自然景观格格不入,破坏了景观的整体性和协调性及其美学特征(杨炯,2009)。③人类活动使生态系统功能衰退。由于游人踩踏导致土壤板结、密实度增高、透气性下降等,对植物生长产生不利影响。同时,景区内还存在滥挖药材和偷挖花木等破坏性采集活动,破坏了景区内植被和生态环境。④不适当的开发建设,导致自然景观破坏严重。特别是南天门索道、公路等大规模工程破坏了景观的完整性和环境风貌。另外,景区采石场的开采,也使风景资源破坏严重。

综上所述,国内山岳型旅游区土地利用存在以下几方面的突出问题:

(1)随着各个旅游区不断发展,旅游用地需求与建设用地指标之间矛盾十分突出。近年来,人们对于旅游产品的需求不断增长,各地旅游项目投资也热情高涨,这就导致了旅游用地数量明显增加,众多新型旅游项目的建设需要占用大量土地。但由于受建设用地指标限制,许多旅游项目"有项目、有资金、缺土地、难落实"的现象比较突出,制约了当地旅游项目的开发建设。即使旅游项目经过层层审批获得用地指标,但配套的旅游公共服务设施,如道路、游客集散以及卫生等基础配套设施也因为缺乏用地指标而迟迟不能建设,进而影响旅游综合效益的发挥。

(2)规划滞后,旅游用地乱象环生。山岳型旅游区旅游规划滞后或者规划的可操作性较差,例如许多地方在编制旅游规划时,没有将旅游项目纳入土地利用总体规划,旅游项目难获发展空间。此外,在山岳旅游区土地利用中,由于受利益驱动,随意改变土地用途现象十分突出。这一点首先表现在投资者方面,他们在编制规划时要求安排利润大、见效快的旅游房地产项目和娱乐健身设施,这种不合理的规划必然会产生改变土地用途、挤占耕地的问题(胡晓琴,2008)。在经营中,一些业主在向农村集体经济组织租赁、承包和村民合作联营的方式取得土地后,擅自改变土地用途,硬化地面,建设永久性的建筑物,虚报、瞒报实际的经营内容,借开发"生态旅游"之名进行房地产开发。此外,旅游区乡村土地城市化现象突出,主要表现在农业用地向城市用地的转变,农村建设用地赋予了城市用地的性质(王文静等,2013)。乡村田间道路被硬化成水泥路,农居被改建成具有现代建筑风格的小洋楼,游人很难体会到乡村风味。由于在旅游发展建设中,受城市居民生活习惯、文化氛围等影响,往往在土地利用上忽视了乡村旅游土地利用的特点,追求现代时尚,结果产生乡村土地的城市化现象。乡村土地的城市化带来的后果是:乡村原有的自然景观中更多地增加了人工建筑,有些景区甚至在田野中修建亭台楼阁,似公园而非公园,使乡村景观失去了原有的风味。大面积的修建还会改变地表的覆盖,影响下垫面,从而改变小气候。游客到此如同到了公园,不可能有赏乡村景观,住农家小屋的感觉(张兆福等,2008)。

(3)旅游区为追求经济利益,重视开发利用,忽视对农用地的保护。从旅游开发建设来看,基础设施和旅游附属设施的建设一般被作为重点投资项目进行建设,而对农田基础设施重视不够,投入严重不足。特别是受利益驱动,把目光都投向餐饮和住宿服务上,改建住房,增加经营场所,第三产业逐渐取代第一产业,对农用地轻于管理,甚至出现耕地的撂荒现象(刘云,2013)。另外,调整用地结构是旅游发展中的土地利用措施,通过调整用地结构形成土地的规模利用,为产业化经营创造条件,也为旅游活动项目提供资源。但是过于追求旅游效应,在用地结构调整方面,往往导致农业种植的单一化,如统一种植一种农作物,大面积发展果园等。不管山上山下、房前屋后、路边沟边,凡是能够栽植的地方都种上同一种作物,名为规模化效应,实则导致用地结构的单一化。结果使乡村土地生态系统更趋脆弱,不利于农村多种经营发展。另外,单一化的农业用地结构,会导致耕地面积的减少。

(4)土地流转与农户权益保护问题。旅游作为一种综合性的产业,在其开发过程中,必然涉及农户土地的征用和流转。但是目前我国农村土地市场的不健全和农村土地征用制度的不完善,土地流转仍处于分散和无序状态。有些集体组织在土地征用中,忽视承包农户土地收益主体地位,截留、挪用农村土地收益,与民争利,甚至有些地方乡镇政府和村级组织随意变更、撤消农户的承包合同,集中土地搞对外招商,蔑视农民对土地的使用权,极大地损害了农民的利益,挫伤了农民参与旅游的积极性。

6.3.2 对蒙山旅游区土地优化利用的启示

经过以上分析,蒙山旅游区土地利用效益和集约利用程度总体上低于相关旅游区。蒙山旅游区整体上处于加速发展阶段,区域比较优势正在聚集,发展潜能空前释放,产业结构升级和空间布局优化是这一时期的关键任务。随着人口非农就业机会的不断增加,农村人口向城镇的转移将持续增长,旅游业的快速推进也是建设用地规模扩张的重要驱动力;蒙山旅游区的旅游业发展路径,将由传统的依靠大量资源和资本投入的外延式增长,逐步转变为依靠人力资本、技术创新和效率提高来支持经济发展的内涵式增长。这一产业转型发展的新趋势,也为土地利用结构与布局优化带来新要求,在很大程度上将改变蒙山旅游区建设用地的需求发展态势,集约节约利用成为市场经济条件下优化建设用地配置的总体战略(张长凤,2011)。鉴于蒙山旅游区建设用地利用效率低下、布局不合理等现实问题,在未来10年应着力进行耕地保护与建设占用、生态用地以及区域建设用地配置的优化,并探索不同利益主体博弈下的土地均衡利用,以适应蒙山旅游区快速发展的现实需求。

在自然地理条件的综合作用下,蒙山旅游区形成了现代服务业集聚区、高效生态农业示范区、生态工业发展集聚区和山地丘陵生态保育区等功能迥异的地域类型区。基于新的国家政策和区域发展形势,如何有效保护优质耕地资源、满足旺盛的建设用地需求、维持良好的生态环境,使各土地利用类型维持一个合理结构;同时,在空间上使各类型土地与区域自然地理条件、比较优势相吻合,协调人口与资源环境的关系,实施差异化的土地开发与配置,是蒙山旅游区土地利用战略研究中亟需解决的首要问题(张衍毓等,2010)。

(1)强化土地生态建设

土地生态建设是保障土地资源可持续利用的重要环节,对改善土地利用和人类生存环境有着重要作用。结合蒙山管委会实际,土地生态建设“要坚持突出重点,以点带面、点面结合”的指导思想,贯彻田、水、路、林、村统一规划、综合治理的土地利用方针。以平整土地、综合整治农村居民点及道路、完善水利设施、大力推进沟渠路旁植树种草,实现农田林网化等为主要措施,同时,积极施行农业"沃土计划",改良土壤,培肥地力,提高土地生产能力。加强社区生态建设。社区土地是人们居住生活和工作的主要场所,也是蒙山管委会的政治、文化和经济中心。社区土地要按总体规划要求,在重点进行旧村庄改造的同时,积极推进生态建设,搞好植树绿化,增加绿地面积,隔离有害气体和噪声,疏通排污沟渠,进行污水治理和垃圾处理,建设公厕,改善卫生状况,为人们生产和生活创造良好的生态环境条件。

(2)严格保护耕地

按照发展现代农业、巩固和加强农业基础地位的要求,严格落实土地利用总体规划确定的耕地保有量目标。认真落实保护耕地的基本国策,从源头上严格控制非农建设对耕地的占用,对确需占用的,必须按照数量质量相当的原则履行占补平衡义务。

(3)控制建设用地扩张

农村居民点发展以挖潜为主,适度增加中心村规模。要控制现有农村居民点外延发展,通过迁村并点等整理措施,使规模较小的行政村向中心村和镇区集中。按照合理布局、经济可行、控制时序的原则,统筹协调各类交通、水利等基础设施用地。

6.4 蒙山旅游区土地承载力分析

6.4.1 土地利用系统及要素构成

6.4.1.1 土地利用系统的要素组成

土地利用系统是土地和土地使用者人相互作用的综合体,由土地利用方式和土地单元组成(李彬等,2012)。土地利用方式是特定时空下土地利用的社会、经济、技术等条件影响的结果(席建超等,2013);土地单元是土地评价和研究的基本单位,在不同的研究尺度下需要划分大小不同的单元,但每个单元的土地质量或土地特性具有相对的一致性,这种相似性受气候、地形、土壤、植被等自然因素的约束(程飞等,2013)。因此,可将土地利用系统组成要素划分为自然生态和经济社会要素,自然、经济、社会各要素之间相互作用、相互影响、相互制约,并呈现出复杂的时空过程,促使土地利用系统的状态演变。

1. 自然生态要素

自然生态要素是土地利用系统存在的基础,主要包括土壤要素、气候要素、地形要素、水文要素以及植被要素等,各种自然生态要素的不同组合状况影响土地利用方式的选择及土地利用状态,决定了土地利用的适宜性,从而决定了土地利用的价值体现和功能导向。土壤要素、气候要素、水资源要素、立地条件,以及植被覆盖等的不同组合构成了特定的土地利用系统的自然生态基础,要素之间的耦合状态决定了土地系统的承载能力(花晓波等,2013)。

2. 经济要素

从经济学的观点出发,土地使用价值的体现是土地利用的最终目的,土地产出一定要大于投入,在市场机制的作用下,人们追求土地利用经济利益的最大化(曾振中等,2010)。经济增长对土地利用系统可持续性的影响具有两面性。一方面,经济的增长直接导致建设用地规模的扩大和土地需求的增长,但由于土地供给的有限性而导致土地资源紧缺,过度垦殖和耕地面积的锐减已带来了严重的环境和社会问题,造成土地利用的不可持续;另一方面,经济的发展增强了人类改造和利用土地的物质基础和资金来源,为提高土地利用的集约化程度提供了可能(段景艳,2013)。

技术进步促进了人类土地利用能力的提高,为增强土地利用系统的可持续性提供可能。在科技逐步发展的情况下,土地报酬递减曲线不断上移(图6.10),技术的进步改变了投入可行合理区,改造土地利用系统的结构和功能,使系统的输出能力从 $Y_1 \rightarrow Y_2 \rightarrow Y_3$。

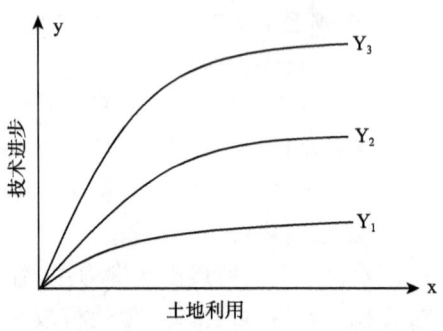

图 6.10 技术进步与土地利用

3. 社会要素

人口、国家政策、行政区划、管理体制、文化教育以及土地的所有权、使用权、转让权等社会因素对实现土地可持续利用具有重要意义,其中关键因素有人口数量与质量、政府协调以及公众干预等。

人口数量的增加在不同地区对土地利用可持续性的影响各有不同,在人地关系缓和的地域,人口的增加有利于提高土地开发利用程度,但随着人口的增加,该地区人地关系会变得逐渐紧张,因此人口增加将成为该地区实现土地利用可持续性最大的障碍;另外,人口素质的提高和普及技术创新措施对于人们对土地利用可持续性的理解将起到积极作用。

公众干预是实现土地利用可持续性的重要措施,公众干预一方面表现在根据不同地区的风俗习惯、教育制度以及当时的国家政策,选择适宜的土地利用方式;另一方面表现在市场不能保护土地资源时的补救措施,在利益驱动下,市场竞争的结果往往不能起到保护土地资源的作用,公众干预通过对社会适宜性土地利用方式的资金补偿、税收减免或技术支持的方式,使土地利用可持续性的综合目标得以实现。

6.4.1.2 土地利用系统的可持续性目标

土地利用系统的优化调控可以概括为三个方面:系统结构优化、抗逆调节能力强、系统产出最大(刘彦随,2009)。可持续发展已经成为当今世界发展的主题,土地资源的可持续利用是土地利用系统优化调控的最终目标。土地可持续利用的实质是土地生产力的持续增长和稳定性,保证土地资源潜力和防止土地退化,并具有良好的经济效益和社会效益,即达到生态合理性、经济有效性和社会可接受性(傅伯杰,1997)。不同层次的土地利用系统的土地可持续性目标也不尽相同,城市土地利用系统的可持续性的目标为增强土地人口的承载能力、适时更新和完善城市职能、提高城市土地集约利用程度以及创造良好人居环境等(王秀丽等,2013);而农业土地利用系统的可持续性目标是要低投入、高产出、高品质以及农业生产的多样性等。就土地利用系统整体而言,其可持续性目标可以概括为经济可行性、社会可接受性和生态安全性三个方面:

经济可行是指人类合理利用土地资源以获得经济的发展。在土地资源稀缺的背景下,提高经济效益和土地利用效率是土地利用系统可持续发展的基本要求,也是人类发展的基本标志。土地利用系统的可持续性与经济健康发展是相辅相成的,因此土地可持续利用要求土地的经济供给合理有效、切实可行,建立在合理的就业结构、产业结构以及适当的消费结构之上,在现有土地供给的基础上进行集约化经营,增强土地的生产性功能,挖潜土地利用潜力空间,着力提高土地利用效率与经济效益。

社会可接受是土地利用活动开展的前提。第一,土地利用系统必须保证一定的人口承载和食物安全保障能力,以满足区域人口增长和提高生活水平的需求,进而保障国家和社会安全(李旭东,2013);第二,土地利用政策的实施、土地产权制度的改革以及耕地保护与生态建设等必须建立在社会可接受的基础之上;第三,土地利用规划方案和土地利用方式的选择必须以一定科技水平为支撑。

土地自然生态系统必须保持相对稳定的结构和功能才能持续不断的进行自然再生产,土地可持续利用的生态安全性是指在一定时空范围内,区域土地利用的生态环境条件以及所面临生态环境问题不会对土地利用系统的结构和功能的稳定性造成威胁,同时土地利用系统的功能可以满足区域可持续发展的要求。土地利用的生态安全问题主要有环境污染、水土流失、植被退化以及生物多样性减少等,造成这些生态问题的主要原因是不合理的土地利用方式作用在特定地块单元,土地利用生态安全要求土地利用活动要在土地承载能力和环境容量之内(崔凤军等,1998)。

6.4.2 蒙山旅游区土地承载力评价指标体系构建

6.4.2.1 土地承载力综合指标体系研究现状

有关土地综合承载力评价的指标体系目前研究较多,主要有以下几类观点:齐亚彬根据资源承载力的各类定义(齐亚彬,2004),提出新的国土资源广义承载力概念,并构建了广义的国土资源承载力评价指标体系(表6.4),涉及到土地、水、矿产和海洋资源,比较全面,该指标体系在天津地区得到了很好的实践检验,总体来看该体系中数量化指标、绝对性指标偏多,相对性指标较少。

表 6.4 基于广义承载力概念构建的天津市国土资源安全评价指标体系

准则层	指标层	准则层	指标层
自然资源指标	人均水资源量	环境资源指标	空气中 SO_2 含量浓度
	万元 GDP 耗水量		空气中可吸入颗粒含量浓度
	人均土地面积		空气达标指数
	建筑容积率		地表水达标级别
	人均近海海域面积		污水处理率
	万元 GDP 耗能		工业固定废物综合利用率
社会资源指标	城镇居民年人均可支配收入		绿化覆盖率
	农村居民年人均纯收入		近海海水污染率
	恩格尔系数	经济资源指标	GDP 年增长率
	人口自然增长率		人均 GDP

王书华以东部沿海地区为例,构建了区域土地承载力综合评价指标体系(表6.5),最后将该区土地承载力划分为低承载力、中等承载力区和高承载力区3种类型区,分别代表土地承

载力演替从低层次的均衡发展阶段到较高层次的不均衡发展阶段到高层次的系统协调均衡发展阶段(王书华等,2001)。该指标体系分类比较详细,对各类指标的具体类型也作出了规定,便于实际评价中正向指标和逆向指标的标准化处理。从指标体系构建也看出,综合评价中自然承载系统指标偏多,而对经济承载系统的描述相对偏少,以第一产业的为主,而以二、三产业为主的经济承载指标没有凸显出来。

表6.5 东部沿海地区土地综合承载力评价指标体系

准则层		指标层
自然承载系统	土地利用指数	土地利用率
		农用地比率
		土地利用程度指数
		人均耕地
	水土协调指数	25°以下耕地比重
		灌溉面积占耕地比例
		耕地公顷水资源
		人均水资源
	生态指数	水土协调度
		人均林地
自然承载系统	污染治理指数	土地污染程度指数
		盐碱化程度
		高产田比例
		工业污水治理率
		自然灾害减灾率
经济承载系统	集约度指数	劳动力集约度
		资金集约度
		化肥集约度
		机械化程度
		电力集约度
		农田水利化程度
	效益指数	复种指数
		GDP年增长率
		工业总资产贡献率
		经济密度
		粮食单产
社会承载系统	人口指数	人口密度
		非农人口比例
		大专以上文化程度人口比例
	发展指数	人口就业率
		科技教育投入占GDP比重

曹月娥以新疆为研究区域(曹月娥,2008),在充分分析该地区自然、经济和社会承载系统影响因子的基础上,考虑区域的开放性和土地对社会经济发展的可支持程度,构建了三级指标层(表6.6),为新疆提高土地综合承载力提供了重要的参考依据,为其它类似地区的土地承载力研究提供了重要的参考。

表 6.6 新疆地区土地综合承载力评价指标体系

准则层	一级指标层	二级指标层
经济系统指标	经济发展指标	人均 GDP
		第三产业比重
		能源利用效益
		人均进出口贸易额
		货物周转量
		旅客周转量
		区位效益
		投资效益
经济系统指标	经济效益指标	资金利税率
		劳动生产率
		土地经济效益
社会系统指标	人口发展指标	人口自然增长率
		每百人拥有大学生数
	生活质量指标	职工平均货币工资
		农民人均纯收入
		人均粮食占有量
		人均肉品占有量
		人均社会消费品零售总额
		电话普及率
		生活废水处理率
		每千人拥有医生数
自然系统指标	资源利用指标	人均耕地面积
		人均林地面积
		人均水资源量
		人均新增耕地
	环境指标	城市绿化覆盖率
		干燥度

崔凤军等(1998)从旅游地居民的心理容量及其"游客规模—心理感应"的响应关系,把旅游地承载力指数(Tourism Bearing Capacity Index)界定为"在不对旅游地社会经济、自然环境、公共设施产生不利影响的前提下,某一旅游区所能承纳的旅游活动强度"。分别选取社会文化环境因子—游客密度指数、社会经济环境因子—旅游经济收益指数以及生态环境因子—土地利用强度指数三个方面对旅游区土地承载力进行评价。游客密度指数是游客人数与当地

居民人数的比值。主要表现随着游客密度的不断增大对当地居民的社会文化冲击也越大,但发生程度和范围是不同的,在不同的旅游区内这种社会文化影响力也是不同的。旅游经济收益指数为当旅游地居民和政府的旅游经济收益(等于收入减去漏损)达到某一临界值时所容纳的游客人数。土地利用强度指数表现了旅游区内的旅游用地面积越大,旅游活动规模空间越大,居民用地越少。当居民用地面积缩小到一定极限,会导致当地居民(包括旅游从业人员与非从业人员)的心理抗拒,生活秩序被打乱,导致紧张、焦虑和沮丧,降低了生活环境质量。

6.4.2.3 指标体系构建

为了从不同层面全面反映土地综合承载力,更好地明确区域土地资源安全状态。本研究在现有研究的基础上,结合蒙山旅游区的地理位置特性,通过专家建议和筛选,并根据相关性分析结果,选择了15个具体指标,建立了基于土地综合承载力的区域土地资源安全评价指标体系(表6.7)。为了能够从定量的角度对自然、经济与社会系统之间复杂的相关性进行研究,区域单元的选取与经济统计数据的单元一致。在构建土地综合承载力评价指标体系过程中,充分考虑了耕地、建设用地和生态用地三大承载力,在自然承载系统指标、经济承载系统指标和社会承载系统指标体系构建过程中,都通过多个指标或相关指标来反映。在指标赋权的过程中,还要为体现这些承载力的相关指标赋予更大的权重。土地综合承载力指标体系涉及人口、经济、资源、环境、交通以及社会等各个方面,因此在指标组合上注重运用综合指标和相对指标,以增加土地综合承载力指标体系包含的信息量,从而更准确地测度区域土地安全程度。具体的指标还须结合研究区域实际情况以及数据的可获取性作出判断。

表 6.7 蒙山旅游区土地承载力评价指标体系

准则层	指标层	指标含义
土地自然承载力	土地利用率	已利用土地面积/土地总面积
	土地利用结构多样性指数	区域各种土地的齐全程度
	人均耕地面积	区域耕地面积/区域总人口
	耕地压力指数	最小人均耕地面积/实际人均耕地面积
	人均林地	区域林地面积/区域总人口
土地经济承载力	人均GDP	GDP值/区域总人口
	GDP年增长率	当年GDP值/前一年GDP值(按可比价)
	第三产业增加值占GDP比重	第三产业增加值/GDP值
	单位建设用地二、三产业产值	二、三产业产值/区域建设用地面积
	农民人均纯收入	可从统计年鉴直接查得
土地社会承载力	人口密度	区域年内平均人口/区域总面积
	人口自然增长率	可从统计年鉴直接查得
	人均粮食占有量	区域粮食总产量/区域人口
	游居比	游客人数/区域人口
	土地利用强度	旅游用地面积/居民用地面积

土地利用结构多样性指数—该指标分析区域内各种土地的齐全程度或多样化状况。本文采用吉布斯—马丁(Gibbs—Mirtin)多样化指数来度量,其模型为:

$$GM = 1 - \sum f_i^2 \Big/ \left(\sum f_i\right)^2 \qquad (6-4)$$

式中:GM 为多样性指数;f_i 为第 i 种土地利用类型的面积。若某一地区只有一种土地类型,则多样化指数为 0;若土地均匀地分布在各种类型中,则多样化指数为 1。因此,可用 GM 分析某地区土地类型的齐全程度。

耕地压力指数—最小人均耕地面积与实际人均耕地面积之比。最小人均耕地面积是指在一定区域范围内,在一定食物自给水平和耕地生产力条件下,满足每个人正常生活的食物消费所需的耕地面积。最小人均耕地面积是食物自给率、食物消费水平、耕地生产力等因子的函数,是为保障一定区域食物安全而需保护的耕地数量底线,该指数可以衡量一个地区耕地资源的稀缺和冲突程度,给出了耕地保护的阈值,可作为耕地保护的调控指标。

$$S_{\min} = \beta \frac{G_r}{15Pqk} \qquad (6-5)$$

式中:$S_{\min}$ 为最小人均耕地面积(公顷/人);β 为自给率(%);G_r 为人均实物需求量(千克/人);P 为食物单产(千克/千米^2);q 为食物播种面积占总播种面积之比(%);k 为复种指数(%),一年中各个季节的实际播种面积除以耕地面积求得。

最小人均耕地面积在时间和空间上都是动态的,投入增加和科技进步提高了耕地生产力,最小人均耕地面积会不断减小,土地集约利用的历史证实了这个规律。我国广大的地域和显著的地区差异决定它在各地有别。根据相关研究,得出三大地带最小人均耕地面积在不同粮食消费水平时不同:粮食消费水平在 300 千克/人时,东、中、西部分别为 0.9602,0.6514,0.9452;粮食消费水平在 400 千克/人时,东、中、西部分别为 1.2802,0.9085,1.2642(蔡运龙等,2002)。

6.4.3 蒙山旅游区土地承载力状态分析

6.4.3.1 指标标准化及权重确定

首先确定阈值(标准值),对于具体指标阈值的确定,可以借鉴美国斯坦福大学社会学家英克尔斯教授提出的现代化 10 项标准(高德三等,1997)、联合国社会发展研究所 1970 年提出的按贫富区分的社会指标体系 21 项国际标准(吴寒光,1995),以及其他专项国际标准,同时参考我国国家统计局提出的小康社会指标和国家一级环境质量标准,综合分析确定了评估体系中各单项指标的阈值(或目标值)。为各个指标的类型确定以及具体标准化的选用作参考,这里值得一提的是,由于阈值是会随着社会、经济发展情况变化而变化,因此阈值的确定只在一定时段内具有意义,本研究中标志值的确定主要限制在"十二五"时段以内。

对于不同指标的标准化方法一般不同,极差法和极值法是目前运用较多的两种方法。这两种方法对原始数据的数量及分布无要求,转化后的数据多在 0~1 区间,便于进一步处理。极值法主要是通过制定评价标准或称阈值,进而进行标准化。其中阈值的确定直接影响到评价的可操作性与结果的可靠性,一般情况下选取一组值当中的最大值或者最小值。标准化的公式有：

（1）正向型指标

$$y = \frac{x}{x_{\max}} \tag{6-6}$$

（2）逆向型指标

$$y = \frac{x_{\min}}{x} \tag{6-7}$$

（3）最佳值型指标

$$y = \begin{cases} \dfrac{x}{x_b} & x < x_b \\[2mm] \dfrac{x_b}{x} & x > x_b \end{cases} \tag{6-8}$$

（4）区间型指标

$$y = \begin{cases} \dfrac{x}{b_1} & x < b_1 \\[2mm] 1 & b_1 \leqslant x \leqslant b_2 \\[2mm] \dfrac{b_2}{x} & x > b_2 \end{cases} \tag{6-9}$$

专题研究中选择的指标分为定性指标和定量指标两种,两种指标的量化方法本质上是一样的。具体来说,定量指标可以直接用指标实际值和阈值相比较得到标准化值,定性指标则需先选取相关的国家标准或征求专家意见,对评价指标按其优劣程度进行分级赋分处理,然后用该分值与甄选出来的指标标准值相比较,得到标准化值。在确定具体指标的类型以及标志值后,可以选取相应的标准化方法。本文选用极值法进行标准化处理,最终结果如下(表6.8)。

表6.8　蒙山旅游区土地承载力指标体系因子类型及标准化分值确定

指标名称	指标单位	指标类型	目标值	标准化分值
土地利用率	%	正向型	100%	0.91912
土地利用结构多样性指数	—	正向型	1	0.75689
人均耕地面积	公顷/人	区间型	0.0533～0.0853	0.81004
耕地压力指数	—	逆向型	最大值1	0.75041
人均林地	公顷/人	正向型	0.1784	0.99468
人均GDP	万元/人	正向型	10.1	0.42574
GDP年增长率	%	正向型	13%	0.86666
第三产业增加值占GDP比重	%	正向型	55%	0.86503
单位建设用地二、三产业产值	万元/千米²	正向型	332.9298	0.31264
农民人均纯收入	万元/人	正向型	1.5	0.66667
人口密度	人/千米²	正向型	358.6	0.68195
自然增长率	‰	最佳值型	5‰	0.55556

续表

指标名称	指标单位	指标类型	目标值	标准化分值
人均粮食占有量	千克/人	正向型	大于1000	0.81623
游居比	—	最佳值型	0.67	0.18979
土地利用强度	—	最佳值型	0.33	0.21702

指标权重确定主要涉及到准则层和因素层,对于各项评价指标的权重,目前主要有特尔菲法(Delphi)、层次分析法(AHP)、回归分析法和灰色关联度法,各类方法特点各异。层次分析法就是由德尔菲法派生而来的。相比较而言,层次分析法计算比较复杂,但也正是由于采用了相对复杂的计算方式,有助于决策人员能够保持其思维过程和决策原则的一致性,对于因素复杂的系统,往往能够得到比较满意的结果。因此,本研究采用层次分析法确定蒙山旅游区土地承载力评价指标的权重(表6.9)。

表 6.9 蒙山旅游区土地承载力评价指标权重

土地利用率	土地利用结构多样性指数	人均耕地面积	耕地压力指数	人均林地
0.18437	0.24786	0.18814	0.20125	0.17836
人均GDP	第三产业增加值占GDP比重	单位建设用地二、三产业产值	农民人均纯收入	人口密度
0.20871	0.20776	0.20587	0.17872	0.18698
人口自然增长率	GDP增长率	人均粮食占有量	游居比	土地利用强度
0.20299	0.19891	0.21057	0.21945	0.18213

6.4.3.2 综合评价分值确定

现有关于土地安全水平研究的结果基本是关于土地生态安全的,有关土地安全水平也主要是土地生态安全的水平,在此可以借鉴土地生态安全研究结果,作为土地综合安全的参考(表6.10)。

表 6.10 不同级别的土地安全水平

安全值区间	>0.8	(0.6,0.8]	(0.4,0.6]	≤0.4
安全程度	高度安全	基本安全	初步安全	不安全

由于不同地区的承载值与土地安全水平、人民生活水平可能存在一定差异,没有统一的标准。本研究根据蒙山旅游区的实际特征划分土地安全水平级别,更具有针对性。本研究将制定相关标准的时段限定在2012—2020年。借鉴关于区域自然、经济和社会承载力理想状态的既有研究成果(蔡成凤,2007),最终将蒙山旅游区土地资源安全所对应的承载力等级划分为五级(表6.11)。

表 6.11　土地综合承载力指数与土地安全水平对照

综合承载指数值	生活水平	土地资源安全水平
＞0.9	现代化	很安全
0.8～0.9	富裕	安全
0.6～0.8	小康	较安全
0.4～0.6	一般	弱安全
＜0.4	温饱	不安全

加法模型中,综合运算采用"和"的方式,每项指标之间或直接相加,或以一定的权重加。基本模型为:

$$p = \sum P_i \times W_i \tag{6-10}$$

式中:p 为综合评价值;P_i 为单项指标量化值;W_i 为单项指标权重。

根据加法原理,结合前面已经计算出的分值,确定蒙山旅游区土地承载力综合指数为 0.6566,处于较安全状态。

6.4.3.3　蒙山旅游区土地承载力态势分析

对照前面确定的土地资源安全等级可以看出:蒙山旅游区土地自然系统承载力处于安全状态,土地经济承载力处于较安全状态,土地社会承载力处于弱安全状态,土地综合承载力属于较安全状态,人民生活处于小康水平。自然系统处于安全状态表明蒙山旅游区自然资源条件优越,尚存在一定的发展潜力,可以采取土地开发策略,加快招商引资步伐,加大资源开发力度,培育产业综合发展能力,寻求当前承载能力下的社会经济发展目标的最大化。经济系统处于较安全状态,要求在发展的同时,也应注意不能把土地经济安全度的提高建立在降低资源环境安全度的基础上。并且经济发展与资源环境保护之间不是相悖的,相反,经济的良性发展往往能促进资源环境的保护工作。由表 6.12 可以看出,当前影响蒙山旅游区土地承载力最关键的因素是社会因素,对未来发展约束力很大。通过土地利用强度指标分析可以得知,蒙山旅游区旅游用地面积过小,而居民用地面积过大。相比旅游业较发达的云南省旅游用地面积约占居民用地面积的 1/3,而蒙山旅游区旅游用地面积只占居民用地面积的不到十分之一,存在很大差距。土地利用强度已经成为制约蒙山旅游区旅游发展的重要因素,也说明具有极大挖掘潜力。

6.4.4　蒙山旅游区土地承载力限制性因子诊断

在对全区土地资源安全现状水平进行评价后,更重要的是在于寻找土地安全的障碍因素,以便有针对性地对全区现行土地利用行为与政策进行调整。因此,需进一步对土地安全进行病理诊断。本专题引入"因子贡献度""指标偏离度"和"障碍度"三个概念(曲衍波等,2014)。因子贡献度 R_i 是单项因素对总体目标的影响程度;指标偏离度是单项指标与土地安全目标之间的差距,即单项指标因素安全度评估值与 100% 之差;障碍度是单项因素对土地综合安全水平的影响值,它是障碍诊断的目标和结果。具体计算公式如下:

$$R_i = r_i \times W_i \qquad (6\text{-}11)$$

$$D_i = 1 - B_i \qquad (6\text{-}12)$$

$$A_i = D_i \times R_i \Big/ \sum\nolimits_{i=1}^{n} (D_i \times R_i) \times 10 \qquad (6\text{-}13)$$

式中：r_i 为第 i 项单项因素权重；W_i 为第 i 项单项因素所属子目标权重；B_i 为第 i 项单项因素评估值。

由 A_i 大小排序可以确定区域土地资源安全障碍因素的主次关系和各障碍因素对土地安全的影响程度。由上述公式可以得出蒙山旅游区土地安全各指标的障碍度值，并将各因子障碍值大小排序，确定蒙山旅游区土地安全障碍因子顺序（表 6.12）。

表 6.12　基于土地承载力的蒙山旅游区土地安全指标体系指标障碍度值及顺序

指标层因子	顺序	障碍度分值	指标层因子	顺序	障碍度分值
土地利用结构多样性指数	1	12.3604	人均粮食占有量	9	9.8245
游居比	2	11.7387	人均耕地面积	10	9.789
单位建设用地二、三产业产值	3	11.4181	GDP 增长率	11	9.7586
人均 GDP	4	11.2727	土地利用率	12	9.3995
耕地压力指数	5	10.4881	农民人均纯收入	13	9.3322
人口自然增长率	6	10.1466	人口密度	14	9.1911
第三产业增加值占 GDP 比重	7	10.1024	人均林地	15	9.0062
土地利用强度	8	9.8557	—	—	—

从限制性因子情况来看，土地安全主要的障碍性因子：土地利用结构多样性指数、游居比、单位建设用地二、三产业产值、人均 GDP。这 4 个因子障碍度均大于 11。土地利用结构多样性指数则表明蒙山旅游区虽然土地资源类型比较丰富，但在已利用土地当中，林地和耕地是主要地类，面积较大。由于未利用地的开发利用难度相对比较大，因此全区范围内土地自然力利用类土地占的比重较大，在一定程度上限制了全区经济的发展，因此对非自然生产力利用类的土地资源的利用提出了更高的要求，同时对于自然力与经济力相互交织的土地利用类也提出了利用多样化的要求；游居比是最佳值型因子，限制性因素较高说明蒙山旅游区游客人数在旅游区可承受范围内需要大力发展旅游业，打造旅游品牌吸引游客观光旅游，增加旅游收入促进经济发展；人均 GDP 反映了蒙山旅游区经济发展水平偏低；单位建设用地二、三产业产值在障碍性因素中排第三，说明区内建设用地的集约化利用程度较低，蒙山旅游区正面临着从粗放型经济到集约型经济转型的关键时期，在保证耕地面积不减少的情况下提高建设用地集约利用水平已成为重中之重。

通过上文已得知，建设用地中村庄占总面积的 68.25%，因此如何实现村庄的集约利用成为促进区内经济发展提高人民生活水平的重要抓手。根据蒙山旅游区土地利用总体规划要求村庄应坚持统一规划、集中建设的原则，通过村庄整合、改造，适度扩大中心村规模，控制一般村规模，逐步缩并自然村，促进农村人口向中心城区和中心村集中。将中心村建设成为具有地方特色、环境优美、布局合理、基础设施和服务设施完善的现代化农村新型社区。规划期内，农村居民点规模控制在 1376.86 公顷以内。此外还应结合区内旅游业的发展，加快乡村旅游发展,丰富旅游业态,围绕"山野田园,魅力蒙山"的主体形象,打造特色鲜明的"5"大乡村旅游品牌。大力发展体现地方特色、融合地域文化的餐饮产业,加快推广"农家乐"等新兴旅游休闲形式,打造具有品牌特色和文化特色的餐饮集聚区。依托旅游产业链条和蒙山得天独厚的自然条件,放大生态资源环境优势,着力培植和发展健康养老产业,形成品牌效应;引进国内高校及社会科研机构,设立健康教育及培训中心、健康养生科研基地;打造养生养老产业基地;推进一批健康产业重大项目,如鲁华国际养老养生基地项目、蒙山齐鲁文化园项目等。总之,在现有条件下着重从内部结构优化利用出发,在已有利用类型的基础之上提高数量,增强质量,增加二、三产业产值促进经济发展,提高人民生活水平。

6.5　蒙山旅游区土地利用总体目标与功能定位

6.5.1　土地利用面临的机遇和挑战

6.5.1.1　土地利用面临的机遇

（1）沂蒙山旅游区荣膺 5 A 级旅游景区,将为加快旅游区产业发展提供难得契机。沂蒙山旅游区被国家旅游景区质量等级评定委员会正式批准为国家 5 A 级旅游景区,成为山东省第 9 个国家 5 A 级旅游景区。5 A 级旅游景区的成功创建,将为蒙山旅游区未来产业发展、基础设施建设、空间规划与管制、体制机制创新等提供引领指导,也为进一步巩固提升旅游区生态品牌提供优质载体,能够对现代农业、健康养老产业以及文化旅游相关产业产生重要的辐射带动作用。

（2）宏观政策环境的不断改善,将为加快旅游区产业发展提供制度保障。随着国家、山东省和临沂市关于现代农业和服务业发展政策体系的不断完善,旅游区产业发展的制度环境更为优化。十八届三中全会以来,重点领域改革相继启动实施,产业发展的制度瓶颈不断突破,营商环境持续改善,对于旅游区发挥"后发"优势、高起点谋划产业发展、积极扩大开放合作、实现国民经济跨越式发展将发挥重要的推动作用。十八届三中全会提出将从战略层面进一步深化生态文明建设理念,自然资源产权制度和用途管制制度、资源有偿使用制度和生态补偿制度等的逐步健全完善,对旅游区建设的转移支付效应和生态产业发展的制度优化效应将更加显现。

（3）生态资源的稀缺性和消费结构的优化升级,将为加快旅游区产业发展提供广阔空间。随着社会生态理念的增强和生态产品需求的加大,优美的自然环境和良好的生态品牌将为区域经济发展注入新的活力。目前,区域经济一体化深入推进,现代综合交通体系逐步完善,蒙山旅游区在山东省乃至整个北方地区的生态优势将更为凸显,生态资源转化为生态资本的条件更加便利,有机农业、生态旅游、休闲健康产业、文化产业等将成为未来经济发展的重要增长点。

（4）区域政策叠加效应的逐步显现,将为加快旅游区产业发展提供全新动力。全区"一核、一环、多点"区域发展格局已经确定,重点区域带动整体土地利用优化深入实施。蒙山旅游区属于西部隆起带规划范围,将在产业升级、基础设施、重大项目、科技创新、人力资源、新型城镇化、县域经济、改革开放、生态文明建设等领域享受政策倾斜。国家更加重视沂蒙革命老区发展,在政策优惠、资金投入、设施建设等方面批准参照执行中部地区有关政策,近期 2014 年山东省关于沂蒙革命老区加快发展的一系列政策措施也将出台到位。各层次政策叠加效应的持续释放,将为旅游区产业发展提供前所未有的政策环境。

6.5.1.2 土地利用面临的挑战

1. 景点土地规划与旅游规划不协调

从现有的土地利用规划体系来看,一般都只重视农业用地、工业用地、居民点用地、交通用地、一般水域及建设用地的规划,没有针对旅游用地需求的专门旅游用地规划。旅游用地规划很少出现在土地利用规划中,最多也仅是提到而已,而蒙山旅游区是以旅游为支柱产业带动周边产业联动发展,现有土地利用规划体系已经不符合蒙山旅游区的发展要求。

2. 土地生态保护压力大

一方面在开发利用土地资源的过程中,产生了许多人为的破坏,如开挖山体、占用耕地建设旅游设施、在生态保护区修建不协调的旅游景观等(侯满平等,2007)。另一方面,随着游客人数的不断增加和农业生产过程中一些不当的土地利用方式也增加了土地生态压力。

3. 建设用地的供给压力大

随着蒙山旅游区旅游产业不断做大,重点项目建设以及配套设施的完善都将带来巨大的用地需求,面临生态保护和耕地保护双重任务的蒙山旅游区用于新增建设用地的土地资源有限,建设用地的供给将面临较大的压力。

6.5.2 土地利用总体指导方针

土地利用总体规划是城乡建设、土地管理的纲领性文件,是落实土地用途管制制度的重要依据,是实现最严格的土地管理制度的一项基本手段。结合蒙山旅游区土地资源特点、利用现状、存在问题和开发潜力,确定蒙山旅游区土地利用的总体指导方针:

(1)土地利用要坚持以人为本,树立全面、协调、可持续的科学发展观,实现土地利用与统筹区域、统筹城乡发展的全面进步;

(2)土地利用要认真贯彻执行"十分珍惜、合理利用土地和切实保护耕地"的基本国策,严格保护耕地特别是基本农田,重点控制建设用地,切实落实土地管理制度,积极推进土地管理体制改革;

(3)土地利用要贯彻执行"一要吃饭、二要建设、三要保护"的方针及国家产业政策。在非农业建设用地中,优先考虑水利、交通及其他重点建设项目用地。严格控制城镇村居民点用地规模,城镇建设用地要与盘活存量闲置建设用地相结合,农村居民点要注重整理挖潜。

(4)土地开发充分体现"生态化、集约化、高产值"的基本原则。大力推进节约和集约用地,充分挖掘用地潜力,统筹规划各类用地,改变传统的土地利用模式,不断提高土地利用率和综合效益。

(5)加强土地纵深开发的力度,"开源"与"节流"并举。充分利用水域闲散废弃地,积极开发后备土地资源,改良中低产田;增加农业技术投入,加强宏观调控与管理,极力缓解紧张的用地矛盾。

6.5.3 土地利用总体目标与阶段

6.5.3.1 土地利用总体目标

参考《临沂市蒙山旅游区土地利用总体规划(2006—2020)》,结合蒙山旅游区发展的机遇与挑战,确定蒙山旅游区土地利用总目标为"三扩、四保、八突出"。

(1)三扩:充分发挥蒙山的自然资源优势,一要扩大金银花、丹参、桔梗、石竹花、紫草、何首乌、灵芝等草药种植面积;二要扩大蜜桃、大樱桃、山楂、蓝莓、草莓等林果种植面积,打造有机林果基地、食用菌基地等,做大、做强五大特色农业产区,突出蒙山旅游区特色;三要扩大经济作物种植面积和用材林、经济林、防护林面积,建立一定规模的良种苗木繁育基地和加工基地,形成比较完备的林业产业体系。

(2)四保:在节约珍惜土地的前提下,一是要保障一定数量和质量的耕地面积,通过划定基本农田保护区,切实保护基本农田,稳定农业基础;二是保障关系国计民生的重点基础设施用地,如城镇用地、交通用地和水利设施用地;三是保障对地区经济发展有重要作用的重点项目用地,如旅游用地;四是保障一定数量的生态用地,特别是生态防护林用地。

(3)八突出:一要突出土地资源开发的区域特色;二要突出土地资源开发在统筹城乡经济发展中的地位和作用;三要突出后备土地资源开发潜力,根据适宜性评价宜耕则耕,宜农则农;四要突出挖掘非农建设用地闲置土地的利用潜力,积极恢复耕种或安排建设项目;五要突出土地资源的节约和集约利用,积极开展土地整理与复垦,特别是农村居民点整理;六要突出土地资源利用中的生态环境保护;七要突出土地用途管制制度,切实保护耕地,严格控制非农建设占用耕地;八要突出土地使用制度改革,继续深化土地有偿使用制度,特别是农村集体土地使用制度改革。

6.5.3.2 土地利用调整措施

根据土地利用总体目标,结合蒙山旅游区社会经济发展趋势,提出蒙山旅游区分阶段的土地利用优化调整措施:

1. 有序扩展阶段(2014—2017年)

在临沂市提出加快推进"10+6"产业计划,构建现代产业体系,对现代农业、健康产业、文化旅游产业等提出具体行动计划背景下,未来3年蒙山旅游区经济将处于快速发展期,基础设施建设和项目建设用地需求将保持强劲增长趋势。这一阶段土地资源开发应注重挖潜,包括存量建设用地挖潜、农村居民点整理、旧城改造等,在严格控制总量和集约利用条件下,首先保证重点项目用地,引导村镇有序紧凑地发展和整合。同时这一阶段的土地资源利用要充分体现宏观调控功能,政府要理性控制土地资源利用,合理调整产业用地结构与布局,通过用地布局和指标控制合理引导"生态化、高效型"的企业和产业入驻,优先布局对地区经济发展带动效应强的产业和项目。

2. 结构优化与生态建设阶段(2017—2020 年)

这一阶段经济将保持稳定增长、旅游业快速发展,土地发展模式将由规模化快速扩张阶段发展到结构优化和质量提升阶段。土地利用更侧重通过合理的系统结构实现功能最优,不仅在空间布局上力求合理,而且在数量分配上也严格按照科学实际进行。通过采取土地适宜性评价与系统优化相结合的方法,实现土地利用结构优化调整的目标,增强土地利用系统功能并显著提高土地产出率。在这一阶段,生态环境建设将成为社会经济关注的焦点,生态用地面积将进一步增长,生态环境、人居环境和生活质量将大幅度改善。土地利用更强调可持续发展,在土地资源开发过程中如何提高经济效益和生态效益,实现两者的统一被放在重要位置。

6.5.4 蒙山旅游区土地利用优化的原则

(1)科学性与实用性相结合。土地利用优化既要有高度的科学性,又要避免纯理论探讨,加强土地利用优化的针对性、实用性和可操作性;

(2)坚持以供给引导和制约需求,统筹兼顾,合理安排各类用地,尽力协调土地资源经济供给的稀缺性与其社会需求增长性之间的不平衡关系;

(3)突出区域土地可持续利用的主题,把耕地保护放在重要位置;保障生态建设用地需求;

(4)正确处理经济建设、旅游发展与耕地保护的关系,保障基本建设用地需求,确保蒙山旅游区经济和社会事业的持续快速健康发展;

(5)综合平衡、相互协调。注重土地利用规划与经济社会发展规划、基本农田保护规划等其他专项规划相互协调与衔接。

6.5.5 蒙山旅游区土地利用功能定位与分区

6.5.5.1 蒙山旅游区土地利用功能定位

今后(2014)一个时期,是全面建成小康社会的关键时期,也是全面深化改革的重要机遇期,蒙山旅游区发展面临诸多难得的有利条件,结合这些条件,确定对蒙山旅游区土地利用的要求,主要集中在以下几个方面:对土地利用质量、利用方式、布局、景观等方面有更高的要求;对农业用地结构调整,发挥农业比较优势,提高经济效益提出更高的要求;对土地的经济产出效益要求更高;对生态空间、绿色空间的需求不断上升。

基于上述分析,蒙山旅游区土地利用的总体功能定位为:以科学发展观为指导,强化土地节约与集约利用理念,凸显蒙山旅游区生态价值、休闲度假旅游和特色农业,优化土地利用结构与布局,服务于经济社会快速发展与生态建设,发挥政府土地宏观调控的作用,引导统筹区域经济与城乡协调发展。包括以下四个方面:

(1)生态保育功能。蒙山旅游区生态建设,要求土地利用必须重视体现生态保育功能、凸显蒙山生态特色。蒙山旅游区生态系统结构复杂,服务功能多样,生物多样性保护、水源涵养和水资源保护都极其重要。蒙山土地资源是生态系统的重要组成部分,是生态系统保护的绿色屏障,同时还具有突出区域发展优势和特色的功能。蒙山提出"生态沂蒙山"的发展目标,要求从资源综合利用、生态修复、污染治理和防灾减灾体系等几个方面体现其生态保育功能,全面落实土地利用的可持续发展战略,实现经济、社会与环境效益的统一,任何其他土地功能的发挥都不能以牺牲土地生态为前提。

蒙山旅游区要充分发挥蒙山的资源环境比较优势,大力推行循环经济模式,统筹建设和保护。土地利用布局要按照生态功能分区的要求和特点,合理规划并充分体现产业特色;要通过产业结构调整、发展生态产业等措施,协调社会经济发展和生态环境保护间的关系;要结合生态规划、生态保护目标、任务和要求,合理确定阶段性土地利用重点、土地利用结构调整方向和任务;要重点协调农业产业布局与生态结构的关系,特别是山地丘陵区农垦和林业系统生产活动与生态保护的矛盾,保持植被和动植物生物多样性。

(2)休闲度假旅游功能。土地资源是蒙山旅游区旅游资源的重要组成部分,是蒙山旅游区旅游资源的主要载体,也是旅游资源辅助设施建设的保障。"建设中国著名的山岳型养生休闲度假旅游目的地"这一定位,要求蒙山旅游区土地资源必须承担度假休闲和旅游的功能。为了使蒙山旅游业跃升到新的高度,必须坚持以国内外客源市场为导向,立足于得天独厚的旅游资源,突出生态名山的特色;以发展度假休闲旅游为主导,优化旅游资源的要素配置,实现旅游业由粗放经营向集约经营的转化;实施名牌旅游及特色旅游战略,完善硬件设施,提升软件档次,在度假休闲旅游、观光旅游和专项旅游中创出国内外知名的品牌。

土地的旅游休闲度假功能对土地资源管理和土地市场化配置提出更高的要求。土地资源作为一种紧缺资源,既要保障旅游建设的项目用地,又要维护景观的多样性和完整性,使经济生态效益双赢。

(3)保障经济发展功能。优先保证对地方经济发展具有引领作用的重点区域、重点项目用地,充分体现土地利用对引领地区经济发展的支撑和导向作用。保障经济发展是土地利用的根本属性。无论是区域经济增长、城镇发展、农村的繁荣都离不开土地经济生产功能的发挥。蒙山旅游区的总体发展目标和旅游、农业特色与地位决定了土地经济生产功能的发挥有其自身显著特色。土地资源必须注重协调国家、地方和个人的利益关系;必须注重通过土地资源的宏观调控机制和市场手段调整产业布局,集约、节约利用土地,达到区域和城乡统筹发展;必须优先对地方经济发展具有重要作用的重点项目用地,大力发展生态工业;土地利用要突出考虑生态的要求,通过土地利用的合理布局对企业进行选择和区位调控。

(4)现代高效农业功能。坚持以农业增效、农民增收、农村发展为目标,以市场为导向,以发展"休闲农业、观光农业、生态农业"为主线,以发展壮大农产品精深加工为突破口,依托科技创新和推广应用,因地制宜,大力发展特色现代农业和林业经济,打造"生态沂蒙山、优质农产品"农业名片。

集中建设有机果林、中药材、有机蔬菜、食用菌、茶叶及花卉苗木 6 大板块 10 个农副产品基地和"三个精品、五大特色农产区"。积极推进生态农业产业化,推行生态循环种植模式、休闲观光生态农业模式、沼气种植循环模式等多种生态农业、循环农业模式,发展种植、生产、包装、运输、服务等闭环式经营模式。依托农家乐、采摘园林休闲旅游业,大力打造接待服务型、农事参与型、文化体验型、休闲写生型和山乡果园五大类休闲观光农业产业。全面实施造林绿化工程,打造环蒙山经济林带,以生态保护、适地适树为原则,在水土流失易发的环蒙山道路两侧打造 6.7 平方千米的采摘园和高效果业经济林带。把推进生态农业基础设施建设与建设休闲旅游设施有机结合,加强农村生态环境保护。坚持"市场引导企业,企业引导基地,基地引导农户"的理念,做大做强龙头企业,加强现代农业综合示范园区建设,发挥产业集聚效应。充分发挥龙头企业研发中心和涉农院校、科研院所的科技支撑作用,大力推广应用新品种、新技术,促进粮油、果蔬等传统农业产业向标准化、制度化、品牌化转变。强化农产品品牌打造,大力发展"三品"生产,提高"三品"认证比例。鼓励支持企业、农民专业合作经济组织等生产经营主体以品牌为纽带,实行资产重组和生产要素整合。重点打造"颐养蒙山""巍峨蒙山"等自主品牌和"蒙山高山茶""蒙山蜜桃""蒙山什锦""蒙山蓝莓"以及"明光寺红富士"等区域有机农产品品牌。

土地利用结构调整是经济结构调整的重要手段,蒙山旅游区要进一步调减传统农业,培育特色农业,大力发展现代农业。调整农业和非农产业的比例关系,大力发展农产品加工运销及农村服务业,大幅度提高农产品加工转换率,通过农业结构调整降低第一产业从业人员比重,促进农村劳动力向非农产业和城镇转移。同时要大力宣传农业观光旅游,从各方面提高农业生产力水平和经济效益。土地作为农业生产经营的载体,必须充分发挥其经济功能。土地利用也必须成为农民增收、农村繁荣,实现城乡经济和社会和谐发展的重要手段。

6.5.5.2 蒙山旅游区土地利用功能分区

蒙山旅游区土地功能分区遵循以下基本原则:(1)因地制宜原则。蒙山旅游区自然环境、社会经济条件及土地利用现状、存在问题等均存在明显的空间差异。遵循因地制宜的原则,依据土地利用的地域差异性和均质性特性,结合蒙山旅游区的自然条件和社会经济现状及未来发展情景判断,进行土地利用功能分区,在区域内寻求土地利用问题解决的共同方案,制定与实施可行的土地利用政策和措施。(2)动态性原则。蒙山旅游区正处于社会经济快速转型发展阶段,社会经济发展演变加快,同时受诸多不确定因素的影响,土地利用功能分区应充分体现动态性原则,具有一定的弹性。随着区域背景条件的演变发展,土地利用功能区域范围不断发展变化,相应的土地利用方向和政策也随之改变。

土地利用功能分区是按照蒙山旅游区土地利用现状特点,经济发展的空间差异,以及生态建设与产业空间发展布局,综合划定全区土地利用功能区,作为区域土地利用产业发展与空间调控管理的重要依据。最终将蒙山旅游区土地利用划分为 3 大用地区:旅游产业发展用地区;高效示范农业用地区以及生态工业发展用地区(表 6.13 和图 6.11)。

表 6.13 蒙山旅游区土地利用功能分区表

土地利用功能分区	主要范围
旅游产业发展用地区	龟蒙景区、云蒙景区、百花峪旅游度假区等
高效生态农业示范用地区	孝义湖、麻店子、龙马等
生态工业发展用地区	柏林镇、养生小镇、龙门峡等

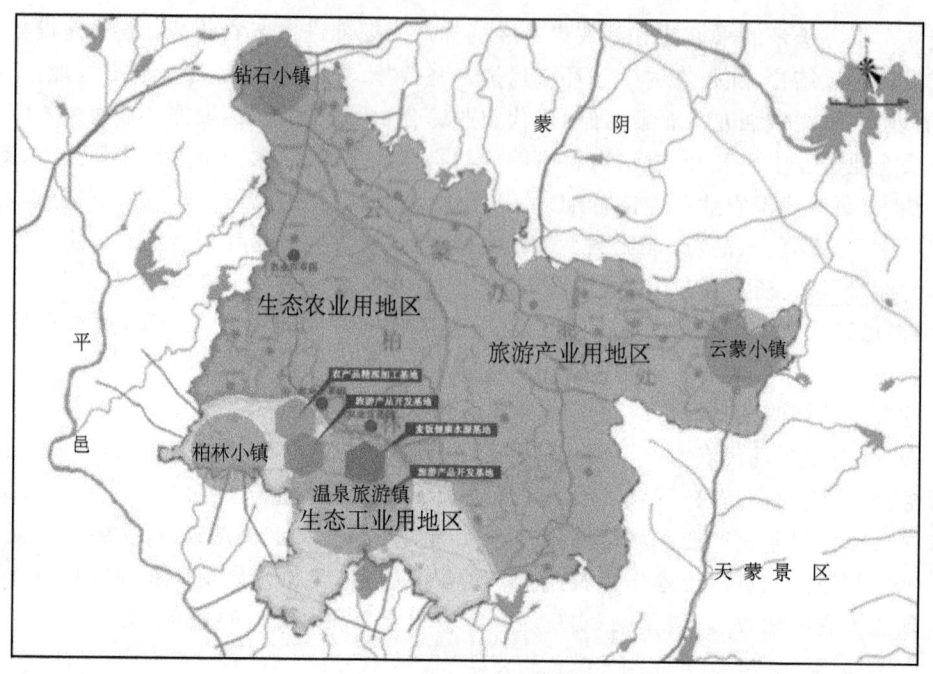

图 6.11　蒙山旅游区土地利用功能分区图

1. 旅游产业发展用地区

旅游产业主要包括：山水景观带，重点包括龟蒙景区、云蒙景区、百花峪旅游度假区、龙门峡景区、曲流涧景区、钻石公园、天桥大峡谷等，打造以自然山水、森林植被为主要景观特色的山岳型省级风景名胜区和山地运动、探险旅游基地。观光休闲带，重点包括明光寺景区、蒙阳峪旅游度假区、大洼旅游度假区及云蒙小镇、柏林小镇周边特色观光农业示范区，打造集合休闲疗养、写生摄影、会议住宿、观光体验功能的多档次旅游服务区。乡村民俗体验旅游带，重点包括李家石屋景区、百花峪景区及"蒙山人家"集中布局点，打造森林人家特色文化与林下休闲体验及沂蒙山旅游区民俗展示基地。以分布广泛的环蒙山沂蒙风情乡村为载体，突出特色差异和生态品牌，打造休闲、体验、采摘、品尝、观光、养生等功能多元一体化的重要乡村旅游基地。

2. 高效生态农业示范用地区

根据环蒙山旅游区域内立地条件、气候特点，集中建设"三大农业精品园、五大特色农产区、十大农业基地"。三大农业精品园："百花园"，在游客服务中心及孝义湖周边培育五角枫、白蜡、荷花、樱花、菊花、玉兰、桂花等花卉；"百果园"，在柘沟农业示范园种植蜜桃、大樱桃、山楂、蓝莓、草莓等林果；"百草园"，在三官庙培育金银花、丹参、桔梗、石竹花、紫草、何首乌、灵芝等草药。五大特色农产区：包括蒙山大道两侧花卉苗木种植区、四大林场林下食用菌中草药畜牧供给区、明光寺—大洼七流域有机林果蔬菜种植区、石河至龙马粮食蔬菜种植区、塔子至麻店子林果茶叶种植区。十大农业基地：突出地方特色，打造鑫合有机林果基地、杨谢蓝莓和食用菌基地、王麻蒙山有机高山茶基地、石河金银花基地、小王庄桂花基地、钻石公园花卉苗木基地、李家石屋葫芦基地、松林子有机蔬菜基地、小娄黄烟基地、桃花源林果基地等。

3. 生态工业发展集聚用地区

在旅游区及现代农业产区附近布局旅游衍生产品开发、现代农产品深加工以及养生健康产品研发,高标准建设生态产业园。农产品精深加工基地:在柏林镇附近布局农产品仓储物流和深加工基地,提高水果、蔬菜、坚果、茶叶、蜂产品等的精深加工和价值附加程度。健康水源基地:在养生小镇、龙门峡等水质优良的地区,突出深层矿泉和麦饭石概念,打造高端优质弱碱性水供应基地。旅游产品开发基地:在柏林镇、云蒙街办等人口集聚地区,开发富有地方特色的旅游产品,建设鲁中南部重要的旅游产品生产集散基地,建设著名的麦饭石健康养生产品研发和生产基地。

另外,为加强对城镇村及工矿用地的空间管制,将辖区土地划分为允许建设区、有条件建设区、限制建设区和禁止建设区并制定管制规则,以控制城、镇、村及工矿用地的无序扩张。允许建设区指规划中确定的、允许作为建设用地利用,开展城乡建设的空间区域。包含现状和规划期内安排的城镇、工矿和村庄建设用地。面积 1546.31 公顷,占土地总面积的 4.94%。有条件建设区指规划中确定的,原则上不允许作为建设用地利用,满足特定条件后可以开展城乡建设的空间区域。在不突破规划建设用地规模控制指标的前提下,区内土地可以用于规划建设用地区的布局调整或使用农村建设用地整治挖潜(挂钩)指标进行建设。面积 37.26 公顷,占土地总面积的 0.12%。限制建设区指允许建设区和有条件建设区以外,禁止城镇和大型工矿建设、限制村庄和其他独立建设、控制基础设施建设,以农业发展为主的空间区域。面积 26809.26 公顷,占土地总面积的 85.59%。禁止建设区指规划中确定的,以生态与环境保护空间为主导用途、禁止开展与主导功能不相符的各项建设的空间区域。禁止建设区面积为 2928.66公顷,占土地总面积的 9.35%。

6.5.6 蒙山旅游区土地利用优化的目标导向

为凸显各利用区的土地利用功能,确定蒙山旅游区土地利用的目标导向:贯彻"十分珍惜、合理利用土地和切实保护耕地"的基本国策,紧紧围绕实现土地资源可持续利用的目标,强化节约和集约用地,统筹区域、城乡土地优化配置;立足生态农业基地优势、农村民风民俗文化特色,建立现代观光农业网络体系;合理配置和管理旅游设施用地,增强蒙山旅游区旅游的整体吸引力和竞争力;正确处理土地资源开发、利用与保护之间的关系,不断提高土地利用效率和综合效益。

土地利用具有很强的空间特征,明确土地利用在空间上的导向是实施土地用途(空间)管制的前提。在空间布局上,蒙山旅游区中部主要是林地,包括明光寺林场、万寿宫林场以及天麻林场,开发利用难度大;另外,根据旅游区土地综合承载能力和发展基础,结合土地利用功能分区,统筹考虑、高点定位、协同推进,划定区内各类产业集聚发展区域和发展"红线",以养生小镇为核心,以环蒙山通道为纽带,串联旅游产业发展用地区、高效生态农业示范用地区以及生态工业发展用地区,集中打造"一核、一环、多点"的整体产业布局。

"一核"是包括蒙山管委会、蒙山休闲商街、乔家庄水库等在内的规划中的养生小镇。该地区不仅是未来发展的行政中心、服务中心和游客集散中心,更是高端产业的聚集区,区内应优先保障重点项目建设用地,防止大型项目重复建设、低效用地;"一环"即以环蒙山公路为主动脉,连接龟蒙、龙马、富泉村、大洼、刘家寨、百花峪等,至云蒙景区西折,经过百泉峪、龙门峡、曲流涧,至钻石小镇,向南经过柏林镇返回养生小镇,形成连接各旅游风景区、农业示范区、健康养生城、生态产业园、精品文化点等的产业集聚带,产业带内包括蒙山旅游区90%以上的基本农田保护区,首先应将现有非农建设用地和其他零星农用地整理、复垦或调整为基本农田,确实不能整理、复垦或调整的,可保留现状用途,但不得扩大面积,禁止在区内的基本农田上进行非农建设活动;"多点"即云蒙小镇、钻石小镇、柏林小镇附近及布局在"一环"周边的特色产业隆起点,各点的建设应优先利用现有的建设用地、闲置地和废弃地,发展建设的同时应注意保护和改善生态环境。各功能分区各有侧重,有机统一,根据主题定位和产业发展要求,强化土地利用的区域功能,针对不同功能区制定相应的管制政策,推进土地利用管制战略(图6.12)。

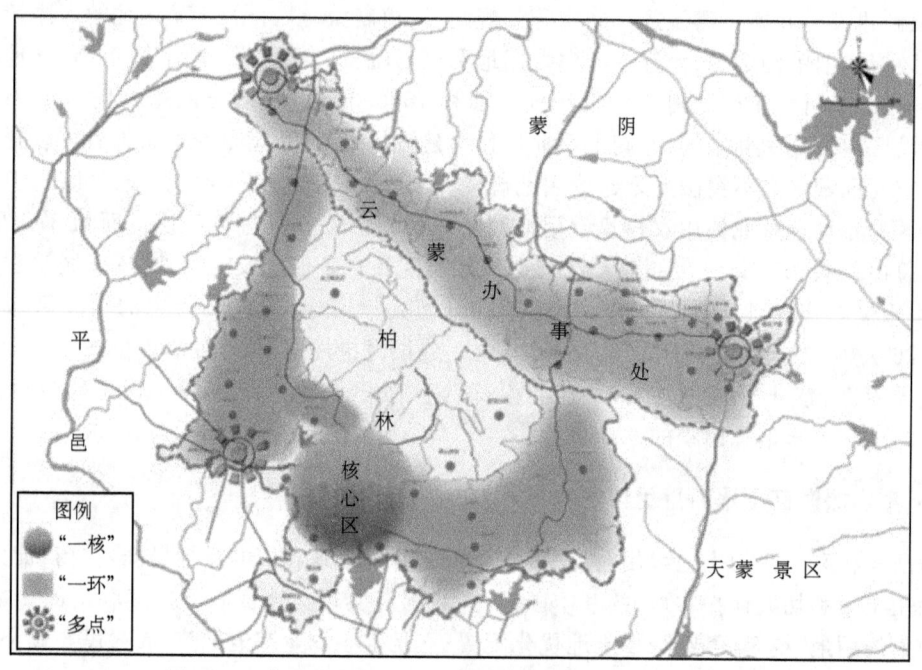

图6.12 蒙山旅游区域土地利用功能联系与战略导向示意

6.6 实现蒙山旅游区土地可持续利用的关键措施

6.6.1 建立耕地资源严格保护机制

6.6.1.1 加强耕地保护措施,提高坡耕地的综合治理力度

根据蒙山旅游区实际情况制定科学和切实可行的耕地保护规划,坚持25°以上的陡坡地严格退耕还林,25°以下的坡耕地必须综合治理,从整体和全局的利益出发,尽量争取早退快退。在保证不减少农民收入的情况下,坚持因地制宜,高效利用耕地,尽量保证耕地的利用效果。

同时建立有效的耕地组织管理制度,加强耕地保护的监督执法工作。

6.6.1.2 构建土地利用的硬约束制度和规划许可制度

提高政府领导科学发展观意识,严格实施土地利用规划,使土地利用规划的实施对政府构成硬约束,将土地利用总体规划的实施评价结果纳入政府的政绩考核目标责任制。根据蒙山旅游区耕地质量的差异、生态条件和发展趋势,建立耕地保护分级制度,制定绝对不可转用、可适度转用和可转用的耕地,对绝对不可转用的耕地,只能用来种植规定的作物。对可适度转用和可转用耕地也要制定相关转用标准、转用方式,并将这些条件纳入到用地保护规划许可制度,从而明确在什么条件下给予规划许可,或拒绝给予规划许可,以及规划许可的主体、程序、方式、仲裁等。

6.6.1.3 制定经济和行政措施,鼓励耕地节约集约利用

继续严格执行国家及山东省关于土地管理的有关规定,厉行土地节约利用。提高科学技术水平,做好土地利用的总体规划和各专项规划,建立相关的节约土地的激励机制和各项用地标准,实行标准化用地。

(1)在农业生产领域,一方面继续加强农田基础设施建设,提升农业高产稳产的能力,提高农民收入;另一方面促使耕地适度规模经营,提高农田的产出率。

(2)对于建设用地,生态工业向园区集中,加强投资结构的优化,选好项目、选优项目,合理布局,禁止高污染、高能耗项目。一方面,要加紧制定与蒙山旅游区情况相符合的各行业用地标准。对现有建设用地规模进行挖潜,进一步提高土地的容积率和单位面积的投资强度,加大对现有企业用地的审查与评估,对浪费严重的单位责令其在原有的基础上扩大生产规模,或收回过多用地;另一方面,对新申报的项目进行严格审批,限制其用地规模,提高投资强度,避免产业投资上的盲目性,控制农用地特别是耕地转用总量,适当从紧供应土地。通过相关措施的实施,既可以节约用地和集约用地,又能提高土地综合利用效益。

6.6.1.4 加强土地资源价值核算的科学性

作为一种自然资源,土地也具有与其他自然资源相同的价值内涵,土地资源价值也包括直接使用价值、间接使用价值、选择价值和存在价值等四个方面的价值。目前几乎所有的土地评估只强调土地的经济价值,而忽略土地资源的生态价值和社会价值。应建立健全农耕地价值和用途转移的真实价值核算体系,把耕地经营的生态效益、社会效益"内化",与经济效益一起作为耕地的全部价值,并使其强显化,提高占用耕地的门槛及生态补偿的标准。

6.6.2 强化土地资源业务管理及其支撑能力建设

6.6.2.1 加强土地利用动态监测和信息化管理

土地利用动态监测是准确、及时地掌握土地利用现状,加强土地管理的基础。为加快土地动态监测现代化建设,首先做好做强基础性工作,具体包括做好土地资源利用调查评价,实施土地利用动态监测;全面更新土地利用现状基础图件与数据,合理配置土地资源,引导土地集约高效利用。其次,要加强信息化建设,继续推进土地基础数据库建设,充分利用现代高新技术加强土

地利用动态监测,建立土地利用总体规划实施、耕地保护、土地市场的动态监测网络,实现国土资源管理信息化和服务社会化。还要积极开发和运用计算机软硬件、遥感图象处理、全球定位系统、决策模型和系统分析等先进的科学技术和手段,努力提高土地开发利用的科学决策水平。

6.6.2.2　做好旅游规划与土地利用总体规划的衔接

旅游规划的编制,要纳入各地土地利用总体规划体系中,提高其法律地位。避免土地利用规划与旅游规划在对同一地块或同一区域进行规划时,出现相互矛盾的现象,提高旅游用地规划的可操作性。作为蒙山旅游区经济的战略支柱产业与新兴服务业,未来必然会出现更多的旅游投资需求,新增旅游用地不可避免。因此,蒙山旅游区土地管理部门在编制土地利用年度用地计划时,要充分考虑旅游产业的发展需要。土地部门在审批流程上,应对旅游用地申请开辟绿色通道。旅游部门会同国土部门对旅游用地进行系统和全面的调查,确定当前旅游用地的数量、权属、分布等情况,在此基础上提出一个旅游用地分类标准,为旅游用地分类管理打下基础。对于已经存在的乡村旅游,如果与蒙山旅游区总的发展定位不冲突,则应当继续允许其存在。按保障面积对乡村旅游项目用地进行计算,超过面积的应该有偿使用。

6.6.2.3　加快推进农村土地承包经营权登记颁证

在农村集体土地所有权确权登记发证的基础上,进一步完善农村土地承包经营权确权登记颁证工作。以现有土地承包合同、权属证书和集体土地所有权确权登记成果为依据,查清承包地块的面积、地类、四至和空间位置,建立健全土地承包经营权登记簿,把承包地块、面积、合同、权属证书全面落实到户,调查摸清低效利用土地现状。搭建蒙山旅游区农村土地承包信息化管理平台,促进农村土地流转、激活农村生产要素、解决农村抵押贷款缺少有效抵押物的瓶颈障碍,构建集合同管理、登记管理、流转管理、仲裁管理四位一体的农村土地承包管理模式。

6.6.3　加强土地利用宏观调控,严格控制建设用地总量

6.6.3.1　按照旅游总体规划控制建设用地总量

制定旅游总体规划时,要明确旅游用地的开发主题,周密规划旅游用地的基础设施,科学确定旅游资源开发的规模。旅游资源的开发与投资规模必须与蒙山旅游区的经济发展速度相协调,并且要具有一定的前瞻性。因此,立足于蒙山旅游区的自然资源禀赋和社会经济发展实际情况,在市场调查和科学预测的基础上,合理规划旅游用地结构和空间布局,并妥善处理城镇规划、社会经济发展规划、土地利用总体规划与旅游发展总体规划的关系。旅游总体规划与土地利用规划要一致,并与城镇规划协调,要严格执行旅游规划,维护旅游规划的权威性、连续性,不允许任何单位和个人随意改变规划,在旅游规划区内不得修建与旅游规划项目无关的其他建筑设施,严格控制建设用地总量。

6.6.3.2　完善土地利用宏观调控制度

土地参与宏观调控需要遵循市场规律,不能简单地采取不供地方式给经济降温,而应该通过有选择地供地挤出低水平重复建设部分,合理规避结构不合理的投资。蒙山旅游区经济正

处于高速增长期,建设用地需求量大,土地宏观调控要在地区上、方向上符合经济发展规律,而不能一味追求调控效果,造成符合国家和区域经济发展方向的高效项目无法落地。

土地参与宏观调控要综合运用土地政策。一是土地供应政策,但其主要以行政调控为特征,并主要对政府主导的投资发挥作用;二是地价政策,即政府通过管制和引导土地市场的价格水平进而影响土地需求,达到实现宏观调控的目的。同时,地价政策对民间资本的调控作用也很大,土地税收政策也很重要。应根据土地政策的特点综合运用,实现宏观调控目标

6.6.4 推进开发与保护相结合的土地持续利用模式创新

6.6.4.1 加强土地生态环境建设,提高土地生态环境质量

土地生态建设总目标是保护生态环境,维护生态平衡,实现土地综合整治,促进持续发展,实现总体利益的最大化、长远化。土地生态建设是牵涉到自然、经济和社会多方面的系统工程,以纯生态观点指导这些重大的生态工程建设是不可能取得成功的。实践表明,只有从生态经济系统的综合性、整体性和协调性出发,追求综合效益最佳,才能既促进生态环境的改善,又可在生态环境的改善中促进经济的发展,达到生态、经济的协调,实现可持续发展。因此,土地生态建设的布局和规划必须建立在对区域有关的生态和经济方面众多因素进行综合生态经济评价的基础上。在具体工作中,首先要依据区域的实际情况,确定建设的总体规模、具体类型和空间格局,其次根据各地区的条件,因地制宜,从而形成区域最佳用地结构格局。

结合蒙山管委会实际,一方面土地生态建设要坚持"突出重点,以点带面,点面结合"的指导思想,贯彻田、水、路、林、村统一规划,综合治理的土地利用方针。以平整土地、综合整治农村居民点及道路、完善水利设施、大力推进沟渠、路旁植树种草,实现农田林网化等为主要措施,同时,积极施行农业"沃土计划",改良土壤,培肥地力,提高土地生产能力。另一方面要加强社区生态建设。

6.6.4.2 优化产业结构,大力发展环保产业,建立生态补偿机制

一是依靠科技进步,提升旅游业发展。通过重组、兼并、技改等措施,特别是用高新技术来改造传统产业,从根本上使传统产业实现节能、降耗、低(或无)污、高质、高效,尽量减少环境污染;对不符合国家产业技术政策、技术工艺水平低、资源能源消耗大、污染严重的企业坚决取缔,拒不批地。二是加快生态农业建设,大力支持发展生态农业、有机农业和节水农业,生产开发无公害农产品、绿色食品和有机食品。三是促进乡镇企业结构调整。积极推进土地整理和农业产业化经营,引导乡镇企业向农副产品加工转移,向乡镇工业小区集中,因地制宜实行污染集中控制,严防工业污染向农村漫延。

建立生态补偿机制。应根据国家有关法规政策精神,按照"商品有价,服务收费"和"谁受益,谁负担"的原则,有关部门共同制定一个生态补偿办法,并尽快实施。应该认识到生态补偿费属于生态服务收费,而决不是一种行政收费。征收生态补偿费的范围主要是对由于开发建设,使森林和农田遭到破坏,生态效益丧失的开矿等,征收费用于恢复植被、补充耕地,补偿生态效益损失。征收办法可采取在利用土地生态效益从事生产经营活动的单位的现有收费基础

上附加;也可与经营单位对现行收费比例分成或每年划出一定数额,还要采用其它一些适合当地情况、行之有效的办法。

6.6.4.3 加强制度建设,确保土地利用与生态建设协调发展

土地生态建设的成败关键在群众。要积极搞好宣传,提高全社会对土地生态建设重要性的认识,加强土地利用方针、政策和措施的制定和完善。改善不适应的生产关系,完善土地产权制度,做到"地有主、主有权、权有责、责有利";坚持和完善"谁造谁有、合造共有、允许继承、允许折价转让"等土地政策,并且保证其连续性和稳定性,尊重承包者的经营自主权,保障他们的合法权益,使经营者特别是农民得到的实惠,放心大胆地兴农致富。实行多种经济成分并存的政策,完善各种形式的责任制,通过联营合作、股份合作等多种形式,兴办绿色企业。充分调动各行业各部门的积极因素,按统一规划、协同共建的原则,实行"各负其责,各负其费,各受其益,限期完成"的政策,做到责、权、利相结合;实行护、造、育、用相结合,坚持多品种多功能的经营方向,给经营承包者以真正实惠。坚持和完善各级领导干部任期目标责任制,签订责任状,坚持领导办点,以点带面,一级带着一级干;严格执行检查评比和通报制度,制定和完善相应的法规,强化政府职能,坚持依法用地,确保土地利用生态协调发展。对个体承包建设成功的防护林,可以实行国家按质收购的方式,一方面确保防护林的稳定,另一方面使个体经营者尽快获得收益,增强生态建设的积极性。

6.6.5 加强旅游用地管理,促进土地资源优化配置

旅游发展必然对旅游区土地利用有新的要求,如农业用地结构调整、农业用地使用权的转移和土地的商业化等,由于国家法律以及政策的缺失,客观上损害了农民的土地权益,挫伤了农民参与旅游开发的积极性,影响到土地利用的效率。因此,应进一步完善土地利用政策,完善土地征用制度和土地流转制度,保护农民在征地和土地流转中的合法权益。政府要做好旅游用地管理者的角色,在加大旅游发展力度的同时,要注意保护具有地方文化特色的"乡土性"环境,避免过度商业化,从而保障旅游产业的可持续发展。此外,探索鼓励其他用地与旅游用地的复合利用。旅游需求的多样性也为工业、宗教及其他特殊用地向旅游用地的转化提供了可能。具体转化方式有两种,一是改变原有的功能,使之完全成为旅游用地,如把一些废弃的工矿重新建造为酒店、酒吧、旅馆等,但由于此类用地并不是两种利用方式并存,因此,不属于复合利用;二是指在保持原有的功能的基础上,发展旅游,即复合利用。可以把一些工厂、庙宇、军事基地等发展为旅游用地,开展工业旅游等。根据实际情况,出台相应的财政或税收政策鼓励一些大型用地旅游项目利用四荒地(荒山、荒沟、荒丘、荒滩)进行开发。

参考文献

李灿,张凤荣,朱泰峰,等,2013.基于熵权 TOPSIS 模型的土地利用绩效评价及关联分析[J].农业工程学报,**29**(5):217-227.

刘彦随,郑伟元,2008.中国土地可持续利用论[M].北京:科学出版社.

罗文斌,夏赞才,郑群明,等,2013.风景名胜区土地经济密度差异特征研究——以中国国家级风景名胜区为例[J].旅游科学,**27**(4):80-88.

苏杭森,杨小林,王忠斌,2012.西藏林芝工布江达自然保护区生态旅游地土地生态承载力变化分析[J].四川林勘设计,(4):41-43.

席建超,王新歌,孔钦钦,等,2014.旅游地乡村聚落演变与土地利用模式——野三坡旅游区三个旅游村落案例研究[J].地理学报,**69**(4):531-540.

单桂梅,2013.沂蒙山区典型土地利用类型土壤颗粒分形特征与养分状况[D].山东:山东农业大学.

刘彦随,2009.中国土地利用战略创新及其模式体系[J].中国土地科学,**23**(2):4-10.

武江民,赵学茂,党国锋,2010.甘肃兰州市耕地动态变化与驱动力关系定量研究[J].干旱区资源与环境,**24**(12):33-38.

Liu Y S,Wang L J,Long H L,2008. Spatio-temporal analysis of land-use conversion in the eastern coastal China during 1996—2005[J]. Journal of Geographical Sciences,**18**:274-282.

Guo L Y,Wang D L,Qiu J J,2009. Spatio-temporal patterns of land use change along the Bohai Rim in China during 1985—2005[J]. Journal of Geographical Sciences,**19**(5):568-576.

刘纪远,张增祥,徐新良,等,2009.21世纪初中国土地利用变化的空间格局与驱动力分析[J].地理学报,**64**(12):1411-1420.

龙花楼,李秀彬,2002.区域土地利用转型分析—以长江沿线样带为例[J].自然资源学报,**17**(2):144-149.

周生路,黄劲松,2003.东南沿海低山丘陵区土地利用结构的地域分异研究—以温州市为例[J].土壤学报,**40**(1):37-45.

赵翠薇,濮励杰,孟爱云,等,2006.基于经济发展阶段理论的土地利用变化研究——以广西江州区为例[J].自然资源学报,**21**(2):172-179.

刘彦随,彭留英,王大伟,2005.东南沿海地区土地利用转换态势与机制分析[J].自然资源学报,**20**(3):333-339.

涂小松,濮励杰,2008.苏锡常地区土地利用变化时空分异及其生态环境响应[J].地理研究,**27**(3):583-593.

岳邦瑞,张祖群,刘克成,2005.遗产观指导下的华山华麓区角色功能特性研究[J].西安文理学院学报(自然科学版),(3):5-10.

侯全华,岳邦瑞,张沛,2001.华山风景名胜区华麓区规划实证研究——对风景名胜区控制性规划的初探[J].西北建筑工程学院学报(自然科学版),(2):39-44.

余咪咪,2004.基于生态理念的华山风景名胜区土地利用规划研究[D].西安:西安建筑科技大学.

汪明林,陈睿智,2005.基于景观生态学理论下的生态旅游线路规划设计——以峨眉山为例[J].北京第二外国语学院学报,(03):91-95.

王娴,王树刚,2010.风景名胜区形象塑造研究——以峨眉山为例[J].时代金融,(08):109-112.

李巍,杨敏华,饶四强,等,2009.旅游经济发展与土地利用关系研究——以武陵源区为例[J].测绘与空间地理信息,**32**(2):211-214.

房静思,李迪华,毛岩,等,2013.风景名胜区中城镇总体规划实施中的疑难问题——以武陵源风景名胜区索溪峪镇为例[J].城市发展研究,(7):137-142.

刘殿成,杨珍,王森,等,2008.基于土地利用现状数据库的土地利用遥感分类本底数据库建设——以山东省泰安市泰山区为例[J].山东国土资源,(Z1):107-110.

杨炯,杨华,杨军,等,2009.泰安市1990—2007年间土地利用时空变化分析[J].安徽农业科学,(27):13150-13153.

胡晓琴,2008."农家乐"土地利用浅析[J].当代经济,(17):32-33.

王文静,梁留科,王少华,等,2013.旅游景区土地利用集约性评价——以开封市鼓楼区旅游景区为例[J].河南教育学院学报:自然科学版,22(3):45-50.

张兆福,李玥睿,2010.乡村旅游发展中的土地利用研究[J].生态经济:学术版,(1):201-204.

刘云,2013.香格里拉生态旅游环境友好型土地利用模式研究[J].广东土地科学,12(2):27-31.

张逸,雷宇斌,唐根,2011.凤凰县旅游开发与土地利用协调研究[J].绿色科技,(10):212-213.

张长凤,郎馥萌,2011.辽宁土地资源开发利用战略取向研究[J].城市发展研究,18(9):57-61.

张衍毓,刘彦随,2010.大城市边缘区统筹城乡土地利用战略探讨——以天津市东丽区为例[J].中国土地科学,24(2):3-8.

李彬,李刚,高远,等,2012.海南省国际旅游岛建设用地需求及土地利用调控研究[J].安徽农业科学,40(33):16419-16422.

席建超,赵美风,王凯,等,2013.1986—2010年成长型旅游小镇用地演变格局——河北省野三坡旅游区三坡镇的案例实证[J].地理研究,32(1):11-19.

程飞,杨朝现,梁永莉,等,2013.西南丘陵山区土地利用变化对生态系统服务价值的影响[J].国土资源科技管理,30(4):34-39.

花晓波,阎建忠,王琦,等,2013.大渡河上游河谷与半山区耕地利用集约度及影响因素的对比分析[J].农业工程学报,29(20):234-244.

曾振中,任清华,2010.旅游开发水平与土地利用效益的关系探究[J].广东土地科学,9(5):23-30.

段景艳,2013.旅游用地集约利用评价研究——以郑州市为例[D].河南:河南大学.

刘彦随,1999.区域土地利用系统优化调控的机理与模式[J].资源科学,21(4):60-65.

傅伯杰,陈利顶,马诚,1997.土地可持续利用评价的指标体系与方法[J].自然资源学报,12(2):113-118.

王秀丽,关小克,薛剑,2013.北京山区区县土地利用结构定量分析及农业产业布局研究[J].中国农业资源与区划,34(2):85-91.

李旭东,2013.贵州乌蒙山区资源相对承载力的时空动态变化[J].地理研究,32(2):233-244.

刘秀丽,张勃,张调风,等,2013.黄土高原土石山区土地利用变化对生态系统服务的影响——以宁武县为例[J].生态学杂志,32(4):1017-1022.

汪玉琼,郭建军,李凯,等,2013.石羊河流域上游山区生态承载力时空格局动态评价[J].兰州大学学报,49(2):166-171.

崔凤军,刘家明,1998.旅游环境承载力理论及其实践意义[J].地理科学进展,17(1):86-90.

齐亚彬,2004.国土资源承载力定量综合评价研究——以天津为例[J].中国国土资源经济,17(6):4-7.

王书华,毛汉英,2001.土地综合承载力指标体系设计及评价——中国东部沿海地区案例研究[J].自然资源学报,16(3):248-254.

曹月娥,塔西甫拉提·特依拜,杨建军,等,2008.新疆土地利用总体规划中的区域资源环境承载力分析[J].干旱区资源与环境,22(1):44-49.

蔡成凤,2007.基于土地承载力的区域土地资源安全评价[D].江苏:南京农业大学.

蔡运龙,傅泽强,戴尔阜,等,2002.区域最小人均耕地面积与耕地资源调控[J].地理学报,(2):127-134

高德三,刘利,1997.海城市农业现代化量化指标体系的研究[J].农业经济问题,7:44-46.

吴寒光,1995.我国小康生活水平的测量尺度与标准[J].中国人口·资源与环境,5(2):57-61.

曲衍波,姜广辉,商冉,等,2014.基于投入—产出原理的农村居民点集约利用评价[J].农业工程学报,30(6):221-231.

侯满平,董红梅,2007.旅游开发中典型土地利用问题及对策探讨[J].资源开发与市场,23(9):808-810.

第七章

蒙山农业

研究

7.1 蒙山农业发展背景分析

在中国,工业"三废"的排放以及农业生产中大量化肥和农药的使用,使空气、土壤、地表水和地下水受到严重污染。土壤中有毒有害物质积累过多,重金属含量超标,土壤地力下降,短时间内无法恢复,土壤污染使中国粮食生产安全问题日益严峻。《全国土壤污染状况调查公报》显示,在对全国630万平方千米的土地进行的调查中,土壤总的点位超标率为16.1%,约合100.8万平方千米。其中轻微、轻度、中度和重度污染点位比例分别为11.2%、2.3%、1.5%和1.1%。污染类型以无机型为主,有机型次之,复合型污染比重较小,中国耕地土壤点位超标率高达19.4%。其中轻微、轻、中和重度污染点位比例分别为13.7%,2.8%,1.8%和1.1%。,主要污染物为镉、镍、铜、砷、汞、铅、滴滴涕和多环芳烃。

污染的环境产出不安全的农产品,农产品农药残留超标,食品安全问题出现的频率大大增加,农产品出口的"绿色壁垒"长期难以消除,每每使中国农产品在国际市场上遭遇尴尬。更严重的是,城乡人口的健康状况受到严重影响。近年,中国人口癌症发病率持续增高,且患病人群有明显年轻化趋势,这种趋势在广大农村地区表现尤为突出。中华人民共和国政府环保部在2013年2月官方文件首度承认中国存在"癌症村"。据国家疾病预防控制中心统计,2011年,我国城市和农村人口的恶性肿瘤死亡专率分别为172.33和150.83(1/100000),占因病死亡总人口数的27.79%和23.62%。农村生活环境、卫生状况急需改善,生活水平及家庭收入有待进一步提高。而从目前情况看,要改变这种状况,最根本的途径就是发展"资源节约型、环境友好型"农业,使农业向生态化、健康化方向发展。

蒙山旅游区农业肩负着为游客提供安全健康的农副产品,为城市居民提供乡村生活体验、科普教育、休闲娱乐场所,为旅游业发展提供优美的乡村景观的重要任务,此外,以农业第一产业的发展推动第二产业和第三产业,三产联动、相互融合、相互促进,也是使蒙山旅游区农业增效、农民增收,最终实现旅游区经济的快速稳步发展的根本途径。

蒙山旅游区地处蒙山核心部位,自然环境优美,植被覆盖度高,空气清新,水源自然洁净,土壤面源污染状况较轻微,加之当地农村深厚的文化底蕴和朴实的民风,这些都为旅游区农业向生态农业、有机农业、养生农业的发展提供了良好的基础。因此,旅游区的农业发展宜转变战略思维去适应新的形势:从因地制宜到因市制宜,从关心空间距离到关心时间距离,从农户经营到农庄规模经营,从重数量到重质量,从抓粮到挣钱,从生存农业到生态农业,从经验到科学,从单一思想到复合思维,走"生态农业—有机农业—养生农业"之路。

蒙山是著名的长寿养生圣地,结合蒙山旅游区的自然和社会经济优势,发展健康持续的养生农业,为城乡居民提供安全的农产品,在保证粮食安全的同时,开发利用现有农业资源发展相关旅游产业,增加农民收入。是蒙山旅游区农业和社会经济发展形势所需,也是该区农业发展的基本诉求。

7.1.1 国外景区(旅游区)农业发展的动态分析

农业与旅游业之间存在着相互依存、相辅相成的关系,农业为旅游业提供健康安全的食品、特色农产品,同时也为旅游业提供优美的人文景观、为城市居民提供了良好的休闲养生场所,而旅游业的发展也大大促进了农业的发展。

农业旅游是现代农业与旅游活动相结合的新型旅游形式,已成为农业产业升级和旅游经济发展的重要组成部分。当前,在旅游业涉及范围日增、旅游形式内容多样化发展的情况下,农业和旅游业自然而然地成为新的旅游客体,两者结合形成农业旅游。旅游农业以农业、农村、农民为依托,以农业生产、农村风貌、农民劳动、农村生活、乡村文化和民风民俗为主要吸引物,以城镇居民为主要对象,使旅游者能够享受田园自然风光、体验农耕生活、感受农村文化、购买农产品、品尝农家美食以及参与各种娱乐休闲的一种综合性旅游活动,从而达到丰富人民生活、促进民众身心健康、提高农业经济效益和农民生活质量、增强生态效益和社会效益的目的(张天柱,2013)。

20世纪中后期,农业旅游活动在欧、美、日等一些经济发达国家兴起。20世纪60年代初,西班牙对农场、庄园进行规划建设,提供徒步旅游、骑马、滑翔、登山、漂流、参加农事活动等多种休闲项目,并举办各种形式的务农学校、自然学习班、培训班等,从而形成了真正意义上的大众化的乡村旅游(李丽娜,2008)。目前增长速度已经超过了海滨旅游,成为西班牙旅游中的重要组成部分之一。

意大利于1865年成立了"农业与旅游全国协会",专门介绍城市居民到农村去体验野趣。意大利的农业旅游强调"以人为本"和"绿色环保",形式多样,经营者非常重视基础设施、休闲娱乐设施及服务设施的建设。意大利现有1.15万家专门从事"绿色农业旅游"的管理企业,70%以上都配有运动与休闲器械;55%的景区为游客提供外语服务;50%以上的景区提供包括领养家庭宠物在内的多种服务项目(张天柱,2013)。

19世纪70年代法国推出"农业旅游"后,以农场经营为主的休闲农业得到较快发展。据统计,法国现有农场101.7万个,其中大于50公顷的农场数量为17.2万个,占农场总量的17%;50公顷以下的中小型农场84.5万个,占农场总量的83%。这些农场基本上是专业化经营,有农场客栈、点心农场、农产品农场、骑马农场、教学农场、探索农场、狩猎农场、暂住农场,以及露营农场九大系列,还出版了专门的宣传和指导手册,大力促销法国的农业旅游。法国休闲农业的发展得益于多个非政府组织机构的联合。1998年,法国农会常务委员会(APCA)设立了农业与旅游接待服务处,并联合其他社会团体,如互助联盟(CNMCCA)、国家青年农民中心(CNJA)等组织,建立了"欢迎莅临农场"的组织网络,为法国农场划出明确定位区域,连接法国各大区农场,成为法国农场强有力的促销策略(参玲等,2010)。

德国的农业观光旅游以市民农园为主。在德国的都市或中小城镇中到处都有不同形式的市民农园。市民农园的经营利用方式有花卉、果树、蔬菜、混合种植,也有单独种植的,还有养殖珍稀鱼类、迷宫式的植物栽培,可以说是匠心独运,各显神通,犹如一座座美丽的农业公园。

曾被俗称为"梨树下假期"的农业旅游是波兰多年的习俗。由于农业旅游农场提供自然、安逸的环境以及低价优质的服务,越来越多的短期度假游客倾向于将休闲场所从大规模的旅游胜地转移到宁静的乡村,特别是年迈的祖父祖母由儿孙们陪伴到农村旅游度假已成为波兰很普遍的现象。波兰现有200万个农场中,大约有1万个是农业旅游农场,其中约有2000个是休闲观光"好客农场"联合会的会员。由地方协会组成的联合会是波兰农业旅游集群的核心。波兰农业旅游集群具有明确的目标:①联合市场推广项目;②监督服务质量;③扩大宣传;④联合申请补助。波兰农业旅游集群的市场营销活动包括:①设计具有地方特色的旅游区,包括民俗艺术、宗教仪式、当地美食、文化古迹和自然奇观;②发展当地的基础设施和提供新的旅游服务,包括体育器材出租、露营区、滑雪升降机、自行车道、风景、药店、邮局及互联网接入等;③促销宣传,包括出席国内外贸易展览(刘萍,2010)。

美国农业旅游的经营形式主要是度假农场及观光牧场,包括农业旅游、森林旅游、民俗旅游、牧场旅游、渔场旅游和水乡旅游等,人们通过参与在乡村的观光度假、探亲访友、考察体验等,既可以观赏田园景色,也可以参与田园、牧场等的耕作,还可以分享丰收果实,参与地方特色的娱乐项目(詹昱等,2011)。当苹果、梨、葡萄、西瓜等瓜果快熟的时候,美国各家农场就在报刊上登广告,招揽游客去农场摘水果度假,城里人热烈响应,纷纷根据广告上的示意地图开车前往。农业旅游在夏威夷也得到了迅速发展,为该州旅游业增添了新的色彩,有力推动了当地的经济发展。

加拿大的乡村旅游最早可以追溯到90年代初。加拿大的乡村旅游以荒野行研究动植物、观鸟之旅为主,参观者在途中可欣赏到壮美的风景,了解当地的人文历史、地质、动植物的分布状况。根据游客的需要,加拿大的旅游社将美食设计到乡村旅游中,除品尝地道的乡村美食外,还组织游客寻找美食的材料来源。加拿大各省区独特的土壤结构、水源、海洋潮汐、天气状况、气候冷暖和传统及现代化的耕作方法等,产出多种多样的当地特产,提供各具特色的食材。美食与乡村之旅的结合丰富了乡村旅游的文化内涵。如英属哥伦比亚省、安大略省和魁北克省的"地区美酒之路"、魁北克省的"果汁之路"等(黄艳华等,2006)。

阿根廷政府从2000年开始制定和推行了乡村旅游业发展计划,推出了"马背上的阿根廷""南美土著部落""农庄生活""乡村手工制作""乡村美食"以及"乡村节日之旅"等旅游项目,并在全国20个省、44个城市举办这方面的巡回展览和专题研讨会议,向从事乡村旅游的个人和团体提供优惠贷款和补贴,向全国的农牧业生产者提供乡村旅游知识培训费;还成立了"阿根廷乡村旅游网",鼓励所有农牧业生产者加盟(王健梅,2007)。

澳大利亚以葡萄庄园的生产设施、田园风光、特色饮食、葡萄酒酿造工艺生产线、葡萄酒历史文化为吸引物,开发体验旅游和文化旅游多元旅游产品组合。通过成立维多利亚葡萄酒业旅游委员会、南澳葡萄酒业旅游委员会促进葡萄酒业与旅游业协同发展(王云才,2002),吸纳乡村地区剩余劳动力,创造产业经济乘数效应。2009年,澳大利亚葡萄酒旅游吸引了66万国际游客和410万国内游客,创汇达489亿澳元(张蓓等,2011)。

新加坡的农业旅游以高科技为重要特征。新加坡兴建了10个农业科技公园,在公园里不仅合理地安排了作物种植,而且还精心布局一些名优花卉、观赏鱼、珍稀动物的观赏,同时也相应建有娱乐场所。在城内小区和郊区建立的小型农、林、牧生产基地,既可以为城市提供部分时鲜农产品,又可以取得一部分观光收入,兼顾了农业生产与科普教育功能(贾双凤等,2011)。

坐落在印度尼西亚东爪哇省的玛尔戈乌托莫阿格罗度假村成立于1976年,经典的旅游项目包括在乡村花园内参观胡椒、豆蔻、咖啡、雪茄等热带作物种植和加工过程,夜间在沙滩边观看海龟产卵等。玛尔戈乌托酒店有服务员工近百人,其中绝大部分是当地村民。村民广泛参与旅游活动不仅获得良好的收入,同时也在与旅游者的交流互动中传播了乡村文化,提高了游客满意度,改善了当地社区福利水平(张蓓,2011)。

为了发展农业旅游,日本观光农业经营者成立了协会,各地农场结合生产独辟蹊径,用富有诗情画意的田园风光和各种独具特色的服务设施,吸引了大批国内外游客。特别是每年的春耕秋收季节,有大批游客前往农村体验农民生活。日本农业省在 2003 年财政预算中拨出专门资金用于推动那些严重依赖农、林和渔业的村庄开展参与性旅游活动,目的是促进全国小社区经济的发展,同时满足城市居民对体验自然的深厚兴趣。

马来西亚将"花卉节"与旅游紧密结合起来,推动旅游业,吸引更多的国际游客。从 1992 年起,马来西亚将 7 月 2—9 日定为一年一度的"花卉节",在花卉节期间举行各种花展、花竞赛、花车游行,各购物中心、酒店也以花为主题营造"百花齐放的绿洲""迷人的花世界""花的海洋"等购物环境,生动形象地宣传花卉,让花为众人所识,使全社会形成养花、爱花的新习俗。随着花卉生产的兴起,政府与有关部门紧密结合,实现花卉生产基地化、专业化。1994 年旅游业外汇收入就达 90 亿元马币,成为排名第三的产业。大量游客的到来,观花、赏花、购花,大大活跃了花卉市场。1995 年成功举办国际花卉展销会,成为东南亚地区具有权威的国际花卉展。

韩国大城市周边"农渔村"的"观光农园"和"周末农场",集休闲、体验、收获为一体,吸引了大批市民,生意非常红火,已成了当地居民一项重要收入来源。

综上所述,依托资源禀赋、民俗文化、科技水平等优势,形成多样化的旅游类型,农业旅游在国外产生了可观的经济效益、社会效益和生态效益,真正起到了使农业增效、农民增收、农村生活环境得到改善的重要作用。

国外农业旅游的经验表明,集群式发展是农业旅游产业获得竞争力的战略之一,农业旅游的正常发展离不开政府、协会、企业和农民的共同努力。依靠政府支持,加强农业旅游政策与资金扶持,政府在农业旅游发展中发挥着重要的调控和管理职能;依靠农业旅游行业协会,加强农业旅游主管部门与经营者之间的横向交流,为农业旅游发展提供技术推广与项目交流等服务支撑,对农业旅游产业化发展起着重要作用;依靠企业,推进农业旅游产品开发与整合营销;通过居民的积极参与,创造农业旅游的和谐社区环境。农业旅游以农业或农村的自然和人文资源为吸引物的观光体验活动,鼓励农民积极参与,将农业旅游发展为副业形态经营,积极支持农民组建旅游合作社,促进农户及社区居民与旅游者的沟通交流。农村居民对农业旅游的广泛认同和积极支持,有利于促进城乡交流、提高游客满意度、减少摩擦和冲突,营造资源整合、风情浓郁、文明和谐的农业旅游社区环境。

7.1.2 国内景区(旅游区)农业发展的成功案例与动态分析

实践证明,单纯依靠生产初级农产品的农业已完全不能适应当今社会的发展需求,而单纯依靠自然环境发展旅游业也使得旅游业面临巨大的生存挑战。农业与旅游业结合,一方面可增加旅游产品多样性,增加旅游产品新鲜度;另一方面,也可使农业提质增效,增加农产品附加值,进而增加农民收入,改善农村风貌。因此,"以农为本,以旅促农",是旅游区农业可持续发展的必然选择。

20世纪80年代,中国的广大农村就开展了形式多样的农业旅游活动。90年代起,农业旅游迅速兴起。1991年,上海南汇桃花节掀开了我国农业旅游发展的序幕。1996年,京郊就拥有119个农业景点(区),共接待近300万人次的游客,获得经营性收入3.2亿元。1998年,国家旅游局推出"华夏城乡游","吃农家饭,住农家院,做农家活,看农家景"成为其中的重要内容。2001年,国家旅游局把推进工业旅游和农业旅游作为工作重点,农业旅游的概念被正式提出。2006年,国家旅游局确定全国旅游的主题,"新农村、新旅游、新体验、新风尚",进一步推进了农业旅游的发展(张天柱,2013)。

北京是中国农业旅游发展较早的城市,休闲观光农业是北京农业发展的主要方向和主要出路之一。20世纪80年代后期,京郊昌平县十三陵就出现了首家观光采摘果园,经过十多年的发展,现已步入稳定成长期。2005年,北京韩村、河村等203个单位成为我国首批全国农业旅游示范点。截止到2005年初,北京京郊各类农业观光园数量超过2000个,从事民俗旅游和观光农业的农民近10万人,观光农业年收入突破30亿元,是1996年的近10倍。到2008年末,北京市有实际经营的农业观光园1332个,观光园总收入13.6亿元;民俗旅游接待户7793户,民俗旅游总收入5.4亿元。观光园和民俗旅游从业人员6.9万人,接待人数达到2703.8万人次,总收入19.0亿元(北京市统计局,2009)。

沟域经济是北京市结合乡村旅游、休闲观光,寻找出的一条发展休闲农业的新路子,迅速成为休闲农业大军的领头雁。2009年,北京市投入3.5亿元发展沟域经济,农民的人均收入首次突破万元大关,对于拉动内需,提高人民的生活水平,促进农村经济发展意义重大。北京山区各县区沟域经济发展程度和效果不尽相同。门头沟区从2004年起开始发展沟域经济,形成樱桃沟、玫瑰谷、韭园沟、东山沟、明清古村落等品牌。2008年,门头沟区实现旅游收入4.04亿元,同比增长26.2%,增速位居生态涵养发展区之首。密云县古北口镇从2008年初开始打造以香草种植等为主题的"汤泉香谷"沟域,形成了集人文、民俗、现代文化旅游等多功能为一体的香草观光产业带,每年可增加经济效益500万元。延庆县从2008年起在千家店镇黑白河流域实施了12项沟域经济研究和建设项目,努力打造千家店百里山水画廊等沟域经济带。平谷区发展特色果品2平方千米,打造西烟路和崔杏路生态产业走廊,建设山区沟域经济带(张义丰等,2009)。

全国范围内,一些农业园区和休闲观光农业基地也发展起来,如中国农科院国际农业产业园,北京蟹岛生态园,东莞市农业产业园区,南京市浦口农业产业园区,内蒙古乌海市农业产业化园区,上海市现代农业园区,杨凌农业高新技术产业示范区,北戴河集发生态农业观光园区,无锡龙寺农业生态园区,珠海农科奇观高科技农业示范园,浙江金华石门农场的花木公园、自摘自炒茶园,富阳县的农业公园,福建漳州的花卉、水果大观园,厦门华夏神农大观园,建阳县黄坨乡蛇园,山东济南历城的仲宫月亮湾农业生态园,王家峪大樱桃观光采摘园,唐王百菜观光园,董家草莓文化科技园等等;近年,休闲农业向多个板块延伸,由单一功能向教育休闲体验发展,比如福州农家乐休闲教育山庄;四川省成都市锦江区三圣花乡以花香农居、幸福梅林、江家菜地、东篱菊园、荷塘月色命名的"五朵金花"已成为消费者认可的休闲农业品牌(周红等,

2011)。

据农业部不完全统计,截至2009年8月,浙江、江苏、湖南、安徽等14个省市区,共有休闲农业与乡村旅游园区43035家,其中年产值500万元以上的规模企业2823家,年实现收入806.7亿元,带动就业近200万人,其中农民就业达159.5万人;实现农民增收257.2亿元,带动农产品销售收入352.5亿元。

台湾的休闲农业世界闻名。台湾休闲农业起于20世纪七八十年代,至今已有三十多年的发展历史。台湾现有上规模的休闲农场达到1000多家,每年的游客量大约是4千多万人次,台湾的休闲农业旅游已经走红国际市场,来自香港、新加坡、中国大陆等地的游客络绎不绝,休闲农业已经成为台湾发展前景良好的朝阳产业,年营业总收益达10多亿元。旅游休闲农业的发展促进台湾农业成功转型,农业从第一产业走向第三产业,不但增加了农民的收入,同时也促进农业和旅游经济的发展(林文超,2011)。

总结国内旅游区农业发展的成功经验:

(1)政府及社会各界的引导、支持与协助。政府建立相关法规,制定行业标准,成立专门的管理机构或部门,提供资金支持和规范农业旅游的发展。根据当地农业旅游资源状况和国内外市场需求,因地制宜制定本地农业旅游近、中、长期发展规划;通过项目资金、土地使用、道路通讯水电等基础设施配套建设、创造良好条件引导企业和社会资本投入农业旅游、贷款贴息、延期还贷、税收优惠、安排一定资金用于农业旅游的宣传促销等措施扶持农业旅游发展。各种组织、协会、社团、联盟对农业旅游进行行业自律和规范管理,并提供各种服务。

(2)树立科学合理的发展理念和思路,对农业发展进行科学的规划与管理。如基于健康、效率、永续经营的理念,台湾于2009年5月提出"精致农业健康卓越方案"。该方案提供前瞻的农业前景,创造民众新的生活价值,是"软国力"的展现,有许多无形的外部经济效益,农村再生、海岸新生、绿色造林皆有助于生态环境及休闲观光发展,可安适身心、稳定社会,更可有效对抗经济发展问题,其价值无法简易计算,重要性颇高。北京蟹岛绿色生态农庄明确提出以农为本发展旅游业的经营理念,通过农业观光、采摘、农机展示、农业科普、乡土人情展示以及农村生活体验,将农业与旅游有机结合,既延伸了农业的产业化发展,又构建了个性化的特色旅游。

(3)创意驱动,文化为魂。农业创意可以体现在生产、农产品加工、物联网构建、农产品包装、销售以及宣传等各个方面。台湾农业旅游经过40多年的发展,已进入了创意驱动、文化为魂的深度开发阶段,充分发挥了农业与自然资源的潜在价值,取得了良好的社会经济效益。

(4)各县、乡、村农业旅游发展主题各异,深度挖掘地方农业资源。如沟域经济发展中的"一沟一品"或"特色沟域经济带""一乡一品""一村一品"等,使各地实现农业旅游的错位发展,从而避免了同类资源的同质开发与恶性竞争。同时,各地围绕专一主题深度挖掘,展现旅游主题的不同构成,也给游客以深刻的印象和独特的体验。

(5)发挥地方资源优势,发展地方特色产品。特色农业作为旅游观光,满足游人求"特"的要求。特色农业的资源十分丰富,包括地方特色、产业特色、文化特色等。如,位于广东西部的广宁县"竹海",是以竹为产业特色的农业旅游基地。在广宁,当地的农民每个人都会竹编,每个人都能说出一些关于竹的故事,他们以竹为业,住竹楼、吃竹笋、用竹器,平时劳动的工具大部分是竹制成的,如竹笋筐、竹担挑、竹粪箕等。广宁"竹海"旅游区就是在这样一个有浓郁产业特色的背景下建设起来的。当登上观光竹楼,眺望着无边的竹海,在微风下婆娑的竹叶翻起滚滚绿浪,听着竹子摇动时那特有的吱嘎声,品尝着野生竹笋和竹筒饭时,饱受都市烦嚣的游客一定会心旷神怡(余美珠等,2004)。

(6)充分发挥农业资源的多功能性,提高农业生产的知识性、趣味性和科技性。有先进高端生产技术水平、规模较大的农业生产基地,其广袤的田野、大群的牲畜、食品的生产流程等,具有较高的观赏价值,如深圳的光明农场、内蒙古的蒙牛乳业等。而农业科普教育基地则兼顾农业的生产、科技示范与科普教育功能,如陕西杨凌农科城,借助区内大学和科研机构的科研实力和研究资源,建成了集农业生产、科技示范、科研教育为一体的新型科教农园。

(7)根据时令采取多种方式吸引游客。蓟县的"农家乐"根据时令采取多种方式吸引游客。如农家院内部安装暖气和空调,将房屋内外进行艺术装饰,在冷天可以推出冰雪康体、睡火炕。春节游客与当地农家一起吃年夜饭、放鞭炮、扭秧歌、话家常,让游客体验天津的民风民俗等,使"农家乐"成为具有休闲、健身、娱乐和度假功能的多元化复合型新兴旅游。夏天推荐游客在玉龙滑雪场滑雪,欣赏北国雪景,享受冰雪乐趣,冰雪旅游项目带动蓟县农家乐旅游。

(8)调动当地农民的积极性,提高农民的文化知识水平,培育农村人才。如韩村河村为了培养新型农民,提高农民文化素质,村集体坚持办好教育。通过岗位培训、业余进修、正规专业培训等形式,共培养各类人才1000多名。村里还建起了图书室、宣传橱窗、档案展览室,向村民宣传党的富民政策和村大好形势,给村民订阅报纸,为各家各户接入宽带。还成立了村文艺宣传队,通过群众喜闻乐见的形式,引导村民树立正确的人生观、世界观和价值观,倡导健康、向上的生活方式。

国内旅游区农业发展存在的问题:

(1)对旅游区内农业与旅游业关系认识不足。主要表现在:只注重旅游区的旅游功能,没有把农业与旅游业有机结合,旅游区的发展单纯依靠景区门票收入来维持。由于没有农业产业支撑,很多旅游区受季节影响较大,淡旺季游客数量差异显著;另外,农业经营者仅仅专注于土地本身大田耕作农业的单一经营思想,没有或不能充分认识发展农业旅游的重要意义,忽视农业对旅游业的推动和促进作用。

(2)宏观规划不足,重复建设现象较严重。农业旅游具有投资少见效快的特点,因此,各类农业园区在国内遍地开花。但大多数农业旅游园区由于缺少科学的规划和市场定位,造成后继经营管理困难,客流量减少,园区的正常运转难以维继。另外,部分投资者无法对市场行情做出正确的判断,只看到眼前和局部利益,不能从长远、全局的角度考虑农业旅游项目的设置,造成重复建设。盲目复制的结果,造成农业旅游项目同质性增强,进而引发相邻区域的恶性竞争,造成不必要的损失。

(3)旅游产品特色不明显,档次较低。不少旅游区的农业旅游景点还停留在"春季赏花,秋天摘果"的低层次发展水平,科技含量低。景点人工化倾向严重,特色不突出,吸引力不强。有些旅游项目功能不明确,内容单一乏味,趣味性较差。旅游产品单一,缺乏乡村旅游自身的内涵和特色,很多景区出现景观内容雷同,旅游产品粗制滥造等现象。旅游产品不能将资源充分的综合利用(翟茜,2004)。

(4)环境意识差,许多景点只注重眼前利益,盲目开发造成生态环境破坏。对乡村原有的风情景观进行盲目改造,大兴土木,失去了乡村所独有的浓郁风情。

(5)农业是受季节性影响较大的产业。农业旅游资源的季节性明显,淡旺季反差较大。如采摘园在一年当中,赏花、赏果、摘果的持续时间仅为十几天或几十天,季节一过,则门庭冷落,收入大减。因而,很多投资者不愿在基础设施上投资,配套设施简陋。

(6)基础设施不完善。在部分不发达地区,基础设施与服务设施欠缺,景区设施不够完善、景区内房屋及内部摆设简陋,食住卫生达不到游客的要求,特别是在一些贫困地区交通问题就是制约旅游发展的一个重要因素(翟茜,2004)。

(7)服务意识欠缺。农业旅游是三产有机组合的一种业态,需要大批农业生产人员、科技人才、管理人员、服务人员。同时,又是集吃、住、行、游、购娱于一体的,对服务标准要求很高的一个行业。很多旅游区农业部门缺乏相应的生产管理人员和指导人员,也缺少正规的管理与规划,从业人员岗前缺少培训,水平不高,态度不端正,服务水平低,质量差。

(8)农业旅游客源市场有限。由于乡村旅游大多为短期游、近郊游,游客大多来自周边城市地区,受时间、经历、金钱等一系列因素的限制,对于较远地区的旅游吸引力还不够。

(9)经营管理不规范。首先旅游景点自身的经营体制不健全,用人制度不完善导致内部管理混乱。其次是对农业园区旅游的立法管理还存在很多空白,经营行为不规范,资源保护和环境保护方面控制不严。经营管理的不规范导致有些农业旅游景点处在一种自生自灭的状态,不少"农家乐"没有办理有关经营手续,一些小规模旅游点内的餐饮、娱乐等设施缺乏统一的服务标准和收费标准,存在"懵客""宰客"现象,服务质量良莠不齐,卫生条件很难保证(张天柱,2013)。

7.2 蒙山农业发展现状

7.2.1 蒙山景区农业发展现状

7.2.1.1 工地资源

1. 土壤类型

蒙山旅游区基岩多为花岗岩、花岗片麻岩和片麻岩。土壤多为山地棕埌,山上部缓坡、低洼处及阴坡土层较厚,而陡坡、阳坡土层较薄。植被资源丰富,覆盖率达90%左右。

蒙山旅游区北部属低山丘陵,中部为山区,南部属低山丘陵。山地植被较茂密,是发展林果业、畜牧业的主要基地,黄烟、花生、小麦、地瓜等农作物亦有种植。丘陵地带的土壤砂性大,适耕性好,土层较薄,保水肥能力差,适宜发展防护林和经济林,是花生、地瓜、玉米、黄烟等作物的主要产地。山间沟谷平原,土层深厚,质地适中,多种小麦、玉米等作物。兖石铁路两侧多为石灰岩山地,土壤多为褐土。四开山、老虎山区多为花岗岩、片麻岩形成的棕埌,土层瘠薄,植被稀少,水土流失较严重,多为砂土、砂壤土。浚河、祊河(上游叫温凉河)两岸多为潮土类砂土、砂壤土(赵法朱,2008)。

2. 土地利用状况

表 7.1 蒙山旅游区土地利用及其构成情况

项目	面积(公顷)	所占比例(%)
土地总面积	31320.0	100
(1)农用地	26886.7	85.85
其中:耕地	7800.0	24.90
园地	4020.0	12.84
林地	13733.3	43.85
其他土地	1333.3	4.26
(2)建设用地	1900.0	6.07
其中:商服用地	33.3	0.11
工矿仓库用地	133.3	0.43
住宅用地	1273.3	4.07
公共管理与公共服务用地	60.0	0.19
交通运输用地	120.0	0.38
水域及水利设施用地	186.7	0.60
特殊用地	0.0	0.00
其他土地	93.3	0.30
(3)未利用地	2533.3	8.09

* 资料来源:蒙山旅游区国土资源管理办公室

根据蒙山管委会国土资源局提供的土地利用统计数据,柏林镇所属范围内农业用地(只包括基本农田保护区与一般农地区)总量为 8275.47 公顷,占辖区面积的 40.82%,其中基本农田保护区面积为 5120.66 公顷,占农业用地总量的 61.88%,一般农地 3154.81 公顷,占农业用地总量的 38.12%。林业用地总量为 8799.88 公顷,占辖区面积的 43.41%;云蒙办事处辖区范围内农业用地总量为 5416.58 公顷,占辖区面积的 49.02%,其中基本农田保护区面积为 2602.96 公顷,占农业用地总量的 48.06%,一般农地 2913.62 公顷,占农业用地总量的 51.94%。林业用地总量为 13198.9 公顷,占辖区面积的 42.14%(见表 7.2)。

表 7.2 蒙山旅游区乡村农用地统计

地区	辖区面积(公顷)	农业用地总量(公顷)	基本农田保护区			一般农地区			林业用地区	
			面积(公顷)	占辖区面积比例(%)	占农业用地比例(%)	面积(公顷)	占辖区面积比例(%)	占农业用地比例(%)	面积(公顷)	占辖区面积比例(%)
蒙山旅游区管委会	31322.14	13692.05	7723.62	24.66	56.41	5968.43	19.05	43.59	13198.90	42.14
柏林	304.20	159.60	137.04	45.05	85.86	22.56	7.42	14.14	55.36	18.20
杨谢	449.09	375.57	260.60	58.03	69.39	114.97	25.60	30.61	39.41	8.78
金裕	228.88	178.08	148.93	65.07	83.63	29.15	12.74	16.37	21.61	9.44
兴蒙	288.18	88.99	0.00	0.00	0.00	88.99	30.88	100.00	52.04	18.06

续表

地区	辖区面积（公顷）	农业用地总量（公顷）	基本农田保护区			一般农地区			林业用地区	
			面积（公顷）	占辖区面积比例（%）	占农业用地比（%）	面积（公顷）	占辖区面积比例（%）	占农业用地比（%）	面积（公顷）	占辖区面积比例（%）
黄崖	233.96	192.26	164.35	70.25	85.48	27.91	11.93	14.52	19.54	8.35
乔仙庄	444.16	313.93	237.73	53.52	75.73	76.20	17.16	24.27	77.02	17.34
蒙阳裕	390.15	265.89	126.12	32.33	47.43	139.77	35.82	52.57	55.43	14.21
汪家坡	464.58	352.03	306.06	65.88	86.94	45.97	9.89	13.06	68.60	14.77
固城	459.68	332.50	267.74	58.24	80.52	64.76	14.09	19.48	70.63	15.37
贾庄	360.16	296.20	236.70	65.72	79.91	59.50	16.52	20.09	27.09	7.52
玉源	246.89	200.09	173.10	70.11	86.51	26.99	10.93	13.49	14.75	5.97
北桥	193.28	151.45	111.38	57.63	73.54	40.07	20.73	26.46	30.72	15.89
沂蒙山庄	307.43	198.93	163.37	53.14	82.12	35.56	11.57	17.88	57.02	18.55
鑫合	225.70	198.60	173.69	76.96	87.46	24.91	11.04	12.54	9.76	4.32
苏河城	437.19	320.54	260.58	59.60	81.29	59.96	13.71	18.71	48.62	11.12
大涝峪	871.36	324.07	81.38	9.34	25.11	242.69	27.85	74.89	348.22	39.96
康胜	210.26	173.77	153.50	73.00	88.34	20.27	9.64	11.66	18.04	8.58
巩固庄	176.34	150.41	115.15	65.30	76.56	35.26	20.00	23.44	23.87	13.54
蒙山村	236.15	189.58	105.75	44.78	55.78	83.83	35.50	44.22	30.41	12.88
柘沟	431.44	143.76	70.78	16.41	49.23	72.98	16.92	50.77	144.20	33.42
东峪村	498.24	185.81	50.61	10.16	27.24	135.20	27.14	72.76	265.99	53.39
平邑县明光寺林场	2207.45	161.69	0.53	0.02	0.33	161.16	7.30	99.67	1731.01	78.42
平邑县万寿宫林场	1348.03	46.06	0.00	0.00	0.00	46.06	3.42	100.00	1266.83	93.98
柏林镇乔家村水库	103.08	3.56	0.00	0.00	0.00	3.56	3.45	100.00	0.87	0.84
柏林镇陈家庄水库	39.65	3.16	2.40	6.05	75.95	0.76	1.92	24.05	1.42	3.58
三关庙	852.83	471.29	384.01	45.03	81.48	87.28	10.23	18.52	310.39	36.40
北刘家庄	134.20	97.22	63.05	46.98	64.85	34.17	25.46	35.15	26.09	19.44
九女关	292.50	162.12	87.31	29.85	53.86	74.81	25.58	46.14	114.07	39.00
洪河	381.97	238.37	195.63	51.22	82.07	42.74	11.19	17.93	77.51	20.29
张里庄	1181.60	222.96	9.60	0.81	4.31	213.36	18.06	95.69	736.85	62.36
龙马	464.05	286.54	215.53	46.45	75.22	71.01	15.30	24.78	68.23	14.70
万红村	403.05	132.57	58.47	14.51	44.11	74.10	18.38	55.89	195.08	48.40
洼店子	1053.93	171.13	0.00	0.00	0.00	171.13	16.24	100.00	765.06	72.59
崔家庄	545.26	230.90	149.16	27.36	64.60	81.74	14.99	35.40	195.02	35.77
刘家寨	628.87	138.96	0.00	0.00	0.00	138.96	22.10	100.00	405.30	64.45
薄板沟	126.60	107.26	93.60	73.93	87.26	13.66	10.79	12.74	6.05	4.78
富泉	790.41	241.95	57.75	7.31	23.87	184.20	23.30	76.13	389.00	49.21

续表

地区	辖区面积（公顷）	农业用地总量（公顷）	基本农田保护区			一般农地区			林业用地区	
			面积（公顷）	占辖区面积比例（%）	占农业用地比例（%）	面积（公顷）	占辖区面积比例（%）	占农业用地比例（%）	面积（公顷）	占辖区面积比例（%）
西山神	513.21	149.01	33.71	6.57	22.62	115.30	22.47	77.38	188.31	36.69
小娄	486.66	140.96	69.76	14.33	49.49	71.20	14.63	50.51	231.85	47.64
福源	256.45	25.71	0.00	0.00	0.00	25.71	10.03	100.00	190.27	74.19
石河	470.20	339.40	271.82	57.81	80.09	67.58	14.37	19.91	61.07	12.99
桃沟	100.33	90.37	83.77	83.49	92.70	6.60	6.58	7.30	6.56	6.54
平邑县大洼林场	435.26	22.22	0.00	0.00	0.00	22.22	5.10	100.00	354.71	81.49
富山庄村	463.82	368.78	261.67	56.42	70.96	107.11	23.09	29.04	39.24	8.46
魏石山村	421.07	271.88	130.83	31.07	48.12	141.05	33.50	51.88	111.33	26.44
罗家沟村	196.85	142.49	93.61	47.55	65.70	48.88	24.83	34.30	36.89	18.74
西南峪村	636.17	404.03	291.25	45.78	72.09	112.78	17.73	27.91	152.26	23.93
龙凤峪村	598.80	409.89	276.39	46.16	67.43	133.50	22.29	32.57	108.94	18.19
王家村	638.83	343.32	81.93	12.83	23.86	261.39	40.92	76.14	180.23	28.21
东宝兴店村	173.58	133.07	126.56	72.91	95.11	6.51	3.75	4.89	5.59	3.22
虎路坡村	225.82	136.72	97.08	42.99	71.01	39.64	17.55	28.99	58.45	25.88
宝兴店村	623.24	427.76	267.19	42.87	62.46	160.57	25.76	37.54	129.82	20.83
天麻林场	954.57	1.76	0.00	0.00	0.00	1.76	0.18	100.00	921.67	96.55
麻店子村	177.82	104.96	48.34	27.18	46.06	56.62	31.84	53.94	30.22	16.99
小王庄村	268.02	193.46	103.58	38.65	53.54	89.88	33.53	46.46	16.01	5.97
于里河村	262.99	209.62	109.02	41.45	52.01	100.60	38.25	47.99	21.38	8.13
松林子村	373.55	289.82	101.32	27.12	34.96	188.50	50.46	65.04	48.58	13.00
花果庄村	298.01	156.46	0.00	0.00	0.00	156.46	52.50	100.00	96.03	32.22
百花峪村	342.25	100.88	0.00	0.00	0.00	100.88	29.48	100.00	170.60	49.85
松山村	446.24	281.58	8.79	1.97	3.12	272.79	61.13	96.88	103.25	23.14
东团埠村	144.93	117.00	51.15	35.29	43.72	65.85	45.44	56.28	5.43	3.75
百泉峪村	115.80	95.29	54.20	46.80	56.88	41.09	35.48	43.12	2.71	2.34
吕家楼村	138.75	100.29	41.34	29.79	41.22	58.95	42.49	58.78	22.86	16.48
墁子村	212.68	103.81	45.17	21.24	43.51	58.64	27.57	56.49	86.64	40.74
南洼村	155.25	98.22	56.96	36.69	57.99	41.26	26.58	42.01	43.85	28.24
王家麻峪村	964.07	597.89	232.86	24.15	38.95	365.03	37.86	61.05	252.72	26.21
桃花源村	411.11	313.95	123.72	30.09	39.41	190.23	46.27	60.59	21.99	5.35
天麻林场	1805.01	13.65	0.00	0.00	0.00	13.65	0.76	100.00	1732.33	95.97

*注:表中农业用地总量为基本农田保护区与一般用地区面积总和。

　　按照基本农田保护区占农业用地比例对蒙山旅游区内乡村进行分组统计,统计结果见表7.3。

表 7.3 蒙山旅游区内乡村基本农田保护区面积占比分组

所属辖区		>90%	80%~90%	70%~80%	60%~70%	50%~60%	0%~50%	0%
柏林镇	个数	1	14	7	3	2	10	7
	单位	桃沟	康胜、鑫合、薄板沟、汪家坡、玉源、柏林、黄崖、金裕、沂蒙山庄、洪河、三关庙、苏河、固城、石河	贾庄、巩固庄、柏林镇、陈家庄水库、乔仙庄、龙马、北桥	杨谢、北刘家庄、崔家庄	蒙山村、九女关	小菜、析沟、蒙阴裕、刁红村、东峪、大游峪、富泉、西山神、张里庄、平邑县明光寺林场	兴蒙、平邑县万寿宫林场、柏林场、蒙家村水库、连店子、刘家寨、福源、平邑县大连林场
云蒙办事处	个数	1	0	3	3	4	10	4
	单位	东宝兴店村		西南峪村、虎路坡村、富山庄村	龙凤峪村、罗家沟、宝兴村	南连村、百泉峪村、小王庄村、于里河村	魏石山村、麻店子汤、东团堌村、夔子村、吕家楼村、桃花源村、王家麻峪村、松林子村、王家村、松山村	天麻林场、花果庄村、百花峪村天麻林场

3. 旅游区流域水土流失基本情况

由于地形、降水、人为因素的影响,旅游区内部分区域水土流失严重。表 7.4 为旅游区内小流域水土流失情况,从表中可以看出,各流域水土流失面积所占比例最小的是石河流域(30%),而大多数流域的水土流失面积均在 40% 以上,堤子流域的水土流失面积所占比例最大,已经达到了 78.3%。

表 7.4 蒙山旅游区小流域水土流失情况

小流域	总面积(千米²)	经纬度	高程(米)	相对高差(米)	流失面积(千米²)	流失面积所占比例(%)
团埠	15.13	东经 117°52′18″—117°55′04″ 北纬 35°28′06″—35°30′34″	223.5～862.0	638.5	10.78	71.2
百泉峪	9.91	东经 117°54′46″—117°57′31″ 北纬 35°29′12″—35°30′54″	197.2～566.9	369.7	6.77	68.3
堤子	13.90	东经 11752′17″—117°54′14″ 北纬 35°34′08″—35°37′30″	242.6～1085.7	843.1	10.89	78.3
龙凤峪	15.99	东经 117°50′40″—117°53′42″ 北纬 35°35′14″—35°38′35″	224.4～938.4	714.0	11.89	74.4
郭家庄	20.22	东经 117°58′26″—117°59′13″ 北纬 35°55′12″—35°58′16″	322.2～705.0	372.8	15.4	76.2
大洼	34.50	东经 117°53′04″—117°56′51″ 北纬 35°28′05″—35°33′12″	176～1026	850.0	16.22	47.0
石河	35.33	东经 117°50′14″—117°53′04″ 北纬 35°28′16″—35°34′00″	151～1156	1005.0	10.59	30.0
菠萝崮	14.25	东经 117°51′00″—117°53′04″ 北纬 35°28′05″—35°30′10″	162～676	514.0	5.84	41.0
明光寺	19.75	东经 117°41′03″—117°45′14″ 北纬 35°40′09″—35°44′06″	183～777.5	594.5	12.81	64.9
乔仙庄	24.00	东经 117°45′04″—117°50′17″ 北纬 35°31′07″—35°34′05″	150～1156	1006.0	11.14	46.4
太平岭	14.75	东经 117°46′10″—117°49′07″ 北纬 35°28′18″—35°30′14″	102～217	115.0	8.11	55.0
黄崖	23.75	东经 117°45′18″—117°50′49″ 北纬 35°34′07″—35°37′05″	183～1154	971.0	10.93	46.0

7.2.1.2 自然灾害

1. 旱灾

蒙山旅游区内土壤较薄,作物不耐旱,加之降水年际和年内四季变化较大,全区旱灾频繁发生,群众流传着"三日不雨一小旱,五日不雨一大旱"的说法。一年内春、夏、秋、冬旱灾皆有发生。春旱不能播种,小麦减产,人畜饮水困难。夏季正值作物生长旺季,气温高,蒸发量大,需水多,5 日不雨就造成作物叶黄脱落,减产或绝产,特别是蜜桃等水果减产。秋旱直接影响着晚秋作物的产量及小麦播种,群众有"秋旱如刀刮"的说法。冬季雨雪稀少,遇旱易使小麦等越冬作物干死、冻死,造成减产。

2. 水灾

蒙山旅游区内地势较高,蒙山等山脉的主峰超过 1000 米。地形高差变化较大,坡度多在 20°~30°,河谷切割较深,为典型山区型河流。河道比降大,流域内地面坡度较大,雨水易形成地面径流流失,河流干枯明显,径流的季节分布严重不均衡,遇大暴雨后洪峰形成快,峰值高,历时短。受局部强暴雨以及超强台风等灾害性天气影响,山洪灾害发生频繁,平均每 2.5 年一遇。与其它自然灾害相比,区域内水害具有突发易发性和破坏程度强的特点,给当地经济建设和人民生命财产安全造成较大危害与影响。

7.2.1.3 社会经济发展

1. 人口资源

2012 年 4 月蒙山旅游区管委会成立,辖柏林、云蒙 2 个乡镇单位、5 个景区管理处、4 个国有林场,共 60 个行政村,辖区总面积 313 平方公里,总人口 7.3 万人(蒙山旅游区管委会农林水利局,2013)。

据 2013 年统计资料,旅游区内现有人口 7.7 万人,22110 户。其中,男性占总人口的51.52%,女性占总人口的 48.48%。60 岁以上人口为 11166 人,占总人口数的 14.57%,已处于老龄化阶段。年内人口出生率为 13.24‰,死亡率为 3.73‰,人口自然增长率为 9.51‰(见表 7.5)。

根据实际调查走访,柏林镇各乡村人口,大部分以打工为主要谋生手段,轻壮劳动力大多在城市里打工,留在乡村的是妇女、儿童和小孩,日常农田的管理由这些老弱妇孺来完成,只在农忙时节,才得一家团聚。云蒙办事处辖区因以经济林果为主要产业,各乡村情况稍好。

表 7.5 蒙山旅游区人口资源情况

项目	总人口	男性	女性	60~70 岁	70~80 岁	80~90 岁	90~100 岁	>100 岁
数量(人)	76661	39497	37164	5918	3829	1182	233	4
比例(%)	100	51.52	48.48	7.72	4.99	1.54	0.30	0.005

2. 旅游区近年经济发展情况

2012 年全区生产总值为 16.4 亿元,其中第一产业生产增加值为 4.66 亿元,第二产业生产总值为 4.24 亿元,第三产业生产总值为 7.5 亿元。全区人均 GDP 值为 8900 元,农村人均年纯收入为 7600 元(蒙山旅管委会经济发展局,2013)。

2013 年全区生产总值为 28.6 亿元,其中第一产业生产增加值为 9.273 亿元,第二产业增加值为 5.72 亿元,第三产业增加值为 13.61 亿元。全区人均 GDP 值为 4.3 万元,农村人均年纯收入为 10000 元。地方财政收入 2600 万元,其中税收收入为 2293 万元,占地方财政收入的 87.81%;国税、地税收入为 2605 万元。财政总支出 18370 万元(蒙山旅管委会经济发展局,2013)。

表 7.6 是蒙山旅游区 2012—2013 年经济发展状况,从表中可以看出,2013 年第一产业增

加值比 2012 年增加近 2 倍,第三产业增加值增加 81.5%,第二产业增加值增加幅度较小但也达到 34.9%,总体看,各产业增加趋势较明显。农民人均纯收入从 2012 年的 7600 元增加到 10000 元,增加了 31.58%。

表 7.6 蒙山旅游区 2012—2013 年经济发展状况

项目	2012 年		2013 年		2013 年占 2012 年比例(%)
	总值(亿元)	比例(%)	总值(亿元)	比例(%)	
生产总值	16.4		28.6		183
第一产业增加值	4.66	28.4	9.273	32.4	199
第二产业增加值	4.24	25.9	5.72	20.0	134.9
第三产业增加值	7.5	45.7	13.61	47.6	181.5
国家税收(万元)			415		
地方税收(万元)			2190		
农民人均纯收入(元)	7600		10000		131.58

3. 农业发展情况

(1)种植业

表 7.7 为蒙山旅游区农作物种植结构及其产量构成。从表中可以看出,种植业中,以粮食生产为主,粮食作物种植面积为 66.94%,经济作物中以花生种植面积最大,占到 26.32%。粮食总产量占农作物总产量的 66.93%,花生产量占农作物总产量的 15.95%,其中云蒙办事处的农作物种植面积比例(63.68%)稍低于柏林镇(67.79%),但是粮食产量比例稍高(73.72%)。花生及其他作物产量所占比例,柏林镇均略高于云蒙办事处。旅游区内杂粮品种较多,包括高粱、大豆、荞麦、绿豆、红豆、赤小豆等,小杂粮种植面积相对较小,播种面积占粮食作物播种面积的 3%,占粮食总产量的 8%。

表 7.7 2013 年蒙山旅游区农作物种植面积及产量

作物	柏林镇		云蒙办事处		蒙山旅游区	
	种植面积(公顷)	占总量比例(%)	种植面积(公顷)	占总量比例(%)	种植面积(公顷)	占总量比例(%)
	6930.60		1818.47		8749.07	
(1)粮食作物	4698.47	67.79	1158.00	63.68	5856.47	66.94
其中:夏粮	2294.13		484.73		2778.87	
♯小麦	2274.13		468.53		2742.67	
秋粮	2417.80		673.27		3145.00	
♯玉米	2219.40		428.47		2647.87	
♯地瓜	197.93		228.40		426.33	
♯谷子	0.47		3.40		3.87	
(2)棉花	47.67	0.69	22.13	1.22	69.80	0.80
(3)花生	1747.93	25.22	554.47	30.49	2302.40	26.32
(4)烤烟	230.13	3.32	41.00	2.25	271.13	3.10

续表

作物	柏林镇		云蒙		蒙山旅游区	
	种植面积（公顷）	占总量比例（%）	种植面积（公顷）	占总量比例（%）	种植面积（公顷）	占总量比例（%）
	6930.60		1818.47		8749.07	
(5)蔬菜	206.40	2.98	34.87	1.92	241.27	2.76
(6)其他	0.00	0.00	8.00	0.44	8.00	0.09
	总产量（t）	占总量比例（%）	总产量（t）	占总量比例（%）	总产量（t）	占总量比例（%）
	48239.51		16954.20		65193.72	
(1)粮食总产量（千克）	31135.08	64.54	12498.20	73.72	43633.28	66.93
其中：夏粮	12927.24		3013.23		15940.47	
♯小麦	15957.24		2963.12		18920.36	
秋粮	17717.73		9605.93		27323.66	
♯玉米	17531.89		3235.13		20767.02	
♯地瓜	1854.15		6207.40		8061.55	
♯谷子	1.68		10.35		12.03	
(2)棉花	159.79	0.33	34.70	0.20	194.49	0.30
(3)花生	7919.61	16.42	2475.63	14.60	10395.23	15.95
(4)烤烟	1292.36	2.68	91.73	0.54	1384.09	2.12
(5)蔬菜	7732.68	16.03	1297.80	7.65	9030.48	13.85
(6)其他	0.00	0.00	556.15	3.28	556.15	0.85

（2）林果业

表7.8是蒙山旅游区2013年林果业发展情况，从表中可见，云蒙办事处林果业以苹果、桃为主，柏林镇的林果业以苹果山楂为主，其次是蓝莓和栗子。

表7.8 蒙山旅游区2013年林果业发展情况

作物	云蒙办事处		柏林镇		蒙山旅游区	
	种植面积（公顷）	产量（吨）	种植面积（公顷）	产量（吨）	种植面积（公顷）	产量（吨）
	1091.93	14872.05	738.60	11100.00	1830.53	25972.05
苹果	509.47	7421.12	166.67	3900.00	676.13	11321.12
桃	425.87	6226.09	47.27	1500.00	473.13	7726.09
梨	0.07	1.15	1.33	100.00	1.40	101.15
山楂	20.40	101.33	260.00	4900.00	280.40	5001.33
蓝莓	0.00		113.33		113.33	0.00
葡萄	10.87	36.71	10.00		20.87	36.71
核桃	0.07	0.45	26.67		26.73	0.45
栗子	51.67	60.70	113.33	700.00	165.00	760.70
其他	68.60	1024.50	0.00		68.60	1024.50

由于特殊的地理环境和自然优势,旅游区内果品质量好,竞争优势强,综合效益高,产业优势较为明显。现已形成苹果、蜜桃、板栗、山楂四大果品基地。苹果面积为726.33公顷,产量$2.21×10^4$吨;其中,新红星苹果33公顷、产量$1.81×10^4$吨,规模居全省之首;蜜桃面积939.07公顷,产量$3.53×10^4$吨;板栗2797.67公顷,产量$0.41×10^4$吨;山楂1154.67公顷,产量$3.41×10^4$吨;核桃140公顷,产量170吨。近年来,特色果业发展较为迅速,以联农蓝莓合作社为龙头的蓝莓生产基地已发展到133.3公顷;以蒙山万寿宫生态农业种植合作社为代表的大樱桃生产基地已发展到200公顷。2011年全区果品总面积6320公顷,总产量$11×10^4$吨,总产值4.42亿元。

(3)畜牧业

根据蒙山管委会调查统计资料,旅游区内各乡村2013年养殖畜牧业统计汇总情况见表7.9。从各村的统计资料看,各村均有畜牧业发展,走进村落,可以看到牛圈、羊圈、废弃的养鸡棚、鸭棚、随处觅食的土鸡,山道、山坡上奔跑采食的黑山羊。目前,由于污染、疫病等问题严重,棚养禽类已经退出旅游区。

黑山羊是蒙山地区的特有物种,是山东省优良地方品种之一,属皮、绒、肉兼用型。肉质细嫩、脂肪少、腥味小、味香而不腻口,为肉食佳品,蒙山人有六月六吃"伏羊"的习惯。另外,因其良好的市场销售情况,目前在各乡村仍有规模不等的养殖户。

蒙山黑山羊(见图7.1)灵敏活泼、喜干燥,爱洁净,抗病力强,耐粗饲,适应性强,爱吃吊草,善于爬山,能在高山悬崖陡壁上放牧采食,素有"山羊猴子"之称。但是,蒙山黑山羊不吃污染饲草,需长年放牧。抓膘期在农历七、八、九月份。超强的啃食和攀爬能力,对山坡植被和土壤也造成破坏,进而形成坡地水土流失,带来生态和环境问题。旅游区步道上走过的黑山羊群,也留下了大量的排泄物,直接影响旅游区内的环境卫生及景区形象(见图7.2)。因此,在旅游区内,需圈定黑山羊的饲养范围,并应以育肥提供旅游区内游人餐食为主要饲养目的。

表7.9 蒙山旅游区2013年畜牧业发展情况

项目	蒙山旅游区	云蒙办事处	柏林镇
大牲畜年末存栏量(头)	3143	741	2402
大牲畜出栏量(头)	2958	858	2100
生猪年末存栏量(头)	39274	8877	30397
当年猪出栏量(头)	75351	8941	66410
羊年存栏量(头)	41075	17005	24070
羊出栏量(头)	41469	24286	17183
家禽存养量(万只)	115.2	13.2	105
家禽出栏量(万只)	113.9	26	87.9
肉类总产量(万吨)	113.56	113.1	0.46
禽蛋产量(万吨)	29.27	29	0.27
奶类产量(万吨)	0.02		0.02

图 7.1 旅游区步道上迎面走来的黑山羊群

图 7.2 黑山羊踩踏下形成的羊道,草被遭到破坏,树木根系裸露

蒙山牛饲养历史悠久,有"赶不尽的蒙山牛"之说。蒙山牛毛色以黄色为主,其次是棕色和黑色。体质结实,四肢粗壮,劲大且有耐力,耐粗食,抗病力强,多夏秋放牧,冬春圈养。肉质鲜美,产肉率高,皮质坚韧,适宜制革。

目前,旅游区内规模较大的肉牛养殖场占地 13.3 公顷,可养肉牛上千头。牛场牛粪的主要处理方式就是送给或者卖给当地的农户作为有机肥使用。但是,农民土地用肥远远不能解决牛场的牛粪处理问题,牛场内仍有大量牛粪需要处理。舍室内外空气中弥漫着牛粪味,苍蝇随处可见,养殖场卫生条件亟待改善,其带来的环境污染问题更急需解决。

沂蒙黑猪抗逆性强,肉质鲜美,耐粗饲能力强,抗病能力强,耐寒冷、耐热能力强,肥育性能好。平邑县益丰蒙阳黑猪养殖有限公司是蒙山旅游区内较大的企业,位于蒙山主峰北侧"八字峪",养殖场占地 66 公顷,建有生产区、管理区、粪污处理区,建有现代化猪舍 2600 余平方米,其中环保猪舍 960 平方米,年出栏生猪 2000 头以上。2012 年被临沂市政府评为全市标准化畜禽养殖示范场。

沂蒙黑猪采用生态无公害、无污染的野生散养方式,24 小时自然放养,生长周期一年半以上。自然发育成熟的黑猪,瘦肉率 48%,肌间脂肪 4.4%,肌内脂肪 10%,肌肉脂肪含量高,所产猪肉品质优良,营养丰富,绿色、天然、无公害,符合现代人绿色、健康、安全的理念。目前,市场价格从 50 元/千克至近 200 元/千克不等,销售情况较好(图 7.3)。

图 7.3　肉牛养殖厂的舍养肉牛(李家石屋)

(4)茶业、林业及中草药

蒙山自古就是北方重要的野生中草药生产基地,蒙山灵芝、紫草、何首乌、全蝎等以其量大、药效高而远近闻名。近年来,金银花、桔梗、丹参等中药材发展迅速,面积已达 2000 多公顷。金银花面积超过 133.3 公顷,产量 30 吨。

表 7.10　旅游区 2013 年茶业、林业和中草药业发展情况

项目	蒙山旅游区	云蒙办事处	柏林镇
茶叶种植面积(公顷)	2.67	2.67	0.00
当年造林面积(公顷)	66.00	12.67	53.33
其中:速生丰产林	8.00	8.00	0.00
花卉苗木	4.67	4.67	0.00
四旁植树(棵)	125000	125000	
中草药种植面积(公顷)	179.33	92.67	86.67
其中:丹参	166.00	86.00	80.00
金银花	6.67	6.67	0.00
连翘	0.00	0.00	0.00

蒙山茶叶、特别是蒙山大叶茶在 20 世纪 50—60 年代发展到鼎盛时期,面积 600 余公顷,且名声很响。进入 80 年代后,特别是土地分产到户后,由于一家一户分散经营,难以形成品牌,加之市场低迷,受其它经济作物迅速发展的冲击,蒙山茶叶迅速跌到低谷,甚至绝迹。80 年代后期,随着人民生活水平的提高,蒙山茶又起死回生,得到少量发展。现已栽植茶园约 7 公顷,且效益较好。

(5)食用菌

蒙山植被茂盛、松类树种面积大、品种全,野生蘑菇资源丰富,久负盛名,其中,所产松菇以其肉厚、味美远近闻名。近年来,林下菇种植从无到有,发展速度较快,现已发展林下菇 30 多公顷,300 多个大棚。给充分利用现有林地空间,增加农民收入,保护环境资源提供了很好的发展之路。

(6)花卉苗木

蒙山旅游区花卉苗木基础较好,有着丰富的野生资源和传统的育苗基础。优质的苹果砧木资源"平邑甜茶"原产地就是蒙山,且 95% 以上的产量来自蒙山;蒙山连翘、杜鹃、映山红、迎春等野生花卉资源丰富,具有极高的观赏价值;周边农民有传统的育苗习惯,技术力量雄厚。

(7)基地品牌建设情况

蒙山旅游区依托蒙山优美的环境、良好的生态资源,有着发展有机食品得天独厚的优势。蒙山植被茂密、空气负氧离子含量全国最高;周边无工业污染、为洁净区;水质为弱酸性且含有多种对人体有益的微量元素;土壤有机质含量高、无重金属离子,非常适合发展有机食品。现已获得有机食品认证 25 个。

围绕"生态沂蒙山,优质农产品"这一主题,蒙山旅游区管委会大力宣传和发展优质农产品基地品牌建设,新获有机转化农产品 7 种,新发认证证书 2 个,新发展有机蔬菜基地 6.7 公顷,特色食用菌基地 13.4 公顷,截至目前,全区共有农产品产业园区 2 处,绿色、有机蔬菜生产基地 3 处,市级优质农产品品牌 2 个;中药材、特色瓜果、精品果园等特色农产品生产基地 133.3 公顷,茶园 13.4 公顷。

4.乡村旅游发展状况

根据调查,旅游区的客源构成中,临沂市占 72.38%,济南占 1.9%,青岛占 2.86%,枣庄占 1.9%,荷泽、烟台、潍坊、威海、滨州、淄博各占 0.95%,泰安占 1.9%,济宁占 8.57%,山东省外占 5.71%。

在乡村旅游吸引物构成中,自然风光占 56.85%,风土人情占 18.49%,田园风光占 13.01%,古村落占 3.42%,农事活动占 1.37%,娱乐活动占 2.06%,采摘项目占 4.79%。

从旅游区客源构成情况看,城市居民占较大比例,游客以临沂市为主,省外游客所占比例偏小。在旅游吸引物构成中,与农业有关的仅占 19.17%,而农事活动所占比例最小。

旅游区内现有省级农家乐 10 家,五星级 1 家,四星级 3 家,三星级 4 家,二星级 2 家;蒙山旅游区钻石级别农家乐 10 家;乡村旅游特色村 4 处:百花峪村、百泉峪村、桃花源村、李家石屋村;蒙山精品采摘园 4 处:柏林镇蓝莓采摘园、墁子采摘园、百泉峪采摘园、养心园采摘园。2014 年柏林镇南孝义村和云蒙办事处小王庄村被评为市级绿化模范村。

7.2.2 旅游区农业发展存在的主要问题

7.2.2.1 农游一体化结合程度较低,旅游产品单一

目前,旅游区内的旅游项目仍主要以龟蒙和云蒙景区的一日游为主,与农业相关的休闲旅游项目主要是农家乐、采摘园,乡村环境差。农业旅游产品单一,缺乏精品,旅游吸引力差,游客留宿率低,重游率低,农业与旅游业结合不紧密。农业旅游对农村的农业旅游资源和民俗文化内涵挖掘深度不够,旅游活动主要停留在观光、采摘、垂钓等项目上,旅游特色产品主要以满足游客的物质需求或"一"饱眼福为主,缺乏精神层次的需求和养生氛围的塑造,不能适应当代旅游市场的需求。一些"农家乐"游客大多数只进行品尝农家美食、住农家屋、打牌、卡拉 OK、聊天等,缺乏体验、休闲项目,不能满足多层次游客尤其少年儿童的求知、求真、求趣的需要。农业生产经营者仍以一家一户的农民为主,农业生产与旅游处于松散的、零星的结合状态。

7.2.2.2 动植物关系矛盾突出

植物一方面为动物提供食物,另一方面也为动物提供栖息和避难场所。植物是生态系统的初级生产者,动物是消费者,两者均是生态系统中的重要组分。蒙山旅游区内植物种类资源丰富,既有一般物种,又有特有种。野生动物种类较多,与植物关系相对和谐,因此,动植物关系矛盾主要体现在人类禽畜养殖与蒙山植被之间。对旅游区内的植被覆盖情况进行考察后,发现林场范围内植被覆盖度较高,林下腐殖质层深厚。从林场边缘向外,越接近人类居住区,植被覆盖度越低,在部分低山丘陵区,水土流失严重,土层极薄,基岩裸露,植被稀疏甚至无植被。这与山区畜牧业、养殖业发展不无关系。目前,旅游区内家庭饲养的家禽、羊基本处于散养状态,饲喂数量均由农民自己根据实际情况确定,放养亦无固定区域。由于蒙山黑山羊不适合人工圈养,且养殖数量较大,放牧过程中植被遭到严重破坏,坡地保水保土能力下降,进而在雨季造成严重的水土流失。

7.2.2.3 农林关系不协调

蒙山景区的农业种植区主要在低山丘陵区,从景区的土地利用情况可见,农地所占比例较大,而生态保护区所占比例甚小,生态防护林面积较少。另外,从农田防护林的树种组成情况看,农田防护林带主要以杨树为主,树种单一,林下空间利用率低,只有个别村的杨树林下培养食用菌,多数林下空间未被利用。有些耕地虽适宜耕种,但由于家庭无人种植,农民就在土地上栽上杨树;而有些耕地不适宜再继续进行耕种,却在持续利用中,且耕地缺少防护措施,雨季易发生侵蚀,形成水土流失。

7.2.2.4 农水关系待优化

蒙山旅游区属淮河流域沂河水系,主要为东汶河、浚河、金线河三个小流域。主河长 10 千米以上河流共有 10 条,区内河流均为季节性河流,源短流急,旱季断流,雨季遇暴雨易漫溢成灾。蒙山旅游区水库塘坝工程最大蓄水量为$1768×10^4$ 立方米,总灌溉面积为 3000 公顷,远远满足不了群众生产生活及蒙山旅游区农业生产需求。

蒙山旅游区境内河流受河道采砂活动和自然因素的影响,河床冲刷严重,很多河段已裸露岩基。防洪能力不足。大多数河道不同程度的存在堤身单薄、防洪标准偏低、防洪能力达不到设计标准,部分河道两岸没有护岸工程。另外,因人为设障、废弃料乱堆、管理不善等因素,改变了河道天然断面形态,造成流水不畅,行洪受阻,影响河道功能的正常发挥。由于建房、修路等建设活动任意占用、填埋河道,建筑和生活垃圾等废弃物任意倾入河道,侵占了水面面积,致使许多河道缩窄变浅,减少了河网的调蓄容量。

蒙山旅游区共有小水库 21 座,总库容 $1479×10^4$ 立方米,兴利库容 $906×10^4$ 立方米,死库容 $53.2×10^4$ 立方米。按照水利普查数据,蒙山旅游区共有 500 立方米以上塘坝工程 160 处;其中 $5×10^4$ 立方米以上 30 处,$1−5×10^4$ 立方米 74 处,500 立方米−$1×10^4$ 立方米 56 处。160 处塘坝工程总蓄水量 $484.43×10^4$ 立方米。

受主客观因素影响,现有小型水源工程仍存在很多问题:一是多数小型水源工程老化失修,急需完善、配套、改造、续建;二是由于投入范围比较小,节水灌溉工程建设缓慢;三是灌区改制还没有取得突破性的进展,国家投资力度不够,水费收缴困难,自身难以维持;四是现有水利工程资产较大,工程效益回收期长,管理难度较大;小型水源部分工程效益不明显,没有针对性管理措施与管理主体。农业比较效益低,产投比小。

7.2.2.5 农业与长寿的关系认识不深

蒙山旅游区内人口构成中,60 岁以上人口占总数的 14.57%,70 岁以上人口占总数的 6.85%,90 岁以上老人也占有相当比例,且身体状况良好。

人口的寿命受环境、气候、运动、饮食、人际关系、精神状态等因素的影响。蒙山旅游区内空气负氧离子含量高,被誉为天然氧吧,优质的蒙山矿泉水,丰富的麦饭石资源,为居民生活提供了良好的环境;而种类丰富的小杂粮,以山间虫、草为食,饮用山泉水的禽畜为居民提供了优质的食材;田间劳作给人们提供了身体锻炼的机会;单一的农村劳作生活,也使农民心理压力较小,心情愉悦。这些都是影响蒙山旅游区内人口寿命主要因素,但是,长期以来,人们对人口长寿与农业的关系认识不足,优质的农业资源没有被充分开发利用,对旅游区休闲养生农业发展的贡献较小。

7.2.2.6　农业发展缺乏增容提质

目前,旅游区内的农业发展缺乏增容提质。一方面,大田作物种植品种单一,大片农田种植相同的农作物,间作套种等农业种植模式应用较少,降低了农田空间利用率及光能利用率,也使土壤地力不能得到有效的保护、维持与恢复;另一方面,农业生产仍以向市场提供初级农产品为主要目的,区内农产品加工企业较少,规模较小,农业产业链条短且不完整,不能很好地增加农产品的附加值。而初级农产品的市场价格较低,农民一家一户的经营方式,使得种植成本较高,净收益偏低,如果将人工投入计入成本,可能会出现家庭收益负增长。若能将初级农产品进行精深加工,再向市场销售,则可获得更大收益。如蒙山板栗,个小皮薄,淀粉和糖分含量较高,是蒙山土特产之一。但是,采收是其难题之一,采收季节,每天的人工费是100元/人,单纯卖板栗的市场价格最低时只有5元/千克,而加工成即食板栗仁的市场价格可以达到50元/千克以上。板栗壳又是蒙山特产食用菌灰树花的良好基质,若能延长产业链,发展白色农业,也可提高农业生产的附加值;核桃是一种重要的养生坚果,带皮核桃的市场价格在40~80元/千克,不同品种价格上限差别较大,核桃仁的市场价格在90元/千克以上,普通核桃加工成琥珀桃仁后,价格可达到120元/千克以上。

7.2.2.7　农村人口文化程度低、老龄化问题严重

我国现有4.19亿农村劳动力中,高中文化程度及以上的占13%,初中占50.13%,小学程度的占29.12%,文盲半文盲占7.15%,平均受教育年限不到8年。由于文化水平低,大多数农民只能从事简单的传统农业,新技术和新知识接受能力普遍较低,很多农民不能正确地使用化肥和农药,不能适应新农村建设的需要。近年来,旅游区外出打工人员数量增加,从事行业多以建筑业和服务业为主,初高中以上文化程度的青壮年农民在外出务工人员中占较大比例,这进一步影响了农村的发展。

农村年轻劳动力大量流向城市和发达地区,造成另外一个影响农村发展的人口因素,即越来越严重的人口老龄化问题。据2013年统计资料,旅游区内60岁以上人口占总人口的14.57%,已处于老龄化阶段。

7.2.2.8　农业发展仍处于粗放经营状态

旅游区农业仍是一种粗放型经营模式。农业科技对农业生产贡献率低,农业劳动生产率低下,粮食单位面积产量偏低,作物良种覆盖率低,农业机械化程度低,水利用率低。目前,区内农田灌溉仍然采用传统灌溉方式,以大水漫灌方式为主,现有水库、塘坝蓄水,仅可满足部分农田的灌溉要求,有些农田没有灌水条件,只能成为靠天吃饭的望天田。

旅游区内农民仍以单家独户的小规模分散经营为主,难以推广扩大机械化种植面积,农机拥有量少,农业现代化水平较低,农业投资大,经营成本高,经济效益低下,农民收入低,生产积极性不高。这也是农民外出务工的主要原因之一。

7.2.2.9 景区乡村基础设施不完善，生活水平低，环境质量差

蒙山旅游区内现有 60 个行政村，除个别村庄位于海拔较高处以外，基本四布于蒙山脚下，或者沿沟壑分布。各村的基础设施状况、村容村貌差别较大。基本规律是低山丘陵区，由于地形较平坦，村庄房屋布局较规整，道路状况较好。越向海拔高处走，由于受地形条件的限制，村庄布局略显杂乱，道路状况较差。目前，有些村庄已经建起水泥路面，而大部分农村道路还是土路。生活垃圾乱扔，农作物秸秆乱堆现象仍然存在。有些村庄缺乏或没有排水系统，生活污水任意排放，有些直接排到沟道里，造成河水污染。大部分农村家庭仍然只能使用传统的旱厕，卫生条件较差。家养禽畜与人混居，院落脏乱，有些人家直接把禽舍安排在院外，自家院子清洁了，但却影响了整个村庄的外在形象。

7.2.2.10 景区农民生态环保意识淡薄，土地污染、水土流失等现象严重

化肥、农药的使用，不但使每年农民向土地的投入资金增加，更为严重的是化肥的连年使用，造成土壤地力下降，农药的使用造成土壤污染、水源污染，短时间内难以恢复。

另外，为了减轻干旱的影响，花生等农作物整个生长期内均使用农膜，地膜的使用可起到抑制土壤水分蒸发，保持水分，汇集降雨，增温等作用。但管理不好，也会产生一些负面效应，并给土壤的可持续利用带来后患。这些负面效应包括：(1)地膜会造成严重的白色污染，造成土壤物理、化学和生物特性的变化，最终影响土地的生产能力。(2)地膜覆盖能够增加地表温度，但是，这种增温效果，在作物的不同生长阶段表现不一致。研究表明，地膜增温效应在前期后期明显，在中期则有降低地表温度的趋势。因此，覆膜时间，揭膜时间均需科学界定。(3)地膜覆盖促进作物旺苗和早期生长，在后期降水量资源或底墒不足的情况下，可以导致开花之前土壤水分和养分消耗过快，到了开花期会有水分、养分不足，导致早衰减产。

圈养、棚养畜禽的废弃物除堆肥处理外，农民无力处理大量的牲畜废弃物，牲畜长期处于自身排泄的粪尿中，人畜均受蚊蝇困扰，空气中弥漫着难闻的屎尿味，畜禽生长环境差，动物福利无从考虑，人居环境也受到严重影响。

散养畜禽虽在无意中考虑了动物福利，但却将污染转嫁给外部环境。目前，旅游区内的散养牲畜尚无特定区域，牲畜踩踏造成山坡植被破坏，进而引起水土流失，给乡村生态和环境带来不利影响。

7.2.2.11 景区农业科技人才严重缺乏，农业技术指导与推广程度低

农业科技人才缺乏是普遍现象，对农业的偏见和轻视以及工作的辛苦使得很多人不愿意从事农技工作。而旅游区的农业发展要走生态农业、有机农业和养生农业的道路，除了与大专院校合作的师生以外，需要农技人员定期亲临现场，对农作物的产前、产中、产后的过程进行检查指导，并根据各种农作物的农时，为农民安排讲座、培训，提高农民的种养技术，掌握现代农业科技，为旅游区农业发展提供充足的后备力量。但从目前情况看，蒙山旅游区农业专业技术人员缺口较大。

7.2.3 蒙山旅游区农业发展优势

7.2.3.1 政策环境优势

农业部把泰沂山区确定为全国苹果优势产业区域；山东省政府把临沂市确定为山东果业"十二五"振兴规划的重点地区；临沂市委、市政府把果茶产业列入农业工作的重点之一。市政府把蒙山资源进行了整合，并对蒙山的发展给与了很好的政策支持。

7.2.3.2 市场环境优势

随着人民生活水平的不断提高，生活方式的转变，果茶的需求量增大。由于全国果业格局的变化，临沂市桃果等已占据了江、浙、沪等较大的市场空间。加之临沂市依托优越的自然条件，加大市场开拓力度，桃果面积、产量、加工量居全国第一，带动临沂市果品在国内外的知名度和质量信誉越来越高，近几年果价不断攀升，销售更加畅通，发展环境更为有利，逐步形成对果业的巨大推动力。

7.2.3.3 地域气候优势

蒙山旅游区春天气温回温快，给早熟果品如大樱桃、早熟蜜桃、早熟苹果、大棚茶叶的生产提供了得天独厚的自然优势。且昼夜温差大，给果品、茶叶等作物的营养积累提供了条件，因此，蒙山旅游区所产的果品糖分高、色泽好、耐储运；生产的茶叶"叶片厚、香气高、滋味浓、耐冲泡"，具有南方茶不可比拟的独特品质。

7.2.4 蒙山旅游区产业规划现状

7.2.4.1 环蒙山高效农业产业带规划

1. 水果

以优化区域布局，突出重点，打造精品为目标。根据环蒙山区域内立地条件、气候特点、生产技术等条件，重点发展效益高、市场潜力大、用工少的苹果、蜜桃、大樱桃、山楂四大水果，适当发展如蓝莓、大棚草莓等特色或设施栽培水果，增加核桃栽培面积，稳定或减少板栗栽培面积，走专业合作社生产之路，尽快形成规模、形成合力，打造品牌，增加效益。

（1）苹果

①以花果庄、王麻、松林子、吕家楼、墁子村为重点的新红星苹果出口基地，在现有 500 公顷的基础上，新发展新红星 333.33 公顷，更新老果园 133.33 公顷，使新红星栽植面积保持在 800 公顷左右，产量突破 3.6×10^4 吨。云蒙管理处的王庄流域、水营流域为传统的新红星苹果生产基地，所产新红星苹果 95% 以上出口到国外，且产量越来越满足不了出口需求，价格年年攀升，新红星苹果产量高、管理简单、前景广阔，是一项增加农民收入短平快项目，应作为发展重点。

②适当增加水营流域早熟苹果生产基地面积，使早熟苹果种植面积达到 66.67 公顷，产量 2000 吨，品种以信浓红、美国八号、嘎啦等为发展重点，尽快形成全市最大的早熟苹果生产

基地。

③稳定以明光寺流域为重点的如东塔、拦马、洪河、山庄等村的优质红富士苹果生产基地,使红富士面积保持在333.33公顷,应通过密植园改造、果园生草、病虫害生态防治等技术措施,重点解决果园郁闭、管理技术落后、效益差的现状。

④以蒙山种植业专业合作社和龟蒙管理处为重点,新发展国际矮化密植集约化栽培苹果示范园33.33公顷,密植园改造66.67公顷。

(2)蜜桃

环蒙山地域是全国蜜桃最适宜栽植区,也是全国最大的鲜食蜜桃和加工用桃生产基地,以品质好享誉大江南北,市场占有率非常高,发展前景广阔,并结合蒙山旅游,打造环蒙山万亩桃花旅游长廊。新发展早熟蜜桃533.33公顷,使蜜桃总面积达到2666.67公顷,重点在基础较好的王庄流域、水营流域、老龙潭流域、宝兴店流域、明光寺流域,以早熟蜜桃为主,油桃和毛桃的比例保持在1:5左右,尽快形成全市最大的早熟蜜桃生产基地。

(3)樱桃

发挥蒙山旅游区春天气温回升快、樱桃上市早的优势,在现有53.33公顷大樱桃面积的基础上,以三关庙流域和蒙阳流域为重点,新发展80公顷,使大樱桃面积突破133.33公顷,成为全市最大的大樱桃生产基地,并且成立3~5家大樱桃生产专业合作社,尽快形成规模优势和合力,努力打造蒙山大樱桃生产基地,结合蒙山旅游,建立5~8处大樱桃采摘园,丰富旅游项目,增加果农收入。

(4)蓝莓

稳定蓝莓发展面积,使蓝莓面积稳定在133.33公顷左右。由于蓝莓管理技术高,用工量大,土质要求严,应在稳定现有面积的基础上,重点在高产优质综合配套技术方面做文章,迅速形成产量,并考虑采用机械化耕作、采收等降低人工的措施,降低生产成本、增加产品附加值。

(5)其他

稳定山楂面积,使山楂面积稳定在800公顷左右,重点应放在邢家庄、大涝峪、东塔、拦马等村,在高产优质综合配套技术方面进行改进,并增加订单产量比例,尽量避免市场忽冷忽热给果农造成的损失,力争建成全市最大的优质山楂生产基地。大幅降低板栗面积,使板栗面积控制在1666.67公顷以内,重点保留45°坡以上,无水浇条件,20年生以上的大树。突出"蒙山油栗"这一地方特色品种。大力发展核桃,以新疆薄壳和当地核桃品种为主,使核桃面积达到666.67公顷,重点在大洼和李家石屋流域。

2. 中草药

以金银花、丹参、桔梗为重点,适当开发蒙山紫草、何首乌、灵芝等特色中草药的研究与开发。在山岭薄地、果树行间、田间地头建立666.67公顷蒙山中草药种植基地。以苏城、大涝峪、沙石桥、玉皇城、汪家坡、桥仙、黄崖等村为核心,建立3~5处中草药大型批发市场和5~7家中草药种植专业合作社,并选择1~2家经济基础好、入社社员较多的合作社筹建中草药精加工或深加工企业,增加中草药产品附加价值。选择土层肥沃、水源条件较好的山场,建立5~7处蒙山野生中草药种植基地,集中打造蒙山中草药品牌,从而带动环蒙山中草药业健康顺利发展。

3. 食用菌

食用菌作为新兴产业具有不占用粮田、不造成污染、栽培时间短、市场潜力大、鲜食加工兼用等特点,特别是国际市场需求量大,出口前景好的特点。在大力发展林下食用菌种植的同时,加大蒙山野生食用菌资源的开发利用,如灵芝、黑木耳、蒙山松菇等。蒙山松菇肉厚、味美,已成为餐桌上难得的美味,深得消费者推崇,蒙山平菇、松菇等各具特色,很具市场潜力。

加强与大专院校、科研院所的合作,加大蒙山野生食用菌资源的开发利用。以汪家坡的平菇、杨谢的香菇发展为重点,在四个国有林场、刘家寨、大涝峪、百花峪、松林子等村适当发展杏鲍菇、鸡腿菇、灰树花菇等特色品种,使食用菌种殖规模达到 133.33 公顷以上,并走"菇渣—畜禽—果树"可循环利用之路,大力发展生态农业。与旅游相结合,在景区旅游路线附近的林下,选择 15～20 处,种植灵芝、黑木耳、香菇等,作为游客"寻宝园",儿童"童话世界"等,组织游客采摘蘑菇、寻找灵芝,吸引游客。

4. 茶叶

蒙山茶叶应根据蒙山海拔高、湿度大、昼夜温差明显等优势,重点发展海拔高度在 600 米以上的"高山茶",适当发展一批大棚茶。高山茶发展重点应在云蒙景区、龟蒙景区的山间背阴处、土层肥沃、有山洞泉水的地方;大棚茶应重点放在蒙山山前、条件较好的蒙阳峪、鑫合、柘沟、孝义柘沟等村。新种植茶园 33.33 公顷,产量达到 40 吨,形成知名品牌 1～2 个。在主景区建立 2～3 处茶叶采摘园,吸引游客自采、自炒茶叶。

5. 花卉苗木

充分发挥蒙山野生花卉资源丰富的优势,加大驯化和选育,尽快实现由野生向人工繁育转变,形成产业优势。在云蒙办事处小王庄村依托原有的桂花繁育基地,建立占地 6.67 公顷的桂花繁殖园;以小王庄、松林子为中心,建立 13.33 公顷水果苗木繁育场;孝义湖以下 266.67 公顷,龟蒙景区东西 400 公顷,共计 666.67 公顷花卉苗木基地。依托农林水利局苗圃建立 10 公顷良种苗木培育中心和 3.33 公顷蒙山野生花卉选育试验场,以培育五角枫、白蜡、法桐等大规格绿化苗木和水生观赏性植物为主,兼顾培育荒山绿化苗木;筹建苗木花卉专业合作社。

6. 有机食品

大力发展有机食品,彰显蒙山环境优势,与蒙山旅游相结合,形成系列产品,建成全省最大的有机粮食、蔬菜、畜产品生产基地。在云蒙办事处松林子村和柏林镇孝义村各建立 66.67 公顷有机蔬菜生产基地;在柏林镇李家石屋流域、大洼流域建立大型有机畜牧养殖基地,养殖蒙山黑山羊、草鸡、野猪及珍禽等,形成年出栏 10000 头(只)规模;在蒙阳峪、李家石屋流域建立1333.33 公顷有机粮食生产基地,生产有机小麦、地瓜及各种杂粮,做好"蒙山小米"文章,使其丰富的营养价值与红色故事相结合,形成自己独特的产品文化,扩大市场占有率;大力开发蒙山优质水资源,与"长寿"文化相结合,提升蒙山水资源优势。并以有机食品为依托,大力发展系列成品,形成蒙山独特的、以"长寿""健康"为主题的旅游纪念品。

7.2.4.2　高效生态农业示范区

蒙山管委会根据环蒙山区域内立地条件、气候特点,制定了 2014—2020 年蒙山旅游区产业发展规划。拟集中建设"三大农业精品园、五大特色农产区、十大农业基地"(图 7.4)。

三大农业精品园,即游客服务中心及孝义湖周边的百花园、柘沟农业示范园的百果园、三关庙的百草园。

五大特色农产区包括蒙山大道两侧花卉苗木种植区、四大林场林下食用菌中草药畜牧供给区、明光寺—大洼七流域有机林果蔬菜种植区、石河至龙马粮食蔬菜种植区、墁子至麻店子林果茶叶种植区。

十大农业基地包括鑫合有机林果基地、杨谢蓝莓和食用菌基地、王麻蒙山有机高山茶基地、石河金银花基地、小王庄桂花基地、钻石公园花卉苗木基地、李家石屋葫芦基地、松林子有机蔬菜基地、小娄黄烟基地、桃花源林果基地等。

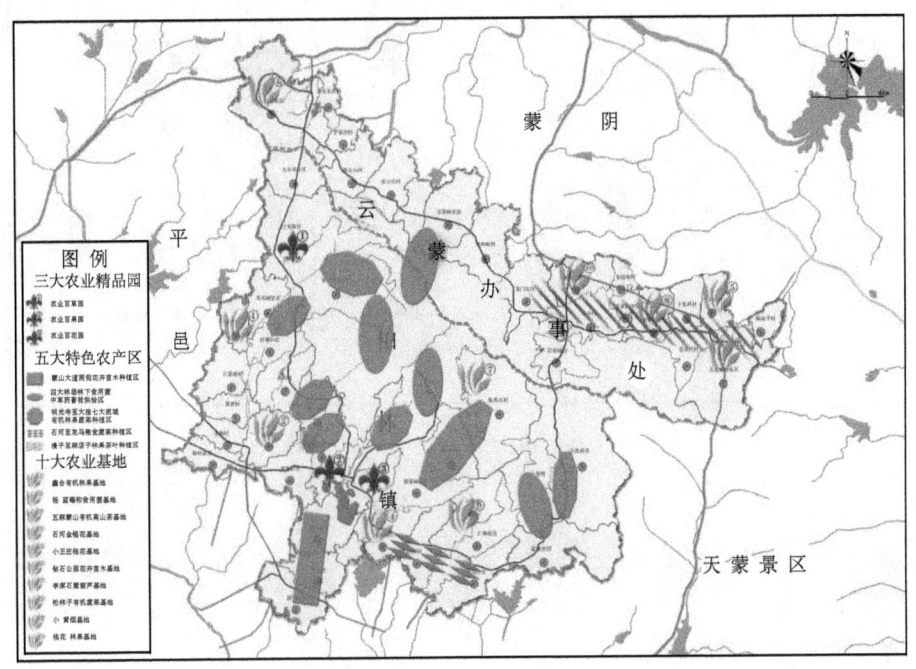

图 7.4 临沂市蒙山旅游区高效生态农业分布示意图

7.2.4.3 生态工业发展集聚区

依托蒙山特色水果、蔬菜等优势农产品资源,在柏林镇附近布局农产品仓储物流和深加工基地,发展水果、蔬菜、坚果、茶叶、蜂产品、中药材、养生保健产品等的精深加工,提高附加值。

根据蒙山管委会 2014—2020 年产业发展规划,在此期间生态工业重点发展项目包括传统工业改造项目、农产品深加工项目、精品鲁药项目、资源类产品加工项目、旅游纪念品制造项目等。产业空间布局见图 7.5。

7.2.4.4 蒙山旅游区乡村旅游发展规划

2014 年,受蒙山管委会的委托,临沂大学商学院与临沂市安标旅游规划设计院合作编制了《蒙山旅游区乡村旅游发展总体规划》,该规划主要针对蒙山旅游区的乡村旅游进行总体设计,对农业旅游资源、发展现状、市场状况进行了调查,提出了"一环、三心、七带"(环蒙山主景区绿道；养生小镇、云蒙小镇、钻石小镇、麦饭石小镇四个中心；田园风光带、养生修禅带、农园体验带、浪漫怀旧带、乡村度假带、乡土风情带、山野探险带七带)的乡村旅游空间布局。

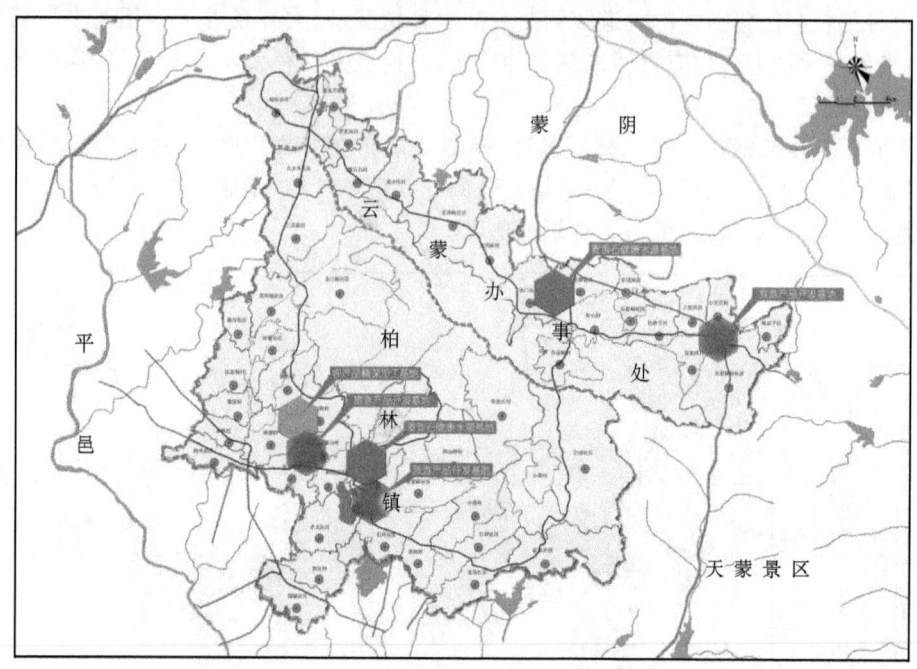

图 7.5　蒙山旅游区生态工业分布示意图

7.3　蒙山农业发展格局

7.3.1　蒙山农业发展总体框架

7.3.1.1　指导思想

以蒙山农业资源和自然资源为依托，在充分分析现有资源分布及其特点的基础上，以国家和地方的方针政策为指导，以保证粮食安全、环境健康、粮食增产、农民增收、身体健康、生活幸福为主要目标，发挥蒙山的地理优势和资源优势，用现代养生农业的基本思想和原则发展蒙山农业。

以中国养生哲理为指导思想，用文化创意产业的思维方式和手法，整合植入相关的文化资源，合理使用适宜的农业生产技术创立具有多功能的创意型农业。构筑多层次的全景产业链，创新农业发展模式，提升农产品的附加值，发挥农业更多的功能。

以产业发展、环境优化、经济增长、农民增收、农村生活环境改善为旅游区农业发展的立足点；坚持生态优先及可持续发展的基本原则；以"亲近自然、旅游休闲、养生保健、生态环保、产品安全、村貌美化"为主旨，突出旅游区的水、土、空气的自然优势；以发展休闲养生农业、高效现代化农业，以促进农业增产、农民增收、农村生活环境改善为目标，以实现社会、经济和生态效益为发展方向，综合开发旅游区农业的生态、经济与社会功能，体现"观赏、休闲、养生、娱乐、体验、教育、生态、环保"等功能，打造集果品采摘、生态旅游、休闲养生、绿色安全农产品生产为一体的高标准、高效益的现代化农业。

7.3.1.2　发展目标

以农业为基础，以满足城市游客休闲、养生、娱乐为主要目标，以休闲养生、改善环境、增加农民收入为目的。将养生文化、农耕文化植入农业中，农业和旅游业相结合，第一、二、三产业相结合。多行业有机融合，创立以养生文化为主线、具有中国特色、高文化内涵、高科技含量、高经济价值、高社会价值、高生态循环价值的可持续发展农业。为游客提供优质、绿色、生态、安全、健康的农产品和休闲食品，观光、休闲、体验、娱乐、度假等活动场所和服务。将传统的"体力型农业"向"智慧型、快乐型、审美型、参与体验型"的创意农业转变，从而使游客亲身感受农业景观、了解农业文化、学习农业知识、参与农业生产和生活活动，同时也可以保护和改善自然环境，维护和提供人类调剂身心及养生保健的高品质生态景观。

通过发展养生农业，促进游客与农民的相互交流，提供有关知识信息，丰富农民的精神生活、提高农民综合素质、加快城乡文化交融、促进农村文化发展，形成文明的乡村新风貌。同时，也使农民在生产活动中，提高生态和环境意识，改变旧有的种植和养殖观念，善待生命、关注健康和环保、热爱农耕文化、拥有和谐可持续的生活方式和创意空间，为建设和谐、美丽、洁净、现代化的新农村做出更大贡献。

蒙山旅游区内各乡村自然条件、资源禀赋存在差异。因此，农业发展宜因地制宜，因时因势制宜，综合考虑自然、社会、经济以及人文因素，选择适宜地段发展具有蒙山旅游区特色和发展潜力的养生农业。构筑以发展旅游区养生农业为主线，生态农业、有机农业、智慧农业、创意农业、观光农业、休闲农业有机结合的农业发展模式，以获得最佳社会效益、经济效益和生态效益。

7.3.1.3　发展原则

1. 复合经济效益原则

合理利用旅游区内农业资源，以农业生产为主体，以市场为导向，以提高农业可持续发展和提高经济、社会和生态效益为目标，三者相互促进，协调发展，进而提高旅游区内农业发展的复合经济效益。

2. 突出特色原则

从旅游区的实际出发，明确旅游区资源特色，注重特色项目开发，选准突破口，突出旅游区的地域特色、乡土特色、旅游特色、文化特色和景观特色，使整个旅游区内养生农业发展具有鲜明特色，以满足现代社会人们的多样性需求。

3. 可持续发展原则

统筹旅游区内自然环境、经济社会等各方面的关系，将开发与保障当地居民利益相结合，创造出环境优美、城乡统筹、市场规范、品味高雅、生态文明的养生农业。坚持发挥养生农业的基本功能,养生农业发展与社会主义新农村建设相结合,以实现农业可持续发展为出发点,把保护农村自然环境与充分挖掘和弘扬先进的民族文化有机结合起来。走观光旅游、生态旅游、文化旅游、生态养生相结合的道路,将可持续发展的思想意识贯穿到养生农业规划设计的整个过程中,使三大效益都得到提高。做到视觉形象、田园风光、绿色农业及地方特色的有机结合和整体和谐,确保旅游区养生农业的可持续发展。

4. 生态性原则

按照"整体、协调、循环、再生"的原理,在进行景点的布置和建设时,以不破坏生态环境为前提,重视环境的治理,不对自身或周边地区产生不良影响。在能源、交通、技术、商品、服务设施的建设上,按照绿色标准,以绿色服务吸引游客。在对农村山水、田园、绿色等方面要有强烈的环保意识,保护环境,利用好农家肥,生产绿色食品,同时减少或处理好景区、农家、种养殖园、宾馆的生活废弃物排放量,减少白色垃圾数量,营造绿色环境,巩固绿色农业旅游环境。

5. 整体性与多样性原则

养生农业由若干发展内容组成,如种植业、畜牧业、水产业、养殖业、加工业、旅游观光业、休闲养生业、服务业等同时进行,各内容之间相互依存。因此,在进行产业规划和设计时,从生态系统的整体考虑,对各产业进行合理的规划与设计,使各部分能够协调发展。各产业区要有各自的特点,同时又与周边的其他部分相结合,各部分之间、各部分与周边环境之间要有良好的衔接,使整体性更趋于完整、合理。

蒙山旅游区养生农业的发展,要以满足游客需求为导向,分析市场动态,根据目标市场顾客的需求进行设计、开发产品。在农作物品种、养殖业品种选择、园区建设、农产品加工方面突出丰富性、多样性的特点,有针对性地开发出适合城市居民游客的需要、内容丰富、形式多样的养生农业旅游产品。同时,要突破季节观光农业园区产品种类、客流量的影响,开发不同季节的不同旅游产品。

6. 近期和远期发展相协调原则

旅游区养生农业的发展不是短时间内可以全部完成的,需要统筹规划,分期建设。可以先建成某个功能区,投入运营的同时,继续其他功能区的建设,实现运营与再建设同时进行。

根据养生农业的基本内涵和要求,一个地区或农庄要发展养生农业,重点应该开展生态环境建设,能提供绿色有机、健康、安全、优质的鲜活农产品,能提供专业的膳食调理、理疗等保健服务。也就是说,养生农业的发展需要生态农业、有机农业、休闲农业、观光农业和创意农业等几种农业发展模式的支撑。而这几种发展模式不是简单的组合,也不可能截然分开,几种模式有机结合,相互促进,相辅相成,才能真正推进蒙山旅游区养生农业快速、健康地发展。

根据旅游区内的地形地貌,各村镇的基本自然和社会经济,以及已有的蒙山旅游区相关规划,对旅游区内农业发展布局进行规划。

7.3.1.4 功能定位

以市场为导向,社会效益、生态效益和经济效益为中心,充分利用现有农业资源,挖掘潜力,突出旅游区特色。以先进的科学技术为支撑,围绕环境保护、人类健康、粮食安全、农作物良种繁育、生物高新技术、蔬菜与花卉、畜禽水产养殖、农产品加工、旅游服务业等产业,建立粮食生产区、现代农业科技示范园区、畜禽综合养殖区、生态观光旅游区、休闲娱乐区、农事体验区、科普教育基地等,使农业成为旅游区的经济增长点,而且成为旅游区现代农业高新技术产业发育与成长的源头,向农业、农村辐射,达到农业增效、农民增收的效果。提高观光旅游、休闲度假等第三产业在旅游区规划中的决定作用,符合农业生产和旅游服务的要求。

7.3.1.5 产品定位

1. 技术优势型产品

加强旅游区与知名科研机构、地方科研机构、高等院校技术优势的结合发展,研究开发优质绿色无公害粮食、水果、蔬菜及畜牧业、养殖业品种,引入适合旅游区环境和发展需要的成熟先进的农业技术,为旅游区农民提供良种和种植技术,为旅游区内的农产品加工企业提供先进的加工、储藏、保鲜等技术,以产品技术的先进性占领市场。

2. 资源优势型产品

利用蒙山旅游区特有的光、热、水、土壤、空气等资源优势,生产无公害绿色水果、蔬菜、杂粮、禽蛋、中药材及畜牧业产品,发展特色农产品生产,实现名牌战略,发挥蒙山品牌效应,以高档绿色无公害农产品开拓山东省外的农产品经销市场。

3. 旅游区农产品的市场定位

旅游区内农产品主要是用于旅游区的日常饮食、地方特色旅游产品制造等,主要的消费群体是游客。

7.3.2 蒙山生态农业

7.3.2.1 生态农业的概念和发展

国外生态农业又称自然农业、有机农业和生物农业等;其生产的食品称生态食品、健康食品、自然食品、有机食品等。生态农业最早于 1924 年在欧洲兴起,20 世纪 30—40 年代在瑞士、英国、日本等得到发展;60 年代,欧洲的许多农场转向生态耕作,70 年代末,东南亚地区开始研究生态农业,走可持续发展道路成为世界各国农业发展的共同选择。

菲律宾是东南亚地区开展生态农业建设较早、发展较快的国家之一,以玛雅农场最具代表性,农场的农林牧副渔生产形成了一个良性循环的农业生态系统。

在以色列,农作物、绿树、草地、鲜花几乎全用滴灌,水、肥利用率高达 $80\% \sim 90\%$,节水 $50\% \sim 70\%$,节约肥料 $30\% \sim 50\%$;同时,防止了土壤次生盐渍化的发生,节约了灌溉沟渠占地,使单位面积产量成倍增长。此外,以色列还重视废水再循环利用,使废水变成适宜灌溉的水源。以色列的节水农业不仅保证了农产品的质量和产量,还提高了农业生产全过程机械化、集约化、规模化程度,形成了对农业生态环境的最大程度的优化和利用。

德国对生态农业的要求相当严格。使用天敌或机械除草方法杀虫、除草;使用有机肥或长效肥,利用腐殖质保持土壤肥力;采用轮作或间作等方式种植;不使用化学合成的植物生长调节剂;控制牧场载畜量;动物饲养采用天然饲料;不使用抗生素;不使用转基因技术。

欧盟于 1991 年颁发了《关于生态农业及相应农产品生产的规定》,该规定明确指出,作为生态产品的生产必须符合国际生态农业协会（FOAM）的标准。美国对保护农业后备资源和农业生态建设无论在规模上，还是在水平上都名列世界前茅。

日本生态农业的发展经历了强调农产品（加工品）质量安全、农业生态环境质量保全，到实现可持续发展的过程。日本的生态农业形式主要有再生利用型、有机农业型、稻作—畜产—水产三位一体型、畜禽—稻作—沼气型。

20 世纪 80 年代初，中国提出了发展生态农业的总体思路。经过 30 年的发展，全国开展生态农业建设的县已达 300 多个，其中国家级生态农业试点示范县 102 个，省级试点示范县 200 多个，遍布全国 30 个省、自治区、直辖市。

但是，由于缺乏严格的生态农业行业标准，准入门槛低，导致目前生态农业领域鱼龙混杂。大量假冒伪劣农产品严重扰乱了产业的健康发展。此外，生态农业投入时间长、成本高、销路不畅，也严重打击了从业者的积极性，影响产业的健康发展。

21 世纪，生态农业将主导世界农业生产的发展。蒙山旅游区有着独特的地理区位和自然条件，顺应时代发展要求，抓住机会发展生态农业、有机农业，促进旅游区农业向养生农业的方向发展，使农业增产、农民增收、社会增效，进而带动旅游区经济全面发展，也为社会主义新农村建设做出贡献。

7.3.2.2　我国生态农业科技示范园区

1. 果树生产示范园

以柘构农业示范区为主要区域，试验推广无公害水果、有机水果生产为主要目的。在区内种植各大品系的蒙山蜜桃、黄梨、山柿、山楂、苹果、葡萄、樱桃、草莓、蓝莓、甜茶、核桃、板栗、杏、李等，并在园区内将本地品系与引入品系做明确划分。以智能温室形式栽植市场常见的热带水果，如香蕉、芒果、火龙果、枇杷、杨桃等，以此让消费者了解热带水果的生长发育过程、生长特性，并能在园区内品尝、亲手采摘、购买新鲜又安全的水果。

现代信息化技术的发展和应用催生了智慧农业，也大大促进了我国现代农业的快速发展。20 世纪 90 年代，国家"863"计划智能计算机系统主题（360 主题）推出了"智能化农业信息技术应用示范工程"。目前，已在北京、吉林、安徽、云南、黑龙江、陕西（杨凌）、甘肃、山东、河北、天津、湖南、山西、新疆、四川、重庆、辽宁、河南、海南、广西、宁夏等地先行示范，网络覆盖了全国的大部分地区（邓蓉，2011）。即将启动的"益农计划"，必然使物联网技术在农业领域大放异彩。

因此，园区应借助即将在全国展开的农业部"益农计划"，发展农业物联网技术，推动蒙山旅游区农业现代化程度的提高。在园区内以现代物联网技术，实现各种生产和管理工作的自动化和半自动化，如土壤水分、养分状况、果树病虫害发生情况的监测及预警，温度、湿度，水分、肥料施用的自动控制等；实现农产品溯源。

园区在示范推广种植果树品系和技术的同时，也兼具科普教育和休闲体验功能。在园区内设置科普展示区、体验区。给园区内的每种水果建立小档案，制作采摘谱。在科普区，借助计算机等现代信息化技术平台，用简单易懂的语言，生动有趣的动漫作品，介绍展示果树品种、品种特性、生理结构与生活习性、生长发育阶段、各种园艺措施及其主要作用、对水、肥、气、热的具体要求和注意事项、病虫害的种类、危害及防控措施、采收的基本要求，以及水果产品的加工制作方法和过程。使游客能够根据各种水果的生长发育阶段，选择来旅游区休闲旅游的时间，提高重游率。在智能温室内，演示植物水、肥、气、热的监测控制过程，农产品溯源的实现过程，展示农业物联网的神奇功能。园区内的体验项目，可包括小型的水果采摘及水果产品，如水果干、罐头类食品的加工。

另外，现代消费者对水果的功效、食用方法、食用中的注意事项等知识仍然缺乏，大多数消费者购买水果仅凭自己的喜好和意愿，对于吃水果的学问却不甚关注，而这些正是养生农业需要关注的重要问题。因此，园区可以此为特色，编辑制作水果养生食谱（以书籍和光盘形式发售或按照购买水果的总价值和种类予以赠送），对各种水果的食用方法及注意事项给出明确的阐述，以使消费者明明白白地吃，健健康康地活。

2. 花卉苗木生产示范区

结合蒙山旅游区管委会的农业发展规划，在蒙山旅游区游客服务中心及孝义湖周边培育荷花、芦苇、香蒲、五角枫、白蜡、樱花、菊花、玉兰、桂花等花卉，建立旅游区的百花园并可兼做植物园。并为各种植物制做标签或标牌、方便游人辨识植物，了解其基本特性。通过植物水平方向与垂直方向的合理搭配，形成水体与陆地交融，草、灌、乔结合，层次清晰，四季景色不同，花香四溢，空气清新怡人，融科普、休闲、养生、娱乐于一体，兼具美化、绿化与身心调节功能的美丽景观。

蒙山大道两侧（包括孝义社区、贾庄村和固城社区），北邻乔家庄水库，又有孝义湖在内，水资源相对较丰富。本区域以花卉苗木繁育为主，其繁育花木一部分用于满足旅游区内的绿化要求，一部分可以鲜切、盆栽、创意盆景等方式对外销售，为旅游区创收。花卉苗木繁育设备兼有智能温室、大棚培育及室外种植等形式。花卉苗木的种类以本地物种为主，对旅游区内相对数量在逐渐减少，可人工繁育的物种通过人工培育的手段增加其野外数量，对物种资源进行保护，如蒙山特有的刺楸、迎红杜鹃、北枳椇、徐长卿、坚桦、野柿、野核桃、野百合等。

百花园与苗圃内植物生长所需肥料可使用有机肥或经无害化处理后的湖库底泥，灌溉则采用喷灌或滴灌设备，根据各地段土壤水分和养分情况，合理地进行灌水施肥等工作。

3. 蔬菜粮食生产示范园区

蔬菜是消耗量较大的农作物之一。蔬菜生产是最容易使用和体现现代农业高新技术、体现科研人员和生产者智慧的产业。

蒙山旅游区的蔬菜受众是游客，主要用于满足旅游区的餐桌需求，为养生农业发展服务。从功能上讲，蔬菜生产示范园兼具生产、科普教育功能和休闲、养生和体验功能。

蔬菜的生产过程花样繁多，从种植技术与生长媒介、整株外形塑造、瓜果类外形塑造等方面均有文章可做。如番茄与马铃薯嫁接，树一样的番茄秧，方形西瓜，百多斤的南瓜，各种颜色形状的辣椒、茄子、西红柿，在"西游记"里见到的人参果也出现在市面上。

蔬菜的种植方式从传统农业蔬菜种植一季作物，到大棚、温室种植向市场供应反季节蔬菜瓜果，再到升级版的现代设施农业，蔬菜种植带给人们越来越多的惊喜，蔬菜给了生产者无限的想象空间，也诞生了很多创意之作（章继刚，2013）。

根据旅游区内的地形、地势以及地理位置情况，以石河至龙马社区为粮食蔬菜特色农产品种植区。一方面起到现代农业科技示范作用,也可实现蔬菜生产的标准化、工厂化。园区内设置设施农业蔬菜种植区、露地蔬菜种植区、有机小杂粮种植区。设施农业蔬菜种植区的主要蔬菜种类,包括常见蔬菜、香料植物,也安排一些外来蔬菜品种。露地蔬菜种植区主要种植原产地在我国的蔬菜品种,如白菜、辣椒、西红柿、马铃薯、芥菜、大豆、长豇豆、山药、萝卜、韭菜、茄子、葫芦、丝瓜等。向游客展示并介绍其特点、栽培技术等,供游客观赏并达到科普教育的目的。有机小杂粮种植区主要种植蒙山旅游区的杂粮,如高粱、小米、荞麦、芝麻、豆类等,为蒙山旅游区养生园区提供养生保健食品,也为农产品加工或旅游产品加工企业提供原料。

近年来,设施蔬菜种植示范园的发展渐渐趋同,同质性发展使示范园渐渐失去了对旅游者的吸引力。不同地区的示范温室里,以相同的方式种植着相似的蔬菜,到哪里的温室几乎都能看到高高的西红柿树,彩色的辣椒,各种基质、各种不同形式容器承载的无土栽培蔬菜。毫无生气的导游解说词更无法激起游客的兴趣。

因此,旅游区内的设施蔬菜种植应在传统设施农业的基础上标新立异,利用现代化的技术设备、创新的生产理念和销售理念营造旅游区独特的蔬菜生产与销售链条。由传统的平面种植方式向立体化种植方式发展,如建立小型垂直农场、蔬菜垂直无土栽培,并配备先进的物联网技术;充分利用自然界的可再生能源,如太阳能、风能给温室供能、通风、营造小气候条件;根据作物对光、温、水、空间的需要合理安排农作物的种类及其在整个群体中的空间位置;利用生物技术进行病虫害防控;利用农业物联网实现生产自动化,促进农产品销售。在设施内,配备影音播放设施,向游客展示和介绍设施内的蔬菜品种、种植方式、营养知识、烹调知识等游客感兴趣的知识;开辟部分温室从事蔬菜采摘活动。

有机小杂粮种植区主要利用生态农业或有机农业生产技术,种植蒙山旅游区内的杂粮作物,如高粱、小米、荞麦、燕麦、豇豆、红豆、绿豆、黑豆、芝麻、豌豆等,并为各种小杂粮建立档案,向游客介绍小杂粮种植和食用的基本知识。

4. 流域生态农业示范区

小流域是最基本的径流产生及汇流系统,是水土流失和面源污染发生的基本单元,又是水源保护的管理单元,只有把一条条小流域治理好、保护好,才能维护良好的生态系统,入河入库水质才能得到基本保证(刘大根等,2008)。

构筑"生态修复、生态治理、生态保护"三道防线,建设生态清洁小流域(杨进怀等,2007),是旅游区生态环境修复、农村环境治理的根本途径。如北京、浙江永康形成了以水源污染防治为重点的"溯源治污、分区防治、村庄配套、产业跟进"的生态清洁小流域治理模式(王振华等,2011)。广东省在传统小流域综合治理的基础上,把防治面源污染、山洪灾害和地质灾害纳入治理范畴,形成了以流域防灾减灾为重点的"河沟整治、坡面防护、灾害预警、面源控制"的生态安全小流域治理模式(刘震,2010)。湖北、陕西、河南3省针对丹江口库区"南水北调中线工程"核心水源区内小流域水土流失的实际情况,围绕面源污染严重的问题,探索了切合当地实际的生态清洁小流域治理模式,提出了"荒坡地径流控制、农田径流控制、村庄面源污染控制、传输途中控制、流域出口控制"的5级防护模式。

此外,同一地区生态清洁小流域治理模式还可根据地形地貌、功能特征以及人类活动情况进一步细化和分类。杨坤在分析北京市山区功能定位、水土流失和农村水污染特点的基础上,结合土壤侵蚀强度分布、区域产业发展、生态破坏状况及其成因分析,将北京市山区划分为重要水源保护区、农地水土保持区和山地景观保育区等3种生态清洁小流域治理模式(杨坤,2009)。卜振军等根据密云县分布的6个典型小流域的不同特点,提出了6种生态清洁小流域建设模式。

因旅游区内各小流域经济发展程度、自然地理条件不同,建设生态清洁小流域时需要解决的问题也不同。云蒙办事处五个小流域中,龙凤峪小流域和郭家庄小流域耕地面积占比例较大,而其他流域园地(经济林果)栽植面积比较大。柏林镇辖区范围内的七个小流域中,只在石河流域园地占比例较大。因此,在实践中,应根据小流域的自然条件、社会经济发展状况,充分考虑实际需求,因地制宜,各有侧重,发展适应不同区域和需求的生态清洁小流域治理模式(刘震,2010)。

不管采用哪一种模式治理小流域,植被的分布都应以"山顶戴帽子,山腰系带子,山脚穿裙子"为基本组合,不同地段选择不同的植物物种组合,形成山地立体型生态农业种植格局。根据蒙山旅游区的小流域产业发展状况,在生态治理区和保护区供选择适宜的生态农业种植模式,如农林间作、粮肥间作、林肥间作、农—林—食用菌、鱼塘(塘坝)—台田模式(鱼—果—粮、鱼—果—棉、鱼—果—菜、鱼—果—草)等。

7.3.2.2　有机小杂粮、蔬菜生产区

有机食品是以有机方式生产加工的、符合有关标准并通过专门认证机构认证的农副产品及其加工品。生产有机食品比生产其他食品难度大,需建立全新的生产体系和监控体系,采用相应的病虫害防治、地力保持、种子培育、产品加工和储存等替代技术(赵春生等,2008)。

有机农业在二战以前就开始在一些西方国家实施。由于规模和信息等方面的原因,在有机农业发展初期,生产的有机食品很少为人所知和接受。有机农业的主要目的是为了拯救环境、解决农业可持续发展问题。自20世纪90年代以来,食品问题的出现使消费者由关心环境问题转向关注环境和食品的安全健康问题。中国于1999年制定了国家环境保护总局有机食品发展中心有机产品认证标准(试行),2001年5月,经修改又上升为国家环境保护总局有机食品发展中心有机认证标准。目前,已与德国、英国、美国、日本、马来西亚、泰国等国家有良好的联系和合作,有些国家的有机食品认证机构已在中国建立办事处或分会。

当今,有机食品消费出现大幅度增长,但因为有机食品价格较高,主要集中在欧、美、日等一些发达国家。但是,发达国家需要的绿色产品,特别是干果类产品,很多是从世界各国进口。有机食品需求不断增长,为有机农业生产和贸易提供了新的发展机遇。

中国农作物品种资源丰富,传统农业技术中有机农业管理成分较多,特别是一些边远山区生态环境优越,农药、化肥使用少,污染轻,这些地区相对比较容易转换成有机农业生产基地。近年,国家七部委在全国开展了50个农业生态试点县建设,国家环保总局在全国100个地区开展生态示范区试点建设。同时,我国已建立国家环保总局有机食品发展中心,制定了较规范的有机农业生产、检查、认证和出口的要求和技术文件。近年,一批基地获得欧盟有机农业生产基地和有机农业转换基地的认证。

目前,世界有机农产品主要种类及其比例为:蔬菜水果为18.2%、牛奶和蛋类16.1%、粮

食 14.3％、婴儿食品与用品 11.1％、加工食品 7.1％、肉类 6.1％、其他（饮料、食油等）27.1％。可见，蔬菜水果在有机农产品中占有较大比例。

蒙山旅游区内，有些乡村土壤、水源和空气条件较好。因此，在这些地方可以根据环境质量检测情况适度发展无公害农产品、绿色农产品、有机农产品的生产，如条件较好，但暂时没有达到有机农产品生产环境要求的地方，可适度发展有机转换农产品生产，进而实现向有机农产品生产的良好过渡。在达到无公害农产品生产条件的情况下，完成无公害农产品的产地认证，并对无公害的农产品进行逐个认证。

根据检测，在蒙山旅游区内拟建设鑫合有机林果基地、云蒙办事处松林子村和柏林镇孝义村有机蔬菜生产基地、柏林镇李家石屋流域、大洼流域大型有机畜牧养殖基地、蒙阳峪、李家石屋流域有机粮食生产基地、桃花源林果生产基地。桃花源林果生产基地由于目前自然条件不符合有机林果生产条件，但其未来的发展方向仍是有机水果生产。因此，在生产过程中仍按照有机水果的生产要求进行管理。

7.3.2.3　特色农业发展区

蒙山旅游区动植物种质资源丰富，尤其中草药种类繁多，地方特色明显。因此，可借助资源优势，发展特色种植。

1. 中草药

发展养生农业，中草药既是养生食品制做的必备原料，也是蒙山旅游区可开发的旅游产品之一。

中医素有"药食同源"的说法，表明医药与饮食属同一个起源。药膳是中国传统医学知识与烹调经验相结合的产物，它"寓医于食"，既将药物作为食物，又将食物赋以药用；既具有营养价值，又可防病治病、强身健体、延年益寿。因此，药膳是一种兼有药物功效和食品美味的特殊膳食。可以使食用者得到美食享受，又在享受中，使身体得到滋补，疾病得到治疗。当前，中医中药不仅仅在我国有此需求，近年在美国、韩国、日本、东南亚等国家的需求也在不断增加。

地道的蒙山中草药，在专业的营养师、保健师指导下，由专业人员烹制出个性化的中草药茶和药膳。具有各种养生保健作用的保健茶包，特殊功效的化妆品、功能饮料，也是来蒙山养生的游客所需。因此，以服务蒙山养生农业为目的。在三关庙，种植金银花、丹参、桔梗等中草药，建立蒙山旅游区百草园。在四大林场林下，利用自然的环境条件培育中草药。目前，根据蒙山管委会农林水利局提供数据，旅游区内中草药种植面积为 179.33 公顷，其中丹参种植面积已达 166 公顷，金银花种植面积为 13.33 公顷。从目前市场行情看，丹参的市场价格最高时可达到 180 元/千克，而今年的价格却在 30 元/千克左右，价格大幅跌落，很多种植户存货堆积如山。因此，种植的中草药种类要多，适度发展，并争取在质量上占据优势。另外，发展中草药种植，还需积极关注市场发展状况，合理规避市场风险。

在百草园中，可开辟部分区域作为科普展示区，集中种植各种中草药，向游客介绍各种中草药的药性、用途和注意事项。另外，中草药种植也应按有机农业的种植要求进行田间的各项管理工作。

2. 食用菌

食用菌是可供人们食用的大型真菌的统称。中国是世界上认识和栽培食用菌最早的国家,同时也是世界上食用菌最大的生产国、出口国和消费国(黄年来,2004)。食用菌营养丰富,风味独特,含有多种生理活性物质,不仅具有较高的营养价值,而且还具有重要的医疗保健功能,被人们公认为"健康食品"(吴锦文,1999)。

大多数食用菌产品均是天然、绿色、营养、美味的健康食品,不仅具有味道鲜美,肉质肥嫩,营养丰富的特点,同时又有调节机体综合免疫力、抗肿瘤、预防和辅助治疗心脑血管系统疾病及抗菌消炎等作用。2008年,国际粮食组织郑重推荐21世纪最合理的膳食结构,即每天"一荤一素一菇"的健康饮食食谱,使食用菌占副食消费的三分之一的份额。随着人们生活水平的改善,生活质量的提高,越来越多的人开始关注饮食结构。

食用菌作为一种传统林副产品,生产所需原料为农、林、畜牧业的废弃物,成本低,收益高,增收快。林菌结合的生产模式不仅可充分利用林地空间,而且林下栽培食用菌的旧菌糠、菌渣是优质的有机肥料,可以提高土壤肥力、改良土壤结构,促进树木的生长,增加木材蓄积量。在资源保护的同时,可将资源优势转化为经济优势和生态优势,尤其是针对土质极为瘠薄、环境较差的林地,可大大地提高树势,增强林木的抗病虫能力和抗逆境能力,保护林木健康生长,促进林业的良性循环,形成一个完整的生产链;是实现林业永续发展最良好的一种生产及管理模式。

明光寺林场、天麻林场、大洼林场、万寿宫林场的板栗林、杨树林、油松林等的林下区域,拥有优质的水源,交通方便,均是发展林下食用菌栽培的林地资源;同时,蒙山山脉现有林下名优野生食用菌种类丰富,据初步了解,各种林地中自然生长的灰树花、蛹虫草、牛肝菌、红菇、松菇、灵芝等名优食用菌多达20多种,备受当地人们的喜爱,周边群众历来有采食习惯,而自然野生状态下的人工采收,已经不能满足社会日益增长的需求,加之人们的无序采摘及人为破坏,已经使这些食用菌面临资源枯竭的危险。另外,本地除有着其丰富的棉籽壳、玉米芯、花生壳、豆秸秆、栗子壳等栽培原料外,还可以利用林木抚育管理、修枝等采伐的林场的下脚料,发挥其最大的生物转化率,降低栽培成本,增加森林收入。

发展林下食用菌经济,并通过旅游销售、餐饮消费以增加经济收入,实现林业生产、生态保护、养生旅游、休闲娱乐等系列的良性循环,走出一条林、农、商业立体经营和永续发展最良好的生产及管理模式;同时,食用菌生产链可以延伸到生物饲料、生物肥料等生物科技业、有效成分提取深加工等多种行业,可以实现循环经济发展,带动当地百姓致富。

3. 畜牧产品供给区

蒙山光棍鸡是蒙山名吃,食材是蒙山土鸡。近年来,蒙山土鸡越来越多地受到外来肉鸡、蛋鸡的冲击。因此,保护地方物种,保留地方特色,也是农业发展中一项很重要的任务。

林下养鸡,也是生态农业的模式之一,鸡吃林下的虫蚁,增加优质蛋白含量,营养丰富;散养的方式让鸡更健康;鸡的刨食作用,使林下腐殖质层变薄,也给林下食用菌和耐荫树种留下生长空间和机会;鸡粪也可给树木以及林下生长的其他物种提供有机肥料。

蒙山黑羊是蒙山特有种,由于山羊对草被有破坏作用。因此,蒙山黑羊的饲养以育肥为主,在林场的适当区域进行划区散养,根据黑山羊的采食量、活动范围、旅游区餐饮业需求量及羊对草场的影响情况确定适宜数量,并实行轮牧制度,以保护林场植被。

蒙山林场林下区域,除饲喂本地鸡和黑山羊以外,还可在距离餐饮服务设施较近的区域开辟养殖场所,适当引进一些餐食和观赏两用的珍禽、小兽,如鸵鸟、珍珠鸡、兔子、梅花鹿等,既为游客餐桌提供餐食,也具有观赏功能。

养牛业和养猪业,养猪业必须退出旅游区,因其可能对环境、水源、空气带来污染,影响环境质量,必须退出旅游区。养牛业要逐渐退出旅游区,如需为旅游区游客提供鲜奶制品、牛肉制品,则可考虑在李家石屋流域合适位置布置养殖场所。畜牧业产品的生产应走清洁生产的路线,建立良好的产业内部资源循环利用模式,减轻对外部环境造成的影响。

4. 茶叶

茶叶是世界上普遍饮用的饮料之一,世界人均饮茶量 0.5 千克/年,茶饮料消费量仅次于水,高于咖啡、啤酒、葡萄酒和碳酸饮料。中国茶树种植面积约占世界茶园面积的 50%,居世界第一(张建勇,2011)。

中国茶文化底蕴深厚,内涵磅礴。茶是中国人生活中的必需品。人们常说"开门七件事,柴米油盐酱醋茶"。由此可见,茶在中国文化和日常生活中有着非常重要的作用。中国茶文化具有明显的特征即茶文化的民族性、历史厚重感及其本身孕育着的鲜明的和合思想(梁晓宇,2014)。

茶叶中含有机化学成分达 450 多种,无机矿物元素达 40 多种。茶叶中的有机化学成分和无机矿物元素含有许多营养成分和药效成分。中国古人曾认为茶有十德:以茶散郁气,以茶驱睡气,以茶养生气,以茶除病气,以茶利礼仁,以茶表敬意,以茶尝滋味,以茶养身体,以茶可行道,以茶可雅志。

蒙山茶业近年有衰退趋势,因此,借蒙山旅游区农业发展机遇,发展蒙山茶产业,一方面可以复兴蒙山茶产业,一方面也使旅游区的农业产业更加多样化。拟建立的茶叶生产基地有王麻村的蒙山有机高山茶基地、墁子店至麻店子村林果茶叶种植区。

7.3.2.4 生态农业技术集成

发展生态农业、有机农业,实现农业的清洁生产,涉及生产者、消费者和分解者的科学选择与合理搭配、农业废弃物的资源化利用、减少化肥农药的使用量后如何应对植物病虫害等问题。只有解决好这些问题,才能使旅游区内的生态农业进入正常发展的轨道。

1. 农业废弃物处理与利用

(1)农村生活污水的生态处理

农村生活污水无害化排放不仅是新农村建设的要求,也是改善农村居民生活环境的需要。目前,国内研究较多的技术人工湿地生态处理系统、快速渗滤处理系统、地下渗滤处理系统、地埋式有/无氧处理技术、净化槽技术、厌氧沼气池技术、高效藻类塘技术、一体化氧化沟等。

(2)畜禽养殖业废弃物的资源化利用

畜禽粪便中含有大量的有机物,且有可能带有病原微生物和各种寄生虫卵,如不及时加以处理和合理利用,将造成严重的有机污染和生物污染,成为环境公害,危害人畜健康。畜禽粪便的主要利用方式包括饲料化、能源化、肥料化和用作培养料等。能源化方式主要是利用畜禽粪便生产沼气,培养料方式主要是利用畜禽粪便生产蝇蛆喂家禽,培养蚯蚓用作动物饲料、医药、环保、食品、专用肥等。畜牧场废水处理一般采取"三段式"处理工艺,即固液分离—厌氧处理—好氧处理。

(3)农林牧业废弃物能源工程技术

中国生物质能资源十分丰富,其总量约相当于我国煤炭年开采量的50%。生物质能直接或间接来源于植物的光合作用,可转化为常规的固态、液态和气态燃料,替代煤炭、石油和天然气等化石燃料,可有效利用,具有环境友好和可再生双重属性,发展潜力巨大,是农村能源的重要组成部分。

生物质能的载体主要是农林牧业的废弃物,如秸秆、树枝、树叶等,动物尸体及骨髓,工厂化畜禽场产生的大量粪便废物等,其主要的利用途径是进行厌氧发酵生产沼气、生物质气化制造燃气。生物质气化的主要原料是原木生产及木材加工的残余物、薪柴、农业副产物等,包括板皮、木屑、树枝、秸秆、谷物壳、玉米芯等。

(4)农作物秸秆的综合利用

蒙山旅游区内有大面积的农田,每到收获季节,农作物秸秆堆积如山,虽然目前已限制秸秆焚烧,但是,限烧不是解决问题的根本途径,变废为宝才能解决根本性问题。

秸秆的综合利用技术在我国发展很快,主要有秸秆能源利用技术、秸秆肥料化技术、秸秆饲料化利用技术、秸秆生产食用菌技术以及用于工业原料(造纸、降解膜、建筑材料、塑料替代品等)技术等。在旅游区内,可行的秸秆利用技术包括肥料化利用、能源化利用、生产食用菌以及饲料化利用。秸秆肥料化利用包括秸秆还田和快速堆肥、沤肥等。而秸秆作为食用菌培养基料后的残余物质仍可作为有机肥料使用。由于旅游区内限制或禁养牲畜,畜牧养殖场数量有限,因此,作为饲料利用这一解决途径可以视旅游区内的需求情况确定。

(5)固体废物及有机废弃物的利用

按照《中华人民共和国固体废物污染环境防治法》的规定,实行农业固体废弃物的无害化、减量化和资源化。对农村固体废弃物根据实际情况进行堆肥、厌氧发酵、卫生填埋等方法进行资源化、无害化处理和处置,禁止直接向湖库倾倒或随意抛弃。

2. 农业生物的营养供给

生态农业中肥料的施用,不仅要考虑生产者自身的投肥效率,还要强调对生态环境的保护,受到多目标的约束,即同时满足高产、优质、经济、环境友好、改土培肥等多目标的需求。生态农业中养分高效利用和控制的原则是在充分挖掘自然养分资源潜力和考虑环境承载力的基础上,通过合理施肥和营养调控技术,实现养分的高效利用和污染控制。养分的高效利用技术包括(1)扩大养分来源,使用微生物肥料、植物性肥料(绿肥植物、作物秸秆和一些能富集养分的植物)、动物型肥料、以及泥炭、食用菌下脚料(菇渣)等作为有机肥使用;(2)科学改进肥料,包括常规肥料升级、复合肥料、缓/控释肥料、生物肥料;(3)改进使用方法,包括精确施肥,实时采集土壤数据和作物营养数据作为施肥的依据,利用差分全球定位系统进行空间定位,将数据输入决策分析系统,最终进行控制施肥;平衡施肥技术包括3个方面,即测土:取土样测定土壤养分含量。配方:经过对土壤养分的诊断,按照作物的长势长相和作物的营养特性,对比其生长发育阶段的临界值"开出药方、按方配药"来诊断作物的施肥。合理施肥:在农业科技人员的指导下科学施用配方肥。灌溉施肥是把施肥与现代灌溉系统结合的一项农业新技术,主要是借助新型微灌系统,在灌溉的同时将肥料配制成肥液一起输入到农作物根部土壤,可以精确控制灌水量、施肥量和灌溉及施肥时间。(4)提高肥料利用效率。除了科学改进肥料、改进肥料使用方法外还有育种的、工程的和农艺的措施。(5)土壤修复技术。

3. 节水、节能技术

农业节水技术包括工程节水、农艺节水、生物(生理)节水和水管理技术等。

在采用高精度的土地平整技术基础上,采用水平畦田灌和波涌灌等先进的地面灌溉方法,明显改进地面畦(沟)灌溉系统的性能,具有节水、增产的显著效益。

农艺节水技术。利用耕作覆盖措施和化学制剂(如保水剂、吸水剂、种衣剂、抗旱剂)调控农田水分状况、蓄水保墒是提高农田水利用率和作物水分生产效率的有效途径。

生物(生理)节水技术。将作物水分生理调控机制与作物高效用水技术紧密结合开发出诸如调亏灌溉、分根交替灌溉和部分根干燥等作物生理节水技术,可明显地提高作物和果树的水分利用效率。

水管理节水技术。建立信息化、自动化、智能化的水管理系统,减少弃水,提高灌溉系统的运行性能与效率。建立灌区用水决策支持系统来模拟作物产量和作物需水过程,预测农田土壤盐分及水分胁迫对产量的影响,基于 Internet 技术和 3 S 技术完成信息的采集与传输,根据实时灌溉预报模型,为用户提供不同类型灌区的动态配水计划,达到优化配置灌溉用水的目的。

农业节能技术,包括使用温室、大棚增温,利用太阳能、风能等清洁可再生能源供电等技术。

4. 病虫害控制

农业防治技术,包括选用健康苗木和抗性品种;增加作物品种多样性,包括时间上的多样化种植,空间上的多样化种植,同种作物不同品种的间种。不同作物品种的复合种植;农业有害生物预防的栽培管理措施,包括培育壮苗、合理施肥、合理修剪、推广嫁接技术、改善作物生长条件。

生物防治技术,是利用某些生物或生物代谢产物来控制病虫害的发生发展。包括以虫治虫、利用病原微生物、使用生物源农药、利用昆虫激素治虫以及利用有益动物治虫、使害虫不育、昆虫、植物生长调节剂等方法。

物理防治技术,包括利用害虫的趋避性,用粘虫板、杀虫灯、糖醋液等;利用冷热处理法防虫;隔离措施,如套袋、树干上刷石灰水、覆盖草木灰等方法防治害虫。

化学防治技术,使用高效低毒低残留农药,及改进农药使用技术。

7.3.3　蒙山养生农业

现代人生活节奏快,无论工作或生活均比农业生活紧张,精神压力经常大于肉体压力,一般走马观花的旅游形式不但不能达到消除疲劳、纾解身心压力的目的,反而增加了旅游后的疲惫感,无法满足消费者的需求。因此,以健康、有机、养生为诉求的休闲游憩活动为主的深度旅游、定点度假成为新的旅游方式,颇受人们推崇(陈美芬,2008)。人们开始更加关注生态环境,呵护健康,休闲养生将成为一种重要的生活方式和社会发展趋势。

7.3.3.1 养生农业及其内涵

中国传统养生文化有几千年的历史,养生文化理论与实践汇集了我国历代劳动人民防病健身的众多方法,揉合了儒、道、释及诸子百家的思想精华,显得博大精深,堪称一棵充满勃勃生机和浓厚东方神秘色彩的智慧树,是中国古典文化的瑰宝(杨晓翔,2013)。

养生农业是"以中国养生哲理为灵魂和指导思想,借鉴采用相关的养生方法和技术并结合传统农业、现代农业、有机农业、生态农业,以及本来农业中的科学合理的内容,形成的一种新型的、具有循环力的、可持续发展的健康态的农业"。

养生农业的目标是要将传统的"体力型农业"向"智慧型、快乐型、审美型、参与体验型"的创意农业转变,从而使参与农作的人们善待生命、关注健康和环保、热爱农耕文化、拥有和谐可持续的生活方式和创意空间。

养生农业将养生文化、农耕文化植入农业之中,并与加工业、旅游业、养生产业、文化产业等多行业有机融合所创立的以养生文化为主线、具有地方特色、高文化内涵、高科技含量、高经济价值、高社会价值、高生态循环价值的可持续发展农业。养生农业通过优良的农业、农村生态环境,配以有机或无公害农产品和必要的功能食品,以及适度的农业劳动和乡村健康运动,以实现调养恢复、提高消费者身体素质和健康状况为目的的农业经营模式(黄冲平,2012)。它包含以下几个方面:

(1)农耕养生文化。是由农民在长期农业生产中形成的一种风俗文化,包括科技、思想、制度与法令、农事节日习俗、饮食文化等,而养生文化汇集了我国历代劳动人民防病健身的众多方法。

(2)养生创意农产品。养生农产品有粮食作物、豆类作物、茶叶、香草精油等,结合五谷杂粮和茶疗、精油的养生相结合,恰到好处地完善了最基本的养生之道。

(3)农业养生园区。分为:养眼农园,园内种植具有眼部保健功效的农作物,另配合大面积多彩的田园景观和娱乐设施给人以美的享受等;养颜农园,园内大面积种植养颜功效的农作物,打造特色养颜产品;养脑农园,种植具有补脑健脑功效的农作物、养殖鱼类,另设有锻炼脑力的设备等;养牛农园,园内以中草药为主,配合各种健身运动;养心农园,通过打造疗养花园,配合种植补心食品,为广大压力人群提供"养生"养心体验;私家健康牧场,农场内的动植物专属个人,人们可以认养,生产专属自己的放心农产品。

(4)田园养生游。以"养生"为主题进行的旅游体验,和"农业旅游""医疗旅游"结合,加入吃养生餐、做养生操、名医问诊、体检疗养、泡温泉等特色内容,休闲放松之余也可养生保健,益处良多。

(5)农艺、园艺疗法。利用农作物生产和园艺来治疗,借由实际接触和运用园艺材料,维护美化植物或盆栽和庭园,在精耕细作的过程中,接触自然环境而舒解压力与复健心灵。其种类主要有:植物疗法、芳香疗法、花疗法、园艺疗法、药草疗法和艺术疗法之一的插花、押花,组合花园制作等。

7.3.3.2 养生农业的功能

养生农业以生态保护为前提条件,注重气候、土壤、水、空气等自然条件及资源的保护、利用,通过优质安全的农产品、优美的环境、健康的生活方式提升人们的健康养生理念。其主要功能如下:

1. 生产功能

养生农业以农业为基础,农产品供给是其基本功能。产品包括粮食、蔬菜、油料、棉花、水产品、畜产品、园艺产品等。养生农业是整合生产资源,培育以资源的循环利用为基础的可持续生产方式。创意创新出健康的生产方式和环境友好型耕作方法。

2. 社会功能

农业的社会功能是农业作为公共产品属性的重要体现。我国农业人口众多,向非农部门的转移是一个长期的过程,农产品的保障供给以及农业所提供的就业机会是维持社会稳定的重要渠道。养生农业可以促进"三农"健康发展,提高农民素质和生活品质;成为连接城乡的纽带,促进城乡交流合作;促进健全的社会持续发展,缓和城市社会的紧张和压力以及人们对食物安全的担心。

3. 经济功能

农业的经济功能主要包含农业为城乡居民提供基本的粮食及农副产品,保障人民基本的生活需求的功能;也包含为我国工业提供相应的材料、原料、燃料的功能。养生农业由于其休闲、养生的特色,产生的经济效益要高于一般的农业生产。创造经济价值,产生经济效益是农业多功能性的基础与核心。

4. 生态与环保功能

养生农业是环保型农业,它对自然界中水、土、气及动植物资源进行优化与维护,保护农村居民基本的生活环境,维持健康的生态环境。健全的生态环境是人类安身立命的基础,它为现代人提供生态系统服务(环境服务),护佑着现代人健康生存。

5. 生活功能

养生农业提供健康的生态田园环境,生活在健康的生态环境中,沐浴着灿烂的阳光,呼吸着新鲜空气,吃着安全健康的食物。追求真善美和优美田园风光是人们追求的具有"农"的内涵的健康的生活方式。

6. 文化功能

养生农业以农业为载体,传承中国养生文化和农耕文化,这两种文化相互跨越,又一脉相承,两者的思想理念高度契合,其主要核心思想是天地人合一的"三才观",它们是构建中华民族核心价值的重要精神文化资源。

7. 教育功能

利用中华博大精深的养生文化、农耕文化的文治教化功能,对务农者,以及尤其是对消费者,进行田园式教育培训,让人们学习养生知识,向人们传授健康的、可持续的生活方式。培养人们的环保意识,唤起人们对大自然的敬畏,对动植物和相关从业人员的感激之心。

8. 旅游功能

养生农业是承载养生文化和农耕文化的平台,能筑造自然和人文相结合的田园风光式的美丽景区,是极佳的养生旅游目的地。能为游客提供以养生健康为主题的吃、住、行、游、购、娱及参与体验、交流会议等各种活动的场所和服务。

9. 养生功能

养生农业以养生先养天,养生先养地的天地人合一的"三才观"为指导思想,可将养生产业、农业、旅游业等相关产业进行有机复合,打造集生态环境养生、农耕养生、农艺及园艺疗法、文化养生及各种自然养生服务于一体的田园式的养生圣地。

10. 创意功能

养生农业是以养生文化、农耕文化为创意源而创立的大创意产业,能为人们提供大文化创意平台,留给善待生命、关注健康和环保、热爱农耕文化、追求和谐可持续生活方式的人们无限的创意空间。

蒙山养生农业涵盖了休闲农业、观光农业、创意农业等多种农业发展形式,利用蒙山的自然资源和农业资源,做好休闲观光农业、创意农业,可为养生农业的发展打下坚实的基础。

7.3.4 蒙山休闲农业

休闲农业是指在城郊和农村范围内,利用农业和农村自然环境、田园景观、农业生产与经营、农业设施、农耕文化、农家生活等旅游资源,通过科学规划和开发设计,为游客提供观光、休闲、度假、体验、娱乐、健身等多项需求的旅游经营活动(赵宪军等,2011)。休闲农业作为当今世界发展的一个新兴领域,它迎合了现代城市人的思潮,是城市人们追求高质量生活回归自然的一种途径(刘志青,2011)。休闲农业又是贯穿农村一、二、三产业,融合农村生产、生活和生态功能,是一个紧密连接农业、农产品加工行业、服务行业的新型农业产业形态和新型消费业态,成为农民增收和社会经济发展助推器。

休闲农业在国外已有 100 多年的历史。早在 1865 年,意大利就成立了农业与旅游全国协会,专门介绍城市居民到农村去体验自然野趣。20 世纪 30 年代,欧洲的休闲农业得到了较大发展,并逐步扩展到美洲、亚洲等部分国家。20 世纪 70 年代以后,休闲农业得到迅速发展。国外休闲农业的发展大致经历了萌芽、发展、成熟 3 个阶段,并先后出现了观光型、度假型、租赁型休闲农业类型(罗佩等,2011)。

早在 19 世纪初,美国就出现了农场娱乐和旅游活动,如城市居民在夏天到农村亲戚家避暑。到 20 世纪 20 年代,市民开车到农村旅游已较普遍。二战期间,到农村追逐民俗。60 年代,又进一步发展到去农村骑马、接触农场动物以及重温农村生活。80 年代,度假农场、农村早餐加住宿旅馆以及商业旅游等产业已很多普遍。2002—2004 年,有 9000 万青年到农村旅游。2004 年,大约 52000 家美国农场从农场休闲娱乐活动(农业旅游)中获得总数 9.55 亿美元的额外收入。

日本从 20 世纪 60 年代起发展农业旅游,日本的观光旅游农业内容丰富,有观光旅游农场、民俗农庄、教育农园、森林旅游、农村修学旅游、亲水公园、市民家园、农业公园等。马来西亚早在 1985 年就建立了一处农林旅游区作为科技示范和生态保护的样板,并以此发展观光旅游农林业。区内设有鱼池、果园、菇房、稻田、花园、植物园、禽场、畜场、野餐区、灌木林区和雨林区等,兼具公园和迪斯尼等名园的部分特点,突出自然属性。

欧盟对农业旅游的发展很重视,并有统一规划,如 2007—2013 年支持农业旅游预算为 170 亿美元,其重点是改善住宿条件,这促进了欧盟各成员国农业旅游的协调发展。英国农业旅游园区也是从国家公园逐步衍生、发展起来的。一些私人农村庄园是英国旅游的重要景点。英国的农业旅游有三种类型:住宿加早餐型、自助烹调型、集体宿舍型。法国葡萄酒闻名遐迩,以葡萄酒为主题的乡村旅游非常吸引国内外游客,游客可以参观葡萄园、酿酒作坊、酒窖,参与酿造葡萄酒的全过程,了解酿酒工艺,品尝美酒,参与当地酒庆活动,甚至可以将自己酿好的酒带走,向亲朋好友炫耀。另外,法国还推出田园风光游,游客可穿梭于阿尔萨斯地区或卢瓦尔河一带,下榻乡村客栈,尽情享受远离尘嚣的安宁和恬静。

目前,中国的休闲农业处在规范经营阶段。这一阶段,我国人民生活水平由温饱型向小康型迈进,人们的休闲意识更加强烈,伴随产生的体验型旅游、生态型旅游等项目日益融入到农业旅游项目中,极大丰富了农业旅游产品(赵宪军等,2011)。

我国台湾地区观光旅游农业发展较早。经过单一果园、多类农园、主题式农园和整合式农园四个阶段的发展,目前台湾已拥有 1000 多家休闲农园,成为一种新兴的农业发展形态。1992 年起,台湾也陆续实施了包括休闲农业辅导办法、休闲农业标章核发使用要点、休闲农场设置管理要点等主要法规和其他近 50 个相关法规在内的观光休闲农业法规体系。

北京市休闲农业和乡村旅游发展最早,发展成果在全国位居前列。北京市的休闲农业主要分布在平谷区和怀柔区,空间上呈现出从近郊到远郊由弱渐强的开发态势。从与著名景区景点关系看,主要分布在著名景区景点边缘、附近和进入市区的公路边缘及主干公路两侧,呈带状分布。2004 年,北京市 7 个景点被评为全国农业旅游示范点。目前,北京市形成了城市近郊观赏农业公园区、中郊平原观光休闲农业区、远郊山区观光休闲生态农业区(刘志青,2011)。

上海市的休闲农业起源于 20 世纪 90 年代的"桃花节""柑橘节"。其休闲农业主要包括传统农家乐型,如崇明前卫村、廊下中华村、浦东书院人家等;专题性观光农园、如浦东鲜花港、奉贤都市菜园等;综合性农业公园,如松江五库现代农业园区、浦东孙桥现代农业开发区等;人工生态林公园、如崇明东平国家森林公园等;农业旅游节庆,如崇明森林节、马陆葡萄节等。休闲农业在浙江、湖南、湖北、四川、江苏、福建、山东、辽宁、黑龙江等省市也有不同程度的发展。形式多样,地方特色明显,效益显著(罗佩等,2011)。

休闲农业是有效拉动农业发展的旅游业。当前,农业经济发展面临着资源环境压力不断加大,调整优化农业产业结构,转变农业经济发展方式,发展资源节约型、环境友好型产业已成为促进农业可持续发展的必然选择。

蒙山旅游区内,优美的自然环境、丰富的花、果和作物资源,为休闲农业的发展提供了广阔的空间。

7.3.4.1 观光采摘

1. 杨谢村蓝莓生产基地

杨谢村蓝莓基地,是山东省康发食品有限公司的原料供应地。建有 133.33 公顷的大棚蓝莓,每年 6 月即可开始采摘。

由于蓝莓的市场价格较高,属于中高档水果,采摘费用必然较高,消费人群有限。且蓝莓属于浆果类,采摘过程中必然会造成果实的损失与植株的损伤。因此,蓝莓采摘宜适度发展,并有专业人员指导游客进行采摘。产品以中高档消费人群为主要消费对象,并以开发蓝莓深加工产品为主,鲜食为辅,如蓝莓酒、果干、从蓝莓中提取的花青素和抗氧化物质制成的保健品。

基地可以设置游客参与体验项目,如游客体验制作蓝莓果干、果酱;了解花青素及其妙用;也可以现场亲手制作蓝莓酒,委托基地相关部门代为保存,这样亲手制作的酒,世上独此一份,是最珍贵的礼物。

2. 鑫合社区有机林果基地

鑫合社区有机林果基地是一个以大樱桃为主要品种的水果生产基地、各种水果兼有的综合性水果采摘体验园区。基地内种植花期、果期、品质、外观、口感不同的樱桃品种。游客可自摘、自食、自取,了解生产过程,果农的生活乐趣,享受乡土情趣。

为了游客在采摘过程中达到增长知识、感受快乐的目的,基地内为每种水果编制小档案,介绍树苗培育、嫁接的基本知识,栽植中的注意事项,果树的管理(水、肥的需要量与供给方式),果树的生长发育时期与特性等,更要向游客介绍各种水果的养生功效与食用方法。这些常识可以以动漫形式在游客接待区进行影、音播放。

采摘的过程本身就是一种体验活动,但是,在采摘园内仍可设置水果加工体验区,让游客体验水果加工的过程。如拌制水果沙拉、水果拼盘、制作果干、水果罐头、制做果酱、果脯、果酒、果醋、水果味道的小点心;现代工厂水果加工过程中,剥皮、去核、加工成熟的过程;并可制做水果篮送给亲朋好友等。

可以设置小的知识竞赛活动,问题都是有关水果的,答对有奖,增强采摘园里活动的趣味性。一个可以在综合采摘园内开展的项目就是果树的认养。每位游客都可以在认养区内选择自己喜欢的果树,按时付给园区管理费用,园区为游客照顾果树,并把果树的生长情况通过网络告知认养人,果实可以向游人出售,或以较低廉的价格出售给认养人。这种服务要求园区有健全的网络系统,可以随时为游客提供服务。

3. 苹果采摘园

苹果是一种再普通不过的水果,但其养生功效甚多。旅游区内现有多处苹果生产基地,涉及品种较多。蒙山一带的苹果种植历史有百余年,主要品种有青香蕉,红香蕉、金帅、红玉、红金丝、大国光、小国光、大鲜果、小海棠、白海棠、秋风蜜、花红果、玫瑰红、新红星、红富士、北斗、乔纳金等。

苹果采摘园可选择设置在墁子小流域、百泉峪小流域、明光寺小流域等进行水土流失综合治理建立起来的苹果园内。山坡上高度不同的梯田内栽植各种品种的苹果树,林下是伴生的花草、食用菌等,漫山遍野、梯级分布、果实累累的苹果树,本身就是一道靓丽的风情,给人以美的享受。进入园区,品尝着自己亲手采摘的苹果,欣赏着优美的风光,又了解了各种苹果的小知识,增加了对苹果的认识,积攒了一点儿生活常识,又多了一份"炫耀"的资本。再与挂满枝头的苹果来个合影,发给远方的亲人。一次采摘之行,就是一次快乐的体验。

4. 食用菌采摘体验区

近年，乡村旅游的发展，使得农业采摘园数量大增，挂块牌子就采摘的现象无处不在，采摘园的性质趋同，特色也不甚明显。多数游客对采摘的兴趣渐减，而在众多采摘园中，食用菌采摘园的数量并不多见。因此，蒙山旅游区可以开发利用食用菌栽培区，开展食用菌的采摘活动。

食用菌采摘园可设置在明光寺林场、天麻林场、万寿宫林场和大洼林场的食用菌培育基地，具体设置区域根据旅游区内景区分布及道路交通情况确定。在食用菌培育基地或附近选择合适的位置设置科普区和体验区，介绍蒙山的蘑菇资源，并能让游客参与蘑菇美食的制作、蘑菇产品的加工等过程。

5. 山楂采摘体验区

山楂是人们日常生活中一种非常重要的保健水果，具有消积、化食、减肥、降血脂等作用。俄罗斯民歌《山楂树》、张艺谋的电影《山楂树之恋》，引导几代人对山楂树热爱和向往，蒙山旅游区内大涝峪、东峪、栏马等村的山楂栽植面积较大，可适当开展山楂采摘。由于山楂树叶子较硬，采摘园负责指导游人正确采摘，并向游人介绍山楂的功效、休闲食品及药品的制作过程等。在采摘园体验区，游人可以体验亲手制作无核的山楂罐头、山楂果汁、果脯等产品。

6. 水生作物采摘区

荷花既具观赏价值，又可为人们提供丰富的食材。水生环境中，许多植物也可为人们提供食材，而人们对水生植物的了解远不如陆地植物。因此，利用乔家庄水库区域的荷花池，选择适宜区段，营造适宜条件，开辟水生作物采摘活动。游客在这里可以欣赏满池的荷花，品尝亲手采摘的嫩嫩的香蒲、芦笋、茭白、下池摸藕，甚至可以亲身体验一下摸鱼的乐趣。

7.3.4.2 农业科普教育

对于科普教育而言，进入蒙山旅游区游览、采摘、体验的过程，也是增长见识的过程，科普教育无处不在，随处都可实行。生态农业科技示范园区在展示农业高新技术的同时，也起到了科普教育的重要作用，是发展与推进蒙山旅游区果蔬业生产的科技动力源泉。同时，采摘园利用蒙山旅游区的资源优势，以寓教于乐的形式也开展了农业科普教育与科技推广活动。

除此之外，把传统农业和现代农业有机地结合，展现农业的发展历程和农业文化。蒙山旅游区如作为科技展示、科普教育的基地，也必须全方位地展示农业历史、农业发展成就。因此，在金线河流域入口处的崔家庄，利用山前地势平坦较开阔的地带，建设农业科普博物馆。以青少年、学生群体和城市居民为主要对象，采用多种形式宣传蒙山的天然植物、经济作物、经济林木等的分类、栽培、保护知识，为附近中小学和大专院校提供很好的实习场所，也是进行学生素质教育的重要基地；向游客展示蒙山农业文化、发展历史、特色。

7.3.4.3 休闲体验

在金线河流域、大洼流域、百花峪，建立家庭农场、市民农园、农事体验区、传统农耕文化体验区、传统手工艺馆、科学实验室等项目。

家庭农场以城市家庭为主要消费对象，开展农家民风民俗旅游，为游客提供餐饮、休息、农事体验等各项旅游服务，让城市居民在有限的时间和空间内体验农村的生活节奏。家庭农场的菜肴以农家特色菜谱为主,游客也可以把自己采摘的果品蔬菜拿来自行加工制作成自己喜爱的菜肴,游客以此体会做农家事、吃农家饭、住农家屋的乐趣。

另外,发挥游客在观光休闲活动中的参与性,开设诸如浪漫鲜花广场、湖区娱乐、花卉观赏、苗圃培育、农地(庄稼、蔬菜瓜果、果树)租赁和经营体验等项目。借助"格仔铺"的思路发展市民农园,将一般农业用地按块分割,对外出租,收取年费,出租者为租户提供农作物种植工具和技术,并通过网络和通讯系统向承租人汇报农作物的生长情况。

农事参与项目主要是让学生、游客参与部分农事作业,如犁地、除草、播种、施肥、整枝、修剪、授粉、疏花、疏果、采收等;传统农耕文化与农耕体验可设置各种农耕设施、机具的操作,如摇辘轳、推碾盘、拉风箱、摇风车、踩水车、养蚕、抽丝、纺纱、织布、刺绣等;传统手工艺馆可让游客亲自动手制作工艺品,如草编、竹编、柳编、苇编等工艺容器制作;科学实验室设置各项科学实验仪器、设备,学生可以参与植物营养配比、测试、病虫调查、切片显微观察、植物组培操作等科学活动,进行农作物各项生理指标测试,生理现象的观察、记录等,并在专业技术人员的指导下参与各种现代农耕机具的操作和设施环境的调控演习(赵宪军等,2011)。

7.3.4.4 观赏、活动

观光旅游是旅游者的主要动机,容易为各层次的旅游者所接受,与多种旅游产品具有良好的兼容性,是开发其他类型旅游产品的基础。蒙山旅游区依托优美的蒙山山岳资源,完善龟蒙景区及云蒙景区的建设,发展山岳观光型乡村旅游产品;依托大洼沟域、金线河沟域、蒙山故道等沟峪发展以观光、体验为主的乡村旅游产品;各流域生态治理后形成的农业立体种植模式,与改造完善、面目一新的村落形成的流域生态农业景观;以广袤的乡野田园、大地景观、特色乡村村落为环境背景的田园风光。主要包括:苹果、桃、梨、杏、樱桃、柿子、石榴、板栗等林果观光;高效生态农业及大地景观等农作物观光;智能温室、立体栽培、"3 S"技术、节水灌溉等现代高、新农业技术催生的新、奇、特农业观光;各类农事劳作、农民起居、农家院落、古村落、新农村观光;创意农业观光;彩色蔬菜园、观赏蔬菜园、盆栽蔬菜园、奇异瓜果园、快乐菜园等观光;以李家石屋、鬼谷子村、可落村等特色突出的山乡古村落、乡村传统建筑、乡村传统、生产与生活器具等为吸引物的古村落游览观光;以富泉村为代表的新农村观光。

7.3.4.5 休闲娱乐

对金线河、大洼、百泉峪、百花峪、桃花源等原有的天然沟壑加以改造,改善景观环境,增设景观设施,设置疏林草坪,设置游步路与游憩设施。游客可以在此游涉、休憩、乘凉,形成运动、观赏相结合的区域。

临水设置与周边环境浑然一体的特色农庄,每个农庄内部设置休息内庭,有临水平台,可垂钓。山谷上设置眺台,游客可以登台远眺,观赏山谷中风光。游客可以将采摘来的蔬菜、水果带到休闲区,在净果池中洗净后,在木阁中、树荫下品果、休憩、赏景、交流。同时,挖掘和利用历史文化典故设计游览项目,营造观光旅游农业园区的文化旅游氛围,创造休闲活动空间。

将自然景观与人工游乐设施有机地结合起来形成娱乐区,以动为主,动中有静,寓观光游览于其中。野营、烧烤、射箭等露天娱乐场所及相应的俱乐部活动区都掩映于郁郁葱葱的栗林、各种树木之间,在规划建设上旨在创造宜人环境的同时,为日后用地的顺利返农和功能转换留有余地。通过"游园化"处理使园区负载起游憩、观赏的新职能,向人们提供一系列天然幽雅、内容丰富而又各具特色的休闲娱乐场所。

7.3.4.6 垂钓

充分利用蒙山旅游区内的现有水库和塘坝水面,塑造静态景观,营造宁静的垂钓乐趣;并在园区内设立单体、组合钓台供游人垂钓之用。

7.3.4.7 健康养生

根据蒙山管委会的规划,将在旅游区内打造"一核、五点"立体综合健康养生养老基地(图7.6)。"一核":即蒙山管委会驻地附近的"蒙山健康养生养老基地",规划布局集度假、养老、养生、康体和娱乐为一体的各具特色、互补联动的休闲健康养生基地、养老配套服务区。着重打造"蒙山养生学院""健康与老龄文化研究中心"等特色品牌项目。"五点":接受蒙山健康养生养老基地辐射,在蒙阳峪、明光寺、百花峪、大洼、云蒙小镇等地区布局健康养生养老基地。完善基础设施,建立福寿文化展示和推介中心,推进养老健康品牌宣传、信息平台建设,突出民俗风情,建设最美乡村、蒙山疗养集镇、特色风情养老大院等。

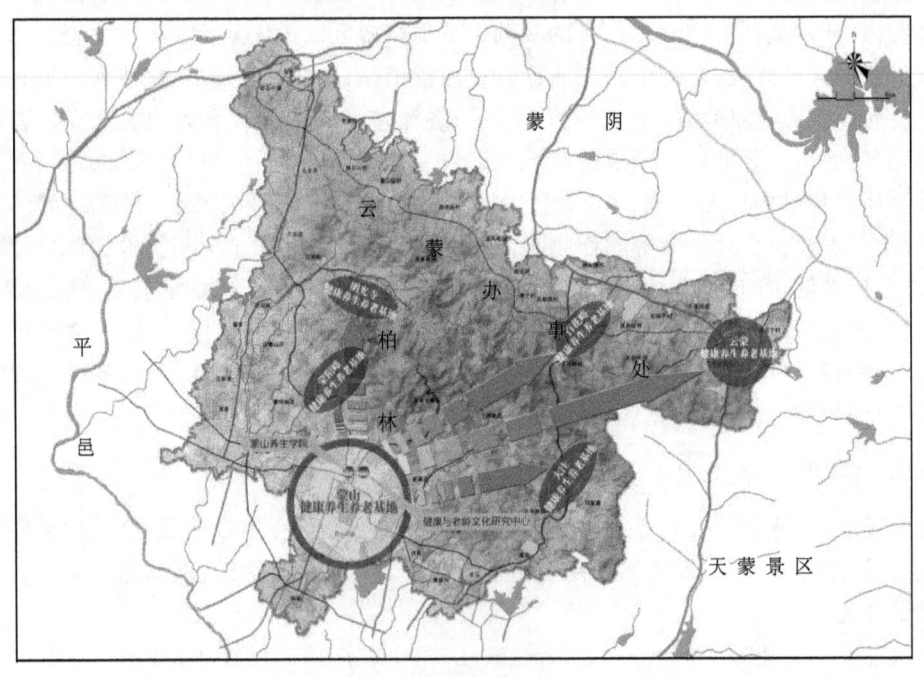

图 7.6 蒙山旅游区健康产业分布示意图

健康养生区注重聚落空间和聚落外部空间环境的设计,通过提供自然环境、宜居环境、健康环境来提高人居品质。室外大面积的绿化区,不仅造氧量高,空气清新,同时成为人与自然亲密接触的最佳场所;不同种类的健身、娱乐场所,可以提高游客的居住品质。在健康养生区里,设置健康检测中心、抗衰老中心、活水保养中心、中医健康诊疗中心、体育馆、健身房、温泉洗浴等场所,并开发宣传特色养生保健产品,如麦饭石系列产品、矿泉水、蜂制品、金银花、蝎子、冬虫夏草、核桃油、茶叶等蒙山特色保健品。

7.3.5　蒙山创意农业

7.3.5.1　创意农业的发展现状

"创意"是艺术的生命和灵魂,对农业旅游而言,创意也具有非常重大的现实意义,没有创意的农业旅游,注定是没有生命力和发展潜力的产业。

"创意农业"一词出现于 2008 年以后,全国政协副主席厉无畏在两会上首次提到这个词。它是指以增加农产品附加值为目标,在农产品研发、生产、加工、营销、服务过程中,以及在农业节庆、农业科普、农业电子商务、农业总部经济、农业审美、农业旅游、农业创新活动中进行生产创意、生活创意、功能创意、科技创意、产业创意、品牌创意和景观创意,通过营造优美意境,创造农民独特增收模式,促进社会主义新农村建设,以实现农业增产、农民增收、农村增美的新型农业生产方式和生活方式。

近几年,"创意农业"在英国、德国等国发展势头非常好,而我国对于创意农业的发展多停留于概念,在文化含量、产品创新方面仍有许多不足(春华秋实,2014)。创意农业的市场潜力巨大。发达国家主要采取城乡互融互动的手段,实现消费市场和生产者之间的有效对接。通过对城市消费市场的培育以及对农业生产文化、农居生活与乡村自然环境的综合塑造,使创意农业的新业态和创意农产品直接转化为市场效益。

荷兰创意农业是以创汇经济功能为主,重点发展具有设施园艺技术辐射、园艺产品集散、农业生态观光功能和地区专业分工的创意农业生产体系。

德国创意农业属于社会功能性的创意农业,主要形式是休闲农庄和市民农园。在市民农园里,人们通过亲身耕种,可以享受回归自然以及田园生活乐趣。种植过程中,绝对禁用矿物肥料和化学保护剂。休闲农庄主要建在林区或者草原地带。孩子们和成人都可以在技术员的带领下,接触森林、认识森林、了解森林。有些地方还开展了骑术治疗项目,人们可以在认识森林的同时,参加丰富的骑马休闲活动(胡莹莹,2014)。

法国创意农业较为注重环境保护。种植作物多为大田作物,在改善农业经营生产方式的同时更加关注农业和环境的协调发展、城市环境的可持续发展,实现经济效益、生态效益和社会效益的统一(刘丽影等,2014)。

在东亚,使人惊讶的是"瓜果书"的出现,这种"书"的表面包装有防水纸,内部含有膨化剂、高效营养介质以及迷你种子。购回家后按照其内附赠的种植说明,只要每天浇水,便能长出手指粗细的黄瓜、弹丸似的番茄、拳头大的黄瓜等。一般情况下,一本"番茄书"经培育可长出 150～200 个迷你果,一本"黄瓜书"可结出 50～70 条袖珍瓜(胡莹莹,2014)。

起步较早的台湾创意农业,以"生产、生活、生态"为基础,"活力、魅力、创力"为目标,创意农业理念享誉世界。他们不仅将创意农业当做一种新型生产方式,更把它当做一种充满文化内涵与创意的新型生活方式。创意农业在台湾的发展已经由第一产业、第二产业扩展到第三产业。台湾创意农业具有综合性强、成熟度高、产业覆盖全的特点。

北京丰台区南苑乡南苑村,推出"一分地"农桑体验园,一分地一年收取1200元管理费,南苑村数百农民成为农艺师,660平方米一年净进账12000元,受到市民追捧。同时建设北京国际汽车露营公园,在林地里搭建露营营位,在不改变土地性质的情况下,发展开心农场、欧洲风情木屋、汽车露营公园,每年至少可为村里增加300万元收入。

成都市双流县是全国发展创意农业最早的地方之一,草莓、枇杷、辣椒、云崖兔,均已成为国家地理标志保护产品。特别是融观赏、娱乐、体验、休闲为一体的合江镇冬草莓采摘之旅,太平镇五月枇杷美味欢乐行,三星镇六月杨梅养生游,彭镇八月有机葡萄采摘月,充分体现了"巴蜀特色、成都元素",展示了创意农业的生产、生活和生态功能,成为双流唱响创意农业的一张王牌(章继刚,2012)。

2000年4月,北京市门头沟区妙峰山镇的樱桃沟,樱桃沟村为大樱桃注册了"妙樱"商标,对樱桃的生产销售实施"两控",即"控制生产标准,控制销售环节"。高品质、公益化、休闲式的营销方式,抓准了中高端消费者的购物心理,促进了大樱桃附加值的不断升高,如今樱桃沟村的樱桃每公斤能卖到240元,高的达到480元,平均每公斤比市场价高出200多元。樱桃成熟时专程来采摘的、购买的人趋之若鹜,樱桃供不应求(章继刚,2012)。

在中国,虽然各地都在倡导发展创意农业,并取得了一定成效。但是,相较于发达国家创意农业,中国创意农业发展尚处起步阶段,存在不小差距。首先,缺乏创意农业的战略规划和总体设计。大多数创意农业均为自发形成,个体经营居多,布局凌乱;政府也没有专门的政策支持,基础设施和公共服务缺乏,形不成规模效益和优势品牌。其次,创意农业知识含量低,产业链条短,品牌意识薄弱。创意农业同质化严重,生产粗放、产品粗糙,品牌缺乏文化内涵和产品创新动力。第三,缺乏创意农业的专业人才,特别是具有创意理念的高素质农民和产品品牌运作高层次人才。最后,大量创意农业资源未得到充分开发。

随着休闲农业的快速发展,通过培养创意生产、创意生活、创意生态、乡村民俗、创意农居、农家旅游、养生养美等产业形态,大力开发田园风光、艺术种植、特型瓜果、芦苇画、沙石画、麦秸画、剪纸、泥塑、草编、园艺盆景、花卉苗木、农家土菜、民间珍藏等高附加值创意农产品,集中打造乡村创意产业集群,已势在必行。

7.3.5.2 农业创意的源泉

创意农业是文化创意产业与农业产业融合的产物。与单纯的农业物质产品生产相比,创意农业更加具有活力,它是第一、二、三产业的融合,既具有农业产业的属性,又具有文化创意产业的属性。与传统农业产业以农产品生产为价值导向不同,创意农业主要以满足顾客的心理需求(乡土情怀、怀旧情结、体验休憩、好奇心理等)为导向,通过满足消费者的心理需求、情感需求、休憩需求,实现产业价值提升。创意农业的发展既要展示农产品的创造力,也需要通过想象力拓展营造乡村环境的艺术感染力。创意农业必须首先是农业产业,并同时兼具文化创意产业的属性(郑文堂等,2014)。

1. 农耕文化是农业创意的源泉

中国乡村现存的文化活动与居所设计几乎都与传统的农耕文化相关,如民间的秧歌会、民歌会、民俗节庆;祖先的农耕遗存;云南省红河元阳哈尼族梯田,至今依然为人们所用,是典型的农耕文化的活化石；山东的堂室、栏厩、宅院为结构的家庭居住模式，被孟子称作"五亩之宅"、福建的土楼、西北的半边楼、安徽民居、傣家民居等。通过挖掘民居深远的文化内涵，就可以将其视为乡土文化产品，来供人们参观和体验。农具的演化过程、丰富的种类和形制及地区间的差异承载着农耕文化的发展变化，因此，各地通过兴办"农具博物馆""古旧农具展示厅""传统农具使用体验"等活动，针对农耕工具发展演进过程来经营创意农业；作物种植的发展演进过程也是创意灵感的重要来源；农村特有的勤劳、朴实、憨厚的乡土精神，至今依然为人们所推崇。对人们崇尚的乡土精神的挖掘也是发展创意农业的新思路（郑文堂等，2014）。

2. 创意农业成功范例

（1）创意农业园区

2010年，北京市农业技术推广站利用北方常见的67种粮经作物，共203个品种，建设集合观光休闲农园、教育农园、科技农园、市民农园特色的"粮经作物大观园"。从文化创意、意识创意、功能创意及宣传创意4个方面阐述粮经作物大观园设计理念和特点，即把农作物的科普活动、市民的食品保健宣传，以及现实版开心农场作为园区特色，使园区不仅具备农园的产品生产功能，还具备旅游区的艺术性和休闲观赏性，同时兼具游乐性，满足人们的视觉亲历和心灵感受的需求（李雁等，2014）。

2009年初，北京洛可可国际创意农业技术有限公司与宝坤农业科技发展有限责任公司联手打造中国首个"田园生活综合体"——宝坤农业创意庄园。该庄园占地面积130余公顷，以创意为先导，土豆为支柱产业，同时发展养鸡、蔬菜种植、休闲旅游等产业，通过注入科技、文化、生态元素，立体打造武川创意农业。洛可可创意农业与通州区政府、金福艺农策划打造的"番茄联合国"掀起了一场创意"番茄风"。园区里有三十几个番茄品种，十几种颜色，大小不一，形状各异。各种番茄所含的营养元素不尽相同，每种番茄也有其适宜人群。番茄联合国庄园使更多的北京市民和外地游客可以在通州找到一个好玩、好吃、想念的地方，真正体验到置身于"番茄联合国"的乐趣。除了种植、体验番茄，还推出了与番茄相关的产品，如番茄宴，添加番茄元素的杯盘碗碟勺筷等餐具，增加了番茄的附加值。

通州的桑瑞生态庄园，把小小桑叶做出了大文章，走入其中，不但一条长长的桑文化长廊引人注目，而且林下养殖也独具特色。这里还开发出了一系列以桑叶为材料的"田桑宴"，主要菜品多达十余种，成为了一幅京郊创意农业不可多得的斑斓风景画。

北京"紫海香堤艺术庄园"香草园，核心区占地20公顷，主要种植薰衣草、紫苏、马鞭草、洋甘菊等世界200余种珍贵香草品种，是北京市规模最大、品种最全的香草种植园，集养生、度假、休闲、体验、艺术创作、婚纱摄影、影视拍摄为一体的综合性都市型现代农业观光旅游区，也是集"现代都市型农业""情景式休闲度假"与"文化创意产业"三位一体的文化旅游模式。香草园以创意为切入点，以爱情为主题，浪漫为形式，通过对香草文化的包装和利用，极力创造普罗旺斯式的浪漫氛围，打造"长城脚下的普罗旺斯"，创造了创意农业产业发展的一个新模式。

在北京门头沟区有一个占地1公顷的蝴蝶温室——"花露蝴蝶园"，主人邓友梅熟谙十多个蝴蝶品种的饲养繁殖之道，她把温室改造成蝴蝶访花区、食饵区、羽化区等蝴蝶观赏体验区，开发了蝶翅画制作、蝴蝶观光、科普教育、蝴蝶放飞等创意项目。邓友梅的蝶翅画——由一片片蝴蝶的翅膀精心粘贴在一起的《红楼十二钗》，在2007年北京乡村旅游商品拍卖会上一幅拍得1.6万元的高价。目前,来蝴蝶园参观的学生每年达到3000多人,接待游客2000余人。此外,蝴蝶园还联合婚庆公司,为新婚夫妇举行蝴蝶放飞活动,仅此一项,为蝴蝶园带来了十几万元的收入。

（2）变废为宝

山东省莱西县农民巧用资源,巧妙设计,使草鞋成了时尚,用自纺的棉线做成鞋帮面,把草编工艺和中国结工艺巧妙结合,使一双草鞋卖到几十、甚至上百元,使小草鞋以每双20美元的价格打入了国际市场,出口到很多国家;把玉米皮做成草鞋,实现了致富的梦想（章继刚,2009）。

浙江省台州市林宝富,将湿鸡粪与米糠等拌在一起,堆成长方形物料堆,并在堆顶打孔通气,然后盖上塑料布任其发酵。这样的发酵方法可将鸡粪完全腐熟,变成无臭、无味、无害、黄褐色的有机肥料。腐熟的鸡粪主要供应给当地蔬菜种植大户和葡萄种植大户,目前每月能产30～40吨,每吨能卖到500元,一个月光鸡粪就给他们带来一两万元的收入（周金全等,2014）。

在北京市延庆县,于海霞创办的北京富香民奶牛养殖合作社,拥有奶农超过1500多户,奶牛存栏3800多头,辐射到周边7个乡镇,年销售额创4000多万元。牛粪作为种植双孢菇的原料,双孢菇采收后,剩余的生产废料又可还田做肥料,真正实现了循环农业、生态农业。目前,于海霞创建的北京夏都延香科技有限公司已经建起了20公顷标准食用菌种植大棚,同时带动近400人在家门口就业（周金全等,2014）。

利用农业废弃物作为绿色墙体材料也是农业废弃物创新利用的有效途径,如日本以水泥为基料加入30%～80%的稻草,加工制作出轻质水泥稻草板,利用稻草、秸秆、椰子壳等农业废弃物经过一定的工序制造出高强度难燃纤维板等（韩金竹等,2013）。

（3）产业创意

北京市平谷区的桃种植面积14666公顷,年产量2.8亿千克。依托桃种植、桃加工、桃文化,从桃子开花到结果,从果实食用到桃树废弃物利用,贯穿了桃产业发展的整个链条,开发形成了"两节（春季北京平谷国际桃花节和秋季采摘节）两品（文化桃和桃木艺术品）三养生（桃花宴、桃食品、桃保健）"的系列产品,成为消费者心中不可替代的独特的"平谷鲜桃"区域农业品牌（章继刚,2011）。

四川眉山天地农场主李洪刚,养殖了15000只葛根鸡,全部散养,不喂饲料,只让鸡啄食葛根藤叶和下脚料,半年以后出栏。鸡肉质细嫩鲜美、香味浓郁,每只售价达到了一两百元,仅两三个月就全部售罄。李洪刚又成功饲养了20多头葛根猪,每头葛根猪的售价高达8000元,除去成本,1头葛根猪纯赚2000元（周金全等,2014）。

姜丽娟的南瓜庄园尝试着做出各种南瓜餐具。把红皮吊瓜、绿色长南瓜等食用南瓜做成了汤碗、盘子、茶壶;而像飞碟、地雷等观赏南瓜做成了酒杯、茶杯、口碟、勺子等。不同的南瓜餐具造型配上不同形状的菜品,搭配出美观又美味的菜肴,吸引了很多的游客前来观光、采摘。做成餐具的南瓜比单纯出售南瓜效益至少提升了20%,加上农家乐的收入,姜丽娟的经济收入比以往提高了10倍（周金全等,2014）。

山东省沂源县东里镇前村,栾贻梅通过空中盆栽草莓,地上、空中同时种草莓,一亩大棚可以吊种 4000~5000 盆,相当于 2 亩地的产量,一季收入超过 5 万元。在陕西杨凌,"空中结红薯,如同摘瓜果"已经变成现实。种下一棵苗,连续收获 3~5 年,单株块根产量能达到 1000 千克以上。把红薯根系分离和空中连续结薯技术运用于红薯生产中,增加了观光农业"树式栽培"的种类,利用空间、节约耕地,让红薯从地下"高升",像葡萄一样结在了空中。在红薯树下可以种植有机盆景、辣椒等各种新鲜蔬菜,让更多的农民尝到种薯致富的甜头。湖南怀化鹤城区石门乡农民李传钦等人应用蔬菜无土栽培新技术,修建了 4 个气雾栽培大棚,栽培菠菜、生菜、白菜、葱、莴笋等品种,蔬菜的根悬在空中,不会受到土壤中病虫害的侵袭。悬在空中嫩绿的蔬菜,口感又嫩又脆,卖出了好价钱。

位于北京西郊的凤凰公社,将传统农业和传统文化巧妙地融为一体,依据中国传统中医文化"医农同根,药食同源"的理念,以药用与食用山药为特色,把普通的农产品种植、加工和充满创意的现代营销策略整合成为一条产业链,成功地实现了农业与文化的璧连珠合,从而折射出北京创意农业的无限魅力。

(4)农产品创意

北京市大兴区的玻璃西瓜就是一个产品创意成功的案例。当西瓜还是"婴儿"时,就把它塞进一个大的圆形有机玻璃罩内,等西瓜长到和玻璃罩一样大时,再灌入特制的保鲜液,封住罩口。经过如此包装的西瓜就成为了可供人们长期观赏的艺术品。单个玻璃西瓜的售价可达500 元,远高于普通供鲜食西瓜的价格。

在妫水之滨的延庆,小小的豆子早已是大名鼎鼎。妫川豆塑画就是利用豆子天然的形、色、纹,来塑造不同的人物、动物形象。它以农民手工画为背景,以普通豆粒为材料,古拙质朴,浑然天成,散发出浓厚的乡土气息。

北京市怀柔区农嫂席桂清已种植火龙果 8 年,年收益达 20 万元。在传统种植生产基础上,她又把眼光瞄准了火龙果的观赏价值,开发出婚庆、祝寿、庆典等一系列适合不同场合的火龙果盆景。普普通通的火龙果包涵了中国的传统文化,既有美型与美味,更散发着美色与美感。"雕琢"的火龙果卖出后,席大嫂的收入比原来翻了两番。

梨子滞销曾经伤透了浙江省慈溪梨农的心。如何能让梨更值钱呢?周群锋发明了"酒瓶梨"。透明的瓶子是用食品级聚丙烯材料制作而成的,梨树花期结束 10 天后,就将这种瓶子套在梨上。梨采摘后,往内灌装上好的高粱酒,浸泡 90 天后上市销售。由于其成熟期比普通梨提前 5 天,同时梨子从刚"出生"开始就"住"进了瓶子里,完全隔断了农药及外部不利环境的影响。所以,"酒瓶梨"一进入市场就卖出了每瓶 50 元的高价,并且供不应求。

(5)农业景观创意

海南省三亚市槟榔河村妙林田洋农业设施基地,亩产值达 1.5 万元。清新的空气、绿色的田野、特色的农家菜馆、黎族风情、风俗博物馆,还有哈密瓜、茄子、彩椒等瓜果菜,每年吸引大批游客和市民。

浙江省丽水市青田县,稻田养鱼项目吸引了八方游客的眼球,到青田品田鱼,观赏田鱼生存的自然风光,探究古老的田鱼文化,成为许多来青田旅游游客的首选路线(刘荣华,2012)。浙江省仙居县委、县政府因地制宜将县域的农业资源与旅游要素有机结合起来,发动农民种植了 5300 余公顷油菜。其中花田创意——艺术"稻草人"使本来就充满诗情画意的油菜花田锦上添花,意趣无穷;"花田走秀"使游人在油菜花丛中欣赏仙居民俗歌舞。

（6）农业节庆创意

山东省平度市以节为媒,成功唱响云山大樱桃节、明村西瓜节、大泽山葡萄节、马家沟芹菜节"农业四季节庆歌",促进了高端特色品牌农业的快速发展,带动了大批农民增收。

（7）功能创意

延庆千家店百里画廊的建设就是功能创意的一个典型案例。"一条环线、十二节点",将山水风光、旅游景点、民俗文化和产业园区像串糖葫芦一样串挂了起来。如今,一条既传承历史文化,又符合现代生活需求的高端创意文化休闲旅游产业带,像一幅泼墨写意的山水画卷,正在延庆的北部山区徐徐展开。

（8）经营方式创意

"菜园方案"是德国绿腰带地区的农民和市政府共同开辟的一条发展道路。农民将自家菜地分成60平方米的小块出租给城里人,菜地的位置尽可能地靠近城市聚居区,租费也非常便宜,每年只有110欧元。"菜园方案"从1999年开始实施,目前在绿腰带有10块这样的地方,提供超过500个小菜园。与其他城市郊区的菜园不同,绿腰带上的菜园每年只出租半年,即从5月中旬到11月中旬。在5月中旬之前,土地的翻耕、播种等前期工作都由专业人士来完成,籍此来保证正确的种植间距和最优化的种植安排。出租者于每年的5月中旬来接管菜园,每周需要投入2～3小时的工作。在蔬菜的种植过程中,矿物肥料和化学保护剂是绝对禁止的。"菜园方案"除了为农民带来经济方面的收入,还具有重要的社会意义。

7.3.5.3 创意农业发展前景

蒙山旅游区的文化创意来源包括蒙山农耕文化、民俗文化、历史文化、养生文化、红色文化、钻石文化、节庆文化等。农耕文化的哲学意蕴是应时、取宜、守则、和谐;农耕文化的时空特征表现为地域多样性、民族多元性、历史延续性、乡土普适性;农耕文化的行动法则主要为协调和谐的三才观、趋时避害的农时观、主观能动的物地观、变废为宝的循环观、御欲尚俭的节用观。保护、传承和利用好传统的农耕文化的人文精神与和谐理念,在维系生物多样性、改善和保护生态环境、保障食品安全、促进资源持续利用、传承民族文化、保护独特景观、发展休闲农业、推动乡村旅游方面具有重要价值。

蒙山旅游区的农耕文化主要依托农业科普馆、花、果、中草药示范园区,农事体验区等;红色文化以蒙山人家景区为依托;养生长寿文化以蒙阳峪、明光寺景区为主要依托;钻石文化以钻石公园景区为依托,体验钻石文化;沂蒙乡村民俗文化以大洼民俗博物馆、李家石屋村、百泉峪社区为依托。节庆文化包括蒙山春节祈福庙会(农历初一至十五)、蒙山"三月三"庙会(农历三月初三)、蒙山拜寿大典(每年四月二十六日)、蒙山"天然氧吧"休闲节(每年四月下旬)、蒙山登山节(每年九月下旬)、蒙山长寿文化旅游节(每年九月十九日至十月十九日)、蒙山养生长寿食品博览会(每年十月一日至七日)。

景观创意源包括种类众多、形式多样的山岳风光;象形地貌、象形石;金线河、大洼、百泉峪、百花峪等沟峪景观;以李家石屋、鬼谷子村为代表的千年古村落;小流域治理的生态景观,如不同海拔高度梯田、坡地的生物技术与工程技术的配合使用、人工植物群落的物种搭配、农林牧、农林果、农林、农林菌搭配的人工景观等；田野风光，在乔家庄水库南侧正对龟蒙景区的孝义社区、固城村、蒙西线沿线的大片连续的基本农田保护区，以油料作物、粮食作物、经济作物为主的农作物种植区，根据蒙山旅游区的旅游主题或文化主题设计不同颜色植物搭配形成特征图案。

产业创意。蒙山旅游区的产业创意体现在各个领域，如百花园、百草园、百果园、食品加工企业、五大特色农产区、十大农业生产基地麦饭石生产企业、养生园区、畜牧业生产等，可体现在园区设计、景观布置、企业文化展示、生产工艺和过程、产品加工等方方面面。

农产品加工创意。蒙山旅游区农产品种类繁多，如水果类、干果类、杂粮类、中草药类、茶叶类、花卉苗木、畜牧业产品等等。农产品创意可以体现在栽培颜色、味道、包装等各个方面，可以这样说，只要是人类智慧可以参与其中的，都有创意发展的空间。

农事体验、休闲活动的创意。如农事体验活动的创意，依山就势设置的山林探险、素质拓展活动等。

功能创意。在景观上，依托环蒙山旅游线路，将各景区联系在一起。形成道路通达，景观各异，风景优美的环山景观大道。

农产品宣传创意。产品宣传是创造品牌的一个非常重要的环节，一个极富创意的产品宣传常常会让人耳目一新，勾起消费者的好奇心，进而产生购买欲望。如美国全食食品超市（Whole Foods Market）一款宣传手册上的文字介绍。"罗西是一只生活在有机农场的鸡，被送进屠宰场后，它变成了摆放在全食超市里的袋装鸡肉。它的一生是在定制鸡舍中度过的。鸡舍通风、采光良好，陶质的地面上铺有谷壳，可以随时啄食玉米粒，或者在院中散步。和其他鸡不一样，它从来没用过抗生素或生长激素。"宣传手册用再生纸印制，显眼地摆放在禽肉食品的冰床旁边。这种宣传手册是全食推广有机产品的一个手段，这些小册子经过设计人员精心制作，从字体、措辞到材料都为了吸引有钱、有文化且赶时髦的一群人——统称"精英阶层"。好莱坞明星的街拍照从"肩挎 Dior 的新款包"改为"出入全食超市购买西红柿"。通过明星的成功宣传，越来越多的普通中产阶级开始消费全食提供的产品，全食也适时推出网上商店，有各种价位和份量的组合，用小抽屉环保包装，消费者可以像选择宜家家具一样 DIY。一系列策略让全食超市成为全美最大的天然食品和有机食品零售商。

农村手工艺品创意。利用农业废弃物，如玉米秸、麦秸、芦苇、各种干花制作手工艺品等；各种中草药标本、昆虫标本、树叶明信片、书签；面塑、泥塑等。

7.3.6 蒙山农产品安全生产与物流配送

随着居民生活水平的提高，消费观念也随之发生巨大的变化，对农产品的消费从追求温饱向追求质量与安全的方面转变。特别是近年来，各类食品安全事件频发，社会各界对农产品的关注度达到了前所未有的高度，农产品的品质与安全已经成为人们选择产品的重要依据，品牌代表着品质，人们对农产品品牌的追求也日益强烈。

2014 年 6 月，由中国食品安全报社主办的中国食品安全万里行走进四川新闻发布会在成都农业科技职业学院召开。期间，农产品质量与农业投入品安全协查中国行走进四川新闻发布会也同时举行。中国农业大学课题组搜集分析了 6000 多个食品安全事件，发现除了食品加工环节外,农业生产环节出现的问题也较多,主要是农药、兽药残留问题,生产者不按要求使用农药、兽药,个别生产者甚至违法使用国家明令禁止使用的农药、兽药和有害添加物,如在蔬菜上使用某些剧毒农药、猪饲料中添加瘦肉精、水产养殖中使用孔雀石绿、硝基呋喃等。这些问题的出现有些是由于农户缺乏技术和法律知识导致的,有的是为了非法牟利而故意违法导致的,结果都会给广大消费者的健康造成危害。因此,强化对农业投入品的流通、使用监管,是强化农产品质量安全监管的重要内容。此外,农业生产环境恶化、水环境污染、土壤环境污染和大气环境污染导致的食品安全问题也开始显现。

因此,蒙山旅游区的农产品生产必须关注民众健康、保证质量、打出特色、创出品牌。

7.3.6.1　农产品的安全生产

只有安全的农产品才能生产出安全的食品,而从事安全的农产品生产必须保证安全的生产环境和严格的、科学的管理体制。

农业标准化是先进生产力在现代农业中的具体表现,它是指通过不断调查、探索、发掘农业生产实践的规律,运用"统一、简化、协调、优选"的原则,对农业生产产前、产中、产后全过程,通过制定标准和实施标准,推广科学生产扣件规范,促使农业向专业化大生产发展。发达国家的农业标准化程度已经很高,如德国、美国、日本等,他们从产前的种子选择、产中的农业生产资料供应和栽培管理、产后的加工、分级、包装、储藏、运输、销售诸环节一直延伸到"餐桌"都有相应的标准规范,几乎每个生产、加工、销售的环节都实现了标准化。因此,这些国家的农业现代化程度较高,能形成具有竞争力的产业,产品价格也较高。而我国农产品虽然价格低,但由于标准化水平太低,很难打入国际市场。因此,实现农业标准化,按照标准组织生产,同时按标准规范农产品的生产行为,是我国在建设现代农业的过程中,从生产无序到有标准可依的必由之路。

目前,蒙山旅游区内果蔬业、粮食、畜牧业生产仍以一家一户的生产经营方式为主,存在农产品质量参差不齐、投入高、管理差、效益低等问题,带来了严重的农业面源污染,农产品安全问题,也影响了旅游区的品牌形象。因此,旅游区的农产品要保证质量、创出品牌,农业生产必须走集约化、标准化、规范化的道路。

适宜旅游区内农业生产的一种模式是"龙头企业＋基地＋农户"模式,由企业统一发放种子、肥料、药品等,统一回收农产品进行后续加工处理,实现农业生产的标准化;第二种模式是家庭农场,对土地进行流转,由农场主统一经营,农户可受聘于农场,以农场职工的形式参与农业生产,获取相应收益;第三种模式是成立农业合作社,由合作社统一购买种子、树苗、统一种植、统一管理、统一收获、统一销售,对生产过程进行全程监控,走好由农田到餐桌的每一步。

7.3.6.2　农产品加工

农产品加工是实现农产品增值的一个非常重要的环节,是农产品原料开发利用和增值的手段,在整个农业产业链中起着桥梁和纽带的作用,是农业产业化的主导产业,是连接工农、跨越城乡、惠农利民的重要民生产业,已成为现代农业发展的方向和主体(彭宝良等,2008)。

农产品加工首先应该考虑的是企业的布局问题,企业布局须考虑旅游区技术、经济、各乡镇间的分工协作、农产品加工原料的特点,如耐储性、运输的难易程度,并应与农产原料基地,如蔬菜、水果、中草药基地的布局相适应。目前,旅游区内拟重点建设的生态工业企业主要布局在柏林镇,农产品精深加工基地1处,旅游产品开发基地2处,麦饭石水源健康基地1处,云蒙办事处是水果的重要产地,区内目前设置麦饭石健康水源基地1处,旅游产品开发基地1处。除管委会设置的农产品加工生产基地外,还有一些已经创出品牌的民营罐头加工企业、中草药加工企业、肉食加工企业及酒业公司。

对一个加工企业和生产基地来讲,只要资金不成问题,硬件的配备很容易完成,而企业的成败涉及新生产技术的研发、产品质量的保证、高端市场产品的打造、从业人员素质的提高、科学的规范化的管理。质量是企业的生命,而能否保证质量的关键是管理。因此,加工企业应积极探索食品加工新技术,保障食品安全;建立健全食品安全保障体系;严格履行有关食品安全的责任和义务,研究和生产出安全、健康、营养的食品,维护消费者的利益;加强宣传,营造氛围,大力普及食品安全知识,加强食品加工人员安全卫生培训,努力增强食品安全信用意识,提高食品从业者职业道德水准。

农产品加工基地涉及到的另外一个非常重要的问题,就是废弃物的处理。从事清洁生产,延长农产品加工产业链,降低企业能耗,进行废水、废气、废渣的减量化、无害化处理,降低对环境造成的损害,是企业必须承担的社会责任。农产品加工部门不仅应追求最佳经济效益,还应注意资源优化配置,永续利用,循环再生,与农业生态保护和建设结合起来,实现农产品加工的可持续发展。在这一方面,国内外都有成功的典范和经验可以学习和借鉴。

7.3.6.3 农产品溯源体系

近年来,中国农产品质量安全事故频发,严重危害了公众的身体健康和合法权益,重挫了消费者以及国际市场对中国农产品质量安全的信心,暴露出中国农产品在流通过程中存在诸多问题。因此,建立完善的农产品溯源体系,从源头到餐桌实行严格监管是当务之急。欧盟、美国、日本等发达国家通过建立物流追溯体系来保障农产品质量安全已取得了非常显著的效果,部分国家甚至要求不具备可追溯性的农产品不得上市交易。

美国的食品溯源分布于从国家安全到食品安全和食品市场管理等方面的法律法规中,这只是为实施食品安全风险管理的溯源而制定,而非提供给消费者的信息。加拿大农业部与地方政府及企业共同合作,于2004年开始建立食品质量追溯机制。加拿大政府制定了3部法律及配套法规来规范和管理农产品流通市场,目前可保证80%的国产食品从农产品原料到零售可得到溯源。巴西从2004年3月15日起对肉牛实施强制性生长记录,实行从出生到餐桌的生长情况监控(于国栋等,2008)。

日本农产品物流追溯体系建设最核心的内容是对农产品从生产到销售的整条供应链中各环节(生产、加工、储存、运输、销售等)的各种相关信息进行记录和存储,并在产品出现质量问题时,可以通过一定的信息技术手段,对整条信息链进行逆向追溯,快速查出出现质量问题的根源,并进行及时有效的处理。

在中国,2002年,北京市商委制定了食品信息可追踪制度,明确要求食品经营者购进和销售食品要有明细账,即对购进食品按产地、供应商、购进日期和批次建立档案。上海市畜牧部门依据上海市出台的《上海市动物免疫标识管理办法》，开始为猪、牛、羊等畜产品建立档案（方炎等，2005）。

2004年4月，国家食品药品监督管理局、公安部、农业部、商务部、卫生部、国家工商行政管理总局、国家质量监督检验检疫总局、海关总署联合印发《关于加快食品安全信用体系建设的若干指导意见》，全面实施食品药品放心工程。同年7月，国务院常务会议指出，食品安全关系到广大人民群众的身体健康和生命安全，关系到经济健康发展和社会稳定，关系到政府和国家的形象。同年9月，国务院发出《进一步加强食品安全工作的决定》，指出"要建立统一规范的农产品质量安全标准体系，建立农产品质量安全例行监测制度和农产品质量安全追溯制度"。农业部、质检总局等部委在中国北京、上海、天津、南京、济南等城市中开展了40多个农产品质量安全监管系统试点工作，重点开展了农产品质量安全追溯信息系统试点示范项目并取得了一定的成效。

常见的农产品溯源系统主要包括植物源溯源系统（蔬菜、瓜果、粮油等）、畜禽溯源系统（猪、牛、羊、鸡、鸭、鹅等）、水产品溯源系统（捕捞鱼、养殖鱼、海鲜产品等）。在农产品溯源系统中，消费者只需通过一个查询页面，就可检索到该食品的安全信息（新鲜度、加工点、责任人等）（白红武，2013）。

蒙山旅游区农产品生产要创出自有品牌，极力打造具有蒙山特色的"三品一标"农产品，必须建立完善的农产品溯源体系，为消费者提供安全放心的农产品，也是保持旅游区农业持续健康发展的重中之重。在农业生产过程中，各相关部门应对产品原料基地生产、种子来源、中耕管理及加工、包装、储运等环节进行安全追溯，重点检查饲料、肥料、农药、兽药、添加剂、防腐剂、着色剂、保鲜剂等生产资料使用情况，产品抽样进行多元素检测化验，并建立质量安全追溯体系，保证农产品符合国家标准，更重要的是要赢得消费者的信任。

7.3.6.4　物流配送

在新农村建设快速发展的形势下，中国农产品流通仍然存在效率低、设施落后、方式不够便捷、流通成本高等问题，重生产、轻流通的现象依然存在，突出表现为中国农产品物流信息体系不健全、农产品物流环节浪费严重、农产品物流成本高、农产品物流过程增值能力弱。2007年，中共中央一号文件中明确指出，发达的物流产业和完善的市场体系，是现代农业的重要保障，必须强化农产品流通的基础设施建设，发展现代流通方式和新型流通业态，培育多元化、多层次的市场流通主体，努力构建竞争有序的农产品市场体系。

目前，我国农产品物流多以常温物流或自然形态物流形式为主，缺乏冷冻冷藏设备和技术，导致我国水果、蔬菜等农产品在采摘、运输、储存等物流环节的损失率达25%～30%，每年约有总值750亿元的农产品在运输过程中腐烂、损失，而发达国家果蔬损失率则控制在5%以下。美国蔬菜水果物流最为典型，产品一直处于其采后生理需要的低温状态，即形成了一条冷冻链：田间采摘后预冷→冷库→冷藏车运输→批发部冷库→超市冷柜→消费者冰箱，水果蔬菜在物流环节的损失率仅为1%～2%。2003年，中国粮食的物流成本在整个成本构成中占40%以上，鲜活产品占60%左右甚至更多，而发达国家的物流成本一般控制在10%左右。中国出口到日本的蔬菜，被其物流公司在日本码头迅速拆分成小包装，两根大葱一个塑料袋，两三个青椒一个小塑料盒,立刻送到超市甚至居民家里。这样赚的利润就是我们生产、出口企业的 10 倍。有关资料显示,发达国家农产品产值与农产品加工产值的比值为 1∶3～1∶4,而中国仅为 1∶1 或稍多一些。水果采摘后经过储藏加工,国外增值比例为 1∶3.8,中国仅为 1∶1.8。中国蔬菜采后商品化处理比例为 1%,保鲜储藏比例不足 20%,加工比例不到 10%。农产品附加值的真正实现是在物流过程中,中国的农产品绝大多数在生产地以原始产品的形式销售,农产品物流过程增值能力非常弱。

因此,蒙山旅游区物流园区建设是产业链条中一个关键的环节。建设内容包括恒温净菜、水果加工包装车间、冷藏库、气调库、运输车队、常温周转库、冷链物流系统等,为旅游区提供产后服务,延伸果蔬产业链,使之增产、增收、增效。

7.3.7　蒙山农业发展的若干问题讨论

7.3.7.1　景区涉农人才的培养与引进

养生农业涉及农业生产、农技推广、艺术设计、养生保健、住宿餐饮服务、园区管理等诸多方面的问题,需要大量的专业技术人员。外部引进,一是难度较大,二是不能解决当地农民的实际问题。而创造条件,对当地农民进行技术培训是一条很好的解决途径。既增加了农民的就业机会,解决了农民的收入问题,又解决了旅游区农业技术人员缺乏的问题。

旅游区应树立培训是投资的理念。通过非正规教育,即"边干边学"或在职培训对农民进行技术培训。培训属于教育,其作为一种重要的投资活动,对农民个体而言,培训可以学习知识技能,提高就业能力,增加个人收入;对旅游区而言,培训可以提供素质更高、技能更强的农民,促进旅游区经济的发展。因此,政府、企业和农民都应树立培训是投资的理念,加大投入力度,保证农民培训有稳定的经费支撑。

7.3.7.2　景区农游一体化龙头企业培育

龙头企业在旅游区农业产业化发展中起着至关重要的作用。它一方面连接着国内外市场,另一方面连接着生产基地的千家万户,担负着开拓市场、疏导生产、深化加工、延长农产品销售时间、增加农产品附加值、提供服务等综合功能。龙头企业经济实力的强弱、竞争能力的大小和带动能力的大小,直接影响产业化经营的规模与成效。

7.3.7.3　重视景区生态农民与生态员工的素质培训

高素质的农民不仅能很快地掌握新的农业技术,而且能在实践中创造和发明新的技术和方法。因此,加强教育,特别是对农业人口的教育,提高农民素质,使他们掌握和应用现代科学技术进行农业生产,提高效益,是旅游区农业产业化发展的强有力保证,也是农业产业化经营成功的一个重要因素。

另外,重视与国内外大专院校、中小学校的合作。在蒙山旅游区内建立合作研究机构,比如养生文化研究院、中草药资源开发利用研究机构,使蒙山旅游区成为大专院校的科研基地,教育实习基地,做好旅游区的农业科研工作;与省内的中小学校合作,建立中小学生的农业科普教育基地。

进一步加强农业科技含量,注重乡镇农技站建设,健全生态农业科技推广网络。引进推广关键性实用技术,尤其是各类农产品深加工技术、水果、蔬菜、食用菌的生物保鲜储运技术,及时解决生态农业产业化中的技术难题。

7.3.7.4　开发创建蒙山特有品牌农产品,注重品牌保护

提高农业品牌意识,重点推进以研发设计为主的农业项目建设和农产品的开发。大力支持创意农产品的研发、生产、加工,以及推介这些产品的农业企业,为创意农业提供良好环境和氛围。通过各种形式宣传蒙山农产品,提高品牌的知名度。实施严格的监管制度,坚决打击假冒伪劣农产品,保护蒙山农产品品牌不被滥用。

参考文献

张天柱,2013.现代农业园区规划与案例分析[M].北京:中国轻工业出版社.

李丽娜,2008.西班牙乡村旅游的发展及启示[J].异域观察,**17**:63-65.

詹玲,蒋和平,冯献,2010.国外休闲农业的发展概况和经验启示[J].种业导刊,**1**:36-38.

刘萍,2010.从欧美农业旅游集群看中国的观光农业——以美国、意大利、波兰为例[J].生态经济,**30**(4):138-142.

詹昱,刘堂发,李艳,2011.美国乡村旅游的发展及其对江西的启示[J].科技广场,**2**:182-184.

黄艳华,张兵,李佳,2006.北美乡村旅游发展特点及对我国的启示[J].昆明大学学报,**2**:53-56.

王健梅,2007.农业旅游在国外[J].中国农业信息,**9**:19.

王云才,2002.国际乡村旅游发展的政策经验与借鉴[J].旅游学刊,**17**(4):45-50.

张蓓,万俊毅,文晓巍,2011.国外农业旅游的模式比较与经验借鉴[J].农业经济问题(月刊),(5):100-105.

贾双凤,王薜平,刘志伟,等,2011.国外农业旅游发展对海南热带农业旅游的启示[J].绿色科技,(4):23-27.

苗润莲,时艳琴,李梅,2011.北京农业旅游中的创意设计探讨[J].安徽农业科学,**39**(25):15535-15537.

北京市统计局,国家统计局北京调查总队,2009.北京统计年鉴[G].北京:中国统计出版社.

周红,李华,赵素娟,等,2011.北京市休闲农业发展状态分析[J].北京农学院学报,**26**(4):59-62.

张义丰,谭杰,2009.北京沟域经济发展的理论与实践[M]北京:气象出版社.

林文超,2011.台湾休闲农业旅游发展对海南的启示[J].改革与开放,(7):133-134.

余美珠,袁书琪,2004.观光农业旅游开发模式及开发对策初探[J].福建师范大学学报:哲学社会科学版,(6):62-67.

翟茜,2004.乡村旅游的发展[J].旅游管理研究,(3):14-16.

张天柱,2013.现代观光旅游农业园区规划与案例分析[M].北京:中国轻工业出版社.

蒙山文化研究会,蒙山龟蒙景区管委会,2010.蒙山物产风情[M].临沂:临沂日报社印刷厂.

郭焕成,韩非,2010.中国乡村旅游发展综述[J].地理科学进展,**29**(12):1597-1605.

边炳鑫,赵由才,2005.农业固体废物的处理与综合利用[M].北京:化学工业出版社.

林祥金,2003.世界有机农业七大发展趋势[J].中国农村经济,**7**:76-80.

中国电信智慧农业研究组,2013.智慧农业——信息通信技术引领绿色发展(智慧城市丛书)[M].北京:电子工业出版社.

邓蓉,2011.现代农业基础知识,三农热点面对面丛书[M].北京:中国农业出版社.

章继刚,2013.发展创意农业建设美丽中国——2012—2013 中国创意农业体验经济发展研究报告[J].成都行政学院学报,**1**:53-58.

刘大根,姚羽中,李世荣,2008.北京市生态清洁小流域建设与管理[J].中国水土保持,(8):15-17.

杨进怀,吴敬东,祁生林,等,2007.北京市生态清洁小流域建设技术措施研究[J].中国水土保持科学,**5**(4):18-21.

王振华,李青云,黄苗,等,2011.生态清洁小流域建设研究现状及展望[J].人民长江,**42**(S2):115-118.

刘震,2010.扎实推进水土保持生态清洁小流域建设[J].中国水土保持,(1):5-6,13.

贾鋆,汪永涛,2010.丹江口库区胡家山生态清洁小流域治理的探索和实践[J].中国水土保持,(4):4-5.

杨坤,2009.北京市生态清洁小流域治理模式研究[J].中国水土保持,(4):4-6.

卜振军,韩富贵,蔡新国,2008.建设清洁小流域加强水源地保护[J].水土保持,(3):56-57,60.

赵春生,匡灵燕,2008.有机农业基础知识分 200 问[M].北京:中国农业大学出版社.

黄年来,2004.中国现代菇业发展现状及展望[J].食用菌,**4**:2-3.

吴锦文,1999.食用菌的医疗保健作用及其发展趋势[J].生物学通报,**34**(9):18-19.

Rietveld A,Wiseman S,2003. Antioxidant effects of tea:evidence from humanc linical trials[J]. The Journal of Nutrition,**133**(10):3285-3292.

张建勇,江和源,崔宏春,等,2011.茶叶功能成分与新型食品开发[J].湖南农业科学,**3**:104-108.

梁晓宇,2014.中国茶文化的特征[J].乌蒙论坛,**2**:79-80,55.

王青颖,2007.中国农村生活污水处理技术应用现状及研究方向[J].污染防治技术,**20**(5):37-41,73.

骆世明,2005.生态农业的模式与技术[M].北京:化学工业出版社.

陈美芬,2008.从养生潮流谈台湾休闲农业的发展[C].第六届海峡两岸休闲农业发展学术研讨会论文集,中国贵州贵阳,贵州师范大学学报(自然科学版增刊),**28**(8):205-208.

杨晓翔,2013.基于养生理论的休闲农场设计研究[D].福州:福建农林大学.

黄冲平,柴惠芳,张嫣艳,等,2012.浙江省发展养生农业及其途径探析[J].浙江农业科学,**8**:1083-1085.

赵宪军,赵邦宏,2011.休闲农业为何这么热[M].北京:中国农业出版社.

刘志青,2011.我国休闲农业发展研究[D].石家庄:河北农业大学.

罗佩,马远佳,2011.休闲农业建设研究综述[J].安徽农业科学,**39**(5):2976-2978.

章继刚,2012.中国农业驶入创意农业时代[J].企业研究,**5**:15-18.

春华秋实,2014.创意农业:未来农业增值新趋势[J].农家之友,**4**:12.

惠水生,2013.下一个金矿:创意农业[J].乡村科技,**7**(1):33.

胡莹莹,2014.创意农业在国外[J].新农业,**1**:59-61.

刘丽影,孙明,路剑,2014.国外创意农业模式对中国文化创意农业发展的启示[J].世界农业,**3**:181-185.

郑文堂,邓蓉,任荣,等,2014.创意农业——农业创新与农业多功能拓展的新模式[J].现代化农业,**2**:52-56.

李雁,肖春利,徐凯,等,2014.北京创意农业主题公园实践总结—以北京房山粮经作物大观园为例[J].中国园艺文摘,**4**:66-67.

海川,2013.洛可可的"土豆魔法"[J].新经济导刊,**3**:69-71.

刘军萍,王爱玲,2012.北京创意农业的典型模式分析[J].中国乡镇企业,**5**:67-70.

章继刚,2009.创意农业与提高现代农产品效益[J].南方农业,**3**:76.

周金全,王琥,2014.多点创意更多收获创意农业叩开致富门[J].农村百事通,**5**:21-22.

韩金竹,张建华,2013.农业废弃物和农产品的创意利用[J].上海农业科技,**3**:26-27.

章继刚,2011.问道中国创意农业[J].企业研究,**2**:68-71.

江苏农业网,2014.创意农业:新型农业发展方式[J].农家之友,**01**:28.

刘荣华,2012.鱼游稻花间——浙江省青田县龙现村"稻田养鱼"土地整治模式探讨[J].中国土地,**6**:8-9.

章继刚,2012.创意农业:奇思妙想中的快乐产业[J].中国乡镇企业,**5**:33-36.

石向荣,田斌,2012.从德国"绿腰带项目"看中国休闲创意农业发展趋势经济纵横[J].理论月刊,**8**:144-148.

夏学禹,2010.论中国农耕文化的价值及传承途径[J].古今农业,**3**:88-98.

庄易,2013.创意农业:传统农业的创意革命[J].农经杂志,**3**:49-51.

李延云,2012.农产品加工与食品安全风险防范[M]北京:中国农业出版社.

彭宝良,胡志超,吕小莲,等,2008.我国农产品加工装备产业概况与发展[J].中国农机化学报,**34**(1):12-16

肖春玲,李青萍,2007.农产品加工过程中的环境问题及对策[J].食品科学,**28**(7):553-555.

张梅,2014.中日农产品物流追溯体系比较与借鉴[J].世界农业,**1**:31-35.

刘俊华,金海水,2009.国外农产品质量快速溯源的现状和启示[J].物流技术,**28**(11):251.

殷大朋,王瑞,2012.农产品质量追溯技术和体系建设进展研究[J].绿色科技,(11):198-200.

于国栋,丁士东,姜福旭,等,2008.农产品质量安全追溯体系建设初探[J].吉林农业,**6**:16-17.

李彪,蒋平安,孟亚宾,等,2013.农产品溯源技术在新疆的应用现状分析[J].天津农业科学,**19**(11):37-40.

方炎,高观,范新鲁,等,2005.我国食品安全追溯制度研究[J].农业质量标准,**2**:37-39.

金海水,刘俊华,2009.农产品质量快速溯源系统的现状、问题及对策[J].商业时代(原名《商业经济研究》),**25**:66-68.

白红武,孙传恒,丁维荣,等,2013.农产品溯源系统研究进展[J].江苏农业科学,**41**(4):1-4.

吕玉花,2008.新农村建设中的农产品物流问题研究[J].中国流通经济,**3**:20-22.

张雅光,2009.国外农业职业准入制度及启示[J].中国人才,**4**:71-72.

郭生河,2012.国外农业产业化发展经验及启示[J].福建农业科技,**4**:151-154.

第八章 蒙山养生研究

8.1　研究背景

8.1.1　蒙山是名副其实的生态名山

1.生态名山概念的提出

(1)定义:海拔高度 500～1500 米山区,该区域自然景观丰富,人类活动多,生态环境脆弱,自然景观保护状况较差,民生发展迫切,民生发展责任重大。

(2)意义:有利于山川保护观念的确立;对环境保护意识的宣讲与弘扬。通过合理利用生态资源,发展当地经济,造福于民。

2.蒙山作为生态名山的优势

蒙山生态好。森林覆盖率高达 90％以上,拥有生态公益林 1000 平方千米,是鲁中南的生态屏障、山东半岛最大的"绿肺",连续六年被评为"中国避暑名山",动植物种类丰富,有我国北方"天然生物基因库"之称。

水好。山上清泉奔涌,爽口甘冽,山下温泉众多,颐寿养生,水质优良,富含硒、锶等多种微量元素;水质具有小分子团的特点,容易进出细胞膜的水通道,高密度,不带游离电荷,具有较强的渗透力、溶解力、乳化力、代谢力和活化力,具有生物活性,可由人体直接吸收。

空气好。植物精气资源丰富,负氧离子含量高,素有"天然氧吧"之称,是著名的长寿之乡,2012 年被中国老年学会确定为"老年养生研究基地"。

8.1.2　蒙山是独具特色的长寿之山

蒙山以其优良的生态环境、益寿的负氧离子含量和地下水,使得蒙山地区的人们普遍长寿,并且逐渐形成了独具特色的长寿文化。

蒙山作为长寿之山,有其独特之处。

首先,蒙山核心区整座山体就像天公(大自然)"挥毫"草书的一个硕大的"寿"字,该现象与蒙山源远流长的长寿文化之间传为美谈。

其次,蒙山还拥有丰富的长寿资源。蒙山旅游区山岳森林资源丰富,蒙山国家森林公园,奇峰耸立,层峦叠嶂,深涧遍布,古称有"七十二峰""九十九峪""三十六洞";蒙山旅游区属温带季风型大陆性气候,年均气温 12.8℃,四季分明,气候温和,雨量充沛,民间有"七十二场浇花雨"之说,形成了天地和谐的生态良性循环。

蒙山是道教名山,有许多宗教遗址(迹),如承天宫、清虚观、九龙宫、慈宁宫、雨王庙等。传说道教名家鬼谷子王禅老祖就隐居在蒙山修炼授徒。道教主张修身养性,道教文化与养生长寿渊源很深。

8.1.3 健康休闲与养生度假是蒙山的发展目标

目前,蒙山旅游区立足森林资源丰富、负氧离子含量高、适合休闲养生等特点,深挖养生旅游资源,积极开展养生旅游,主打"沂蒙福地、颐养蒙山"的养生旅游品牌,不断探索蒙山旅游发展的新出路,拓展旅游发展的新空间,着力打造休闲、养生、健康的旅游。

通过每年 10 月中旬举办蒙山养生长寿文化旅游节等系列特色节庆活动,修建养生园,开发蒙山养生水、养生保健茶,将养生与乡村旅游相结合开发农家乐等方式,吸引大批境内外游客来蒙山旅游。

蒙山养心园、沂蒙人家、沂山邑水等多家以休闲、养生、健康为主的项目落户蒙山,并与清华大学、山东大学、中科院等 10 多家大专院校、科研机构合作,进行养生、健康等方面的研究,积极引进以休闲、养生、健康为主的项目,打造中国北方著名的山岳型休闲养生度假旅游目的地。

8.1.4 本研究的目的与意义

21 世纪,健康行业已成为世界第五大产业,由此带来的商机无限,在我国,随着社会老龄化的到来,人们对于健康诉求的强烈度激增,以养老养生为核心话题,及其带动的相关休闲、游憩、地产、医疗等因素受到人们的关注。

本书综合运用经济学、地理学、逻辑学、医学和管理学等理论知识,采用文献研究法、实地考察研究法、定量分析与定性分析相结合、分析比较、列举案例等多种方法,对养生长寿相关内容进行分析,并进行多次大数据分析,保证专题研究的深入、全面和正确性。

报告结合养生产业的自身特点,深入挖掘蒙山地区得天独厚的自然和文化养生资源,系统研究蒙山长寿因素,探索蒙山养生产业未来的发展方向,测算养生资源承载力,从其发展背景、概念梳理到发展模式、案例解析等进行详细解读,为养老养生产业开发、发展提供指导性建议,进而针对性地突出蒙山养生产业的发展战略和为蒙山养生产业发展提供依据。

8.2 蒙山长寿发展现状分析

8.2.1 寿山缘起

本次专题研究范围为蒙山旅游区,包括龟蒙顶景区和云蒙景区,东西长 28 千米,南北宽 25 千米,面积 313 平方千米(见图 8.1)。

8.2.1.1 蒙山

蒙山,古称东蒙、东山,素有"岱宗之亚""亚岱"之美誉,为山东省第二高峰,海拔高度千米以上的高峰 14 座,主峰龟蒙顶海拔高度为 1156 米。

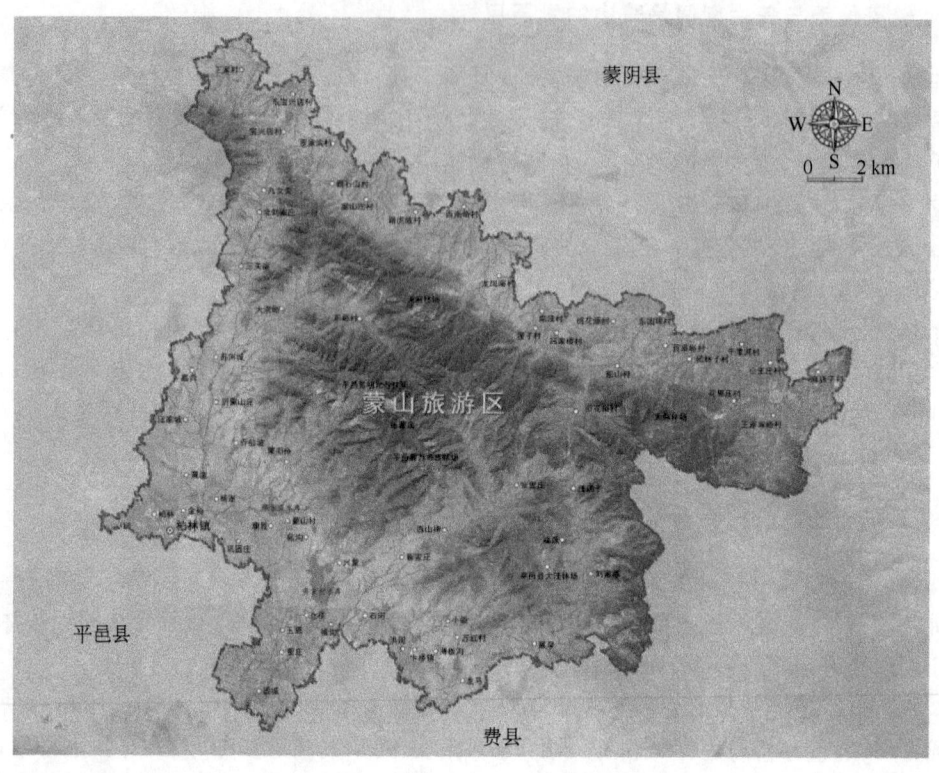

图 8.1　蒙山旅游区范围图

1. 地貌奇特

利用 Google 地球的遥感图以及 DEM 数字高程地图,可以发现蒙山核心区 400 米海拔高程以上的所有山地区域的平面形态,与草书体"寿"字的形状非常相似(图 8.2)。这是迄今未见报道的偶然发现,但是,该现象可以与蒙山源远流长的长寿文化之间建立联系。因此,将这个区域的山脉造型景观(寿字形山)称作寿字形地貌景观是非常形象和贴切的。

蒙山"寿"字形地貌景观呈现北西—南东走向,在海拔高程超过 400 米以上的山地地区,山体轮廓及内部局部细节在其西北大部、东南部,与草书寿字形神一致,仅在中南一小部分略具差别。

蒙山最具标志性的人文地貌混合景观当属寿星岩。寿星岩位于蒙山龟蒙顶西北侧的裸岩山体上,利用山体依山就势造型,它以古代南极仙翁为摩本,采用明朝末年定型的寿星形象,高 218 米,宽 198 米,头部高 85 米。蒙山为东方著名的养生长寿圣地,而寿星岩人文地貌混合景观进一步体现了养生长寿的主题和主旨,加之前面发现的巨幅寿字形蒙山地貌景观,使得整个蒙山的山山水水、一草一木、一石一砂都轻唱着长寿音符、洋溢着和谐氛围(图8.3)。

图 8.2　寿字形蒙山示意图

图 8.3　蒙山的寿星岩地貌景观

2. 历史悠久

蒙山历史悠久。远古时期,人文始祖伏羲及其后人便生活居住在这里。夏商时期伏羲后裔建颛臾国,在蒙山祭天祭地,祈求风调雨顺、五谷丰登,保佑族人兴旺平安。至西周时期,颛臾王奉周天子之命在此主祭蒙山,以保大周国泰民安、帝业千秋。今颛臾国故城遗址尚存,成为中国历史上最古老的古城墙遗址之一。几千年来,众多帝王将相、文人墨客登临蒙山,吟诵蒙山。

3. 文化厚重

蒙山文化底蕴丰厚,蒙山是中华文明和东夷文化的发祥地之一,且拥有多样的文化。

(1)宗教文化

蒙山以道教为盛,佛道共修,僧人道众对蒙山情有独钟,把这里当作修炼正果、养生长寿的圣地。

蒙山是道教的发源地之一。蒙山是道教文化圣地,自汉代便有道众在蒙山修道传教。这里是鬼谷子智慧文化的发祥地,两千年前,道家智慧老祖鬼谷子避世云蒙山下,参悟大道妙谛,领略智慧化境。

蒙山佛教文化底蕴深厚,历史悠久。佛教文化以明光寺为代表,古寺始建于元朝,兴于明朝,地处山涧,谷深悠远,自然生态环境十分优越,是理想的休闲度假场所和避暑胜地;其独特的佛教文化渊源,使得明光寺景区的休闲旅游成为真正融入心境的养心之旅,让人深刻体会到"禅境养心""山居养心"的精髓。

(2)长寿文化

蒙山是著名的祈福圣地、长寿之山,蒙山地区现有百岁老人众多,最高年龄 114 岁。享有吉尼斯世界纪录的石雕"蒙山寿星",成为蒙山养生长寿旅游的象征,是人们祈福祝寿的理想之地;蒙山的自然环境和生态条件赋予蒙山为世界养生长寿圣地,成为生态旅游、运动休闲、养生度假的理想场所。

(3)红色文化

蒙山是中国红色革命最为重要的根据地之一。以孟良崮、沂蒙红嫂为代表的红色旅游资源品味高,吸引力独特。孟良崮战役遗址、大青山战斗遗址、红嫂纪念地、抗大一分校、大众日报社旧址等驰名中外;著名歌曲《沂蒙山小调》也诞生在这片红色沃土上。

(4)民俗文化

蒙山地区民风淳朴,蒙山居民素以勤劳、智慧、朴实、淳厚、善良、勇敢而著称,蒙山的山、水、林孕育了蒙山丰富多样的民俗文化,其中最突出的要数孝文化。蒙山的孝文化源远流长,这里是孝圣王祥的故里,"二十四孝"故事中有"七孝"发生在此。

8.2.1.2　蒙山旅游区

2012 年 2 月,市委、市政府调整蒙山旅游区管理体制,把龟蒙、云蒙两个主景区纳入市蒙山旅游区管委会直接管理,并结合旅游区的发展需求,整合附近村庄、林场、钻石公园等相关资源,蒙山旅游从此进入了全新的发展阶段,现为国家 5 A 级旅游区。

1. 区位优势

处在北京—上海黄金旅游线的中心位置,东与青岛、烟台、日照黄金海岸线相连,西与曲阜、济南山水线相接,区位十分优越(图 8.4)。

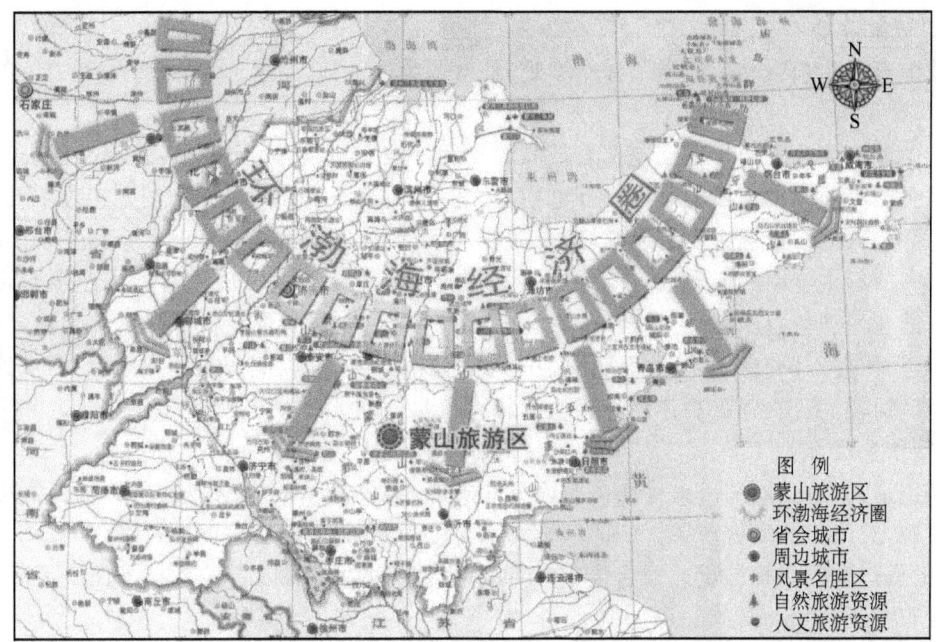

图 8.4　蒙山旅游区区位分析图

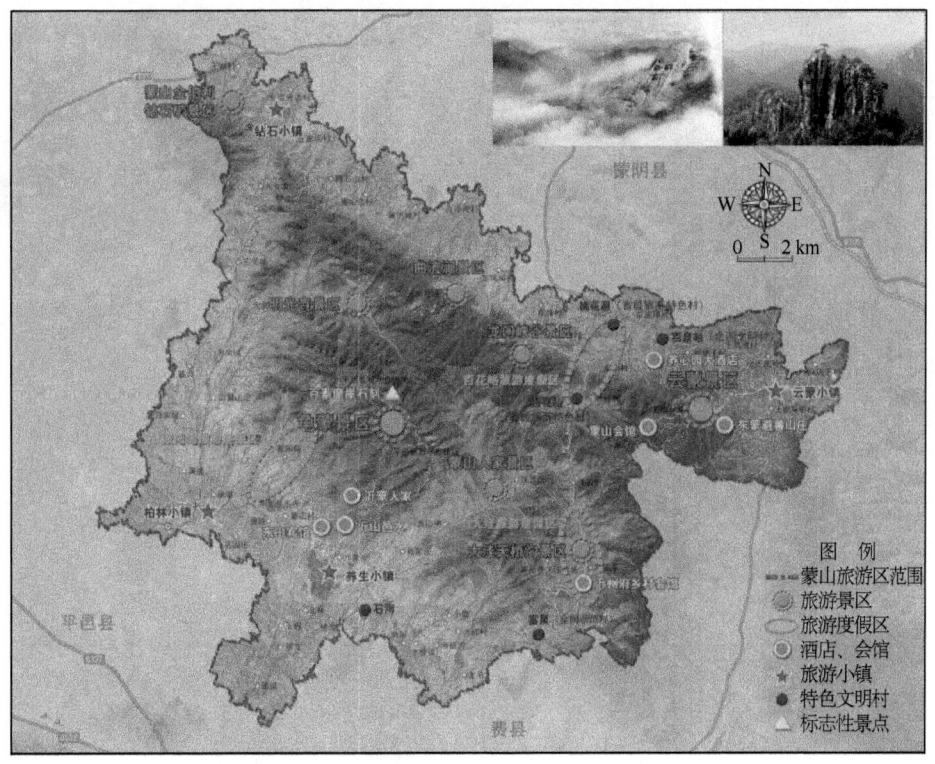

图 8.5　蒙山旅游区综合现状图

2. 资源优势

蒙山集山岳景观、森林景观、瀑布景观、长寿养生于一体。

(1)地质资源

蒙山地质遗迹资源丰富。花岗岩奇峰的代表景点有龟蒙顶、天蒙顶、云蒙峰(笔架山)等;球状风化及溶蚀作用形成的景点有万龟朝圣、毛公石、试刀石、寿桃石等;洞穴遗迹主要有朝阳洞、孙膑洞等;地质遗迹主要有鹰窝峰、指动石、郯城大地震遗址等。沂蒙国家钻石矿山公园是中国唯一的原生金刚石矿,全国10颗巨钻中有6颗产自蒙山。蒙山南有归来庄金矿,北有亚洲唯一的金伯利钻石原生矿——701矿,东有龙头旺金矿,西有煤炭资源。蒙山北麓麦饭石储量丰富,品质好,具有保健功能。广泛应用于医疗保健、食品、饮料以及水质净化、污水处理、防腐、防臭、保鲜、去污、瓷器制作以及种植业和养殖业等领域。

(2)水系资源

蒙山水系发达,周边有大中小型水库150多座,是发展水利风景名胜区的重要资源;蒙山泉水甘冽,对人类长寿有重要影响的"硒"元素含量为全省地下水平均值的12倍,被称为"美容元素"的偏硅酸等多种微量元素含量非常丰富,天然苏打水、麦饭石矿泉水等优质天然饮用水山泉分布广泛(图8.6)。

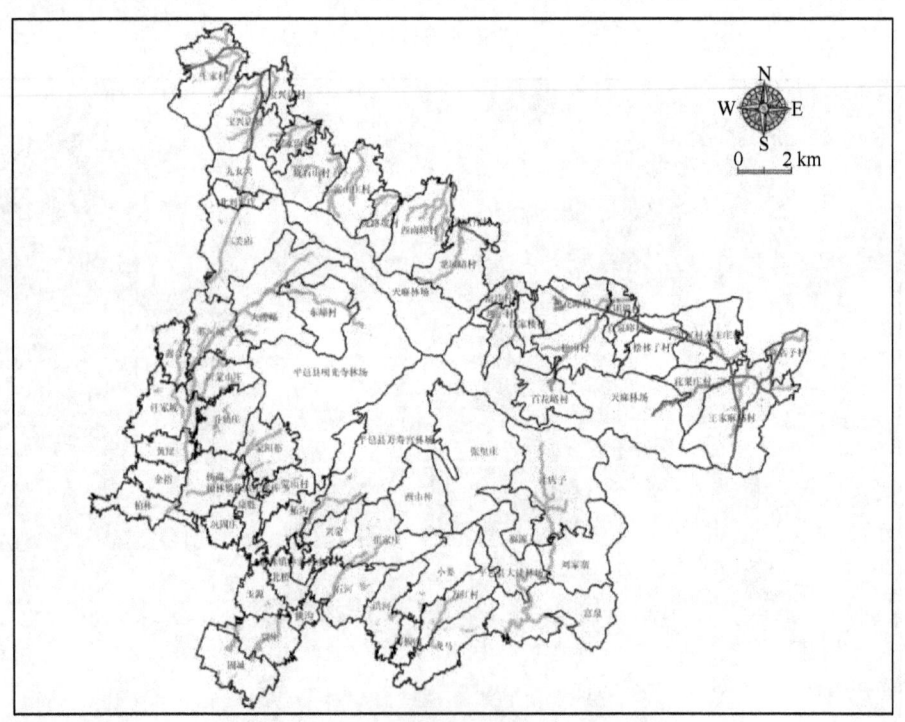

图8.6　蒙山旅游区水系分布图

(3)动植物资源

蒙山动植物资源丰富。有木本植物71科174属440种;山中动物种类繁多,有鸟类100多种,雀、鹰、白头鹨等多种珍禽为国家二类保护动物;蒙山还是我国北方难得的中草药资源宝库,有野生中草药 64 科 111 属 189 种,是全国最大的金银花产地,天麻、冬虫夏草、连翘、何首乌、野生全蝎、天然灵芝、紫草等名贵中药材是蒙山的重要特产。

(4)地热资源

蒙山山前拥有丰富的地热资源,目前有地热井 3 处,出水温度适宜,非常适宜疗养保健,温泉开发将成为蒙山旅游的一个新亮点,实现登山望远、温泉休闲的旅游新格局。

3. 产业优势

(1)旅游效益不断凸显

蒙山地区旅游以"生态沂蒙山"品牌运作为核心,得到了社会的广泛认可,2013 年接待游客 211 万人次,较上年增长 19%,省级农家乐 8 处、省级特色村 3 个、省级旅游强镇 1 个、省级旅游示范点 1 处、省级工业示范点 1 处。

近年来,蒙山旅游区经济连续保持了平稳较快增长。2013 年旅游区共实现地区生产总值 32.88 亿元,2013 年实现地方财政收入 2600 万元,固定资产投资总额达到 4.3 亿元。

(2)旅游产业链条不断完善

蒙山地区旅游产业发展日臻完善,建立了完善的"吃、住、行、游、购、娱"旅游服务,并不断丰富旅游项目及活动,吸引大量的国内外游客来蒙山旅游。

目前,蒙山地区现拥有大小旅馆、农家乐 180 余处,其中星级宾馆 12 家,床位 20000 多张;蒙山旅游美食独特,有"中华名小吃"——八宝豆豉、蒙山全蝎、蒙山全羊、老字号的兰陵酒、金银花茶等颇具特色的美食;以天麻、紫草、灵芝、山虾为代表的"蒙山四宝"以及琅琊草编、柳编、沂蒙印花布、布老虎、沂蒙香荷包等种类繁多的工艺品。

蒙山地区比较成熟、设施完善、知名度高的景区(点)有大洼旅游度假、九间棚景区、六里鬼谷景区、明光寺景区等,发展主题以生态、文化、养生、度假为主。

蒙山地区每年还举办多种多样的旅游节庆(表 8.1),增强与游客的互动体验,让游客充分体验蒙山地区风情。

表 8.1 蒙山地区特色旅游节庆

名称	日期
蒙山春节祈福庙会	每年农历初一至十五
蒙山"三月三"庙会	每年农历三月初三
蒙山拜寿大典	每年 4 月 26 日
蒙山"天然氧吧"休闲节	每年 4 月下旬
蒙山登山节	每年 9 月下旬
蒙山长寿文化旅游节	每年 9 月 19 日—10 月 19 日
蒙山养生长寿食品博览会	每年 10 月 1—7 日

(3)绿色产品品牌打响

蒙山生态环境优良,农业产业基础雄厚,优质农产品基地规模较大,成为全国打响的"生态沂蒙山、优质农产品"品牌,已经树立了"金锣冷鲜肉、绿润板栗、苍山蔬菜、蒙阴蜜桃、平邑金银花、费县核桃、沂南大樱桃、沂南双堠西瓜、塘崖贡米、莒南花生油"等一批品牌农产品,部分产品在国内同类产品质量中处于领先地位。

8.2.2 长寿区分布

根据蒙山地区市县提供的统计数据,报告研究范围内蒙山地区长寿人口统计如表8.2:

表8.2 蒙山地区长寿老人统计表

区域		人数(人)	性别		年龄段(岁)
			男(人)	女(人)	
蒙山旅游区柏林镇	柏林村	10	4	6	90~93
	东上坦	4	2	2	90~92
	西上坦	3	0	3	90~93
	汪家坡	9	2	7	90~96
	杨谢村	8	0	8	90~95
	桥仙村	3	1	2	90~96
	固城	9	3	6	90~96
	贾庄	11	2	9	90~94
	南孝义	3	0	3	90~92
	北孝义	2	1	1	90~98
	乔家村	1	0	1	93
	玉皇城	1	0	1	92
	两河村	1	0	1	92
	山庄	2	1	1	90~93
	许家庄	1	0	1	91
	温家庄	1	0	1	92
	大涝峪村	1	0	1	96
	东峪	1	0	1	91
	三关庙	8	2	6	90~94
	九女关	2	1	1	90~94
	北刘庄	2	1	1	90~92
	邢家庄	2	0	2	94~97
	柘沟村	4	1	3	90~94
	陈家庄	2	1	1	92~94

区域		人数（人）	性别		年龄段（岁）
			男（人）	女（人）	
蒙山旅游区柏林镇	郭家庄	3	0	3	93～96
	巩固庄	3	1	2	90
	大石头	3	1	2	90～94
	于沟村	2	1	1	90～95
	池家寨	5	2	3	92～100
	福源村	2	0	2	90--92
	洼店村	4	3	1	91～104
	刘家寨	1	0	1	91
	龙马	3	1	2	90～100
	城泉村	3	1	2	90～96
	薄乐固	2	0	2	92～93
	薄板沟	2	1	1	90～96
	洪河村	5	1	4	90～104
	石河村	5	1	4	90～97
	挑沟村	3	1	2	90～95
	崔家庄村	2	1	1	90～91
	燕峪村	2	0	2	92～96
	李石屋村	3	0	3	90～92
	鑫合温家庄	1	0	1	90
	黄崖村	2	0	2	90～91
	龙马村栏马	2	2	0	90～100
	洼店子	1	0	1	90
	大涝峪塔峪	1	0	1	91
	金裕村	1	0	1	90
	小楼村	1	0	1	90
	苏河城	1	1	0	90
蒙山旅游区云蒙办事处	松林于	2	1	1	92～93
	花果庄	2	0	2	90～93
	王麻庄	3	1	2	91～96
	于里河村	4	0	4	90～95
	桃花源	2	1	1	94～101
	吕家楼	1	0	1	92
	百花峪村	3	0	3	90～102
	松山村	4	0	4	91～96
	王家村	1	1	0	92
	宝兴店	2	0	2	91～92
	西南峪	2	2	0	90～91

续表

区域		人数(人)	性别		年龄段(岁)
			男(人)	女(人)	
蒙山旅游区云蒙办事处	东宝兴店	3	2	1	90～91
	魏石山	1	0	1	93
	富山庄	6	3	3	90～96
	龙凤峪	2	0	2	90
	魏石山	2	1	1	90
	塂子	1	1	0	90
	王麻	1	0	1	90
	小王庄	1	1	0	93
	东宝兴店	1	0	1	91
	麻店子	3	0	3	90～91
	龙凤峪	1	0	1	90
合计		202	54	148	90～104

分析可得,蒙山地区长寿人口主要分布在浅山区和深山区沟域(表8.2),该区域人口居住比较集中,也是蒙山地区基础设施建设相对完善的地区,旅游发展比较成熟。

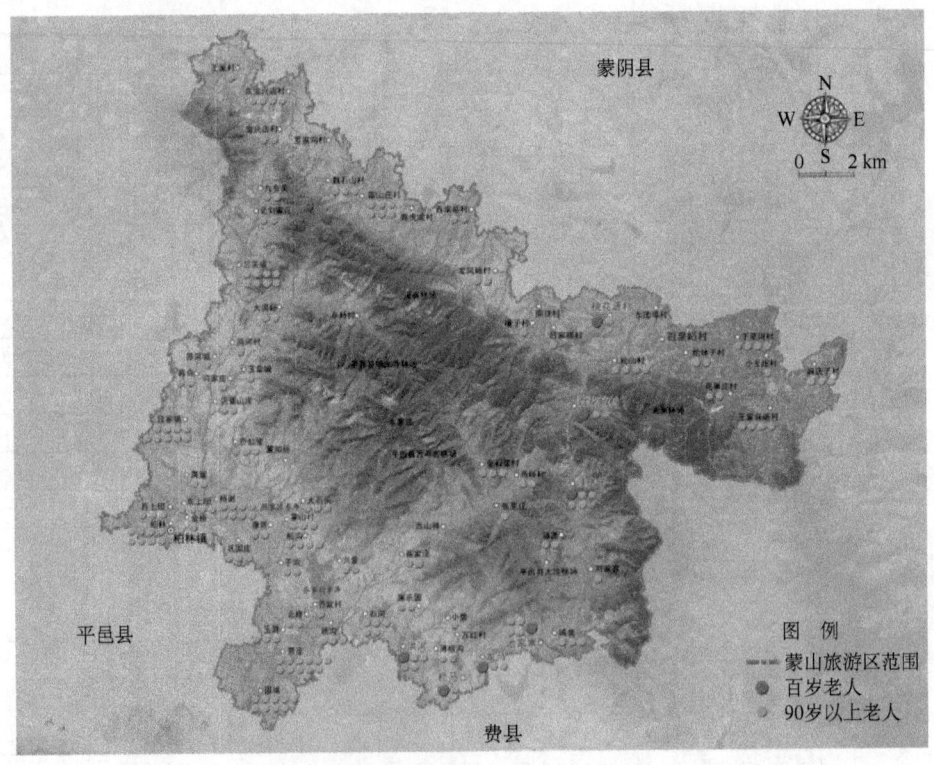

图 8.7 蒙山地区长寿老人分布图

8.2.3 长寿现状

根据蒙山地区长寿人口数量统计,由表8.3,图8.9可以看出:

1. 蒙山符合国际长寿之乡标准,属于世界级长寿之乡

蒙山地区长寿人口主要统计90岁之上,其年龄分布特征大致可以从表8.3看出。

表8.3 蒙山地区长寿老人统计表

年龄	90	91	92	93	94	95	96	97	98	99	100	101	102	104	合计
人数	77	34	26	21	15	7	11	3	1	0	3	1	1	2	202

蒙山地区总人口7.3万人(2012年统计人口数,下同);蒙山地区90～100岁老人共有155个,占蒙山地区总人口的0.21%;100岁以上老人7个,占总人口的0.0096%。

按照国际长寿之乡统计标准,蒙山地区每10万人口,拥有百岁寿星9.6个,超出国际标准(每10万人口中有百岁寿星7.5人),所以蒙山地区属于世界级长寿之乡。

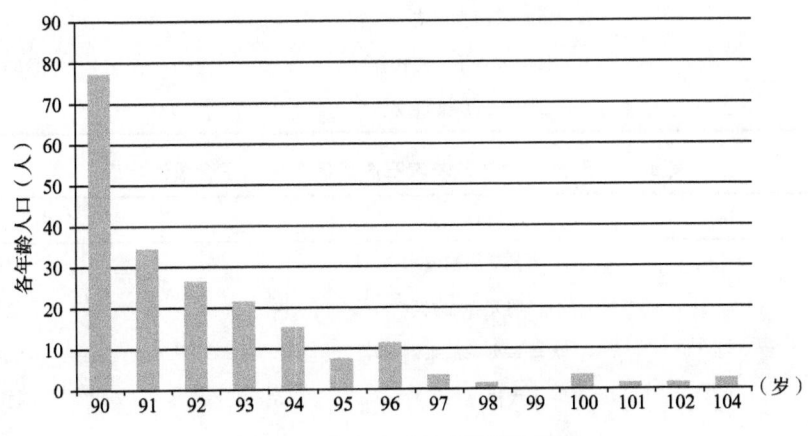

图8.8 蒙山地区长寿老人统计图

2. 蒙山地区长寿人口性别特征

蒙山地区90岁以上长寿老人的男女性别比为54∶148,大约是1∶3的比例,由此可见,女性较男性长寿。

8.2.4 长寿因素分析

8.2.4.1 天然优越的生态环境

1. 森林覆盖率超高

蒙山总面积1125平方千米,森林覆盖率高达95%以上。

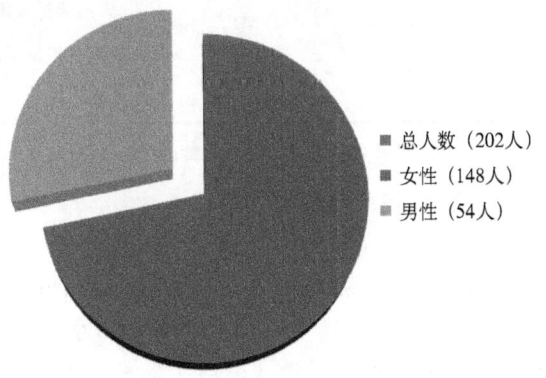

■ 总人数(202人)
■ 女性(148人)
■ 男性(54人)

图8.9 蒙山地区长寿老人性别比例统计图

2. 负氧离子超高

空气负氧离子含量非常高(表 8.4,表 8.5)。经测定,蒙山每立方厘米空气中负氧离子含量最高达到 854167 个,而根据世界卫生组织规定,清新空气的负氧离子浓度为每立方厘米 1000~1500 个。

表 8.4　龟蒙及云蒙景区负氧离子含量测定表

序号	地点	负离子(个/厘米^3)
1	中天门南侧山梁东面松林内	2204000
2	龟蒙机票扣	113000
3	九龙潭小桥	692500
4	玉泉枕流	426500
5	听涛	340000
6	蒙山颐源国际健康城	822500
7	蒙阳水坝边	217500
8	云蒙火石梁大片松林	854167
9	云蒙雨王庙北混交林	196000

表 8.5　明光寺、大洼及李家石屋景区负氧离子含量测定表

序号	地点	负离子(个/厘米^3)
1	明光寺周围流水边	214500
2	明光寺仙人亭	341000
3	大洼军事基地东侧水坝	339500
4	大洼鬼谷子村	410000
5	大洼葛针窑	394500
6	大洼天桥沟树林	467800
7	李家石屋景区门口	273000
8	李家石屋龙门三潭	695000

＊注:代表 2012 年 9 月蒙山旅游区测定结果;其余为中国科学院生态环境研究中心于 1999 年 6 月测定结果。

3. 气候气温极为舒适

蒙山地区属东亚暖温带季风区气候。据平邑、费县、蒙阴三县气象资料记载,年平均气温为 13.1℃,极端最高气温为 41.9℃(2002 年 7 月 18 日),极端低温－22℃(1957 年 1 月 21 日),年平均日照时数为 2544.8 小时,积温(≥10℃)4396.5℃·d。年太阳总辐射量 122 千卡每平方厘米。平均年降水量为 823.8 毫米,6—9 月占全年降水量的 65% 以上。年蒸发量为 2124 毫米。年平均无霜期,山下部为 210 天,初霜期多在 10 月下旬,终霜期多在 4 月中旬。总之,蒙山地区的气候是:春季多风干旱,夏季多雨高温,秋季凉爽易旱,冬季干旱多北风。具有四季分明,气候温和,光照充足,雨量集中,无霜期长等特点,适宜温带、亚热带多种植物生长繁育。

4. 水系资源丰富

蒙山旅游区属淮河流域沂河水系,以蒙山为分水岭,山北云蒙办事处属于东汶河流域,山南柏林镇主要属于浚河、银线河流域。因蒙山旅游区纵深较小,地理高程较高,境内没有较大河流,均为河流支流或发源地。主河长 10 千米以上河流共有 11 条,分别为柏林镇下关河、杨谢河、柏林河、固城河、金线河,云蒙办事处东儒来河、聚来庄河、银麦河、金水河、团埠河、麻店子河。

蒙山旅游区水文地质条件比较复杂,受地层、地貌、构造及水文气象等自然条件控制与影响,外观上形成"千峦环其外,百流出其间"的景致,总体上呈外围高、中间低,旅游区内断裂构造发育,主要受蒙山、新泰—垛庄两条大断裂控制,出露的地层主要有前震旦纪古老变质岩,第四纪的冲洪积松散岩层,该含水岩水质优良,水化学类型为 HCO_3-Ca 型,矿化度小于 0.3 克/升。此外,还有不同时期的岩浆侵入体与喷出岩(表 8.6)。

表 8.6 蒙山地下水中微量元素含量

分析编号	SF13198		
分析项目	$\rho(BZ\pm)$	$C(1/zBZ\pm)$	$X(1/zBZ\pm)$
$BZ\pm$	$mg \cdot L^{-1}$	$mmol \cdot L^{-1}$	%
K^+	6.65	0.17	2.25
Na^+	132.71	5.77	76.37
Ca^{2+}	26.24	1.31	17.32
Mg^{2+}	3.73	0.31	4.06
Fe^{3+}	<0.04		
合计	169.33	7.56	100.00
Cl^-	32.87	0.93	12.78
SO_4^{2-}	137.56	2.86	39.48
HCO_3^-	134.20	2.20	30.32
CO_3^{2-}	34.43	1.15	15.82
$F-$	2.00	0.11	1.45
NO_3^-(以 N 计)	0.16	0.01	0.16
NO_2^-	<0.004		
HPO_4^{2-}	0.02	0.00	0.00
合计	341.22	7.25	100.00

8.2.4.2　健康良好的生活习惯

除了先天优越的自然环境,蒙山周边的居民习惯终日在田间地头劳作,饮食上偏好素食、杂粮,也是长寿的秘诀之一。

好的饮食、生活习惯是使人长寿的重要因素。蒙山一带居民的饮食结构"简单而合理",多数人偏好素食、谷物和杂粮,同时因为自己耕种,一方面使作物健康无污染,另一方面也加强了身体的锻炼。在对老人统计时发现,70 岁以上老人有 60% 会亲自耕种、劳作,80 岁以上老人有 30% 会亲自耕种,90 岁老人有 13% 会亲自耕种。

8.2.4.3　乡风淳朴的民俗风情

长寿的原因不仅依赖于优越的自然条件,还有一个原因就是孝文化盛行。蒙山历史文化悠久,东夷文化、孝文化、生态文化流传甚广,其中尤其是孝文化在蒙山地区尤其盛行。"孩子们都非常孝顺父母,与长辈来往十分密切,一大家子人十分融洽地住在一起,老人们心情好,得病的也少。"

轻松愉悦的心情的确有利于人的寿命延长。现代人生命的结束多数是由于疾病引起,如果没有疾病,一般人都能活到 110～120 岁左右,而在健康的环境中,与子女、家人相处和睦,保持一个快乐的心情,更能延年益寿。

总结,蒙山地区高森林覆盖率、高负氧离子含量等优越的自然环境以及蒙山富含长寿元素硒、锶和美容元素偏硅酸等多种微量元素的优良水质,是蒙山具备长寿独一无二的资本。

8.3　国内外长寿地域发展动态及其规律

随着人类社会的发展和进步,人们对自身寿命延长的需求日益增长,长寿越来越为人们熟知。"长寿区",是指人口平均预期寿命较长或百岁以上老人比例较高的地区。长寿区的范围有大有小,小的长寿区叫长寿村,中等范围的叫长寿乡,再大点的叫长寿县,更大点的叫长寿国,如日本。

"长寿率",依照国际惯例是指每 10 万人中所拥有的百岁老人的数量。

一般而言,预期寿命的高低,主要反映了社会经济发展水平和生活营养状况的影响,而百岁老人比率的高低,主要反映了自然环境条件地域差异的影响。

"长寿之乡"评定标准:

1. 国际"长寿之乡"标准

国际标准"长寿之乡"的定义是每 10 万人中拥有百岁寿星 7.5 人的地区。

2. 中国"长寿之乡"标准

中国长寿之乡是中国老年学学会评选认定的称号。

中国"长寿之乡"评审活动是从 2005 年开始的,其标准为:长寿的代表性,即百岁老人占总人口的比例达到国际共识的标准十万分之七;长寿的整体性,即区域人口平均预期寿命要明显高于全国平均水平三岁;长寿的持续性,即 80 岁及以上的老人占总人口的 1.4%。

3. 山东省"长寿之乡"标准

山东省关于省级"长寿之乡"标准为：长寿的代表性，即上年底百岁及以上老年人占总人口的十万分之七以上；长寿的整体性，即区域人口的平均预期寿命超过全省平均水平；长寿的延续性，即 80 岁以上高龄人口占总人口的比例高于全省平均水平。

8.3.1　国际长寿发展的动态分析

8.3.1.1　国际长寿区分布

1. 分布区域

世界的长寿区有欧洲高加索地区、南美洲厄瓜多尔的比尔卡班巴村、巴基斯坦的罕萨、日本的冲绳县和意大利坎普迪米村（图 8.10）。

国际自然医学会认定的"世界八大长寿之乡"分别是高加索地区，巴基斯坦的罕萨，南美洲厄瓜多尔的比尔卡班巴，中国新疆的和田、喀什、阿克苏，广西巴马瑶族自治县，广东省蕉岭县，江苏省如皋市，海南省万宁市、澄迈县。

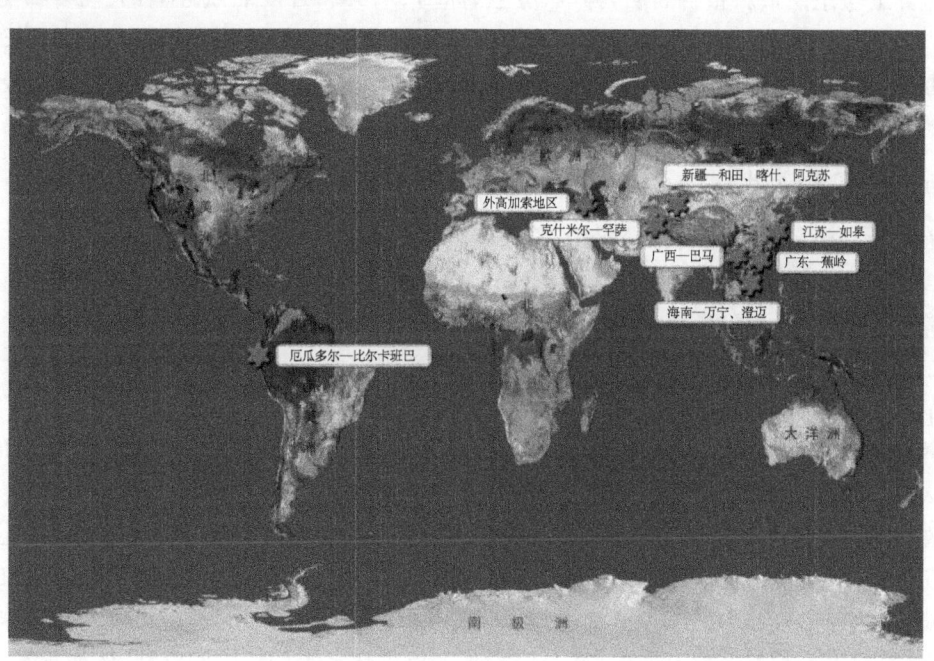

图 8.10　世界长寿区分布图

2. 分布特点

世界级长寿乡的共有条件：

体格和性格：百岁老人体型瘦小，性格诚挚温厚。

职业与饮食生活：农业——食物自给自足。主食——谷物；副食——以蔬菜为主。

嗜好：偶进烟酒，用来消除疲劳和消除精神紧张。

生活类型的一般情况：不离开出生地，长期从事体力劳动，数代同堂。

总括：长寿乡的长寿者有一个生命链：土地农作物生命。

8.3.1.2　国外长寿研究现状

在外高加索人的婚礼上，八九十岁的长者和年轻人一起又唱又跳，保持着乐观的心态，这是他们长寿的主要原因之一。此外他们独特的饮食习惯也是长寿的重要原因之一。

一位英国医生研究巴基斯坦罕萨人的长寿秘诀，总结出了水源、饮食和生活习惯三大要素。另外一个重要的长寿因素是罕萨人每日离不开吃杏。

美国科学家尤金·佩因把厄瓜多尔的比尔卡班巴称为"免疫岛"，因为当地人很少得心脑血管疾病。这主要归功于当地人没有金钱和竞争的概念，喜欢劳动，这使得他们对心脑血管疾病"免疫"。而很少吃动物和高热量食品，使得当地人拥有缓慢稳定的新陈代谢。

日本是世界上百岁老人占人口比例最高的国家。全世界健康学家对日本人长寿达成共识：饮食清淡、运动健康、精神愉快、环境绿化。此外，日本人生病时，能获得充分而良好的医疗。

世界卫生组织最新报告表明，挪威、芬兰、冰岛、瑞典和丹麦北欧五国，人均寿命为77.62岁，这个数字远远高于世界人均寿命。寒冷的气候减缓了人体的新陈代谢是北欧人长寿的一个重要原因；森林覆盖率居全世界首位，空气中的氧分子含量高，为北欧人的健康长寿提供了重要的基础。

8.3.1.3　国外养生理念的发展

面对社会老龄化，世界各国兴起了各种养生养老模式。

1. 养生养老产业兴起与发展

养生养老"产业"是20个世纪60年代以来国际上发展最快的行业之一。

二战后，在为老年人提供经济保障的同时，西方国家兴建了大批的养老院，欧洲大陆机构养老的比重较高，例如德国约有33％的老人住在养老院中。

养老机构虽然解决了老人的生活料理、医疗等问题，但削弱了老人与家庭和社会的联系，使老人感到孤独和寂寞，对此，"居家养老"称为一种趋势。

在荷兰，高龄老人如果不要政府提供养老床位，就可以领取每年5万欧元的照料金，自己去购买所需要的服务；在日本、新加坡等亚洲国家，由于土地资源不足，以及东方传统家庭观念的影响，虽然一直也参考西方模式为退休老人提供了优厚的养老金，但是在大力兴建养老院的同时，一直提倡和鼓励"多代同居"，并为居家养老提供住宅上的优惠和便利，例如日本的"两代同居"住宅，新加坡的"多代同堂组屋"等。

美国人向来强调个人自由，进入养老院的老年人不到总数的20％，其余都是居家养老，但大多数老人并不和子女住在一起，很多美国人退休后把原来的住房卖掉，在温暖的"阳光地带"购房落户，安度晚年，以至于在美国南部形成了一些老年人聚居的城市，例如佛罗里达的坦帕市，亚利桑那的凤凰城等。

异地养老在欧盟各国出现跨国方向发展。一些北欧国家的城市，例如挪威的卑尔根、奥斯陆、贝鲁姆等，看重了西班牙南部海滨的充足阳光、低廉的地产价格和良好的公共服务卫生，不惜投重资在那里开办功能齐全的养老公寓和配套服务设施。

欧洲南部的阳光不仅吸引着各国养老机构,也吸引了许多国际投资公司,它们在地中海沿岸修建了不少功能齐全的养老社区,除老年公寓外,还包括医院、商场、剧院等配套设施,并提供家务料理、老年护理、紧急救护、安全保卫等全天候服务。这些旅游胜地附近的养老社区入住费较高,但仍然供不应求。

西方国家的经验告诉我们:在解决人口老龄化问题上,应当充分考虑市场的作用,政府不可能把所有的事情都包下来。政府应当管和能够管的,是为老年人提供必要的经济保障和医疗条件,例如国民养老金、基本医疗服务等,但是老年人需要的绝大多数商品和服务,还是要通过市场的办法来解决。

2. 新兴养生服务业发展

2002 年,世界卫生组织在《积极老龄化政策框架》中提出了"积极老龄化"的概念,其核心内容是"参与、健康和保障",使老年人尽可能在较长时间内保持良好状态。在组织老年人参加体育、文化、教育等活动方面,英国的老年摇滚乐队、法国的老年电台、日本的老年体育俱乐部和夜间大学是其中杰出的代表。

老年旅游是欧美、日本旅游市场的重头戏。多数老年人在健康允许的情况下都愿意到国外走一走,看一看。国外旅行社根据老年人不同的支付能力、文化背景和情趣爱好,推出了团队游、自助游、候鸟游、健身游、修学游等多种多样的旅游模式。

8.3.2 国内长寿状况的动态分析

根据国内长寿研究统计数据显示,中国长寿分区明显,有如下特点。

8.3.2.1 分布区域

中国长寿区主要有(图 8.11):

(1)新疆和田、喀什和阿克苏地区;

(2)广西巴马瑶族自治县;

(3)安徽省石台县大石村,六安市华山村,阜南县东岳村;

(4)贵州省盘县老厂村,毕节市海子镇店子村;

(5)西藏堆龙德庆县东嘎镇,喜马拉雅山脚下的东孔村;

(6)山东省济南市长清县张夏镇,莱州市金成真龙埠村,烟台市牟平区高陵镇后沟村;

(7)湖北省神农架林区塔坪村和钟祥县;

(8)上海市长兴岛;

(9)四川省彭山县,成都平原长寿区,川西北高原长寿区;

(10)云南省云龙县金竹林地区;

(11)海南岛。

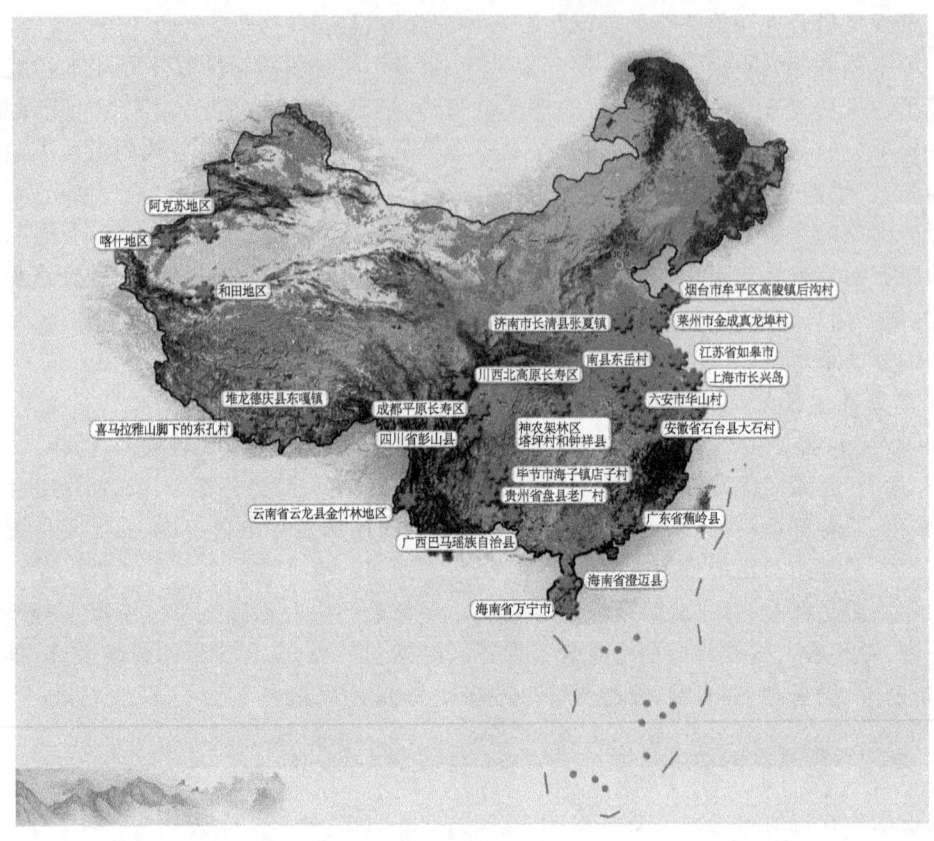

图 8.11　中国长寿区分布图

2. 分布特点

我国长寿区的分布呈现六大显著特征：

(1)均处于北纬 38°线以下的南方地区,主要分布在广西、四川、海南、云南、广东和新疆等地。中国三北(华北、东北、西北大部分)地区是长寿"盲区",没有发现长寿区。

(2)多沿江河流域分布,主要分布在珠江、长江、澜沧江流域和近海地区。从气候条件来说,主要分布在中南亚热带、热带边缘和新疆的暖温带地区,没有温带地区。这些地方自然环境优美,海拔高度适中,一般都在 1500 米以下。气候凉爽宜人,冬无严寒,夏无酷暑,有益健康,利于长寿。

(3)多为少数民族地区。广西、云南、新疆的长寿区多为少数民族聚居区,主要为瑶族、傣族、维吾尔族。

(4)多呈现聚集性,而不是孤立存在。主要分布于广西巴马—都安—东兰等县、四川都江堰—彭山、云南潞西—勐海—景洪、广东三水—佛山、新疆阿克苏—阿克陶—吐鲁番 5 个长寿带。

(5)多为中、低山丘陵及冲积、洪积平原地区。

(6)多为地方病较少流行或没有流行的地区。调查发现,长寿区的土壤和食物中富含微量营养元素,尤其是土壤中的硒含量都偏高,而硒是公认的对健康有益的微量元素。

8.3.2.2　国内长寿研究现状

第六次人口普查资料显示:中国 65 岁以上的老年人口已达 118831709 人,占总人口的 8.87%,60 岁以上老年人口已达 177648705 人,占总人口的 13.26%,依联合国标准,60 岁及以上人口占总人数 10%,或 65 岁及以上人口占总人口 7%者,即为老龄化社会。目前我国老年人口数量以每年 3%的速度增长。

中国目前长寿之乡中,地域范围较广、人口规模较大、百岁老人比例较高而又曾经被正式命名的有 6 个地区,即新疆的和田地区、广西的巴马县、江苏的如皋市、湖北的钟祥市、四川的彭山县和都江堰市。

和田地区是百岁老人人数最多的地区,平均每百万人口中有 152.7 位百岁老人;和田地区长寿老人多,与当地独特的自然环境、传统文化、宗教信仰及生活习惯有关。最近的科学发现,和田人的长寿和他们的遗传基因有关。

巴马县是六大长寿地区中唯一长寿老人不断增多的地方。巴马人的长寿,得益于大自然的恩赐,巴马地区空气清新,每立方米中负氧离子的含量高达 2 万～5 万个,堪称"天然氧吧"。另外常年吃绿色食物、热爱劳动、生活规律是巴马人长寿的重要因素。

与国内其他几个长寿地区基本处于经济欠发达的山区和丘陵地区不同,如皋地处滨江临海的平原地区,经济和交通比较发达,人民生活水平较高。据统计,如皋市人均预期寿命为 75.59 岁,平均每百万人口拥有 144 位百岁老人。研究人员总结如皋:寿史源远、气候温和、空气清新、水质优良、家庭温馨、合理的生活方式等均是如皋人长寿的重要条件。

统计资料显示,钟祥市人均预期寿命 75.88 岁,每百万人口中平均有 67.6 位百岁老人。钟祥长寿研究会对百岁老人进行的分析表明,钟祥人长寿与四大因素密切相关,即环境优美气候宜人,心理愉悦儿女孝顺,终身从事农田劳作,荤素搭配豆腐文化。

其他两个长寿地区,彭山县平均每百万人口中有 83.3 位百岁老人,研究发现彭山人长寿原因是空气清新、污染少、自然环境优美,生活规律,喜食蔬菜,尊老爱幼;都江堰市每百万人口平均有 104 位百岁老人,都江堰市的长寿现象被认为得益于优越的自然环境、历史悠久的传统文化、合理的饮食结构及社会经济与生态环境的协调发展。

8.3.2.3　国内养生发展

养生旅游在 20 世纪 30 年代兴起于美国和墨西哥,我国在 2002 年才出现,养生旅游是中国正在兴起的新型旅游,作为一种特殊旅游产品推出,丰富了人们旅游产品的选择,促进了旅游业的发展。

1. 养生旅游概念界定

养生旅游是在养生学指导下的,以养生为主题,以优美的生态环境为基础和手段,结合特定的养生项目,帮助游客达到延年益寿、强身健体、医疗复健、修身养性等目的的专项旅游产品。

其特点是具有资源要求科学养生生态环境,市场的无限延展性,产品的体验性与健康性,效益的无波动性与生态性。

其功能在于收获"心""身"的养护,是一种交往与放松的生活,需要使旅游者的精神情志和悦愉快,是一种特殊的学习生活,学习儒家养生文化、道教养生术、佛教养生术,学习膳斋调养,学习琴棋书画,学习吐纳、太极、诗词、歌舞、戏曲弹唱,调节旅游者心境,缓解旅游者的躁忧、悲、惊、怒等情绪,使游者身体得到科学运动,能达到强身健体的目的。

2. 养生旅游的宏观性研究

(1)养生旅游的资源研究

养生旅游资源是养生旅游发展的基础。养生旅游资源主要分为自然类和人文类,养生旅游资源是指在自然和人类社会中能激发旅游者养生旅游动机并进行旅游活动,为旅游业所利用并能产生经济社会和生态效益的客体养生旅游资源是一种特殊的旅游资源,养生价值是其最核心的价值。

自然养生旅游资源是指大自然环境中有益于人类身心健康和延年益寿的资源,主要包括具有养生品质的空气、山、水、动物、植物、类资源;人文养生旅游资源包括养生民俗和养生文化遗迹,将人文养生资源分为两种,一种是社区居民普遍长寿的特殊村落中所形成的养生民俗,另一种是少数民族在饮食、生活习惯等方面所形成的独特的养生方式,养生文化遗迹主要有养生文化的名人、宗教相关场所等。

(2)养生旅游客源市场研究

养生旅游是一项专题旅游活动,其发展应遵循旅游市场的发展规律。根据国家统计局的资料分析,城市高收入人群是构成我国养生旅游市场的主要客源,是我国养生旅游的市场主体。银发市场是中国养生旅游开发的一大客源市场,中年知识分子以及外企员工是中国养生旅游开发的重要客源市场,国外市场是中国养生旅游开发的潜在客源市场。中国的养生旅游市场主要集中在一些经济发达的城市和富裕的地区,长三角、珠三角与环渤海地区的城市游客随着中国城市群与城市带经济和区域经济的发展,更多的城市都将成为养生旅游的出游城市。从上可知养生旅游的客源市场集中在经济发达地区的收入较高的老年人、中年知识分子等群体。

(3)养生旅游产品研究

养生旅游分为动游、静游、怒游、思游和悲游5种养生旅游产品类别。

旅游产品从构成上来看,可以分为核心旅游产品和组合旅游产品。核心旅游产品是旅游产品最为原始的状态,是具有能满足旅游者愉悦需要的效用和价值;组合旅游产品是旅游产品的终极状态,是旅游企业或旅游相关企业围绕旅游产品的核心价值而做的多重价值的追加。在旅游产品的设计上,必须在产品设计上有特色个性化,采取不同的资源产品化项目,以突出养生主题。养生旅游产品与项目的设计要考虑3个原则:一是养生与旅游相结合,在休闲基础上有效协调养生旅游活动;二是充分认识和理解中国传统养生科学的原理、方法、技术、功效和内容,按照旅游产品开发的要求,科学地选择养生资源;三是充分认识和理解传统养生资源的性质,进行旅游项目设计和旅游产品组织。

(4)养生旅游发展模式研究

根据不同的开发模式,养生旅游主要有医疗旅游模式、康体休闲模式、心理养生模式三种。从养生旅游资源价值、区位条件和区域经济背景条件三个维度出发,提出了全方位开发、国家扶持适当超前、培育旅游新业态、挖掘整合或创造资源等开发模式。

学者还提出了"养生苑"的开发模式,以设计独特性的开发主体,打出"到中华民族的养生苑去体味中华民族的养生术",通过宣传养生旅游的民族性和养生功能制造轰动效应。在养生苑之外,还提出了以学习和旅游结合的游学班模式和以对非物质文化遗产的兴趣志愿为开发主题的兴趣志愿者模式。

结合四川民族医药文化旅游资源的优势,提出了通过构建"以民族的核心分布区和一级旅游中心城市及王牌景区为依托,以交通干线为引导"的空间架构格局,形成区域医药文化养生旅游发展模式。

以灵龙峡(湖北远安)生态养生旅游景区为例,提出了消费投资商业模式、体验消费模式、会员制预售模式。

(5)养生旅游的规划与开发研究

在近几年的养生旅游研究中,大多数都是小区域或特殊产品或宗教的养生旅游的规划开发个案。代表性的有"茶乡石台"养生茶文化旅游商品开发初探;武义有机茶产业的养生旅游开发探讨;茅山道教文化的养生旅游开发研究;森林养生旅游开发与健康产业打造;鄱阳湖生态经济区养生旅游产品开发;昆明市永定镇养生旅游产品开发研究;广西猫儿山国家级自然保护区养生旅游开发研究;山东万紫园旅游区绿色养生规划研究;蒙古族饮食养生旅游开发研究等。

对于养生旅游的规划和开发的原则也有学者提出见解。比如生态养生旅游要注意环境保育与可持续发展原则、"天人合一"的美学原则、社区参与原则。养生产业循环经济科学发展;优势互补资源整合产业链条;市场细分营销拓展打造品牌以及系列开发产品创新实现效益等。养生旅游产品的开发还应根据具体区域特色,结合春夏秋冬和男女老少的特点进行有效开发。

(6)养生旅游市场营销研究

根据波特五力模型,分析养生旅游市场中的供应商的力量、购买者的力量、现有竞争者及其强度、潜在的进入者、替代产品或服务的威胁,分析出了养生旅游市场的优劣势。从消费者的感官、情感、思考、行动和关联五个方面,充分利用龙虎山得天独厚的自然环境与道教文化完美组合,辅之以现代科学技术手段,提出了体验营销模式。

(7)资源依托型养生旅游的研究

温泉养生旅游:以河北省温泉养生为例,提出了温泉的综合观光娱乐、主题度假、山地温泉、商务型温泉、家庭作坊等开发模式,并指出温泉养生旅游开发应注重养生观念,朝向天人合一、绿色可持续等方面发展。

宗教养生旅游:《楼观台景区道教养生旅游产品开发研究》中引进 RMP 分析模式,分析楼观台景区道教养生旅游的资源、市场、产品的情况,提出了可持续性、综合开发、体验性、品牌化等开发原则;以句容市茅山风景区为例,提出了明确道教养生主题、营造和谐生态环境、开发特色产品、完善服务体系等的茅山养生旅游开发策略,对于其他景区的养生旅游的开发多有借鉴意义;以龙虎山道教休闲养生旅游产品设计入手,提出了体验式营销方式,其中的项目设置融入情景剧和开发《碧水丹山·寻道龙虎》实景舞台剧的情感营销方式,提出养心寻道之旅的概念十分有特色。

森林养生旅游:森林养生旅游就是游客选取适合养生的森林区域,通过参加养生项目达到内在心理轻松和外在身体健康的良好状态的一种旅游方式;以德阳市和新镇旅游开发为例,系统地分析了森林养生旅游的动机、资源、开发构想。以福建省为例,进行了森林养生旅游消费意向研究,森林养生旅游的潜在消费者占很大的比例,在不同的群体中都有人愿意选择森林养生形式的旅游,在不同年龄层次、不同收入水平、不同职业、不同教育程度的人群中呈现出不同的比例。森林养生保健旅游文献研究,指出对于森林养生保健方面,现在国内学者主要集中在森林养生保健的功能和森林保健因子的测定和评价研究,对开展森林养生旅游是否符合目前休闲养生市场的需求,消费者对森林养生旅游的认知和消费意向消费情况等还缺乏研究。

通过比较中、日、韩森林旅游的养生主题设计及其产品开发,发现我国一些森林景区的养生旅游产品规模小、产品特色不够突出、产业化程度较低。他强调养生旅游产品需求值得细分,景区结合资源优势或服务优势进行市场营销会更有效果。

饮食养生旅游:以京津唐附近一村庄为例,提出了"素食养生"概念;围绕蒙古族饮食养生旅游,提出了强化文化符号象征,打造蒙古养生文化节,开发特色的旅游产品,开发参与性体验式饮食养生游,关注相关产业结合,带动养生餐饮联动发展等的可行性分析;开展苏东坡饮食养生旅游个案分析,对苏东坡的饮食养生思想和饮食养生食品进行了具体的分析研究,提出了饮食养生食品的开发及饮食养生旅游文化开发的构想。

(8)问题研究

养生旅游兴起不久,但问题却很突出,问题大体上表现都差不多,个别研究中也有不同。部分旅游产品仍停留在物质产品的层面,养生旅游市场的开发还存在一定程度的不完善养生文化主题与旅游项目主题脱离;重养身轻养心倾向严重;缺乏文化吸引力的盲目性模仿;以养生为幌子招徕游客,养生旅游产品名实不符,甚至存在挂羊头卖狗肉的现象。现在我国养生旅游存在规划粗放、设计缺失,配置不当、形式单一,忽视解说、缺乏教育,价值低廉、品牌匮乏等方面的不足。

8.3.3 长寿的规律及其典型个案

8.3.3.1 长寿因素分析

1. 长寿与基因

研究表明,长寿与基因有关。德国、日本科学家通过比较百岁老人的基因组,发现所谓的"健康长寿基因"——FOXO3 A,而且经过大量的资料研究后,科学家还证实 FOXO3 A 基因的作用不分地区和性别,对世界各地的男性和女性都能发挥作用。

世界各国的研究均表明,不同个体的健康和寿命差异是由社会、行为、环境、遗传因素及其交互作用共同决定的,其中社会、行为与环境因素对个体寿命差异贡献大约 75%,而遗传因素贡献大约 25%。即便拥有长寿基因,但在遇到特定环境时,其表达方式得到改变,其作用被启动或被加强或被削弱,也会影响寿命。

2. 长寿与地理环境

地理环境是由气候、地貌、岩性、水文、土壤、生物等成分有机结合而成的自然综合体,也称为自然景观,具有岩石、大气、水、土、动物、植物等地理要素特征。而长寿地区的形成与自然地理环境要素是密不可分的,具体表现在地形、地貌、气候、水文、土壤等地理环境要素方面。

（1）地形、地貌

研究表明,五大世界级"长寿之乡"都分布在海拔高度1000米左右的山区,如：被誉为"世界长寿中心"的厄瓜多尔的比卡尔班巴村坐落在安第斯山山谷,海拔高度1370米;高加索位于黑海、亚速海和里海之间,是延绵不断的山区,平均海拔高度1500～2500米;巴基斯坦的罕萨位于海拔高度1000米以上的山区;中国新疆阿克苏长寿村位于平均海拔高度为1114.8米的山区;中国广西巴马瑶族自治县位于海拔高度435～698米的山区。另外中国其他长寿区大多分布在海拔高度为500～1500米的山区,如：安徽省六安县的华山村海拔高度为500米左右;湖北省神农架林区塔坪村海拔高度1200米。也有部分长寿区分布于海拔较高的高原,如：西藏有不少百岁老人分布在平均海拔高度4000米以上的藏北高原和藏东高山峡谷地区;川西北高原阿坝、甘孜两州长寿区平均海拔高度2500米以上。另外还有些长寿区分布于海拔高度较低的平原地带,如：成都平原长寿区海拔高度300米以上。

（2）气候

气候因素包括气温、气压、降水量、日照时间等诸多要素,这些要素对人体健康状况及寿命长短都有着直接或间接的影响,而其中温度对人体寿命的影响是最为显著的。

世界上的长寿区的气候类型大致分为两种。一种是气候条件良好的温暖性,如南美洲的厄瓜多尔终年平均气温在20℃上下,四季如春,无城市污染,景色秀丽,怡淡宁静;欧洲的高加索年平均气温为15℃,夏季最热为25℃,冬季最冷也在0℃以上,不湿不燥,四季宜人;中国上海市长兴岛长寿村,地处长江口,属于海洋性气候,冬暖夏凉,冬季阳光熙熙,比大陆陆地的气温高2℃,夏季海风习习,比陆地气温低2℃;山东省长清县张夏镇长寿村属于暖温带大陆性季风气候,一年四季分明,夏无酷暑,冬无严寒,年平均气温为13.7℃;新疆和田长寿区属于暖温带干燥型气候,人均绿地面积达400平方米,比世界卫生组织规定城市居民人均绿地面积0.9平方米高了400多倍,对人体健康十分有益。另一种是气候条件相对恶劣的寒冷型,如挪威、瑞典、芬兰北欧诸国,靠近北极,都以长寿著称,而我国川西北高原长寿区,气候高寒,有些地区常年积雪;西藏长寿区,冬半年气候寒冷、干燥、降水稀少、多大风、平均气温低于8℃,夏半年日照充足、气温凉爽宜人、降水集中、多夜雨和冰雹,平均气温低于18℃。

（3）空气负氧离子

空气电离产生的自由电子大部分被氧气获得,形成负氧离子,又称"负离子"。根据大地测量学和地理物理学国际联盟大气联合委员会采用的理论,空气负氧离子是 $O_2^-(H_2O)_n$,或 $OH^-(H_2O)_n$,或 $CO_4^-(H_2O)_n$。评价空气的第一指标就是负离子含量,它的浓度与空气的清洁度密切相关。

世界上的长寿区多地处山区,植被状况较好,且远离城镇和工业区,普遍大气质量良好,污染少,甚至无污染,空气清新,负离子含量较高。有人把负氧离子称为"空气维生素""长寿素",据环境医学专家测定,若空间负离子低于1000个每立方厘米,则会诱发生理障碍,危害身体健康,而"长寿地带"的大气中,负离子含量高达10万～50万个每立方厘米。如：高加索长寿山区,空气中含有2000个每立方厘米以上的负离子;广西巴马空气中的负氧离子在

2000～5000 个每立方厘米之间,几个山谷河畔的长寿村空气中的负氧离子更是高达 30000 多个每立方厘米,而一般城市空气中的负氧离子大约在 1000～2000 个每立方厘米左右,有的甚至只有几百个,可见长寿区负氧离子含量之高。

(4)水资源

大多数长寿区的水资源较丰富且无污染,如:亚洲巴基斯坦的罕萨饮水来自冰川融冰水,水资源丰富且水质优良。我国新疆地表水资源为 793×10^8 立方米,地下水资源为 85×10^8 立方米,分别居全国第 12 位和第 4 位,人均水资源占有量居中国前列,3 大山系的水源水质尚处于原始、半原始状态,在当今世界上属最清洁的水源之一。

长寿区大多环境优美,饮水水源的水质良好。居住在南美洲厄瓜多尔的百岁老人饮用的河水里含有镁、铬、硒、钙、磷和防止风湿病、降低胆固醇的物质。聚居在新疆塔里木盆地绿洲上的百岁老人饮用天山融化的雪水所积地下水,不仅清冽甘甜,还含有多种人体必需的微量元素,低钠、低镉、低锌、高钙、高锰,对促进细胞代谢、增强免疫功能、预防心血管疾病、延缓衰老十分有益,被学者们称为"天然长寿液"。内蒙古通辽市石场洼村的百岁老人饮用本村的麦饭石水,此水含钙、铁、硅、铜、钠、镁等 30 多种有益元素,以硅含量最高,常饮用此水,对预防高血压、心脏病、糖尿病、癌症、肝炎、肾炎、气管炎、关节炎都有显著疗效。安徽省西部大别山区六安市华山村长寿老人饮用天然泉水多,泉水是含有偏硅酸和锶的低钠矿泉水,还富含碘、锌、锂等多种有益于人体健康的微量元素。可见,长寿区百岁老人饮用的水中的微量元素对促进人体寿命延长起着不可忽视的作用。

(5)土壤

土壤是生物赖以生存的最重要、最基本的要素,土壤与水中的微量、宏量元素是生物体内某些酶、激素、核酸的组成部分,参与生命的代谢过程,对生物的生长、发育、健康、衰老产生着重要的影响。近年来,我国对长寿地区或长寿老人聚居地区的微量元素进行了调查研究,发现长寿老人头发及长寿地区土壤中的微量元素具有相似的特点,即:百岁老人头发及其居住的自然环境中通常存在着一个与一般地区不同的"优越的微量元素谱"。如:新疆长寿老人均生活在富含微量元素锰的红、黄土地带,他们体内含锰高于一般人的 6 倍,锰有利于防治心血管病的发生,是抗衰老和抗癌元素,有"长寿金丹"之誉。湖北省 1983 年调查也发现,百岁老人头发中具有相对富锰、富硒和低镉的特点,而这一地区硒的含量比一般地区高 2～3 倍。云南省白族长寿区岩石、饮水含 17 种元素,土壤中含 19 种元素,它们均含有人体必需的钙、镁、钠(钾)、磷、硫 5 种常量元素及铁、锌、铜、锰、钼、铬、锶、硒 8 种微量元素,该地区自然环境中这一优越的微量元素谱的综合作用有利于抗衰防老,延年益寿。再如盘阳河流域长寿带的水田、旱地的土壤中,蕴藏着人体需要的丰富微量元素。据长寿科学专家所作的土壤微量元素分析,百岁老人聚居区耕地里的土壤富含锰、锌、铜、铂、镍、铬、镉等 8 种元素,锰、锌含量比一般地区高 3～7 倍。专家们发现,高锰锌、低铜镉的土壤分布,与心血管发病率成负相关,与长寿老人密度成正相关。土壤中的微量元素是通过食物和饮水进入人体的。锰是生命之源,锌是生命之花,在高锰锌、低铜镉的土壤中生长的食物和涌出的山泉河水,能使人健康长寿,聪明敏捷,还有硒、镍等人体需要的微量元素,就有较高的抗衰老功能。由此可见,土壤中微量元素的分布及含量与人体长寿是密切相关的。

3. 长寿与区域环境

在地球上,不同地理位置有着不同的环境条件与社会条件。这些社会条件与自然环境条件的不同,导致了不同地区老化类型的差异。

(1)热带地区民族的长寿与老化状况

热带地区主要是指非洲。非洲虽有漫长的古代文明发展阶段,但目前也在急速地西欧化。其社会发展经历着狩猎→农耕→城市化的历程。该地区的动物、植物、矿产丰富多彩,气候条件与地形有其特异性,若干民族的长寿与老化情况亦有一些差异。

非洲的森林 Pigmy 族亦称小人族,属于小型人种,是采集食物的种族,为了寻求食物而经常移动。他们以具有耐久力和适应多雨季节及森林的生活而著称,但健康状况不良,长寿者较少。Mann 等(1961)的调查表明,20%的调查对象患有疟疾,有 60%以上的人受到丝虫的侵袭,有 75%的人患有阿米巴痢疾和其它寄生虫病。其老化情况有以下特点:在 20～50 岁之间,体重与皮下脂肪(厚度与白人相似)几乎没有什么变化;血压与血清胆固醇水平常呈低值,未见随增龄而增加的现象。

非洲的草原种族卡拉哈里族(Kalahari),也是采集食物的流动民族,他们是极端的素食主义者。Miller 等(1968)的研究报告表明,他们的血清胆固醇测定显示极其低值,平均值仅为77 毫克/100 毫升。

非洲的农耕种族,是纯粹的素食主义者,他们几乎不摄取动物性食品。但是不同的农耕种族摄取食物的质与量差别甚大,同时他们所摄取的食物在不同的季节亦有很大的差别。这些因素对他们的长寿与老化状况皆有一定的影响。此外,不同的农耕地区不仅食物种类不同,而且文化水平与生活风尚亦有差异,这些都将对人们的长寿状况与老化过程发生一定的影响。例如乌干达的Baganda族、尼日利亚的 Joroba 族,血压虽然随年龄的增长而上升,但体重却几乎不变;而非洲高原地区沃尔特的 Crunba 族,在 20～60 岁之间,血压一直呈现出低值。

与农耕种族形成对照的是索马里、肯尼亚、坦桑尼亚的放牧民族,他们的主要食物为乳品、兽肉、兽血等。这些种族的皮肤厚度、平均血压、血脂含量等差别甚大。

Naismith(1973)曾对西非的 Masai 族进行了严谨周密的调查,发现该民族的人终身保持着身长、体瘦的体型不变,直到老年期仍有较好的肉体适应能力,体力活动能力强,心血管系统的功能较好,冠心病患者较为稀少。但是由于热带地区特有的其他有害的生物种群的存在(特种病原体较多),以及食物在数量与质量上均较差,一般健康状况不佳,疾病较多。在被调查的436 人中,有 33%的人患有疟疾而脾脏肿大;有 9.3%的人血清康华氏反应阳性;有 37%的人患沙眼;消化道寄生虫病患病率亦很高。幼儿时期患传染病死亡率较高,因而该民族平均寿命较短。调查还发现他们的大腿皮下脂肪层不超过 3 毫米(而美洲白人为 11～14 毫米);体重较轻(成人身高与西欧成人相近,但体重仅 60 千克左右),25～55 岁间体重虽有增加趋势,但皮下脂肪厚度并未见增加;血压与血清胆固醇终生基本稳定。

以上是热带非洲几个有代表性民族人群的健康状况及老化类型。但是随着工业化与都市化的发展,不少民族从草原移居到城市或近郊,其健康状况与老化类型亦将有所改变。

(2)亚洲东部地域民族的长寿与老化

在亚洲大陆的东部、近东部与东南部,有许多不同的人种,其文化水平差异甚大。大多数人的素食者,动物脂肪的消耗一般较少,这是共同的特征。在动物蛋白质来源方面,与兽肉相比,则更为嗜食鱼肉。主食随地理纬度不同而有变化,有大米、薯类等。

在这个地区,日本是最富裕的民族。第二次世界大战以后至今,已成为最发达的工业化与都市化国家之一,食物从低营养状态跃进到高营养状态,但是生活方式与基本饮食习惯却还部分保留着日本的传统方式。近二十年来,日本人的平均寿命明显延长,人口结构明显变化,疾病构成发生变异;人们的体质状况亦发生了变化。

日本人在人类计测学方面的情况,Bourliere 等(1962)与 Hollingsworth 等(1965)作过研究。结果表明,在身高方面,与欧美白人有相似的规律,即随年龄增长而身高有所下降;在体重方面,25~45 岁之间是稳定的,45 岁以后随增龄而有减轻的趋势,但是少部分人由于不注意饮食调养,过多地摄取饮食而导致肥胖。近来日本青少年的体格发育成长很好,今后老化过程中如何变化,是值得注意研究的问题。在生理学指标方面,随着年龄的增长,日本人的基础代谢率、肺活量、握力、17-酮类固醇 1 日排出量、视力、听力、振动感觉等,与欧美人相比均有所偏低;而皮肤伸展度与反应时间等则与欧美人相似;日本人的血压(尤其是收缩压)随增龄而明显上升,这与欧美人不同,可能是日本人摄取盐分较高的缘故。Keys 等(1957)对日本人的研究表明,冠心病有随增龄而增加的趋势。

亚洲南部的印度与亚洲东南部的某些国家,在人类学上虽与欧洲人种相近,但是体格发育呈现出慢性营养不良的倾向。追踪调查发现,这里的民族主要是素食者,印度尤为突出,这与欧洲人大不相同。这种营养状态对其老化过程发生了明显的影响。Malhorta 等(1964)与 Subramaniam 等(1967)对新德里与加尔各答等地区的调查表明,印度的社会与经济背景较为特殊,即农村贫农与城市贫民同富裕阶层人群在各方面都有悬殊的差别,因而必须分别进行研究。一般调查表明,整个成人期体重往往是恒定的,但老年期略有增重趋势。对 16~62 岁人群的血压调查表明,收缩压在 111~116 毫米汞柱之间,舒张压在 71~77 毫米汞柱之间;65 岁以后,收缩压与舒张压皆有上升趋势;50 岁以后血清胆固醇值亦有上升的趋势。印度的富人与欧洲和美洲的白人相比,在体格与疾病方面,有许多类同之处,如动脉硬化的发病情况。

(3)太平洋岛屿地域人群的长寿与老化

在太平洋各个岛屿上居住的民族,有许多种族一直处于相互隔绝的状态。在人类学特性及文化水平等方面,都有很大的差异,有的种族仍保持着原有的传统生活方式;有的则已进入现代文明社会。这些因素对其老化过程有着错综复杂的影响。

许多岛屿上居住着波利尼西亚人(Polynesia),具有特异的代谢类型与体质。Prior 等(1966)的调查研究表明,波利尼西亚人高血压患病率很低,但居住在夏威夷的波利尼西亚人冠心病患病率较高。

Prior 等(1964)对生活在新西兰(New Zealand)、拉诺顿加(Rarotonga)、库克(Cook)等岛屿上的毛利人(Maori)进行调查研究发现,在各年龄阶段,他们血液中的尿酸水平都较高;在青年时代,就有较高的痛风发病率,这是毛利族人的突出特点。生活在新西兰的毛利人还具有肥胖倾向,血清胆固醇较高,且冠心病较多。

WHO 于 1971 年报道,太平洋岛屿之国汤加(Tonga),1970 年的国民平均死亡率仅为1.5‰,属于特别低值水平;同期日本国民的平均死亡率为 6.9‰,法国国民的平均死亡率为 10.6‰。

WHO 还报导了汤加 1970 年的老龄化情况：65 岁及以上的老人占总人数的 4%，85 岁及以上的长寿老人占总人口的 6.4‰，百岁老人占总人口的 13.6/10 万。而同期日本的百岁老人仅为 0.32/10 万，这说明汤加的高龄者比例较高。

Goldrick 等（1970）就新几内亚（New Gunea）人种的老化情况在新几内亚西部高原地区对 1500 人进行了调查研究。结果发现，这些居民都保持着古代传统的生活方式，居住在 244 米高地上分散的小屋中；食物主要是甘薯（占其它含淀粉与糖分食物的 94%）；食用的脂肪仅占 3% 以下；蛋白质的摄取在每天 25 克以下的极低水平；日平均总热量男性为 2300 大卡，女性为 1700 大卡，也都是低水平的。他们的血清白蛋白和血红蛋白含量都在正常范围。未发现动脉硬化患者。主要的退行性疾患为白内障及骨与关节疾患。男女两性在 20 岁以前体重接近欧美人的标准体重，其后有所下降。血压不随增龄而上升，几乎未发现高血压症患者。血清胆固醇呈低值，未见随增龄而上升的现象。耐糖能力良好，未见一例糖尿病患者。

（4）寒冷与高原地区人群的长寿与老化

北美的爱斯基摩人（Eskimo）与高原地带的居民，都处于相似的寒冷环境条件之下。Bang 等（1971）对爱斯基摩人的研究表明，他们的食物主要是兽肉，而且倾向于生吃；糖分的摄取较少，常摄取含有丰富的多价不饱和脂肪酸的食品。他们的老化类型与其他欧美人种相似；他们的体重、皮下脂肪厚度、血压等指标，在 20～55 岁之间变化不大。最显著的特点是血清胆固醇与甘油三酯的水平较低。冠心病与糖尿病患病率都很低。

就高原寒冷地带居民的老化情况，Milledge（1963）等对在海拔高度 3050 米以上山区居住的秘鲁人进行了调查。这些高山常处于寒冷气温与低气压的影响之下，住在这里的秘鲁人的主要特点表现在血压一般较低，但在 20～60 岁之间可随增龄而发生一定的上升。Strom 等（1951）对埃塞俄比亚（Ethiopia）居住在高山区的人群进行了调查，并与挪威人（Norway）进行了比较研究。结果发现，在 20～80 岁之间，最大氧气摄取量或肺活量，随年龄的增长而有所减少。

将秘鲁人与埃塞俄比亚人的两个调查研究相比较发现，前者受调查居民居住在海拔高度 3050 米以上的高山，后者居住在海拔高度 1372 米的山地。虽然海拔高度不同，但人种的许多生理指标未见明显差异，两组人群的运动量亦未见显著变化。

虽然近些年来一些经济发达地区的百岁老人明显增多，但迄今为止，世界上大多数长寿区仍以自然型长寿区为主。这说明自然地理环境对人类长寿的影响是至关重要的，并且陆杰华在 2004 年对中国县（区）人口长寿水平的影响因素分析中也提出影响区域人口长寿水平的非个体因素中，环境因素居于主导地位，社会经济发展水平的影响相对要小一些。

自然地理环境与百岁老人之间确实有着密切的联系。能使人长寿的地理环境要素应该具备以下特点：海拔高度为 500～1500 米，地形以山区为宜；气候类型或温暖湿润，或较为寒冷，日照时间长，空气中负离子含量高；水资源丰富且水质好，含较多对人体健康有益的微量元素；土壤中存在着能使人体健康长寿的"优越的微量元素谱"等，其中以气候因素最为重要。

8.3.3.2 长寿养生案例分析

1. 国内外养生概念

(1)国内养生概念

养生,古称"摄生""道生""保生",其中"生"意为生命、生生不息之意,即通过各种手段调摄保养自身生命,使生命生生不息的意思。

中国养生文化历史悠久。从老子《道德经》到《庄子·内篇》,从《周易》到《吕氏春秋》,从《黄帝内经》到《千金要方》,从《神农本草经》到《茶经》,我们的祖先从未停止过对健康和长寿的探索与追求:"阴阳平衡,动静相生,天人合一,形神兼济,春生夏长,秋收冬藏,节饮食,调情志,调和气血,补益五脏,道法自然,诗意栖居",五千年来中华养生文化内涵不断丰富和完善,形成了博大精深的养生文化体系。

(2)国外养生概念

国际上,养生(Wellness)一词由美国医师 Helbert Dum 提出,将 wellbeing(幸福)和 fitness(健康)结合而成。

对于养生概念的剖析,国外学者尚无定论。Adams 提出了养生的四个基本点:①养生是多维度、多空间的。②养生研究应以保养、保健而非疾病病理为导向。③养生是平衡的。④养生是相对的、主观的、感知的。

2. 养生发展案例

(1)中国养生旅游竞争力——文化养生

中国文化养生历史悠久。中国的文化养生以特有的中医药养生观、道教养生观、中华茶文化和太极文化为核心思想,传承中国古老的养生文化内涵,以茶保健、温泉疗养、有机国药调理、太极养生功等为主要养生手段,结合养生旅游目的地建设,最终达到养身养心、天人合一的全方位疗养,这是我国养生旅游的独特之处和可以形成国际竞争力的有效卖点。

文化养生的概念及模式方面,我国真正意义上的养生旅游始于 2002 年海南省三亚保健康复旅游和南宁中药养生旅游,随后四川、山东、安徽、黑龙江等省市发展迅速,于 2007 年演绎成为全国时尚旅游热点。

文化养生已经形成一套具有中国传统文化特色的养生旅游开发模式。

文化养生以高质量的自然环境、高水平的养生保健项目、人性化全程养生服务以及和谐的养生氛围为基础,以深厚的养生文化内涵为底蕴,融合先进的当代养生技术,打造一流的养生度假概念模式,建设养生旅游目的地,最终形成组合式文化养生旅游产业集群。

(2)巴马养生产业发展

巴马位于桂西北,是世界长寿之乡,被誉为"世界长寿之乡·中国人瑞圣地"。巴马长寿养生国际旅游区已列入广西旅游发展的"金三角"。

巴马规划建成全国一流国际旅游目的地、世界长寿养生科学研究中心、国际长寿养生文化交流中心。把长寿养生国际旅游区建设成为集长寿养生、生态观光、休闲度假、民俗体验、康体疗养、文化探秘、瑶医保健等多功能于一体的综合性示范区,成为世界知名、全国一流的国际旅游目的地、世界长寿养生科学研究中心和国际长寿养生文化交流中心。

构筑以盘阳河、水晶宫、命河、龙洪、赐福湖沿线为核心的休闲养生度假区域,形成东为东山瑶族风情游,西为燕洞、所略乡村游和天坑石林探险游,南为敢烟长寿文化游,北为那社长寿风情观光和西山红色游的组团新格局。

(3)武夷山养生产业发展

武夷山拥有深厚的儒释道文化、茶文化及世界级的山水生态环境,有世界遗产品牌、山水人文齐盛、维度高度适宜、原生物产丰富等优势,是全球同纬度带唯一的一块绿洲。

武夷山积极探索打造"国际养生休闲旅游目的地",从观光型旅游逐步向度假型、养生型、运动型旅游转变,推出观光参与、文化休闲、道家养生、茶道大行、户外运动、医疗保健等养生产品体系,建设养生学院,开发休闲养生、茶疗养生、美食养生、体育养生、水疗养生、理疗养生、森林养生等养生项目。

3. 国际养生案例

目前,国际养生产业比较优秀的案例有:

(1)泰国组合式养生疗程——美体养生

以泰式药浴为主导:泰式美体养生,是指独特的泰式药草蒸汽浴配合精油按摩。泰式药草蒸汽浴,将古老欧式水源SPA哲学配以泰式传统技巧按摩后,可缓解工作压力,洗净血液中的毒素,使身体健康舒畅,恢复精力,是一种由内而外的肌肤健康美容疗法。

倡导身、心、灵三位一体:泰国的养生哲学倡导思想、身体和灵魂三方面健康,认为这三者的整体健康是个人成就的关键。泰国美体养生项目以人体为中心,由内向外,由心灵静修、生活瑜伽、自然愈合、艺术排毒、体重管理、健身方案定制、物理重建、水疗护理等模块组成。饮食方面主张健康无油、无糖、无盐。

以组合式养生为特色:泰式养生最大的特色是组合式养生,包括广泛的健康咨询、有益健康的治疗方法、锻炼项目、健身课程和活动、温泉美容疗法以及营养饮食计划。

(2)法国田园慢生活——庄园养生

法兰西文化载体——法国庄园:香草、香薰、香水、红酒,壁垒、塔楼、城堡、碉楼,成片的葡萄园,舒缓的河流和荫翳的乡间小路……这就是法国田园小镇的真实写照,和法国人的浪漫一样,小镇、庄园承载的不仅是浪漫,还蕴涵了法国的发展历史和养生文化。在这一派惬意的田园风光中,在闲适的私人庄园内,欣赏法国中世纪辉煌的建筑遗迹、领略文艺复兴时期思想的精髓、品味葡萄酒韵味深远的意境、体验各种香氛给精神带来的无限舒缓、与庄园主人倾心交谈、感受各种园艺艺术、聆听园艺讲座,成为庄园养生之旅的新方式。

庄园养生的链条式开发模式:法国庄园养生是以乡村、庄园为载体,将香草种植业、香料加工业、葡萄种植业、葡萄酒酿造业、文化创意产业、养生美容业与旅游业相结合,利用植物景观种植、乡村田野空间、户外活动项目和香氛理疗资源,吸引游客前来观赏、游览、品尝、休闲、劳作、体验、参与、购物、放松精神的一种新型养生旅游形态。

(3)瑞士康复疗养模式——抗老养生

抗衰老养生——享受青春与健康的时代产物。抗老养生作为21世纪最重要的保健医疗新模式,能提供早期发现、预防、治疗或者逆转衰老相关的功能性疗法。

以星级酒店管理为标准的健康管理新模式。瑞士以酒店管理著称,私立医院除了先进的诊疗技术、洁净的空气和水质外,还引入星级酒店标准的个性化服务。许多国内外政要、世界名流都选择到瑞士体检或就医,"把治病变成一种享受和放松",把医院、疗养、保健和度假四者结合到一起,这就是瑞士抗老养生的新模式。

健康管理模式与养生休闲旅游相结合。瑞士推出的健康管理模式以专业的健康维护计划,实现"健康保障"和"健康管理"的完美结合。将健康管理模式引入到养生休闲旅游开发之中,在一些景区或旅游地,开发者可以利用网络帮助游客完成寻名医、挂号及病后康复等一系列整体健康管理,即"IT+健康+旅游"的新模式。

(4)美国 CCRC 社区模式——养生养老

从人性需求角度出发的养生。美国的养老养生产业建立在经济、政策、技术和文明程度的基础上,因此发展相当成熟,成为世界上养老产业发展的领军者。在美国由养老产业带动起来的片区——太阳城(Sun City Center),已经成为世界旅游城市,同时成为美国发展最为迅速的地区之一。美国的退休养老社区整体来讲,在整体规划中着重强调医疗设施与周边配套的各种基础设施的建设,整体景观环境优美,舒适宜人,并借助一两个知名休闲旅游示范点来带动周边经济发展与社区知名度。

CCRC 社区的成功模式:CCRC 社区实质上是生活照护社区,涵盖了老年生活的各个部分,兼顾了衣食住行、医疗健康、心理关照、自我价值再认识和社会生活各方面等在内的全面需求。CCRC 社区主要是采用居家式的自主养老方式,具备包括住宿、餐饮、娱乐活动等功能,配有如高尔夫、网球、爬山、旅游、步行等活动场所和自行车道、游泳池、健身室等活动设施。

(5)阿尔卑斯山地运动——山地养生

高海拔环境:阿尔卑斯山景色十分迷人,贯穿法国、瑞士、德国、意大利、奥地利和斯洛文尼亚等六个国家,是世界著名的高山风景区和山地养生旅游胜地,被世人称为"大自然的宫殿""冰雪运动的圣地""高山疗养的乐园"。

地域性项目:阿尔卑斯的高山养生根据独特的环境和地域特征,融合山地运动、瑜伽养生、森林养生和温泉养生,形成一种复合型养生模式——以高山小镇高端度假设施为依托,开创运动类、温泉类、疗养类等多种休闲体验型旅游产品,衍生出高山滑雪、山地自驾、徒步远足、山地越野、马术训练、森林雾浴、高山瑜伽等众多养生项目。

国际化配套:奥茨山谷拥有阿尔卑斯知名的高山温泉理疗中心 AquaDome。其透明的建筑和附近的高山风光被奥地利的 Top-Lifestyle 杂志评为欧洲最现代的温泉理疗中心。

综合分析国内外养生产业发展可知,目前东南亚及欧洲各国的养生旅游产品主要针对高收入人群及中国富裕阶层,其消费潜力巨大,带来非常可观的经济效益,开展养生旅游会带来巨大的经济价值。

国内养生旅游产业的发展,有利于国民享受养生服务,改善人们目前的亚健康状况,有利于人们对健康、养生以及中国传统休闲、养生、福寿等文化的重新认识,有利于丰富旅游产业内涵,促进养生产业向旅游产业的升级。

8.3.4 蒙山景区、长寿、养生一体化发展模式

8.3.4.1 蒙山地区长寿因素对比

通过前两节对世界长寿地区、中国长寿地区以及蒙山地区长寿现状、长寿因素的分析,可知长寿与区域和谐的社会环境、良好的生活方式、合理的膳食结构有关,更与区域地理环境有着密切的关系。

以下主要是通过海拔高度、气温、负氧离子等自然地理因素方面的大数据、多角度对比,分析蒙山地区地理环境对长寿的影响作用,论证蒙山地区具有最适宜于人类生活的自然地理环境。

1. 纬度分析

我国长寿区的分布均处于北纬38°线以下的南方地区,主要分布在广西、四川、海南、云南、广东和新疆等地。蒙山地区界于东经117°35′—118°20′和北纬35°10′—36°之间,是最靠近北纬38°线的长寿地区。

2. 海拔高度对比

针对长寿地区分布特征,主要从海拔角度对蒙山地区与世界长寿地区进行对比分析(图8.12)。

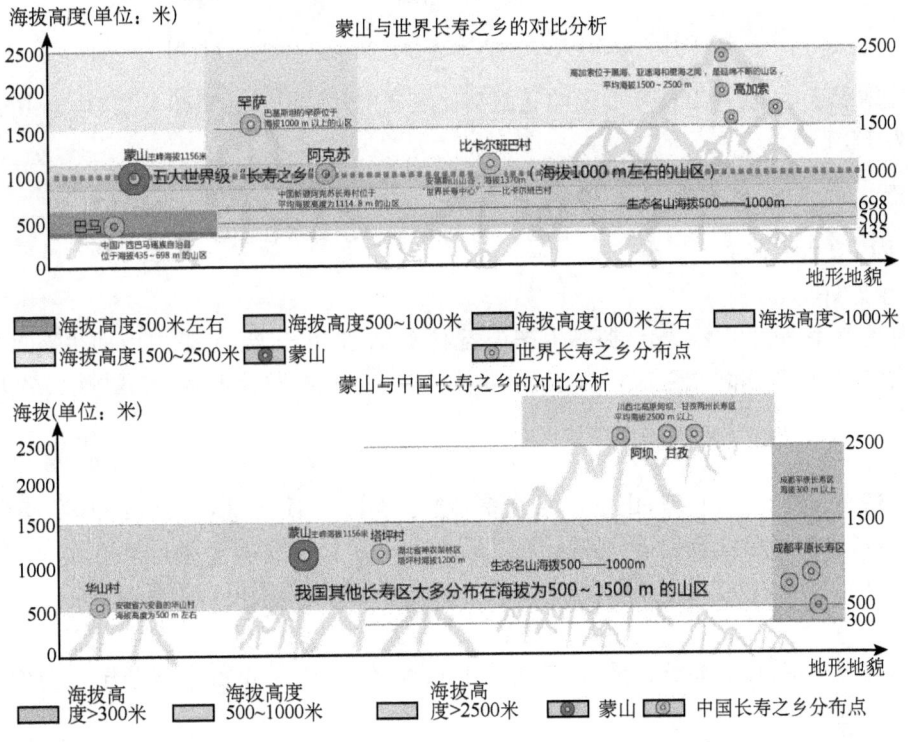

图 8.12 蒙山地区与中国长寿之乡海拔高度因素对比分析图

蒙山地区主峰海拔高度 1159 米,海拔高度 1000 米以上的山头共 11 个,海拔高度 800 米以上面积占 7.5%,海拔高度 400~800 米的面积占 16.5%,400 米以下近 83.3%,属于低山丘陵区。

对比可知,世界长寿地区海拔高度分布在 1000 米左右,蒙山地区海拔高度分布基本在该范围内,空气洁净,生态环境适宜。

3. 气温对比

区域气候环境是当今人们普遍关注的人类生存环境问题,研究认为,人体最适宜的气温是:夏季为 19~24℃,冬季为 12~22℃。

蒙山地区气温条件与世界长寿之乡其他地区气温对比,主要差别如图 8.13 所示:

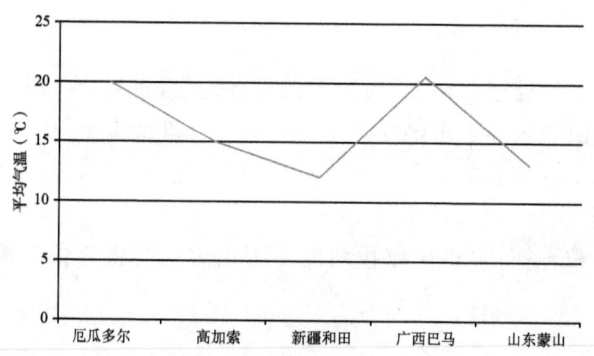

图 8.13　蒙山地区与世界长寿地区气候因素对比分析图

统计结果表明,世界上长寿地区的气温都比较适中,平均气温在 20℃左右;蒙山地区年平均气温为 13.1℃。

8.3.4.2　蒙山地区长寿优劣势

1. 蒙山有六大优势

(1)生态好

森林覆盖率高达 90% 以上,拥有生态公益林 1000 平方千米,是鲁中南的生态屏障、山东半岛最大的"绿肺",连续六年被评为"中国避暑名山",动植物种类丰富,有我国北方"天然生物基因库"之称。

(2)水好

山上清泉奔涌,爽口甘冽,山下温泉众多,颐寿养生,水质优良,富含硒、锶等多种微量元素;水质具有小分子团的特点,容易进出细胞膜的水通道,高密度,不带游离电荷,具有较强的渗透力、溶解力、乳化力、代谢力和活化力,具有生物活性,可由人体直接吸收。

(3)空气好

植物资源丰富,负氧离子含量高,是著名的长寿之乡,2012 年被中国老年学会确定为"老年养生研究基地"。

(4)文化底蕴深厚

蒙山是东夷文化、祭祀文化的发源地,孝文化、生态文化、养生文化、红色文化相映成辉,孕育了孔子弟子仲由、"算圣"刘洪、"智圣"诸葛亮、"书圣"王羲之、书法家颜真卿等贤圣人杰；孔子、李白、杜甫、康熙等历史名人都曾登临蒙山，老莱子、鬼谷子等都曾隐居于此；到了现代，蒙山英雄辈出，是中国革命的红色沃土，是沂蒙精神的发源地。

(5)地质矿产资源稀有独特

亚洲唯一原生金刚石矿就坐落在蒙山，麦饭石、金钱石资源独特稀有。麦饭石中二氧化硅的含量占60%以上，其他还含有生物体生长发育所必须的几十种常量元素，微量元素和被称为动物促生长剂的稀土元素，它能增强机体的抗病力，促进有机体的新陈代谢，具有保肝、抗缺氧、抗疲劳的作用，还能改良水质，古代将其用于皮肤生疮、臃肿等外科疑难症的治疗，日本称之为"细胞洗涤剂"，韩国称其为"矿泉药石"。

(6)地理位置优越

处在北京—上海黄金旅游线的中心位置，东与青岛、烟台、日照黄金海岸线相连，西与泰安、曲阜、济南山水圣人线接壤，区位十分优越(吴向峰，2011)。

2. 蒙山三大劣势

(1)经济发达程度不够

蒙山地区多山地丘陵，由于地理位置、地形地貌等因素的限制，第一产业、第二产业发展受限，近年来，地区产业发展以旅游业为重点，但由于蒙山地区与世界长寿区分布的经济发达地区相比，整体经济实力不足，没有充足的资金用于旅游资源开发和宣传，严重制约着蒙山旅游产业的发展。

(2)社会保障体系不完善

蒙山地区农村人口多、农业比重高，城镇化建设不完善，城乡差距大，居民基本养老保险、农村社会养老保险和农村合作医疗等社会保障体系覆盖率不足，需要不断健全。

(3)管理服务人才稀缺

由于蒙山地区经济发展相对落后，地区教育落后，人才素质不高，尤其是旅游业发展方面，需要大量的从事人力资源管理与开发、市场营销、旅游娱乐管理、旅游景区管理、旅游物业管理、医学护理等高素质管理服务人才。

8.3.4.3 蒙山地区养生长寿产业发展模式

1. 中国养生休闲旅游开发模式

(1)健康管理模式

健康管理模式是以专业的健康维护计划，实现了"健康保障"和"健康管理"的完美结合。将健康管理模式引入到养生休闲旅游开发之中，在一些景区或旅游地，开发者可以没有自己的医疗机构，但可以利用网络给游客带来的贴心服务。

(2)医疗旅游模式

医疗旅游是通过把优质的医疗服务与养生康复休闲相结合的一种全新的养生旅游开发模式，它需要一定的医疗条件和医疗技术作为支撑，同时作为一种旅游养生方式，除了需要配备一定数量和较高水平的医疗人员外，还需要具有医疗专业知识技能的导游服务，为外地甚至外国游客提供交通食宿、医疗检查和观光旅游等一条龙服务。

（3）健身俱乐部模式

以会员形式或出售消费卡的形式，依托主打旅游资源和产品，把一系列的养生休闲旅游活动，特别是健身旅游项目包装组合起来形成一个整体的开发模式。

（4）养生休闲目的地

依托于龙头养生休闲旅游区与核心养生休闲旅游项目，以养生休闲为核心主题和吸引力，有相当丰度的产品支撑，具备了完整的旅游产业配套要素构成的旅游目的地。

（5）养生休闲旅游区

具有某类养生休闲核心主题，有基本项目和要素配套的旅游景区。此类景区一般拥有较为独特的养生资源，但"养生"的具体产品还未完全将主题贯彻落实，市场目标结构和产品结构未很好的对应，生态养生旅游产品的优势没有完全挖掘出来，景区可提升的空间较大。

2. 蒙山养生休闲发展模式

蒙山地区有优美的自然风光和良好的生态环境，使蒙山成为著名的旅游观光胜地，休闲养生天堂，结合蒙山地区养生资源、景区建设基础以及市场需求，蒙山养生休闲应采取养生休闲目的地的发展模式，开展生态、运动、美食、居住、生理美容、游乐等方面的休闲养生项目，打造蒙山地区景区与长寿养生一体化发展。

（1）居住养生

以旅游地产开发为主导，开发养生养老社区，让游客在恬静的气氛中修养身心。

（2）游乐养生

设置适宜蒙山地脉、文脉，参与性、趣味性较强的养生休闲旅游活动，通过参与，使游客身心放松和得到教育。

（3）文化养生

结合蒙山地区养生历史文化，使养生休闲不仅具有身体养生的功能，同时还具有心理养生的益处。

（4）医疗养生

依托蒙山中药材以及现代营养学、心理学发展，开展以药物康复、药物治疗，配合一定的休闲活动进行的康复养生。

（5）美食养生

设计情调独特，别具一格的美食餐饮，通过丰富的菜式，合理的营养搭配，使游客体验蒙山美味。

（6）生理美容养生

将美容会所中的专业护肤、芳香 SPA 水疗、瑜伽养生、抗衰老美容以及花卉产品开发系列美容产品融入蒙山休闲旅游项目中。

（7）运动养生

开发不同的运动养生系列产品，如室内瑜伽、中华武术、ODYPOMP、专业 SPA、形体训练、棋牌等室内运动以及登山、垂钓、骑行、攀岩等户外运动。

（8）生态养生

在观光游乐中开展养生活动，以生态为手段，如森林浴养生法、雾浴养生法、生态温汤浴法、生态阳光浴法等。

8.4 蒙山养生产业发展思路

8.4.1 蒙山养生产业发展主体定位

8.4.1.1 主题定位

东方养生天堂

中国北方著名的山岳型休闲养生度假旅游目的地

蒙山国际养生度假区

释义：蒙山以山水自然丰美、生态环境优越及长寿文化而闻名，具有开发以"养生度假"为旅游核心的潜力。本项目以优越的自然养生环境为开发基础，通过国际化的养生度假配套设施、独有的养生文化、丰富的养生产品打造，结合项目提出的创意养生主题，共同构建了蒙山养生标准——国际化养生度假区。

8.4.1.2 功能定位

蒙山国际养生度假区在功能上首先要具备旅游休闲娱乐度假所必备元素，如食、住、行、游、购、娱、悟、养等。在此基础上凝聚自身的核心"乐活养生"功能，搭建生态宜居、康体理疗、运动娱乐、商务休闲、观光游乐等从身心到感官的一系列乐活养生平台功能，打造集高端会议、养生、居住、养老、度假、休闲、文化、康娱于一体的综合性高端功能集合体

8.4.1.3 形象地位

世界长寿之乡生态养生蒙山

祈福圣地长寿之山

沂蒙宝地养生蒙山

天然氧吧颐养蒙山

8.4.1.4 市场定位

从生态养生产业入手，开拓养老、养身、养性、养病、养心、养情、养文、养道这八大市场。

初步分析健康养生度假旅游市场，可以基本做出如下判断：

1. 从地域角度来看

（1）一级市场

主要是临沂市及其周边城市，包括：临沂、济宁、青岛、济南、日照、枣庄、泰安、曲阜、连云港等城市可作为蒙山旅游区养生休闲旅游的一级市场。其中临沂市城市居民作为一级市场中的核心市场来看待。

临沂市人口已逾 1000 万，市中心距离蒙山旅游区 1.5 小时的车程，交通便利。近年来临

沂市经济发展很快,2013 年城镇居民人均可支配收入 27380 元,农民人均收入 10340 元,临沂城市居民拥有较多的可自由支配收入,平时的工作和生活节奏较快,因此对放松、休闲产生强烈的需求。短暂的双休日限制他们展开远距离旅游活动的意愿,而距离城市中心区较近的蒙山旅游区则成为了周末休闲度假的首选。该市场规模大,重游率高,以生态观光、采摘、品农家饭、度假、娱乐为主要目的(图 8.14)。

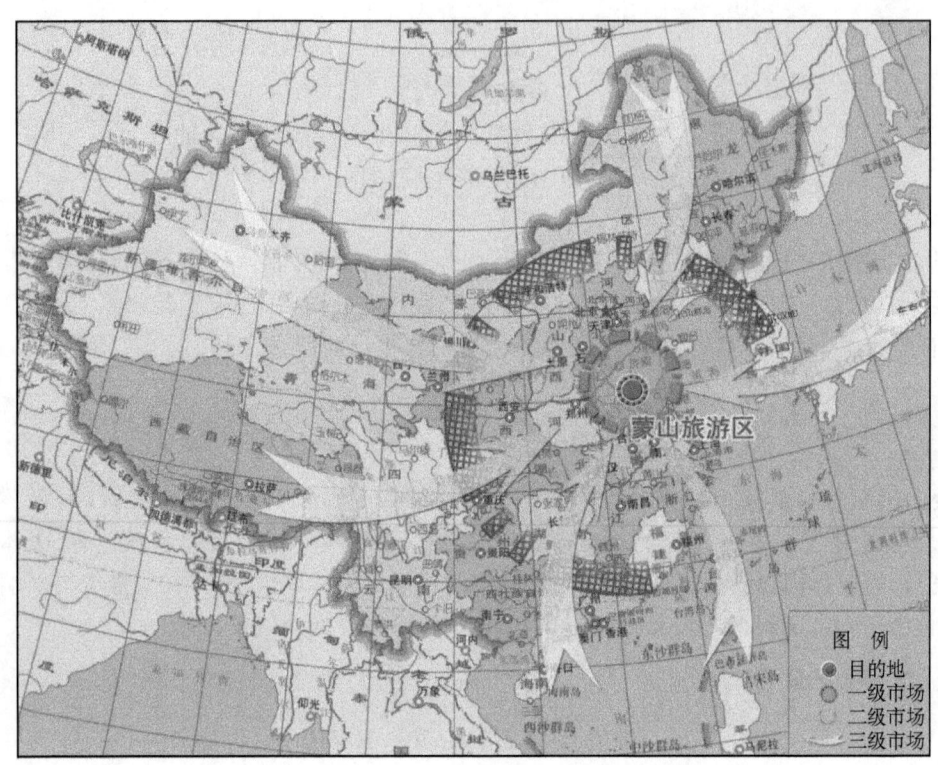

图 8.14　养生旅游市场分析图

(2)二级市场

包括山东省境内其他城市以及苏豫皖、京津冀、长三角等山东省周边城市。该市场规模大,开发潜力大,但重游率低,产品主要以生态观光、休闲养生为主。

(3)三级市场

其他地区和机会市场,包括国内其他地区、到临沂旅游的顺访游客、各种专项市场以及海外华人及日韩等亚洲市场。

2. 从年龄角度来看

(1)以老年市场为主,中年为辅,老年市场的休闲度假消费数量较大,消费诉求为医疗、延年益寿。

老年群体作为未来休闲市场结构中重要组成部分,应当引起重视。老年人有比青年人更强烈的旅游需求,"重积蓄、轻消费""重子女,轻自己"的观念开始成为过去式,花钱买健康,花钱买潇洒成为现代老人的时尚追求。一般来说,老年人的身体素质都比较差,因此,年轻人常见的那种欢快刺激、快餐式的旅游方式明显不适合老年人的需求,舒适养生的旅游行程成为他们出游的首选。

蒙山旅游区可充分发挥养生小镇、蒙阳养生谷、明光寺景区等养生优势资源,为老年人旅游市场提供休闲度假、修禅养性及养老等服务。

(2)中青年消费诉求多为修复保健类产品,以养生修复消费为主,对产品的多样性要求较高。

青少年旅游市场是旅游市场的重要组成部分,中国有 2.5 亿青少年,占全国 1/3 的旅游人口,是一个庞大的旅游市场。青少年在校学生数量较多,出游愿望比较强烈,学生又有着比较充足的寒暑假时间,青少年旅游市场比较广阔。蒙山旅游区可着重打造修学游、拓展训练、科普教育等观光体验旅游产品。

3. 从性别角度来看

以女性市场为主,养生保健消费较大,其生态养生商品的购买力较强。

4. 从专项市场角度看

(1)商务市场

养生保健消费量大,对生态养生餐饮消费要求较高;较为注重生态养生场所的档次规格,消费额较高。

(2)家庭市场

城市家庭市场是休闲旅游中的主要组成部分,特别是"非常 6+1",即爸爸妈妈、爷爷奶奶、外公外婆、孩子,以"亲子游"为代表的家庭市场潜力巨大。

蒙山旅游区根据其需求特征可为其提供以"农家乐"、乡村观光、农事体验、周末家庭休闲游、"看星星"等为主题的休闲旅游产品。

(3)婚恋市场

主要指城市居民中,正处于谈情说爱及谈婚论嫁的年青人市场。该市场中的消费主体具有较高的消费能力,并越来越追求浪漫与隐私的环境,也是蒙山旅游区应注重的一个子市场。

蒙山旅游区近期应对钻石小镇及 701 爱情家园进行规划与建设,为城市青年提供一个浪漫而又隐私的谈情说爱之所以及举办浪漫婚礼之地。

8.4.2 蒙山养生产业发展原则

1. 国际化原则

蒙山养生旅游在产品、项目、营销、功能、服务、管理、环境等领域依照国际化标准进行打造,重点在旅游产品体系建设、目的地市场营销、自助旅游体系构筑和旅游管理模式创新等方面突破,深化具体要求,提升服务质量,最终建成国际化的蒙山养生休闲度假目的地。

2. 生态环保原则

蒙山养生旅游,重点实施生态环境与可持续发展战略,秉承"天然氧吧、颐养蒙山"的生态蒙山发展形象,切实维护蒙山的山、水、林、天等生态屏障,为营造蒙山宜养、宜居的优美生态环境提供科学依据。

3. 产业多元化原则

蒙山养生产业构建以旅游度假、休闲养生、养老、保健为主导的产业格局,重点开发以绿色生态旅游、抗衰老医疗养生、养老度假、文化创意为主的旅游产业,带动养生产品、养生服务等互动发展,全面完善养生旅游城市、养生城镇、养生特色村及养生度假综合体等旅游产业多元化发展,打造具有国际性吸引力的养生旅游品牌。

8.4.3 蒙山养生产业发展目标

1. 近期目标

完善旅游配套设施,将规划区打造成以生态宜居、康体理疗为主导功能的,国家级养生度假区、养生旅游风向标;准备蒙山地区长寿相关资料,积极申报"世界长寿之乡"。

2. 总体目标

将规划区打造成以国际高端科技养生为主导功能的,世界品牌山岳型养生休闲旅游度目的地。

8.4.4 蒙山养生产业空间布局

规划按照:"一心、两区、四带、多组团"进行布局,见图 8.15。

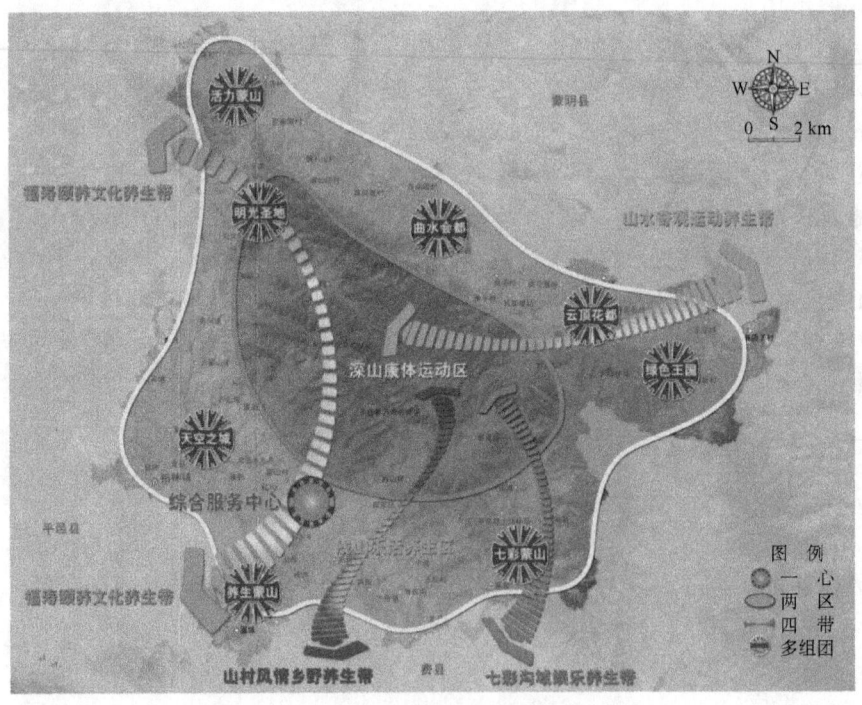

图 8.15 蒙山养生产业发展空间布局图

8.4.4.1 一心

即综合服务中心(蒙山养生长寿休闲之旅集散中心)。

蒙山旅游区核心入口,既有入口旅游咨询的功能,又是运动养生区域、文化养生区的主要进入通道,同时也是蒙山形象的展示区域。具有综合服务、集散接待、交通中转、信息查询、休闲娱乐等多种功能,核心开发产品有接待中心、太极广场、形象大门、商业街、停车场等服务设施。

8.4.4.2 两区

1. 深山康体养生区

(1)功能:深山康体养生区具有登高观光、户外运动、生态露营、养生度假等功能,核心突出运动养生功能。

(2)特色:以山地风光、水系河流美景为特色,形成独特的登山览胜区域,同时以环境为特色,开展各类休闲运动娱乐活动,体现区域运动养生主题。

(3)规划思路:通过蒙山地区旅游接待、休闲娱乐、运动养生等特色产品与活动的融入构建,集食、住、行、游、购、娱于一体,以活力运动为主题的山地旅游养生景区。

2. 浅山乐活养生区

(1)功能:核心体现整个养生度假区的亲水养生主题功能,同时具有区域综合接待服务、商务休闲、高端度假及滨水游乐功能。

(2)特色:突出水景观、山水娱乐、泉水养生以及滨水产业,是以滨水风光为核心景观的娱乐养生度假区域。

(3)规划思路:依托环蒙山浅山区丰富的水资源、长寿村和旅游度假区开发以民俗文化为核心的滨水休闲娱乐、民族文化体验、商务会议以及高端养生度假类产品,形成以水库为核心的具有能够独立运营开发的综合性娱乐养生区,形成整个大项目的一个主题支撑景点。

8.4.4.3 四带

1. 福寿颐养文化养生带

沿龟蒙景区——明光寺景区一带,充分展示道教养生文化理念,将其与休闲度假旅游、康体疗养、养生养心充分结合,打造成蒙山特色养生产业示范带,布置高端养生养老机构。

2. 山水奇观运动养生带

依托云蒙景区,丰富运动形式,用活动身体的方式实现维护健康、增强体质、延长寿命、延缓衰老的养生方法。设置山地休闲运动、徒步登山运动、极限运动及拓展运动、太极拳、森林冲锋车、漂流、索道等不同的运动形式以达到健身康体的目的。

3. 山村风情乡野养生带

依托蒙山人家景区,结合沂蒙人家民俗风情,打造特色养生餐饮,体验田园慢生活,营造四季、五家之口的精神乐园。

4. 七彩沟域娱乐养生带

依托大洼天桥沟景区,以乡村、庄园为载体,将香草种植业、香料加工业、文化创意产业、养生美容业与旅游业相结合,利用植物景观种植、乡村田野空间、户外活动项目和香氛理疗资源,打造一种集观赏、游览、品尝、休闲、劳作、体验、参与、购物、放松精神等于一体的新型养生旅游形态。

8.4.4.4 多组团

1. 养生蒙山

(1)策划思路:养生蒙山组团主要是以道教养生文化为展示,以道家修心、养性、养生为特色主题,打造具有吸引力的道教文化养生区,形成"道教祈福—修心养性—休闲养生"的全新道教文化体验休闲与养生生活方式。

通过植入道教的养生理念,梳理道教养生形式,形成三大类养生体系:以特种有机种植为依托,开展区域特色养生食谱如民族膳、药膳、道家膳等;道教养生文化会议交流;独特的文化养生配套项目,打造一个身心兼养的文化养生区域。

(2)开发产品:道教养生文化园、鬼谷子养生馆、道教养生文化交流中心。

2. 天空之城

(1)策划思路:蒙山自古就是历史文化名山,2000余年来,一直为文人骚客、帝王将相所瞩目。该组团以高山寒地为核心吸引力,同时引入帝王将相生活理念,开发高山避暑、帝王养生主题产品。配套皇家养生产品、文化景观,打造一个漂浮在山顶的天空养生之城。

(2)开发产品:国际养生养老庄园、生物场导科技养生总部。

3. 曲水会都

(1)策划思路:曲水会都整体是以蒙山大水系山地区域为开发核心,针对商政界高端人士打造的具有滨水养生与高端运动相结合的商务休闲养生度假区域,配套国际高端康复养生设施,突出静态休闲氛围,是整个滨水乐活养生区的一处高端人士的静养修身之地。

(2)开发产品:水一方养生庄园、曲水滨湖公园、国际康复理疗中心。

4. 绿色王国

(1)策划思路:绿色王国区域核心资源为大片的森林植被,生态环境良好。因此在策划过程中以生态产业开发为核心,通过花海景观婚庆产业、林下种植产业、珍稀动植物种养产业以及水产特色养殖示范产业的区域打造,配套相关儿童游乐、素质拓展、森林运动养生等旅游产品,形成一个大的休闲观光活动区域。

(2)开发产品:生态休闲公园、花海世界摄影基地、云蒙园林苗木基地、生态长廊、生态涵养林、林下产业发展基地、珍稀动植物园、森林游乐园。

5. 明光圣地

(1)策划思路:明光寺景区位于沂蒙山最高峰龟蒙顶西北侧,以旺子岭为分水岭向西有一幽深峡谷,诠释着佛学的博大精深:心道禅修,静与净的极致;广种善根,因与果的归宿。策划对明光寺进行恢复修缮,对区域自然景观美化提升,形成佛教文化底蕴深厚,自然景观特色鲜明的旅游景区。开发集静心养生、森林氧吧、佛教文化展示、特色休闲商业与住宿等功能于一体的旅游景区。

（2）开发产品：明光寺、文化长廊、森林栈道、集散广场等。

6. 活力蒙山

（1）策划思路：活力蒙山以主题服务接待中心酒店开发为核心，周边配套高端户外运动俱乐部、生态露营、室内康体运动养生、度假村以及相关生态景观环境等服务配套型产品，打造区域活力蒙山、运动养生主题，这里也将作为活力运动养生区的游客核心接待中转场所。

（2）开发产品：万人敌（巨石）、蒙山 Center（接待中心）、蒙山国际康体运动娱乐中心、听瀑台、蒙山生态涵养林、蒙山生态露营地、山水力山运动养生酒店、蒙山生态走廊、户外运动主题俱乐部、山水林木屋度假村、森林氧吧。

7. 云顶花都

（1）策划思路：云顶花都组团位于山脚下平地区域，该区域以山顶云海、平地、野花繁盛以及具有高空极佳的观览效果为特色，规划以云顶乐养城为核心开发产品，配套相关运动产品、景观产品以及饮食休闲接待服务产品，构建区域以云顶乐养为核心功能的养生度假之地。为保护区域美好的景观现状，该区域未来建设多以生态木制结构建筑为主，通过零排放低碳处理，形成对区域的核心资源保护。

（2）开发产品：蒙山国际登山运动营、杜鹃花海、阿婆岩栈道、木屋会所、云顶乐养城、揽月岩攀岩基地、索道、奇石林、花语瀑布、清风潭。

8. 七彩蒙山

（1）策划思路：七彩蒙山以打造国内景色最美的林海花潮产品为核心，沿途进行河岸景观有色林木树种种植，形成山、水、林多彩景观区域，构建四季养生度假产品，春天层峦叠翠，林海花潮，夏季飞瀑流水，云雾飘渺，秋时漫山碧透，红叶映照，冬日银装素裹，分外妖娆。以此在周边区域开发休闲度假产品。

（2）开发产品：七彩蒙山生态蓝道、生态绿道、水吧、四季风情林。

8.5 蒙山养生产业重点项目建设

项目开发结构立足于项目区域地形地貌特色，根据土地和水资源，巧妙地利用自然生态，形成"1313"的六大主导性项目，布局见图 8.16。即：一个养生文化休闲中心，三大谷地科技养生度假谷，一个森林养生旅游度假区，三个山地运动特色项目。

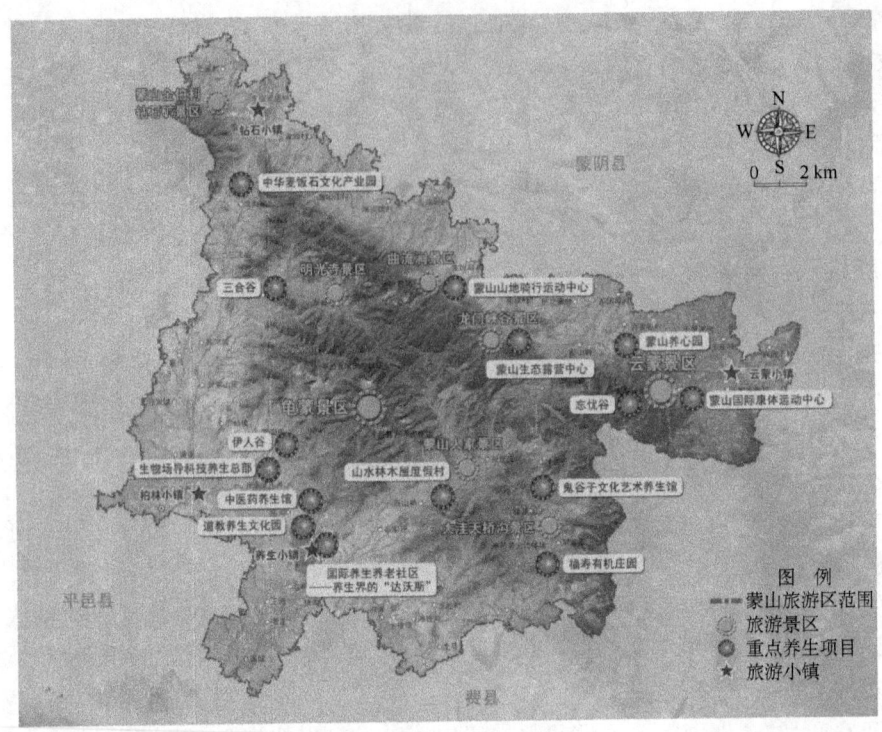

图 8.16　重点项目布局图

8.5.1　蒙山健康休闲产品(项目)建设

8.5.1.1　一个养生文化休闲中心

1.道教养生文化园

蒙山为山东道教胜地是道教著名的修道养生之福地,在山东道教发展史上曾有过辉煌的历史。在蒙山龟蒙顶南麓,有祭祀蒙山的万寿宫道教遗址,为蒙山道士贾文改建。

依托龟蒙景区,项目主题定位要高端,突出特色,以道家养生文化为核心,兼容道教文化、道家建筑文化、自然生态文化、耕读文化、诗酒文化、书画文化等,满足身心健康消费潮流需求,突出"养身""养心""养气""养神",构建中原养生文化产业高地;规划建设思路要以蒙山高峰玉皇顶为依托,以养生为主题,以天街为特色,产业为支撑,商业为补充,业态高度关联,产业高度互动,高起点总体规划、分圈层分步开发。

2.鬼谷子养生馆

鬼谷子为纵横家之鼻祖,为道教的洞府真仙,采药修道、丹药养生,著《本经阴符七术》集中体现养神蓄锐之道。

项目以鬼谷子东山书院为基础,以鬼谷子养生文化为创意,通过研究鬼谷子长寿秘诀,开发以膳食养生、悟道养生、修身养生、康疗养生四大品质养生形式,以四大养生形式开发四种养生产品,配套鬼谷子养生度假接待区,形成区域以鬼谷子养生文化为核心的具有文化体验不文化养生功能的核心区域。

3. 帝王将相养生行宫

帝王将相养生行宫以山顶大片山势较缓的区域,开发高山避暑度假养生产品,同时以帝王将相皇家行为理念进行打造,配套有御林园、御都水疗中心、帝王阁等养生避暑配套产品。同时依托区域现有资源,开发山顶形象景观:雕首岩、龟寿岩、祈寿路等观光节点。

4. 中医药养生馆

结合蒙山药用植物园、东山宾馆和蒙山中医药文化资源,打造集中医药养生、退休养老、文化创意为一体的国际度假养生胜地。

策划养生酒店、国医馆、药膳馆、茶艺馆、农耕养生屋、私人健康管家服务中心等项目,聘请国内顶级的中医师、营养师、心理师、理疗师为养生者提供个性化健康养生服务,提供推拿、针灸、拔罐、刮痧、药浴、药熏等丰富的中医药疗养项目,以及色香味俱全、营养丰富的药膳服务。

5. 中华麦饭石文化产业园

麦饭石含有多种人体所需的微量元素,从养生保健效果看,尤其适合高血压、结石、溃疡患者使用,具有较高的保健价值。同时使用麦饭石生产的杯具、茶具、酒具产品集石药养生、鉴赏收藏于一体,可成为品位高雅人士的至爱,更适合作为礼品馈赠,而除味净水效果尤其明显,远销西欧、日本、南韩等国家。

项目利用蒙山北部山区中华麦饭石这一奇石资源,将麦饭石融入环境、历史、文化、建筑、产业、产品、管理和服务等方面,提升其品牌的文化价值,扩大它的影响力,突出麦饭石的保健功能及引领健康科学的生活理念,打造时尚而又充满生命活力的养生生活方式。

8.5.1.2 三个山地运动特色项目

1. 蒙山国际康体运动中心

主要是中高端设施,利用高山台地开发山地户外运动项目,如:攀岩、登山、探险、野营等。围绕蒙山服务区以及运动主题酒店开发以运动养生为核心的娱乐休闲中心,整体利用区域山地平台,划分服务区形成合理布局控制,对区域山地进行适当调理,引进相关国内外运动休闲设施,同时设置内部私家停车场,为高端游客倾心打造一个以运动娱乐为核心的主题养生产品。

2. 蒙山山地骑行运动中心

利用区域内原有道路的惊险崎岖和自然生态景观,以及各个景点设施,开展山地驾车、骑车运动休闲项目,吸引国内驾车、骑车爱好者前来游览观光、休闲度假。

3. 蒙山生态露营中心

以蒙山区域生态环境为基底,利用区域山地平台,林间空隙,打造区域野外帐篷露营、木屋营地以及游泳戏水、素质拓展等产品,形成区域休闲露营与夜间活力运动休闲体验区,该区域主要功能为夜间休闲娱乐以及集体活动,也是服务区的一项户外休闲配套设施。

8.5.2 蒙山养生度假产品(项目)建设

建设三大谷地科技养生度假谷

(1)伊人谷:以蒙阳峪旅游度假区为基础,项目发展定位于高端,打造成为国内首个顶级专门为高端时尚女士服务的,集旅游、休闲、度假、养生、康体、美容、沙龙、会所为一体的旅游产品。

(2)忘忧谷:依托蒙山会馆,项目定位于中高端,是以解除压力、舒展身心和恢复健康为主题的养生休闲度假地。主要分为生态观光、运动休闲、健康度假区,主要设置企业(私人)会馆、农家乐、休闲娱乐、康复疗养、SPA会馆,高尔夫度假村等,为游客提供自然与科技结合的优良生态养生休闲度假目的地。

(3)三合谷:蒙山历代道教、佛教、天主教香火不断,为宗教文化之圣地。道教思想家陶弘景也主张道、儒、释三教合流,言论"百法纷凑,无越三教之境"。以明光寺景区为基础,项目定位于中高端,是以中华民族传统文化教义为题,将佛教、道教、儒家分成自然的三个养生休闲度假区,利用佛、道、儒家的宗教养生之道和中国独有的中医疗养结合,主要以庙、寺、观、塔、宫、庭、阁、廊、院为主导建筑,依山傍水建设,打造成为国内唯一的,有东方宗教特色的养生休闲度假目的地。

8.5.3 蒙山养老产品(项目)建设

一个森林养生旅游度假区

项目定位于高端,是以原生态为主题,利用自然地形地貌,将田、林、山、水混成一个森林度假和避暑度假区。区内建筑以小而精、沂蒙人家建筑特色为主,并且在林场中将森林自驾游露天俱乐部项目与山地自驾运动结合起来。

1. 国际养生养老社区——养生界的"达沃斯"

(1)发展定位

依托在建养生小镇,打造集旅游、养生、养老、休闲、理疗、商务、会议、餐饮、娱乐、度假等功能于一体的产权式养生休闲文化小镇,按照国际养老标准建设,服务设施完善,定位于高端项目。

(2)产业模式

按照"医疗＋养老＋地产"的模式,将居家式养老和机构式养老完美地结合,创造一种新型的社区化居家式养老方式。

(3)项目策划

主要有观景公寓、古典院落式度假别墅、理疗养生度假会所、社区医院、养生公园、养生步道等项目。

(4)设施规划

主要针对社区内出行设施设计:全园无障碍设计,乘轮椅可通达园区各处;所有自理及护理区域均配备医用电梯,方便及时进行医疗救助;紧急呼叫系统与医院连接,出现突发状况能在最短时间内赶到进行救助;自理区建筑之间由风雨连廊连接,方便老人在天气不理想时外出;防滑扶手等无障碍设施齐备,老人可以自行或者坐轮椅在园区畅行无阻;色彩识别,方便老人辨别建筑物,找寻或者记忆来去的路。

养老公寓房间内的家具设施,均严格按照老年人宜居标准设计,方便老年人日常生活;房间内所有家具均为木质圆角设计,有效防止老年人磕伤碰伤,沙发坐面过软不利于老年人坐卧起身;沙发坐面略带硬度,配备软靠垫,利于老人起座,不用费力;沙发扶手便于撑扶使力,沙发靠背较高,对颈部有支撑作用;老年人用茶几不宜过于笨重,应以轻便坚固、易于摆放为原则。配备的全木茶几,轻便坚固,方便摆放,茶几高度根据老年人特点进行了适度加高(10厘米),方便老年人探身拿取物品,茶几底部空间方便老年人舒展腿部;餐桌底部带有滑轮,方便老年人移动摆放位置;晾衣架升降式设计,省力,方便老年人使用。鞋柜高度适宜老人使用,台面较大,兼具撑扶的功能;洗手间配备了扶手、洗澡凳,方便老人坐便及沐浴等细节设计。

(5)盈利模式:房屋出租—土地为政府福利划拨,房价为平价;房屋出租—分长住与试住体验,长住服务包括健康护照、紧急救护、公共设施维护、社团活动等服务;养生体验营—短期体验之旅;场地出租—提供多功能会议场所,可供企业体育训练、研讨、演戏、学术文化交谊等活动使用。

2. 山水蒙山运动养生酒店

结合蒙山林场坡度较缓的台地,依山势打造一个以休闲运动为理念的养生主题酒店,采用中西文化相结合的特色,国际顶级时尚设施,为高端人士、国内外高端会务服务。内部配套有SPA养生、饮食养生、棋牌娱乐、室内小球运动及特色观景住宿等产品,是一处既可以观景、运动,又可以享受舒适环境的高品质创意酒店,同时具有区域综合服务与信息查询功能,也是活力蒙山组团的核心体现与重点产品。

3. 山水林木屋度假村

以滨河林地、山地为依托,通过区域环境主题风格打造,利用不同的创意木屋,配套相关户外运动、企业培训、素质拓展等产品,打造区域核心生态体验及木屋住宿产品。

4. 福寿有机庄园

以蒙山地方饮食为核心体现,通过有机果蔬种植、养生中草药种植等形式开展休闲饮食、养生饮食以及素食饮食等多种形式,开发出创新的福寿饮食文化。该项目适合于沂蒙人家农家院作为核心开发,同时合理地利用区域农地资源,发展区域农业产业,开发高回报性种植方式。

5. 生物场导科技养生总部

属于高科技现代延年益寿的养生高端主导综合大项目,是本整体项目里科技与自然结合养生的"科技"核心。设有:研发中心,康复中心,疗养中心、综合医院,职业教育,专业制造,动、植物培育中心。

8.5.4 蒙山中国寿山品牌建设

打造蒙山中国寿山品牌,主要从蒙上养生长寿产品、产业、设施、营销、政策等方面进行策划。

8.5.4.1 蒙山养生长寿产品规划

1. 旅游产品主题与定位

(1)倡导高科技延年益寿养生:接待国内外高端人士。

(2)自然宗教养生:接待国内外中高端人士。

(3)康体美容养生:接待国内外中高端人士。

(4)休闲度假养生:接待国内外中高端人士。

（5）山地运动休闲：接待国内外中高端人士。

（6）森林休闲度假：接待国内外中高端人士。

（7）旅游观光度假：接待国内外旅游爱好者。

（8）健康美食养生：接待国内外旅游爱好者。

2. 细分产品

因健康养生的诉求多样，生态养生旅游产品的类型随之多样化，结合蒙山养生旅游资源，开发蒙山特色养生系列产品，主要有：

（1）森林养生旅游

森林环境养生：森林浴、雾浴、生态温汤浴、生态阳光浴、森林跑步浴等。

食疗养生：绿色养生套餐、养生茶、养生酒、药膳等。

（2）宗教养生旅游

道教养生：太极拳、道教素食、静坐修道、道茶、道医、道乐等。

佛教养生：求签许愿、禅茶、禅乐、斋菜、讲经打坐等。

（3）运动保健养生旅游

在乡村幽静的环境里开展"健步走"等活动；

乘坐农家木筏湖中游，进行钓鱼等休闲活动；

爬山，锻炼身体耐力和体力；

在教练的指导下学习太极，气功，森林瑜伽，森林静坐等；

跟村里的人学习乡村秧歌等民族舞蹈；

参加农家的农事活动，体验农村生活。

（4）娱乐养生旅游

琴棋书画，个人才艺表演或进行比赛；

花木鸟鱼、旅游观光摄影、乡村民俗艺术欣赏；

结合当地的民俗文化节庆活动，参加其中的节目，和人们共欢乐。

3. 旅游商品

结合蒙山地域特点与特色资源，打造蒙山养生商品。

（1）养生茶类：金银花茶、国槐茶、丹参茶、灵芝茶、石竹花茶、玫瑰茶、蒙顶绿茶等。

（2）养生药类：全蝎、蚂蚁、蜂胶、灵芝、何首乌、丹参、紫草、葛根等。

（3）养生水类：矿泉水、麦饭石水。

（4）养生酒类：调制酒类——全蝎酒、蚂蚁酒、何首乌酒、丹参酒、紫草酒、灵芝酒等；寿文化酒类——现已开发的洞藏寿星酒。

（5）养生手工制品类：蒙山养生鞋垫等。

8.5.4.2 蒙山养生长寿产业规划

1. 产业发展定位

（1）构建蒙山大养生产业，养生旅游与相关行业进行融合，扩充养生旅游涵盖的内容，形成蒙山养生产业链。

（2）打造蒙山地区产业发展龙头，带动旅游等相关产业的发展，成为蒙山地区产业结构调整的主抓手和新的经济增长点。

（3）以构建养生产业体系为目标，推进形成蒙山养生产业集聚区，完善旅游产业发展。

2．蒙山养生产业结构体系

依托区位、气候、环境、生态、文化等综合条件，重点构建以养生文化为灵魂，以道家养生和运动养生为核心，以养生地产和养生旅游为龙头，集养生服务、养生培训、养生会展、养生食品种养、养生产品加工、养生设备制造等于一体的养生产业体系，形成完整的养生产业链，做大做强蒙山大养生产业。

（1）核心产业

重点打造养生旅游产业、养老地产、休闲度假产业等。

（2）支撑产业

包括医疗产业、养生文化产业、养生医药产业、生态农业等。

（3）衍生产业

主要有特色养生商业、健康管理服务产业、养生产品加工、养生设备制造等。

3．蒙山养生产业集聚区

通过整合资源，形成蒙山养生产业片区，增强产业集聚效应，做强做大养生产业。

（1）康疗养生产业聚集区

以云蒙景区为核心，以"生物医药产业＋医疗旅游业＋养生度假＋养老地产＋休闲商业＋生态（养生）农业＋养生设备制造"为主要产业，形成健康管理、康体医疗、休闲慢生活、康体运动四大特色功能。

（2）温泉养生产业带

依托良好的温泉资源，打造国际化康疗基地、温泉度假区、山地运动基地，形成温泉养生度假产业带。

（3）山林养生产业聚集区

以龟峰为中心，发展"山地运动旅游＋林木产业＋森林养生产业＋林下产业"，以森林康复医疗、森林养生休闲度假、养生中草药种植为主要功能。

（4）民俗养生产业聚集区

以蒙山地区民俗文化为基础，以民俗旅游、养生休闲为支撑，发展"民俗医药、民俗传统健身、特色度假"。

（5）神秘文化养生集聚区

以"养生度假＋养生产品物流基地"为支撑，打造"道教文化养生、生态养生"特色。

8.5.4.3 蒙山养生长寿设施规划

1．基础设施规划

（1）外部交通

①航空

距离蒙山旅游区最近的机场是临沂机场，距离为92千米，临沂机场已通航北京、上海、广州、杭州、沈阳、青岛、大连、武汉、西安、重庆、厦门、昆明、深圳等大中城市。

②铁路

距离蒙山旅游区最近的高铁站是曲阜高铁站,距离为99千米;距离蒙山旅游区比较近的火车站东面有临沂火车站,西面有曲阜火车站,距离都在100千米以内。

③公路

京沪高速、日东高速、济青高速南线接莱新高速、G205,G327,S234,S335,S240,S229均从蒙山旁边穿越,形成了四通八达的交通网络。

(2)内部交通

①机动车道路

环蒙山道路是蒙山旅游道路规划的重要组成部分,起于万寿宫蒙山龟蒙景区入口,以蒙山为中心,向东经过大洼景区,穿过蒙山隧道,经百花峪、龙凤峪、九女关,沿汶平线向南至三关庙,途径玉皇城、蒙阳峪、柘沟等村庄到达东山宾馆,再回到万寿宫起点位置,全场59.8千米。

②步行道

蒙山悬崖栈道是蒙山的一大特色,全长2999米,栈道随山势旋转,不真正走过,无法领会其妙趣。规划景区间或景区内通往各景点的简易游赏步道、绳道、栈道,宽度一般不超过1.5米,必要路段凿石阶或安装护栏、护链等。

蒙阳峪——蒙山寿星建设游赏步道;

蒙阳峪——明光寺建设探谜石阶梯路;

桃花源景区内建设秘境觅幽小径;

曲流涧——龙门峡科普考察线路建设;

百泉峪——松林子——百花峪慢游步道;

钻石公园——浪漫乡村建设生态绿道长廊;

特色种植业体验带内建设大地艺术绿道;

大洼——蒙山人家景区建设艺术长廊。

③养生景观小道

沿水溪、林荫设置蛇行健康步道,10米养生休闲小径,两侧10~30米景观树林。供老人清晨跑步或者散步,道路进行无障碍设计,每隔适当距离即修建休息座椅,方便老人休息。

(3)交通服务设施

在四"心"小镇各规划建设1个加油站,在柏林小镇、云蒙小镇各建设大型汽车维修保养监测中心。

建设位于养生小镇的综合性客运中心。

建设位于柏林小镇、云蒙小镇、钻石小镇的客运卫星场站。

根据《城市道路交通规划设计规范》建设适宜规模的停车场。

(4)安全设施

山地景区道路受山区地形地质条件的限制,线形受限较大,存在较多的极限指标线形或组合。另外,由于山区山体较多,森林植被较好,乔灌茂密,因此,在较小半径的平曲线路段,容易造成视距不良。针对线形、视距不良较多的特点,应该根据线形、视距条件,同时考虑交通量、车速、交通组成等因素,合理选择标志结构形式,根据实际情况增设急转弯、连续转弯等警示标志,在极其困难路段恰当设置禁止超车、限速等禁令标志;同时视距不良的转弯起终点位置加设鸣喇叭等指示标志。另外,山区本身陡崖较多,对于此种特点,设计时不能单一地靠设置护栏来保证安全。对于曲线内侧、或废方较多路段,应尽可能放缓边坡,或通过填废方式来实现路侧宽容。这样既减少了护栏的数量,降低了工程造价,同时使路侧更为美观、更为安全舒适。

2. 旅游服务设施规划

(1)生态养生旅游策划开发措施之"食"

在提供全系列的养生餐饮的同时,主推本地山野菜。

(2)生态养生旅游策划开发措施之"住"

在蒙山人家修建民俗旅馆,提供一种特殊的住宿产品,即把修复的道士住舍提供给那些心诚的信徒行礼前在此斋戒,在山前坡地处修建小体量具有异国风情的别墅。

(3)生态养生旅游策划开发措施之"行"

蒙阳峪和大洼两条沟内开通内部旅游车,游客既可以自己开车进去(收费),也可以步行或者坐景区提供的旅游车进去。

(4)生态养生旅游策划开发措施之"游"

在开发建设鬼谷子景区、明光寺景区之后,蒙山的宗教主题得到进一步明晰和深化,对于信众的吸引力也将大为提升。而对于普通大众,除上述宗教题材外,水景、冰洞、大地艺术图、褐马鸡野生动物园、人造瀑布、七彩沟等也能够组合成吸引物。

(5)生态养生旅游策划开发措施之"购"

本地特产的山货和手工艺品也可以作为旅游商品出售,如:中草药、香菇、花菇、山韭菜、玫瑰浆等。这样既丰富了产品的种类又可提高当地农民的收入。

(6)生态养生旅游策划开发措施之"娱"

蒙山不但要为来此保健养生的游客量身定做一定的娱乐设施,还要修建能够吸引都市居民来此休闲度假的娱乐设施。此外所有住宿单元都提供蒙山所独有的养生餐。

3. 医疗服务设施规划

建设满足"本地居民宜居与外地游客养生"两方面功能需求的配套设施,在完善蒙山养生旅游基础设施基础上,配备健康、医疗设施。

(1)推行"健康蒙山计划"

针对本地人,制定并实行"健康蒙山计划",形成健康体系建设,把健康促进的核心理念融入养生旅游项目、产品等开发中,发挥各种社会资源优势,增加休闲配套设施,满足本地居民的健康、医疗、保健等各方面需求。

(2)引入健康管理系统

依托医学院、医院、康体机构,为养生旅游群体提供集医疗、保健、预防、康复、养生于一体的个性化服务。

专业性医疗机构:引入国内外知名医院及专家,结合老年养生基地和基础设施改进形成专业性医疗机构。

健康体检中心:推进与著名的体检中心形成合作,促进以健康体检为核心的个性疾病检查及检测专业化服务机构的建立。

康体机构：结合重大旅游项目引入温泉养生、茶养生、康体运动等健康促进产业，结合康体专项旅游构建以个性化健康体验、咨询服务、健康评估为主体的健康管理信息系统，形成以调理康复为核心的健康服务产业和休闲度假项目。

（3）提供专业化护理服务

专业化护理服务由呵护中心提供，养老服务涵盖自理、介助、介护、全护等多个群体，全面提供"失能、失智、失独、慢病老人"的照护服务。

日常老年活动：呵护中心由社会服务部负责每天为入住老人提供各种文化娱乐体育活动，如做保健操、唱老歌、打门球，并成立书法协会、音乐协会、佛教协会等组织，充分挖掘和培养老人的兴趣爱好还不定期举行大型文艺汇演，如军民联欢会、老人集体生日会等。

照护服务：养老社区以"持续照料"为理念，规划功能齐全，包括全自理老人区、半自理老人区、护理区、失智老人区，针对老人不同健康状况特点，这些区域配备不同的设备设施，提供针对性的服务。

医疗保障：老年人对于医疗服务的需求是很迫切的，高品质的养老服务需要高品质的医疗服务支撑。与知名医院合作，引入专家和医疗技术，通过专业、细致的医疗保健服务，为老年人的健康生活、生命安全保驾护航，在科室设置上，设置了内科、外科、骨科、疼痛科、康复中心、体检中心、高压氧中心等与老年病治疗、康复紧密相关的科室，不仅能满足日常医疗需求，更能提供长期的健康管理、康复服务。

（4）完善养老配套设施

为满足老年人基本的生活需要，项目考虑多业态的功能配套区，为老年人群的健康生活服务。

社区医护中心：社区基础性医疗处理机构，为社区老人进行常见性疾病的医疗处理；日常医护管理；医务中心与社区周边知名综合性、专科类医院紧密合作，实现接、送诊服务。

老年活动中心：社区内公共活动中心，为社区老人日常活动场所。组织工艺品、诗书画、太极、五禽戏、八段锦、手工工坊等兴趣项目俱乐部；同时设置室内室外的活动项目，如草地门球、乒乓球、羽毛球、社区健身器械等社区活动场地。

社区餐厅：针对不同健康状况的养老人群，设置细分的功能餐厅，有各地风味的小吃、面点。针对老年人的不同饮食口味，配置特色多样的饮食菜谱，满足老年人群的餐饮需要。

社区商业网点：利用住宅底层、小型独立商店，以丰富的生活用品、老年保健品，为社区老人的基本购物提供基础性服务。

综合服务中心：成员由社区健康老人组成，协调管理老年社区家政保洁、突发事件处理、公共事业服务等

各配套项目管理机构：在社区综合服务中心的统一管理下，成立各自不同的管理机构，服务于酒店、会所、疗养院、协会、杂志等项目，进行专业化运营。

物业管理公司：负责老年社区内安保、巡逻，及各项设备设施维修、保养等工作。

后勤服务基地：由为社区系统服务人员宿舍区、服务设施设备维护区、交通通讯工具组织区、服务呼叫中心等构成。

4. 养生休闲旅游线路

根据区域文化主题性及功能附加性安排了自然宗教养生游、康体美容养生游、休闲度假养生游、山地运动休闲游、旅游观光度假游等不同主题的游线。

（1）自然宗教养生游线

线路主题：道教文化＋康体养生。

运行线路：沂蒙—蒙山—道教养生文化园。

核心景观：道教养生文化园、三合谷。

目标市场：沂蒙市及山东省宗教文化养生康体休闲市场。

（2）康体美容养生游线

线路主题：康体美容＋医疗健康。

运行线路：沂蒙—蒙山—蒙山休闲度假中心。

核心景观：伊人谷。

目标市场：沂蒙健康美容、休闲度假市场。

（3）山地运动休闲游线

线路主题：户外运动。

运行线路：沂蒙—蒙山—运动活动中心。

核心景观：蒙山山地运动活动中心。

目标市场：沂蒙山户外运动爱好者。

（4）休闲度假养生游线

线路主题：观光＋休闲度假＋健康养生。

运行线路：沂蒙—蒙山—森林养生旅游度假区—忘忧谷。

核心景观：森林养生度假区＋山水蒙山运动养生酒店＋忘忧谷。

目标市场：沂蒙市休闲度假、健康养生爱好者。

（5）旅游观光度假游线

线路主题：观光＋休闲度假。

运行线路：沂蒙—蒙山—山村乡野旅游度假区

核心景观：福寿有机庄园。

目标市场：沂蒙市休闲度假、健康养生爱好者。

8.5.4.4 蒙山养生长寿营销规划

1. 营销发展思路

（1）品牌营销

塑造蒙山养生旅游品牌，利用蒙山其悠久的历史和深远的影响力使其在权威性上形成辨识度较高的品牌符号，主要有三个方面：

①"文化的权威性"——历史文化名山；

②"人物的权威性"——"洞府真仙"鬼谷子、"山中宰相"陶弘景——道教名山；

③"地域的权威性"——道教的"洞天福地"体系是一种权威的养生文化载体。

充分发挥蒙山三大特色优势，打造具有鲜明道教特色的养生文化旅游品牌，扩大相关旅游产品的市场影响力。

（2）大营销

蒙山养生旅游的营销贯彻大营销的理念，在观念上，要树立三个营销观念：

①区域营销观念，旅游营销首先是区域营销，应首先树立、传播区域整体形象。

②全员营销观念，旅游营销是全社会的营销，绝非旅游主管部门和旅游企业的事情。

③大营销观念，构建一个以城市营销、产业营销、产品营销和区域联销、全社会参与的立体营销体系。

（3）多元化营销

采取8P营销策略组合，即产品策略、价格策略、渠道策略、促销策略、包装策略、人本策略、协作策略、策划策略，同时注重在全域内建立多元化营销体系。

2. 营销推广

（1）拓宽营销渠道

建设蒙山国际养生度假区电子商务平台，实现智慧旅游，达到一站式服务，同时充分地利用现有的网络资源，加大蒙山养生旅游推广力度，在营销渠道上，以旅行社为主的间接销售渠道与以网络营销为代表的直接分销渠道相结合，"双管齐下"，占领市场，扩大影响力。

（2）旅游营业推广

建立公众账号服务平台：蒙山养生产业发展应从智慧营销入手，依托"微信公众平台"激活旅游营销的新思路。开通"生态名山·养生蒙山"订阅号，让游客使用手机并在第一时间微信了解和交流信息，借力"微信公众平台"为蒙山养生旅游营销开拓新空间，抢占自媒体时代旅游营销的高点。

展销活动营业推广：在山东省旅游局的统一协调下，组团参与各地旅游交易会、交流会、展销会等会展活动，如中国国际旅游交易会、亚洲国际旅游展等，促进旅游企业与旅游中间商的积极合作，通过参加各类展销活动，推出蒙山养生文化旅游产品，扩大产品的知名度和市场影响力。

节庆活动营销推广：通过策划和举办突出蒙山养生文化特色的各类节庆活动，使景区在节庆活动期间，利用各类媒体的报道，以吸引旅游者参与到活动中来，从而达到提升景区形象和销售旅游产品的目的，同时在节庆活动的策划中，应充分考虑各项活动的范围和内容，以满足各层次消费者的需求。如举办以养生、健康为主题的各类会展、学术研讨活动，如蒙山穿越健身游、全国性的养生保健论坛、蒙山养生文化研讨会，国际蒙山饮食文化节、国际养生博览会以扩大蒙山的影响力。

（3）旅游广告促销

充分挖掘蒙山自身资源活产品的特色和优势，形成精炼、高度概括的广告语，运用自身独特的理念——为游客找到来蒙山国际旅游度假区的理由，提出"世界长寿之乡、大美生态蒙山""中国的养生天堂""天然氧吧、颐养蒙山"等广告语，鲜明地表现蒙山的主题定位，将蒙山从传统意义上的红色旅游向绿色生态、养生旅游过渡。以图文并茂的方式，通过电视广告、旅游杂志、印刷品、网络、手机等大众媒体和各类交通工具如公交车、地铁、长途汽车、民航等特定媒体投放广告，通过这些媒体向市场传播旅游地及旅游产品的相关信息，以迅速地提升旅游地及产品的知名度。

这些广告语潜含着"沂蒙山远不止是红色旅游",而且"现在的沂蒙山跟以前不一样,有丰富多彩的旅游内容",通过品牌传播系统将蒙山国际养生度假区的旅游品牌进行推广。

(4)联合促销

联合沂山景区、蒙山云蒙景区共同打造"大蒙山"旅游品牌,联合营销对抗市场挑战,成立"蒙山国际养生度假区"营销中心,组合后的新线路产品能够进一步完善区域内产品结构,满足更多消费者的需求,扩展客源市场。以一种声音、一张面孔对外,基于"市场营销,品牌先行"的理念,进行养生蒙山新品牌打造。同时中国受地质因素影响,山岳型景观众多,目前可开发的概念已被众多山岳型景区抢占,无论是雄伟、奇异、险峻、秀美,山岳景观自身卖点几乎已经被挖掘殆尽,因此创建"生态名山,养生蒙山"大品牌使蒙山从众多山岳景区中脱颖而出。

3. 养生旅游节庆策划

(1)中国(蒙山)养生长寿文化旅游节

中国(蒙山)第二届养生长寿文化旅游节以"解析长寿密码,传承千年文化"为主题,包括生态环境与健康养生蒙山论坛,"大美蒙山"山东美术名家走进蒙山艺术采风活动,挑战掷水漂吉尼斯世界纪录暨"蒙山杯"首届全国掷水漂大奖赛,美食大赛和养生长寿食品博览会等。节会期间还将举办临沂市"蒙山杯"导游大赛、旅游商品设计大赛、姜丝拉书画大赛和登山比赛、钻石淘宝大赛、山歌大赛、全市青少年作文大赛等"快乐蒙山"系列活动。

(2)系列养生活动

寿山摆寿宴:子女献孝心——子女献给父母的贺礼。在蒙山推出过"六十大寿"活动,长寿山上,长寿树下,长寿宴旁,四世同堂,把酒欢歌,子孙为长辈送去一份祝福,祈求健康长寿。

重阳拜寿之旅:农历九月初九是重阳节也是"老人节"。九九蒙山之旅,栽一颗长寿树,与不老松、长寿石合影,为老人节献上一份特别的礼物。

家庭团拜会:围绕"沂水长流、蒙山长绿、亲人长寿"主题,在蒙山开展"四世同堂""五世同堂"家庭团拜会活动。

百岁寿星评选活动:在全市范围内评选百岁健康老人,颁发荣誉证书,发放慰问金,同时为历经世纪沧桑的百岁老人举行别开生面的"千岁宴"。

养生保健修学游:通过办培训班给游人介绍气功健身、按摩保健、饮食养生、精神调养、药物抗老、针灸益寿、养生的理论方法,推广普及养生长寿知识。

养生长寿论坛:邀请国内外中医药大学、研究所的专家教授和医学保健专家,举办蒙山长寿论坛,及养生长寿保健品研讨会和展销会。

万人登山比赛:登山之旅,山下养神,登山养性,山顶养气。

道家素食之旅:开发道家素食系列,用清淡素食来留住游客的心。

太极表演比赛:太极表演,气功健身,相得益彰。

8.5.4.5 蒙山养生长寿保障措施

为了加快蒙山国际养生度假区的建设步伐,高起点、高标准、高质量地建成运营,采取以下措施和政策对度假区的实施予以支持和保障。

1. 加强组织领导

养老养生产业的发展涉及千家万户,既是一个民生问题,又是一个经济问题。各部门和乡镇(街道)要把这一工作作为一项事关全局和长远的战略性工作摆上重要议事日程,纳入各级政府的激励考核指标体系。乡镇(街道)要参照市发展养老产业工作领导小组的组织架构,建立发展养老产业工作小组,制定和落实养老养生产业扶持政策。

2. 加强政策扶持

发展养老养生产业,要解放思想,创新思路,立足当前,加强对养老养生产业政策的研究,制定出台养老养生产业发展的扶持政策。加强政府老年事业建设专项资金的导向性投入,以政策引导、政府扶持、社会兴办、市场推动为原则,重点保障养老养生项目需要的土地、资金、项目和人才资源要素,加大产业投入力度尤其是引导社会资本投入。

3. 加强机制创新

做好评估评审,严格区分养老福利、养老事业和养老养生产业的界限,针对不同状况老人采取不同政策。鼓励从多方面探索养老养生产业的差异化发展模式和服务策略。对现有保障性养老服务机构、市级医院迁建留下的旧址实施改制转型,促成老年福利事业向社会化、产业化转变。

4. 加大招商引资力度

对于旅游区规划建设的重点项目,要梳理招商目标企业,并开展针对性的招商,在市场准入、医疗资源配置、土地、财税等方面给予支持,充分利用区域中医药、旅游、文化资源等优势,积极吸引外商和市内大集团、大企业、上市公司投资社会福利事业,推动养老养生上规模、上档次。

5. 鼓励延伸健康产业链

鼓励养老养生机构与大专院校、科研院所联合,建立集产学研于一体的养老养生人才培养基地,强化队伍培训,提高护理服务人员专业素质。建立相应的激励机制,落实相应的工资福利待遇,稳定专业服务队伍。规范提升养老机构的服务标准、行为规范,强化养老服务质量体系建设,全方位地提升服务水平和综合竞争力。

参考文献

姜向群,1994.中国老年人口高龄化发展前景及其影响[J].人口学刊,(6):18-26.

李日邦,谭见安,王五一,等,1999.山东长清县长寿村的生态环境特征[J].地理科学进展,**18**(4):360-367.

黄克林,1993.世界第五长寿之乡——广西巴马长寿因素综合分析[J].广西医学院,**15**(1):17-22.

吴向峰,2011.山东蒙山生态旅游资源评价与环境容量的研究[D].山东:山东师范大学.

赵兴云,2002.山东蒙山旅游资源可持续利用研究[J].国土资源科技管理,**19**(5):49-52.

赵兴云,2007.沂蒙山地区旅游资源定量评价及旅游开发战略构想[J].临沂师范学院学报,**29**(6):89-96.

蔡长胜,牛凌,2001.蒙山森林旅游资源保护与综合开发利用[J].水土保持研究,**8**(03):147-149.

李董男,2011.中医饮食养生理法探讨[J].长春中医药大学学报,(5):706-708.

第九章　**蒙山旅游**研究

蒙山系山东省第二高峰,风景秀丽,有着悠久的历史和文化,自古就吸引了无数名家、诗人、词客踏游驻足,其旅游活动最早可追溯至西周初年周成王在蒙山所进行的祭祀活动。

唐代诗人李白、杜甫,文学家萧颖士,宋代文学艺术大师苏轼,明代文学家公鼐、王世贞,清代大诗人吴伟业、曹贞吉、查慎行、厉鹗、孙原湘,戏剧作家洪昇等都曾在蒙山留下了游踪和诗篇。清代皇帝康熙、乾隆南巡时,曾几次驻跸蒙麓,眺赏蒙山。伟大的思想家、教育家孔子也是较早游览蒙山的名人。

新中国成立后到 20 世纪 70 年代末,中国旅游业发展缓慢。随着改革开放进程的加快,蒙山旅游也迅猛发展。相比山东省内其他大多数山岳旅游地,蒙山开发较早,经过 20 多年的建设,蒙山旅游成绩斐然。2013 年蒙山全年累计接待游客 201.8 万人,旅游总收入 7119.2 万元,蒙山旅游经济已成为当地国民经济的重要产业,在带动其他产业的发展、增加就业机会、调整产业结构中发挥了重要的作用。

目前蒙山旅游区已经成为世界养生长寿圣地,获得国家 5 A 级旅游区、国家森林公园、国家地质公园、全国青年文明号、中国优秀旅游目的地、全国旅游行业十大品牌、全国旅游行业五十强、山东省级风景名胜区、山东省服务名牌、山东十大最美的地方、山东十佳山岳旅游区、山东十佳休闲度假旅游区等行业认证和荣誉称号。

9.1 国内外研究述评

9.1.1 国外山地旅游研究述评

目前国外学者对蒙山旅游的专门研究极少,相关研究大多掺杂在部分学者对山地旅游的研究中。国外对于山地旅游的研究主要集中在以下几方面。

9.1.1.1 内涵和概念研究

与其他旅游活动不同,国外学者注重对山地旅游概念的界定以及研究体系的构建。Nepal(2002)认为:山地旅游是不对山地自然环境和文化环境造成破坏,为山地社会和居民带来社会、经济,以及环境效益,同时为游客提供优质体验的旅游形式。Beedie 等在研究山区探险旅游产生原因、过程、特点基础上,阐述了普通登山者与山区探险者的特征差别。Pomfret(2006)对山地探险旅游者研究概念性框架体系进行了构建,分析了旅游者个性以及生活方式等因素对旅游动机的影响。目前国外对山地旅游概念研究成果较少,且多集中于单一概念、框架的界定与构建等,山地旅游概念体系研究还有待于进一步深入。

9.1.1.2 影响研究

国外对于山地旅游的影响研究主要集中在社会文化影响、经济影响,以及环境影响三个方面。

1. 社会文化影响

相比其他地区,山区环境较为封闭,这些地区往往拥有独特的社会文化传统。在进行山体旅游开发的过程中,一方面有助于传统文化的展示与传播,另一方面,外来主流文化的进入会给传统文化带来较大的改变与冲击。Nyaupane(2006)等研究指出云南西北山区和尼泊尔安纳布尔纳山旅游开发分别促进了两地传统民族文化的复苏。Kariel(1992)认为山地旅游可使旅游地居民以及居民之间的关系发生变化:与家人相处时间减少、年轻人价值观改变、犯罪率上升、节日仪式传统意义丧失、祖传工艺品变卖、居民之间互助减少,以及妇女地位提升和对拥有资产的价值估算日益增多等。

2. 经济影响

在山区进行旅游开发,其目的之一就是提高山区的经济收入,改善山区人民生活水平。但是在山区第一产业,特别是农业在经济发展中占有重要地位。Ploaie(1996)对罗马尼亚山区旅游业对农业经济发展的影响进行了研究,指出旅游业的开展可以使山地农业经营方式更加多样化。但由于山地区域交通不便,信息较为闭塞,旅游业的发展带来的经济红利并不能均衡地辐射到各个区域。Lasanta(2007)等研究了比利牛斯山旅游开发以来地区社会经济变化的空间差异,结果显示只有少数拥有滑雪场地或与滑雪度假地关系密切的地区社会经济得到了较好的发展,而其他地区与这些区域的经济差距进一步拉大。旅游业发展的阶段不同,对区域经济产生的影响也不尽相同。Tooman(1997)对美国大雾山的旅游发展进行了分析,研究发现在探索阶段旅游收入主要为当地人所得,发展阶段经济利益被外来投资者剥夺,旅游作为地区发展的经济力量具有局限性。现有研究关注了山地旅游经济影响的时空差异,但旅游业对山地其他经济活动的影响研究还不够深入,对经济影响未来演化趋势的研究也较为缺乏。

3. 环境影响

环境是山地旅游开发和发展的依托,它直接影响到山地旅游产品的吸引力和竞争力,进而影响到旅游业的三大效益和可持续发展,所以对环境的影响研究成为国内外研究的重点和热点。目前研究主要以对环境的负面影响为主,主要表现为以下两个方面。第一,山地旅游开发引起的旅游地水土流失以及对当地土壤、动物或植被的影响,Wall(1977)等首先从山地旅游开发对地质、地貌、动植物等方面的影响进行了研究和探讨。Kuniyal(2002)则针对游客在对山地探险过程中乱扔垃圾的现象及垃圾中有毒气体的排放对环境的影响进行了研究。Hill(2006)等在对澳大利亚最高峰 Mt. Kosciuszko 深入研究的基础上指出一些旅游基础设施如小道等的开辟对当地植物生长的影响。欧洲的学者们则注重阿尔卑斯山区域旅游开发对环境影响的研究。第二,山地旅游对接待地的人文社会环境造成的不良影响主要表现在由于自然环境因素和人为因素造成的负面影响。Edwards(1988)对山区旅游的社会环境影响进行了多角度、多因素的分析和研究。

9.1.1.3 山地旅游市场研究

国外山地旅游市场开发主要集中于研究已有客源特征以及如何将潜在客源转化为旅游者,注重将旅游者特征与山地旅游市场开发相结合,着重研究旅游者的个体特性与群体特征对市场开发的影响。Richards(1996)调查英国滑雪市场发现旅游者滑雪技术水平影响其对目的地的选择及其在旅游地的停留时间。Heberlein(2002)等研究了瑞典山地旅游活动种类及其空间分布差异,发现冬季旅游在其山地旅游中占有重要的比重。Williams(2000)等认为要使加拿大滑雪市场保持繁荣,应把潜在的滑雪旅游者吸引进来,并研究了非滑雪者对参与到滑雪中的障碍感知,发现最主要的障碍是畏惧和成本,指出两类人群易成为滑雪旅游者:社会冒险家和年轻家庭群体。

9.1.1.4　山地旅游规划与管理研究

旅游地规划与管理一直是山地旅游研究的重要内容之一,Holden(1998)以苏格兰凯恩戈姆山为例研究山地滑雪旅游开发与保护环境之间的关系,认为旅游地规划与管理应当建立在了解旅游者需求以及旅游者对旅游地环境态度的基础上。与其他类型旅游地相比,山地旅游地在管理和规划上具有自己的特色,Pyo(2005)对比分析了城市、山地、历史和岛屿四种类型旅游地知识地图的构建,指出山地应加强提高可进入性、促进信息传播、开发特色吸引物、淡旺季发展调控,而提高可进入性、加强与其他旅游地联系对克服山地旅游发展障碍非常重要。山地自身作为保护区又有着不同的类型:国家公园、世界遗产地、自然保护区等,Reinius(2007)等研究发现作为旅游吸引物,国家公园称号对旅游者出游行为的影响要大于世界遗产地和生物保护圈。Linde(2008)等从旅游者特征、管理模式、旅游收入等方面对比研究了非洲南部德拉肯斯山两个不同发展阶段旅游地的旅游开发和管理模式差异,认为建立山地可持续发展网络,山地与地区间进行协作是必要的。随着科技的发展,在山地管理中新技术的应用开始得到重视,Dye(2007)等以美国大雾山国家公园为例,把 GIS 工具与旅游者空间决策支持系统结合起来,设计简易的使用界面,方便旅游者依据自身需求高效地设定旅游线路和选择旅游活动,以提高游客满意度。Johnson(2008)等提出了一系列指标以帮助旅游管理者从可持续发展角度制定瑞士山地旅游开发策略。社会环保意识的日益增强以及一些环保主义者反对在山地开展旅游活动,给山地旅游发展带来许多挑战。为了提高山地旅游公司在市场中的竞争力,Hudson(2005)等提出了责任营销模型(responsible marketing),以帮助旅游企业管理者改善其环保宣传营销的策略。Pickering(2003)等针对旅游者攀登澳大利亚科斯科峰带来的环境影响,提出相应的管理措施应包括:固定旅游路线、设置厕所、游客教育以及限制部分旅游活动。Langer(1996)分析了山地风景区交通噪音对酒店入住率的影响以及这种影响的季节差异,认为实行差额房价是值得的。

9.1.1.5　气候变化对山地旅游影响研究

自然气候环境对山地旅游发展有决定性作用,与此同时山地旅游活动的开展也时时刻刻影响到山区旅游业的发展。在全球气候变化频繁的背景下,山地旅游开展越来越多地受到气候变化的干预。Harrison(1999)认为全球气候变暖导致的夏季气温更高、冬季气候变暖,有利于山地地区在夏季吸引更多的游客,而不利于山地地区在冬季开展滑雪等旅游项目。Elsasser(2001)则认为气候变暖虽然对山区旅游有一定影响,但起不到决定性作用,人们可以利用其他手段减小气候变化对山地旅游的影响。Scott(2007)通过实证分析指出当前气候变化并没有减少加拿大洛基山脉的游客数量,并且在未来一段时间内游客数量将继续上升,远期的游客数量将会减少。Nêthiger(2004)等则指出气候变暖导致的自然灾害将对阿尔卑斯山的旅游业发展带来严重影响,由于旅游业是阿尔卑斯山区的支柱性产业,这同样会影响到该地区的社会和经济发展。目前,国外学者对山地旅游受气候变化的影响程度的认知还不一致,存在较大分歧。

9.1.1.6 山地旅游演化研究

自然地理环境是山地旅游发展的基础,由于不同山地地区环境不同,其发展模式也不尽相同,同其它地形区域进行的旅游活动一样,山地旅游也处于不断演化的过程之中。Knight(1996)通过对日本山村旅游的发展演变研究,指出这种演变可使旅游接待方式发生变化。Tooman(1997)通过总结大雾山的旅游演化规律,指出山地旅游的演化模式符合基本的旅游地生命周期模型。Fredman(2003)通过对比瑞典20世纪80年代和21世纪初山地旅游的不同,指出未来应更多注重旅游者之间的冲突以及旅游目的地的可达性,这是山地旅游开发能否成功的关键。目前国外学者更多地对单个山地旅游区进行研究,并没有做到横向的对比、总结,山地旅游演化规律研究有待进一步加强。

9.1.1.7 山地旅游社区研究

山地居民和旅游者是山地旅游社区的主要组成部分,国外学者通过这两个载体进行分析,对山地旅游社区进行了研究。其研究内容较为广泛,在纵向地对山地旅游社区居民参与情况、旅游发展的感知等方面进行研究的同时,也横向地对不同旅游社区进行了对比性研究。Smith(1998)等通过对美国洛基山脉居民参与旅游活动的研究,将山地旅游社区分为旅游渴望型(tourism-hungry)、旅游实现型(tourism-realized)、旅游饱和型(tourism-saturated)。Needham(2005)等研究发现,山地旅游参与者普遍认为,要及时控制山区的旅游者密度,山区旅游发展不能突破当地的旅游承载力。Eitzinger(2007)等调查了奥地利蒂罗尔山居民旅游风险感知,对风险出现的可能性、风险典型性、风险责任归属进行了研究。Nyaupane(2006)等对比分析云南西北山区和尼泊尔安纳布尔纳山社区参与程度在旅游影响中的作用,指出山地旅游发展必须建立在社区参与和政府支持的基础上,旅游者数量及类型对社区参与程度产生影响。Kianicka(2006)等研究瑞士阿尔卑斯山居民与旅游者地方感知差异,结果显示居民和旅游者的地方感知特征比较接近,但两者对不同特征所赋予的含义及重要性有很大差别,对地区的旅游开发有不同需求。

9.1.2 国内研究述评

9.1.2.1 国内山地旅游研究

总体上,国内山地旅游研究大致可分为三个阶段,如下。

1. 萌芽期(20世纪90年代之前)

该阶段的研究主要从山地旅游开发规划以及山地旅游承载力两个方面展开。雍万里(1984)在分析武夷山自然景观形成原因的基础上,对武夷山风景区进行了区划,并评价了武夷山的旅游资源。靳建明(1986)阐述了登山旅游的发展,并对登山旅游的接待做出指导。黄成林(1992)发现了黄山风景区旺季的游客超载现象,对其调控措施进行了研究。陆林(1991)以黄山风景区为例分析了国际旅游经济效益及产生原因。王有邦(1993)等在分析泰山旅游资源的基础上,探讨了如何利用泰山资源特点对其进行旅游开发。

该阶段对山地旅游研究成果较少,研究对象集中在对山地旅游现象进行描述性分析。

2. 发展期(20世纪90年代—21世纪初)

自20世纪90年代开始,山地旅游有了较大的发展,对山地旅游的研究也逐渐增多。该阶段研究内容主要包括旅游者行为特征、山地旅游开发策略、客流时空分布特征、旅游地演化及环境承载力等。陆林(1997)以黄山旅游者为对象研究了山岳旅游者动机行为,指出赏奇异自然风光、回归大自然是我国山岳旅游者的主要动机。而山岳旅游者活动空间受旅游地旅游价值影响较大。保继刚(1995)等利用旅游地生命周期理论,指出景区老化和开发不足是导致粤北丹霞山出现旅游形象危机的主要原因,并提出了旅游资源拓展开发策略。崔凤军等(1997)研究了泰山风景区环境承载力时空分布特征和利用强度,并提出了测算山地风景区生态负荷综合分级指数的指标体系和计算模型,为山地旅游地寻求环境与经济活动的协调发展提供了可借鉴的研究方案和措施。

与萌芽期相比,该阶段更加注重定性研究与定量研究的结合,研究成果增多、对象多样化,但主要对单一案例进行研究,侧重于对原因以及过程的分析。

3. 繁荣期(21世纪以来)

本阶段的山地旅游研究在横向和纵向上都有较大深入,研究对象也从名山逐渐扩大到更多山体风景区,研究成果大大超出了前面两个时期。该阶段的研究内容包括:山地客流特征、旅游市场演变、生态环境问题、旅游地开发与规划、居民感知、研究综述等。陆林(2002)在比较研究了山岳型旅游地和海滨型旅游地客流季节特征的基础上,指出山地旅游地客流季节变化原因主要包括法定节假日、居民出游习惯等。随着人们生态意识的加强,山地生态旅游也成为关注的焦点。鄢和琳等(2001)研究了川西山地生态旅游开发模式,提出了生态旅游持续发展的宏观调控措施。唐鸣镝等(2007)利用尺度层次分析法对北京妙峰山地区的旅游规划方法进行了探究。在居民感知研究方面,焦华富等(2006)以九华山为例对旅游城镇化的居民感知进行了研究。卢松等(2008)以西递景区与九寨沟景区为例对旅游地居民对旅游影响感知和态度进行了研究。李东和等(2008)以黄山为例对居民旅游影响感知态度的空间分异特征进行了研究。

这些研究利用统计分析、指标体系分析、构建模型、文献分析、问卷调查等方法,对不同案例地之间进行了对比研究,研究内容更加丰富和细分,研究范围更加广泛。但这些研究多针对山地自然特征,缺乏对山地旅游者作用研究。

9.1.2.2 国内蒙山旅游研究

国内目前关于蒙山旅游研究成果相对较少,通过对检索文献进行分析,其研究内容主要包括以下三个方面:

1. 蒙山旅游资源评价

蒙山地区旅游资源十分丰富,大大小小共有几百个景点,其景点密度为我国北方山地少有,对其旅游资源的研究是国内研究蒙山旅游学者的关注重点。申洪源等(2001)研究了蒙山旅游资源的特征和问题,对蒙山旅游资源开发提出了对策,他指出:必须树立大蒙山旅游的现代旅游观念,以市场为导向,充分发挥资源优势和潜力,突出地方特色,提高旅游质量,把潜在的人文自然遗产优势变为以旅游业为支柱的第三产业优势。曹光杰(2004)对蒙山旅游资源进行了定性评价、定量评价、气候适宜性评价以及环境容量分析并划分了景区等级。他认为:蒙山自然风光壮美,历史文化内涵丰富,生态环境优越,景观具有一定的独特性;景区气候适宜,环境容量大。蒙山国家森林公园风景资源质量达到了一级标准,蒙山达到了国家3A级旅游区标准。蔡长胜等(2001)研究了蒙山森林旅游资源保护与综合开发利用对策。赵兴云(2007)对沂蒙山地区旅游资源进行定量评价基础上,提出了蒙山旅游开发战略构想。吴向峰(2011)进行了蒙山生态旅游资源评价与环境容量研究,指出蒙山风景名胜区的生态旅游资源属于优秀级。总之,山东蒙山丰富的自然、人文景观,良好的旅游环境,优越的区位开发条件吸引着越来越多的游客,旅游市场开发潜力巨大。

2. 蒙山旅游可持续发展研究

随着可持续发展理论的提出,关于旅游业的可持续发展也越来越多地受到人们的关注。公方景等(2011)对蒙山森林公园进行了可持续发展研究。赵兴云(2002)研究了蒙山旅游业可持续发展的环境条件及对策,她指出:蒙山自然旅游资源丰富,人文旅游资源内涵厚实,特色鲜明,有待开发的价值高,资源可持续利用的潜力巨大。梁仁君(2004)研究了蒙山旅游资源可持续开发利用的调控途径。张群等(2010)对蒙山景区生态旅游与可持续发展开展了初探,作者从景观设计角度出发指出:在蒙山开发规划中,要使风景区的景观设计符合美学规律、生态学规律,以求内容和形式在维护景观自然面貌和演替规律方面充分发挥旅游资源的独特优势,使旅游资源的永续利用成为可能,达到资源开发与环境保护的协调共融,走可持续发展道路。

3. 蒙山旅游市场研究

目前对于蒙山旅游市场的研究主要包括以下几个方面:

曹光杰(2004)对蒙山旅游客源市场进行了定位,提出了主要的营销策略,作者认为:蒙山主体形象设计为东方养生长寿圣地,其客源市场主要定位在本地客源、周边客源、线路客源、机会客源等方面。由于蒙山旅游起步较晚,知名度低,应加大宣传促销力度,采用多种营销方式,促进蒙山旅游的持续发展。

高焕毅(2008)对蒙山旅游的路径选择做出了探索,他指出:沂蒙山革命老区的旅游品牌形象定位,必须着眼于充分发挥红色文化这一最大优势,更高举起革命根据地这面品牌大旗,确立在华东红色旅游中的"龙头老大"地位,以"东方红都为主体""华东小延安—山东后花园"为两翼,支撑"东方红色之都"品牌形象立体化膨胀和多元化展开。

许守飞(2011)研究了沂蒙山红色旅游纪念品并对其进行了设计开发,他认为保守落后的设计理念和盲目的市场规划是沂蒙山区红色旅游纪念品开发落伍滞后的主要原因。

解东(2012)对建设蒙山旅游综合体进行了研究,作者指出:随着经济的发展,旅游业已经从观光旅游为主的阶段走到休闲旅游、度假旅游为主的阶段,旅游景区也从满足大众观光的"门票经济时代"向满足游客休闲度假的"旅游综合体时代"转变。

蒙山管理体制的调整,使蒙山旅游综合体建设成为可能,同时也顺应了旅游业发展的潮流,满足了游客日益发展的旅游需求。刘静(2014)探讨了蒙山旅游的经济区域一体化。

目前对蒙山旅游的研究过于泛化,缺乏与同类山体旅游资源以及区域范围内其它类型旅游资源的深入比较。虽然对某些方面(例如旅游资源)有一些研究成果,但重复性较高,难以挖掘出蒙山旅游目前存在的问题,指明今后的发展方向。

9.1.3 山地旅游与蒙山旅游研究趋势

中国自古就有登高览胜的传统。新中国成立以来,特别是改革开放之后,中国山地旅游取得了长足发展。针对山地旅游发展中的许多问题,已有大量科学研究,取得了较丰富的研究成果。但同时应该注意到,面对环境变化(气候变化和经济社会发展)下的山地旅游发展中提出的科学问题,仍缺乏系统的、富有成效的科学研究。从山地旅游发展现状及山地旅游发展趋势来看,今后山地旅游应加强以下几方面研究:

第一,旅游发展条件下的山地人地关系地域系统研究。山地是一种特殊的地理单元,人类利用山地的历史悠久,利用方式、模式多样,形成了具有特殊生态价值、资源价值、历史价值和文化价值的人地关系地域系统。山地旅游的发展为山地这一特殊的地理单元、特殊的人地关系地域系统注入了新的要素,因此,应该从系统的角度,研究注入旅游发展要素后,山地人地关系地域系统的特征、功能、结构的演化过程和机制,研究旅游发展条件下的山地人地关系地域系统变化的识别、调控和优化。山地生态系统是山地人地关系地域系统的基础,也是重要的旅游吸引物,具有脆弱性。研究旅游活动对不同气候区域、不同地质地貌条件和植被土壤条件下的山地生态系统的作用过程、作用机理和影响程度是山地旅游研究的重要内容。同时应关注旅游发展背景下的山地生态环境保护问题。山地旅游涉及多方利益,应该注重山地人地关系地域系统旅游发展的利益主体特征、利益主体之间关系以及利益协调机制的研究。应加强对旅游发展背景下的山地人地关系地域系统的管理模式研究,研究管理模式的特征和机制,以动态的思维分析管理模式演化的内在动力和外在因素,研究管理模式优化调控的路径和机制。

第二,新的要素在山地旅游发展中的作用特征、作用过程和作用机制研究。应从要素、过程集成的角度,构建山地旅游格局机制研究体系。加强新的自然要素(如气候变化)、新的经济社会文化要素(如消费方式、交通、信息、制度、旅游新产品新业态及相关产业转型升级等)在山地旅游发展过程中的作用特征、作用过程和作用机制研究;加强研究山地旅游的旅游资源格局、旅游产品格局、旅游业态格局、旅游市场格局以及旅游地功能格局。观光是山地旅游发展的传统产品,国内已有成果多集中于观光产品发展环境下的山地旅游研究。随着上述新要素的加入,近年来,山地旅游已呈现多元化的发展方式、发展路径和发展格局。例如我国北方地区冬季山地滑雪产品的开发,以广东南昆山、浙江天目山等为代表的山地休闲旅游产品的开发都体现了多元化的山地旅游产品格局、业态格局、市场格局以及旅游地功能格局变化。这些变化需要理论研究的指导。

第三,不同尺度的山地旅游发展特征、演化过程和演化规律研究。从空间尺度看,一则我国地域广阔,不同自然地带、不同经济社会地域的山地旅游发展差异明显,发展中遇到的科学问题各不相同。加强对不同自然地带、不同经济社会文化地域背景下的不同类型、不同发展阶段的山地旅游的实证分析,有利于山地旅游的个性和共性研究。二则已有研究大多局限于山地风景区内部空间,多就山论山,对山地周边地区研究很少涉及,特别很少研究山地旅游发展与依托城市城镇的关系。山地旅游发展与周边地区,特别与依托城市城镇关系密切,并且随着发展的深入,关系日益广泛和深入。因此,在研究山地风景区自身旅游发展的同时,应该加强研究山地旅游与周边旅游地的空间整合和空间竞争研究,注重研究山地旅游发展与依托城市城镇的关系。三则已有研究大多集中在名山。名山在我国旅游发展中地位重要、贡献突出,特别是在传统观光旅游产品发展环境下更是如此。但是随着发展格局的变化,山地旅游已从名山逐渐扩展到适合于人类休闲、度假、观光等需要的多种类型山地地区,已有的名山旅游发生发展过程、旅游市场和旅游者行为等研究已不能满足我国山地旅游发展的新格局、新趋势的需要。为此,加强多种发展类型、多元发展路径和多元发展方式的山地旅游研究十分必要。四则名山经过几十年的旅游发展,已逐渐成长为地区旅游发展中心,对周边地区具有较强的辐射和带动作用,鉴于名山特殊的地位和作用,应加强名山旅游发展影响的空间扩散研究,研究名山旅游发展影响的空间效应及其影响因素,注重研究山地旅游功能的空间扩散及其优化措施。

从时间尺度上看,自中国大众旅游发展以来,山地旅游经历了30年的发展历程。应该加强30年来山地旅游发展过程研究,重点关注近10年来山地旅游发展特征和发展规律研究,关注未来10年山地旅游的发展趋势研究。在进行10年时间尺度研究的同时,加强研究3～5年时间尺度、30年时间尺度下山地旅游发展特征和发展规律研究,以及不同时间尺度下山地旅游发展之间的联系研究。在已有研究中,研究者比较重视不同尺度的经济社会发展周期对旅游业的影响。旅游业是较为依赖自然环境的产业,以气候变暖及变暖趋势加快为特征的气候变化,增大了自然环境变化的不确定性,增加了以自然环境为基础的山地旅游发展的风险。因此,不仅要重视不同时间尺度的经济社会变化对山地旅游的影响,也需要重视研究不同时间尺度的气候变化对山地旅游的影响,加强山地旅游风险评估和应对研究,关注变化环境(气候变化和经济社会发展)下的山地旅游的资源潜力评价研究。

第四,创新和改进研究方法以及技术路线。山地是一个自然综合体,山地旅游发展中又融入了经济社会文化因素,因此山地旅游研究在内容和方法上需要地理学、生态学、经济学、气候学、社会学和旅游学等多学科、多领域的介入。加强山地旅游国际比较研究和国际合作研究是提升山地旅游研究水平的重要途径,充分借鉴和利用国际上山地旅游发展研究视野、研究内容和研究方法、技术路线,推进山地旅游研究国际化。以地理信息技术为支撑的3S研究技术是地理空间研究的重要手段,是实现山地旅游空间格局、演变过程及未来发展动态研究的技术载体和重要的形象表达方式,因此在山地旅游研究中应进一步加强遥感技术、网络技术和地理信息技术等新技术的推广应用。

9.2 资源与条件分析

9.2.1 区域概况

9.2.1.1 历史文化概况

西周时,成王封颛臾于蒙山之阳,主祭蒙山,说明当时蒙山已成为中国古代名山。现存的万寿宫遗址为颛臾王祭祀山神的主祭处——古蒙祠。我国最早的诗歌总集《诗经·鲁颂·閟宫》中就有"泰山岩岩,鲁邦所瞻,奄有龟蒙,遂荒大东"的吟诵。孔子曾登临此山,故孟子有"孔子登东山而小鲁"的论述。汉朝史学家蔡邕等曾隐居此山。几千年来,众多帝王将相、文人墨客登临蒙山,吟诵蒙山。

9.2.1.2 自然地理概况

1. 地质地貌

蒙山山地主要是由太古界泰山群地层构成,包括万山庄组、太平顶组、雁翎关组、山草峪组四部分。主要岩性为黑云母变粒岩,黑云母斜长片麻岩、夹角闪黑云斜长片麻岩、黑云角闪片岩以及名类混合花岗岩,总厚度约9000米,走向为西北—东南。由于岩石构成复杂,加之后期岩脉(主要为石英岩、辉绿岩脉)侵入,形成了外力风化作用的差异性,造型地貌独特,多奇石异峰,形象各异,姿态万千。断裂构造极为发育,以西北和东南向两级断裂带最为明显,受其控制和影响,山势雄奇突兀、沟谷深遂,岩壁陡峭,极为壮观。受内外力作用的影响,蒙山地区构造地貌发育,主峰以及云蒙峰、望海楼等中山地貌表现为山顶平坦,山形独特。各山峰周围切割旺盛,断层崖极为明显,多峭壁、险峰、深谷,景观险、奥、幽、旷、奇、雄,形成了挂心崛(橛)子等奇峰。山脉海拔高度在400~1156米,微型地貌因风化作用的差异而多姿多彩,形成千姿百态的造型石,具有较高的观赏价值。

2. 气候条件

蒙山旅游区气候类型为温带大陆性季风气候。春季干旱多风,夏季炎热多雨,秋季凉爽晴好,冬季寒冷干燥。年均气温为13.1℃。年均降水量823.8毫米,属山东省的多雨区。温度的水平分布表现为阳坡高于阴坡。气候要素的垂直分布差异明显,夏季山顶部气温较山下低约3~6℃,具有避暑功能。常见的气象灾害有大风、冰冻、雷电、冰雹等。

3. 土壤

蒙山旅游区土壤类型主要以各类棕壤为主,呈中性或酸性反应,pH为6.5左右。山上多为山地棕壤,质地较粗。缓坡、阴坡土层肥厚,陡坡、阳坡土层瘠薄。土壤肥力较石灰岩山地为优,适于喜酸性植物生长。

4. 水资源

蒙山是沂河重要支流发源地和汇水区。其北侧有东汶河、蒙河,南侧有浚河、祊河,共有大小河流近百条,源头多泉、瀑,加之岸堤(云蒙湖)、上冶、石岚等几十座大小水库镶嵌在山间,整体提高了旅游资源的品位。

5. 生物

蒙山旅游区植被属于暖温带落叶阔叶林区域鲁中南低山丘陵栽培植被区。该区地形复杂,又处于暖温带南部,植物种类繁多,加之人工引种栽培,形成多样的植被类型。可分为落叶阔叶林、针叶落叶阔叶混交林、针叶林、灌丛、灌草丛、草甸及作物植被等类型。野生动物有狼、獾、狐狸、野兔、黄鼠狼等几十种。

6. 矿产

蒙山旅游区矿产丰富,已探明矿产达60余种,以金刚石、园林石、花岗岩、石膏最为著名。

蒙阴是全国最大的金刚石产地,区内石英砂岩、花岗岩等储量居全省首位,尤其是以花岗岩为主的建材资源,品众多质量优。平邑为全国著名的将军红花岗岩产地,闻名省内外的"平邑红"是上好的建筑装饰材料。

9.2.1.3 社会经济概况

经过沂蒙人民几十年的不懈努力,蒙山地区四县的经济取得了巨大进步。截至 2011 年四县国内生产总值总计达到 651.6 亿元,财政收入 36.9 亿元,一、二、三产业协调发展,内部结构优化提升。农业结构进一步优化,粮食生产稳定增长,经济作物种植发展快速,畜牧养殖业产值占农业总产值的比重不断提高。工业素质进一步提升,战略性新兴产业发展势头良好,服务业优势进一步巩固,文化产业与旅游业加快融合,可持续发展能力进一步增强(表 9.1)。

表 9.1 蒙山地区各县主要经济指标

县域	生产总值(亿元)	财政收入(亿元)	一∶二∶三	城镇居民可支配收入(元)	农民人均纯收入(元)
沂南	150.7	5.8	16.3∶46.6∶37.1	13777	6650
平邑	190	5.3	15.3∶45.3∶39.4	14500	6696
费县	178.8	17.1	14.5∶50.9∶34.6	15153	7921
蒙阴	132.1	8.7	18.3∶40.7∶40.9	16726	7984
总计	651.6	36.9		15039	7313

2012 年 4 月临沂市市委市政府决定成立蒙山旅游区,蒙山旅游区管理委员会为临沂市人民政府直属正县级事业单位,辖柏林、云蒙 2 个乡镇单位、5 个景区管理处、4 个国有林场,共 60 个行政村,辖区总面积 313 平方千米,总人口 7.3 万人。

9.2.2 旅游资源评价

蒙山旅游区的旅游资源评价,不能就旅游资源评价旅游资源。其资源品位、旅游知名度、景区可达性与国内其他著名山岳型旅游目的地相比不具有优势,但蒙山资源组合丰度高、旅游发展潜力大、地方政府重视程度高,这都是蒙山旅游的独特优势。在世界范围内,蒙山森林覆盖率高、含氧量高、生态性好,地质地貌独特、岩体、岩溶造型多样;在国内的山岳型旅游地中,蒙山道教文化源远流长,红色旅游资源独树一帜;小尺度范围中蒙山旅游区东靠黄金海岸线,西部是人文旅游资源丰富的河南、陕西等省份,北部是京、津等社会经济发达的华北旅游区,南部是中国景区密布、经济发达、人口稠密的华东旅游区,总体上,蒙山旅游区与周边旅游景区形成优势互补,互相竞争的态势。

9.2.2.1 旅游资源的分类与构成分析

1. 旅游资源的分类

参照国家旅游局颁布的《旅游资源分类、调查与评价》(GB/T 18972—2003),结合蒙山旅游区旅游资源的实际情况,课题组建立了蒙山旅游区旅游资源分类系统(表 9.2)。

表 9.2　蒙山旅游区旅游资源分类系统及实体旅游资源

主类	亚类	代码	基本类型	简要说明	数量
地文景观	AA 综合自然旅游地	AAA	山丘型旅游地	蒙山、曾子山、天宝山、龟蒙顶、蝎子山、对松山、大十八盘、大二郎帽山、栖凤山、天门山、大门山、塔山、东五彩山、西风山	14
		AAB	谷地型旅游地	蒙阳峪、金线河流域、大洼流域、气浴清新谷、天寿大峡谷、沂蒙情人谷、蝴蝶谷、野葡萄沟	8
	AB 沉积与构造	ABF	矿点矿脉	701 钻石矿	1
	AC 地质地貌过程形迹	ACA	凸峰	伟人峰、鹰窝蜂、笔架峰、仙桃峰、神女峰、龟蛙峰、官帽峰、玄武峰、回马岭、大云蒙峰、仙狐楼、天壶峰、小云蒙峰、三柱峰、天柱峰、天马峰	16
		ACE	奇特与象形山石	群龟探海、虎踞龙蟠、神龟望月、试刀石、寿桃石、圣仙石、引路龟、天书石、白云岩、万龟竞奔、卧牛石、情侣石、孔雀开屏、鹰啸绝谷、老虎石、蛙跳林海、金银滩、雄关漫道、天马巡山、石瀑、天海、鹰嘴石、神龟拜月、镜鱼石、金蟾石、石瀑崖、蛇仙岭、恐龙镇山、大天桥、小天桥、神鹰石、姻缘石、补天台、日光岩、五彩崮、摩云崮	36
地文景观	AC 地质地貌过程形迹	ACF	岩壁与岩缝	佛掌崖、思过崖、百丈崖、葫芦崖	4
		ACG	峡谷段落	群羊峡、大风门、小风门、黑风口	4
		ACL	岩石洞与岩穴	鬼谷洞、孙膑洞、朝阳洞、乾坤洞、神龙洞	5
	AD 自然变动遗迹	ADG	冰川侵蚀遗迹	砚池	1
水域风光	BA 河段	BAA	观光游憩河段	敬天河	1
	BB 天然湖泊与池沼	BBA	观光游憩湖区	朱雀湖	1
		BBC	潭池	九龙潭、桃花峪、黄崖潭、蒙山天池、剑池、青龙潭、龙门三潭、葫芦峪、槐花峪、五彩峪	10
	BC 瀑布	BCA	悬瀑	中国瀑布、天桥飞瀑	2
	BD 泉	BDA	冷泉	玉泉枕流、北尺涧	2
		BDB	地热与温泉	汪家坡地热、邢家庄地热、钻石公园地区地热、富泉村地热	4
生物景观	CA 树木	CAA	林地	翠竹园、道士林、快活岭	3
		CAC	独树	龙头松、迎客松、卧龙松、千年何首乌、江北第一杉、龙凤松、聂卫平手植树、观音柳	8
	CB 草原与草地	CBA	草地	紫草园	1
D 天象与气候景观	DA 光现象	DAA	日月星辰观察地	东海日出	1

主类	亚类	代码	基本类型	简要说明	数量
E 遗址遗迹	EB 社会经济文化活动遗址遗迹	EBA	历史事件发生地	孔子小鲁处、太白醉酒、沙家浜、鬼谷子讲堂、县政府旧址、沂蒙山小调诞生地	6
		EBB	军事遗址与古战场	大青山突围战遗址	1
建筑与设施	FA 综合人文旅游地	FAB	康体游乐休闲度假地	沂蒙山拓展基地、蒙山森林漂流、森林冲锋车、森林观光车、探秘寻宝乐园、婚姻体验园	6
		FAE	文化活动场所	中药园、东蒙书院、钻石博物馆、钻石之源、沂蒙民俗博物馆	5
		FAF	建设工程与生产地	金刚石选矿观摩生产线、胜利 1 号金伯利岩管露天开采矿坑、681 怀旧体验区	3
		FAH	动物与植物展示地	天麻场、百花庄园、钻石花乡	3
		FAK	景物观赏点	观峰台	1
	FB 单体活动场馆	FBA	聚会接待厅堂（室）	游客中心	1
		FBB	祭拜场馆	万寿宫、承天宫、泰山行宫、九龙宫观音殿、山神庙、玉皇殿、清虚观、雨王庙、翠云观、王禅殿、明光寺、玉皇阁、女娲庙、孟良崮战役纪念馆	14
	FC 景观建筑与附属型建筑	FCA	佛塔	毗婆尸佛塔、尸弃佛塔、毗舍婆佛塔、拘楼孙佛塔、拘那舍佛塔、迦叶佛塔、释迦摩尼佛塔	7
		FCG	摩崖字画	百寿摩崖石刻、彭雄题字、峰回路转、心经岩	4
		FCH	碑碣（林）	康熙诗碑、尹仁遂墓碑、公䂮诗碑、孟良崮战役纪念碑	4
		FCI	广场	金刚文化广场、叠水广场、蒙卦广场	3
		FCK	建筑小品	蒙山寿星、福寿康宁鼎、峻然亭、胜境坊、古戏台、读景壁、揽胜亭、望峰亭、将军岩、东天门、圣贤亭、南天门、蒙山牌楼、金刚门、蒙涵福祉牌楼、蒙山叠翠牌楼、瞻佛亭、观瀑亭、神憩亭、三生石图腾柱	20
	FD 居住地与社区	FDA	传统与乡土建筑	立石屋、女娲与灵珠体验屋、东夷部落民俗体验村	3
		FDC	特色社区	鬼谷子村	1
		FDD	名人故居与历史纪念建筑	乾隆行宫、李时珍旧居、乾隆登临处、唐玄宗蒙山封坛、齐鲁会盟处、光宝禅师隐居处、蒙恬点将台、邵家寨、苍颉造字台、李杜携游处、李奈读书台、神仙会、刘洪观天庭	13
		FDE	书院	李奈读书台、鬼谷子讲堂、东蒙书院	3
		FDF	会馆	蒙山会馆、沂州府乡村会馆	2
		FDG	特色店铺	蒙山游客中心购物店、蒙山特产店、费县韩书凡奇石艺术馆、玉树祥石、沂蒙山土特产专卖中心、沂蒙山全蝎购销中心	6
		FDH	特色市场	旅游购物市场	1

续表

主类	亚类	代码	基本类型	简要说明	数量
建筑与设施	FE 归葬地	FEA	陵寝陵园	孟良崮战役陵园	1
	FF 交通建筑	FFA	桥	迎仙桥、流碧桥	2
		FFB	车站	龟蒙顶游客车站	1
		FFE	栈道	悬崖栈道、蒙山栈道、蒙山森林索道、蒙山森林栈道	4
	FG 水工建筑	FGB	水井	古井	1
旅游商品	GA 地方旅游商品	GAA	菜品饮食	沂蒙煎饼、干炸沂蒙全蝎、红烧兔子头、糁、光棍鸡、蒙山全羊、八宝豆豉、民间伏酱、蒜泥鱼、烩肉丝鱿鱼、兰陵酒、沂蒙老曲、银麦啤酒、金银花茶	14
		GAB	农林畜产品及制品	板栗、山楂、苹果、黄梨、桃、杏、柿子、樱桃、核桃、大枣、蒙山羊、蒙山牛	12
		GAD	中草药材及制品	全蝎、连翘、何首乌、金银花、天麻、紫草、灵芝、山虾	8
		GAE	传统手工产品与工艺品	琅琊草编、柳编、沂蒙印花布、布老虎、沂蒙香荷包、红嫂鞋垫、金星石砚台	7
		GAG	其他物品	沂蒙钻石	1
人文活动	HA 人事记录	HAA	人物	颛臾王、孔子、鬼谷子、蔡邕、李白、杜甫、唐玄宗、苏轼、康熙、乾隆、刘少奇、陈毅、罗荣桓、徐向前、粟裕、沂蒙红嫂、沂蒙六姐妹	17
	HC 民间习俗	HCA	地方风俗与民间礼仪	沂蒙精神、沂蒙风情、蒙山婚俗	3
		HCB	民间节庆	六月六过半年、中秋节、春节	3
		HCF	庙会与民间集会	蒙山春节祈福庙会、蒙山"三月三"庙会、九月九庙会、蒙山拜寿大典	4
	HD 现代节庆	HDA	旅游节	蒙山长寿文化旅游节	1
		HDB	文化节	蒙山"天然氧吧"休闲节	1
		HDC	商贸农事节	蒙山养生长寿食品博览会	1
		HDD	体育节	蒙山登山节	1
数量统计					
8 个主类	22 个亚类		57 个基本类	391 个旅游资源实体	

2. 旅游资源的类型特征

由表 9.2 可以看出,蒙山旅游区旅游资源的类型及其总体特征如下。

第一,在全国 8 个"主类"、31 个"亚类"和 155 个"基本类型"的旅游资源中,蒙山旅游区的主类达到 8 个,各主类的旅游资源均有;"亚类"共有 22 个,占到总亚类资源的 70.9%;"基本类型"57 个,占 36.8%。

第二,从资源的基本类型和单体分布情况来看,蒙山旅游区旅游资源类型在数量构成方面的特征如下。

①就旅游资源的成因看,蒙山旅游区的自然旅游资源占 38.69%,人文旅游资源占 61.31%,人文旅游资源是区内旅游资源的主体,区内的资源类型较为丰富,组合结构良好,便于旅游产品的开发。

②在自然旅游资源中,地文景观类居于首位(27.87%),其次为水域风光(6.56%),说明蒙山旅游区自然景观具有以下特点:山、水相依,康体价值高;森林覆盖率高,生态环境良好;山体高险峻奇,造型地貌独特;气候资源适宜,消夏条件良好。这些资源特点为观光游览、休闲度假、休疗养生类旅游活动的进行提供了良好的资源基础。

③在人文旅游资源中,建筑与设施类占到 35.74%,居于主导地位,且多为宗教活动场所、建设工程与生产地和交通建筑等,说明蒙山旅游区既有悠久的历史文化,又兼具休闲养生、宗教朝拜等功能,为丰富旅游产品的文化内涵、完善旅游功能提供了良好的基础。

表 9.3 蒙山旅游区旅游资源构成情况表

类别		资源类型	数量	所占比例(%)
自然旅游资源	A	地文景观	88	28.39
	B	水域风光	20	6.45
	C	生物景观	12	3.87
	D	天象气象与特殊景象	1	0.32
	总量		121	39.03
人文旅游资源	E	遗址遗迹	7	3.7
	F	建筑与设施	109	35.16
	G	旅游商品	42	13.55
	H	人文活动	31	10
	总量		189	60.97

9.2.2.2 定量评价

为了更好地认识蒙山地区旅游资源的品位和开发价值,客观、准确、系统地认识旅游资源的特征,明确现状,认识和分析潜力,为进一步开发利用提供全面、科学的依据,需对旅游资源进行量化等级评价。

1. 定量评价体系与方法

①评价体系

本标准依据"旅游资源共有因子综合评价系统"进行评价,设"评价项目"和"评价因子"两个档次,详见表 9.4。

表 9.4　旅游资源评价体系

评价项目	评价因子	分值
资源要素价值	观赏游憩使用价值	30
	历史文化科学艺术价值	25
	珍稀奇特程度	15
	规模、丰度与概率	10
	完整性	5
资源影响力	知名度和影响力	10
	适游期或使用范围	5
附加值	环境保护与环境安全	正分或负分

②评价方法

基本分值：在该评价体系中，评价项目和评价因子均以分值量化的方式表示。资源要素价值和资源影响力总分值为 100 分，其中资源要素价值占 85 分，资源影响力占 15 分，而"附加值"项目的"环境保护与环境安全"则分正分和负分额外加入（见表 9.4）。对于每一个评价因子，均分为 4 个档次，其因子分值也相应分为 4 档。

等级划分：根据赋分标准，对每一旅游资源单体进行评价，得出该单体旅游资源共有综合因子评价赋分值。然后依据旅游资源单体评价总分，将其分为五个等级，详见表 9.5。

表 9.5　旅游资源评价等级及分值指标

等级	分值指标	级别
五级旅游资源	≥90 分	特品级旅游资源
四级旅游资源	75～89 分	优良级旅游资源
三级旅游资源	60～74 分	
二级旅游资源	45～59 分	普通级旅游资源
一级旅游资源	30～44 分	
未获等级旅游资源	≤29 分	

2. 定量评价

依据上述评价体系和方法，课题研究组专家对蒙山旅游区的主要旅游资源进行综合评价，其评价分值和结果见表 9.6。

表 9.6 蒙山旅游区主要旅游资源定量评价

评价项目层	资源要素价值(85)					资源影响力(15)		附加值	分值(100)	等级
评价因子层	观赏游憩价值(30)	历史文化科学艺术价值(25)	珍稀奇特程度(15)	规模、丰度与几率(10)	完整性(5)	知名度和影响力(10)	适游期或使用范围(5)	环境保护与环境安全		
权重	30	25	15	10	5	10	5		100	
1 龟蒙景区	25	22	13	10	4	7	4	−3	82	四级
2 云蒙景区	24	20	13	7	4	6	3	3	80	四级
3 大洼天桥沟景区	12	18	9	6	2	5	3	−4	51	二级
4 明光寺景区	20	18	12	10	5	2	3	3	73	三级
5 蒙山人家景区	16	17	14	11	5	5	3	3	74	三级
6 金伯利钻石矿景区	18	18	10	10	5	4	3	4	72	三级
7 沂蒙风情	20	16	13	6	3	7	5	3	70	三级
8 沂蒙精神	20	18	13	6	3	7	5	3	75	四级
9 长寿文化节	20	16	12	2	4	4	1	3	62	三级
10 登山节	20	17	13	5	4	4	1	3	65	三级
11 "天然氧吧"休闲节	20	12	13	2	4	2	1	3	59	二级

3. 定量评价结果分析

结合表 9.6 进行分析,就旅游资源的级别看,可以得出如下结论。

①蒙山旅游区缺乏特品级旅游资源成为限制蒙山旅游发展的重要因素。因此,今后对于如何树立特色鲜明的旅游形象,打造全国,乃至世界性的旅游品牌,是蒙山旅游发展的关键所在。

②优良级旅游资源 10 处,占全区主要旅游资源的 83.3%,其中龟蒙景区、云蒙景区、沂蒙精神 3 处资源达到了四级,具有较大的市场吸引力和开发价值,是今后蒙山旅游开发的主体资源;光明寺景区、蒙山人家景区、金伯利钻石矿景区、沂蒙风情、长寿文化节、登山节、蒙山特产 6 处资源为三级,尽管目前其在资源品位或知名度上略逊一筹,但是此类资源的特色鲜明,具

有极大的开发潜力,是保证蒙山旅游快速发展和持续增长的新生力量。

③区内普通级旅游资源2处,占16.7%,主要为区域性的旅游资源,对蒙山地区及其周围地区具有一定的吸引力,但是目前存在开发不足、资源利用率低的现象,并且部分资源破坏严重,迫切需要通过科学的规划明确今后的开发方向和内容,完善旅游功能、提升旅游内涵和形象,并建立健全相应的保护机制和措施。

9.2.2.3 定性评价

1. 崇山峻岭,碧水蓝天

蒙山集华山之险、黄山之秀、泰山之壮、长白之翠。"东蒙镇海沂,合沓百余里",绵延起伏的山脉,海拔高度300米以上的峰峦有几百座,群峰巍峨,重峦叠嶂,14座海拔高度千米以上的山峰,秀出云表,耸翠天际,龟蒙顶的雄奇,玉柱峰的险峻,望海楼的峭拔,天蒙峰的神秘,置身其巅,顿觉超然世外,天高地阔,令人叹为观止。漫步于这座国家森林公园,只见千崖万壑,林海花潮,泉飞瀑鸣,云海松涛,云气朦胧,山岚飘渺,四时美景,各尽其妙。蒙山气象变化万千,不论日出海上,月挂枝头,雨漾云舒,虹飞霞舞,皆成景观,给壮美的山容增添无限韵致。

蒙山山美水亦美,山光水色,相映成趣。沂河经其东,汶河环其北,浚河绕其南,大约有上百条河流源于蒙山。大中小型水库150余座,犹如璀璨的明珠镶嵌于蒙山的重峦叠嶂之间,澄明晶莹,波光潋滟,鸥鹭翻飞,渔歌荡漾,其中云蒙湖(岸堤水库)水面近66平方千米,为山东第二大水库,烟波浩淼,水天一色,青山环列,如开画屏。蒙山多名泉,像明光寺的碧玉泉、天麻场的雨王井、白云岩的金泉、玉皇顶的玉液泉等,都坐落、流淌于海拔高千米左右的峰巅,水质甘冽,常年不竭,使蒙山更加生动,更有灵气。

2. 历史悠久,文化多元

蒙山是中华历史文明的发祥地之一,有着深厚的历史文化。迄今已发现新石器时代遗址几十处,出土的大量磨制石器和陶器说明早在六七千年以前,先民们就在这里繁衍生息,创造着远古文明。以蒙山、沂河地域为中心的东夷文化同中原华夏文化相映生辉。商周及其以后的古代遗迹遗物也极为丰富,不少古都、古城遗址宛然可寻。蒙山东麓的沂南北寨画像石墓,是一座保存完好,价值极高的汉代画像石墓,为全国重点保护文物。万寿宫、清虚观、明光寺、海螺寺、大庵、花之寺等都是历史上有名的佛寺道观。

蒙山地杰人灵,名贤荟萃。春秋时期孔子的著名弟子仲由、原宪、闵损,东汉末年的天文学家、数学家刘洪,三国时期的政治家、军事家诸葛亮,东晋书法家王羲之,明代文学家公鼐,清末爱国将领左宝贵等,都出生在蒙山麓区。儒家传人、宗圣曾子、秦代大将蒙恬、唐代名臣、书法家颜真卿等的故里祖籍,也在蒙山南北的蒙山旅游区,以及蒙阴、费县诸县。

蒙山是中国开发最早的名山之一。成书于春秋战国时期的中国最早的区域地理著作《书·禹贡》称"淮沂其乂,蒙羽其艺",认为早在夏朝,淮水、沂水即得到治理,蒙山、羽山一带已辟地种植。西周初年,周成王封太昊后裔为颛臾国君,主祀蒙山。春秋时期的思想家、教育家孔子是较早游览蒙山的名人。孟子说:"孔子登东山而小鲁"。这里所说的东山即指蒙山。

蒙山是著名的沂蒙山区革命根据地的中心区。抗日战争和解放战争时期,罗荣桓、徐向前、陈毅、粟裕、谭震林、张云逸、罗炳辉等老一辈无产阶级革命家都曾在蒙山一带战斗和工作过。这里曾发生过许多著名的战役、战斗和重大历史事件,留下了几十处革命纪念地。在革命战争年代,这里涌现出明德英、祖秀莲、王换于、杨松贵等著名"沂蒙红嫂"。青山埋忠骨,大地染碧血,汉斯·希伯、陈明、李竹如、王立人等成千上万的革命烈士牺牲在这块土地上。

3. 结构良好,亮点突出

蒙山地区旅游资源十分丰富,组成了包括 8 个"主类"、22 个"亚类"、57 个"基本类型"的旅游资源体系,共有几百个景点。其景点密度为我国北方山地地区少有。其次,景区内景点分布相对集中,构成了独具特色的空间结构和各自的旅游轴线。蒙山草鸡蛋、蒙山全蝎、蒙山金蝉、蒙山小杂粮、石竹茶等二十多种蒙山特产享誉全国,亮点突出。因此,良好的旅游资源结构为旅游市场的开拓、旅游产品体系的构建提供了有力保障,为将蒙山打造成以复合型产品体系为主的旅游目的地提供了基础。

4. 缺乏垄断性,资源屏障多

蒙山地区旅游资源的主体是自然风光旅游资源,在山东省的中山当中,蒙山其文化含量和知名度远不如泰山,险秀奇幽等特征又与其他中山雷同,难以形成独特的竞争优势。旅游区西有曲阜和泰山两处世界自然和文化遗产,东近秀丽的日照海滨,北有淄博齐文化旅游区,资源屏障较多。

根据王衍用先生提出的旅游区阴影效应(1991 年首次提出,1993 年《孟子故里旅游开发研究》中进行了进一步的详细阐释)理论:某种等级、品味和知名度较高的旅游资源,在其周围一定距离空间范围内会形成一个势力范围,在此范围内,其他相似等级、品味和知名度较低的旅游资源会受到强势力的屏蔽,旅游者往往倾向于较高等级的旅游景点,从而形成了旅游行为、旅游消费的阴影区。长期以来山东的山地旅游主要围绕泰山,同为山岳型旅游景点,由于蒙山与泰山毗邻而长期受到泰山的"压制"。

如何在"雷同"中脱颖而出,突破资源屏障,凸显异质性旅游资源优势,是蒙山今后旅游发展中的核心问题。

5. 原生资源受威胁

由于蒙山地域范围大,区内旅游业发展不平衡,各个景区开发状况不一。而且在初期的建设中由于缺乏科学、统一的开发理念和指导思想,旅游资源的安全性和完整性面临着破坏性建设带来的威胁,增加了后续规划和开发工作的难度。

此外,游客接待量季节性明显是困扰中国北方众多旅游区发展的通病,尤其是对于以自然景观为主体的旅游区来说,深秋、寒冬、初春的季相变化不仅会影响到游客的心理感受和游憩质量,而且对于景区的经营管理部门来说,产品的季节性也会造成设施和人员闲置,提高了开发成本。因此,蒙山旅游区旅游产品的设计应考虑到季节因素的影响,注重广域性产品的开发,尤其通过人文旅游资源的扩充、提升和完善,尽量降低区内旅游业淡季的影响。

9.2.3 SWOT 分析

旅游业的发展既受到旅游地资源、环境、服务要素等制约,又受到经济、政治、社会文化等多种因素的影响。SWOT 分析法作为一种系统分析方法,可以对旅游地的自身条件和外部环境进行科学而全面的评价,有利于明确今后发展的方向,进行正确的决策和规划。现用

SWOT 分析法对蒙山旅游区旅游业发展的影响因素分析。

9.2.3.1 "S"(Strengths 优势)

1. 生态环境优良

蒙山森林茂密,平均植被覆盖率达 90% 以上,有"空气维生素"之称的负氧离子含量为 220 万个单位/立方厘米,属超洁净地区,被誉为"天然氧吧";蒙山动植物资源丰富,堪称我国北方的天然植物园和中草药植物资源宝库。蒙山动物种类丰富,有鸟类 100 多种,雀鹰、白头鹞等多种珍禽属国家二类保护动物。蒙山水系发达,周边有大、中、小型水库 150 多座,山泉分布极广,泉水甘洌,被称为"美容元素"的偏硅酸等多种微量元素含量丰富。蒙山其自然环境和生态条件赋予蒙山为世界养生长寿圣地,是生态旅游、运动休闲、养生度假的理想场所。

2. 市场需求旺盛

我国旅游业的发展即将进入休闲旅游和观光旅游并重的时代,并最终进入休闲时代,这也从我国旅游发达地区和我省旅游发展的趋势得到印证。临沂其它区县、枣庄、济宁、日照、徐州等周边省、市具有现实的休闲旅游需求,而且这种需求的满足是通过选择风格迥异的休闲地来实现的,蒙山旅游区作为其可供选择目的地之一,有着广阔的市场空间。

3. 交通网络便利

蒙山旅游区区位优越,处在北京—上海黄金旅游线的中心位置,是京津塘和长三角两大都市圈游客南下和北上的重要节点;蒙山旅游区东与青岛、烟台、威海、日照等城市构成的黄金海岸线相连,西与泰安、曲阜、济南等城市构成的山水圣人线接壤。蒙山旅游区对外交通便捷,京沪高速、日东高速、济青高速南线接莱新高速、兖石铁路、胶新铁路、G205,G327,S234,S335,S240,S229 均从蒙山旁边穿越,形成了四通八达的交通网络。

9.2.3.2 "W"(Weaknesses 劣势)

1. 旅游资源独特性低于期望值,旅游资源受到一定程度破坏

在一定区域的旅游资源中,旅游吸引力的大小,主要由最具特色、观赏游憩价值或历史文化、科学艺术价值最大的旅游资源决定(星月定律)。而蒙山的旅游资源虽然数量众多,但高品位的较少,特品级旅游资源还是空白,虽然优良级旅游资源总量尚可,但良级旅游资源占绝大部分,景区景点品牌效应和吸引力有限。蒙山文化旅游资源遭受破坏严重,历经漫长的历史岁月和多场战役的洗礼,蒙山的重要文化旅游资源都或多或少地遭受破坏,这种情况增加了此类产品的开发难度,是蒙山文化类旅游资源开发的重要制约因素。

2. 旅游产业要素发展较为滞后

蒙山旅游产业六要素处于起步阶段,制约了当地旅游业的发展,还有待进一步提升和完善。旅游景点建设散、乱、少。旅游饭店等级低、规模小,多数涉旅企业存在等级低、规模小、服务不规范等问题。餐饮设施和娱乐场所仍停留在满足当地市场需求的状况,缺乏针对游客需求的旅游餐饮,娱乐设施也仅仅局限于大众化的网吧、歌舞娱乐场所、音像店、书刊店等。专业化的旅游商品生产企业几乎是空白。缺乏旅游交通专线,现有联系景区的道路存在通达性差、道路标示不够清晰,景观化设计缺乏等问题。

3. 旅游人才匮乏

旅游人才匮乏是制约蒙山未来旅游业发展和旅游整体竞争力提高的关键,有效的人才引进、培养、激励和管理机制的缺失加重了蒙山区旅游人才匮乏的现状,主要表现在三个方面:一是专业性的旅游管理、经营、服务人才的缺乏,数量上的供应不足限制了蒙山旅游业向更高层次发展;二是旅游从业人员总体学历低、专业结构不合理,缺乏旅游管理专业知识;三是旅游教育和培训力量薄弱,旅游教育培训工作落后于旅游业发展需求。

9.2.3.3 "O"(Opportunities 机遇)

1. 国家战略性支柱产业带来的机遇

《国务院关于加快发展旅游业的意见》中提出,把旅游业培育成国民经济的战略性支柱产业和人民群众更加满意的现代服务业,到2020年我国旅游产业规模、质量、效益基本达到世界旅游强国水平。

国家旅游主管部门相继推出了"乡村旅游百千万工程""百万旅游就业援助工程""国家旅游线路工程"等重大举措,为旅游经济稳定发展提供了重要支撑。国内基础设施的改善、大型节事活动的举办、旅游法制的完善和旅游行政管理体制的改革将进一步促进旅游业的快速发展。

随着居民消费水平的提高,消费者外出旅游的欲望越来越强,对不同种类旅游产品的需求也越来越丰富:传统的观光产品依然很受欢迎,并且融入了更多的体验型、参与型享受;休闲度假产品的市场份额逐渐提高;生态旅游、会议旅游、探险旅游等专题旅游产品相继应运而生,并深得消费者的青睐。

2. 建设旅游强省带来的机遇

山东省委、省人民政府《关于加快发展旅游业的意见》明确提出,要把旅游业培育成为我省国民经济重要的主导产业,由旅游大省发展成为旅游强省。山东旅游总收入跻身全国前六名,进入全国旅游行业的"第一梯队"。近些年山东省旅游业在政策的支持下既扩大了产业规模,又提升了产业素质。

3. 生态文明建设带来的机遇

蒙山其自然环境和生态条件赋予蒙山为世界养生长寿圣地,是生态旅游、运动休闲、养生度假的理想场所。旅游行业在建设"美丽中国"过程中的最直接和直观的体现就是,通过旅游的发展促进生态文明建设。旅游发展需要有卖点,而"生态文明"即是最好的卖点。因此,应该借势强化保护生态环境意识,以促进生态文明建设,提高对生态环境与社区发展的责任感,形成可持续发展的旅游区域,正是对建设"美丽中国"、推进生态文明的最好注释。

9.2.3.4 "T"(Threats 威胁)

1. 周边同类景区的竞争

山东各地政府的重视,各类投资主体对旅游的关注,带动了旅游开发热情的空前高涨,景区建设如雨后春笋,形成了激烈竞争的态势。北部泰山正在努力塑造"中华泰山(国山)、世界双遗产"的新品牌形象;空间距离更近的新泰莲花山,正在以"观音胜境,北方普陀"独特形象定位加快发展。如果缺乏科学的规划和准确的定位,就会使蒙山旅游处于南北夹击的不利局面,陷入无差异低价竞争的恶性循环,如何实现优势互补、错位发展成为蒙山旅游发展成败的关键。

2. 保障体系

保障体系包括旅游管理、人力资源、政策法规、环境保护、旅游教育五个方面。目前存在的体制不顺,政出多门,从业人员素质不高,景观环境保护力度不够等问题对旅游产业的发展威胁很大。

3. 产业发育程度较低,游客的欲望得不到满足

由于蒙山旅游区旅游产业配套程度较差,旅游要素发育不均,游客的许多旅游需求得不到有效满足,降低了旅游地的吸引力,减少了回头客,在很大程度上造成了游客心理需求的落差,影响旅游产业的健康发展。

综上所述,通过对影响因素的分析,我们可以得到蒙山区旅游业发展的 SWOT 矩阵如下。

优势 生态环境 市场旺盛 交通网络	劣势 资源等级 产业要素 旅游人才
机遇 国家战略性支柱产业 建设旅游强省 生态文明建设	威胁 周边同类景区的竞争 保障体系 产业发育程度

9.3　发展战略

9.3.1　战略定位

根据蒙山资源特色与市场需求,以打造"生态沂蒙山、健康养生地"为目标,将蒙山旅游区建设成为中国著名的山岳型休闲度假旅游目的地和养生圣地

中国著名的山岳型养生休闲度假旅游目的地。以 5A 级景区建设为契机,充分发挥蒙山旅游区独具特色的地貌特征和优美的生态环境优势,充分发掘革命老区红色历史文化底蕴,创新机制、整合资源,丰富品类、突出特色,强化管理、提升品质,推动全区旅游产业向特色化、市场化、多元化方向发展,打造"大蒙山"旅游格局,建设蒙山国家公园,打造"世界地质公园"和"生态名山"。

江北重要的健康养老圣地。以市场需求为导向,以蒙山享誉全国的"天然氧吧"生态环境为基础,以生态休闲旅游景区和养老基地建设为切入点,积极承办体育健康活动,大力发展养老服务业,促进医疗与养老、养老与地产融合发展,切实加强健康养老服务配套能力,使健康养老产业尽快成长壮大成为旅游区重要的经济增长点。

9.3.2 战略措施

9.3.2.1 体制优化

宏观上解决大蒙山整合,按照临沂市委市政府的要求,建设中国著名的山岳型养生休闲度假旅游目的地。构建一个大体制,将周边乡镇统一整合到大蒙山体制内,实现国家森林公园、国家农业公园、国家级旅游度假区和5A景区等多功能合一的管理框架。

长期以来,蒙山的旅游开发由平邑、蒙阴、沂南、费县四个县管理,分别推出龟蒙、云蒙、彩蒙、天蒙四个景区,四县各成立景区管委会,建有一套管理班子,旅游资源分散,管理割据,各自为战,难以实现有效整合。和周边村庄关系的处理上出现了一些新的问题,导致旅游开发上重复建设,规划上没有特色,宣传上各自为伍,在对外宣传营销时,四县都代表"蒙山",导致蒙山的整体面貌极不清晰,给游客造成"多个蒙山"混淆不清的印象。蒙山旅游区管理体制调整理顺后,制约蒙山旅游发展的"四县管一山"状况将得到根本改变,有利于蒙山资源整合提升、做大做强蒙山旅游,把蒙山建设成为山东乃至全国知名的山岳型休闲度假旅游目的地。

9.3.2.2 空间重构

构筑大蒙山旅游格局,以大洼为枢纽,连接龟蒙、云蒙两大景区,将大洼建设成为整个大蒙山的旅游集散中心,承担旅游集散、交通枢纽以及餐饮住宿接待中心的功能,将来与临沂市区成为大临沂旅游的两大旅游集散中心。

山上山下呼应,提升强化主峰,丰富完善山前。强化龟蒙顶的作用,提升寿星的地位,形成山顶环线,构建登蒙顶拜高寿的景观格局;南北贯通,形成大空间。通过龟蒙顶经王子岭至曲流涧的空中索道,贯通龟蒙、云蒙两大片区。

9.3.2.3 提升形象

旅游形象不仅是旅游者目的地决策的重要影响因素之一,而且还是旅游目的地吸引因素之一。旅游需求的基本特征是弹性大,旅游产品具有生产与消费的同一性和不可转移性,这决定了形象塑造和信息传播对旅游业发展的重要性。在日趋激烈的市场竞争中,应更加重视旅游形象在旅游发展中的作用,以增强其市场竞争力。

提出全新的形象,统领蒙山的开发和市场的推广、打造齐鲁山岳旅游新旗帜。以创意规划核心吸引物、高水平开发精品项目、高标准建设配套设施、高质量保育基础环境,建设真正高品位的休闲度假型山岳旅游区。

9.3.2.4 创新产品

旅游产品是一个开放的系统,随着产品的竞争和市场需求的不断变化,旅游产品的形式也在不断地改变,因此旅游产品创新一方面要依托旅游资源,把潜在的资源优势转化为产品优势,另一方面要根据市场需求来优化旅游产品结构,创新开发旅游精品。

观光休闲互补共进,突出优势,以颐寿养生为主题,发展山岳观光、以长寿文化为核心的文化体验、生态休闲、康体度假等产品,同时整合黄金钻石地质奇观,打造珠联璧合的购物旅游产品,形成大蒙山综合旅游产品体系。

9.3.2.5　挖掘文化

蒙山自古是一座文化名山,宗教名山,文化底蕴非常深厚;而前期开发,多放在景点建设上,缺乏对文化的挖掘,旅游业的文化品位还有待提高。应当看到,随着旅游业的发展,众多的游客已不满足于游山玩水,而日益向往文化娱乐休闲。如何把丰富的自然资源和文化资源结合起来,让文化推动旅游发展,用旅游促进文化繁荣,并且使二者相辅相成、相得益彰是需要探索的重点。

挖掘文化,以长寿文化为脉。立足龟蒙文化、长寿文化、道教文化、天然氧吧、乡村民俗,主打"长寿蒙山"的品牌和形象,以此为统领开发寻寿、拜寿、养寿、祝寿等系列产品。深入挖掘长寿文化、红色文化、道教文化、龟文化、颛臾古国文化、祭祀文化,丰富蒙山文化旅游产品体系。

9.3.2.6　整合业态

旅游业作为一个跨行业、综合性、复杂性的产业,不同于国民经济行业分类中所列的产业,它更多地体现为多种产业的集合。经济的高速发展为旅游业跨越发展提供了条件,旅游业在不断满足人们各式需求的同时而日新月异。旅游业态的整合使产业发展更有保障,产品布局更加合理,有前瞻性现实意义。

蒙山旅游业态整合要以旅游产业为主导,以休闲经济为主打,以生态文化为主脉,以乡村资源为主线,统一构建大蒙山山岳旅游综合体。与此同时必须把文化与旅游相结合,整合自然景观、特色文化、休闲农业等资源,打造品牌效应,开发多元化的旅游业态。

9.4　功能分区与建设重点

9.4.1　功能分区

根据《蒙山旅游区产业规划(2014—2020)》的要求,蒙山将建设"一心、一环、多点"的整体产业布局,即以养生小镇为核心,以环蒙山通道为纽带,串联景区、农业区、健康基地、生态区、文化民俗、产业园区和城镇乡村(图9.1)。

"一核":是包括蒙山管委会、蒙山休闲商街、乔家庄水库等在内的规划中的养生小镇。该地区不仅是未来发展的行政中心、服务中心和游客集散中心,更是高端产业的聚集区;

"一环":即以环蒙山公路为主动脉,连接龟蒙、龙马、富泉村、大洼、刘家寨、百花峪等,至云蒙景区西折,经过百泉峪、龙门峡、曲流涧,至钻石小镇,向南经过柏林镇返回养生小镇,形成连接各旅游风景区、农业示范区、健康养生城、生态产业园、精品文化点等的产业集聚带;

"多点"即云蒙小镇、钻石小镇、柏林小镇附近及布局在"一环"周边的特色产业隆起点。各功能分区各有侧重,有机统一,根据主题定位和产业发展要求,突出整体布局和生态开发理念,统一规划,统筹推进,在"一核、一环、多点"形成"大分散、小集聚"、独具特色、一体互补的产业分布格局,并对周边区域形成高度辐射。

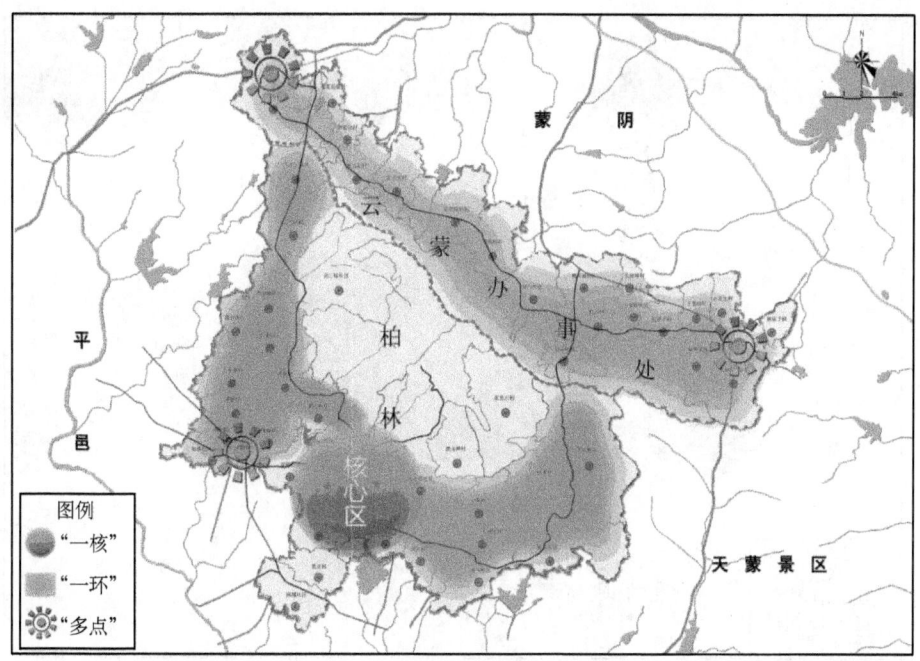

图 9.1　蒙山旅游区产业总体布局

9.4.1.1　现代服务业集聚区

重点围绕旅游产业、健康产业、文化产业,高水平地策划培育一批精品示范项目,集中打造立足山东、辐射江北的高端现代服务业集聚区。

1. 旅游产业

山水景观带:重点包括龟蒙景区、云蒙景区、百花峪旅游度假、龙门峡景区、曲流涧景区、钻石公园、天桥大峡谷等,打造以自然山水、森林植被为主要景观特色的山岳型省级风景名胜区和山地运动、探险旅游基地(图 9.2)。

观光休闲带:重点包括明光寺景区、蒙阳峪旅游度假区、大洼旅游度假区及云蒙小镇、柏林小镇周边特色观光农业示范区,打造集合休闲疗养、写生摄影、会议住宿、观光体验功能的多档次旅游服务区。

乡村民俗体验旅游带:重点包括李家石屋景区、百花峪景区及"蒙山人家"集中布局点,打造森林人家特色文化与林下休闲体验及沂蒙山区民俗展示基地。以分布广泛的环蒙山沂蒙风情乡村为载体,突出特色差异和生态品牌,打造休闲、体验、采摘、品尝、观光、养生等功能多元一体化的重要乡村旅游基地。

2. 健康产业

打造"一核、五点"立体综合健康养生养老基地(图 9.3)。

"一核":即蒙山管委会驻地附近的"蒙山健康养生养老基地",规划布局集度假、养老、养生、康体和娱乐为一体的各具特色、互补联动的休闲健康养生基地、养老配套服务区。着重打造"蒙山养生学院""健康与老龄文化研究中心"等特色品牌项目。

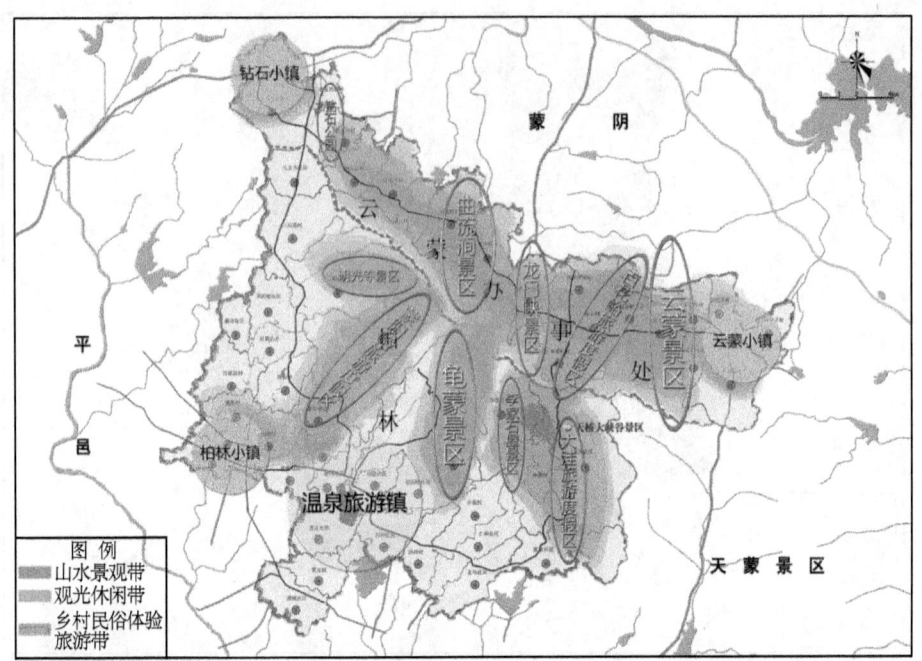

图 9.2　蒙山旅游区旅游产业分布

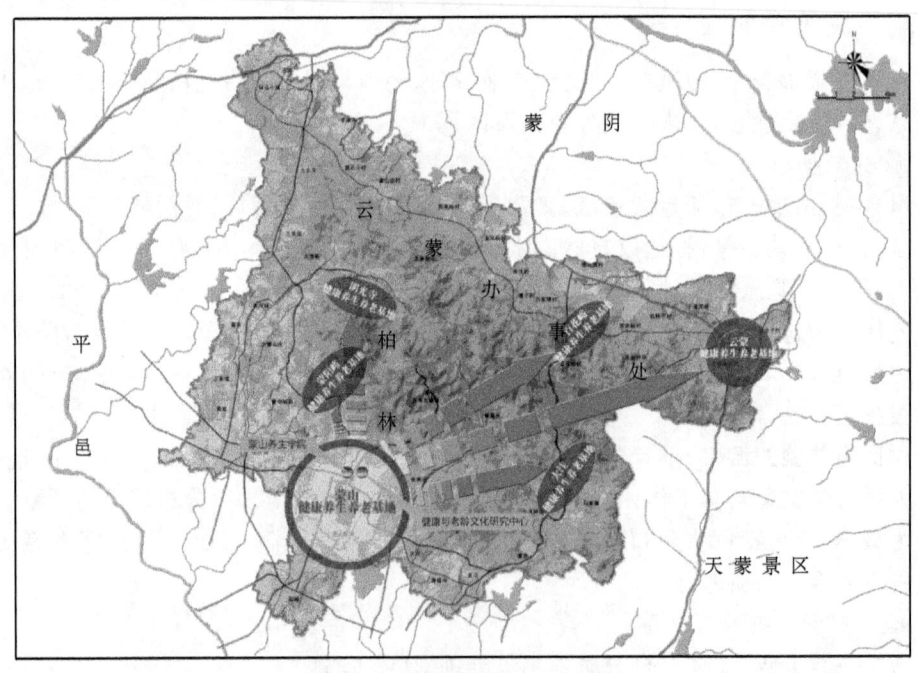

图 9.3　蒙山旅游区健康产业分布

　　"五点"：接受蒙山健康养生养老基地辐射,在蒙阳峪、明光寺、百花峪、大洼、云蒙小镇等地区布局健康养生养老基地。完善基础设施,建立福寿文化展示和推介中心,推进养老健康品牌宣传、信息平台建设,突出民俗风情,建设最美乡村、蒙山疗养集镇、特色风情养老大院等。

3. 文化产业

历史文化区:复建明光寺及周边景区建筑,打造龟蒙道教及养生文化区,发展宗教朝觐、禅佛静修旅游;科学规划鬼谷子村建设,把鬼谷子流域打造成为国内知名的智慧开发综合区。

钻石主题区:依托中国金刚石之都保存完好的矿业遗迹、世界最大的钻石主题博物馆、优良的自然环境,打造集婚纱摄影、休闲观光、影视拍摄、婚俗展示、婚庆购物、钻石加工交易于一体的全国最大的钻石婚庆文化产业园。

创意文化区:以养生小镇、钻石小镇、大洼景区等作为文化创意产业发展的重点区域,引入战略合作资源,植入文化创意经营元素,建设西部隆起带文化创意高地。发展大洼依托林场露营、生态运动项目,做人健康有机生活的创意实践。

红色及民俗文化区:在李家石屋地区打造红色及民俗文化区,传承沂蒙精神,丰富区域文化内涵,打造立体文化产业布局(图 9.4)。

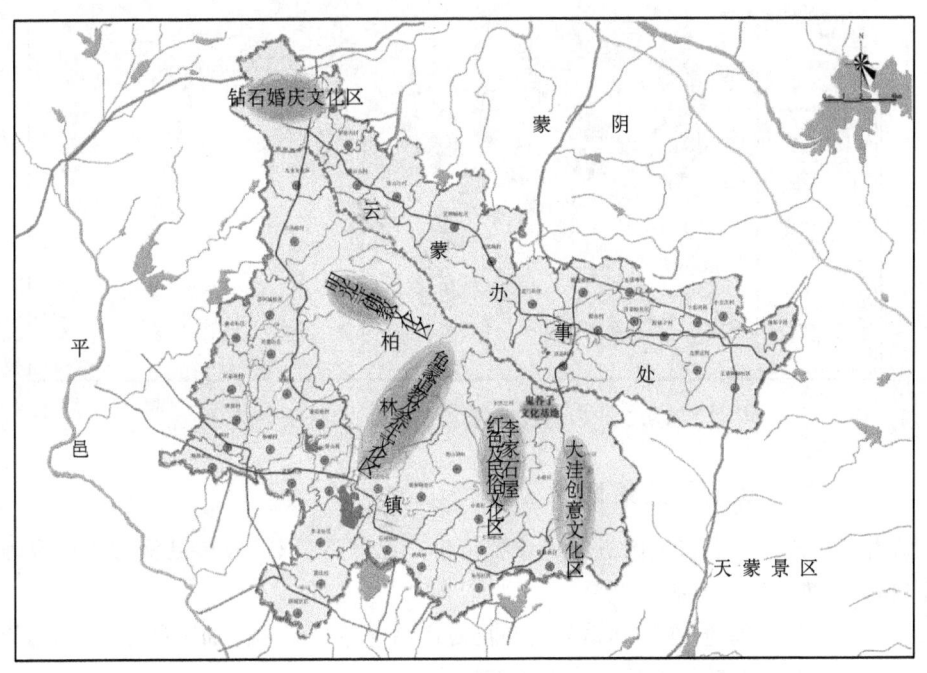

图 9.4 蒙山旅游区文化产业分布示意图

9.4.1.2 高效生态农业示范区

根据环蒙山区域内的立地条件、气候特点,集中建设"三大农业精品园、五大特色农产区、十大农业基地"。

三大农业精品园:"百花园",在游客服务中心及孝义湖周边培育五角枫、白蜡、荷花、樱花、菊花、玉兰、桂花等花卉;"百果园",在柘沟农业示范园种植蜜桃、大樱桃、山楂、蓝莓、草莓等林果;"百草园",在三官庙培育金银花、丹参、桔梗、石竹花、紫草、何首乌、灵芝等草药。

五大特色农产区：包括蒙山大道两侧花卉苗木种植区、四大林场林下食用菌中草药畜牧供给区、明光寺—大洼七流域有机林果蔬菜种植区、石河至龙马粮食蔬菜种植区、塈子至麻店子林果茶叶种植区。

十大农业基地：突出地方特色，打造鑫合有机林果基地、杨谢蓝莓和食用菌基地、王麻蒙山有机高山茶基地、石河金银花基地、小王庄桂花基地、钻石公园花卉苗木基地、李家石屋葫芦基地、松林子有机蔬菜基地、小娄黄烟基地、桃花源林果基地（图9.5）。

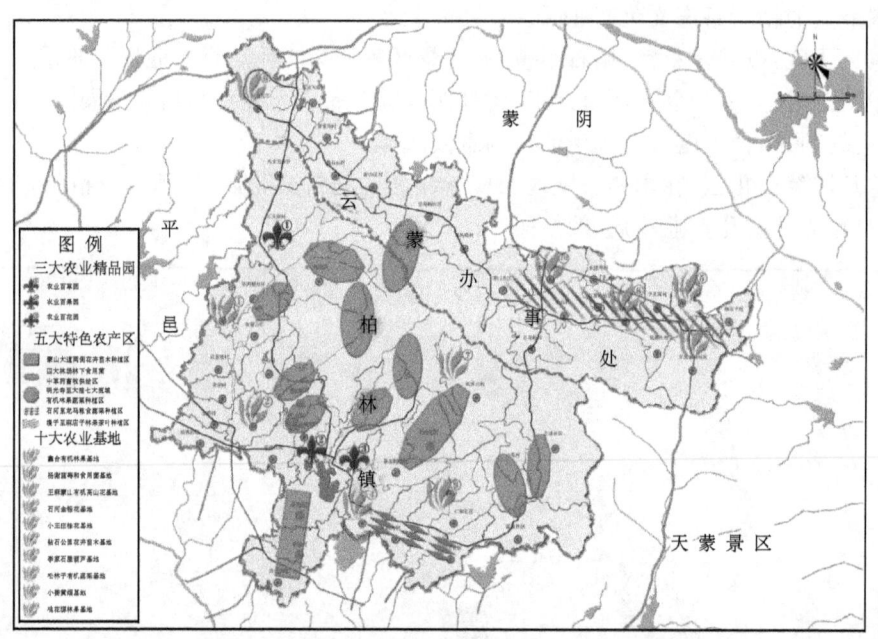

图9.5 蒙山旅游区高效生态农业分布示意图

9.4.1.3 生态工业发展集聚区

在旅游区及现代农业产区附近布局旅游衍生产品开发、现代农产品深加工以及养生健康产品研发，高标准地建设生态产业园。

农产品精深加工基地：在柏林镇附近布局农产品仓储物流和深加工基地，提高水果、蔬菜、坚果、茶叶、蜂产品等的精深加工和价值附加程度。

健康水源基地：在养生小镇、龙门峡等水质优良的地区，突出深层矿泉和麦饭石概念，打造高端优质弱碱性水供应基地。

旅游产品开发基地：在柏林镇、云蒙街办等人口集聚地区，开发富有地方特色的旅游产品，建设鲁中南部重要的旅游产品生产集散基地，建设著名的麦饭石健康养生产品研发和生产基地。

9.4.2 重点建设项目

根据蒙山旅游前期研究和规划成果，结合实地考察，课题组认为以下几个项目应成为蒙山旅游重点关注的"支点"。

9.4.2.1 乔家岭水库

1. 总体定位

以"长青湖,颐寿乡"为核心理念,形成集"滨水休闲、游乐休闲、运动与商务休闲、养生度假"为主要功能的"第一印象区"。

2. 发展思路

①将乔家岭水库更名为长青湖,作为蒙山山前的核心滨水休闲空间。

②万寿庄

水库东侧空间较好则可发展高端运动休闲与度假设施(山地型生态运动场)、商务度假设施。东侧山地面向长青湖一侧坡地建设一个阶梯型的长寿养生主题度假酒店,命名为万寿庄,依山势建设,客房分层由高向低沿山坡布局,所有客房均朝向长青湖,落地窗、大露台,使客人能够在客房内即可看到长青湖。建筑形式不宜全面仿古,宜采用生态式的建筑形式,外观装饰可采用石头,可在屋顶挑檐,门窗装饰等局部采用部分古建风格,也可大量采用玻璃作为装饰材料,采光透景效果均较好。

③长春园

水库北部西侧半岛建设高端养生度假项目,打造中药养生度假的核心空间,发展有机中草药,依托优质寿桃基地,打造长寿药林,建设养生主题的生态型园林式度假区。

④乐养会

东侧小半岛进一步屯土加固,抬高地基高度,增加绿植特别是高大乔木的密度,增强私密性,建设一处高档特色养生度假会所,以理疗、保养和药膳为核心功能,打造山东滨水第一养生会所。

⑤古蒙部落

水库西侧建设一个古蒙部落,作为古蒙文化展示、滨水休闲度假和餐饮游乐的主体空间。同时在古蒙部落周边发展大众型休闲游乐设施,包括餐饮、小型机械游乐和滨水休闲度假设施。

⑥蒙山长寿社区

将田家庄整体搬迁至邢家庄北侧,与邢家庄连成一体,以社区居住、沂蒙长寿民俗展示和长寿农家乐为核心功能,打造一个蒙山长寿社区,作为蒙山景区南部居民的集中安置区。

⑦水上游乐

在万寿湖可以开展龙舟、水上摩托、脚踏船、手划船、划板等水上项目。

⑧快活湾

将位于邢家庄西侧的水湾命名为快活湾。首先对其岸边进行改造,改造成二级台地,台地两侧种植金银花、迎春和连翘等灌木,台地上种植青草,形成绿色台地。其次,要保持其原来优美的形状,对下面的滩地略加修整,形成自然的水边剧场。可以在该湾口建设水幕电影项目,进行水上演出。

⑨景观绿化

长青湖周边区域营造柳堤花海的植物景观。以黑松、垂柳、竹、水杉为基调树种,构成湖区绿化骨架,在此基础上,有重点地配置不同色彩、不同形态的花卉树木。植物配置以大片纯林块状混交为主,深绿叶色与秋红叶色的树种相互衬托,艳红浓绿显出湖岛的深沉。营造多种风景林,如竹林、梅林、红枫林、樱花林等,北侧湖中岛,种植秋色叶植物,深秋之际,碧水蓝天,层林红叶映水中,别有一番景致。湖周边创造四时植树景观:即春赏樱花、桃花,夏赏紫薇、合欢,秋赏黄栌、红枫,冬赏红梅。使长青湖植物造景能够达到"春花烂漫多彩,夏荫浓郁葱茏,秋色绚丽飘香,冬景树木峥嵘"的绿化特点。

9.4.2.2 温泉养生

1. 总体定位

以"神龟岛,颐生汤"为核心理念,形成集温泉养生、休闲和度假等功能为一身的度假胜地。

2. 发展思路

①龟蒙神汤

将田家庄温泉引至村北靶场西侧的谷地,以露天型生态式洗浴为主,加入蒙山药浴,打造蒙山养生汤的品牌。温泉度假区的空间范围由靶场东侧水库北端起,包括北侧的三个山头及其坡地,在坡地上依山势建设自然形态的温泉洗浴池,水库及其北侧建设生态木屋型的温泉度假别墅,水库东侧及南侧建设民居型的温泉度假社区。

②田家庄乡村生态休闲区

田家庄村民整体搬迁至邢家庄北侧,置换出来的土地建设一个乡村主题休闲区,结合花卉等特色农业产业,活化业态模式,积极生态农家乐、乡村休闲旅馆、企业基地农业、商业购物以及特色餐饮等业态,以休闲为核心功能,展示沂蒙山乡民俗,打造沂蒙山乡民俗村,蒙山花卉基地。远期将蒙阳古街东侧的居民社区全部搬迁至邢家庄,将蒙阳古街向东扩展与田家庄休闲区连为一体,形成旅游休闲购物街区,共同打造休闲小镇。

③长青湖自驾营

现状靶场南侧、东侧南滨水建设一个自驾车营地。包括服务中心、房车营、轿车营、木屋营、帐篷营以及休闲设施等。

④景观绿化

植物景观以冬季为主,于两侧山坡片植腊梅,冬季红梅映雪,为冬季游客提供特色植物景观。

9.4.2.3 东蒙故道开发

1. 总体定位

充分挖掘、展示蒙山的历史和文化,打造具有独特识别性的山岳观光和文化体验项目。

2. 开发思路

恢复并完善东蒙故道,整理东蒙故道的原有景点,以蒙山古文化为核心将东蒙故道加以提升,设计富有吸引力的景点,使得游客从东蒙故道登山,一路山色一路景,步步登天。

3. 项目建设

①养生馆

五龙潭东侧建设一处养生文化主题酒店,主要功能包括住宿、餐饮、会议和娱乐。

②厚土殿

建设春晖溪（厚土殿前有一山溪）和仙桥（厚土殿前跨山溪建一座三孔弧券形石桥），恢复承天坊和厚土殿。

③建设泰山行宫

厚土殿北上路西有一平台，为泰山行宫，建设正殿三楹，以明代风格为主，殿内可祀泰山奶奶。

④桃花峪

泰山行宫以东山梁，即为桃花峪。在峪中增植碧桃、迎春、连翘等植物，春天到来之际，便可形成桃红柳绿的春日胜景。桃花峪的山口为陡峭的悬壁，利用悬壁，建设瀑布景观。

⑤恢复九龙宫观音殿

据记载，九龙宫观音殿为明鲁王时所建，共五间，梁柱皆巨石雕成，粗可径尺，屋顶亦大石铺成，上覆灰色筒瓦。门额题"九龙宫观音殿"。原有观世音等泥塑像七躯，现仅存神坛，可按照史料记载恢复观音殿。观音殿的西侧，按照现有地基建设一排僧舍，既可供观音殿僧众住宿，也可为游客提供素食餐饮。

⑥二仙桥

天宝四年秋，杜甫至鲁郡访李白，二人一起至东蒙山寻访道教名士董炼师及元丹丘，在蒙山携手同游了二十余天，后又同至鲁郡城北访问隐居于此的隐士范十。李白、杜甫这"诗歌王国中的双子星座"在齐鲁大地上的携手同游，是两位诗人生命中一段恣性任情的美好时光，也是在我国文坛上的千古佳话。

顺观音殿庙后的小路上山，途中有一石桥，为"二仙桥"，就是杜甫、李白"醉眠秋共被，携手日同行"的见证遗迹，可在周边林中布局一些二仙的诗词碑刻。

⑦五行谷

自观音殿东北行，另一条路是由南天门观音殿东北行，进入一道峡谷，命名为五行谷。

⑧古戏台

经过五行谷溯溪上行，过石桥后，就是古戏台。古戏台是旧时蒙山逢庙会演戏的地方，也是蒙山山顶古建筑群前相对开阔的地方，可以进行小型的演出活动。

⑨龟蒙顶

戏台之上，即为龟蒙极顶，作为龟蒙三条游线的终点。龟蒙极顶从东天门始，以山顶建筑群为核心，到西侧的寿星像，从而实现三路聚顶拜大寿，寿与天齐的空间格局。对龟蒙顶建筑群的建设应根据历史记载进行恢复，避免与泰山天街建筑雷同。

9.4.2.4 蒙山中路、东路

1. 总体定位

以山岳观光、生态休闲和寿文化体验为核心，丰富、完善旅游景点。

2. 开发思路

强化充实蒙山中路，丰富节点，改变现状蒙山中路过于平淡，缺乏产品的现状，进一步完善步游道，丰富和提升产品内容，以寿文化为核心，以景观为载体，以活动为穿插，完善寿文化展示、祭拜和参与的空间格局,形成拜寿主轴线,从而提高可游性,延长逗留时间。

蒙山东路为全程车游道,需增加几个重要节点与中路相连,如鹿苑、展馆、小型餐厅等,在景观优美之处适当增加亭、轩、阁和栈道等。

9.4.2.5　大洼

1. 总体定位

充分利用大洼的知名度和美誉度,把大洼建设成山地生态休闲和中国山地写生基地

2. 发展思路

①以大洼为枢纽,连接龟蒙、云蒙两大景区,将大洼建设成为整个大蒙山的旅游集散中心,承担旅游集散、交通枢纽以及餐饮住宿接待中心的功能,将来与临沂市区成为大临沂旅游的两大旅游集散中心。

②对大洼流域滨水几个村庄进行统一整治,防止村庄建设挤压河道,做好村庄排水管道系统建设,严禁向河道排放污水。将现状大洼水系沿岸的餐饮设施集中布局,形成两至三个餐饮片区,每个片区建设独立的排污设施。

③建设国内最大的山地写生基地。建设艺术会所,打造生态山乡型的艺术创作基地。

④景观绿化:由蒙山入口至大洼沿路两侧种植秋色叶植物,以黄栌及黄连木为主,深秋时节,道路两侧霜叶似火,层林尽染。做好山体绿化,形成具有层次感的山体绿化效果,主要打造春季及秋季植物景观。以竹、黄栌、黑松为基调,增加春天开花植物连翘、樱花、山桃、海棠、郁李等,秋色叶植物黄连木、柿树、元宝枫等。

9.4.2.6　百花峪生态休闲综合体

1. 总体定位

将百花峪打造成为一个生态型的休闲综合体,建设一个生态型的蒙山小镇,发展生态休闲与养生度假产品。

2. 发展思路

①建设蒙山小镇

按照沂蒙民居特色和民俗风情建设一个沂蒙小镇,建筑采用石头房子,茅草屋顶,分为四合院与别墅区两种形式,均采用蒙山地域建筑风格,打造一个宜居、宜休闲、宜度假的小镇。

②打造齐鲁山谷营地群

在蒙山小镇周边建设生态自驾营地、露营地、拓展营地、运动营地等,打造齐鲁山谷营地群。

9.4.2.7　乡村旅游

乡村旅游是中国旅游市场的热门产品,也是国家和山东省力推的旅游产品。2014 年 8 月 21 日,国务院发布了《关于促进旅游业改革发展的若干意见》(国发〔2014〕31 号),明确指出要"大力发展乡村旅游",应当依托当地区位条件、资源特色和市场需求,挖掘文化内涵,发挥生态优势,突出乡村特点,开发一批形式多样、特色鲜明的乡村旅游产品。推动乡村旅游与新型城镇化有机结合,合理利用民族村寨、古村古镇,发展有历史记忆、地域特色、民族特点的旅游小

镇,建设一批特色景观旅游名镇名村。加强规划引导,提高组织化程度,规范乡村旅游开发建设,保持传统乡村风貌。加强乡村旅游精准扶贫,扎实推进乡村旅游富民工程,带动贫困地区脱贫致富。统筹利用惠农资金加强卫生、环保、道路等基础设施建设,完善乡村旅游服务体系。加强乡村旅游从业人员培训,鼓励旅游专业毕业生、专业志愿者、艺术和科技工作者驻村帮扶,为乡村旅游发展提供智力支持。

以下内容主要参考《蒙山旅游区乡村旅游发展总体规划》,略有改动。

1. 发展条件

蒙山旅游区已经具有较高的知名度和品牌认同,市场培育较为成熟,乡村旅游可充分借助现有的优势条件,充分挖掘与开发本规划区特色的乡村资源,打造蒙山特色乡村旅游品牌。总体来看,蒙山乡村旅游区具有以下特征:

规划区拥有丰富且良好的乡村旅游资源,但目前乡村旅游发展处在初级阶段,产品以"农家乐"为主;"农家乐"以家庭自发组织为主,产品以农家餐为主,产品同质化严重,品质低,缺乏体验性与休闲性的产品项目;"农家乐"及乡村旅游景区在发展中没有凸显蒙山文化元素与符号,产品缺乏文化内涵;"农家乐"空间上分散,没有形成规模效应,住宿设施不配套,不能承载主景区旅游团队的团餐及住宿业务,起不到相应的对主景区旅游流的分流作用;乡村旅游产品单一,对市场定位不清晰,特别是对核心市场临沂市的细分不足,缺乏有效的营销策略;乡村旅游环境,特别是村落及庭院环境有待于进一步美化与提升;乡村旅游没有形成自主品牌,缺乏与第一产业、第二产业的有效融合,乡村旅游未来的发展趋势是通过自身的产业化促进三次产业间的融合发展,使乡村旅游成为蒙山旅游区重要的一支经济力量。

蒙山乡村旅游区旅游资源资源丰富,山、水、人文资源结合度高,乡土气息浓郁,具有较高的旅游开发潜力,本规划区在以后的旅游开发中应突出资源优势,打造成以山水休闲、养生度假、科普写生、创意农园等为主题的综合性乡村旅游度假区。

2. 总体定位

根据《蒙山旅游区乡村旅游发展总体规划》,蒙山乡村旅游的总体定位是:依托大蒙山景区,对蒙山旅游区乡村旅游资源进行整合与开发,大力发展乡村旅游,以丰富蒙山旅游区旅游产品种类与内涵,提升蒙山旅游区旅游综合竞争力。充分利用乡村旅游的乘数效应,带动三产效融合,改变过去传统低效的农业,发展与乡村旅游相关的制造业,增加区域乡村居民收入,缩小城乡差距,促进蒙山旅游区区域经济综合发展。同时,以乡村旅游发展为契机,通过对乡村环境的治理、绿化与彩化,将蒙山旅游区建设成为山岳型花园式乡村休闲旅游目的地。

3. 空间布局

为确保规划区乡村旅游项目的有效空间落地与有序发展,根据《蒙山旅游区发展总体规划》指导思想,结合蒙山旅游区乡村旅游资源的现状特点及地形地貌条件,蒙山旅游区乡村旅游发展空间划分为"一环、三心、七带"(如图 9.6 所示)。

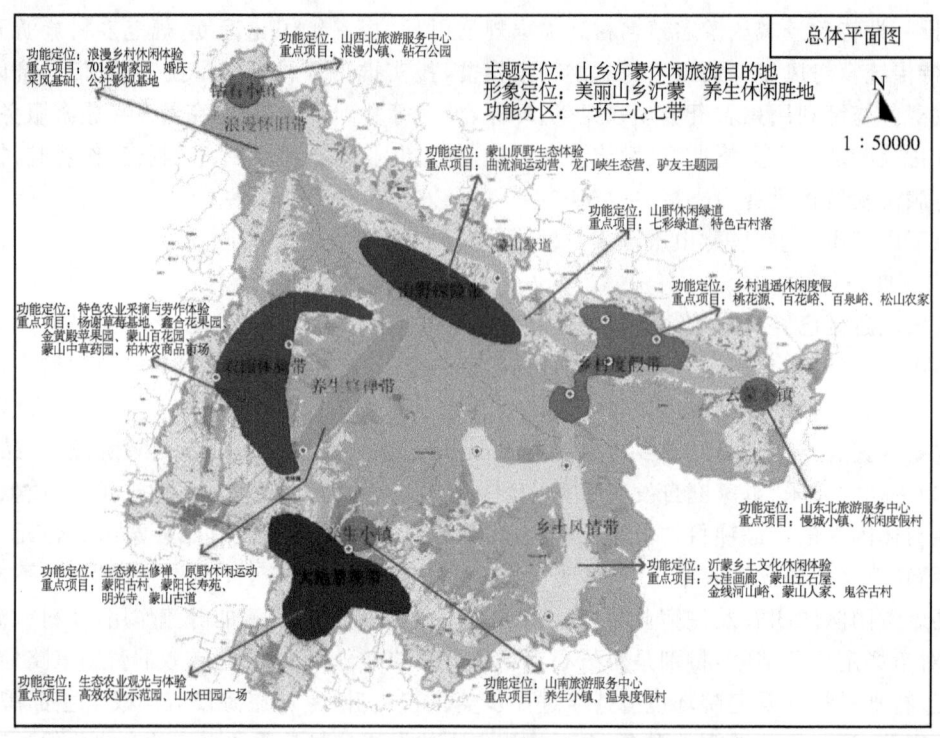

图 9.6　蒙山旅游区乡村旅游功能分区示意图

①"一环"——蒙山乡村绿道

范围：环蒙山公路

功能定位：山野休闲绿道；串联各景区景点的特色乡村廊道

②"三心"——养生小镇、云蒙小镇和钻石小镇

三心是指本规划区内的三个旅游功能小镇：山南的养生小镇、规划区东北方向的云蒙小镇、西北方向的钻石小镇

功能定位：乡村旅游服务中心地、特色旅游小城镇

③"七带"——大地景观带、农园体验带、养生修禅带、浪漫怀旧带、乡村度假带、乡土风情带和山野探险带，见表 9.7。

表 9.7　蒙山乡村旅游"七带"

"七带"	范围	功能定位
大地景观带	主景区山前（山南），柏林镇政府所在地—柘沟—养生小镇—田家庄—石河沿线及以南蒙山旅游区境内的主要农田地带	生态农业景观观赏与体验
农园体验带	柏林镇及从柏林镇杨谢至明光寺金黄殿公路沿线	特色种植业观赏、采摘及体验
养生修禅带	蒙阳峪至明光寺沿线	养生、修禅、休闲运动
浪漫怀旧带	从钻石公园景区至 701 矿社区	浪漫乡村、公社怀旧

续表

"七带"	范围	功能定位
乡村度假带	桃花源—百花峪—松山—松林子—百泉峪—云蒙小镇一带	云蒙旅游小镇"慢城"体系的辅助体系；以休闲度假为主题的乡村旅游综合体
乡土风情带	大洼景区至蒙山人家景区沿线	乡村文化体验及特色文化"农家乐"集散地
山野探险带	山北的曲流涧、龙门峡一带	山地、沟域探险

4. 乡村旅游产品谱

得益于宽广的腹地、悠久的历史、多样的文化和丰富的资源，蒙山乡村旅游区能够建立起全面、系统的产品谱，主要产品包括：

①乡村观光旅游产品

观光旅游产品是旅游者旅游动机的第一选择，最容易为各层次的旅游者所接受，与多种旅游产品具有良好的兼容性，是开发其他类型旅游产品的基础。蒙山旅游区作为山岳观光型旅游目的地，在近期可大力发展观光为主的乡村旅游产品，包含以下几个观光产品体系。

> 山岳观光：依托优美的蒙山山岳资源，完善龟蒙景区及云蒙景区的建设，发展山岳观光型乡村旅游产品。
> 沟峪景观：依托大洼沟域、金线河沟域、蒙山故道等发展以观光、体验为主的乡村旅游产品。
> 生态山林观光：整个蒙山山系的生态林所形成的植物群落系统与山野环境观光。
> 乡村田园观光：以广袤的乡野田园、大地景观、特色乡村村落为环境背景。主要包括：苹果、桃、梨、杏、樱桃、柿子、石榴、板栗等林果观光；高效生态农业及大地景观等农作物观光；智能温室、立体栽培、"3 S"技术、节水灌溉等现代高、新农业技术催生的新、奇、特农业观光；各类农事劳作、农民起居、农家院落、古村落、新农村观光。
> 创意农业观光：彩色蔬菜园、观赏蔬菜园、盆栽蔬菜园、奇异瓜果园、快乐菜园等观光。
> 村落观光：以李家石屋、鬼谷子村、可落村等特色突出的山乡古村落、乡村传统建筑、乡村传统、生产与生活器具等为吸引物的古村落游览观光；以富泉村为代表的新农村观光。
> 历史遗址、以遗迹观光：颛臾古国遗址、玉清观（万寿宫）、玉皇庙、明广寺、玉皇阁、老蒙山县衙等为主要吸引物的乡村历史遗址、遗迹观光。

②乡村休闲度假旅游产品

休闲度假旅游是目前及今后主要的旅游方式，是本规划区今后旅游产品开发的主要方向，保护、培育好区内的自然生态景观，依托休闲度假资源，完善各类配套服务设施至关重要。

> 温泉度假：对蒙山温泉旅游资源进行开发，建设温泉养生小镇及蒙山温泉旅游度假村，完善、提升温泉休闲度假旅游产品。
> 乡村田园度假：以百泉峪、百花峪、松林子、大洼景区景区为主的乡村田园度假产品。
> 山林养生度假：以蒙阳峪、明光寺景区为主要依托的山林养生度假项目及产品。

③乡村文化体验旅游产品

将区域特色文化元素融入乡村旅游环境和景观，开发乡村文化旅游产品和提升乡村旅游文化内涵，是规划区乡村旅游产品开发重要的努力方向。

开发乡村民俗文化体验、农耕文化体验、养生文化、红色文化体验、采金文化体验、生态文化体验等旅游产品。

> 红色文化体验：以蒙山人家景区为依托，体验红色文化。
> 长寿文化体验：以蒙阳峪、明光寺景区为主要依托的山林养生度假产品。
> 采金文化体验：以钻石公园景区为依托，体验采金文化。
> 沂蒙乡村民俗文化体验：以大洼民俗博物馆、李家石屋村、百泉峪社区为依托的沂蒙乡村民俗文化体验。

④节庆旅游产品

依托规划区开发的旅游项目，依据国家节假日制度安排和季节及农时变化规律，选择适当时机，根据节庆主题和规模不同，由旅游目的地政府或旅游企业组织、举办乡村旅游节庆活动，发挥节庆旅游产品的轰动效应与新闻传播效应，培育乡村旅游品牌形象。

选择举办沂蒙乡村旅游节、生态养生节、温泉旅游节、农产品采摘节（各类林果、蔬菜采摘，如樱桃节）、创意农业观光节、户外运动竞赛（如自行车山地越野大赛）、乡村摄影大赛、乡村采风节、民间艺术节、亲情乡村贺年会等节庆旅游产品。

⑤专项旅游产品

专项旅游主题明确，旅游者偏好突出，兴奋点集中，寻求更高层次的自我满足和自我实现；客源市场相对稳定，复游率高，可调节、平衡旅游淡旺季；产品形式多种多样，某些专项旅游产品常常与观光旅游、度假旅游等组合开发。发展专项旅游可以丰富和完善区域旅游产品的内容和结构，满足特殊偏好旅游者的需求，增强旅游地的吸引力和竞争力。

> 户外运动：依托蒙山山岳资源进行登山、丛林穿越、定向越野、探险、溯溪、攀岩、溜索、悬崖速降、蹦极、滑翔伞、山地越野（山地自行车、山地摩托车、山地越野车）等活动。
> 野外拓展训练：包括山地、水上拓展训练项目。
> 商务会议旅游：组织休闲农业与乡村旅游、沂蒙红色文化、温泉文化、养生文化、有机农业、创意农业、高新农业等观摩交流与专题研讨会；在主要目标市场，面向旅游产品的组织购买者，尤其是重要企业、行政与事业单位、社会团体，开展公关活动，发展商务、会议、奖励旅游。

> ▶ 科普与考察旅游：开发本地植物群落调查、山林生物考察、地质地貌考察、岩石标本采集、泉水成因考察、特色农业考察、民俗采风等科普与考察旅游产品。
>
> ▶ 写生与修学旅游：以大洼景区、百花峪景区及百泉峪社区为依托着重开发艺术家摄影、绘画、文学创作、夏令营、学生写生、地质与农林实习等艺术与修学旅游产品。

其他具体内容参见《蒙山旅游区乡村旅游发展总体规划》。

9.5 市场、产品与营销的耦合

随着旅游市场的竞争越来越激烈，单一旅游产品难以在市场上占据绝对的优势。因此，提升旅游产品质量、开发异质性产品、全面提升产品营销水平等已势在必行。传统旅游资源的品位、知名度、景区可达性等竞争优势逐渐逐渐弱化，不断进行旅游产品组合、深入挖掘旅游景区开发潜力，提高政府对景区可持续发展的重视程度，逐步增强市场开拓、渗透和竞争能力，通过蒙山旅游产品的营销传播、品牌建设、产品促销等方面的营销活动，达到人文资源与自然资源的优势互补，营销效益最大化的目标。

9.5.1 市场分析

旅游市场的拓展是建立旅游品牌与提高地区旅游产业竞争力的必要前提。虽然质高量丰的旅游资源使蒙山旅游业具有独特的竞争优势，但这种资源优势受到泰山的强烈影响。因此，研究分析蒙山的现有旅游市场与潜在旅游市场，这是蒙山推动旅游产品营销、提升旅游产业综合竞争力、拉动地区经济的必要前提。

9.5.1.1 旅游市场影响因素

旅游市场分析需充分考虑营销环境、旅游者消费心理、客源市场等与旅游产品的关系。

1. 旅游者心理需求与旅游产品的结合

针对游客不同性格、年龄、身体条件等特点进行有计划、有目的的旅游市场细分，营销策略扬长避短、相互补充，更加具有针对性。

2. 营销环境与旅游市场相结合

旅游营销环境是指影响旅游企业市场和营销行为的客观存在的宏观环境和微观环境。宏观环境上重点考虑景区的自然资源基础条件，景区周边的经济、政治、人口等发展状况；微观环境上考虑旅游活动进行过程中旅游者、旅游产品、旅游市场、旅游中间商及各旅行社等消费或营销心理。因此切实把握住营销环境是发展旅游业、实现旅游增收的基础。

3. 把握距离衰减理论与旅游市场的关系，制定不同的营销策略。

游客的旅游行为要充分考虑到交通可达性、经济、时间、体力、景区吸引力等情况，且游客数量因距离的增加而衰减。适应距离衰减规律，开发异质性、具有吸引力的旅游产品，使距离衰减的阻止性变为距离衰减的激励性。

4. 注意合理营销与旅游产品的科学组合。

旅游学者科特勒将营销组合定义为：企业为达到在目标市场上所追求的销售水平而采用的可控性营销变量的组合，其由产品、价格、促销、渠道四个变量构成。后来又有学者补充营销变量还有地点、政治权利、公共关系、成本、方便程度、沟通等方面。因此，多方面考虑产品与营销策略，科学系统地做好旅游产品的营销。

9.5.1.2 现有旅游市场分析

蒙山处于临沂一小时经济圈内，西邻省会都市圈、东接半岛城市群，与鲁南经济带位于"两小时生活圈"。蒙山更是处于客源输出地环渤海、长三角地区的中心位置，市场广阔，市场区位优越。从三级市场来看，蒙山旅游具有明显的距离衰减规律，分析现有旅游市场对于蒙山旅游品牌推广与市场拓展具有一定参考意义。

1. 一级市场

持续发展蒙山一级旅游市场，不断强化旅游市场核心区的影响力。蒙山的一级市场为蒙山周边的临沂、济宁、泰安、莱芜、日照、青岛、淄博、济南、徐州、连云港等城市。其中，距离最近的临沂、济宁、泰安、莱芜等城市应作为一级市场的核心。

一级市场客源地工业基础雄厚，随着经济水平的提高与带薪休假制度的逐步完善，乡村游、探险游、健康养生游等主题旅游活动逐渐兴起，为蒙山旅游借势发展提供良好条件。核心旅游地市场规模巨大，游客重游率高，活动选择主要为乡村观光、农家生活体验、采摘、娱乐等，凭借良好的生态环境与灿烂的地区文化，蒙山已经成为核心旅游市场周末休闲度假的首选目的地。

拓展一级市场的核心区范围，提高蒙山旅游品牌的地区影响力。距离相对较远的一级市场，如青岛、济南、徐州、连云港、烟台等城市，此类城市经济基础雄厚，拥有较快的生活节奏，其市民的旅游动机主要为体验乡村慢生活、感受山东特色文化等。不断开发异质性旅游景区旅游项目，强化文化核心竞争力的地位，依托蒙山文化，激发旅游者蒙山旅游游动机，扩展旅游核心市场的缓冲范围。

2. 二级市场

深入挖掘市场潜力，以优质的服务水平增大旅游产品吸引力。蒙山的二级市场主要为山东省内距离较远、客源相对较少的其他城市（如日照、菏泽、聊城、德州等），京津冀地区，长三角地区，中部地区。从游客出行行为分析来看，经济条件、交通条件、景区吸引力、食宿条件等都为影响游客出游的主要因素，对于二级市场游客旅游目的地选择方面表现尤其明显。

蒙山交通较为便利，日东高速（日照—东明）、G327国道（菏泽—连云港）均开放有蒙山出口；蒙山旅游专线系统建设较为合理，旅游中巴直达景区，为游客提供交通便利。另外，铁路交通发达，京津冀地区、中部地区、长三角地区（节假日上海—日照临客）均有列车经过。但是，蒙山地区的住宿条件等建设尚待改善，为游客提供原生态的乡村住宿环境。提高二级市场的重游率。

3. 三级市场

实现旅游产品品牌化发展，拓展三级市场。所谓三级市场即旅游机会市场，来自此地区的游客较少,一般以会议旅游或者探亲旅游为主。蒙山位于山东中部地区,是山东省旅游环线的重要节点。"山、水、圣人"旅游路线为山东省精品路线,泰山景区、济南趵突泉景区、三孔景区等均为国家 5 A 级景区,在地区、国内甚至国际均具有很高的声誉。蒙山应以各地举办的国际节庆活动为契机,强化自身品牌文化建设,推出自己的文化产品,将景区旅游路线融入"山、水、圣人"旅游精品路线中。

另外,蒙山位于鲁中山区,周边拥有济南遥墙机场、临沂机场、曲阜机场等,便利的快捷交通条件,为蒙山旅游景区发展三级市场提供良好的交通条件;山东省每年都会举办不同级别的节庆活动(如泰山国际登山节、曲阜国际孔子文化节、潍坊国际风筝节、荷泽国际牡丹节、青岛国际啤酒节、海洋节等),丰富多彩的节庆活动推动旅游文化品牌("好客山东")的建设。蒙山作为山东景区最重要的组成部分之一,搞好产品促销,也可以吸引这部分客源。

9.5.1.3　潜在客源市场分析

1. 城市家庭旅游市场

城市家庭市场是乡村旅游中的主要组成部分,是蒙山旅游发展的重要潜在的客源市场。随着经济水平的提高,家庭收入逐渐增加,旅游动机不断增强,周末家庭度假游现象不断显现,蒙山正处在临沂、莱芜、济南、济宁、泰安等的周末度假带上,挖掘城市家庭潜在市场,为蒙山旅游市场继续拓展奠定良好的基础。蒙山旅游区拥有许多具有地方特色的旅游产品,如"农家乐"、乡村观光、农事体验、周末家庭休闲游、"看星星"等乡村旅游主题的产品,其中旅游活动也是家庭成员共同参与的活动,为增加亲情交流提供良好条件。因此,蒙山深入挖掘蒙山旅游区的家庭旅游这一潜在市场,推动地区旅游经济发展。

2. 青少年旅游市场

青少年旅游市场是旅游市场的重要组成部分,蒙山具有挖掘青少年旅游市场的独特资源。据统计中国拥有青少年 2.5 亿,是一个庞大的旅游市场,且青少年拥有充足的假期时间,利用闲暇时间进行野外郊游也是青少年学生的重要活动。因此,青少年旅游市场较为广阔。从蒙山旅游产品来看,适合青少年旅游的旅游产品主要为修学旅游、农事体验、红色文化教育、科普教育等,因此蒙山是青少年的生动的野外课堂。

3. 老年人旅游市场

老年群体作为未来休闲市场结构中重要组成部分,应当引起足够重视。近年我国老龄化现象逐渐显现,城市老年人慢慢地摒弃传统"重积蓄、轻消费""重子女、轻自己"的消费观念,而是希望能有安静、慢节奏、健康的生活环境。因此舒适、养生的旅游行程已经成为老年人出游的重要参考标准。蒙山旅游区具有老年人出游需要满足的基础条件,挖掘老年人旅游市场具有一定资源竞争力。蒙山是中国著名的"长寿之乡",旅游产品与定位中有众多的养生小镇、蒙阳养生谷、光明寺景区等重要的养生场所,为老年人提供休闲度假,享受慢生活,修身养性,养老疗养等优质条件。另外,蒙山还是重要的道教文化中心,发展养生等具有独特的自然与人文资源条件。

4. 婚恋旅游市场

婚恋阶段的年轻人是蒙山潜在客源市场的重要组成部分。这一消费群体具有很高的消费能力,且目前越来越多的年轻人越来越希望拥有浪漫与隐私的环境,蒙山旅游产品发展的子市场中需要全面考虑。蒙山旅游区应考虑开发爱情主题旅游产品与服务,使得蒙山成为年轻人享受浪漫与爱情的度假胜地。蒙山具有相应的人文与自然资源,做好相应的规划与建设,拉动年轻人旅游的潜在市场。

9.5.2 产品体系

旅游产品体系是旅游产品各种表现形式的集合,是旅游资源开发,旅游业经营和管理的重点,同时也是呈现给旅游者核心价值所在。蒙山旅游区现有旅游产品较为老化,已不能满足市场需求,旅游区应进一步改造提升现有旅游产品,同时,不断开发新产品,发展新业态,完善产品体系,实现由以观光为主向观光和休闲度假康体等多层次、多样化的产品体系转变。根据国内外旅游市场的需求变化和蒙山旅游区旅游资源及区位优势,蒙山应着力培育 3 大旅游产品:生态观光旅游产品、休闲度假旅游产品、康体养生旅游产品,同时发展其他旅游产品,丰富旅游产品体系。

9.5.2.1 生态观光类旅游产品

生态旅游产品不同于一般的旅游产品,它不仅仅使旅游者获得视觉上的享受,更多的是心灵上休憩与放松,回归自然、享受宁静舒适的环境氛围、别样的生活味道是生态旅游能够带给游客的最真实的体验。生态旅游产品的开发应以生态观光、游憩、生态体验、节庆为核心,在此基础上重点开发老年养生休闲旅游产品、青年运动休闲旅游产品、学生科普教育旅游产品。只有多层次,宽角度的挖掘生态旅游的内涵,因地制宜的开发旅游者需要且具有生态旅游功能的旅游产品,才能实现生态旅游的可持续发展。蒙山旅游区生态旅游资源丰富,生态观光旅游产品的开发是实现旅游区产品体系多层次、多样化的关键(表 9.8)。

表 9.8 蒙山旅游区生态观光类产品

序号	项目名称	建设地点	产品简介
1	蒙山广场	景区入口广场	东中西三条文化轴线,形成文化展示空间
2	福寿康宁鼎	景区入口广场	蒙山文化浮雕墙
3	蒙阳古街提升	蒙阳古街	餐饮娱乐、商业购物
4	蒙山文化博物馆	万寿宫	展示东蒙文化和颛臾古国文化
5	蒙山竹海	换乘中心以北	各品种竹子观光
6	拓展中心提升	拓展中心	外围种植高大乔木,内部种植竹子、栗等
7	长春溪	景区进山路西侧	九个景观水面,形成九瀑十八潭的景观
8	胜景门提升	胜景门	外观改造,建设生态式入口
9	厚土殿	东蒙故道	祀厚土神
10	泰山行宫	厚土殿北上路西	祀泰山奶奶
11	桃花峪	泰山行宫以东山梁	碧桃、迎春、连翘等植物观光
12	雄关漫道	回马岭—大风门	几个单体景观组合

续表

序号	项目名称	建设地点	产品简介
13	快活岭	快活岭	集中式的开展休闲活动
14	九龙宫观音殿	九龙宫	观音殿恢复,开展祭祀活动
15	二仙桥	观音殿庙后	杜甫、李白同游蒙山见证遗迹
16	五行谷	观音殿东北	水体、植物观光
17	古戏台	五行谷溯溪上行	进行小型的演出活动
18	寿与天齐	龟蒙三条游线的终点	实现三路聚顶拜大寿,寿与天齐空间格局
19	鹿野仙苑	蒙山祭坛向东路北侧	自然、优雅的梅花鹿生长环境
20	八仙庆寿	寿桃石西南	主题雕塑
21	首乌堂	山神庙东侧	经典的蒙山小院
22	九龙潭	蒙阳河上游	汉白玉的龙头雕塑
23	万寿瀑	九龙潭上游	水体观光
24	玉泉枕流	九龙潭以北	水体观光
25	寿星石	龟蒙顶西北侧	朝拜、祭奉
26	群羊峡	玉泉枕流右侧	山体观光
27	百寿园	九龙潭西侧	雕塑、朝拜
28	听涛石	群羊峡上行	象形石
29	白云岩	蒙山中南部	象形石
30	星宿浮雕	白云岩北侧百寿崖南	浮雕观赏
31	长生台	鹰窝峰北侧	象形石
32	步云梯	路与中路的交汇点	观光道路
33	明广寺	明广寺旧址	沂蒙古寺、蒙山佛教森林

9.5.2.2 休闲度假类产品体系

随着居民生活水平的提高,旅游业已经逐渐从传统观光型向休闲度假型转变。休闲度假旅游是经济社会发展、文明程度提高的必然趋势,发展国内休闲度假旅游是旅游产业转型与提升的必然选择。蒙山旅游区具备了发展休闲度假旅游的时机与基础,要科学规划休闲度假旅游产业和驱动休闲度假旅游市场,构建休闲度假旅游产品体系,以促进旅游业的可持续发展(表9.9)。

表 9.9 蒙山旅游区生态观光类产品(建议)

序号	项目名称	建设地点	产品简介
1	长青湖	乔家岭水库	蒙山山前的核心滨水休闲空间
2	田家庄乡村生态休区	田家庄	乡村主题休闲区
3	吉祥栗园	竹林向北	生态型游乐设施,滨水建设戏水休闲设施
4	松鹤亭	百寿崖转折处	百寿崖的游憩节点
5	蒙山茶社	沙家浜	湿地花园
6	大洼	大洼景区	山地生态休闲、旅游集散中心、中国山地写生基地
7	百花峪生态休闲综合体	百花峪	生态休闲度假

序号	项目名称	建设地点	产品简介
8	运动休闲馆	李家石屋	运动休闲项目
9	乡村酒店	李家石屋	综合性乡村酒店
10	特色农院	李家石屋	生态乡村庭院
11	野趣农园	李家石屋	市民农园、种植、观果及采果
12	蒙阳古村	蒙阳峪	以长寿为主题的系列餐饮、住宿等,形成饮、食、疗、养等旅游产品
13	闲情山庄	福寿人家的南侧	老年公寓
14	绿色庄园	拦马墙子西南	温室农场、有机农场和乡村俱乐部
15	明广佛苑	明广寺东侧	佛家修心养生空间,蒙山的高端休闲场所

9.5.2.3　康体养生产品体系

康体养生旅游是目前国际上最具发展潜力、最环保的旅游产品之一,它作为一种旅游新业态,是旅游业发展到一定阶段的一种新型旅游模式。中国城市化的发展、人口老龄化的加剧,使国人对康体养生旅游产品需求越来越旺盛。康体养生旅游其核心概念是在自然景色优美、生态环境良好的地方,通过开展各种养生项目活动达到休闲养生的目的,康体养生旅游不同于其他专项旅游,它需要特殊的养生活动项目,对环境的要求很苛刻。蒙山旅游区具有优越的环境条件、资源条件和市场条件,应以温泉为龙头,整合和提升休闲农业、中草药、茶叶等资源,开发康体养生产品,打造养生小镇(表9.10)。

表9.10　蒙山旅游区康体养生产品(建议)

序号	项目名称	建设地点	产品简介
1	颐养家园	李家石屋	田园风格、山地特色的高档别墅
2	万寿庄	乔家岭水库东侧	长寿养生主题度假酒店
3	养生公寓	李家石屋	集保健、康复、休闲、娱乐、养老为一体的原生态养生公寓
4	长春园	乔家岭水库北部西侧半岛	建设高端养生度假项目
5	乐养会	乔家岭水库东侧小半岛	山东滨水第一养生会所
6	龟蒙神汤	田家庄村北靶场西侧的谷地	山东第一个山岳养生温泉
7	养生馆	五龙潭处	养生文化主题酒店
8	四灵轩	神龟拜寿右侧	四季与养生长寿的相关展示
9	半仙堂	路览胜亭向北	中药材种植,养生餐饮
10	养生体验营	李家石屋	学习养生经穴保健操、品尝养生风味餐、健康照护、紧急救护
11	健康评估中心	李家石屋	根据居民的健康状况,提供不同层次的医疗保健
12	养生会馆	李家石屋	以养生为理念的企业商务接待会所
13	浮生闲堂	蒙阳峪深处	高档次的山地疗养院,度假酒店、别墅区,康体养生中心

9.5.2.4　其他旅游产品

除以上三大类旅游产品,旅游区应同时发展民族文化体验、会展商务、科考探险和自驾车旅游等其他类型旅游产品,丰富旅游产品体系,加快旅游业发展(表9.11)。

表 9.11 蒙山旅游区其它旅游产品(建议)

序号	项目名称	建设地点	产品简介
1	古蒙部落	乔家岭水库西侧	古蒙文化展示、滨水休闲度假和餐饮游乐的主体空间
2	蒙山长寿社区	邢家庄北侧	社区居住、沂蒙长寿民俗展示和长寿农家乐为核心功能
3	快活湾	邢家庄西侧	绿色台地、水边剧场,进行水上演出
4	长青湖自驾营	靶场南侧、东侧南滨水	一个自驾车营地
5	情人谷提升	情人谷	婚庆文化传播
6	南斗亭	听涛石附近山林	朝拜、祭奉
7	文化活动中心	李家石屋	开设各种文化和民俗课程
8	会议中心	李家石屋	商务会议
9	体育旅游	沟谷等	溯溪、定向越野、徒步等

9.5.3 营销策略

　　旅游市场营销是旅游业发展的关键因素之一,在景区基础设施建设做好的同时狠抓产品营销。优秀的旅游产品才能产生良好的社会效益与经济效益,实现蒙山的资源共享与信息共享,提高营销运作效率,降低景区资源开发与运营过程中的风险和成本,继续扩大景区知名度,提高景区形象,最终实现各方参与者共赢局面。因此,蒙山旅游景区在发展中必须加大营销力度,注重综合、异质性等旅游产品开发,以市场为导向,集合各方营销力量,推动其旅游品牌与形象的塑造以及旅游市场的开拓。

9.5.3.1 旅游市场营销目标与定位合理化

　　市场营销目标与定位是进行旅游产品开发与营销的基础,合理地定制营销目标与定位才能有效、快速地进行市场细分。从产品目标而言,针对不同群体推出不同的产品与营销策略,推出生态观光,健康养生,文化体验,学习培训等主题的旅游度假产品,以适应各年龄段、各种需求的旅游者。

　　蒙山旅游资源目前主要定位在自然观光旅游、生态旅游、探险旅游和健康养生旅游。拥有丰富的蒙山文化、红色文化、道教文化、齐鲁文化等文化遗产,突出资源特色,打响生态品牌,坚持高起点规划、高标准建设、高水平运营,加快形成以景区为引领、高端产业为支撑的高效生态产业发展高地,将蒙山旅游区建设成为中国著名的山岳型养生休闲度假旅游目的地和养生圣地、革命老区科学跨域发展示范区、生态文明建设实验区和县域体制机制创新先行区。依托秀美的自然资源着力打造:"生态沂蒙山、健康养生地"。依托"大蒙山"旅游格局,着力打造"世界地质公园"和"生态名山"。

9.5.3.2 加大宣传力度,促销旅游产品

　　旅游产品宣传是旅游资源营销的最重要环节之一,通过不同宣传资源的运用,大力推广旅游产品。

1. 传媒促销

一方面,通过平面媒体如报纸、地方刊物、画报、旅游书刊、学生课外读物等进行乡土宣传和客源地宣传等。另一方面,通过网络媒体如主流媒体网页、各种即时通讯等工具进行广泛的景区形象推广。建立自主品牌网站,利用迅速崛起的网络推广手段将景区文化与资源直观地呈现给观众。另外,到主要客源地和潜在客源地进行旅游产品推广新闻发布会也是推广旅游产品的重要手段。

2. 服务营销

优质服务才能得到好的景区美誉度,让景区优质服务贯穿由"吃、住、行、游、购、娱"等旅游六要素构成的旅游活动全过程,优质的服务自然会把游客变成景区"推销员"。

近年来,临沂市人民政府以及蒙山所属区县都对蒙山旅游寄予很高期望,倾力于平面媒体、网络媒体等进行了广泛的宣传。但从旅游开发角度看,这些宣传产品特色不够突出,推广对象较为局限。着力强化蒙山旅游品牌建设与推广,从全国甚至国际高度进行大尺度宣传,重点打造具有蒙神特色的"大沂蒙精神";提供特色旅游指南,丰富旅游活动内容,优化景区服务体系,逐步建立、健全旅游产品营销体系。

9.5.3.3 强化关系营销策略

关系营销是影响旅游产品营销的重要影响因素。所谓关系营销即不同于传统的营销模式,注重产品质量与服务水平,以达到客人重复购买的目标。以一种坦诚、相互尊重的合作与伙伴关系。高度重视客户服务,在保住现有长期客户的同时,不断通过关系营销拉动新用户的消费,实现产品体系的可持续发展。

蒙山继续强化关系营销,不断将市场推广至二级、三级市场,增加地区影响力。近年来,蒙山旅游区经济连续保持平稳较快增长,2013年实现旅游区生产总值32.88亿元,地方财政收入2600万元,固定资产投资总额达到4.3亿元;产业结构逐渐优化,经过多年发展,2013年蒙山地区三次产业结构为28.4:25.9:45.7,现代服务业、农业体系逐步完善,健康、文化产业蓬勃发展;重点工程不断建设,品牌形象逐步显现优势。但是,蒙山交通的可达性,品牌形象推广等相较于周围泰山、"三孔"等景区竞争优势偏弱。不断强化蒙山旅游区的基础设施建设、服务态度与服务水平等,建立一种坦诚、相互信任、持久的服务体系,提高老旅游爱好者的再次旅游兴趣,强化新旅游者的旅游兴趣,不断激发潜在旅游者的旅游动机。

9.5.3.4 深入挖掘国际市场

目前,国际市场的拓展是国内产品进行市场营销较高阶段的目标。国际市场拥有广阔的推广空间,高端产品叠加有丰富的中国文化,得到众多国外客户的青睐。以国际化的眼光进行产品开发与营销,借鉴"政府主导、多方参与、区域统筹、分区管理、管经分离、特许经营"等国际经验,积极研究和探索符合地区发展实际的营销与管理模式。

蒙山具有特色的蒙山文化、养生文化、红色文化等,对国际游客的吸引力不断强化。外国人来华的主要目的是文化之旅,感受中华历史文化的博大精深,体验中国当今社会文化的多彩与充实。蒙山风景秀丽,宁谧清幽,是道家修炼养生、延年益寿的重要场所。国外游客在感受文化的同时，势必会对蒙山特色文化充满兴趣。

参考文献

Nepal S K,2002. Mountain eco-tourism and sustainable development:Ecology,economics,and ethics[J]. Mountain Research and Development,**22**(2):104-109.

Beedie P,Hudson S,2003. Emergence of mountain-based adventure tourism [J]. Annals of Tourism Research,**30**(3):625-643.

Pomfret G,2006. Mountaineering adventure tourists:A conceptual framework for research [J]. Tourism Management,**27**(1):113-123.

Nyaupane G P,Morais D B,Dowler L,2006. The role of community involvement and number/type of visitors on tourism in-pacts:A controlled comparison of Annapurna, Nepal and Northwest Yunnan, China [J]. Tourism Management,**27**(6):1373-1385.

Kariel Herbert G,1992. Outdoor recreation in mountains [J]. Geo Journal,**27**(1):97-104.

Ploaie Gheorghe,1996. The impact of tourism and conservation on agriculture in the mountains of Valcea County,Romania [J]. Geo Journal,**38**(2):219-227.

Lasanta T,Laguna M,Vicente-Serrano S M,2007. Do tourism-based ski resorts contribute to the homogeneous development of the Mediterranean mountains? A case study in the Central Spanish Pyrenees [J]. Tourism Management,**28**(5):1326-1339.

Tooman L A,1997. Applications of the life-cycle model in tourism [J]. Annals of Tourism Research,**24**(1):214-234.

Wall G,Wright C,1977. The Environmental Impact of Out-door Recreation[M]. Waterloo:The University of Water-loo.

Kuniyal J C,2002. Mountain Expeditions:Minimising the Impact [J]. Environmental Impact Assessment Review,**22**(6):561-581.

Hill W,Pickering C M,2006. Vegetation Associated with Different Walking Track Typesin the Kosciuszko Alpine Area,Australia[J]. Journal of Environmental Management,**78**(1):24-34.

Edwards F,1988. Environmentally Sound Tourism Development in the Caribbean[M]. Calgary:University of Calgary Press.

Richards G,1996. Skilled consumption and UK ski holidays [J]. Tourism Management,**17**(1):25-34.

Heberlein T A,Fredman P,Vuorio T,2002. Current tourism patterns in the Swedish mountain region [J]. Mountain Research and Development,**22**(2):142-149.

Williams P,Fidgeon P R,2000. Addressing participation constraint:A case study of potential skiers [J]. Tourism Management,**21**(4):379-393.

Holden A,1998. The use of visitor understanding in skiing management and development decisions at the Cairngorm mountains,Scotland [J]. Tourism Management,**19**(2):145-152.

Pyo S,2005. Knowledge map for tourist destinations-Needs and implications[J]. Tourism Management,**26**(4):583-594.

Reinius S W,Fredman P,2007. Protected areas as attractions [J]. Annals of Tourism Research,**34**(4):839-854.

Linde J, Grab S, 2008. Regional Contrasts in Mountain Tourism Development in the Drakensberg, South Africa [J]. Mountain Research and Development, **28**(1): 65-71.

Dye A S, Shaw S, 2007. A GIS-based spatial decision support system for tourists of Great Smoky Mountains National Park [J]. Journal of Retailing and Consumer Services, **14**(4): 269-278.

Johnson J, Bieger T, Scherer R, 2008. Indicator-based strategies for sustainable tourism development: Insights from a Swiss re-search project [J]. Mountain Research and Development, **28**(2): 116-121.

Hudson S, Miller G A, 2005. The responsible marketing of tourism: The case of Canadian mountain holidays [J]. Tourism Management, **26**(2): 133-142.

Pickering C M, Buckley R C, 2003. Swarming to the summit: Managing tourists at Mt Kosciuszko, Australia [J]. Mountain Re-search and Development, **23**(3): 230-233.

Langer G, 1996. Traffic noise and hotel profits) Is there a relationship? [J] Tourism Management, **17**(4): 295-305.

Harrison S J, Winterbottom S J, Sheppard C, 1999. The potential effects of climate change on the Scottish tourist industry [J]. Tourism Management, **20**(2): 203-211.

Elsasser H, Messerli P, 2001. The vulnerability of the snow industry in the Swiss Alps [J]. Mountain Research and Development, **21**(4): 335-339.

Scott D, Jones B, Konopek J, 2007. Implications of climate and environmental change fornature-based tourism in the Canadian Rocky Mountains: A case study of Waterton Lakes National Park [J]. Tourism Management, **28**(2): 570-579.

Nêthiger C, Elsasser H, 2004. Natural hazards and tourism: New findings on the European Alps [J]. Mountain Research and Development, **24**(1): 24-27.

Knight J, 1996. Competing hospitalities in Japanese rural tourism [J]. Annals of Tourism Research, **23**(1): 165-180.

Fredman P, Heberlein T A, 2003. Changes in skiing and snowmobiling in Swedish mountains [J]. Annals of Tourism Research, **30**(2): 485-488.

Smith M D, Krannich R S, 1998. Tourism dependence and resident attitudes [J]. Annals of Tourism Research, **25**(4): 783-802.

Needham M D, Rollins R B, 2005. Interest group standards for recreation and tourism impacts at ski areas in the summer [J]. Tourism Management, **26**(1): 1-13.

Eitzinger C, Wiedemann P, 2007. Risk perceptions in the alpine tourist destination Tyro: l An exploratory analysis of residents. views [J]. Tourism Management, **28**(3): 911-916.

Kianicka S, BucheckerM, Hunziker, 2006. Locals. and tourists. sense of place: A case study of a Swiss alpine village [J]. Mountain Research and Development, **26**(1): 55-63.

雍万里, 1984. 武夷山风景区划及其旅游资源评价[J]. 地理科学, **4**(3): 269-276.

靳建明, 1986. 登山旅游的发展与接待[J]. 旅游论坛, (2): 22-28.

黄成林, 1992. 黄山旅游旺季游客超载调控措施研究[J]. 经济地理, **12**(3): 38-41.

陆林, 1991. 山岳风景区国际旅游经济效益探析: 以黄山国际旅游业为例[J]. 旅游学刊, **6**(1): 39-43.

王有邦, 李淑卿, 1993. 泰山旅游资源开发利用初探[J]. 经济地理, **13**(2): 85-89.

陆林, 1997. 山岳旅游地旅游者动机行为研究: 黄山旅游者实证分析[J]. 人文地理, **12**(1): 6-10.

保继刚, 彭华, 1995. 旅游地拓展开发研究: 以丹霞山阳元石景区为例[J]. 地理科学, **15**(1): 63-70.

崔凤军,杨永慎,1997.泰山旅游环境承载力及其时空分异特征与利用强度研究[J].地理研究,16(4):47-55.

崔凤军,1999.山岳型风景旅游区生态负荷与环境建设研究:泰山实证分析[J].应用生态学报,10(5):623-626.

陆林,宣国富,章锦河,等,2002.海滨型与山岳型旅游地客流季节性比较:以三亚、北海、普陀山、黄山、九华山为例[J].地理学报,57(6):731-740.

鄢和琳,包维楷,2001.川西山地生态旅游开发及其持续发展初步研究[J].自然资源学报,16(6):557-561.

唐鸣镝,黄振宇,2007.基于整合观的旅游规划方法探究[J].城市规划,31(12):93-96.

焦华富,丁娟,李俊峰,2006.旅游城镇化的居民感知研究:以九华山为例[J].地理科学,26(5):635-640.

卢松,张捷,李东和,等,2008.旅游地居民对旅游影响感知和态度的比较:以西递景区与九寨沟景区为例[J].地理学报,63(6):646-656.

李东和,张捷,章尚正,等,2008.居民旅游影响感知和态度的空间分异:以黄山风景区为例[J].地理研究,27(4):963-972.

申洪源,张红梅,2001.蒙山旅游资源特征及旅游业发展研究[J].烟台师范学院学报,17(3):215-219.

曹光杰,2004.蒙山旅游资源评价[J].国土与自然资源研究,03:58-59.

蔡长胜,牛凌,2001.蒙山森林旅游资源保护与综合开发利用[J].水土保持研究,03:147-149.

赵兴云,2007.沂蒙山地区旅游资源定量评价及旅游开发战略构想[J].临沂师范学院学报,06:89-96.

吴向峰,2011.山东蒙山生态旅游资源评价与环境容量研究[D].山东:山东师范大学.

公方景,宋西强,王明三,等,2001.蒙山国家森林公园的可持续发展[J].水土保持研究,03:137-139.

赵兴云,2002.蒙山旅游业可持续发展的环境条件及对策[J].烟台师范学院学报(自然科学版),03:205-209.

梁仁君,2004.蒙山旅游资源可持续开发利用的调控途径[J].中国资源综合利用,5:39-43.

张群,李昌菊,2010.蒙山景区生态旅游与可持续发展初探[J].艺术与设计(理论),7:119-121.

曹光杰,2004.蒙山旅游客源市场定位及营销策略[J].商业研究,19:166-168.

高焕毅,2008.区域经济洼地崛起的一种路径选择[D].北京:北京交通大学.

许守飞,2011.沂蒙山红色旅游纪念品的设计开发与研究[D].湖北:中南民族大学.

解东,2012.建设蒙山旅游综合体的研究[J].旅游世界·旅游发展研究,04:54-62.

刘静,2014.山东蒙山旅游经济区域一体化发展探究[J].山东商业职业技术学院学报,02:10-12.

王衍用,1993.孟子故里旅游开发研究[J].地理学与国土研究,(2):50-53.

黄义根,2008.宜昌市旅游市场营销策略研究[D].重庆:重庆大学.

科特勒,1991.营销管理:分析,计划,实施与控制[M].上海:上海人民出版社.

Burkart,A.J,Medlik,S,1981.Tourism:past,present,and future [M].Heinemann Publ1shing company.

Mcintosh,R.W,Goeldner,C.R,1990.Tourism:principles,practices,philosophies[M].John Wiley Sons Publishing company.

Ketler,1991.Marketing Management:Analysis,Arrangement,Actualize and Control [M]. Prindison-Haul Publishing company.

Robert,J.Keheh,1985.The Marketing Revolution [J].Journal of Marketing,01:35-38.

第十章

蒙山文化研究

10.1 蒙山历史文化概述

10.1.1 蒙山历史文化

蒙山，古称东蒙、东山，为泰沂山系的一个分支。蒙山在古代是一座宗教文化名山，有"岱宗之亚"的称号，近代又因是沂蒙山区革命根据地而闻名遐迩。

有关蒙山的文字记载最早见于《书经》和《诗经》，据袁梅《诗经译注引言》，《诗经》的创作年代基本在西周初叶至春秋中叶，《閟宫》一诗是歌颂鲁僖公（公元前 659 年—前 627 年）政绩的，其创作时间当在公元前七世纪或者更晚一些。由此可知，蒙山之名见于《诗经》迄今至少已有 2600 多年。

蒙山悠久的历史和深厚的文化令世人注目。《论语》中记载颛臾王曾主祭蒙山。春秋战国时期，这里留下了儒、道、纵横家代表人物孔子、庄周、老莱子、鬼谷子的足迹。鬼谷子在此修炼授徒，弟子过百，著名者有孙膑、庞涓、苏秦、张仪等。汉朝史学家蔡邕等曾隐居此山。众多文人墨客登临蒙山，留下优美诗词篇章。

新中国成立以来，蒙山地区及周边先后发现了几十处大汶口文化、龙山文化、岳石文化遗址，对此作了印证。西周时，周成王封颛臾于蒙山之阳，主祀蒙山，说明当时蒙山已跻身于中国名山之列。

西周在蒙山南北封齐、鲁二国，这两个大国在军事、政治、经济发展演进的同时，华夏文化也开始在此传播。它和当地的东夷文化由相互阻隔到相互融合，使蒙山及其周围广大地区的文化出现了空前的繁荣，而且这种现象经朝历代，不断延续和发展。在蒙山地区发现的汉画像石墓，其建筑和雕刻技艺之精，令人叹为观止。其他如西汉石碑、东汉墓阙以及春秋时期的徐子氽鼎等金石精华，有的属全国重点文物保护单位，有的属国家一级文物，都是上述现象的见证。由于社会经济的发达和先进文化的哺育，蒙山地区名人辈出，荀子、曾子、蒙恬、刘洪、匡衡、诸葛亮、王羲之、颜真卿、公㶏、左宝贵等很多业绩卓著的人物，分别在不同的领域，为中国社会发展做出了出色的贡献。

历史上蒙山的道教和佛教都非常兴盛。僧人道众对蒙山情有独钟，把这里当作修炼正果、养生长寿的圣地。主要道观有雨王庙、清虚观、翠云观、九龙宫等，香火鼎盛的寺庙有明光寺、海螺寺和云台寺等。早在五代时期，任过后晋水部员外郎的贺亢就修道蒙山，北宋苏东坡曾和他的八十多岁的弟子乔全有过交往并写诗相赠。宋朝蒙山玉虚观住持贾文，于宣和元年（公元1119 年）被宋徽宗召见于汴京，赐给度牒、紫衣。明清时期，蒙山清虚观属全真道华山派，和道教"天下第一丛林"北京白云观有着密切联系。正是这些宗教的活动，给蒙山留下了多处宏殿重阁，并洋溢着黄卷青灯、钟响磐鸣的神秘气氛。

蒙山是沂蒙山区革命根据地的重要组成部分。抗日战争时期，中国共产党领导的山东党政军首脑机关和八路军 115 师指挥部,在这里领导山东军民英勇作战。解放战争时期,中共中央华东局和华东野战军指挥机关,在此组织了举世闻名的孟良崮战役。如今,当年一些重大革命历史事件发生地和著名战场以及革命烈士陵园,都得到了很好的保护,有的新修了纪念建筑物。其中孟良崮战役纪念馆属全国重点烈士纪念建筑物保护单位,另有多处省级重点文物保护单位。有些则被定为山东省青少年爱国主义教育基地。

10.1.2 蒙山文化的概念

在《蒙山文化研究》(总第 15 期)卷首语中有对蒙山文化下的定义:所称"蒙山文化",是以平邑县境及至沂蒙山区域为范围,以古往今来为时限的大文化范畴。研究的对象是在此时空概念下,从古至今劳动人民所铸造和生发的一切历史文化资源,包括历史文化传统、政史文化人物、社会文化现象、经济文化成果、自然文化遗产等,及其对区域内社会经济、意识形态、政治文化的影响。

"蒙山文化"就是以蒙山山脉所覆盖的区域为空间范围,以上古至清末的中国古代史断代以及近现代革命时期为时间范围。蒙山地区在此时空界限下出现的各种人文文化的综合,以及它们对相关区域所产生的影响。

10.1.2.1 研究范围

该范围主要是蒙山山脉所覆盖的临沂市西北部的大片土地,以现在的行政区划来看,基本上是费县、蒙阴、平邑、沂南四县之地以及新泰市东南部、滕州市东北部。

10.1.2.2 研究对象

主要对象是在上述时空范围下的人文文化现象,包括道教、佛教等宗教文化、儒家文化、祭祀文化、红色文化、民俗文化等,以及与这些文化相对应的历史文化人物,并且还涉及到这些文化和人物事迹对区域内意识形态、政治文化的影响(申小龙,2013)。

10.2 蒙山文化的特点

10.2.1 蒙山文化是一个相对独立的区域文化

总体来看,蒙山文化起源的类型属于"本土自主产生"型。主要原因有两方面。

(1)从地理环境来看,蒙山地区是一个相对比较封闭的区域,泰沂山脉将其与北部的潍淄流域和东部的胶东半岛隔开,其西部在史前时期又存有许多大泽,东南又有沂河、沭河纵贯,流入南边的淮河。在史前较为落后的条件下,大规模的移民迁入似乎是不大可能发生的;同时,蒙山地区又非常适合人类居住,沂河、沭河沿岸,属于森林草原气候,河谷林茂草丰,大部分地区都可做天然牧场,而且蒙山自然资源丰富,能为人类生活提供必需的生活和生产资料。如此一来蒙山的原住民基本可以做到自给自足,也无迁出的必要。既然大规模的民众迁徙发生的可能性并不大,那么不同地区间文化交流也必然不会太多,那么蒙山文化产生之初所受到的外来影响也就微弱了。

（2）从文化遗址来看，蒙山地区发现了大量的新旧石器时代的文化遗存。其中旧石器时代的遗址分布在一个北起沂源，南至马陵山，东到海岸，西及平邑的环蒙山山脉的较为宽阔的区域之内。其中较为重要的有沂源猿人化石遗址，沂水南洼洞旧石器文化遗址，日照双庙旧石器文化遗址，郯城小麦城旧石器遗址以及平邑南武阳旧石器遗址等等，这些遗址在时间上跨越整个旧石器时期。而新石器遗址的大量发现又进一步说明了其文明的延续性。也就是说蒙山地区在史前时期有一个十分完备的文明体系，也说明了蒙山文化得到了地方民众的传承，从而在一个漫长的历史时期内持续发展着。山东地区史前文明的发展，是沿着北辛文化—大汶口文化—龙山文化—岳石文化的序列，自成体系地向前发展。

10.2.2 多种文化碰撞融合

中国上古时代有着三股影响巨大的文化集团，分别是华夏文化，苗蛮文化和东夷文化集团，他们各自形成了极具特色的文化传统，是以后诸多区域文化产生的源泉。蒙山地区就是东夷集团活动的区域之一，那么该地区所产生的文化必然要受到东夷文化的影响，它只是一个区域大文化的分支，这在很大程度上影响了它在文化交流中的地位。因此，当一些相对而言具有更大影响力的文化，诸如齐鲁文化、荆楚文化等地域文化以及游牧文化等民族文化来袭之时，因为本身地位的不对等，蒙山文化更多的是去吸收融合这些文化，却很难做到文化的输出。

具体来说，这种碰撞融合的形式主要有两种类型：蒙山内部文化融合和外来文化的输入。

10.2.2.1 本地文化的碰撞融合

蒙山地区最早的文化融合要追溯到遥远的三皇五帝时期，当时，蒙山地区是东夷部落的活动区域之一，产生了丰富多彩的东夷文化。

据栾丰实对"夷"的考证：所谓"夷"，是夏商周三代中原地区的居民对以海岱地区为主体的东方地区（或这一地区的居民）的称谓，夏称"九夷"，商曰"夷"或"夷方"，入周以后始名之曰"东夷"。

蒙山地区考古发现的诸多史前文化遗址，如凤凰岭文化等，都指向蒙山地区是先秦时期东夷部落生活的区域之一。在这些东夷部落中较有影响力就是太昊和少昊部落，作为"东蒙主"的颛臾国即是太昊的后裔，以此反推则太昊的活动区域亦应大致在蒙山范围之内。

栾丰实在《东夷考古》中指出：太昊最初主要在鲁东南的沂、沭河流域，向北可能延伸到沂山北侧一带，到大汶口文化中晚期阶段之际，太昊部族中相当一部分，沿着沂、沭河和淮河的北侧，向皖北豫东迁徙，并在这一带定居下来（栾丰实，1996）。

如文中所言，太昊族并没有完全迁出蒙山地区，颛臾国就作为风姓后裔留了下来，并且继承了对太昊和济水的祭祀。另外，蒙山南麓的费县又是所谓的少昊部落近畿之地（少昊部落大致活动于汶泗流域），因此也多少要受到少昊族群的影响，而其后裔徐国更是成为蒙山地区最强大的方国。这两大部落在其发展壮大的过程中，都先后创造了丰富多彩、独具特色的灿烂文化。

笔者认为太昊和少昊两族确为先秦时期鲁中南和鲁西南地区两个十分重要的部族,他们在各自的发展中,有过一定的交流,甚至是激烈的争斗。但总的来说,两族在蒙山文化形成的初期起到至关重要的作用是无须置疑的。

10.2.2.2 外来文化的输入

1. 激烈军事斗争的文化碰撞

到了夏商周时期,所谓的"夷夏之争"愈演愈烈,中原王朝与东夷部族的争斗为古老的蒙山输入了新鲜的血液。宣统《蒙阴志》记载:"蒙阴县在蒙山之阴故名,夏为蒙山有施氏地(后癸伐有施即此)"。也就是说从夏末开始,中原王朝已经与蒙山土著有所联系。商汤代夏,商王朝势力东扩,夷、商文化交织在一起,形成了较为复杂的文化面貌。

具体来说,这段时期内的海岱地区(包括蒙山地区)主要由交织在一起的三部分文化因素构成,即商文化、土著文化和非商非夷的混合型文化,而随着时间的推移,第三种文化所占比例越来越大。到了周代,周王室进一步武力征服海岱地区,《尚书·费誓》所记载的战争即发生在现今的蒙山区域,此后周王朝在此分封建立齐、鲁、滕等诸侯国,同当地土著建立的莱、莒、纪、郯等国相互交流、互通有无,文化交流进一步的加深,文化融合的趋势更加的迅速。以对蒙山的祭祀为例,周王室本只需祭祀天下名山大川,像蒙山此类山脉,本只是地方诸侯的祭祀对象,但周王室却以颛臾国为其代表去祭祀蒙山,这种怀柔政策中便包含了两种文化交流争斗的结果。

春秋战国时期,天下纷争不已,蒙山地区处于四战之地,北临齐国,西依鲁国,东靠莒国,南与楚国、越国接壤,在礼崩乐坏的时代里,战争的发生是不可避免的,这一点亦可以从《论语》中看出来,作为宗主国鲁国大夫的季氏家族都想吞没域内之国颛臾,更何况是好灭人国的楚国和从不安分的越国,以及以天下为己任的齐国。无论是《左传·襄公十二年》记载的"莒人伐我东鄙,围台",还是蒙山地区时代相传的颛臾王英勇事迹,都说明了该区域在先秦时期的纷乱。

《左传》记载:僖公十七年秋,声姜以公故,会齐侯于卞;隐公元年春三月,公及邾仪父盟于蔑;哀公十七鲁齐会于蒙。如此一来,不仅国家上层的交往增多,就是民间的交流活动也不少。这样一来齐人的好利,鲁人的好礼,楚人、越人的好战等等民风都充斥于此地。最后再加上战争带来的强制文化输入,扎根于东夷文化的蒙山文化不断地融合各种或先进或落后的文化,更加充实饱满起来。以宣统《蒙阴县志》所记风俗为例,该地"家重礼教,户崇信义,从鲁也;士好经术,俗贱仆佣,从齐也。"

再加上蒙山特有的"崮"的地形,十分易于藏兵,而且因其顶部平坦四周陡峭,因而易守难攻。魏晋时期发生的多次南北攻守战中,南方政权往往具有主动权:"宋泰始七年冬十月,北琅琊、兰陵二郡太守垣崇祖经略淮北,入魏境七百里,据蒙山","煽动郡县",而一旦退败,蒙山特有的地形亦可延缓北方骑兵。这一方面得益于地形优势,另一方面也是因为民心相背。因此,每次战争的结束都使得北方少数民族的统治者增强对蒙山地区的重视度,迫不及待地要将此地民众同化。这种同化的效果虽远未达到元朝时期的汉人改蒙古姓氏、遵循蒙古风俗那样强烈,但是仍然为蒙山文化掺杂进了草原文化的血液。自此之后,蒙山民众的淳朴之中又融入了豪迈彪悍之风气。

2. 儒、释、道文化的平缓融合

儒、释、道文化是中国传统文化中最重要的三个方面,任何区域文化的形成发展都不可避免的要受到三者的影响。蒙山地靠邹鲁,受到儒家文化的影响自是情理之中。在儒家文化的熏陶下,蒙山地区人才辈出,既有"撰书卷帆繁,与身同尺寸"的公鼐,又有"一将仓皇马革裹,天跳地踔哭声悲"的左宝贵。其民"有圣人之教化""好学愈于他俗",承平之时懂礼仪知进退,战乱之际晓大义不畏死。蒙山景色幽静、气候怡人,素有"三十六鳌、七十二峰"之称,自古以来就是僧、道人士心目中修行的绝佳之地。北齐武平年间,有兴圣寺之建;唐代明净和尚更是得道大德,当地人立祠奉祀。蒙山道教传说人物众多,仙道文化源远流长;北宋贾文在蒙山首建道观,宋金之后,蒙山更是成为山东著名的道教之山。三教交相辉映,共同为蒙山文化的发展壮大输入了新鲜的血液。

综合论述,蒙山文化的特点就是扎根于东夷文化,延伸于齐鲁文化,又历经儒释道文化的洗礼,包含众多文化单元的集合体,可以说是中国多元文化的一个缩影。祭祀文化是产生的根基,仙道文化是最基本的内容,儒家文化则在其千年(西周至清)的时光里处处闪耀着光芒。

10.3 蒙山祭祀文化及其产业化利用

10.3.1 蒙山祭祀由来

山岳在中国古人心中往往有一种神秘感。山岳成为古代人民心目中神圣的领地,一方面由于山岳为他们带来了生活和生产的资料,"山林川谷丘陵,民所取财用也",使先民们心怀感激之情。另一方面山岳那高耸入云的外形,为其蒙上了一层神秘的面纱,并且带来了强烈的视觉冲击,使得先民们对其产生敬畏之情:"山林、川谷、丘陵,能出云为风雨,见怪物,皆曰神"。这种感激与敬畏,渐渐造就了一种信仰,就像现在依然存在的五岳信仰一样,而这种信仰随着时间的推移,便出现了山岳祭祀这种仪式。尤其是在"国之大事,在祀与戎"的古代,山岳祭祀更是古代祭祀活动中的一项重要内容。这种最原始的对于自然地敬畏与感激之情在社会的不断发展中又被赋予新的含义。"《周官》曰,天子祭天下名山大川,五岳视三公,四渎视诸侯,诸侯祭其疆内名山大川"。祭祀的主体被确定下来,山岳祭祀这一原本的宗教活动蒙上了政治色彩,进而扩展为原始礼制的中心事项。

在这种大氛围的影响下,蒙山必然成为其附近地区内部落或者邦国的祭祀对象之一,因此无论是蒙山地区的土著蒙国还是风姓后裔的颛臾国,他们对于蒙山的祭祀都是自发的,是部落传统之一。到了西周时期,这一传统又加入了新鲜的血液。中原的统治者周王室,为了怀柔蒙山地区的土著民众和邦国,很自然的接受了祭祀蒙山这一传统,并且将之升格为更高层面的全国性的祭祀活动,即是《论语》中所说的"昔者先王以为东蒙主",将颛臾国作为周王室的代表去祭祀蒙山。这种一国一邦的祭祀传统被加上了国家的印记,一跃成为王室的祭祀之一,这种人为的提升，使得蒙山祭祀在先秦时期变得尤为的重要，而周文化的进入也加速了祭祀相关文化的发展，丰富了蒙山文化的内容。这种包含政治和宗教意味的特殊祭祀拉开了千年蒙山文化的序幕，也是流传至今的蒙山祭祀的由来。

10.3.2 蒙山祭祀的历史演变

颛臾国最初的祭祀仪式、祭祀地点都已经湮没不可考，但是西周之后的祭祀活动还是有迹可循的。西周分封颛臾国后，以其主祭蒙山，据《蒙山志》记载，西周以后，颛臾国对蒙山的祭祀："每年四举：春东、夏南、秋西、冬北。"

现在尚存的古蒙祠即是当时夏季祭祀蒙山的遗址。《水经注》记载："治水东流迳蒙山下，有蒙祠"，该遗址位于蒙山主峰南麓今平邑县柏林镇万寿宫西邻，是游览蒙山龟蒙景区和登临主峰的起点。根据山岳祭祀的分类——"就祭"和"望祭"来看，在西周时期颛臾王是亲临祭坛祭祀蒙山的，即"就祭"。

自秦汉至于唐，史书上虽然没有蒙山祭祀的相关记载，但是根据唐天宝五载所立的《唐蒙山祠记》的记载，可知在唐代古蒙祠依然还是官方祭祀蒙山的场所。据光绪《费县志》的编者看来，此次祭祀活动是在唐玄宗东封泰山的同时或者相差一段时间进行的，可见蒙山祭祀仍然作为重要的祭祀活动为当时官方所承认。自西周至于北宋前期，蒙山祭祀的对象始终都是蒙山神灵，但到了北宋熙宁年间，祭祀对象出现了变动。

据光绪《费县志·金石》所载《熙宁残牒石刻》，北宋神宗皇帝应地方所求，出于"论德报功"的目的，封颛臾王为潜应侯。宣和年间又因为颛臾王"显灵平寇，邑赖以安"而加封其为英烈昭济惠民王，古蒙祠也改名为英烈昭济惠民王庙，当地民众称之为大王庙。至此，蒙山神的祭祀同颛臾王的祭祀合二为一，但是这种合并不仅仅因为官方的一个封号的问题，而是地方百姓或者说地方士人对于颛臾王的敬仰之情，使得这种改变基本没有遭到多大的阻力就施行于世。

1981年在古蒙祠遗址中出土了一块重达2000克的宋代亚腰型银锭，便是宋代官方祭祀蒙山的证据。另外，北宋宣和年间，道士贾文在此创立玉虚观，古蒙祠成为道观的附属部分，从此以后，玉虚观的道人往往也成为蒙祠监管人，也就是"住持玉虚观兼灵显庙事道士"的职位，负责祭祀蒙山的仪式。金元时期基本上因循这一方式。另据光绪年间的"东蒙山嘉惠昭应王庙碑"（在今蒙山翠云观后）碑文："金明昌年祠内始有封神，今存石主，文显'嘉惠昭应王'数字，并缺年代。"推断出金代曾对蒙山神重封尊号。

明太祖洪武三年（1370年）"诏去岳、镇、海、渎历代封号，止以山水本名称其神。"蒙山神与颛臾王重新剥离开来，蒙祠也恢复其最初的用途，即专以祭祀蒙山神灵。弘治元年（1488年）更是将颛臾王的祭祀改在蒙阴，彻底将二者的祭祀隔离开来。到了清代，蒙山祭祀已不见于典籍，只在一些文章中略有提及，如郭翘楚《古蒙神祠考》说道："我朝监古定制，柴望泰山，竖石岳庙，皆曰太山之神。然则颛臾王昔主东蒙之祀，今为东蒙之神，费邑特祭，因以报德，沂府望祀，亦以崇功。"说明当时对于蒙山的官方祭祀已经不存在了，为此郭氏撰文请祀。但是为迎接乾隆帝南巡，沂州知府李希贤在考察蒙山古迹时，仍不忘在万寿宫、白云岩以及蒙顶等处著簿记，可见蒙山祭祀仍为当地政府重视。

以上是对蒙山官方祭祀历史的一个概述,至于民间祭祀,由于文献记载的内容少有涉及民间人事,故对于具体的民间祭祀蒙山的方式方法无法得知。但是从一些流传下来的文章中可以看出,蒙山地区的人们对于蒙山的祭祀是一直在进行的,古蒙祠只有一处,但是所谓的大王庙在费县、平邑、蒙阴等地却有多处,皆为当地民众祭祀颛臾王的场所。明代万历年间,坍圮的颛臾王庙就是乡民陈仲表、杜守功、刘廷凤等倡议并集资修葺的,若是民众不曾祭祀,修葺一事也不会出现。"东蒙山嘉惠昭应王庙碑"碑文记载了光绪二十五年蒙阴大旱,近五个月不曾下雨,蒙阴百姓登蒙山祭神求雨,而后雨连下三日,福润方圆三十里,百姓感恩蒙山神灵,修建雨王庙一座。此庙也就是颛臾王庙,可见颛臾王在蒙山百姓心中早已与蒙山神灵挂钩,这也是民间祭祀蒙山的又一间接证据。

10.3.3 祭祀文化的产业化利用

古人的祭祀分为对祖先的祭祀和对自然界万物的祭祀两类。祭祀对象分为三类:天神、地祇、人鬼,天神称祀,地祇称祭,宗庙称享。

近年来,祭祀文化资源的产业化利用逐渐得到市场的认可,如2009年泰安市委、市政府和泰山管理委员会投资3亿元,打造的大型实景演出《中华泰山·封禅大典》,是山东省文化旅游重点项目。主要表达的是古代帝王封禅泰山、祭祀天地的礼仪,封为"祭天",禅为"祭地",是指中国古代帝王在太平盛世或天降祥瑞之时的祭祀天地的大型典礼。

还有"公祭黄帝典礼"。"黄帝崩,葬桥山。"在黄帝死后的几千年里,历代祭祀黄帝的活动从未中断。中华人民共和国成立后,公祭黄帝典礼于清明节在陕西省黄陵县桥山黄帝陵举行。近年来,公祭活动由陕西省人民政府主办,省级领导主持公祭。参加祭祀活动的有全国人大、国务院、全国政协、兄弟省市代表以及陕西各界代表和港、澳、台同胞,海外侨胞等。

2009年9月19日,在陕西省宝鸡市,举行了全球华人祭祀炎帝大典,近万名民众炎乡祭祖。当日的祭祀大典吸引了众多媒体的关注,新华社、中央电视台、中央人民广播电台、《光明日报》《经济日报》《中国青年报》、人民网、看中国网、中国汉字网、和谐中国网、西部网等80余家新闻媒体对祭祀大典进行了现场采访。每年清明、重阳的大型祭祖活动已成定例。

为充分发挥祭祀文化资源的经济社会效应,要注意做好以下几点:

(1)高度重视祭祀文化资源。中华祭祀文化源远流长,在中国传统文化中具有非常特殊的地位,居于五礼之首,"国之大事,在祀与戎"。

(2)加大政府政策、资金的扶持力度。加强蒙山地区祭祀文化资源研究的力度,结合时代创新,培养一批专职祭祀礼仪队伍,打造精品祭祀礼仪庆典,做强做精祭祀文化产业。

祭祀的核心内涵是礼,外在形式是仪。开发祭祀文化资源,不能缺少祭祀礼仪。就要在一定程度上复原中华古礼的原貌,这样才有利于传承传统优秀文化,进一步增强文化认同。为此,应培养一大批专职祭祀礼仪指导教师,熟悉不同内容、不同形式的祭祀礼仪,针对不同的祭祀文化资源开发,推出各种精品祭祀礼仪庆典,打造知名祭祀文化品牌。

(3)积极引进和利用民间资金和民营文化企业。

政府在推动发展文化产业过程中作用巨大,但是要把文化产业做大做强,不能完全靠政府,还需要民间的参与。由于中国传统文化的深深影响,祭祀文化在民间更有吸引力。在启动有关祭祀文化资源项目时,完全可以采取在民间募集资金的方式。通过这种方式,一方面有利于聚拢项目启动资金,另一方面也有利于进一步增强民间群众参与祭祀文化资源开发的热情。必须注重引进民营文化企业参与祭祀文化资源开发。和其他文化产业项目发展运营一样,只有更多的民营文化企业参与,才能充分体现文化产业的发展和繁荣。

(4)调查梳理蒙山地区的祭祀文化资源,分类开发、突出重点、文明祭祀

根据具体情况,有选择地编排一些祭祀表演活动,渲染蒙山文化的神秘性,延长游客的逗留时间,注重游客的参与性,创造更多的经济效应。通过祭祀表演、宣传蒙山祭祀文化。

蒙山地区,很早就有人类生存。要进一步查找有没有史前时代的人类墓葬遗址,研究古代丧葬礼仪。蒙山天然洞穴很多,应该会有一些遗存,或可人为整理出几处山洞,设置相关物品,作为古代丧葬遗留形式。在旧石器时代,由于人类经常利用天然洞穴作为住所,故也常利用天然的洞穴或岩棚作为墓地以安置尸体。

祭祀文化是随着时代的变迁而逐渐演化的,旧的殡葬习俗固然能让我们怀念前辈,与时俱进的殡葬文化也更加应该值得提倡。如今的习俗已经逐渐使人们的祭奠方式发生了改变,在政府的大力推动之下人们逐渐认识并且喜欢采取文明的祭祀方式,例如献花、放灯、写怀念性的文章、系丝带,还有的用十分流行的网络祭祀来怀念自己的先人。

10.4 蒙山宗教文化及其产业化利用

中国的宗教最显著的两大派别是道教和佛教,这两派虽然一个起源于中土,一个西传自天竺,但是它们作为一种宗教得到广泛传播,并且为人所接受的时期却基本都是在魏晋时期。恰逢社会动荡时期,为了发展壮大自己的教派势力,二者不可避免的要正面冲突,除了教义理念等理论知识的冲突和争斗之外,就是对于教场的争夺。

蒙山两个十分重要的宗教派别均是道教的分支。但是长久的争斗使得二教在某些方面达成了共识,蒙山没有成为单独一个教派的"圣地",两教以一种和谐的方式并存下来,一方面一些山峰上保留了佛教庙宇,另一方面蒙山道观建筑里面也有观音殿这样的佛教殿堂。

10.4.1 仙道传统与长寿文化

10.4.1.1 仙道传统

1. 仙道人物

道教是中国本土宗教,因此它的发展过程跟中国文化的发展过程有些相似,都是包罗万象、海纳百川,不断地吸收壮大自己的教义。它作为一种宗教出现在东汉末年,但在其成立之后,却将自身历史的追溯远及黄帝,先秦时期的老子、庄子等道家人物,鬼谷子等纵横家人物,秦汉时期的方术家、易学家等等,都成为道教里的祖师、真人。蒙山的道教也依循着这一规律,其真正创立的时间虽是在北宋贾文开宗立派之后,但是却将之前在蒙山流连驻足的隐逸先贤们当做蒙山道教的祖师供奉,载入蒙山历代名道典籍。

北宋以前,那些蒙山道教的祖师们选择结庐蒙山,除了羡慕"东蒙,靖庐福地东浮云气,接

于蓬莱;西根连于三宫。空洞之天,南隶衡岳为佐命;北重艮坎为蒙卦;中有靖庐仙宫神仙僚佐万众,主校罪福生死之籍,枢掌造化,调均雨露。顶有一灵泉"的奇景异象。更多的是为了寻求一种超脱自在的生活情趣,或许不是出于宗教信仰的需求,但是他们在蒙山之中过着那种悠然自得、修身养性、炼丹修行的山林生活,却是与道教徒们的生活相合。所以后来人在记述他们的事迹、传扬他们的故事的时候,不自觉地就将他们与道教徒联系起来,而这些关于他们的诸多记载也成为了蒙山道教源头的最忠实的记录。

《修白云岩记》中所载的人物除蒙山老人外,基本上都有迹可寻。以出现的时间顺序,列举如下:

羡门子,"应劭云:'名子高'",是古仙人,秦始皇三十二年经过碣石时派遣燕人卢生寻找羡门子,汉武帝时听信栾大之言也曾派人寻找过,光绪《费县志·仙释志》记载,"羡门子,名子高,古仙人也。紫阳真人周义山,遇于蒙山,乞长生要诀。"即他在蒙山游历过。

琴高见载于《列仙传》《搜神记》等书籍,"能鼓琴……行涓、彭之术",曾入涿水取龙子,白云岩道士向来有学习古琴的传统,清道光、同治年间,清虚观住持朱本裕就精通道家内丹术,通音律、善古琴,这大概与琴高在白云岩修道有一定渊源,而白云岩至今尚有"琴台"遗迹。蒙山白云岩现有"琴台"遗迹即与之相关。

紫阳真人周义山,字委通,汝阴人,西晋时著名道人,为汉丞相周勃的七世孙。因听闻栾巴得道蒙山,往求仙道,遇羡门子游蒙山"乘白鹿,执羽葆,佩青旄之节,侍从十余玉女",于是叩首求长生要诀,羡门子告诉他"子名在丹台玉室之中,何忧不仙,远越江河,来此何索?"即是说他早已为神仙,何必不远万里求长生诀呢? 后来,周义山白日飞升,果证仙班。

除了《修白云岩记》之外,蒙山有名的道士还有未知年代的抱犊子、隋代的由吾道荣、唐代的元丹邱,事迹均载于光绪《费县志·仙释》。元丹邱即是李白《将进酒》中的丹丘生,李白、杜甫曾经一起游览蒙山寻访此人,杜甫《元都坛歌寄元逸人》即是记录此事:"故人昔隐东蒙峰,已佩含景苍精龙。故人今居子午谷,独在阴崖结茅屋。"由吾道荣,琅琊人,少为道士,曾经在燕赵旧地寻仙觅道,后来得晋阳异人传法,"符水、禁咒、阴阳、律数,无不通解",隐居琅琊由吾山。抱犊子,事迹不详,据传抱犊固就是因为他抱犊耕于其上而得名。

2. 丹道文化

除了上述道教人物事迹之外,蒙山还是一处道教炼丹的宝地,唐朝人萧颖士曾亲临蒙山以观蒙山炼丹处,作诗记之:"云气杂虹霓,秋声乱风水,微明绿林际,杳窱丹洞里。"

具体来看,蒙山丹道文化源远流长,各种炼丹遗迹不少。明代人李炯然游历蒙山仙人洞时,观看到了炼丹遗迹,写道"仙人飞去向蓬山,洞府无人敞不关,丹灶尚余松烟黑,石床唯有薛苔斑。"此外,还有因炼丹而得名的丹山,光绪《费县志》记此山"在营子顶西北,三面平田,西邻蓝水。突然而起,亦截然而止。正形如掌,侧视不啻笋之茁也。石质本丹故名,或云仙人炼丹于此"。

直到清代,白云岩上道人依然延续着烧制丹药的传统,当时费县任教谕的刘宝鼎从到白云岩游览,在观看了道人炼丹过程之后,写下了《白云岩纪游》组诗,第四首写道"此是三清碧玉潭,何来高处一凭栏,纵横俱见山河小,俯仰能教天地宽。榻宿白云晴带湿,筵排绿竹夏生寒,愿将薪水供坡老,相与看烧九转丹"。

10.4.1.2 长寿文化

蒙山长寿文化的缘起有三个方面:其一,蒙山自古流传的仙人传说,里面的人物无不是鹤发童颜、悠然于世,像西晋紫阳真人周义山白日飞升、位列仙班,后晋水部员外郎贺元得道不死,这些事迹激发起蒙山民众最深层的渴望。其二,蒙山的外在形态,其主峰龟蒙顶状似神龟,而且山上的龟状奇石也很多,形态迥异立于山林之中,较为著名的就有群龟探母、金龟争锋、神龟望月、寿桃石等,而龟又是中国文化中长寿的象征之一。其三,蒙山天然的养生环境,蒙山森林覆盖率极高,空气中含有丰富的负离子,地下水源丰富,水质酸碱度适中,富含锶、钼、钾等微量元素,是人们养生休闲的绝佳场所。

10.4.1.2 蒙山文化史上的长寿人物

蒙山文化史上有许多长寿人物,传说中的神灵仙人自不必说,蒙山道教中就有不少的代表:白云岩清虚观创建者张演浩生于明万历二十三年(1595 年),卒于清康熙四十七年(1708 年),享寿 114 岁,门下第五代弟子周和臣百岁坐化;玉虚观三代主持皇希全寿元 79;由吾道荣 85 岁始卒;师从贺元的乔仝八十岁时仍然健康壮实。除此之外,光绪《费县志·人瑞》中也记录了数个五世同堂的家族,分别为附生萧韶、庠生王裕如暨子汝桐、八品寿官朱永昌、八品寿官张作儒、耆宾米聘、吴效亮、任原发、薛建勋、寿妇刘曹氏、寿妇王邱氏、寿妇鄷氏等 11 个五世同堂的家族,其中刘曹氏年 102 岁。

10.4.2 道教文化

10.4.2.1 中国四大道教名山

道教是中国本土宗教,源于古代的巫术,方士,神仙。东汉末年,沛国丰县人张道陵,对方术和神仙家思想核心进行总结,以老子为教主,以《道德经》为经典,编辑《老子想尔注》,组成五斗米道,在社会上传播,于是道教便正式产生。北魏寇谦之改革天师道,后分化为许多派别,至宋、元时发展到 80 多个教派。其中主要有两大派:南宗起于刘海蟾所创正一派,北宗起于王重阳所创全真派。道教是从巫术、方士演化而来的宗教,其信仰、理论、修炼、音乐和文学,是中华民族文化的组成部分。道教奉老子为教祖,尊称他为“太上老君”。

中国四大道教名山分别是:湖北十堰的武当山、江西鹰潭的龙虎山、安徽黄山的齐云山、四川都江堰的青城山。

武当山的名气最大,其古建筑群在 1994 年被评为世界文化遗产。青城山和都江堰联合,于 2000 年被评为世界文化和自然双重遗产。龙虎山与齐云山也是著名的道教圣地。下面分别介绍一下四大道教名山及其道教发展的特点。

1. 湖北武当山

武当山又名太和山,位于鄂西北的丹江口市境内,是我国的道教名山,列中国“四大道教名山”之首,又是武当武术的发源地。主峰紫霄峰海拔 1612 米。武当山山势奇特,雄浑壮阔。有 72 峰、36 岩、24 涧、3 潭、9 泉、构成了“七十二峰朝大顶,二十四涧水长流”的秀丽画境。山间道观总数达 2 万余间,其规模宏大,建筑考究、文物丰富的道观建筑群已被列入世界遗产名录。

山间主要景点有金殿、紫霄宫、遇真宫、复真观、天乙真庆宫等近百处。

武当山的道教，俗称"武当派"，信奉"玄天真武大帝"。武当，即"非真武不足以当之"的意思。真武，也叫"元武"，"元"与"玄"通，故又名玄武。玄武是我国古代神话中的北方神。道家将武当山看作玄天真武上帝的发源圣地。明成祖朱棣即位后，对武当山更是苦心经营，他敕封太和山为"大岳太和山"，将其列于五岳之首，并于明永乐十年(1412年)兴师动众达30万人伐木当山修建宫观，直到永乐二十四年完工，共建成33个宫观群、39道桥梁、50华里的登山石梯栈道。历代君王信奉道教的，多对武当山及真武神推崇备至，大加封号。自唐代至清代，真武神的封号加起来有100个字，即武当山的所谓真武百字封号(韩文殊，1995)。

武当山的道教在我国的道教发展史上占据重要地位，现在的武当山道教仍然蓬勃发展，在道教基础上的武当山旅游业也发展起来，武当山的各大景点游人如织、香火鼎盛。

2. 四川青城山

青城山古称丈人山，又名赤城山，位于都江堰市西南15千米处，海拔高度1600米，其36座山峰，如苍翠四合的城廓，故名青城山。这里林木青翠，峰峦多姿，向有"青城天下幽"之誉。青城为我国道教发祥地之一，相传东汉张道陵(张天师)曾在此创立五斗米道，因此，历代宫观林立，至今尚存38处。著名的有建福宫、天师洞、上清宫等，并有经雨亭、天然阁、凝翠桥等胜景。2000年列入《世界遗产名录》。

青城山是中国道教的重要发祥地。全山的道教宫观以天师洞为核心，包括建福宫、上清宫、祖师殿、圆明宫、老君阁、玉清宫、朝阳洞等10余座。建福宫建于唐开元十八年(公元730年)，现存建筑为清代光绪年间(公元1888年)重建。现有大殿三重，分别奉祀道教名人和诸神，殿内柱上的394字的对联，被赞为"青城一绝"。天然图画坊位于龙居山牌坊岗的山脊上，是一座十角重檐式的亭阁，建于清光绪(公元1875—1909年)年间。这里风景优美，游人到此仿佛置身画中，故将其称为"天然图画"。

3. 江西龙虎山

龙虎山位于江西鹰潭市西南郊20千米处，为国家级风景名胜区。源远流传的道教文化，独具特色的碧水丹山，以及现今所知历史最悠久、规模最大、出土文物最多的崖墓群，构成了这里自然、人文景观的"三绝"。龙虎山的著名景点有天师府、上清宫、龙虎山、悬棺遗址和仙水岩等。

龙虎山是中国道教最早发源地，山清水秀，文物丰富，是历史上的道教名山。东汉中叶道教创始人张陵(亦称第一代天师)在此炼丹，宣扬有青龙白虎环绕于丹鼎之上，因而改名为龙虎山。自张陵以后，道教天师在这里承袭了63代，历1900年，建有10座道宫，81座道观，50座道院。这些宫、观、院多已不存，但规模宏大的上清宫部分建筑和历代天师起居之所的"嗣汉天师府"至今尚存。

4. 安徽齐云山

齐云山又称白岳，位于徽州盆地，黄山脚下，屯溪西33千米，皖赣铁路在齐云山脚经过，因其"一石插天，与云并齐"，故名齐云山。它是一处以道教文化和丹霞地貌为特色的山岳风景名胜区，历史上有"黄山白岳甲江南"之称，为国家重点风景名胜区。齐云山海拔高度为585米，有36奇峰、72怪岩、24飞洞，加之境内河、湖、泉、潭、瀑构成了一幅山青水秀、峭拔明丽的自然图画。齐云山碑铭石刻星罗棋布,素有"江南第一名山"之誉。该山道教始于唐乾元年间(公元758—760年),至明代道教盛行,香火旺盛,成为我国四大道教名山之一。

齐云山作为中国首屈一指的道教圣地,兴于唐、旺于宋、全盛于明,道教文化源远流长。明代嘉靖皇帝在此设坛求子一举成功之后,对该山道教给予大力支持和优厚敕封并赐建"玄天太素宫"于齐云岩,使其道教香火达到一个鼎盛时期。自嘉靖、万历两朝,武当山正一派天师祖孙三代先后留驻齐云山,建醮祈礼。故当时齐云山有"江南小武当"之称。齐云山道教以月华街太素宫为中心,属正一派;而玉虚宫、洞天福地等处则保持全真教,形成全真与正一两派并存的局面。

10.4.2.2 山东的泰山与崂山

1. 泰山道教

山东境内道家香火最盛之处,当数泰山。除泰山之巅的玉皇大帝、王母娘娘之外,更为人知晓的便是碧霞元君(又称泰山老母、泰山老奶奶)。美丽的泰山不仅以其雄伟峻拔著称于世,也因碧霞祠的壮丽辉煌而驰名中外。每年农历的三月三、六月六、九月九,游览泰山叩拜神仙的人们更是络绎不绝,从红门入口至南天门及至玉皇顶,尽在香火熏染之中,其场面之大令人赞叹不已。

唐以前,道教与泰山关系虽密切,但其行道活动并不列于国家祀典,隋唐时期,释、道、儒三教并存,隋以佛教最尊,唐以道教为先。武德八年(625年),高祖李渊颁布《先老后释诏》确定了"老先,次孔,末后释宗"的三教排名,道教成为国教第一。道教斋醮法事列入国家祀典,泰山自魏晋时期就成为道教的名山洞府,是道教行道的重要所在,自然成为唐代道教行道的重要场域,深染醮祭色彩。

2. 崂山道教

崂山是中国的道教名山,道教文化博大精深,自古以来就以其巧夺天工的山海奇观、自然资源和神秘的仙家、道教文化著称于世,有"神窟仙宅"、"洞天福地"之称,被誉为中国"道教海上第一名山"。崂山道教有着悠久的历史,从春秋战国时期的方仙道开始至今的2000年间,崂山道教积淀了深厚的文化底蕴。随着元代全真道在崂山的传播,崂山道教成为中国的道教胜地,被誉为"全真道第二丛林",鼎盛时期的崂山道教有"九宫、八观、七十二庵"之称。时至今日,崂山保留下来的宫观府第、道教遗存、摩崖石刻等资源依然保存着浓厚的道教文化气息,记载着崂山道教发展的历史兴衰。

崂山道教在中国道教发展史上占有非常重要的地位。自金元全真教兴盛时开始,崂山就成为胶东地区全真教主要教区,全真文化占据主流;在宋、明、清三朝,随着政治的变化发展,全真教在国内其他祖庭的发展基本衰落,只有崂山继续延续和发展全真教义,并在明末清初时期得以发扬光大,从这个意义上讲,崂山可以称得上是全真教的集大成者,继承和发展了全真教的道教理论和精深的哲学思想,因此,崂山道教文化主体就是全真文化。崂山的山山水水都饱含着道教文化的神韵,而且充满灵秀之气的崂山也是儒学、佛教文化的传播场所,儒、释、道文化在这里碰撞交融,形成了众多高品位的道教文化旅游资源,这些道教文化资源与与巧夺天工的山水景观结合在一起,更加丰富了崂山的道教文化底蕴(陈崇研,2008)。

10.4.2.3 蒙山与其他道教名山道教文化比较

1. 蒙山道教宫观

蒙山道教文化源远流长,自古就是一座道教文化名山,为山东地区道教的发源地之一。早在春秋战国时期,既有蒙山老人、老莱子、鬼谷子、琴高等道家祖师驻足隐栖于蒙山;秦汉以后隐居蒙山的羡门子、栾巴等,在这里修身养性悟道焚修,得道在蒙山;魏晋时期紫阳真人周义山在蒙山得道成仙而白日升天;五代时期后晋水部员外郎贺亢,修真于蒙山,得道不死,他的弟子乔全80岁仍健步如飞;至宋代贾成公,首任蒙山玉虚观住持,被宋徽宗宣和元年(1119年)召见于汴京,赐给度牒、紫衣,仙去后赐谥"清虚文逸成公先生",其高弟周公(守先)继之,为山东冠冕;再后又有鲁埠人真元观道士吴希景继之,蒙山确是道家修行悟道之绝妙圣地。

蒙山为山东道教胜地,在山东省平邑、费县、蒙阴、沂南等县之间,纵横1000余平方千米,主峰龟蒙顶海拔高度1156米,仅次于泰山,故蒙山又称"亚岱"。境内层峦叠嶂,巍峨壮美,道教文物古迹、庙宇、石碑石刻荟萃,素有"三十六洞、七十二峰"之称,是道教著名的修道养生之福地,在山东道教发展史上曾有过辉煌的历史。蒙山道教宫观主要有万寿宫、清虚观、玉皇庙及凌云宫等。蒙山山下万寿宫、山上玉皇顶与白云岩清虚观并称"蒙山三大古观"。

①万寿宫(玉虚观)

a. 玉虚观的建立

蒙山的仙道传统源远流长,但真正形成具有一定地方影响力的道教门派则是在北宋北宋徽宗年间。玉虚观道教教派的创建者贾文是临沂人,生年不详,卒于皇统四年(1144年)十一月五日,其为人"纯质一性,淡于荣利,乐于苦己而利人,且能为颂言,预定祸福,为民迪吉"。贾文创建玉虚观一事颇类佛教中"因缘"之说,据旧志所载,蒙山道教起源最大缘由是这位道人的一场梦:尝于一夜间,闻有人于默中语:"明旦,神仙纯阳真人吕先生过此。"成公洒扫以待,果有一衣青巾道者至门壁画鹤。成公即诣瞻礼。道者云:"汝可从我游。"言讫,忽不见。成公即于所居大石敷座,寂然有似神游者,七日始觉。询其动止,云:"一道友携往,至所如见有宫阙状有大山古祠侧老栗树大石下,云:'汝可来此营葺道宇。'"正是因为这场梦的指引,贾文"自后勤修不辍,四方闻者同心信仰",希望通过自己的修行,寻找到那处梦中之地。

政和六年(1116年)勤奋修炼的贾文得到徽宗的召见并蒙赐紫衣。关于此次召见的时间问题,参照乾隆十九年刻立的《重修古蒙祠贾成公墓祠及纯阳阁碑》的王者聘按语中"政和六年丙申,上召见"的记载,可以推知贾文受召见的时间为政和六年。这次召见之后,贾文归还蒙山,加快了寻找建观之地的步伐,经过不懈的努力"乃得于东蒙祠侧,历历然端如先所见者",于是他广集资材,在此地建立了玉虚观。玉虚道院也就是现在的龟蒙万寿宫,位于蒙山南麓,距平邑县城15千米,是攀登龟蒙顶的起点,其名字经过多次修改,从最初名为玉虚观到金代改为佑德观再到明代改为万寿宫并沿用至今。

b. 玉虚观道教的认可与发展

玉虚观建立之初还只是地方性小道观,主持贾文的身份也未得到证明,于是便有了宣和元年的第二次召见。这一次的召见除了赐予紫衣外,还颁给了度牒。紫衣是对贾文道法修炼高超的肯定,而度牒则是给予贾文道士身份的肯定。在宋代"凡宫观、寺院道释,籍其名额,应给度牒",这不仅对道士身份做出了官方的认定,同时也为道士享受其权利提供了保障。《水浒传》第三十回中武松假扮行者一事:"又且得这本度牒做护身符",可见宋朝时度牒对于修道者的重要性,它是修行之人免除赋税、徭役的凭证。

蒙山玉虚观道教在金、明两代得到了较快的发展,而且还得到了地方官府的协助与保护。2008 年平邑县委县政府在重修万寿宫时寻得的《蒙山三清殿榜文碑》,距今已有 800 年,为万寿宫现存最早的石碑,其碑文中就记录了当地政府对修建玉虚观所采取的保护措施:"今兴工之际,切虑有不良之人于本处骚扰,深为不便,须至约者。右使州除已密行觉察外,今出榜,令贾公修盖处张贴人不得分毫骚扰阻碍工作。如有违犯之人,仰地方人或贾公等速赴随近官司告报,捉拿违犯之人。具状申解赴州,以凭勘治,施行如令"。

玉虚观道教在经过贾文、周守先两代之后获得了一个较快的发展,记载玉虚观第三代主持皇希全事迹的《玉虚观松柏林记碑》中提到了"有门弟子三百余人",此外其碑文下的落款已有:玉虚观道士、蒙阳道士、副知观事道士、监斋道士、前知玉虚观事道士、尚座道士、住持玉虚观兼灵显庙事道士等职位分别,可见其时玉虚观道教组织形式已基本完备,这是一个教派发展较为成熟的标志之一。

明代是道教发展的最后一个兴盛期,尤其是在明中叶以前,在统治者的扶持下,发展到极为贵盛的状况,而这方面以正一教最为突出(卿希泰,1994)。玉虚观道教虽然不同于正一教,但也在这种大背景下获得了发展,特别是地方民众对其发展起到了重要作用。这与玉虚观的道士与蒙山本地的百姓交往频繁,而且经常施医赠药的善行有关,因而获得了百姓的真诚回报。

《玉虚观松柏林记碑》的建立初衷就是因为"乡人以公勤绩之甚多,恐久湮没,冀刊贞石,以贻于后。"万历四十六年(1618 年),蒙山地方乡民王大忠、田国安、张崇恩等人考虑到观内道人交钱纳粮有所不便,故倡义由百姓为之代交,竟然得到了多达一百一十一家的响应,为之永远代输。这种与民为善从而得到民众帮助的事情在清代亦有发生。正是这种施医赠药、救助伤残的作风使得玉虚观道教能历数百载风霜而依然存立于世。《蒙山志》记载 1938 年其观中仍有道士达 100 多人,玉虚观香火传承久久不绝。

②清虚观(白云岩)

白云岩作为蒙山的一处修炼场所,历史久远,除了那些传说中的仙人以外,金代就已经有道士于此处修炼了(卿希泰,1994),但是其真正创立道教派别,则是在清代,其建立的时间比玉虚观道教要晚近 550 年。

白云岩道教的创立者为张演浩,又名张桐,生于明神宗万历二十三年(1595 年),卒于清康熙四十七年(1708 年),是全真道华山派第八代道人,号清真子,山东新泰人。中年游历蒙山,在玉虚观栖身,后来于康熙元年(1662 年)在蒙山白云岩建成清虚观,开时书写白云岩道教的历史。创立之初,白云岩道教发展颇为艰难,遇上饥馑之年,徒众四散,唯有开派道人张演浩不改本志,致力于此修道近五十年。康熙四十七年(1708 年),他以一种得道者特有的方式离开,并留下"我事人不知,我面谁得识"的遗言。其实,死后异景乃是道教中高道的常见现象,这是人们对于这位得道高士赞美、崇敬之情的自然流露,是对张演浩一生事业的肯定。

以《白云岩宗谱》为据,白云岩道教经过最初几代不足 10 人的传承之后,终于发展成一代传人就有 61 人、87 人乃至与 100 多人的较大教派。与此同时,清虚观分别在清康熙二十六年(1687 年)、雍正八年(1730 年)、道光九年(1829 年)和二十二年(1842 年)、光绪二十四年(1898 年)等几次修葺扩建,逐渐扩大了规模。其中尤以雍正八年张演浩、道光九年何德志、光绪年间朱本龙、范本怀、潘仁顺等的修葺扩建较大,光绪后期高仁侗更是一次性出资银 600 两修葺清虚观。清虚观从最初的子孙庙发展成为子孙常住。新中国成立前,其在国内子孙常住的排名更是跃居到第二位。

在白云岩道教的历史上,具有重要地位的道士除了开派祖师张演浩之外,就是清末著名道人高仁侗,又名峒元,字云溪,号寿山子。籍贯任城(今济宁),青年时于白云岩出家,度师为李本回。他是白云岩道教第 9 代道人,更是全真道华山派第 16 代嗣裔、北京白云观第二十代方丈。羽化后慈禧赐祭一坛,号封"寿山大真人",著有《云水集》和《大觉阐微》等作品流传后世。他的一生都是为全真道华山派的发展而努力,并且取得了很高的成就。

东北全真华山派祖庭慈航观,首任主持赵仁来就是从蒙山白云岩走出去的,其时正是以高仁侗为代表的全真华山派主持全国道教,而这一教派外传将蒙山道教文化传播开来,提高了蒙山道教文化的影响力。

③玉皇顶

费县境内的玉皇顶,海拔高度 935 米,山顶平坦,原名平仙顶,后因上有玉皇庙,改为现名。蒙山的主要山峰中,只有此处称玉皇顶,且建有玉皇庙。玉皇顶峰巅平坦,玉皇庙坐北朝南,系明代建筑,该庙供奉张玉皇。现存玉皇殿共三间,东西长 6.38 米,进深为 4.2 米,砖石结构,墙体皆为条石垒成,厚为 1.1 米,为无梁殿,穿窿形石碹顶,上覆灰陶筒瓦,形制为硬山单脊。玉皇顶实为天庭探险、膜拜之佳地。

2. 蒙山道教文化活动

①长寿养生文化活动

为深入挖掘蒙山旅游区得天独厚的自然和文化养生资源,打造"长寿蒙山,养生天堂"旅游品牌,不断提升蒙山知名度及养生文化旅游魅力,蒙山管委会于 2012 年 10 月举办首届蒙山养生长寿文化旅游节等系列特色节庆活动。

活动内容包括:

a. 中国蒙山首届养生长寿文化发展与合作论坛。邀请有关国家、省、市老龄工作委员会代表,从事休闲养生、健康长寿研究的专家与机构,国内"长寿之乡"的管理、研究部门的代表,老年医学、长寿科学、生态养生等研究机构参加。主要议题是围绕养生长寿,探索长寿与生态环境健康研究、长寿与良好的心态和生活习惯、长寿与长寿产品、长寿之乡与长寿产业的发展、蒙山休闲养生生态旅游的开发、蒙山长寿文化的挖掘和弘扬等开展学术交流,通过学习借鉴国内其他长寿地区长寿群体科学养生的方法,形成蒙山独具特色的养生长寿文化。

b. 蒙山颐源国际健康城奠基仪式。借助蒙山养生长寿文化旅游节举行之际,正式启动由临沂市人民医院牵头拟投资 30 亿元建设的蒙山颐源国际健康城项目的奠基仪式。该项目主要突出养生、养老、疗养、休闲、健康旅游等特点,有机整合健康保健、健康旅游、健康体检、温泉疗养、中医药浴、健康管理、教育培训、健康长寿论坛、长寿研究等服务,为国内外高端人群提供全过程、全方位的健康服务,同时有助于打造大蒙山生态健康旅游国际品牌。项目规划用地面积 1.33 平方千米、总建筑面积 133.34 万平方米,建成后可同时容纳 1 万人入住。

c. 蒙山杯"百岁沂蒙人"摄影图片展。蒙山周边百岁老人众多,以"关心老人生活现状,关注老年人生命质量"为主题,动员全市专业摄影家和业余摄影爱好者,把镜头对准沂蒙山区百岁老人,对他们的生活进行全方位的扫描和透视,展示新时期百岁老人的精神风貌,用一幅幅写实照片,一张张经历百年沧桑的笑脸,歌颂生命的伟大,诠释养老养生科学健康的生活新理念。

d. 首届蒙山养生长寿产品博览会。邀请旅游区内和周边县 200 家左右的餐饮服务企业、食品加工企业、工艺品加工企业等参加产品展出。旨在通过以旅游为平台、产品为载体,挖掘周边地区特别是蒙山旅游区自然和文化养生长寿的资源,创新丰富蒙山特有的养生长寿产品,营造蒙山养生长寿浓厚氛围,为人类健康长寿谋福祉,从而扩大临沂市及蒙山旅游区养生长寿产品在全国的影响力,打造蒙山旅游区休闲疗养、康体度假、养生长寿新概念。

2013 年 9 月 23 日上午,中国(蒙山)第二届养生长寿文化旅游节在蒙山龟蒙景区顺利开幕。本届节会以"解析长寿密码,传承千年文化"为主题,按照节俭、高效、实用的原则,共策划了 10 个大项,15 个小项的活动,包括生态环境与健康养生蒙山论坛、"大美蒙山"山东美术名家走进蒙山艺术采风活动,挑战掷水漂吉尼斯世界纪录暨"蒙山杯"首届全国掷水漂大奖赛,美食大赛和养生长寿食品博览会等。除此之外,节会期间还将举办临沂市"蒙山杯"导游大赛、旅游商品设计大赛、姜丝拉书画大赛和登山比赛、钻石淘宝大赛、山歌大赛、全市青少年作文大赛等"快乐蒙山"系列活动。通过举办此次节会,蒙山龟蒙景区的知名度和影响力得到大大提升,"沂蒙福地颐养蒙山"的蒙山旅游品牌更为更多的人熟知,登龟蒙、观寿星也势必成为人们外出旅游的首选之地。

②蒙山拜寿大典活动

2013 年 4 月 26 日,由临沂市蒙山旅游区管委会、山东蒙山旅游集团联合主办的蒙山拜寿大典在蒙山旅游区隆重举行。临沂市政府副市长、蒙山旅游区管委会党委书记边峰出席庆典仪式,国家、省、市旅游系统特邀嘉宾、省内外主流媒体记者、知名旅行社代表约 400 人参加了本次盛典。上午 8 时 30 分,蒙山拜寿大典活动正式拉开帷幕。

活动主要围绕"登沂蒙主峰、拜蒙山寿星"祈福纳寿主题,内容丰富多彩,涵盖了拜寿祈福仪式、九龙潭祭龙祈福演出、白云岩金泉禅寺免费施斋、东天门古筝和太极表演等多项活动。在庆典仪式现场,蒙山旅游区管委会党委副书记、主任,蒙山旅游集团董事长刘桂民发表了讲话。他表示,蒙山旅游区将以蒙山寿星落成十周年庆典为契机,不断深入挖掘蒙山寿文化内涵,精心打造寿文化品牌,以旅游促发展,以发展促和谐,全面推进旅游区各项事业再上新台阶。临沂市道教协会会长魏高清道长念祝寿词,最后举行了隆重的道教祝寿科仪。活动的举行将进一步增强"沂蒙福地颐养蒙山"品牌知名度和美誉度,加深游客对蒙山福寿品牌文化的了解,对盘活蒙山旅游市场,激发市场潜能,提高经济效益和社会效益有着重大深远的影响。

③蒙山大宋文化祈福庙会

2013 年春节期间,蒙山大型大宋文化主题祈福庙会将于农历正月初一(公历 1 月 24 日)

至正月十五在蒙山龟蒙景区举办。该祈福庙会由山东蒙山旅游集团联合河南大宋梦华演艺集团投巨资,在山东十二大祈福圣地——蒙山龟蒙景区举办。

蒙山旅游区是世界著名的东方养生长寿胜地,素有"沂蒙福地,颐养蒙山"之誉,该景区有蒙山龟蒙景区、云蒙景区、李家石屋景区、沂蒙钻石国家矿山公园景区等景区。该祈福庙会包含大型道家祈福法会、蒙山寿星祈寿法会、大型大宋文化主题演出、大宋民俗花会表演、吴桥杂技、民间绝技绝活表演、古法魔术表演、大宋皇帝巡游、大宋花车巡游、河南嵩山少林武僧表演、道家全真教武术表演、水浒文化表演、宋代婚礼表演、活雕塑表演、财神赐福活动、非物质文化展示、清明上河园市井重现、游乐嘉年华等 36 项大型活动。逛蒙山庙会,赏民俗演艺,品中华美食。世界最大山体雕刻——蒙山寿星喜迎八方宾朋,祈愿广大市民福寿康宁。

3. 蒙山道教与其他道教名山道教文化比较

蒙山道教的特点:首先,蒙山道教文化群众基础很深厚,有着悠久的历史传统。生活于东汉末年的琅琊人(今山东胶南)于吉,三国时期著名的道士葛玄及后人葛洪都曾在蒙山活动。蒙山道教在漫长的历史发展中不仅流传下来,而且一度还比较兴盛。据说,从隋唐到清末曾有三千余名道士在蒙山上活动。蒙山道教还受到帝王的重视。其次,有着丰富的内容。蒙山上曾传播着各种道派,从早期的太平道,到葛玄、葛洪的金丹道,到后来的全真道都在蒙山有过活动。再次,有着深厚的传统文化的资源,素有"三十六洞、七十二峰"之称的蒙山在优美的自然风景中点缀着很多道教宫观、文物古迹和石碑石刻。

蒙山道教又与其他道教名山的道教有区别:

①蒙山道教有不同的道教门派组成

明以来,道教分全真与正一两大道派,其他一切支派皆归纳於这两派之中。全真派支派较多,主要有:

五祖派:即道教尊奉之东华帝君王玄辅,号少阳,传少阳派;钟离帝君钟离权(字云房),号正阳,传正阳派;纯阳帝君吕岩(字洞宾),号纯阳,传纯阳派;海蟾祖师刘操(字宗成),受於钟离帝君,传海蟾刘祖派;重阳祖师王嘉,号重阳,传重阳派。

北七真派:即邱处机,号长春,传全真龙门派;刘处玄,号长生,传全真随山派;谭处端,号长真,传全真南无派;马钰,号丹阳,传全真遇仙派;郝大通,号广宁,传全真华山派;王处一,号玉阳,传全真崳山派;孙不二(坤道),清静散人,传全真清静派。

南五祖紫阳派:即张紫阳(伯端)传紫阳派。石杏林为第二代祖师,薛道光为第三代祖师,陈泥丸为第四代祖师,白玉蟾为第五代祖师。

正一道支派也很多,主要有:大茅真君名盈所传清微派;天师张虚靖所传正一派;许真君传净明派;真武玄武派。

道教传授经籙科仪,旧分三宗,又名三山符籙,总归正一派。

蒙山道教是主体是全真派,郝大通派,源自全真华山派,但在其发展过程中出现了其他不同的派别,从早期的太平道,到葛玄、葛洪的金丹道,到后来的全真道都在蒙山有过活动。而其他地方的道教文化,除了齐云山分全真、正一两派外,大都是属于一个派系,武当属正一派中的真武玄武派,青城山、龙虎山同源自天师张陵的天师张虚靖所传正一派,泰山、崂山属全真派。

②蒙山道教文化与其他文化相融合

蒙山道教在发展过程中,不只注重道教自身的发展,更注重与其他文化的融合发展,蒙山之上,儒释道高度融合,共同发展。蒙山文化扎根于东夷文化,延伸于齐鲁文化。吸收了儒、法、道、墨、释、兵等众家的思想精华,并通过融合其他地域文化而积淀发展起来。历史上蒙山的道教和佛教都非常兴盛。僧人道众对蒙山情有独钟,把这里当作修炼正果、养生长寿的圣地。主要道观有雨王庙、清虚观、翠云观、九龙宫、观音殿、承天宫、慈宁宫等,香火鼎盛的寺庙有明光寺、海螺寺和云台寺等。

早在五代时期,任过后晋水部员外郎的贺亢就修道蒙山,北宋苏东坡曾和他的八十多岁的弟子乔全有过交往并写诗相赠。宋朝蒙山玉虚观住持贾文,于宣和元年(1119年)被宋徽宗召见于汴京,赐给度牒、紫衣。明清时期,蒙山清虚观属全真道华山派,和道教"天下第一丛林"北京白云观有着密切联系。正是这些宗教的活动,给蒙山留下了多处宏殿重阁,并洋溢着黄卷青灯、钟响磬鸣的神秘气氛。蒙山是孔子"登东山而小鲁"的东山,有着孔子明显的印记,受到儒家文化的影响深远,山上的很多景点都与孔子有关,如"小鲁亭""孔子小鲁处""遇圣桥""子宿村""圣憩石"等等。蒙山文化集三家之大长,加以融汇贯通,把儒释道文化共同发扬光大。

③蒙山道教与中医有密切关系

蒙山道教与中医也是有着密切关系的。蒙山道士是既通中医,又是主要在蒙山上采药制药的。因蒙山富产多种中药材,过去蒙山道士的医方和成药流传四方。在临沂城一直流传着蒙山道士的《精验秘方》。该书是由临沂城中医夏云章先生从蒙山道观中抄出。直至上世纪60年代尚在临沂及周围地区流传,其中部分处方简单者至今尚在民间口传。其抄本经"文化大革命"后已多时不见。幸喜今春又有旧抄本出现。余阅之,不胜欣喜。欲将公之于众,济世活人。其中有一膏药,名"观音救苦膏",为"唐时天师叶真人所传"。配方清末先传至临沂火神庙,后传至南坛华严寺,其效果甚佳。有些老年人尚能记得。其他验方,多可不用花钱或花很少的钱即可医病,故广为劳苦大众所称道。因此,蒙山道士的中医药,还应更好地发掘、整理和研究,以利社会众生。

10.4.2.4 道教养生、长寿文化的产业化利用

在社会总需求中随着老年人特殊需求的迅速增长,以满足老年人特殊需求的养老服务设施、日常生活用品和社区服务娱乐业的新型产业。我国老龄化程度在迅速加剧,2012年我国老龄化率已经达到13.3%,老年人有1.78亿,预计2030年我国老龄人口将会在此基础上翻一番。老年人旅游研究对象以城市老年人为主,实际上关注农村老年人这种研究成果比较少。老年旅游产品以观光为主,老年休闲度假和养老研究比较少,但是实践已经走到理论前面,实际上每年到三亚过冬的老年人已经有80万。

就蒙山来说,适合发展健康养生、休闲度假,老龄旅游产业、老龄休闲度假产业、老龄健康养生产业、老龄养生食品产业等。

2010年10月平邑县被山东省老龄办、发改委、统计局联合授予"山东省长寿之乡"的称号,2012年9月费县也取得了"山东长寿之乡"的称号。现在随着生活水平的提高,人们在获得丰富物质享受的同时更加注重追求生活的品质,近些年来养生等相关服务业日渐升温就是

很好的例证。在这种情况下,深入挖掘蒙山旅游区得天独厚的自然和文化养生资源,结合自身悠久的长寿文化,打造"长寿蒙山,养生天堂"的旅游品牌,不断提升蒙山知名度及养生文化旅游魅力,成为蒙山旅游业的前进方向。

自1993年蒙山各县开始重视开发蒙山以来,蒙山各界采取诸多措施以打造独具特色的蒙山长寿文化旅游:平邑县先后举办了十届"蒙山长寿文化节",每届围绕长寿制定一个主题,并通过各种活动如平邑蒙山"长寿杯"登山活动,邀请60周岁以上老人在蒙山拜寿台举行拜寿活动,举办养生长寿报告会,平邑蒙山"祝寿之旅",蒙山长寿文化美食节等

将蒙山与长寿文化紧紧绑在一起。2000年开始修建,由中央美术学院设计,历时两年的蒙山大寿星雕刻是当前世界上最大的山体雕刻,是当前蒙山长寿文化的最直观的标志物。

2012年10月,临沂市政府又联合多家单位举办了"中国蒙山首届养生长寿文化旅游节",中国老年学学会常务副会长赵宝华向蒙山旅游区授予了"养生长寿文化研究基地"牌匾,节庆期间通过了《全国养生长寿文化蒙山宣言》。据了解,在该旅游节期间奠基的蒙山颐源国际健康城由临沂市人民医院牵头,与陕煤集团、中房集团等单位合作,总投资30亿元,突出养生、养老、疗养、休闲、健康旅游等特点,打造体检健康中心、康复疗养中心、抗衰老研究及培训中心、国际会议中心、颐源特色小镇等五大板块,建成后可同时容纳1万人入住。

另外,根据《蒙山旅游区整合提升规划》《蒙山龟蒙景区山前旅游度假带修建性详细规划》,平邑县山前旅游度假带将和沂蒙人家、工会疗养院、竹林宾舍等已有的度假产品一起,打造兼具山水特色的综合性旅游度假胜地。

2014年5月18日,沂蒙企业文化产业园、中国蒙山养生调养基地两个以休闲、养生、健康为主的项目在蒙山旅游区落地,这是蒙山旅游区着力打造休闲、养生、健康旅游的两大成果。①沂蒙企业文化产业园项目是由临沂鲁光化工集团投资兴建的一个集旅游开发、健康养生养老、文化产业、高效生态农业、技术研发、人才培训、度假疗养等内容于一体的项目,项目总投资10亿元。②中国蒙山养生调养基地是由临沂蒙山本源健康事业发展有限公司与北京千方共济中医研究院合作建设的,主要吸引高端客户前来进行养生、调养等。

老龄化大旅游产业的总体思考:

(1)景区和旅行社应转变思路,开发针对老年人的旅游产品和旅游项目。配备随团医护人员。除提供独特的产品和合理的价格外,还要采取灵活的促销策略。利用特殊节假日,如重阳节、母亲节、父亲节、中秋节等推出"家庭旅游套餐"。采取多种方式与企事业单位的老干部管理处、老年活动中心、旅游景区等保持密切的联系。充分利用互联网,充分利用电脑网络建立健全老年市场预订系统。

(2)景区、景点应多考虑从设施和服务上便利老年群体旅游。各景区应多考虑从设施和服务上便利老年群体旅游。旅游景区、景点的交通要畅通,旅游标识系统要完善,旅游厕所要基本达标,并方便老年群体识别和使用,满足老年游客的基本需要。

(3)针对老年人特点,提高老年游客就餐、住宿质量。应加大对餐饮、住宿相关配套设施的资金投入和建设,为老年人提供针对性服务,提高老年游客就餐、住宿的质量。

(4)发挥政府主导作用,关注老年群体休闲旅游需求。政府投资的旅游景区应按照有关规定,对老年人实行免费或者优惠开放,城市公园、科技馆等公共文化休闲场所应逐步免费开放。

10.4.3 佛教文化

10.4.3.1 佛教概述

蒙山佛教的历史也很久远,据邵奉诏《重修兴圣寺并建北齐武平碑记》"碑作于高齐武平三年(572 年),为兴修本寺而作矣"这句话可知在北齐时期,蒙山地区就已经有佛教庙宇了。而且在唐代,佛教徒中有和尚明净于山中修道,是一位大德高僧,颇具神通,为贞观之主所敬重,皇希永《佛塔山重建高僧祠堂记》一文说他"祈雨辄验",贞观二年(628 年)更是为全国祈雨成功,太宗"度僧三千以答净",允其居留密州茂胜寺。后来他自己入居蒙下,当地人立祠供奉。后来祠堂坍圮,邑人徙其像于灵显庙,金代又特于龟蒙之南佛塔山重建祠堂祀奉。蒙山地方百姓和士人对于佛教也是十分敬重的,光绪《费县志》所记载的大量重修寺院的文章便是这种情形最真实的反应。修寺院则"地皆砌以花砖,壁皆粉以银液,前后渊邃,左右香花",塑佛像必"云凫岌业,金容英粹,玉座委蛇"。不仅如此,邑人对寺院所处之地、所在之山,亦多溢美之辞:"睹四时之变化,会万籁之空灵"等等。

根据清代人的统计,蒙山佛教在宗教设施上不弱于道教,而且寺院数量还超过了道观。

据光绪《费县志》"仙释寺观"所记,原费县境(今平邑、费县两县地域)拥有众多佛教寺庙,如兴圣寺、芙蓉寺、其山寺、普佛寺、黄埠山古刹等近 30 处,宣统《蒙阴县志》也记录了该县诸多庙宇,如寿圣寺、延圣寺、清泉寺等近 20 处。

10.4.3.2 重要佛寺

1. 明广寺

在众多寺院之中位于龟蒙顶西北的明广寺,是蒙山重要的佛教寺庙。该寺始建于元代,原名上元庵,亦称鹿野苑,供奉着观音菩萨和地藏王塑像。明朝时,有个法号为明广的比丘尼在该寺修行,于佛学一道颇有成就,为当地人所敬重,遂改寺名为明广。清代寺中有一主持法号青靖,是蒙山当地名族李氏之子,十分有才华。在明广寺的管理中,青靖先武后文,力斗盗贼,一改多年每逢荒年寺中多盗的情形,同时充分利用地利,养蚕弄稼,使明广寺重新兴盛起来,"富雄诸刹"。其后又凭一己之力修建大殿、塑造佛像,堪与"以尼名寺者并垂不朽也"。

现今平邑县利用此处资源,建成"明广寺景区",主要景观有无影树、神女峰、天成画廊、槐花谷、桃花潭、仙人亭、海螺寺、明广寺等,山石奇兀,树木阴森,水声潺潺,风景极佳,是蒙山旅游的好去处。

2. 中山寺

中山寺位于蒙阴县坦埠镇西北的中山脚下,建于北宋元丰年间(1078—1085 年),宣统《蒙阴县志》记载的蒙阴八景(蒙山叠翠,汶水拖蓝,堂阜遗迹,中山晚照,南山仙洞,北麓书堂,龙泉漱玉,鳌峰卓笔)之一"中山晚照"就在此处,据说是在寺后山谷间,在夕阳西下后,会发出一道红光,与山、林、寺相映,不久即逝。中山寺又名钟山寺,因其寺中有大钟之故,该钟铸造于金大定二十八年(1188 年),重约 1 吨,撞击之后,清脆嘹亮,声闻数里。寺内有原有一块"响石",宋真宗曾作"御制栖真亭响石"诗碑,镶嵌于寺院西北侧的墙壁上。关于"响石",乾隆《沂州府志》记载:"《中山社通志》云:'其石颇巨,空透玲珑,击之,声韵清远。宋乾兴间,诏构栖真亭于上,有真宗制诗刻碑,今石亡,碑亦无存。'中山寺曾经一度是蒙山的一处佛教胜地,宋代之后才渐渐衰落,明末更是毁于匪事。

现在中山寺已经得到重新开发,坦埠镇政府专门聘请中山大学保继刚教授撰写了《中山寺文化旅游区修建性详细规划》,并在上级政府部门的指导下,加大投资力度重新修葺庙宇殿堂,建设相关旅游服务设施,如今的中山寺景区已经成为蒙山旅游业的一个重要组成部分。

另外,蒙山地域内的高僧大德,还有明代的慧能禅师和月潭禅师。

10.4.3.3　蒙山佛教不及道教影响力探析

自北宋贾文创立玉虚观后,蒙山佛教影响开始明显地弱于蒙山道教,之所以会出现这种情况,就当前所见史料来看,应有四个原因:首先,蒙山佛教徒虽不乏高僧大德,但却始终未出现如贾文那般受到皇帝接见以及像高仁侗这样全国知名的道士,即便是上文所提到的明净和尚也远未达到贾、高二人的高度,而且蒙山佛教优秀领军人物往往存在时间的断代,无法形成长远的轰动影响;其次,佛教徒自身的行为方式约束了其与政治人物的交流,因此也就难以得到地方政府或乡绅的支持;再次,蒙山自古传承下来的蒙山神和颛臾王祭祀为道教徒所接受和继承,如此一来,便使得道教容易获得当地人的认同;第四,无论是贾文还是后来的张演浩都很好地利用了蒙山地区自古相传的神话传说、仙人行迹、奇人异事,将它们转化成自己教派的一份子,从而紧紧抓住当地民众的内心;最后,蒙山所处的山东省是道教后期一个主要派系——全真道形成和传播的重点区域,在大环境影响下,蒙山道教的发展自然要远胜于佛教。虽然蒙山佛教在后来的传承中远未达到蒙山道教的高度,甚至渐渐淹没于蒙山道教之中,但其在蒙山文化的形成以及发展中的作用不可忽视,它与蒙山道教共同构成了蒙山的宗教文化,成为蒙山文化中不可或缺的一环。

10.4.3.4　蒙山寺院经济的发展和经营之道

宗教可以从四个方面去为经济工作服务。第一,通过思想使信教群众在本职岗位上做好工作;第二,关心信教群众脱贫致富;第三,推动宗教团体和寺观教堂搞好自养;第四,力所能及地利用宗教界的优势,为"三引进"(引进资金,引进技术,引进人才)牵线搭桥。经济的发展,可以导致宗教的发展;宗教经济之发展,往往也能促进、强化宗教从事社会公益事业的能力。在此机制的设计下,当代中国宗教界参与经济活动已经在全国不少地方经济生活中占据一席之地。

关键的是,当代宗教团体如何能够在制度设计层面,有效地聚集资源、利用资源,进行系统运作,使当代寺院经济的运作机制,能够呈现出当代社会所要求的制度理性,走出中国人基于个人崇信的功德文化经营模式。

2012年3月,国务院总理温家宝在《政府工作报告》中提出:"维护宗教团体、宗教界人士和信教群众的合法权益,充分发挥他们在促进经济发展、文化繁荣、社会和谐中的积极作用"。

2012 年 10 月，国家宗教事务局等十个中央部委发布政策文件《关于处理涉及佛教寺庙、道教宫观管理有关问题的意见》，制止、纠正当前社会突出存在的寺院、道场"被承包、被上市"等现象。不是寺院不能发展经济，而是如何完善对寺院经济的管理。

蒙山系道教名山。相传战国著名纵横家鬼谷子曾隐居此山，隐居办学，培养弟子，留下了许多动人的传说。鬼谷子打坐修行的地方在六里鬼谷景区依稀可寻。《谋圣鬼谷子》，是知名导演郭宝昌执导的一部大型古装历史剧，讲述了春秋战国时期著名的纵横家、谋略家、教育家、经济学家"鬼谷先生"王蝉极富神秘传奇色彩的一生。该剧于 2013 年 8 月 29 日在象山影视城开机拍摄。临沂蒙山也应借机进行了大力宣传。历史传说人物留有遗迹的地方往往很多，近年来各地出现了一些"争夺名人"现象，作者认为对于一时不能确定名人故里、出生地之时，有眼光、有创意的地区可以选择某一处名人活动场所开发一些娱乐活动项目、拍摄影视、宣传营销等，等把这个事情做大了、知名度高了，外界自然以为某一名人的家乡或主要活动地就是在这里。

2013 年，蒙山成功创建国家 5 A 级旅游景区，新建设了蒙山金伯利钻石矿景区、蒙山人家景区，得到了社会各界的广泛认可。同时，成功发掘建设了以鬼谷子文化为代表的六里鬼谷景区和以佛教文化为代表的明光寺景区。有效地提升和丰富了蒙山旅游的旅游形象和旅游品牌，为蒙山旅游大发展打下良好基础。

2014 年 7 月 1 日，蒙山六里鬼谷景区、明光寺景区、蒙山本源健康养生项目开业庆典仪式在蒙山旅游区举行，由山东蒙山旅游集团投资建设的六里鬼谷景区、明光寺景区盛装开业，蒙山本源健康养生项目正式启动。

六里鬼谷因鬼谷子自居所顺清溪而上至修炼场所六里而得名，是鬼谷子智慧文化的发祥地。两千年前，道家智慧老祖鬼谷子避世云蒙山下设坛授徒，从这里走出了孙膑、庞涓、苏秦、张仪，金戈铁马、纵横捭阖间，风云变色，光照汗青。景区主要景点有鬼谷村、鬼谷洞、天足池、神鹰石、远古天崩遗址、观音送子、悬崖栈道、观瀑栈道、飞天瀑布等人文自然景观，还有空中索道、悬崖滑道等一系列游客参与项目。

明光寺景区位于蒙山主峰龟蒙顶西北侧约 6 千米处，面积约 40 平方千米，古寺始建于元朝，兴于明朝，景区佛教文化底蕴深厚，历史悠久。明光寺景区地处山涧，谷深悠远，自然生态环境十分优越，是理想的休闲度假场所和避暑胜地；其独特的佛教文化渊源，使得明光寺景区的休闲旅游成为真正融入心境的养心之旅，让人深刻体会到"禅境养心""山居养心"的精髓。

蒙山本源健康养生项目由国内著名营养食疗专家、生机养生专家、原解放军总医院主管营养师顾奎琴老师等国内顶级健康服务专家和文化创意专家精心策划，是目前国内首家生机养生机构，主要经营顾氏生机度假营、蒙山养生学院、高端调理中心和清调养系列生机养生产品，养生理念先进，养生效果显著。蒙山健康养生项目的建立，将极大地丰富蒙山旅游产业结构功能，使蒙山成功地转型为休闲旅游度假目的地，成为山东省甚至全国养生度假的一个新亮点。

10.5　蒙山儒家文化及其产业化利用

10.5.1　隐逸文化

此节所涉及的人物主要为儒家人物,他们奉行的多是儒家"天下有道则见,无道则隐"的信条。隐士们的隐居地多选择山林丘壑,一则取其偏僻避人,不必再为世事纷扰,二则取其景色怡人,能够陶冶性情。而位于海岱之间的蒙山兼具二者,因此这里就成为古代隐士的乐园。

据传,春秋时期的老莱子曾经携妻"躬耕于蒙山之阳","今县治西北七十里有村曰孝义,传为老莱子隐居处。"东汉的蔡邕亦曾因中常侍为恶而遁走,往依泰山羊氏,有十二年之久。"在县西北七十里蒙山之阳"有蔡伯喈洞,是其当年隐居之处。另据宣统《蒙阴县志》记载,隐居的人物有金代的刘元哲,隐居蒙阴县,在宋金交战之际,劝民安业、修守备,一境赖此以安,以此功辟守颍州,不就。元代的张垫,长于文学,隐居之际以教授乡民为业,创建"北麓书院",不论贫富广收弟子,被乡人尊称为"张子",后召入太学讲经,授翰林检讨,不就。明代的井面先生,姓徐,名不详,曾在靖难之役时于一井边遇到明成祖,交谈甚欢,成祖征之而不就。清代的李彦儒,急公尚义,乐善好施,殁后祀乡贤祠。寒文昌,善书法,授中书舍人,不就。以下是主要代表人物及其事迹。

10.5.1.1　承宫

最早见于正史记录的归隐蒙山的儒者是承宫,宣统《蒙阴县志》记载蒙阴仙人洞就是他栖隐之地。西汉末年,王莽的新政激起了民变,与此同时各地豪强蜂拥而起,安定二百多年的神州大地再度陷入混乱的境地。承宫就是在这种情况下选择了避居蒙山,《后汉书》记载:

承宫字少子,琅邪姑幕人也。少孤,年八岁为人牧豕。乡里徐子盛者,以《春秋经》授诸生数百人,宫过息庐下,乐其业,因就听经,遂请留门下,为诸生拾薪。执苦数年,勤学不倦,经典既明,乃归家教授。遭天下丧乱,遂将诸生避地汉中,后与妻子之蒙阴山,肆力耕种。禾黍将孰,人有认之者,宫不与计,推之而去,由是显名。三府更辟,皆不应。

10.5.1.2　郑玄

东汉末年的大学者郑玄也曾在蒙山地区隐居过一段时间。

《后汉书·郑玄传》记载:董卓迁都长安,公卿举玄为赵相,道断不至。赵王乾之相也。会黄巾寇青部,乃避地徐州,徐州牧陶谦接以师友之礼。

光绪《费县志·山川》"南城山条"引郑玄著《孝经序》:仆避难于南城,栖息于岩石之下,念昔先人余暇,述夫子之志而注孝经。

光绪《费县志·古迹》"康成石室并注经台"条:注经台在蒙山前武安村之东南,石室在南城山。《寰宇记》:"费县南城山西上可二里许有石室,周迥五丈,俗云郑康成注《孝经》于此。"

这些隐逸之士,在蒙山隐居期间,或以武功、或以文学、或以德行,熏染教化着蒙山地方民众,他们的事迹丰富了蒙山文化的内容,推动了蒙山文化的发展。

10.5.2　历史文化名人

《孟子·尽心上》有"孔子登东山而小鲁,登泰山而小天下"之文。宣统《蒙阴志·古迹》开篇曰:"古之所谓名山大川者,大抵皆以人传。东蒙境内多山,虽非名胜,然地近圣贤之居,路当南北之要,吟咏游迹历代不乏名流",这些文化名人到蒙山游赏,留下了众多优美的诗文篇章。

历览历史上登临蒙山的文人骚客,首推李白、杜甫二人。天宝三载(744年),李白赐金放还,途经洛阳,与在此羁留的杜甫相知相识。此后两人同游梁、宋、齐、赵各地,结下了深厚的友谊。天宝四载,二人同游蒙山,杜甫有《与李十二白同寻范十隐居》诗记此事:

"李侯有佳句,往往似阴铿。余亦东蒙客,怜君如兄弟。醉眠秋共被,携手日同行。更想幽期处,还寻北郭生。入门高兴发,侍立小童清。落景闻寒杵,屯云对古城。向来吟橘颂,谁欲讨莼羹?不愿论簪笏,悠悠沧海情。"

唐代著名文学家萧颖士曾亲临蒙山,作诗曰:《蒙山作》。

白居易也曾到蒙山中山寺游览,并作诗数首,但现在仅存一首:《栖中山寺》。

北宋文学名家苏轼,在听闻贺元修道事后,即遥望蒙山撰诗以赞:"尔来八十胸垂胡,上山如飞嗔人扶","不惊渤海桑田变,来看龟蒙漏泽春","始知不见高皇帝,正似商山四老人"。

北宋政治家、书法家文彦博也曾写过《赠自然白太师》:"千仞清溪绝世纷,先生高卧白云根。近来名系丹台籍,多向蒙山见羡门。"作者描写了一个卧于山水白云间的高士,同时也表达了自己向往道门生活的愿望。

公鼐所出身的蒙阴公氏家族是蒙阴县乃至整个蒙山地区都富有盛名的名门望族。公鼐(1558—1626年),字孝与,号周庭,是公氏家族第五代进士,也是公氏文学与政治的集大成者。公氏家族是蒙阴地区以诗文著称的家族,但是其真正登上文坛,并成为明代江北著名的文学世家则是在公勔仁之后。其他还有公跻奎、公一扬、公家臣、公鼐等。

10.5.3　帝王巡幸

蒙山有幸得到古代中国最高荣耀的时间是在清朝康乾时期,刘宝鼎在《重修光绪费县志序》中亦说道:"首载巡幸以为一邑光宠",由此可见巡幸给予一个地方所带来的荣耀,在志书编纂中自然而然地列于首席。

光绪《费县志》记载,康熙帝首次南巡时(康熙二十三年)曾驻跸探沂集、荆埠等蒙山境内村落,《康熙朝实录》亦载其首次出巡"(冬十月)乙巳。驻跸蒙阴县",回銮时"(冬十一月)乙亥。上驻跸费县探沂地方。丙子,上驻跸费县锦堡。"此外据《宣统蒙阴志》记载,康熙帝又分别于三十七年(1698年)二月、四十二年(1703年)二月驻跸蒙阴县东关生员秦选家。

一生以康熙帝为目标的乾隆皇帝,仿效其祖父重行南巡之举,六次出巡,都在蒙山驻跸停留过,并且在第四次巡幸时,建注经台行宫,成为此后两次驻跸之地。根据光绪《费县志》《宣统蒙阴志》的记载,他六次南巡驻跸蒙山地区期间,共作诗34首。

10.5.4　忠孝文化

10.5.4.1　孝文化

谈起蒙山的孝文化,应该是要追溯到遥远的东夷文化时期,据王献唐《炎黄氏族文化考》所论述,东夷之人好行仁义、民风淳朴,而此种氛围离不开家庭的和谐;另外,五帝之一且以孝行的舜帝也是东夷之人,《孟子》说他生于诸冯,也就是今潍坊诸城,离蒙山不远,而且他曾渔猎过的雷泽,也在蒙山西邻。因此无论是其自身的文化传统,还是虞舜个人德操的感化,古代的蒙山地区都应该是孝文化的滥觞之地。因此蒙山的孝文化历史十分久远,也正是这个缘故,使得蒙山地区的历史上出现了许多的以孝闻名的人,今举三例:

首先是躬耕于蒙山南麓的老莱子的事迹,也就是"彩衣娱亲",典出元代郭居敬所编纂的"二十四孝"故事,在蒙山地区也是广为流传。据说他在自己七十岁高龄之时,仍然会穿上小儿的衣服,发出小儿的声音以换取父母的开心,他的父母也因此成为蒙山史上有记载的最早的长寿之人。

其次为中国孝文化最重要的宣行者曾子,《史记》上说他是南武城人,也就是现在的平邑境,《说苑》就记载了曾子在鲁国郓地的故事。据光绪《费县志》记载,清代曾子的祭祀即是在费县由朝廷册封的奉祀生主持,这种政府支持的祭祀往往都是对该人思想的肯定,因此他的孝道思想在蒙山地区必定会产生不小的影响。

最后一个人是东晋琅琊王氏数百年基业的奠基者——王祥。王祥字休徵,琅邪临沂人,《晋书》说其"性至孝",其生母早亡,但是他对虐待自己的继母依然是极尽孝道:事亲恭谨,遇双亲生病则衣不解带奉汤药于前,《世说新语·德行》篇记载了他两则小故事,一是后母令其保护李子,他在风雨中抱树哭泣的事件;一则是后母杀他未遂,他跪在母前请死的事情。虽然其行为有些令人难以想象,但是这种始终如一的孝顺行为为他赢得了声誉,而晋朝又以孝治天下,因此他最终得以进入晋室高层,位居三公之位。从此以后,孝也成为琅琊王氏乃至整个士族社会维系家族地位的重要手段。

其他有孝名的著名人物还有仲子崔、臧霸、羊祜等,另外民间孝子亦不乏其人,由此可见孝文化在蒙山当地有着很大的影响。

10.5.4.2　忠文化

蒙山地区古来多忠臣义士,为了国家利益奋不顾身,远有颜氏双忠(颜杲卿、颜真卿),近有左氏忠魂(左宝贵)。

1. 颜氏双忠

唐玄宗天宝年间,"安史之乱"初起之时,河朔之地几乎尽入叛贼,却有两兄弟宁死不屈,这就是常山太守颜杲卿和平原太守颜真卿,其中颜杲卿殉难于安史之乱,颜真卿则在之后为奸人所害,死于藩镇之手。此二人祖籍琅琊临沂孝悌里,即今费县方城镇诸满村,虽然二人都非生于此地,但是却受到了家学的影响。东汉颜盛迁居琅琊后,颜氏家族就以孝恭传世,盛曾孙颜含更是以孝悌之名声闻全国,故而其地也得名孝悌里,所以说颜氏一门以孝著称,而忠实为孝悌的延伸。颜氏兄弟死后,留居祖地的颜氏族人特地为二人在颜氏祖茔(即"颜林")建墓,称为"双忠墓",并建鲁公庙祭祀他们,而他们也成为蒙山当地人世代所敬仰的双贤。

2. 左氏忠魂

清代咸丰年间,山东费县又出了一位为人所称颂的忠臣良将——左宝贵。左宝贵字冠廷,费县地方村(今属平邑县地方镇)人,作战勇猛,《清史稿》记其"当前敌,阵既接,旗兵中炮,殪,宝贵持其帜冲锋入,大捷",一战成名,其后又屡立战功,入朝鲜之前已经是"赏黄马褂、双眼花翎,驻沈阳"。平壤战役,他在主帅叶志超畏敌的情况下,视死如归,本着"奉旨御寇,力即不及,义不可挠"的信念,亲自登城督战直至壮烈殉国,彰显出他崇高的民族气节。

以光绪《费县志》所载为例,这种忠臣义士还有元代的康恭,作为一名谏臣,恪尽职守,最后竟以诤死;明代的彭占祺任浙江永嘉县知县期间,廉洁爱士,号曰"彭青天",镇守太监索贿,彭占祺非但不从反而奋起反抗;公家臣、公鼐一个反对张居正丧父"夺情",一个猛烈抨击权奸魏忠贤。在任期间均忠于职事,宦海沉浮而终不改志。

10.6 蒙山红色文化及其产业化利用

临沂是著名的革命老区,红色旅游资源丰富。在长期的革命战争中,沂蒙山革命根据地留下大批革命历史纪念地和革命战争遗址、遗迹;在抗日战争和解放战争时期,沂蒙山区是整个华东革命根据地的指挥中心,领导机关多,发生的著名事件多,红色旅游资源密集,涌现出全国闻名的用乳汁救伤员的"红嫂"、沂蒙母亲王换于、支前模范"沂蒙六姐妹"等一大批英雄典型。2005 年 3 月,国家发改委、中宣部、国家旅游局等 13 部委联合发文,将临沂、孟良崮战役遗址和华东革命烈士陵园分别纳入全国 30 条红色旅游精品线路和百个红色旅游经典景区。

在《全国红色旅游发展规划纲要》中,临沂被纳入了"济南—济宁—枣庄—临沂—连云港"红色旅游精品线,孟良崮战役遗址和华东革命烈士陵园被选入 100 个全国红色旅游经典景区。山东省把沂蒙山革命根据地作为全省红色旅游发展的核心,把八路军 115 师在山东的转战路线作为山东红色旅游的一条主线,沂蒙红色文化旅游线被列入 7 条精品线路之一,被誉为"华东小延安"。现有全国爱国主义教育基地 2 处,省级爱国主义教育基地 13 处,市级爱国主义教育基地 36 处。

近年来,临沂市红色文化资源的开发宣传力度不断加大,取得了较大影响。

10.6.1 优秀剧目不断涌现

随着大型乐舞诗《沂蒙颂歌》、大型实景歌舞《蒙山沂水》、民族管弦乐《沂蒙山小调》、电视连续剧《沂蒙》、电影《沂蒙六姐妹》,一部部反映沂蒙革命老区沂蒙精神的文化巨制相继走入人们的视线。

特别值得一提的是,大型风情歌舞《蒙山沂水》,是临沂市打造的国内首部红色大典、北方首部内河深水大型实景演出(2009 年 5 月 1 日,沂河北湖心岛首演),此演出立足临沂实际,依托沂河两岸的现代城市景观和水的自然背景,巧借沂河中心岛,综合运用声、光、电、水、景、人、服、泉等各种科技和艺术手段,全新演绎沂蒙印象。曾参加中印文化交流,荣获中国舞蹈艺术最高奖项——荷花奖特别奖,号称"中国红色记忆符号"。

在临沂市的文化资源中,最具优势、特点最突出的是红色文化,也是最能将临沂区别于其他城市的文化软实力。因而,突出红色文化核心,展示沂蒙精神,成为大型水上实景演出《蒙山沂水》的主题。红嫂乳汁救伤员、支前妇女抢搭火线桥、送子参军等场景在台上一一呈现,引起了观众最大的共鸣,这也就成就了国内首部水上红色文化大典和唯一的"水上红色芭蕾"。

她再现了临沂的发展历程,反映了独具特色的沂蒙文化,特别是感人至深的沂蒙红色文化,充分体现了"爱党爱军、开拓奋进、艰苦创业、无私奉献"的沂蒙精神。

10.6.2　高标准建设重点旅游项目

根据 2007 年编制的《临沂市红色旅游总体规划》,将开发红色旅游项目 24 个,规划总投资8.91 亿元,目前已累计完成投资 3.7 亿元。

一是整合包装"大孟良崮"。以孟良崮特有的红色文化,历史文化传说和自然生态为基础,实行跨县统一开发模式,着力打造红色旅游地观光,特色文化参与,生态旅游度假三大特色品牌,推出并优化具有地域特色的红色旅游地观光和山林生态休闲旅游产品。

二是打造沂蒙红色乡村旅游项目。以"沂蒙"和"红嫂"为品牌,将建成融影视拍摄,红色旅游,休闲观光,文学创作,爱国主义教育为一体的综合性影视拍摄旅游项目,总投资 1.5 亿元(位于沂南县马牧池乡常山村,于 2008 年 7 月开工建设)。沂蒙红嫂拍摄影视基地继大型电视连续剧《沂蒙》在此成功拍摄后,反映抗战题材的大型电视连续剧《沂蒙英雄》《地道英雄》,电影《沂蒙六姐妹》《一个农民的 1978—2008》《果儿满山红》《干得漂亮》等多部影片都在这里完成了拍摄。

三是建设华东革命历史主题公园。在全国爱国主义教育基地,全国重点文物保护单位的基础上,进一步完善旅游配套,以 3 A 级景区标准进行设施建设,提高综合服务功能,实现由纪念地向旅游地提升。目前,已投入 700 余万元新建了沂蒙精神展馆。

四是修复山东省政府诞生地暨八路军 115 师司令部旧址纪念地。以红色文化和庄氏文化为核心,重点发展红色文化观光,特色民俗休闲,庄氏文化体验和生态古镇度假四大系列产品。

10.7　蒙山民俗文化与节庆文化及其产业化利用

10.7.1　民俗文化

临沂是一座历史文化名城,文化底蕴十分深厚。临沂不仅有着丰厚物质文化遗产,还有着独特的非物质文化遗产,刺绣制品、印花布、泥制玩具、民间剪纸、香荷包、草柳编、地方戏曲——柳琴戏、民歌、民舞等民间艺术流传至今。柳琴戏、郯马五大调、"龙舞"——龙灯扛阁、郯城木旋玩具四项国家非物质文化遗产名录。一张张亮丽名片,全力彰显老区临沂的文化底蕴和时代特色。

临沂还有山东省级非遗项目 10 项,分别为卧冰求鲤传说、郯城木旋玩具、郯马五大调、沂蒙山小调、龙灯扛阁、柳琴戏、苍山泥塑、蒙山传说、猴呱嗒鞭和兰陵美酒传统酿造技艺。以下简要介绍：

1. 柳琴戏

柳琴戏旧称拉魂腔，唱词通俗生动、善于铺陈，尤其长于叙事和表现人物的心理活动。柳琴戏的唱腔音乐，源于临沂流行的姑娘腔、花鼓调，并受到柳子戏的影响，其唱腔以多彩的花腔、独特的拖腔为主。建国之初涌现出一批优秀的柳琴演员，如李春生、唱青衣花旦的张金兰等。剧目多取材于历史故事和民间传说，表演朴实、生活化。特别是小丑的表演，诙谐又不流于庸俗。

2. 龙灯扛阁

龙灯扛阁发源并流传于山东省临沂市河东区九曲街道三官庙村一带，至今已有 170 多年的历史，是一种民间龙舞和扛阁结合在一起表演的广场舞蹈。龙灯扛阁一般在春节期间表演，过去都用于祀神和求雨。抗日战争、解放战争时期，龙灯扛阁参加了欢迎八路军、新四军、解放军庆祝胜利的活动。新中国成立后成为喜庆节日里传统的文化娱乐项目。

3. 郯马五大调

当地也称淮调、五大调、郯马调，是活跃在山东省临沂市郯城县以郯城镇、马头镇为中心，余韵遍及整个鲁东南，甚至传播到鲁北广饶和江苏连云港等地的一种民间曲调。郯马五大调多由一个人演唱，其伴奏乐器也十分罕见，是以民间管弦乐器和瓷碟、瓷碗、瓷酒盅、竹筷等物品，打击出节拍伴奏。

4. 郯城木旋玩具

郯城木旋玩具发祥于鲁南地区临沂市郯城县港上镇北部的樊埝村，俗称"耍货"，源于元末明初，已有 600 多年的历史。它的题材内容、艺术形式都是为适应农村特点而产生的，具有浓厚的地方特色。在图案设计上，多取材于神话、民间故事、历史故事等。部分木旋玩具运用机械原理，玩具能运动，且有声音伴随，颇富情趣，深受广大群众的喜爱。

5. 印花布

沂蒙地区的蓝印花布和彩印花布名闻遐迩。兰陵、莒南、临沭一带至今还保留着古老的印染作坊。蓝印花布的颜料为靛青，是从一种叫蓝草的植物中提取的，物理性能稳定，色泽素雅。战国时曾任兰陵令的荀子在《劝学》中说："青，取之于蓝而青于蓝"。彩印花布多以大红、绿、桃红、紫、黄五色套印，结构丰满，色彩绚丽。

6. 小郭泥塑

小郭泥塑相传起源于清代咸丰年间，以兰陵县兴明乡小郭村为代表，群众传统手工捏制的"小郭泥人"已有近 200 年历史。多年来，继承了家传和师传的某些独特技法，深受现代艺术的熏陶，逐步发展成一种民间特色艺术。

7. 沂蒙香荷包

沂蒙香荷包，是用各种布的下脚料和花线缝制，选料精细，极有特色，多是以沂蒙人所喜欢的传统色彩大红、大绿、粉红、黑等 4 种颜色为基调，以其他色彩来点缀，加之巧妙的艺术构思、精湛的刺绣技艺，形成一件件绚丽多彩、风格迥异、寓意不同的艺术品。

8. 刺绣制品

临沂刺绣制品的刺绣工艺有丝绣、挑花、割花等，用五色丝线刺绣出各种图案，玲珑精致，富有韵味。临沂女孩十几岁就学绣鞋垫，十七八岁的姑娘个个拿手，所绣之物常用来作为相爱的定情之物。

9. 沂蒙泥哨

沂蒙泥哨是流传在沂蒙山区的一种古老的民间艺术形式，距今已有三百四十多年的历史。中国民间玩具简史记载：临沂市东去三里是九曲乡褚庄，盛产牛头哨、双音哨等。传统的泥哨造型粗犷夸张，外观朴素奇巧，色彩简练艳丽，具有浓重的沂蒙民间文化气息，系上五色线绳佩带在胸前，寓意吉祥，可观可玩，孩童爱不释手。

10. 临沂柳编

山东省的柳编工艺品出口量占全国 80％，而临沂市的出口量又占到了全省的 80％，其产业带主要集中分布在沂沭河两岸的莒南、临沭、河东、和郯城四县区，其中临沭的规模和产值最大，占全市出口额的 40％，其它三县区各占 20％。

11. 双旱船

双旱船起源于宋代，相传是古代沭河商埠——郯城县红花乡红花埠村渔民节庆时，把各种水上行船的生活拿到地面进行夸张处理，形成的一种虚实结合、情景交融的表演艺术。旱船船体大多用竹、木、秫秸扎制而成，外罩彩绸，船底中空。每逢节庆日子，旱船、高翘、狮子、锣鼓等混编成队，同时演出，营造出浓浓节日气氛。

12. 沂蒙剪纸

沂蒙剪纸是具有双重价值的工艺品，各乡镇较大的集市都有剪纸出售。枕头花、鞋花、帽花以及供恋人们选购的鞋垫花，应有尽有。每当新春佳节，城镇乡村家家户户不仅贴有春联，在门楣下还垂挂着一排排五彩缤纷的门笺。

另外，临沂的民间工艺制作还表现在特色饮食方面。其中尤以糁和八宝豆豉最具著名。糁在临沂已有两千多年的历史，其中主要原料是母鸡肉（或牛肉、羊肉）和麦米、面粉、辅以葱、姜、盐、酱油、胡椒粉、香油等二十多种佐料，不仅营养丰富，味道鲜美，还可以祛风逐寒、健胃温脾。八宝豆豉因用黑豆、茄子、鲜姜、杏仁、花椒、紫苏叶、香油、白酒八种原料发酵而成，故称"八宝"。

如今山东临沂的街头巷尾摆满了琳琅满目的民间工艺品：民间剪纸、莒南石雕、印花土布、旋木玩具、褚庄泥塑、高桥手绣等。

继承传统又加入当代文化元素，使沂蒙山的"土玩艺儿"大放异彩。崭新的理念催生出柳编之乡临沭、木制玩具之乡樊埝、泥塑之乡褚村等。临沂按照"保护为主、抢救第一、合理利用、传承发展"的方针，让古老的传统民间艺术焕发出生命力和艺术感染力；设计精巧、造型夸张的木制玩具进入美国、日本等三十多个国家和地区的家庭；民间剪纸成为千家万户的艺术欣赏品；淳朴精美的石雕艺术享誉海外，有的"工匠"被联合国教科文组织授予"民间美术家"的称号；绣工精妙、针法活泼的高桥手绣已形成祺榴、老虎、中国结等二十大类一百八十多个品种，年产量达 120 万件，逐步形成一大产业。

10.7.2　节庆文化

近年来，临沂市以举办"中国书圣文化节"和"中国诸葛亮旅游节"为依托，精心打造"书圣"

和"智圣"文化品牌,构筑起"春有诸葛亮,秋有王羲之"的节庆格局,擦亮"文化临沂"这张名片,进一步提升了文化临沂的城市品位(表10.1)。

表 10.1 临沂旅游节庆活动列表

序号	活动名称	主办单位	承办单位	举办时间	内容
1	全国年货精品展销会暨中国(临沂)新春贺年购物节	中国商业联合会、省商务厅、省旅游局、临沂市人民政府	临沂市旅游局、商务局、广播电视台	每年1月	国内各地区众多特色年货展销
2	临沭县新年群众登高健身活动	县教育体育局、县直机关工委、县总工会、县旅游局、县广播电视台、县体育中心、苍马山景区管委会	临沭县南宇旅游实业有限公司(苍马山旅游区)	2013 年 1月1日	从苍马山景区云溪谷山门出发,沿景区指定线路走完全程。凡按规定走完全程的个人,均有机会参加由举办单位组织的抽奖,每人可抽取公益体育彩票一张,并当场兑奖
3	蒙山春节祈福庙会	临沂蒙山旅游区管委会	蒙山旅游集团	正月初一至十五	祈福法会、大宋文化主题演出、大宋民俗花会表演、游乐嘉年华、非物质文化遗产、清明上河园
4	宝泉春节庙会	罗庄区政府	罗庄区宝泉寺公园	初一至十六	灯会、庙会、民俗游乐、新春祈福等
5	郯城老神树祈福纳寿活动	郯城县旅游局	银杏古梅园景区	春节当天	银杏古梅园景区在春节当天,举办以老神树为主题的祈福纳寿活动,针对不同的游客,进行福、寿、禄的宣传活动,积极宣传老神树神奇与美好的寓意
6	郯城清泉寺庙会	郯城县旅游局	马陵山景区	春节至元宵节期间	开展吃斋饭、上香祈福和免费品尝腊八粥等一系列民俗年节文化活动;在马陵之战古战场遗址公园和老虎崖旅游观光项目打造诱敌景观廊道、木栈道,老虎崖攀岩自驾游营地等景点。在景区驻地和各村悬挂、张贴贺年会宣传标语和吉祥物图标
7	临港全区民间秧歌会	临港区文化宣传办公室	临港区文宣办、临港区党政办、临港区旅游局	正月十五前	耍狮子、跑旱船、抬花轿、踩高跷。弘扬全区风俗文化传统,加快全区文化旅游产业发展
8	河东生态文化旅游周	河东区委、区政府	河东区旅游局、文化局	每年 3—4月	刘店子草莓采摘节,白塔街春季庙会,海棠(市花)节

续表

序号	活动名称	主办单位	承办单位	举办时间	内容
9	平邑九间棚梨花会	中共平邑县委、平邑县人民政府	县旅游局、地方镇党委、政府、九间棚旅游公司	每年4月份举办	主要是观赏梨花盛开,游玩九间棚景区等
10	山东沂水—泉庄"天上王城"桃花节	沂水县委宣传部、县新闻网络办、县文广新局、县旅游局、县广播电视台、泉庄镇党委政府	泉庄镇旅游办、天上王城景区	每年4月10日至25日	邀企业家和泉庄籍各界人士考察、洽谈并观光、赏花、踏青、谏言献策。推介展销泉庄汇泉牌果品、"纪王贡"牌有机水果、原生态手工制作豆腐皮,纯正优质山鸡蛋等农副产品展销会;相约桃花盛开时,情侣桃园"乐翻天"活动;怡情踏春自驾游,赏万亩桃花美景,享千古王城之旅;桃花摄影大赛,系列民俗表演等活动
11	平邑县武台镇桃花节	平邑县人民政府	平邑县旅游局、武台镇党委、政府	每年4月份举办	主要是观赏桃花,游玩景区等
12	中国(兰陵)蔬菜博览会	兰陵县委、政府	兰陵县旅游局、农林办、农业局、税务局、宣传部	4月	农耕文化研讨会;国家农业公园揭牌仪式
13	莒南县环天马岛山地自行车公开赛	莒南县自行车运动协会、莒南县旅游协会、莒南县天马岛旅游发展有限公司	天马岛景区	4月份	环天马岛山地自行车公开赛以"低碳、环保、健康、休闲"理念吸引八方游客。通过赛事活动的举办,进一步提升莒南对外形象
14	石林梨花节	中共费县县委费县人民政府	费城街道许家崖景区	清明节附近	主要是观赏梨花盛开,游玩沂蒙石林景区丛柏庵景区等
15	诸葛亮文化旅游节	山东省委宣传部、省文化厅、省旅游局、中共临沂市委、市政府	中共沂南县委、沂南县政府等	每年4月(农历)	充分展现沂南丰富的资源,进一步提升文化品位,打响"智圣故里、红嫂家乡、温泉之都、休闲胜地"品牌,拉动招商引资、旅游开发和城市建设
16	中国金银花节	国家有关部委、临沂市人民政府	平邑县委、县政府、中国金银花协会	每年5月份举办	为中药材的生产、加工、流通企业提供了交流平台,为平邑县丰富的中药材资源优势创造了展示机会
17	大樱桃擂台赛暨采摘节	中共费县县委费县人民政府	大田庄乡人民政府	每年5月初举办	主要对樱桃品质进行评鉴,拉动游客到乡间地头采摘购买

续表

序号	活动名称	主办单位	承办单位	举办时间	内容
18	蒙山天然氧吧节	市蒙山管委会、蒙山云蒙景区办事处	临沂金汇蒙山旅游资源开发有限公司	每年5月	蒙山运动嘉年华、摄影家采风、户外瑜伽、慈善蒙山帮扶贫困母亲行动和蒙山王麻小学新校园建成捐款活动等
19	临港"信合乡情"樱桃节	临港区坪上镇信用合作社	临港区坪上镇政府	5月下旬	以果为媒，扩大交往，推动经济，加快发展，促进了临港产业区与外界的交流合作，提高临港知名度，创优临港投资环境，推动临港产业区经济社会又好又快发展。推动了全区绿色旅游和采摘旅游产业的发展
20	中国沂河国际运动娱乐节	国家体育总局水上运动管理中心、山东省体育局、山东省文化局、山东省旅游局、临沂市人民政府	临沂市体育局、文广新局、旅游局、园林局、兰山区、罗庄区、河东区、沂水县、经济技术开发区	每年6—9月	多种滨水运动赛事项目，如临沂水上论坛、群众性水上项目日常体验、首届中国沂河文化体育旅游节摄影大赛、罗庄区武河湿地体育旅游活动、罗庄区青啤文化广场青岛啤酒节、沂蒙乐园旅游推介、国民休闲汇欢乐健康游、滨河消夏电影晚会文体活动等
21	赏石旅游文化节	中国观赏石协会、山东省旅游行业协会	费县县委、人民政府、费县旅游行业协会	每年6月份举办	奇石论坛、奇石会展
22	费县广场文化艺术节	中共费县县委、费县人民政府	县文广新局、广播电视台等有关单位	6—10月	各类主题文艺汇演
23	中国（沂水）地下河漂流节	山东龙冈旅游集团	山东龙冈旅游集团	双数年6月或7月	大型文艺演出、著名旅游专家学者举办研讨会、萤火虫放飞、摄影活动、漂流体验活动、各类游客互动活动等
24	沂水萤火虫国际旅游节	中国旅游协会、山东省旅游协会	临沂市旅游局、沂水县人民政府、龙冈旅游集团	单数年份7月举办	以"亲近萤火虫系蝴蝶谷享受大自然"为主题，游客可近距离观赏的萤火虫种类，活动期间还有萤火虫、蝴蝶放飞仪式，邀请众明星演出以及推出各类游客互动项目
25	临沂青岛啤酒节	罗庄区政府、青岛啤酒集团	青岛啤酒地产控股有限公司	7月底至8月初	K歌大赛、歌舞表演、饮酒大赛等活动

续表

序号	活动名称	主办单位	承办单位	举办时间	内容
26	山东沂水泉庄采摘节	沂水县委宣传部、新闻网络办、旅游局、文广新局、广播电视台，泉庄镇党委、政府	沂水县泉庄镇旅游办、天上王城旅游景区	8月1日—10月30日	分时间段进行桃子、苹果、葡萄、山楂采摘活动。举办"情聚泉庄—首届采摘节文艺汇演"、水果福娃吉祥物创意作品展示、水果采摘品尝比赛、假期采摘全家总动员、书画诗赋征集比赛、果品展销大赛等活动
27	平邑群众文化广场艺术节	中共平邑县委、政府	县文化局、旅游局	每年8月份举行	以丰富多彩的广场文化、群众文化和各类主题文艺汇演等宣传平邑
28	费城街道葡萄擂台赛暨采摘节	中共费县县委费县人民政府	费城街道许家崖景区	8月份	主要对葡萄品质进行评鉴，拉动游客到乡间地头采摘购买
29	中国临沂书圣文化艺术节	中央数字电视书画频道、中共山东省委宣传部、山东省文联、山东省文化厅、中共临沂市委、临沂市人民政府	中共临沂市委宣传部、临沂大学、临沂市文联、临沂市文广新局、临沂日报业集团、临沂市广播电视台	每年的9月上旬	民间工艺展演暨文化旅游精品展示会;中央数字电视书画频道走进沂蒙;中小学生书法展;漫画作品展等
30	中国北方桂花节	中国花卉报社、山东省花卉协会、临沂市人民政府	临沂市林业局、沂水县人民政府	9月16日—10月3日	桂花精品进行展览,桂花产业交流发展研讨会,知名专家就北方桂花栽培技术和市场前景、桂花容器栽培方法、北方主要桂花品种、桂花盆景的制作技巧及相关技术等内容进行讲解。同时举办一系列民间盆景展、奇石根雕展活动
31	莒南县"爱我家乡"书画精品展	莒南县人民政府	县旅游局、马鬐山旅游风景区管理处、县文广新局、县文联、天马岛景区	10月份	以书画展吸引旅客、投资、提升莒南形象,促进旅游发展
32	毛泽东主席批示厉家寨周年庆典	临港区管委会	临港区文宣办、临港区党政办、临港区旅游局	10月9日	邀请嘉宾参观厉家寨展览馆,展出体现全区经济社会发展情况的图片以及反映当年光辉历史的书画、电影、历史图片资料等。弘扬厉家寨红色精神,扩大全区红色旅游影响范围,提升临港区红色旅游知名度

续表

序号	活动名称	主办单位	承办单位	举办时间	内容
33	蒙山养生长寿文化旅游节	中国老年学学会、山东省老龄办、山东省旅游局、临沂市人民政府。	临沂市旅游局、临沂市蒙山旅游区管委会、临沂市老年学学会	每年10月13日	以"交流长寿文化,解读长寿密码"为主题,组织蒙山养生长寿产品博览会,"百岁沂蒙人"摄影图片展,蒙山颐源健康城奠基仪式,蒙山养生长寿发展与合作论坛等内容
34	温泉旅游大会	河东区委、区政府	河东区旅游局、汤泉旅游度假区管委会	10—11月	温泉产品展示、体验,温泉文化推介
35	平邑县香山红叶节	平邑县人民政府	平邑县旅游局、丰阳镇党委、政府	11月初,农历霜降之后	观赏红叶,游玩景区等
36	山东(费县)名砚博览会	费县人民政府临沂市旅游局	费县旅游局费县砚石协会费县奇石协会	12月份	费县及周边城市名砚展览

资料来源:临沂旅游政务网

10.7.3 《沂蒙山小调》

《沂蒙山小调》可以说是民歌中的经典之作,一直备受广大人民群众的喜爱而经久不衰,它也是山东民歌中最有代表性和影响力的民歌之一。

"人人那个都说哎沂蒙山好,沂蒙那个山上哎好风光……"一曲旋律悠扬、节奏明快的《沂蒙山小调》,唱红了沂蒙山区,风靡了齐鲁大地,回荡在大江南北,成为一首反映沂蒙山乡土气息的代表曲作。这首诞生于烽火连天的抗战岁月中的山东民歌,几十年来经过几代艺术家的演绎,不仅在国内知名度高,被众多的专业、业余歌手以及广大群众广泛传唱,而且其优美的旋律也早就飞出国门。

沂蒙山小调诞生于蒙山望海楼脚下的费县薛庄镇上白石屋村。它的前身是1940年由驻沂蒙山区抗大文工团团员李林和阮若珊等人采集创作的《反对黄沙会》。《沂蒙山小调》与《茉莉花》被联合国教科文组织评定为中国优秀民歌,蜚声海内外;"沂蒙山区好风光"也逐步渗入到人们的心灵中,成为沂蒙大地的主题形象。

1999年,费县县委、县政府在《沂蒙山小调》诞生地建立了纪念碑、纪念亭,记载了《沂蒙山小调》诞生的过程,以及现今流传的《沂蒙山小调》词曲及作者,以启后人,永志不忘。

《沂蒙山小调》歌曲由许多歌手演唱,较著名的有:彭丽媛版;于文华,朱之文版;草帽姐徐桂花版。

10.8 总结与启示

蒙山文化源远流长,博大精深。她扎根于中华民族文化,延伸于齐鲁文化,融汇于沂蒙文化,是民族优秀文化的重要组成部分。这尤其需要科学定位、战略性眼光,进行有效保护与合理利用,将其世代传承下去。

一个国家,一个民族,不仅要有"硬实力",也要有"软实力"。这个"软实力",就是文化。目前,我们国家正处于转型时期,加强文化建设,实现文化事业与文化产业共同发展尤为重要。

2013年12月30日,习近平总书记在中共中央政治局第十二次集体学习时强调,"建设社会主义文化强国,着力提高国家文化软实力"。习近平指出,提高国家文化软实力,要系统梳理传统文化资源,让收藏在禁宫里的文物、陈列在广阔大地上的遗产、书写在古籍里的文字都活起来。要以理服人,以文服人,以德服人,提高对外文化交流水平,完善人文交流机制,创新人文交流方式,综合运用大众传播、群体传播、人际传播等多种方式展示中华文化魅力。

我们深入开展蒙山文化研究,宣传传统文化资源,赋予其时代内涵,具有非常重要的意义。

10.8.1 总结

10.8.1.1 是梳理和弘扬民族优秀传统文化的需要

中国是个文明古国,不同的部落,不同的区域,不同的民族,又以其不尽相同的文明,形成了价值取向相一致的中华传统文明。挖掘这些文明,从中找出规律性的东西,找出规范的文明形式,是建设现代化文明应有之义。就蒙山大地而言,不仅曾立有颛臾古国,而且据1965年费县上冶镇出土的徐子氽鼎佐证,存世1600多年的徐国,最早于夏启九年建于此地,直至相距商末周初的900多年,费县、平邑一直是徐国的中心地带。境内还有邱舆、武城、故县、武阳故城;东石门、洼子地、东荆埠、小卓庄、地方、杨谢、丘上、蔡庄、堡前庄等多处大汶口、龙山文化遗址;曾子、仲子、原宪子、澹台子、羊祜、左宝贵故里和季平子采邑,以及保存完好的汉阙等大批文物,这些都是丰厚的文化遗产,弄清其根源,对传承中华古老文明极为必要。

还要用世界眼光看待蒙山传统文化,将蒙山文化的精华与环保理念、绿色发展、资源能源节约、合作安全和科学发展等现代理念结合起来,这样更容易得到国人的认同。

10.8.1.2 是快速发展旅游业和文化产业的需要

2012年临沂市出台《关于调整理顺蒙山龟蒙、云蒙景区管理体制的意见》,把蒙山龟蒙、云蒙景区周边的21个村划归蒙山旅游区管委会直接管理,形成以蒙山管委会为主体的统一管理模式。这有利于蒙山资源整合提升、做大做强蒙山旅游,把蒙山建设成为山东乃至全国知名的山岳型休闲度假旅游目的地。2013年12月,全国旅游景区质量等级评定委员会批准山东沂蒙山旅游区为国家5A级旅游景区,这也标志着临沂5A景区实现零的突破,由此拉开了蒙山旅游快速发展的序幕。

以平邑县为例。其全境处于蒙山复背斜和尼山复背斜构造带内,是华北地台上基底固结

较早的地区,山地、丘陵、平原相间,地貌类型多样,构成了一个个相对独立完整的地理单元,矿产资源丰富,地下水和地表水充裕,即便是大旱、大涝之年,也能够种植、养殖、采集,能够维持生命的延续,所以以古至今,这里都是适宜人类生存、发展的一块宝地。

目前,平邑已晋级全国县域旅游品牌 20 强,发展前景极为广阔。为了适应以蒙山养生长寿旅游为龙头,融自然博物馆科普文化游、九间棚生态农业游、归来庄金矿地质公园工业游为一体,食、住、行、游、购、娱协调发展,努力打造"山水生态旅游县",建设"大蒙山、大旅游、大产业"综合格局的需要,必须加强蒙山文化研究,全面提升旅游业的文化品位,促进相关文化产业的发展,充分发挥文化"软实力"的重要作用。

10.8.1.3 是进行爱国主义和革命传统教育的需要

井冈山、延安与沂蒙山是中国革命战争时期最重要的三大老革命根据地,沂蒙曾被无数革命后人誉为"两战圣地、红色沂蒙"。在抗日战争和解放战争时期,沂蒙老区是著名的革命根据地、山东解放区的首府和华东地区革命斗争的指挥枢纽,被誉为华东"小延安"。刘少奇、徐向前、罗荣桓、陈毅、粟裕等老一辈无产阶级革命家曾在这里战斗、生活过,留有大量的革命遗迹。

山东省提出西部隆起带发展战略,将统筹山东红色旅游资源,打造山东红色旅游文化旅游链,以枣庄、临沂、菏泽为中心,整合周边相关资源,打造红色文化旅游品牌。临沂红色旅游作为山东红色旅游的核心,将以此为契机,加快打造山东及华东区域红色旅游的核心品牌。充分挖掘和利用沂蒙老区的革命历史文化资源,积极发展红色旅游,是推动革命老区经济社会全面协调发展的重要举措。临沂实行"红—红"联手,加强区域合作。首先整合市内的红色旅游资源,做到科学布局、景区互动、编排成线;其次是与山东省内的泰安、济宁、枣庄、日照等地建立合作机制,并积极发展与江苏连云港、徐州、淮安及全国其它红色旅游区的联合,实现省际旅游互动,共同挖掘市场潜力。

突出品牌形象,开展特色宣传促销活动,是临沂发展红色旅游的一大举措。在营销上,开发沂蒙红色旅游纪念品作为形象载体,制作沂蒙红色经典影视和其他旅游影像作品,在重点红色旅游景区出售或随门票赠送。临沂还通过采取街头宣传、广场演出,召开新闻发布会、旅游资源推介洽谈会,组织红色旅游产业研讨等形式开展全方位的宣传促销,扩大临沂红色品牌的知名度与影响力。

10.8.1.4 深化蒙山文化研究,必须注重社会效益,紧密为现实服务

搞好蒙山文化研究,是文化蒙山的战略重点。蒙山自古是一座文化名山,宗教名山,文化底蕴非常深厚;而前期开发,多放在景点建设上,对文化方面的研究和挖掘,旅游业的文化品位还有待提高。应当看到,随着旅游业的发展,众多的游客已不满足于游山玩水,而日益向往文化娱乐休闲。如何把丰富的自然资源和文化资源结合起来,让文化推动旅游发展,用旅游促进文化繁荣,并且使二者相辅相成、相得益彰是需要探索的重点。

据此,结合蒙山文化的特点,今后要把重点放在儒家文化(重点研究曾子思想)、宗教文化(主要是道教文化)、名人文化(帝王圣贤)、红色文化(革命老区)、绿色文化(生态环境、天然氧吧、养生长寿)、民俗文化(风土人情)、饮食文化(土特产品、地方名吃名饮)等方面,努力挖掘、

打造特色文化和旅游品牌,提升蒙山旅游的文化品位,由单纯景观性旅游向知识性旅游转化,把梦山旅游做大、做活、做强,为早日实现蒙山成为"经济蒙山、旅游蒙山、文化蒙山、生态蒙山"的奋斗目标做出更大的贡献。

10.8.2 启示

10.8.2.1 生态环境优先:留得青山在,不愁没柴烧

以 2011 年 12 月,山东省商业集团(鲁商集团)与费县人民政府合作开发天蒙文化旅游区暨建设优质农产品加工基地项目为例,可以看出蒙山综合开发的战略眼光——"留得青山在,不愁没柴烧"。十多年来,费县先后婉拒了二十多个开发商,把天蒙这块山东山岳旅游"最后一块处女地"完整保留起来。银座旅游集团将按照 5A 级景区和国家级旅游度假区标准,努力把天蒙建设成为以山水文化资源为依托,集山地生态、运动休闲、民俗体验、休闲度假旅游于一体的综合性人文生态旅游度假区。

保护优先,合理利用,实现生态价值回归。加大对蒙山生态体系保护力度,提升基础保障能力,加强生态功能的延伸,建设具有区域影响力的生态人居示范区,开发老年旅游及养生市场,将生态保护与经济发展,城镇建设,旅游开发有机地结合,通过廊道建设,建立山体林地与城镇、景区的功能联系。

10.8.2.2 旅游发展,文化先行:蒙山文化研究会发挥独特作用

蒙山旅游区管理调整后,蒙山管委会抓紧实施高标准规划。在多次邀请高水平专家进行策划规划汇总基础上,最终拟定了以生态文化为主题,以休闲度假旅游为核心,打造中国北方著名的山岳型休闲度假旅游目的地,进而建设环蒙山生态文化旅游经济区的发展目标。

为提高蒙山旅游核心竞争力,蒙山旅游区专门成立了蒙山文化研究会,先后多次召开了高规格的蒙山文化研讨会,对蒙山祭祀文化、道教文化、长寿文化、历史文化等进行了深入研讨。用科学的态度对蒙山的长寿文化进行了科学分析解读,比如负氧离子的产生、对身体健康有什么的益处等,再如蒙山泉水、土壤、耕种方式等,从而科学地解释了蒙山长寿老人众多的原因。

《蒙山文化研究》杂志自 2007 年创刊以来,已编辑完成几十期,为推动蒙山软实力建设,推进蒙山文化创新,提供了一个难得的交流平台。"研究蒙山文化,推进现代文明,服务经济社会,建设和谐平邑",《蒙山文化研究》创刊伊始,即以此为办刊宗旨,唱响了时代的高歌,张扬起文化的风帆。

10.8.2.3 积极推动文化产业发展,与科技、影视、动漫结合,打造蒙山系列品牌和新型业态

深入挖掘和开发具有沂蒙特色的历史文化资源,有针对性地研究蒙山的历史文化、民族习俗、传说典故和特色餐饮,使这些资源优势转化为产业优势和经济优势。

把特色文化产品的开发与推进工业化和农业产业化结合起来。不断推出既有地方特色

创作地的优势,可以开展"红色之旅";云蒙峰可以培育"观瀑之旅";天蒙顶则由于其得天独厚的原始风光,可以倡导徒步穿越的"野趣之旅";摩云崮为七十二崮最高峰,可以打造"崮王之旅"。这样,不同的定位可以吸引更多的不同需求的游客前来登临览胜。

参考文献

申小龙,2013.蒙山文化研究[D].山东:山东师范大学.

蒙山文化研究编辑部,2011.科学系统深化拓展——谈进一步深化蒙山文化研究[J].蒙山文化研究,(15):1.

栾丰实,1996.东夷考古[M].济南:山东大学出版社:194-195.

栾丰实,2002.论"夷"和"东夷"[J].中原文物,01:16-20.

王梦鸥,2011.礼记今注今译[M].北京:新世纪出版社.

[汉]司马迁,1982.史记[M].北京:中华书局.

周郢,2013.泰山与泰山文化[M].北京:中华书局.

临沂市地方史志办公室,1999.蒙山志[M].济南:齐鲁书社.

山东省费县志编纂委员会,2012.费县志[M].北京:中国广播电视出版社.

山东省费县志编纂委员会,2012.费县志[M].北京:中国广播电视出版社.

[晋]干宝,1979.搜神记[M].北京:中华书局.

[唐]萧颖士,2004.蒙山作[M].江苏:凤凰出版社.

山东省费县志编纂委员会,2012.费县志[M].北京:中国广播电视出版社.

山东省费县志编纂委员会,2012.费县志[M].北京:中国广播电视出版社.

韩文殊,1995.道教名山——武当山[M].北京:百科知识.

语贤,2008.道教名山——龙虎山[M].北京:中国老区建设.

吴丽蓉,周秉根,2005.关于齐云山道教文化和宗教旅游开发的思考[J].黄山学院学报,(4):10-11.

陈崇研,2008.崂山道教文化与旅游资源开发[D].山东:山东大学.

山东省费县志编纂委员会,2012.费县志[M].北京:中国广播电视出版社.

山东省费县志编纂委员会,2012.费县志[M].北京:中国广播电视出版社.

[元]脱脱,1985.宋史[M].北京:中华书局.

卿希泰,1994.中国道教史[M].上海:知识出版社.

[美]韩明士著,皮庆生译,2007.道与庶道:宋代以来的道教、民间信仰和神灵模式[M].江苏:江苏人民出版社.

[宋]范晔,2007.后汉书[M].北京:中华书局:944.

赵尔巽,1977.清史稿[M].北京:中华书局.

和文化内涵,又有便携性、实用性和纪念性的商品。让文化经济利益起到惠民作用,提高全民参与文化产业的积极性。通过申办组织各种国际性、全国性会议、会展、文化、体育、经贸活动,把蒙山文化、蒙山节庆、道教文化等打造成为在国内外有较高知名度、美誉度的精品工程。

要注重蒙山文化资源与新兴科技结合,开发创意旅游产品、游乐项目、养生项目、文化体验项目等吸引游客,激发游客的需求欲望,利用互联网、物联网、微博微信等传播媒体宣传扩大蒙山的影响力。

要注重蒙山文化资源与影视、动漫结合,大手笔、高创意地制作与蒙山有关的影视动漫产品,形成新型产业业态,吸引游客的注意力,显示出基于传统文化资源,经过创意开发设计也可以呈现出动感、现代、新潮的文化创意产品。

例如,2011年至今,策划推出的《董浩叔叔讲故事》之"决战"红色系列动画片。《董浩叔叔讲故事》百集动画片是由临沂一漫动画有限公司与山东艺术学院共同打造的集红色、寓言、童话为一体的系列动画片,该片的内容是革命老区临沂红色文化的一个缩影,也是沂蒙精神的再度体现,对于唱响主旋律、弘扬红色文化,有着积极的意义。据了解,该系列动画片共100集每集12分钟,动画制作总投资1200万元,分为红色主题系列、中国寓言故事、童话故事三大板块,由中央电视台著名少儿主持人董浩参与全程的动画配音与项目运作。

同时,临沂一漫动画有限公司自主策划制作了26集动画片《蒙山小游侠》,即将在央视播放;新波浪动漫公司打造的动漫《小智星诸葛亮》已制作完成30集。

10.8.2.4 准确定位、深入研究、高端引领,打造蒙山养生系列品牌

随着目前国际旅游市场的变化,长寿养生休闲游已经成为世界旅游发展的新时尚。在这样的国际背景下,蒙山的长寿养生游也正在迎来新的市场机遇。

蒙山管委会立足森林资源丰富、负氧离子含量高、适合休闲养生等特点,不断探索蒙山旅游发展的新路子,拓展旅游业发展的更广阔空间,多条腿走路,打出了"天然氧吧,益寿蒙山"的口号,并决定打造中国北方著名的山岳型休闲养生度假旅游目的地。多领域嵌入养生养老文化功能,增强旅游区软实力。挖掘养生保健文化、养生饮食文化、养生休闲文化、道家养生文化等,发展多元化养生养老产业。

四川大学道教与宗教文化研究所潘显一教授认为,以道教为核心,打造蒙山文化平台,对蒙山要予以准确定位:首先,应尽快把蒙山文化平台(即蒙山文化研究会)的打造从县一级的政府、经济、文化行为提高到市、省级规划的高度上面。其次,以道教文化为核心,不但把道教日常的生活精神贯穿到蒙山道教文化的开发中,也要将其贯穿到道教养生体验和感受环节之中,发展蒙山道教文化的养生特色,推陈出新,古为今用。最后,以宗教、学术活动为平台,以经济活动为中心,联络海内外资源,借助学术平台,打好根基,加大政府部门的宣传力度,并使之为地方经济建设服务。

四川大学老子研究院副院长盖建民教授认为蒙山道教文化的研究与开发,要注重品牌效益,抓住蒙山特色,建立东蒙养生之都。并认为蒙山道教文化资源的开发首先要正名,从"东蒙"两字作文章,东属木,主生养,是太阳升起的地方,"蒙"卦在《易经》中是第四卦,上艮下坎,

象征山下出泉,所谓"物之始生必蒙,蒙者蒙也,物之稚也",蕴涵有对初生之物进行养育之义,东蒙山清水秀,可以努力打造"东方道教养生之都"。其次打造蒙山养生系列品牌,可以召开专题的研讨会,开发蒙山道教养生的系列产品,修建蒙山道教休闲养生中心,加大宣传力度,采取道教界联合学术界、政界共同推进的合作模式。

为抓住新的市场机遇,蒙山应进一步采取有效措施培育长寿养生游市场。建立了一系列长寿老人保护机制:为80岁以上老人建立生活档案,为90岁以上长寿老人制作专题网页;建立长寿老人初级保健制度,对蒙山90岁以上长寿老人进行定期体检,跟踪管理;建立百岁老人生日祝寿制度,在百岁老人生日时,党委、政府为百岁老人举行祝寿会;建立长寿老人有限拜访制度,确保长寿老人有足够的生产生活空间等。让蒙山旅游经济、文化产业发展惠及百姓,同时也扩大宣传。

第一,做好旅游规划。编制《蒙山养生长寿度假胜地专项规划》,将蒙山旅游定位于世界级养生度假基地,在住宿、交通、疗养中心、通信设备的建设上要立足于高层次。第二,保护好环境。一方面是要保护好自然环境。另一方面要保护好人文环境。政府部门除了要实行相关的保护措施之外,还应当加大宣传力度,让蒙山人民增强对自身文化的自豪感,从而激发他们自觉的保护意识。可以通过开发的方式把这些人文资源纳入到旅游当中,对农民加以引导,让农民参与到旅游当中来,并从旅游业中获取相关的利益。第三,加大对旅游业参与人员的培训。现在蒙山的旅游从业人员大多缺乏必要的法律知识、旅游知识、管理知识,缺乏服务意识,旅游从业人员的服务水平亟须提高。

10.8.2.5 文化资源的合理利用,应从粗放型向集约型转变,实现可持续发展

历史文化旅游活动中所涉及的高价值文物古迹较多,易造成盲目开发的局面,最终非但没有利润可言,还会带来不必要的损失。因此,文化旅游产品开发应尊重现在、尊重未来,立足于既有技术条件、消费水平,有序开发、重点开发。由追求"多"的数量型开发向追求"精"的质量型开发转变。

如在对岱崮地貌进行保护性开发的过程中"努力打造独具特色的中国崮乡原生态旅游,在所有的崮和岩石上禁止乱刻乱画,乱挖乱建。必要的设施必须经地质专家考证后才能开工建设。"这也正是一种可持续发展的理念。要重视宣传教育的作用,将道德规范、保护意识合理地融入历史文化旅游活动之中,提高游客思想觉悟,为历史文化旅游的可持续发展奠定坚实的基础。

10.8.2.6 统筹布局,彰显特色,注重整合,实现旅游开发的综合效益

所谓彰显特色,指的是对每一处具有开发价值的历史文化景观应着力打造其突出的特色。以龟蒙顶、望海楼、云蒙峰、天蒙顶、摩云崮等蒙山五大主峰为例,尽管它们都属于蒙山山脉,尽管它们都有着相似的历史文化背景,但每座主峰都有着不同的景观特征,在旅游资源开发过程中,抓住这些特征做文章,就会避免千人一面。

例如,龟蒙顶以其天然氧吧的美誉可以突出"长寿之旅";望海楼景区,依托《沂蒙山小调》